큐브릭

Stanley Kubrick
(1928 ~ 1999)

Day of the Fight (1951)

Flying Padre (1951)

Fear and Desire (1953)

The Seafarers (1953)

Killer's Kiss (1955)

The Killing (1956)

Paths of Glory (1957)

Spartacus (1960)

Lolita (1962)

Dr. Strangelove or: How I Learned to Stop Worrying and Love the Bomb (1964)

2001: A Space Odyssey (1968)

A Clockwork Orange (1971)

Barry Lyndon (1975)

The Shining (1980)

Full Metal Jacket (1987)

Eyes Wide Shut (1999)

cinelook 003 Stanley Kubrick

큐브릭

그로테스크의 미학

제임스 네어모어 지음 | 정헌 옮김

culturelook

지은이 제임스 네어모어James Naremore는 미국 인디애나 대학교의 커뮤니케이션과 문화학부 및 영문학부의 명예 교수다. 저서로는 《밤 그 이상: 필름 느와르의 컨텍스트More Than Night: Film Noir in its Contexts》, 《오슨 웰스의 마술 세계The Magic World of Orson Welles》, 《영화에서의 연기Acting in the Cinema》, 《빈센트 미넬리의 영화 The Films of Vincente Minnelli》 등이 있다.

옮긴이 정헌은 중앙대학교 첨단영상대학원에서 석사, 오스트레일리아 시드니 대학교에서 영화예술학 박사 학위를 받았다. 동서대학교 임권택영화영상예술대학 연구 교수를 지냈으며, 현재 중부대학교 엔터테인먼트경영학과 교수이다. 디지털 시네마 미학에 깊은 관심을 갖고 있다. 책으로는 《영화 역사와 미학》, 《영화 기술 역사》, 《디지털 영화 미학》(옮김), 《영화와 사회》(공저) 등이 있다.

cinelook 003
큐브릭 그로테스크의 미학

지은이 제임스 네어모어
옮긴이 정헌
펴낸이 이리라

편집 이여진 한나래
편집+디자인 에디토리얼 렌즈
표지 디자인 엄혜리

2016년 1월 20일 1판 1쇄 펴냄
2017년 5월 25일 1판 2쇄 펴냄

펴낸곳 컬처룩
등록 2010. 2. 26 제2011-000149호
주소 121-898 서울시 마포구 동교로 27길 12 씨티빌딩 302호
전화 070.7019.2468 | 팩스 070.8257.7019 | culturelook@naver.com
www.culturelook.net

ON KUBRICK by James Naremore
Copyright © James Naremore 2007
First published in English by Palgrave Macmillan, a division of Macmillan Publishers Limited, on behalf of the British Film Institute under the title On Kubrick by James Naremore. This edition has been translated and published under licence from Palgrave Macmillan. The author has asserted his right to be identified as the author of this work.
Korean Translation Copyright © 2016 Culturelook
Printed in Seoul

ISBN 979-11-85521-36-7 93680

culturelook

일러두기

- 한글 전용을 원칙으로 하되, 필요한 경우 원어나 한자를 병기하였다.
- 한글 맞춤법은 '한글 맞춤법'및 '표준어 규정'(1988), '표준어 모음'(1990)을 적용하였다.
- 외국의 인명, 지명 등은 국립국어원의 외래어 표기법을 따랐으며, 관례로 굳어진 경우는 예외를 두었다.
- 사용된 기호는 다음과 같다.

  영화, TV 프로그램, 연극, 노래, 신문 및 잡지 등 정기 간행물: 〈 〉

  책(단행본): 《 》
- 원서에서는 후주로만 된 것을 해당하는 부분을 설명한 경우는 각주(●)로, 참고 문헌을 알려 주는 경우는 후주로 했다. 독자의 이해를 돕기 위해 옮긴이와 컬처룩 편집부가 각주(■)를 달았다.
- 영화 가운데 일부는 한국에서 개봉되었을 때의 제목으로 표기하였다.

이 책은 스탠리 큐브릭의 영화에 대한 비판적 분석을 담고 있다. 나는 이미 그의 작품을 알고 있거나 처음 접하는 독자들을 위해 이 책을 썼다. 책 제목(*On Kubrick*)에서 알 수 있듯이 이 책은 어느 정도 담론 형식을 취한다. 이런 형식을 통해 다양한 개인적 관심사를 탐구하면서, 큐브릭 영화의 제작 역사에 대한 기본 정보를 제공할 것이다. 이 책은 6부로 나뉜다. 1부는 프롤로그인데, 큐브릭 영화의 기본 이슈를 제기한다. 큐브릭의 전기와 초기 작품의 문화적 맥락, 할리우드 영화 산업과의 역설적 관계, 큐브릭 영화 스타일과 톤의 전반적 특징 등등. 이 책의 여기저기서 나는 큐브릭이 할리우드와 저물어가는 국제 모더니즘 모두에 속한다고 강조한다. 또한 그의 영화가 지닌 정서적이고 감성적인 측면에 관심을 기울인다. 그의 영화들은 언제나 그로테스크하고 기이하고 환상적이고 블랙 유머 같은 것들에 의해 굴절된다.

이 책의 중간 부분에서는 큐브릭의 영화들을 연대기 순으로 다룬다.

하지만 큐브릭이 영화의 전체 과정을 거의 통제할 수 없었던 〈스파르타쿠스〉(1959~1960)의 경우는 생략한다. 이 책은 다양한 영화 형식을 종합적인 관점에서 다루고 있다. 카메라와 편집만큼이나 연기와 문학적인 문제에 대해서도 많은 관심을 기울이고 있다. 경우에 따라 인종, 젠더, 섹슈얼리티 재현 등을 포함해서 철학적, 이데올로기적, 정치적 이슈들도 다룬다. 이러한 논의는 큐브릭 영화 인생의 각 단계를 따라서 조직된다. 그의 초기 장인적 영화들, 제임스 B. 해리스James B. Harris,▪ 커크 더글러스와의 공동 작업, 그의 주요 작품, 과잉된 성격과 비정통적 형식을 지닌 그의 마지막 두 영화 등. 나는 이 마지막 작품들을 '후기 스타일late style' — 에드워드 사이드Edward Said가 테오도르 아도르노Theodor Adorno에게 개념을 빌려와서 몇몇 음악 예술가들을 분석할 때 적용한 용어 — 이라고 칭하지 않는다. 대신에 나는 큐브릭이 자신의 초기 영화들(은유적 전쟁 영화나 몽환적인 필름 느와르)로 돌아가는 그때를 큐브릭 영화의 후기라고 간주한다. 그때 그는 자신의 영화 경력을 한 바퀴 돌아서 리얼리즘 내러티브의 논리나 통합성을 깨뜨리려는 강한 의지를 보여 준다.

마지막 6부에서는 스티븐 스필버그의 〈A. I.〉(2001)에 대해 논하면서 결론을 제시한다. 이 영화는 큐브릭이 수십 년간 매달렸던 프로젝트였으며, 여러 가지 면에서 흥미로운 작품이다. 〈A. I.〉를 통해 두 유명한 감독의 스타일을 대조해 본다. 그것은 이 책에서 전체적으로 반복되는 주제들과 연관된다. 큐브릭의 감정적 경향, 자동 기계에 대한 관심, 프로이트주의와 포스트휴머니즘의 독특한 혼합 등. 또한 여기에서 사진적인 것으로부

▪ 1928년 뉴욕에서 태어난 해리스는 시나리오 작가이자 제작자이자 감독이다. 그는 〈살인〉, 〈영광의 길〉, 〈롤리타〉 등의 제작자로서 큐브릭과 함께 일했다.

터 디지털 시네마로의 역사적 이행에 대해 예측한다. 이것은 큐브릭처럼 사진작가로 시작한 예술가에게는 중요한 발전을 의미한다.

　다른 관객들처럼, 나 역시 큐브릭의 어떤 영화를 다른 것보다 더 높이 평가한다. (나는 〈배리 린든〉을 〈시계태엽 오렌지〉보다 훨씬 더 선호한다.) 하지만 큐브릭의 작품은 시간이 지나갈수록 나아지는 것 같다. 나이를 먹어감에 따라 그의 영화는 일관된 지성, 기교, 예술성 등을 보여 준다. 그는 매우 도전적인 인물이었다. 하지만 샤를 보들레르가 언젠가 말했듯이, 비평가들은 사후에 나타날 수밖에 없기 때문에 작가들보다 유리하다. 내 약점이 무엇이든 간에, 나는 적어도 큐브릭의 영화 인생을 돌이켜볼 수 있다. 그가 유명해지고 난 뒤, 그리고 그의 영화가 어떻게 만들어졌는지에 대해 이미 많은 것을 알고 있는 바로 그 지점에서 말이다. 나는 이전의 많은 비평가와 역사가들에게 도움을 얻었고 이 책에서 그들을 인용했다. 많은 사람들이 도움과 조언을 주었다. 이 책의 편집자인 BFI의 로브 화이트에게 특별히 감사의 말씀을 드린다. 그는 내가 이 프로젝트를 시작할 수 있도록 북돋아주었다. 조너선 로젠바움은 큐브릭에 대해 오랜 시간 이야기해 주었고, 아이디어를 비롯해 중요한 역사적 정보, 완성된 원고에 대한 유용한 제안들을 보태 주었다. 톰 거닝 역시 초반부터 관대하고 통찰력 있는 독자이자 지지자로서 내 생각을 날카롭게 가다듬어 주었다. 마이클 모건은 책의 구성에 대해 훌륭한 조언을 해 주었다. 데이비드 앤팜, 데이비드 보드웰, 사이먼 캘로, 로렌스 골드스타인, 돈 그레이, 미리엄 한센, 조안 호킨스, 바바라 클링거, 로버트 콜커, 빌 크론, 낸시 멜러스키, 앤드루 밀러, 진 D. 필립스, 로버트 레이, 제이슨 스펍, 그레고리 월러 등 많은 이들에게 다양한 도움을 받았다. 이 책의 몇몇 부분은 〈필름 쿼터리*Film Quarterly*〉와 〈미시간 쿼터리 리뷰*Michigan Quarterly Review*〉에 다소 다른 형식으로 실렸던 것들이다. 이 저널들의 편집자들에게 감사드린다. 영화 아카데미the Motion Picture Academy의 마가렛 헤릭 도서관the Margaret Herrick 에 있는 바바라 홀은 내 연구에 많은 도움을 주었다. 블루밍턴에 있는 릴리 도서관Lilly Library의 레베카 케이프, 메디슨에 있는 위스콘신영화연극연구센터the Wisconsin Center for Film and Theater Research의 미첼 힐머스와 도린다 하트먼에게도 감사한다. BFI의 레베카 바던은 인내심 있게 편집 작업을 해 주었고, 새라 와트, 톰 캐벗, 소피아 콘텐토 등은 책의 제작에 기여했다. 인디애나 대학교의 인문학 펠로십 덕분에 초기 연구 작업과 집필을 진행할 수 있었다. 집필의 전 과정을 인내심 있게 기다리면서, 지적이고 정서적인 지지를 아끼지 않은 달렌 새들리에에게 이 책을 바친다.

1부

프롤로그

STANLEY KUBRICK

1

마지막 모더니스트

1940년대 큐브릭은 블리커 스트리트 시네마, 탈리아, 뉴요커, 현대미술관 등의 예술 영화관을 드나들며 영화에 심취했다. 이러한 예술 영화의 영향은 1960년대 초 그의 영화들에서 명백히 드러난다…… 〈아이즈 와이드 셧〉이 왈츠와 함께 막을 내릴 때 내가 슬픔에 잠겼던 것은 단지 이 위대하고 사랑스런 사람의 마지막 작품이 끝났기 때문이 아니다. 그것은 1930년대 이전에 태어난 사람만이 계속할 수 있었던 순수 영화의 전통이 끝났기 때문이다. 다른 전통들과 마찬가지로, 그것은 끝났고 돌아올 수 없을 것이다.

– 마이클 헤어Michael Herr, 《큐브릭Kubrick》, 2000.

스탠리 큐브릭은 여러 가지 면에서 역설적이고 모순적인 인물이었다. 그는 대중 앞에 거의 나타나지 않았음에도 불구하고 스타덤에 올랐다. 그는 지적 교양과 폭넓은 지식을 지닌 치열한 독학자였다. 또한 그는 적어도 대중과 할리우드 스튜디오와의 친밀감을 유지했던 홍행사이자 비즈니스맨이기도 했다. 괴벽과 우상파괴주의(비행에 대한 공포, 할리우드에 대한 혐오)에도 불구하고, 그의 영화들은 수공예품이면서 동시에 기술적 혁신을 보여 주었으며, 그 자신이 일종의 브랜드네임이 되었다. 더구나 그의 성공은 영화 산업의 권력 중심부와 관계가 틀어지면서 이루어졌다. 큐브릭은 평생 브롱크스 억양을 지닌 뉴욕 토박이였지만, 1960년대 이래 죽 미국을 떠나 있었다. 그는 영국 시골의 조용한 삶 속에서 우주여행, 베트남전쟁, 그리고 뉴욕 시에 대한 비전을 창조했다.

언론은 종종 큐브릭이 제너두▪ 같은 곳에 고립되어 살고 있다거나, 악셀 성 안에 은둔하고 있는 것처럼 묘사했다. 큐브릭은 영화를 홍보하기 위해 인터뷰를 했으며, 미셸 시멍Michel Ciment, 진 D. 필립스Gene D. Philips, 알렉산더 워커Alexander Walker 같은 학자나 평론가들에게도 시간을 내주었다. 하지만 그의 대부분 언급들은 주의 깊게 선택되고 편집된 것처럼 느껴진다. 큐브릭은 자신을 다룬 책들을 위해 여러 사진을 찍었고 표지 모델이 되기도 했지만, 결코 TV나 다른 영화에는 등장하지 않았다. 그의 사교 활동은 대부분 저녁 식사나 전화 통화 정도에 국한되었다. 그의 작업 방식에 관한 최고의 기록은 그의 딸 비비안▪▪이 만든 다큐멘터리 〈'샤이닝' 메이킹 필름The Making of 'The Shining'〉이다. 이 다큐멘터리는 1980년 영국 BBC에서 방영되었다. 여기서 큐브릭은 꾀죄죄한 턱수염에 헐렁한 재킷을 입고 권위적이면서도 조심스럽게 촬영장 주변을 어슬렁거리며 돌아다닌다. 하지만 은둔 생활에도 불구하고 그의 이름과 기이한 전설을 둘러싼 강력한 아우라가 쌓이기 시작했다. 그 당시 미국의 음모론자들은

▪ 〈시민 케인〉에 나오는 '출입 금지'라는 팻말이 붙은 포스터 케인의 대저택.
▪▪ 비비안 큐브릭Vivian Kubrick(1960~)은 작곡가이기도 하다.

결코 인간이 달에 착륙하지 못했으며, 스탠리 큐브릭이 미국 정부를 위해 우주여행을 영화로 만들었다고 주장했다. (역설적으로, 피터 하이엄스Peter Hyams는 달 착륙에 대한 가짜 TV 방송을 다룬 영화 〈카프리콘 프로젝트Capricorn One〉[1978]와 아서 C. 클라크Arthur C. Clarke의 소설 《2010》[1984]을 영화로 만들었다.) 큐브릭은 또한 자신을 사칭하는 사기 행각의 희생양이 되었다. 1990년대 초 큐브릭과 전혀 닮지 않았고 그의 영화에 대해 아무것도 모르는 앨런 콘웨이Alan Conway라는 한심한 사기꾼이 큐브릭을 사칭하고 다녔다. 콘웨이는 다양한 부류의 런던 사람들에게 자신을 '스탠리'라고 소개하면서, 이 위대한 감독과의 친분이 무언가 이익을 가져다 줄 거라고 생각하는 사람들에게서 저녁 식사, 극장 티켓, 술, 마약, 동성애 섹스 등을 얻어냈다. 사기 행각이 발각된 후 콘웨이는 유명 인사가 되었으며, BBC는 그의 사기극을 다큐멘터리로 만들었다. 이 어처구니없는 사기 행각은 〈큐브릭 사칭하기 Color Me Kubrick〉(2005)란 영화로도 만들어졌는데, 큐브릭의 오랜 동료 앤서니 프레윈Anthony Frewin이 각본을 썼고, 브라이언 쿡Brian Cook이 연출을 맡았으며, 존 말코비치가 주연을 한 작품이다.[1]

또 다른 역설이 있다. 비록 큐브릭이 논란의 여지가 없는 작가들 중 한 명이자, 각본에서 상영까지 영화의 모든 측면을 스스로 통제한 제작자이자 감독이었음이 분명하다 할지라도, 그는 결코 작가(주의)auteur 이론가들의 지지를 받지 못했다. 그것은 큐브릭의 영화들이 서로 다르게 보였고, 대부분이 문학 작품의 각색이었기 때문일 수도 있다. 비록 오직 한 작품만이 국제적 명성과 예술적 탁월함을 지닌 책을 각색했을 뿐이다. 아마도 그 작품에 대해서는 대부분의 평론가들도 영화보다 소설이 낫다고 평가했을 것이다. 장 뤽 고다르Jean-Luc Godard를 비롯해서 〈카이에 뒤 시네마 Cahiers du Cinéma〉의 평론가들은 큐브릭이 과대평가되었다고 생각했다. 앤드루 새리스Andrew Sarris는 큐브릭을 "경직되고 진지한 사람Strained Seriousness"으로 분류했고, 영화 잡지 〈무비Movie〉는 그를 결코 위대한 작가로 간주하지 않았다. 데이비드 톰슨David Thomson은 그를 "훈계적," "허무적," "겉치레뿐인," "예술적 개성이 결여된" 작가라고 묘사했다.[2] 작가 이론에 반대했던 폴린 케일Pauline Kael조차도 그의 영화들을 가차 없이 공격했다. 1950년대와 1960년대에 보슬리 크라우더Bosley Crowther■로부터 오늘날 앤서니 레인Anthony Lane에 이르기까지 뉴욕 비평가들은 그를 높이 평가하는 데 주저하거나 그의 작품들을 적대시했다. 미국 평론계에서 큐브릭을 지지한 쪽은 주로 대안 언론이나 뉴욕 밖의 언론들이었다. 영국에서는 알렉산더 워커, 프랑스에서는 역사적으로 초현실주의와 무정부주의 좌파에 관련된 영화 잡지 〈포지티프Positif〉가 큐브릭을 지지해왔다.

평론가들이 큐브릭의 영화를 어떻게 받아들였건 간에, 프라이버시를 유지하려는 그의 욕망을 어떻게 생각했던지 간에, 큐브릭은 지난 50년간 대중문화에 그 어떤 감독도 견줄 수 없는 커다란 발자취를 남겼다. 미친 과학자 닥터 스트레인지러브나 〈2001 스페이스 오디세이2001: A Space Odyssey〉(1968)에 나오는 요한 슈트라우스의 오프닝 음악은 널리 알려졌다. 몇몇 큐브릭 영화들은 다양한 미디어들에서 끝없이 패러디되고 인용되었다. (단지 텔레비전에서 최근의 예만 보아도, 〈심슨 가족The Simpsons〉은 큐브릭 영화로부터 많은 에피소드를 가져왔고, 자레드 레토Jared Leto■■는 〈샤이닝The Shining〉 [1980]을 차용한 MTV 뮤직 비디오를 만들었다.) 이 책의 서두에서 인용한 마이클

■ 보슬리 크라우더(1905~1981)는 〈뉴욕 타임스〉에 27년간 영화 비평을 쓴 기자다. 1950년대와 1960년대에 외국 영화, 특히 로베르토 로셀리니, 비토리오 데 시카, 잉마르 베르이만, 페델리코 펠리니 등의 영화를 옹호하는 평을 쓰기도 했다.

헤어의 말처럼, 시간이 지날수록 점점 더 큐브릭은 중요한 예술적 전통의 마지막 대표자인 것처럼 보인다. 나는 좋은 영화가 더 이상 만들어지지 않고 있다고 말하려는 것이 아니다. 중요한 것은 큐브릭이 할리우드 스튜디오와 가장 성공적으로 일했던 마지막 모더니스트 감독들 중 한 명이었다는 점이다.

'모더니스트'라는 용어를 사용하면서, 나는 데이비드 로도윅David Rodowick 같은 학자들이 환영주의 관습을 급진적으로 깨뜨린 고다르 같은 감독들에 대해 지칭한 '정치적 모더니즘'을 말하고자 하는 것이 아니다.[3] 큐브릭과 같은 해에 태어나서 더 급진적 인물이 된 앤디 워홀Andy Warhol의 아방가르드 도발을 지칭하는 것도 아니다. 또한 고전 할리우드의 기념비적 작가들이 모두 모더니스트였다는 프레드릭 제임슨Fredric Jameson의 주장을 뜻하지도 않는다. 나는 큐브릭의 작품에 분명한 영향을 끼쳤던 20세기 전반의 보다 상식적인 '모던 아트'의 개념을 염두에 둔다. 제임슨을 비롯하여 몇몇 비평가들은 큐브릭의 후기 영화들이 '포스트모던'하다고 말한다. 그러나 포스트모던이라는 말이 복고풍의 반복적 스타일, 정감affect의 약화, 정신적 '깊이'의 부족, '실재the real'에 대한 믿음의 결여, 극단적 상업화hyper-commodification 등을 의미한다면, 큐브릭은 오히려 철저한 모더니스트였다. 그는 영국계 유럽인의 모더니스트 문학과 백

■■ 자레드 레토(1971~)는 배우, 가수, 작사가, 감독 등으로 다양한 활동을 하고 있다. 〈더 킬 The Kill〉(2006)이란 곡의 뮤직 비디오를 만들 때 〈샤이닝〉에서 보여 주는 광기와 고립 등에 영감을 받았다. 이 뮤직 비디오는 MTV 비디오 뮤직 어워드에서 상을 받기도 했다. 〈파이트 클럽 Fight Club〉(1999), 〈아메리칸 사이코American Psycho〉(2000), 〈미스터 노바디Mr. Nobody〉(2009) 등 여러 작품에 출연했으며 〈달라스 바이어스 클럽Dallas Buyers Club〉(2013)으로 아카데미 남우조연상을 받았다.

인 지배층의 교리에 대한 열렬한 독자였으며, 평생토록 니체, 프로이트, 융에 대해 관심을 가졌다. 토마스 앨새서Thomas Elsaesser가 지적했던 것처럼, 큐브릭의 영화들은 '후기 모더니스트'의 징후를 보여 준다. 그것은 카프카와 조이스의 미학적 객관성, 또는 브레히트와 핀터의 '차가운' 작가적 개성 같은 것이다.[4] 영화적으로 말해도 마찬가지다. 천재 감독 큐브릭은 사진 저널리스트로 그의 경력을 시작했다. 그 당시 뉴욕 스트리트 사진 스타일은 새로운 모더니즘 예술 형식으로 각광 받고 있었다. 비록 할리우드 장르를 빌려왔을지라도, 큐브릭의 영화들은 1960년대 유럽 예술 영화의 정신에 맞닿아 있었다.

많은 뛰어난 모더니스트들처럼, 큐브릭은 독창적 스타일을 만들고 발전시켰다. 그는 하이 모더니즘high modernism의 선도적 이데올로기와 미학적 경향에 몰두했다. 영화 매체의 특성에 대한 관심, 검열에 대한 저항, 감상보다 풍자와 아이러니에 대한 선호, 관습적 내러티브 리얼리즘에 대한 반감, 관객과 캐릭터 사이의 정서적 동일시에 대한 거부, 도구적 합리성과 무의식적 비합리성 사이의 관계에 대한 관심 등등. 그의 영화들은 종종 주도면밀한 계획들이 어떻게 실패하는지에 대해 이야기한다. 대체로 그것은 초현실주의자들이 '객관적 기회objective chance'라고 부른 것이나, 이성과 성욕 사이의 갈등 때문에 실패한다. (로버트 콜커Robert Kolker에 따르면, 큐브릭의 영화는 "너무나 견고해서 피할 수도 돌아갈 수도 없는 안정성 파괴의 과정"을 보여 준다.)[5] 그가 선호하는 두 가지 주제는 전쟁과 과학 기술인데, 이것은 합리적 계획과 남성적 특권의 영역이다. 이 때문에 몰리 해스켈Molly Haskell은 큐브릭을 오슨 웰스Orson Welles와 존 휴스턴John Huston으로 이어지는 미국 여성 혐오주의의 흐름 속에 놓았다.[6] 그럼에도 불구하고 큐브릭이 만든 미국 핵가족에 대한 영화 세 편은 모두 가부장제에 대한 풍자를 다룬다. 어떤 감독도 큐브릭보다 더 군사적, 과학적 기제에 대해 비판적이지 못했고, 남성 섹슈얼리티의 파시스트 경향을 더 날카롭게 다루지 못했으며, 기계 문명이 어떻게 남성의 심리학 속에서 에로스와 타나토스의 대체물로서 작동하는지 더 잘 알지 못했다.

톰 거닝Tom Gunning은 큐브릭이 마지막 모더니스트일 뿐만 아니라 빈 학파의 마지막 작가일 것이라고 내게 말한 적이 있다. 그 지적은 아주 적절한 것 같다. 어떤 의미에서 큐브릭은 결코 뉴욕 브롱크스를 떠난 적이 없다고 할 수 있는데, 그의 혈통은 오스트리아-헝가리계로 거슬러 올라간다. 또한 그는 1차 세계 대전 이전 최초의 모더니즘 운동, 즉 주로 오스트리아 빈을 중심으로 일어난 유대인 문화에 커다란 흥미를 느꼈다. 그는 프로이트뿐만 아니라 스테판 츠바이크Stefan Zweig, 아르투어 슈니츨러 Arthur Schnitzler* 등에 관심이 있었다. 큐브릭은 때때로 빈 학파의 세기말 적 퇴폐주의와 관련된 막스 오퓔스Max Ophuls의 작품에 감탄하곤 했다. 빈 학파와의 문화적 연관성이 〈2001 스페이스 오디세이〉 같은 영화에서 는 분명히 드러나지 않는다. 그러나 〈2001 스페이스 오디세이〉는 프리츠 랑Fritz Lang의 〈메트로폴리스*Metropolis*〉(1927)와 어느 정도 연관성이 있다. 또한 요한 슈트라우스의 〈아름답고 푸른 도나우 강〉이 흐르는 가운데 우주 정거장에 셔틀 도킹하는 유명한 장면은 영악한 프로이트적 은유일 뿐만 아니라 오퓔스의 〈윤무*La Ronde*〉(1950)나 〈롤라 몽테*Lola Montès*〉(1955) 를 연상시킨다.

---

* 아르투어 슈니츨러(1862~1931)는 오스트리아의 의사였으나 생의 대부분을 작가로 활동했다. 그의 작품은 프로이트의 정신분석학적 기법을 많이 사용했고 당시 빈의 세기말적 분위기를 묘사했다.

더구나 〈2001 스페이스 오디세이〉의 감독으로서 큐브릭은 마지막 미래주의자로 간주될 수 있을 것이다. 확실히 그의 공상적 미래는 고다르의 〈알파빌*Alphaville*〉(1965)에서 보여 준 현재적 미래, 조지 루카스의 〈스타 워즈*Star Wars*〉(1977)에서 보여 준 복고적 미래, 리들리 스콧Ridley Scott의 〈에일리언*Alien*〉(1979)에서 보여 준 디스토피아 미래와는 다르다. 미래주의의 죽음은 포스트모더니즘이 지배적인 문화가 되는 순간이라는 프레드릭 제임슨의 지적이 옳다면, 우리는 큐브릭을 모더니스트로 간주할 정당한 이유를 갖고 있는 셈이다. 하지만 〈2001 스페이스 오디세이〉는 기이하게도 미래주의가 의존하는 유토피아와 디스토피아의 이분법을 뛰어넘는 듯하다. 흥미롭게도 이 영화의 성공을 교훈 삼아서 큐브릭은 영화 〈A. I.*A. I.: Artificial Intelligence*〉(2001)의 구상을 발전시키는 데 거의 17년을 기꺼이 투자했다. 〈A. I.〉는 인간에 대한 정의가 더 이상 명확하지 않고, 표면적으로 대립하는 분야인 (기계의) 인공 지능과 심리 분석이 서로 뒤엉키기 시작하는 하이퍼모던 시대의 놀라운 프로젝트다. 〈2001 스페이스 오디세이〉와 〈A. I.〉에서 큐브릭은 인공 지능 기술의 미래 지향적 수용을 통해 인간관계에 대한 프로이트적이고 비관적인 관점을 개선했다. 역설적으로, 큐브릭은 과학 기술의 수용을 통해 또 다른 억압된 정신을 표현했다.

큐브릭은 종종 초보 감독들에게 V. I. 푸도프킨V. I. Pudovkin, 프로이트, 콘스탄틴 스타니슬라프스키Konstantin Stanislavsky를 추천하곤 했다. 그의 작품은 이들의 영향을 받았다. 그는 감독의 역할을 '감각 기계taste machine'라고 묘사했다. 감독은 영화의 모든 장면을 기억하고, 대본, 연기, 의상, 촬영, 편집 등 매일 수백 가지 결정을 내리는 특수 컴퓨터나 마찬가지다.[7] 큐브릭은 감독으로서 자신의 직업을 긍정적으로 생각했다. 그는 세세한 것들에 대해 집착했고, 때로 타협할 줄 모르는 짜증스런 완벽주의자였다. 윌리엄 와일러William Wyler를 제외하고 어떤 감독도 신비스런 미지의 것을 찾아서 다시 촬영하려고 하지 않았다. 큐브릭의 독특한 취향은 어린 시절 뉴욕의 문화 환경을 토대로 형성되었다. (빈센트 로브루토Vincent LoBrutto가 언급한 것처럼,) 큐브릭의 어린 시절 주요 사건들을 여기서 간략히 살펴볼 필요가 있다. 그는 뉴욕 브롱크스에서 평범한 유대인 가정에서 태어났다. 아버지는 의사였으며, 외동아이여서 부모의 사랑을 듬뿍 받은 응석받이로 키워졌던 것 같다. 의심의 여지없이 유대인 혈통은 그의 후기 예술에 영향을 끼쳤다. (이러한 점이 제프리 콕스Geoffrey Cocks가 쓴 《문 앞의 늑대 *The Wolf at the Door*》의 주제다. 이 책에서 그는 일관되게 큐브릭을 포스트홀로코스트 post-Holocaust 예술가로 묘사한다.) 하지만 큐브릭은 그 도시를 탐사하는 자유를 누렸고 자신의 관심사를 발전시켰다. 별 특징 없이 그저 그런 고등학생으로서 그는 학교 밴드에서 드럼을 연주했고 재즈 뮤지션이 되기를 꿈꾸었다. (이디에 고르메Eydie Gorme*가 그와 같은 반이었다.) 그는 영화를 보러 현대미술관(MoMa)에서 싸구려 극장까지 온 시내를 쏘다녔다. 그는 대부분의 시간을 아버지가 가르쳐 준 취미인 체스와 사진에 몰두했는데, 둘 다 뛰어난 재능을 보였다. 열일곱 살 때인 1945년 프랭클린 루스벨트의 죽음을 슬퍼하는 뉴욕 노점상을 찍은 그의 사진이 잡지 〈룩*Look*〉에 실렸다. 그는 이 잡지사의 사진 기자가 되어 미국과 유럽 곳곳을 여행했고, 900점 이상의 사진 작품이 잡지에 실렸다.

1940년대 말 큐브릭은 비행기 조종사 자격증을 얻었고, 고등학교 때 여자 친구와 결혼했으며, 그리니치빌리지로 이사했다. 한편 그는 컬럼비

■ 이디에 고르메(1928~2013)는 그레미 등 여러 상을 수상한 유명 가수이며 남편 스티브 로렌스Steve Lawrence도 가수다.

아 대학교에서 마크 반 도렌Mark Van Doren▪의 문학 수업을 청강했으며, 어떻게 영화 감독이 될 것인지 생각하기 시작했다. 그의 이웃에는 재능 있는 사람들이 많이 있었다. 유명한 영화 비평가 제임스 에이지James Agee 도 그리니치빌리지에 살고 있었다. 에이지는 〈내이션*The Nation*〉과 〈타임 *Time*〉에 영화평을 쓰면서 사진작가 워커 에번스Walker Evans와 공동 작업 으로 《이제 위인들을 칭송하자*Let Us Now Praise Famous Men*》라는 책을 쓰 기도 했다. 1952년 큐브릭은 에이지가 각본을 쓰고 노먼 로이드Norman Lloyd가 감독한 TV 영화 〈링컨*Mr. Lincoln*〉에서 제2제작진 카메라맨으로 일했다. 어린 시절 내 기억이 맞는다면, 아마도 이 영화는 링컨에 대한 최 고의 영화였다. 1953년 에이지는 큐브릭의 첫 번째 장편 영화에 찬사를 보냈다. 다큐멘터리 리얼리즘과 존 휴스턴 영화에 대한 에이지의 사랑이 아마도 큐브릭의 초기 영화에 큰 영향을 끼쳤던 것 같다. 큐브릭의 초기 영화는 주로 자연광을 이용해 촬영했으며, 휴스턴의 영화와 비슷한 주제 를 다루었다. 하지만 많은 다른 것들도 영향을 주었다. 1940년대와 1950 년대 후반에 뉴욕은 현대 예술의 중심지가 되었다. 그곳에서 한번쯤은 잭슨 폴록Jackson Pollock, 잭 케루악Jack Kerouac, 말론 브랜도, 마일스 데이 비스Miles Davis 등과 마주칠 수 있었다.

장 비고Jean Vigo, 칼 드레이어Carl Dreyer, 그리고 이탈리아 네오리얼리 즘의 영화가 뉴욕의 예술 영화관들에서 상영되었고, 1950년대 중반까지 '부조리극'이 뉴욕 극작가들에게 영향을 끼쳤다. 큐브릭은 이 경향들을 잘 알고 있었으며, 사진 잡지 〈룩〉에서 일하면서 적어도 간접적으로 리

▪ 마크 반 도렌(1894~1972)은 시인, 작가, 평론가이자 컬럼비아 대학교 문학 교수로, 당시 여 러 젊은 작가들과 사상가들에게 많은 영향을 미쳤으며, 퓰리처상을 수상하기도 했다.

프리들랜더Lee Friedlander, 로버트 프랭크Robert Frank, 다이앤 아버스Diane Arbus 등 '뉴욕파' 사진작가들의 예술운동에 참여했다. 큐브릭처럼 이 그룹의 많은 작가들은 유대인 이민자 출신이었으며, 급증하는 사진 잡지와 타블로이드 신문의 포토저널리즘을 통해 생계를 꾸렸다. 그들은 대중문화와 고급문화를 넘나들며 일했고, 이제는 뉴욕의 한 시기와 동일시되는 맨해튼의 독특한 흑백 이미지를 만들어 냈다.

뉴욕파 사진가들의 대표 인물은 일명 '위지Weegeee'라고 불린 아서 펠리그Arthur Felig였는데, 그는 거칠고 투박하면서도 자전적인 작품들을 만들었다. 그는 범죄 사건 현장의 포토 플러드photo-flood■ 사진들로 유명세를 얻었다. 1930년대에 프리랜서 사진가 위지는 베러니스 애벗Berenice Abbott, 모리스 엥글Morris Engle, 리셋 모델Lisette Model 등이 경력을 쌓아가던 뉴욕사진협회the New York Photo League 같은 단체에서 종종 강의를 했다. 1940년 위지는 〈PM 데일리*PM Daily*〉에 사진을 출품하기 시작했다. 젊은 큐브릭은 카메라에 큰 흥미를 느끼고 있었으며, 1943년 위지의 작품은 현대미술관의 '액션 포토그래피Action Photography'전에 전시되었다. 1945년에 출간된 위지의 베스트셀러 사진집 《벌거벗은 도시*Naked City*》(1948)는 줄 다신Jules Dassin의 영화 〈벌거벗은 도시*The Naked City*〉의 거리 장면과 할리우드 필름 느와르 영화에 큰 영향을 끼쳤다. (스탠리 큐브릭의 미망인 크리스티안 큐브릭Christiane Kubrick이 쓴 《스탠리 큐브릭, 영화 속의 인생*Stanley Kubrick, A Life in Pictures*》[2002]에는 큐브릭이 위지를 찍은 사진 두 컷이 들어 있다. 여기서 위지는 스피드 그래픽 카메라로 다신 영화의 뉴욕 촬영장을 찍고 있다.)

위지가 젊은 사진가 세대들에게 중요한 점은, 그가 알프레드 스티글

■ 인물 사진에 주로 쓰이는 광원으로 컬러 영화 촬영에 사용하기도 한다.

리즈Alfred Stieglitz의 아트갤러리풍 사진들을 위한 대형 카메라를 버리고, 거리의 활동적 삶에 몰두했다는 것이다. 워커 에번스나 1930년대의 농장 보안협회Farm Security Administration 사진작가들처럼, 위지는 20세기 초의 '애시 캔Ash Can'* 화가들과 어느 정도 연관된다. 하지만 그의 작품은 더 긴장감이 있고 자극적이고 '실존적'이다. 어떤 의미에서 큐브릭은 이런 스타일에 영향을 받았다. 그는 카메라 플래시를 잘 사용하지 않았으며, 더욱 교묘한 구성적 효과를 만들어 냈다. 〈룩〉은 〈PM 데일리〉보다 더 겉이 번드레하고 미국 중산층에 가까웠다. 그래서 큐브릭의 사진들은 위지보다 덜 자극적이고 뉴욕 외부 세계의 보편적 인간사들을 다루고 있다.[8] 최근 큐브릭의 사진들은 유럽 박물관에 전시되고 예술 서적들에 실리기도 한다. 큐브릭은 미시간 대학교 사교 클럽의 학생들, 인디애나 주 노동조합원들, 포르투갈의 어부 등의 사진을 찍었다. 그의 주요 작품 가운데 하나는 시카고에서 가난한 사람들과 부자들 사이의 대립을 다룬다. 뉴욕에서 일하는 딕시랜드Dixieland 재즈 음악가들을 다룬 것도 있다. (딕시랜드 사진은 젊은 예술가로서 큐브릭의 초상이다. 재즈 드러머로서 큐브릭은 무심한 듯한 혹인 뮤지션들 사이에 둘러싸여 있다.) 그는 몽고메리 클리프트, 프랭크 시나트라, 로키 그라지아노Rocky Graziano,** 에롤 가너Errol Garner*** 등 쇼 비즈니스와 스포츠 유명 인사들에 대한 기사를 다루었다. 그의 몇몇 작품들은 아기자

■ 애시 캔은 1908년 뉴욕의 리얼리스트 또는 디 에이트The Eight로 지칭되는 미국 화가 모임을 경멸하는 뜻으로 붙여진 명칭이다. 뉴욕에서 로버트 헨리Robert Henry를 중심으로 조직된 이 그룹의 화가들은 20세기 초반 10년간 미국에서 여전히 지배적이었던 상징주의와 추상 미술에 대해 반대하고 도시의 변두리와 시민들의 삶을 묘사하는 방법을 채택하였다. 그러나 이들은 사회적 관심보다 당시 역동적으로 변화하는 뉴욕의 정경에 감흥을 받아 그림의 소재가 될 만한 아름다움의 추구에 더욱 몰두하는 경향을 나타냈다(《세계미술용어사전》, 월간미술, 1999 참조).

기했다. 처음으로 거울에 비친 자기 모습을 바라보는 아이, 극장에서 서로 껴안고 있는 연인들, 동물원에서 동물들의 시점으로 바라본 사람들, 어떤 것들은 자연스럽게 보이도록 꾸며졌다.

큐브릭은 뉴욕 지하철을 타는 사람들의 꾸밈없는 모습들 — 워커 에번스를 연상시키는 주제 — 을 비롯하여, 위지의 사진들처럼 쇼걸, 서커스맨, 거리의 아이들, 죄수들 등을 촬영했다. 그가 찍은 수많은 사진들 속에서 어떤 개인적 스타일이나 감각이 나타나기 시작했다. 알렉산드라 폰 스토시Alexandra Von Stosch와 라이너 크론Rainer Crone이 말했듯이, 큐브릭 사진의 특징 중 하나는 "장면들을 만들어 내고 의도적으로 리얼리티를 창출하려는 노력"이다.[9] 이러한 특징은 부분적으로는 사진 잡지 〈룩〉이 메시지를 전달하고 스토리를 이야기하면서 즉각적으로 독자의 관심을 끌어당기는 사진을 필요로 했기 때문이었다. 〈룩〉은 '영화적'이었고, 큐브릭의 사진은 영화의 역동적인 장면처럼 보였다. 로 앵글로 잡힌 프랭크 시나트라의 앉은 모습, 전경에서 테이블에 기대고 있는 한 남자의 팔 너머로 잡힌 그의 얼굴, 차 뒷좌석에서 찍은 여행하는 여점원의 오버 더 숄더 이미지, 그녀가 '막다른 길' 표지판 앞에 멈춰 서서 지도를 찾고 있는 장면 등등. 매우 자주 큐브릭은 자연광이 극적 효과를 창출하도록 인물들을 배치했다. 뒷배경에서 조명을 받으며 클럽의 소년에게 담배에 불을 붙여 주는 가슴이 풍만한 여대생, 열린 문 너머로 찍은 흑인과 딸, 그들이 햇빛

■■ 로키 그라지아노는 미국의 유명 권투 선수로, 본명은 토머스 로코 바벨라(1919~1990)다. 그의 삶을 토대로 한 영화 〈상처뿐인 영광Somebody Up There Likes Me〉(감독 로버트 와이즈)에서는 폴 뉴먼이 로키로 나왔다.
■■■ 에롤 가너(1921~1977)는 미국의 재즈 피아노 연주자이자 작곡가다. 엘라 피츠제럴드에게 〈미스티Misty〉를 써 주기도 했다.

이 비치는 바깥에 서서 어두운 복도를 바라보는 장면 등등. 아마도 더 중요하게, 우리가 큐브릭의 후기작을 통해 알고 있는 것처럼, 어떤 장면들은 때때로 초현실적 효과를 만들어 낸다. 거들과 브래지어를 걸친 시카고의 모델이 담배 연기를 날리는 너머로 안경을 쓴 정장 차림의 여성이 열심히 일을 하고 있는 사진, 지저분한 무릎을 드러낸 다섯 살짜리 여자 어릿광대와 코끼리들이 줄지어 포즈를 취하고 있는 모습 등등.

큐브릭의 유명한 영화들은 가끔씩 다른 사진작가의 작품을 암시하고 있고, 〈룩〉 시기 자신의 사진 이미지들에서 아이디어를 빌려온다. 1949년 큐브릭은 만화가 피터 아르노Peter Arno의 여자 누드모델을 촬영했다. 여자는 카메라 쪽으로 등을 내비치고 엉덩이를 약간 치켜 올린 채, 〈아이즈 와이드 셧Eyes Wide Shut〉(1999)의 도입부에 나오는 니콜 키드먼과 같은 포즈를 취한다. 거의 같은 시기에 큐브릭은 양말과 신발을 신은 채로 줄지어선 인공 다리들 옆에 서 있는 한 쌍의 남자들을 촬영한다. 이 기이한 사진은 마네킹, 인공 보조물, 자동 장치 등 큐브릭이 평생토록 집착했던 것들의 전조를 보여 준다. 스틸 사진과 영화 사이의 가장 직접적 연관은, 1949년 〈룩〉에 게재된 미들급 프로 권투 선수 월터 카르티에Walter Cartier의 사진과 이 선수에 대한 16분짜리 다큐멘터리 영화 〈시합 날Day of the Fight〉(1950~1951) 사이에서 보인다. 이 영화는 큐브릭의 첫 번째 장편 영화였다. (이 다큐멘터리의 몇몇 장면들은 그의 두 번째 픽션 영화 〈살인자의 키스 Killer's Kiss〉[1955]에서 그대로 반복된다.) 〈룩〉의 사진들은 장편 영화처럼 보인다. 특히 캔버스의 로프 아래로부터 촬영된 카르티에와 상대편 선수의 조각상 같은 스틸 이미지는 끝장을 보기 위해 싸우는 모습을 잘 드러낸다.

또한 이 사진들은 격렬한 스포츠뿐만 아니라 '인간사'를 비춘다. 카르티에는 그리니치빌리지에 살면서 가톨릭교회에 나가고 여자 친구와 해변을 거닐거나 집에서 가족과 한가한 시간을 보낸다. 카르티에의 은밀한 사생활을 뒤집어보는 재미도 있다. 시합장에 동행하거나 훈련을 도와주는 사람은 그의 쌍둥이 형제 빈센트 카르티에Vincent Cartier다. 쌍둥이 형제를 찍은 사진들은 왠지 초현실적이고 기이한 느낌을 준다. 큐브릭은 카르티에에 대한 다큐멘터리 영화에서 이러한 느낌을 강조한다. 그 영화는 권투 선수를 한 평범한 인물로 그리는 사실적 내레이션과 묘사로 인해, 때때로 기이하고 몽환적인 필름 느와르의 느낌을 남긴다.

조지 톨레스George Toles가 말한 것처럼, 큐브릭 영화의 개별적 숏들은 다른 감독들의 이미지보다 더 뚜렷하게 자족적이고, 확고한 사상을 드러내는 명확한 캐릭터를 추구한다.[10] 큐브릭이 창조한 수많은 상징적 이미지들이 이 점을 설명해 줄 수 있을 듯하다. 그 숏들은 사진과 영화를 대표하는 이미지로 사용될 수 있다. (수소 폭탄을 타고 떨어지는 육군 소령 콩, 우주 공간에 떠있는 우주 태아, 청중을 흘겨보는 알렉스 등.) 큐브릭의 '사상,' 또는 더 적절한 표현으로 그의 사상에 의해 만들어진 느낌들은 어떤 공통점이 있다. 많은 이들이 주목했던 것처럼, 그의 사진술은 이미지들의 특이한 병치를 통해 초현실주의 효과를 창출한다. 그것은 사회적 무의식에서 나오는 환영적이고 유머러스하며 광적인 어떤 것을 드러낸다. 큐브릭은 이 현상을 잘 이해했다. 그의 영화는 종종 섬뜩한 느낌을 자아내는데, 잘 구성되고 초점을 맞춘 밑바닥 어딘가에서 엄청난 불안이 밀려온다. 그는 신화나 동화에 매료되었다. 그의 작품은 기이하고 어두운 유머가 있으며, 낯설고 부조리하며, 초현실적이고 환상적이며, 괴상한 동화 장르의 정서를 풍긴다. 이 모든 것은 포토 리얼리즘에 의해 강화된다. 이러한 효과들은 현대 예술에서 중요한 역할을 한다. (비록 이 효과들이 20세기에 생겨난 것은 아닐지라도) 그들의 다양한 시적 기능들은 현대 작가들에 의해 이론화되고 있다.

프로이트의 논문 〈언캐니The Uncanny〉는 1919년에 출간되었고, 그의 다른 논문 〈유머Humor〉(1928)는 1940년에 발표된 초현실주의자 앙드레 브레통 André Breton의 '유머 느와르humour noir' 개념에 영향을 끼쳤다. '낯설게 하 기strange-making' 혹은 '소격 효과estrangement'는 1920년대와 1930년대에 걸쳐 러시아 형식주의와 베르톨트 브레히트Bertolt Brecht 모두에게 중요한 개념이었다. '부조리the absurd'의 개념은 1950년대 실험극에 적용되었고, 1960년대 '환상성the fantastic'은 내러티브 시학에 대한 츠베탕 토도로프 Tzvetan Todorov의 형식주의 이론에 중요한 양식이었다.

큐브릭의 작품이 이 경향들에 직접 영향을 받았다고 말하려는 것은 아니다. (비록 큐브릭이 이들 중 몇몇을 분명히 알고 있었다 할지라도.) 단지 그는 모더 니즘의 시대적 조류와 모더니즘 미학의 문화적 중요성에 동참했을 뿐이 다. 계속해서 나는 위에 열거한 개념들이 어떻게 구체적으로 개별 영화들 에 적용될 수 있을지 논할 것이다. 특히 '그로테스크'의 미학에 주목할 것 이다. 하지만 이 주제에 대한 논의로 나아가기 위해서는 더 많은 중요한 것들을 언급해야만 한다. 계속해서 나는 제작자이자 감독으로서 큐브릭 의 경력과 함께, 미국 영화 산업과의 관계를 개괄적으로 다룰 것이다.

2

침묵, 망명, 술수

나는 삶과 예술을 통해 나 자신을 가능한 한 자유롭고 완전하게 표현할 것이다. 나는 스스로를 방어하기 위해 내 두 팔, 침묵, 망명, 술수를 이용할 것이다.

— 제임스 조이스의 《젊은 예술가의 초상》(1916)에서 스티브 디덜러스

큐브릭의 영화는 거의 언제나 예술의 아우라 속에서 만들어지고 수용된다. 이것은 주로 그의 예술적 열망에 기인한 것이지만, 그는 또한 상업적 성공을 원했고 필요로 했다. 그의 영화에 대한 비판적 검토에 앞서, 적어도 간략하게 그의 생애 동안의 영화 산업의 본질과 그의 작품이 만들어진 (혹은 종종 만들어지지 못한) 재정적 상황을 살펴봐야 한다.

할리우드와 큐브릭의 비즈니스 관계에 대해 지금까지 가장 잘 설명한 사람은 로버트 스클라Robert Sklar다. 다음 정보는 그의 설명에 빚지고 있다. 스클라는 큐브릭이 독불장군이자 망명자로 알려져 있지만, 진실은 좀

더 복잡하다는 점을 지적했다.

영화 감독으로서 스탠리 큐브릭의 경력은 미국 영화 산업과 깊숙이 연관된다. 그는 유나이티드 아티스트, 유니버설, 컬럼비아, MGM, 워너 브러더스 등 이른바 '메이저 영화사들'과 한번쯤은 일했다. 이 회사들은 그의 영화를 배급하고 재정 문제에 관여했다. 이러한 관계가 큐브릭과 그의 영화들을 미국 영화 산업의 구조 속에 얽어맸다. 지리적 차원에서 할리우드에서 스스로 망명self-exile했음에도 불구하고, 큐브릭은 계속해서 미국 감독으로 간주되었다. 이는 리처드 레스터Rhichard Lester, 조지프 로지Joseph Losey 등 다른 이주expatriate 감독들이 영국과 유럽의 영화사들과 더욱 가깝게 일하면서 유럽 영화 커뮤니티의 멤버처럼 보였던 것과 달랐다.[11]

'망명자'와 '이주자'라는 단어는 종종 비슷한 의미로 사용된다. 그러나 망명자는 자발적 이주자나 이민자라기보다 다른 나라에 살도록 강제된 거주자를 의미한다. 큐브릭은 미국 시민권을 유지했고 할리우드와 긴밀한 관계를 지속했다. 스클라는 큐브릭을 '자기 망명자'라고 적절하게 이름을 붙였다. 반면, 조지프 로지 같은 감독은 정치적 이유로 미국을 떠난 후 더 이상 할리우드와 함께 일하지 않았다. 큐브릭과 오슨 웰스 사이에는 중요한 유사점이 있지만 웰스 같은 해외파 미국 감독과도 다른 경우다. 조너선 로젠바움Jonathan Rosenbaum은 큐브릭과 웰스가 정확히 연출한 작품 수가 같고, "1950년대 이후 모든 영화들을 망명지에서 만들었다"[12]고 지적한다. 웰스는 할리우드에서 환대받지 못했고 세계를 떠돌았지만, 큐브릭은 성공한 미국 감독이었고 영국에 잘 정착했으며, 미국 제작 시스템에 가까이 있으면서도 자신의 예술을 방어하기 위해 할리우드와 충분한 거리를 유지했다. 스클라는 큐브릭이 "미국 영화 산업과 일하기를 주저하지 않았지만, 언제나 자신의 규칙에 따랐다"고 말한다.

큐브릭의 예술적 목표와 할리우드 엔터테인먼트 산업의 제작 관습 사이에는 항상 어떤 긴장감이 흘렀다. 하지만 큐브릭은 자기 영화에 대한 권위를 거의 포기하지 않았다. 그의 통제력은 그가 영화를 만들기 시작했을 때 영화 산업이 크게 변화하고 있었다는 사실에 부분적으로 기인한다. 1948년 연방 규제법은 메이저 영화사들로부터 극장 체인을 빼앗았고, 대중은 점차 텔레비전에 사로잡혔다. 1950년대 초에는 잘 만든 텔레비전 드라마들이 많이 방영되었다. 여차하면 큐브릭은 다니엘 만Daniel Mann이나 존 프랑켄하이머John Frankenheimer와 같은 식으로 영화계에 들어가야 했을 수도 있었다.▪ 아니면 그는 할리우드로 가서 전문 촬영기사가 되려 했을 수도 있었다. 운 좋게도 그는 영화 제작 경험이 부족했기 때문에 자기 자신만의 방식을 발명할 수 있었다.

큐브릭의 어린 시절 친구 알렉산더 싱어Alexander Singer는 뉴욕 타임-라이프의 뉴스릴 부서에서 〈마치 오브 타임March of Time〉이라는 다큐멘터리들을 만들고 있었다. 큐브릭은 그의 도움으로 권투 선수 카르티에에 대한 16분짜리 다큐멘터리 〈시합 날〉을 만들었다. 아이모Eymo 카메라를 빌려서 찍은 이 영화에서 큐브릭과 싱어는 단역인 권투팬 역을 맡았다. 줄리아드 음대 학생이었던 친구 제럴드 프리드Gerald Fried는 악보를 쓰고 녹음을 했는데, 결국엔 큐브릭의 초기 장편 영화 네 편의 작곡가가 되었다. 내레이션을 맡았던 더글러스 에드워즈Douglas Edwards는 얼마 안 가서 CBS TV 앵커가 되었다. 큐브릭은 자기 저금통을 털어서 제작비 3900

▪ 영화 감독인 다니엘 만과 존 프랑켄하이머는 TV 감독으로 경력을 쌓았다.

달러를 충당했는데, 당시 평균 제작비에도 훨씬 못 미치는 저예산으로 영화를 만들었다. 이후 이 작품은 RKO 영화사에 4000달러에 팔렸다. 큐브릭의 영화를 좋게 본 RKO 영화사는 큐브릭에게 1500달러를 선금으로 주면서 9분짜리 단편 다큐멘터리 〈하늘을 나는 신부*Flying Padre*〉(1952)를 만들게 했다. 이 영화는 멀리 있는 자신의 교구 주민들을 위해 경비행기 파이퍼 커브Piper Cub를 이용하는 뉴멕시코 신부의 이야기를 담고 있다. (당시 큐브릭은 실제로 아마추어 비행사였고, 비행 장면을 찍을 기회를 잡은 것에 기뻐했다.) 다음해에 큐브릭은 국제선원조합이 자금을 댄 30분짜리 홍보 다큐멘터리 〈선원*The Seafarers*〉에서 감독이자 촬영기사로 일했다. 이 영화는 컬러로 촬영되었고, CBS 뉴스 앵커였다가 훗날 매카시즘의 희생양이 된 돈 홀렌벡Don Hollenbeck이 내레이션을 맡았다.

이 시기 동안 큐브릭은 장편 영화를 만들 계획을 세웠다. 1948~1954년에 미국 영화 관객이 4000만 명까지 줄어들었다는 점을 고려할 때 이것은 야심찬 계획이었다. 할리우드는 박스 오피스 위기에 맞서 컬러 영화, 시네마스코프, 3D 영화 등으로 대응했다. 하지만 영화 상영 시스템의 진보는 저예산 독립 영화 시장을 창출했다. 자동차 극장은 B급 영화를 선호했고, 도시의 예술 영화관들은 외국 영화를 상영했다. 1952~1956년에 전통적으로 유명한 많은 극장들이 폐업한 반면, 더 새로운 상영 방식들이 도시 지역에서 안정적으로 성장했다. 1950년대 중반까지, 적어도 전국의 470개 이상의 극장들이 '예술' 혹은 '성인 오락' 영화만을 상영했으며, 적어도 400개 정도의 극장들은 '예술' 영화들을 부분적으로 섞어가면서 상영했다. 물론 예술 영화 상영관들은 2차 세계 대전 이전에도 대도시를 중심으로 있었지만, 그때는 주로 〈칼리가리 박사의 밀실*The Cabinet of Dr. Caligari*〉(1920)같이 오래된 영화들을 재상영했다. 전후에 대형 배급사들이 새로운 외국 영화들을 배급하기 시작했는데, 더 많은 상영관을 확보했고 더 높은 비평적 관심을 끌어냈다. 로렌스 올리비에Laurence Olivier의 영국 영화 〈헨리 5세*Henry V*〉(1944)와 〈햄릿*Hamlet*〉(1948)은 미국 시장에서 큰 성공을 거두었고, 한동안 선정적인 스캔들을 불러일으킨 프랑스의 클로드 오탕라라Claude Autant-Laura 감독이 만든 〈육체의 악마*Devil in the Flesh*〉(1946)도 마찬가지였다. 로베르토 로셀리니Roberto Rossellini의 〈무방비 도시*Open City*〉(1945)나 비토리오 데 시카Vittorio De Sica의 〈자전거 도둑*The Bicycle Thief*〉(1948), 주세페 데 산티스Giuseppe De Santis의 〈쓰디쓴 쌀*Bitter Rice*〉(1948) 등 이탈리아 네오리얼리즘 영화들은 '잊혀진 관객들'을 끌어모았고 예술 영화 붐을 불러일으켰다.[13]

예술 극장은 흥행의 보증 수표가 되었는데, 관객들의 충성도가 높았고 평론가들의 강력한 반응을 끌어낼 수 있기 때문이었다.[14] 유럽 예술 영화는 교양과 안목이 있는 관객들이 즐길 뿐만 아니라 할리우드 영화보다 더 노골적으로 선정적이었기 때문에 종종 '성인용'이라는 딱지가 붙여졌다. 〈쓰디쓴 쌀〉 광고 전단에 실린 추수하는 들판에 서 있는 프롤레타리아 노동자 실바나 망가노의 풍만한 가슴과 스커트를 치켜 올린 장면은 그녀를 국제적 스타로 만들기에 충분했다. 결과적으로 예술 영화는 부드러운 포르노그래피 선정주의와 어울렸다. 전 파라마운트 이사이자 그 당시 독립 배급업자로 일했던 아서 메이어Arthur Mayer는 프로모션 방식에 대한 흥미로운 이야기를 했다.

〈라이프*Life*〉지는 〈무방비 도시〉를 엉뚱하게 광고했다. '할리우드와는 비교할 수 없는 섹시한'이라는 문구와 함께, 두 젊은 여성이 무언가 황홀하게 몰입해 있고 다른 한 남자가 처형당하는 가학적 비극을 디자인에 이용했다.

〈전화의 저편*Paisan*〉에서 가장 널리 알려진 장면은 젊은 여인이 신혼 잠자리인지 확실치 않지만 스스로 옷을 벗으면서 자상한 남자 방문객에게 기대는 장면이다. 〈자전거 도둑〉은 어떠한 에로틱한 장치도 전혀 없는데, 극장주들은 자전거를 탄 젊은 여성을 상상으로 그려 내면서 에로틱한 분위기를 풍기려 했다.[15]

외국 영화는 검열을 피할 수 없었다. 하지만 1952년 미국 연방법원은 뉴욕 시에 맞서서 기념비적 판결을 내린다. 뉴욕 시는 가톨릭영화심의위원회Catholic Legion of Decency■가 '신성 모독'이라고 간주한 데 근거해서 데 시카 감독의 〈밀라노의 기적*Miracle in Milan*〉 상영을 금지시켰다. 하지만 연방법원은 책을 비롯한 모든 다른 예술 장르들과 마찬가지로 영화도 언론의 자유를 규정한 수정헌법 1조의 보호를 받을 가치가 있다고 판결했다. 이후 1970년대까지, 완벽하게 시장을 장악하려는 할리우드의 욕망은 국내외의 '성인' 영화 제작사들에 의해 안팎으로 도전받았다.

처음엔 몇몇 영화 제작자만이 새로운 상황을 이해하는 듯했다. 스탠리 크레머Stanley Kramer의 독립 영화 〈용사의 고향*Home of the Brave*〉(1949), 〈챔피언*Champion*〉(1949)은 논란거리가 되었지만, 예술 영화라기보다는 할리우드 작품으로 받아들여졌다. 시카고의 젊은 영화인 데이비드 브래들리David Bradley는 자신의 저예산 영화 〈페르귄트*Peer Gynt*〉(1940), 〈줄리어스 시저*Julius Caesar*〉(1950)에 노스웨스턴 대학교 학생이었던 찰턴 헤스턴을 출연시켰지만 전국적으로 상영되지는 못했다. 이탈리아 네오리얼리

■ 미국 가톨릭교회의 산하 위원회로, 미국에서 상영되는 모든 영화에 윤리적 평가를 내려 등급을 매긴다.

즘의 영향을 받은 존 카사베츠John Cassavetes의 저예산 영화 〈그림자들 Shadows〉은 1961년에야 나타났다. 1950년대 초 예술 영화관에서 상영되는 영어로 된 값싼 영화를 만든 유일한 미국 감독은 오슨 웰스였다. 그의 〈오텔로Othello〉(1952)와 〈아카딘 씨Mr. Arkadin〉(1955)는 예술 영화 배급 네트워크에 사전 판매된 유럽 수입 작품이었다.

스탠리 큐브릭을 보자. 그는 뉴욕의 예술 영화관들과 현대미술관을 들락거린 영화 마니아였으며, 2차 세계 대전 이후 독립적인 미국 예술 영화를 만든 최초의 미국인 감독으로 정당하게 간주될 수 있다. 1950년 큐브릭은 뉴욕의 뉴스릴 프로듀서이자 저널리스트였던 리처드 드 로체먼트 Richard de Rochement에게 장편 영화를 만들 것을 제안했다. 이 영화는 큐브릭의 고등학교 친구였던 하워드 O. 새클러Howard O. Sackler가 시나리오를 쓴 전쟁 풍자 영화였다. 리처드 드 로체먼트의 형 루이스는 〈마치 오브 타임〉을 맡고 있었으며, 〈92번가의 집House on 92nd St.〉(1952) 같은 획기적인 다큐드라마를 만든 할리우드 프로듀서였다. 1949년에 루이스는 미국의 인종 차별 문제를 다룬 극영화 〈잃어버린 경계Lost Boundaries〉를 독립적으로 만들었다. 이 영화는 MGM에서 후반 작업을 거쳐 주로 예술 영화관에서 상영했다. 리처드 드 로체먼트는 형 루이스의 작업에 흥미를 느낀 듯한데, 어쨌거나 큐브릭의 젊음과 재능에 강한 인상을 받았다. 리처드 드 로체먼트는 제임스 에이지와 노먼 로이드의 TV 영화 〈링컨〉을 만들었는데, 큐브릭을 촬영기사로 추천했다. 결국 그는 큐브릭의 장편 영화에 투자한다.

유명한 프로듀서였던 큐브릭의 삼촌 마틴 퍼벌러Martin Perveler가 장편 영화에 많은 돈을 댔다. 실제로 큐브릭은 연기 외에 모든 것을 다 했다. 그는 로스앤젤레스 외곽의 샌 가브리엘 산맥에서 촬영을 했다. 예산이 얼마였는지 정확하지는 않지만, 대략 사운드 없이 5주 촬영에 9000달러 정도 들었고, 몇 달 동안 사운드 녹음을 하면서 후반 작업에 2만~3만 달러가 추가되었다. 최종적으로 개봉 전 총 비용이 5만 3500달러까지 올라갔다. 할리우드 배급업자들은 이 영화를 거절했지만, 큐브릭은 결국 전설적인 외국 예술 영화 배급업자 조지프 버스틴Joseph Bustyn의 관심을 끌어냈다. 버스틴은 아서 메이어와 함께 〈무방비 도시〉, 〈자전거 도둑〉, 장 르느와르Jean Renoir의 〈시골에서의 하루A Day in the Country〉를 미국에 수입했고, 〈밀라노의 기적〉 검열 사건 때 뉴욕 주에 맞서 싸워 승리를 이끌어냈다. 버스틴은 스물네 살인 큐브릭과 그의 영화 〈공포의 모습The Shape of Fear〉을 본 뒤 "그는 천재다!"라고 흥분해서 외쳤다. 그는 바로 이 영화를 '미국 예술 영화'라고 선언하면서 "공포와 욕망Fear and Desire"이라는 더 자극적인 제목을 붙였다. 버스틴은 이 영화를 록펠러센터에 있는 예술 영화관 뉴욕 시 길드 극장에서 1953년 3월에 개봉하도록 예약했다. 큐브릭은 관객을 끌기 위해 그곳에서 사진 전시회를 열었다. 〈공포와 욕망Fear and Desire〉(1953)은 나무에 묶인 여성과 관련된 섹스 장면 때문에 가톨릭 영화심의위원회로부터 B등급을 받았다. 하지만 무명 감독의 저예산 영화임에도 불구하고 대체로 비평 면에서 호의적인 관심을 받았다. (의심할 것도 없이, 뉴스 잡지사에서 일했던 큐브릭의 화려한 경력과 인맥이 이 영화가 주목받는 데 어느 정도 기여했다.) 〈공포와 욕망〉은 나중에 샌프란시스코, 시카고, 디트로이트, 필라델피아를 거쳐 뉴욕 리알토 극장에서 다시 상영되었다. 빈센트 로브루토에 따르면, 이 영화는 선정적인 영화로 묶여서 판매되었다.

〈공포와 욕망〉의 수익은 형편없는 정도는 아니었다. 큐브릭은 투자자들에게 이익금을 어느 정도 나눠 줄 수 있었다. 더 정통적인 다음 영화 〈살인자의 키스〉에는 친척들과 브롱크스 약사 모리스 보우셀Morris

Bousel 등이 약 7만 5000달러를 투자했지만, 역시 큰 수익을 남기지 못했다. 이 영화는 뉴욕 거리와 미니멀리스트한 세트에서 3개월 이상 촬영되었다. (배우와 스태프들이 거의 한 푼도 받지 않고 일했기 때문에 촬영 스케줄은 여유가 있었다.) 한번은 큐브릭이 감독, 촬영, 편집자가 되고, 또 다른 때는 음향 녹음을 담당했다. 하지만 이때 큐브릭은 할리우드 배급사 유나이티드 아티스트를 만날 수 있었다. 이 회사는 이전에 D. W. 그리피스D. W. Griffith, 메리 픽포드, 더글러스 페어뱅크스, 찰리 채플린 등과 함께했고, 그 당시 아서 크림Arthur Krim, 로버트 벤자민Rovert Benjamin의 관리팀에 의해 파산에서 구제되었다. 유나이티드 아티스트는 새로운 방식의 투자 배급사로 변신하는 중이었다. 유나이티드 아티스트는 때때로 제작 시설을 제공했지만, 스타나 배우들과 비용과 이익을 나누었다. 그들은 스튜디오 계약을 넘어서 자신의 제작사를 만들었다.[16] 크림과 벤자민은 결국 커다란 상업적 성공을 거두었고, 이런 방식은 산업적 표준으로 자리 잡았다. 그들은 1960년대와 1970년대 후반에 우디 앨런Woody Allen을 지원하면서 영화 애호가들 사이에서 유명해졌다. 큐브릭이 그들에게 접근했을 때, 그들은 여전히 유나이티드 아티스트를 통제하려 노력하는 중이었고, 그들이 제작하지 않아도 되는 값싼 상품들을 사들이고 있었다. 그들은 〈살인자의 키스〉를 미국 전역에 배급했지만, 아무런 광고도 하지 않았고 싸구려 극장에 동시 상영 영화로 내걸었다. 사실 나도 그 영화를 루이지애나의 찰스 호수 근방에 있는 머제스틱이라는 싸구려 재개봉관에서 보았다.

빈센트 로브루토에 따르면, 큐브릭은 뉴욕의 마셜 체스 클럽의 친구들에게 당시 영화 비즈니스 초기의 좌절에 대해 불평했다고 한다. "나는 재능이 있고 잘 할 수 있어. 다만 후원자나 제작자를 구하지 못했을 뿐이야." 오래지 않아 그의 운명은 바뀌었다. 큐브릭과 같은 시기에 태어났고,

그의 친구 알렉산더 싱어와 미 육군 통신대에서 같이 근무했던 제임스 해리스가 부유한 아버지의 도움으로 뉴욕에서 영화와 TV 배급사를 차렸다. 그는 여러 차례 큐브릭을 만났다. 큐브릭이 〈공포와 욕망〉의 TV 배급을 타진했을 때, 해리스는 공통의 목표를 확인했다. 해리스는 즉각 제작사를 만들자고 제안했다. 문학과 영화에 대한 비슷한 취향을 지닌 자신만만하고 지적인 두 젊은이들 사이의 우정을 기반으로 해리스–큐브릭 픽처스Harris-Kubrick Pictures가 만들어졌다. 이 회사는 1950년대 가장 중요한 영화 제작사가 되었다.

큐브릭은 주요한 창조적 파트너였고, 해리스는 자산과 작가들을 끌어 모을 수 있는 재능과 충분한 자본을 지닌 뛰어난 제작자였다. 해리스는 곧바로 리오넬 화이트Lionel White의 스릴러물 《클린 브레이크Clean Break》의 판권을 사서 큐브릭과 짐 톰슨Jim Thompson에게 〈살인The Killing〉(1955~1956)의 시나리오 작업을 맡겼다. 유나이티드 아티스트는 해리스와 큐브릭이 스타 배우를 기용한다는 조건으로 투자와 배급에 동의했다. 해리스가 잭 팔란스를 배우로 데려오는 데 실패한 뒤, 시나리오는 〈아스팔트 정글The Asphalt Jungle〉의 스타 스털링 헤이든에게 넘어갔다. 처음에 헤이든은 스탠리 큐브릭과 스탠리 크레머를 혼동하는 것 같았는데, 어쨌든 그 영화의 주연 배우가 되었다. 배우로서 헤이든의 경력이 시들해지고 있었기 때문에, 유나이티드 아티스트는 20만 달러의 최소 예산을 제시했다. 해리스는 자기 돈 13만 달러를 보태면서 큐브릭에 대한 신뢰를 보여주었고 추가 촬영일수를 보장해 주었다. 영화는 로스앤젤레스, 샌프란시스코, 그리고 유나이티드 아티스트의 오래된 채플린 스튜디오에서 촬영되었다. 큐브릭은 유나이티드 아티스트가 투자금을 회수할 때까지 자신의 개런티를 포기했고 완전히 해리스에게 얹혀서 살았다. 불행히도 헤이든의 대리인과 유나이티드 아티스트 경영진들은 영화의 시간 진행을 혼란스러워하면서, 완성된 영화에 실망감을 표시했다. (그들이 프로젝트에 동의했을 때 시나리오를 제대로 읽었는지 의심스러웠다.) 한때 큐브릭은 모든 것을 연대기 순으로 다시 편집하려다가 재빨리 포기했다. 그것이 영화를 관습적이고 활기 없게 만들어 버리기 때문이었다. 결국 해리스와 큐브릭이 원래 의도했던 대로 개봉했고, 〈살인〉은 이익을 내지 못했다. 이것은 주로 유나이티드 아티스트가 〈살인〉을 B급 영화로 취급하면서 시장의 최하층으로 밀어 넣었기 때문이었다. 그럼에도 불구하고 카메라 스타일과 플롯의 전개는 비평가들의 눈을 사로잡았다. 〈타임〉은 큐브릭을 젊은 오슨 웰스에 비교했다. 전문가들은 큐브릭이 싸구려 재료로 비단 지갑을 만들어 냈다고 높이 평가했다.

해리스와 큐브릭은 영화를 현상하기 전에 여분의 필름을 만들어 두고자 했지만, 사사건건 논란에 부딪혔다. 1955년에 그들은 리오넬 화이트의 다른 소설 《유괴범*The Snatchers*》을 각색하려 했지만, 납치에 대한 상세한 묘사로 인해 영화제작관리국(Production Code Administration: PCA)은 이 프로젝트를 못마땅해 했다. 얼마 안 가서, 그들은 영화제작관리국의 제프리 셜록Geoffrey Shurlock에게 반미활동위원회House Un-American Activities Committee를 다룬 펠릭스 잭슨Felix Jackson의 소설 《하나님이여 저를 도우소서*So Help Me God*》를 각색해도 될지 문의했다. 셜록은 절대 불가라고 답변했다. "이것은 영화제작관리국의 기준에 부합하지 않는다. 국가 중요 기관은 영화화될 수 없다…… 반미활동위원회를 영화화하는 것은 매우 논쟁적이며, 영화 산업 정책을 의심스럽게 만들 수 있다."[17]

그다음에, 해리스와 큐브릭은 뉴욕 지식인들과 그들의 사랑 이야기를 그린 소설인 칼더 윌링햄Calder Willingham의 《사생아*Natural Child*》를 각색하려 했다. 그들은 다시 셜록에게 문의했고, "기본적으로 불허" 방침을 통보받았다. 불허의 이유는, 그 소설이 낙태뿐만 아니라 불법적 섹스에 대해 "가볍고 우발적으로 접근"하고 있다는 것이었다.

〈살인〉의 개봉 전 프린트가 MGM의 제작 책임자 도어 샤리Dore Schary의 눈을 사로잡으면서 상황이 조금 나아지는 듯했다. 샤리는 유나이티드 아티스트에게 그 영화를 사서 자기 회사에서 배급하고자 했다. 그는 한때 보수적이었던 MGM을 사회 문제와 필름 느와르의 본산으로 변모시키고 있었다. 그는 이미 앤서니 만Anthony Mann 감독과 함께 카메라맨 존 앨턴John Alton 등과 계약하고, 〈보더 인시던트Border Incident〉(1949), 〈사이드 스트리트Side Street〉(1949), 〈톨 타깃The Tall Target〉(1951) 등 여러 편의 뛰어난 저예산 스릴러들을 만들었다. 또한 샤리는 존 휴스턴의 〈아스팔트 정글〉을 강력하게 지지했다. 그가 생각하기에 해리스와 큐브릭은 자신의 계획에 아주 적절해 보였다. 그는 그들이 다음 프로젝트를 진전시킬 수 있도록 사무 공간, 비서, 자금 등을 대주면서 MGM 내에서 일할 수 있도록 배려했다.

해리스와 큐브릭이 컬버시티에 사무실을 연 뒤 얼마 안 있어서, 큐브릭은 험프리 콥Hmphrey Cobb의 1차 세계 대전을 다룬 소설 《영광의 길 Paths of Glory》(1935)을 각색할 생각을 했다. 큐브릭과 해리스가 샤리에게 이를 제안했지만, 그는 적절치 않다고 말했다. 아마도 샤리는 여전히 스티븐 크레인Stephen Crane의 《전사의 용기The Red Badge of Courage》(1951)에 대한 존 휴스턴의 거칠고 비타협적인 각색을 힘들어 하고 있었다. 당시 그는 배우들이 시대극 복장을 입고 있는 반전 영화를 즐길 수 있는 처지가 아니었다. 특히 《영광의 길》이 영화로 만들어지더라도 프랑스 시장에서 상영될 기회조차 잡을 수 있을지 의문시되었다. (실제로 〈영광의 길〉은 영화화된 뒤 거의 20년간 프랑스에서 상영 금지되었다.) 그는 해리와 큐브릭에게 스튜디오가 이미 보유한 작품들만 영화화해야 한다고 친절하게 설명했다.

가능한 작품들을 조사한 후 큐브릭은 막스 오퓔스의 〈미지의 여인으로부터 온 편지Letter from an Unknown Woman〉의 원작 소설 작가 스테판 츠바이크의 소설 《타버린 비밀Burning Secret》을 선정했다. 프로이트, 슈니츨러 등과 빈 출신의 동시대인이었던 츠바이크는 주로 부르주아 섹슈얼리티에 대한 소설을 썼다. 《타버린 비밀》은 바람난 어머니를 아버지로부터 보호하려는 한 소년의 오이디푸스적 이야기다. (이 소설은 1933년 독일에서 로버트 시오드막Robert Siodmak 감독에 의해 영화화되었고 1988년 독일과 영국 합작으로 다시 영화로 만들어졌다.) 시나리오를 발전시키기 위해, 해리스와 큐브릭은 얼마 전에 그들이 각색하려 했던 소설 《사생아》의 작가 칼더 윌링햄을 고용했다. (윌링햄은 이미 자신의 소설 《남자의 끝End as a Man》을 각색하여 〈낯선 사람The Strange One〉[1957]이라는 영화 제목을 달았다. 이 작품은 군사 학교의 생활을 솔직하게 다룬 인상적 영화였는데, 젊은 벤 가자라의 연기가 훌륭했다.) 한편, 큐브릭은 MGM과 함께 일하면서 동시에 짐 톰슨과 〈영광의 길Paths of Glory〉(1957) 시나리오 작업을 진행했다.

윌링햄의 《타버린 비밀》 각색 작업은 검열 문제로 늦춰졌고 스튜디오의 정치적이고 경제적인 문제의 희생양이 되었다. 1년도 안 되어서 제작 책임자 도어 샤리가 해고되고 해리스와 큐브릭도 인정사정없이 쫓겨났다. 전체 영화 산업 구도가 바뀌고 있었다. MGM은 〈후트태니 후트Hootenanny Hoot〉(1963) 같은 이상한 작품을 배급했고, 영화 산업은 자기 프로덕션을 가진 제작자와 스타들에 의해 좌지우지되었다. 그럼에도 불구하고, 큐브릭처럼 재능 있는 사람들에게 기회가 주어지는 새로운 조건이 만들어지고 있었다. 그는 곧 강력하고 지적인 스타 한 명을 알게 된다.

근육질이면서, 턱 보조개를 지닌 매우 감성적인 배우 커크 더글러스는 〈형사 이야기*Detective Story*〉(윌리엄 와일러, 1951), 〈열정의 랩소디*Lust for Life*〉 (빈센트 미넬리Vincente Minnelli, 1956) 등에서 생생한 존재감을 드러내면서 그 당시 최고의 명성을 누리고 있었다. 그는 큐브릭의 영화 〈살인〉에 대해 좋은 인상을 갖고 있었다. 더글러스는 칼더 윌링햄이 수정 작업을 하고 있던 〈영광의 길〉 시나리오를 본 다음, 주연 배우를 수락하고 유나이티드 아티스트가 그 영화에 투자 및 배급하도록 압력을 넣었다. 하지만 더글러스가 요구한 조건은 엄청났다. 해리스와 큐브릭은 더글러스의 브라이너 프로덕션Bryna Production Company으로 옮겨가야 했고, 큐브릭은 거기서 영화 다섯 편을 만들어 두 편에 더글러스를 주연으로 기용해야 했다. 해리스와 큐브릭은 이 계약을 받아들이기가 쉽지 않았지만 결국 수용했다. 얼마 후, 〈영광의 길〉은 약 100만 달러의 예산으로 촬영을 시작했다. 예산의 3분의 1은 스타의 몫이었고, 대부분 배우들은 큐브릭만큼이나 할리우드와 멀리 떨어진 독일 뮌헨 근처에서 일했다. 해리스와 큐브릭은 또다시 자신들의 개런티를 포기했고, 영화가 수익이 나면 그만큼 이익금을 분배받기로 했다.

더글러스와 큐브릭의 관계가 때때로 삐걱거렸지만, 〈영광의 길〉은 그의 감독 경력에서 가장 중요한 작품 가운데 하나였다. 큐브릭은 금전적 이익을 얻지는 못했지만, 엄청난 문화 자본과 스타와 작업한 평판을 얻었다. 더구나 그는 새로운 계약에 따라 더글러스의 다음 영화인 와이드 스크린 대서사극 〈스파르타쿠스*Spartacus*〉(1953)를 연출하게 되었다. 브라이너 프로덕션과 유니버설 픽처스가 1200만 달러의 예산으로 그 영화를 만들었다. 그 당시 이 작품은 미국 내에서 촬영된 가장 값비싼 영화였다. (몇몇 군중 신들은 스페인에서 촬영했지만, 거의 모든 신들이 유니버설 스튜디오의 옥외 촬영장에서 만들어졌다.) 그 전해에 MGM에서 리메이크했던 〈벤허*Ben-Hur*〉 (1959)가 좀 더 비쌌지만, 이 작품은 세금 혜택과 저임금을 위해 완전히 유럽에서 만들어졌다. 사실, 1960년대에 많은 값비싼 스펙터클들이 만들어지면서 국내 제작을 기피하는 사태가 벌어졌다. 그래서 많은 영화 관계자들은 〈스파르타쿠스〉가 어떻게 할리우드에서 만들어질 수 있을지 의문을 제기했다. 영화가 개봉되었을 때, 선출된 지 얼마 안 된 존 F. 케네디 대통령이 워싱턴의 단골 극장에서 영화를 관람했다. 그는 미국 내 투자 활성화를 위해 더글러스와 유니버설 스튜디오의 시도에 특별한 관심을 보였다.

나는 〈스파르타쿠스〉에 대해 대부분의 평론가들이 말한 것과 같은 비평을 생략하고자 한다. 대신 이 영화가 고대 로마를 다룬 최고의 할리우드 영화 가운데 하나라고 평가한다. 이 영화는 로마인과 기독교인의 대립이 아니라 로마인과 노예들의 대립을 다루기 때문이다(비록 스파르타쿠스가 기독교인처럼 묘사된다고 할지라도 말이다). 이 영화는 문학적 대사와 효과적 액션 장면들, 그리고 영화 〈성의*The Robe*〉(1953)와 마찬가지 장르의 흔적을 감추는 정치적 메시지를 갖고 있다. 그럼에도 불구하고, 〈스파르타쿠스〉는 큐브릭의 영화 경력이나 작가적 개성과는 상당히 동떨어진 작품이다. 가끔 큐브릭이 기획한 것으로 여겨지는 노예 군대와 로마인 사이의 클라이맥스 전투 장면은 실제로는 솔 바스*Saul Bass*의 작품이었다. 영화의 잘 만든 부분 가운데 하나인 오프닝 시퀀스는 앤서니 만이 책임을 맡았다. 큐브릭은 주로 변태적 성애에 연관된 장면들을 연출한 것 같다. 로마 귀족과 아내들이 검투사 학교에 방문하거나 크라수스(로렌스 올리비에)와 그의 노예 안토니누스(토니 커티스)의 노골적인 동성애 대화 장면 같은 것들 말이다. 다른 곳에서 큐브릭은 올리비에와 찰스 로튼이라는 자기주장이 강한 두 배우들 사이의 갈등을 중재하는 안무가나 교통경찰 같은 역할을 담당했다. 그는 배역 선정과 시나리오 작업뿐만 아니라 편집에서도 자기 목소리를 낼 수 없었다. 큐브릭은 〈스파르타쿠스〉 시나리오를 싫어했다. 그는 그 시나리오가 "바보 같고," "이탈리아 국경에서 두 번이나 승리한 뒤 쉽게 도피했던 스파르타쿠스에 대해 알려진 사실에 충실하지 못했다"고 미셸 시멍에게 말했다. "이것은 영화가 숙고해야 할 가장 중요한 질문임에 틀림없다. 반역의 의도가 바뀌었던 것인가? 스파르타쿠스는 자유보다는 전리품에 관심이 더 많았던 반역의 지도자들에 대한 통제를 잃어버렸던 것일까?"[18] (커크 더글러스에 따르면, 그런 불만에도 불구하고 큐브릭은 블랙리스트에 오른 시나리오 작가 돌턴 트럼보Dalton Trumbo■에 대한 신뢰를 보냈다. 더글러스는 블랙리스트를 거부했고, 또한 재향군인회의 영화 보이콧 시도에 맞서 싸웠다.) 사태를 더 악화시킨 것은, 큐브릭이 유니버설의 베테랑으로 웰스의 〈악의 손길Touch of Evil〉(1958)과 더글러스 서크Douglas Sirk의 멜로드라마들을 찍었던 촬영감독 러셀 메티Russell Metty와 갈등을 빚은 일이었다. 아마도 메티의 비타협적 태도 때문에, 〈스파르타쿠스〉에서는 큐브릭 특유의 조명원이 거의 사용될 수 없었던 것 같다. 특히 〈배리 린든Barry Lyndon〉(1975)과는 현저히 다른, 로마식 토론장 안에서의 밝은 삼점 조명three-point lighting을 생각해 보라. 큐브릭은 〈스파르타쿠스〉에서의 교훈을 결코 잊을 수 없었다. 그

■ 돌턴 트럼보(1905~1976)는 미국의 극작가이자 소설가다. 1947년 반미활동조사위원회(HUAC)에서 증언을 거부한 작가와 감독들(이른바 할리우드 텐Hollywood Ten)에게 의회모독죄를 적용했는데, 트럼보도 '할리우드 텐' 중 한 명이었다. 감옥에서 나온 후 가명으로 대본을 쓰는 처지로 전락한다. 이렇게 블랙리스트에 올라 있던 트럼보에게 더글러스는 〈스파르타쿠스〉의 각본을 맡긴 것뿐만 아니라 영화 크레딧에 그의 이름을 올렸다. 이후 〈엑소더스〉 등의 극작가로 그의 이름이 공개적으로 발표되면서야 블랙리스트는 효력을 잃기 시작했다.

는 시명에게 다음과 같이 말했다. "제작자와 감독이 다르고, 감독은 단지 높은 급료를 받는 스태프일 뿐인 영화에서 감독의 한계는 명확하다. 〈스파르타쿠스〉는 나에게 평생의 교훈을 주었다"(p.151).

아이로니컬하게도, 〈스파르타쿠스〉는 큐브릭에게 처음으로 많은 돈을 벌게 해 주었다. (커크 더글러스는 이 영화에서 큰 이익을 남기지 못했다. 이 영화는 국내 임대 사업보다 훨씬 작은 비즈니스였다.) 큐브릭은 말론 브랜도가 만든 〈애꾸눈 잭*One-Eyed Jacks*〉(1961)을 도와주면서 계속 더 많은 돈을 벌었다. 이 영화에서 큐브릭은 연출에 전혀 참여하지 않았는데, 다시 제작자-스타를 위해 일해야 하는 상황에 좌절감을 느꼈다. 그가 〈애꾸눈 잭〉에 참여한 기간은 짧았지만, 완성된 영화의 군데군데 그의 흔적이 배어난다. 그 이유는 아마도 그의 이전 협력자 두 명이 이 영화에 남아 있었기 때문이었다. 칼더 빌링햄이 시나리오를 쓰고 티모시 캐리가 지저분하고 가학적인 카우보이 역을 잘 수행했다. 브랜도가 감독한 이 영화는 예정된 해피 엔딩을 빼고는 예외적으로 훌륭한 서부극이었다.

이 시기 동안 큐브릭과 해리스는 더 많은 영화들을 같이 만들려고 계획했다. 그중 하나가 커크 더글러스의 영화사를 위해, 큐브릭과 짐 톰슨이 금고털이범 허버트 윌슨의 자서전에 기초해서 시나리오를 쓴 〈내가 1600만 달러를 훔쳤다*I Stole $16,000,000*〉였다. 다른 하나는, 미국 독립전쟁에서 활동한 남부군 게릴라들에 대한 큐브릭의 미완성 시나리오 〈제7버지니아 기갑 부대*The 7th Virginia Cavalry Raider*〉였다. 또 다른 시나리오는 2차 세계 대전 마지막 날의 독일군 낙하산 부대를 다룬 〈독일군 중위*The German Lieutenant*〉였는데, 앨런 라드를 배우로 기용할 계획이었다. (큐브릭과 리처드 애덤스Richard Adams가 쓴 그 시나리오는 제프리 콕스에 의해 세부적으로 다듬어졌다.)[19] 또한 해리스와 큐브릭은 초현실적 코미디언 어니 코박스가 리처드 퀴네Richard Quine의 〈매드 볼 작전Operation Mad Ball〉(1957)에서 연기한 캐릭터를 기초로 TV 풍자 시리즈물을 제작하려 했다. 한편, 큐브릭은 더글러스에게 계약을 풀어달라고 요구했고, 더글러스는 너그럽게 동의했다. 둘 사이의 감정의 골이 깊었지만, 더글러스는 큐브릭이 경력을 쌓는 데 많은 도움을 주었다. 할리우드가 관련되는 한, 큐브릭의 경력에 가장 큰 영향을 미친 것은 〈스파르타쿠스〉였다. 이 영화는 큐브릭이 빅 스타로 가득 찬 대형 영화를 관리할 수 있다는 것을 보여 주었다.

곧 다른 기회가 찾아왔다. 큐브릭과 해리스는 블라디미르 나보코프 Vladimir Nabokov의 《롤리타Lolita》를 출판도 되기 전에 읽었다. 리처드 드로체먼트와 다른 몇 사람들의 재촉으로 그들은 즉각 영화 판권을 구입했다. (《롤리타》의 논쟁적 주제에 대한 방지책으로, 그들은 《어둠 속의 웃음Laghter in the Dark》[1938]의 판권도 샀다. 나보코프의 이 초기 소설은 비슷하게 에로틱한 상황을 설정했는데, 독일 바이마르 공화국의 영화 산업적 배경에 저항하는 내용이었다.) 《롤리타》가 센세이셔널한 베스트셀러가 되었을 때, 워너 브러더스는 해리스-큐브릭 픽처스가 영화제작관리국(PCA)의 검열을 통과한다면, 100만 달러를 투자하겠다고 약속했다. 영화제작관리국의 일에 대한 잭 비자드Jack Vizzard의 설명에 따르면, 해리스, 큐브릭, 그리고 그 영화의 관계자들은 영화제작관리국과 가톨릭영화심의위원회의 검열 통과를 위한 조언과 도움을 얻기 위해 〈모션 픽처 데일리Motion Picture Daily〉의 편집인 마틴 퀴글리Martin Quigley를 고용했다.[20] 해리스와 큐브릭은 곧 워너 브러더스와의 협상을 포기했다. 스튜디오가 영화의 창조적 작업에 대해 너무 많은 통제를 하려했기 때문이었다. 그들은 컬럼비아 픽처스와 협상했지만 합의에 이르지 못했다. 결국 그들은 해리스의 학교 동창 인맥을 통해서 AAP(Associated Artists Productions)라는 새로운 회사의 사장 엘리엇 하이먼Eliot Hyman과 커크 더글러스의 이전 대리인이었던 레이 스타크Ray Stark의 투자를 이끌어 냈다. 큐브릭과 해리스는 〈롤리타Lolita〉(1962)를 영국에서 찍기로 결정했다. 당시 영국에는 '에디 플랜Eady Plan'▪이 실행되고 있었는데, 영국인을 80퍼센트 이상 고용하면 적지 않은 세금 혜택을 누릴 수 있었다. 이 플랜은 큐브릭에게 할리우드와 다른 방식의 비즈니스를 제공했고, 아마도 소설의 성적 주제를 더 대담하게 다룰 수 있도록 해 주었다. 그는 영국인들과 일하는 것을 즐겼고(비록 그들이 큐브릭을 '총독'이라고 불렀고 차 마실 시간을 요구하긴 했지만), 제작 시설들에 만족했다. 〈롤리타〉의 최종 예산은 거의 200만 달러에 달했고, 배급사 없이 제작되었지만 결국 MGM에 의해 개봉되었다. 이 영화는 비평적인 면에선 실패했지만, 해리스-큐브릭 픽처스에 미국에서 쓴 비용의 두 배에 달하는 엄청난 수익을 안겨 주었다.

〈스파르타쿠스〉에 거의 맞먹는 〈롤리타〉의 수익은 큐브릭에게 할리우드에서의 명성을 주었고, 그의 경력의 전환점이 되었다. 큐브릭은 블랙 유머와 희화화의 재능이 흘러넘치는 이후 많은 영화들을 영국에서 만들 수 있었다. 또한 그는 오랫동안 감독이 되기를 원했던 해리스와의 협력 작업을 끝내게 된다. 곧 해리스와 큐브릭은 다음 프로젝트를 기획하기 시작했다. 영국 소설가 피터 조지Peter George의 《적색경보Red Alert》를 기초로 한 핵전쟁에 대한 서스펜스 영화였다. 두 남자는 그들의 파트너십을 원만하게 풀어 갔다. 해리스는 몇몇 영화들을 직접 감독하기 시작했다. 우익적인 미국 해군 사령관이 소련 핵잠수함과 대립하는 서스펜스 멜

▪ 영국 영화 산업을 지원하기 위해 1957~1985년까지 실행되었다. 윌프레드 에디 경Sir Wilfred Eady의 이름에서 따왔으며, 극장 티켓에 세금을 부과한 일명 에디 과세도 그 진흥안의 일환이다.

로드라마 〈베드포드 사건The Bedford Incident〉(1965), 동화《잠자는 숲 속의 미녀》를 색다르게 개작한 〈섬 콜 잇 러빙Some Call It Loving〉(1973) 등을 만들었다. 한편, 큐브릭은 스스로 제작자가 되어 그의 창조적 삶의 새로운 단계로 들어간다.

큐브릭과 해리스가 작업하고 있던 서스펜스 영화는 〈닥터 스트레인지러브Dr. Strangelove or: How I Learned To Stop Worrying And Love The Bomb〉(1963~1964)로 바뀌었다. 컬럼비아 픽처스와 큐브릭의 새 회사 호크 필름스Hawk Films가 그 영화에 180만 달러를 투자했다. 피터 셀러스가 주연을 맡았는데, 그는 〈핑크 팬더The Pink Panther〉(1963)에서 조사관 클루소를 연기하면서 미국 영화계의 유명인이 된다. 컬럼비아는 그가 이 색다른 영화가 흥행할 수 있는 유일한 보증 수표라고 생각했다. 셀러스는 1959년 컬럼비아가 배급한 영국 코미디 〈약소국 그랜드 펜윅 이야기The Mouse That Roared〉에서 그의 트레이드마크가 되는 몇몇 캐릭터들을 연기했다. 셀러스는 이혼과 관련한 복잡한 상황에 처해 있었기 때문에 〈닥터 스트레인지러브〉를 영국에서 촬영하자고 고집했다. 할리우드를 혐오하고, 영국 스튜디오들을 뉴욕보다 더 우수하다고 간주했던 큐브릭은 기쁘게 그 제안을 받아들였다. 성공할 확률이 낮은 비정통적인 〈닥터 스트레인지러브〉가 완성되었을 때, 컬럼비아 경영진은 이 영화를 매우 싫어했다. 최초 시사 이후에 큐브릭은 미친 듯이 파이를 던지는 엔딩 시퀀스를 빼 버리고 수정했다. 그러나 〈닥터 스트레인지러브〉는 젊은 관객들을 끌어 모았고 1964년 컬럼비아의 최대 히트작으로 국내 박스오피스에서 500만 달러 이상을 벌어들인 유일한 작품이 되었다. 로버트 스클라와 찰스 멀랜드Charles Maland는 〈닥터 스트레인지러브〉가 1960년대 후반 젊은이들의 반란을 예견하듯이 대도시나 대학 도시들에서 큰 성공을 거두었다고 지적한다.[21] 젊은 관객층은 이후 15년 동안 계속 큐브릭을 지지하지만 그의 영화는 지방 관객들을 끌어들이기 힘들었고 결국 여러 문제들을 일으킨다.

큐브릭은 맨해튼으로 돌아가서 더 위험한 프로젝트를 계속했다. 그와 아서 클라크는 "우주여행*Journey beyond the Stars*"으로 이름 붙여진, 결국 나중에 〈2001 스페이스 오디세이〉가 되는 SF 영화의 '소설화' 작업을 진행했다. MGM은 시네라마 코퍼레이션the Cinerama Corporation과 함께 그 영화의 투자 배급에 동의했는데, 투자액의 6퍼센트 이자, 절반의 소유권, 영구 배급권 등을 내걸었다. 큐브릭은 다시 영국에서의 촬영과 편집을 선택했다. 이번에는 보어햄 우드Boreham Wood에 있는 MGM 스튜디오였다. 초기 제작 비용은 600만 달러이었지만, 큐브릭의 혁신적 특수 효과는 최종 네거티브의 가격을 1096만 4080달러까지 끌어올렸다. 투자 계약에 따르면, 큐브릭의 제작사는 MGM이 총 제작비와 광고비의 2.2배를 벌어들이기 전에 수익(총 임대료의 25퍼센트)을 한 푼도 받을 수 없었다(Sklar, p.118). 할리우드 경영진의 실망스런 반응과 뉴욕 비평가들의 혹평을 받은 첫 시사회 이후, 큐브릭은 불가사의한 이 영화의 러닝 타임 19분가량을 잘라내고, 새로운 제목을 붙였다. 〈2001 스페이스 오디세이〉는 MGM 역사상 최고의 수익을 벌어들인 작품 중 하나였지만, 오랫동안 큐브릭은 어떤 수익도 분배받지 못했다. 1973년 이 영화는 국내외에서 거의 2800만 달러를 벌어들였고, MGM은 여전히 투자액의 6퍼센트 이자를 분배받았다. 로버트 스클라에 따르면, 적어도 1978년까지 〈2001 스페이스 오디세이〉의 독립 제작사와 배급사의 관계는 "1950년대 큐브릭이 저예산 영화 제작을 통해 경험했던 기준과 별 차이가 없었다"(p.119).

〈2001 스페이스 오디세이〉에 이어서, 큐브릭은 변증법적으로 대립되는 장르의 야심작을 기획했다. 그것은 군사적 천재이자 과학과 예술의 세계에서 누구보다 창조적 황제였던 나폴레옹 보나파르트에 관한 서사극이었다. 나폴레옹은 근대 유럽의 탄생에 일조한 것으로 인정된다. 프로메테우스처럼 강하고 독창적이며 어떤 의미에서 비극적 인물이었던 나폴레옹은 현대사에서 가장 정치적이고 성적으로 매력적인 인물이었다. 프로이트와 니체는 흥미롭게 그를 기술했고, 많은 전기 작가들과 영화 제작자들은 그의 영웅적이면서 우직하고 때때로 약탈적인 모험담을 즐겨 이야기했다. 아마도 큐브릭은 어느 정도 자신과 그를 동일시했다. 큐브릭이 제안한 이 세 시간짜리 영화는 유고슬라비아, 이탈리아 등 유럽 각지에서 촬영될 예정이었고, 위대한 장군만이 가진 번득이는 재치, 관리 기술, 백과사전적 지식을 요구했다. 큐브릭은 나폴레옹에 대한 방대한 자료를 쌓아 두었고, 옥스퍼드대 대학원생들을 고용해서 나폴레옹의 일상을 편집했고, 나폴레옹 시대에 관한 1만 5000점 이상의 컴퓨터 사진 파일을 만들었다. 그는 역사가 펠릭스 마크햄Felix Markham에게 영화에 관한 조언을 구했고, 마크햄의 나폴레옹 전기를 주요한 대본 자료로 활용했다. 시나리오는 1968년 11월에 완성되어 MGM에 넘겨졌다. 시나리오에 첨부한 메모에서 큐브릭은 MGM 경영진에게 제작비를 낮추기 위한 계획을 설명했다. 그의 복안은 덜 알려진 배우(그는 나폴레옹 역할에 1969년 〈이지 라이더*Easy Rider*〉로 아카데미 조연상을 타게 되는 잭 니콜슨을 염두에 두었다)를 기용하고, 유고슬라비아의 값싼 엑스트라들을 고용하고, 〈2001 스페이스 오디세이〉에서 그가 고안한 프론트 프로젝션 시스템the front-projection system을 이용한다는 것이었다. 그는 초고속 렌즈와 특수 필름을 이용해서, 대형 세트 제작을 피하고자 했다. 또 실내에서 촛불 조명으로 촬영하고자 했다.

큐브릭의 〈나폴레옹〉 시나리오는 한때 온라인에서 볼 수 있었고 아마도 곧 출판될 것 같다. 그것은 아마도 결국 위대한 영화의 역사에 기록되고, 일반적인 의미에서 큐브릭의 가장 아쉬운 미완의 대작으로 남을 것이다. 심지어 큐브릭의 기준에서조차 특이하게 이 시나리오는 신처럼 역사적인 내레이터의 목소리와 나폴레옹의 주관적 목소리가 뒤섞인 수많은 오프 스크린 내레이션을 가지고 있다. (예를 들어, 나폴레옹이 조세핀에게 보낸 긴 편지의 발췌본에서 그 내레이션을 들을 수 있다. 그때 그의 군사 작전은 조세핀과 젊은 사무관 사이의 파리에서의 연애 장면과 교차 편집된다.) 전쟁 시퀀스들은 의심의 여지없이 큐브릭 특유의 기법으로 수행되었겠지만, 시나리오는 나폴레옹의 성생활의 드라마화에 똑같이 관심을 기울였다. 어느 정도 프로이트식으로, 시나리오는 황제를 어머니의 아들로 묘사했고, 그의 일생의 연인 조세핀의 방을 에로틱한 감정이 최고로 고조된 거울 침대로 꾸몄다. 정치적 장면들에서 나폴레옹은 복합적 인물로 그려졌다. 그는 계몽주의 이상을 전파한 뛰어난 지도자였으며, 도를 넘은 전쟁 속에서 살다 간 독재자였고, 러시아에서의 군사 작전을 무시하고 자신의 다국적 연합군the Grand Army에게 '수천 마일의 무작정 진격'을 명령한 미신적 이상가였다.[22] 큐브릭의 많은 다른 영화들처럼, 그 영화는 사회에 대한 비관적 시각을 함축하고 있다. 즉 인간성은 치명적 결함을 갖고 있으며, 심지어 진보적 제도조차 승화된 폭력이자 권력 의지일 뿐이다.

〈나폴레옹〉 프로젝트에 대한 그의 모든 노력에도 불구하고, 큐브릭과 동료 잔 할랜Jan Harlan(큐브릭의 처남)은 영화에 대한 투자를 끌어낼 수 없었다. MGM과 유나이티드 아티스트는 투자를 거부했다. 그 이유는 부분적으로 영화 산업이 침체에 빠졌기 때문이었다. 또한 큐브릭이 시나리오를 제출한 바로 그 시점에 개봉된 세르게이 본다츄크Sergei Bondarchuck의 〈워털루Waterloo〉(1970)가 엄청난 실패를 했기 때문이기도 했다. 하지만 워너 브러더스가 감독이 받을 수 있는 가장 매력적인 계약을 제시했을 때 큐브릭의 실망은 훨씬 나아졌을 것이다.

　1970년 워너 브러더스의 제작 담당 부사장 존 캘리John Calley는 큐브릭과 영화 세 편을 계약했다. 큐브릭은 이 계약을 통해서 워너 브러더스와 독특한 관계를 갖게 되었다. 이 계약에 따르면, 그는 영국에 계속 남을 수 있었고, 워너 브러더스의 영국 지사는 그가 연출할 영화들의 시나리오 구입과 제작 과정 전반에 대해 투자한다는 것이다. 그는 영화에 대한 최종 편집권을 보장받을 뿐만 아니라 자신의 회사 호크 필름스는 수익의 40퍼센트를 받는다.[23] 이 계약에 따른 첫 번째 작품 〈시계태엽 오렌지A Clockwork Orange〉(1971)는 200만 달러의 예산을 할당받았다. 1982년까지 이 영화는 4000만 달러의 수익을 냈고, 큐브릭 영화 경력에서 가장 많은 이익을 남겼으며, 지난 10년간 워너 브러더스의 최대 흥행작이었다(Sklar, p.121). 더구나 그 이익은 〈시계태엽 오렌지〉가 제한 상영된 와중에 달성되었다. 영국에서 개봉된 지 얼마 후, 영국 언론은 모방 범죄를 부추긴다고 이 영화를 비난했다. 이에 맞서 큐브릭은 평생토록 〈시계태엽 오렌지〉를 영국에서 상영하지 못하도록 했다. 이것은 그 당시 어떤 감독도 할 수 없었던 특별한 조치였다.

　〈시계태엽 오렌지〉의 성공은 부분적으로 큐브릭의 마케팅 캠페인 때문에 가능했다. 가끔씩 그는 영화의 프로모션과 상영에 직접 나서거나 조력자들을 보내 상영을 통제하기도 했다. 예를 들어, 1962년 8월에 그는 편집자 앤서니 하비Anthony Harvey에게 편지를 써서 런던의 극장들에서 〈롤리타〉를 상영하기 전에 점검해 달라고 요청했다. "극장 상영 프린트를 날마다 상영 전에 체크해 주세요. 빈 극장에서 사운드 레벨을 크게 맞춰 보는 게 좋겠군요. 극장에 사운드가 가득 찼을 때, 음질을 가장 잘 알 수 있어요."[24] 그는 또한 영화 포스터 디자이너들, 광고업자들, 예고편 제작자들을 고용하는 데 많은 관심을 기울였다. 예를 들면, 〈닥터 스트레인지 러브〉의 인상적으로 편집된 재미있는 예고편은 이 영화의 타이틀을 만들어서 인기 있는 디자이너가 된 파블로 페로Pablo Ferro가 만들었다.[25] 〈시계 태엽 오렌지〉의 예고편 역시 훌륭하다. 그것은 초고속 템포로 편집되었고 영화 관객들을 위한 일종의 '로도비코 요법Lodovico treatment'▪의 효과를 만들어 냈다. 이 특별한 영화의 성공에서 더 중요한 것은, 특정한 관객들에 대한 프로모션 캠페인을 통해서 주요 언론들의 논란거리를 피해가는 큐브릭의 능력이었다. 워너 브러더스에 보낸 1971년 10월 22일자 편지에서 큐브릭의 영화사 동료 마이크 캐플란Mike Kaplan은 "큐브릭은 특히 대학교 언더그라운드 문화에 관심이 많았다. 이들이 〈시계태엽 오렌지〉의 주요 관객층이었고, 가장 강력한 큐브릭의 추종자들이었으며, 그 책에 가장 친숙했다"고 말했다. 캐플란은 뉴욕, 로스앤젤레스, 샌프란시스코, 토론토 같은 대도시뿐만 아니라, 캘리포니아의 대학 신문에 광고하는 전략을 짰다. 특히 〈LA 프리 프레스LA Free Press〉, 〈빌리지 보이스Village Voice〉, 〈이스트 빌리지 아더East Village Other〉, 〈버클리 바브Bereley Barb〉, 〈어스Earth〉, 〈램파츠 앤드 스크류Ramparts and Screw〉 등이 캠페인을 위해 중요했다. 캐플란은 FM 라디오, '진보적' 록 음악 방송, 〈2001 스페이스 오디세이〉 사운드트랙을 종종 틀어 주는 클래식 음악 방송 등에 〈시계태엽 오렌지〉를 광고해야 한다고 강조했다. 마지막으로, 그는 "거의 영화 광고를 한 적이 없는" 〈뉴욕 북 리뷰New York Review of Books〉에 "작고 신중

▪ 〈시계태엽 오렌지〉에 나오는 정부의 범죄 퇴치 프로그램으로, 폭력적인 성향을 인위적으로 제거하는 것이다. 알렉스가 이를 통해 시계태엽 장치처럼 기계적인 인간으로 탈바꿈하게 된다.

한 광고들"을 게재할 것을 제안했다.[26] 한편, 〈버라이어티 *Variety*〉는 큐브릭이 미국과 외국 시장에 대한 데이터뱅크를 축적해서 세계적인 판매 전략을 발전시켰다고 보도했다. 그 잡지에 따르면, 이 계획은 아주 성공적이어서, 큐브릭은 워너 브러더스 인터내셔널 최고 경영자 노먼 카츠Norman Katz를 이 계획에 끌어들일 수 있었다. 워너 브러더스 사장 테드 애슐리 Ted Ashley는 큐브릭이 '미학'과 '재정적 책임감'을 결합할 줄 아는 천재라고 선언했다(Sklar, p.121).

큐브릭은 자신의 남은 경력을 워너 브러더스와 함께 했다. 토마스 앨새서에 따르면, 큐브릭은 최고 경영자 스티브 로스Steve Ross(스티븐 스필버그의 친구이기도 하다), 부사장 테리 세멜Terry Semel, 런던 지사장 줄리언 시니어Julian Senior 등과 '개인적 유대 관계'를 형성했다(p.138). 1970년대 초 큐브릭의 입지가 강화된 것은 '뉴 할리우드' 현상과 관련이 있다. 그는 어느 정도 이 현상을 앞서 갔다. '뉴 할리우드' 현상은 미국 상영 시스템의 상대적 독립성, 검열의 자유화, '청년 문화'의 출현 등에 의해 가능했다. 스티븐 스필버그Steven Spielberg, 로버트 알트만Robert Altman, 마틴 스콜세지Martin Scorsese, 프랜시스 포드 코폴라Francis Ford Coppola, 조지 루카스 George Lucas 등이 이 시기에 활약했다. 1970년대 후반까지 스필버그와 루카스는 큐브릭이 이용했던 것과 똑같은 영국 시설들에서 할리우드 블록버스터 영화들을 만들었다. 그러나 관객을 동원하는 큐브릭의 능력은 끝나는 듯했다. 〈시계태엽 오렌지〉의 성공 이후, 그는 오랫동안 구상했던 역사 영화를 만들기로 결정했다. 그 결과물이 미완의 프로젝트 〈나폴레옹〉과 많은 부분에서 주제와 기법이 비슷했던 〈배리 린든〉이었다. 제작하는데 3년이나 걸린 이 영화는 3시간을 약간 넘기는 상영 시간에, 1100만 달러가 투자되었다. 미국 내 초기 상영에서 단지 920만 달러를 벌어들였고,

그해의 수익 부분에서 톱 25위 안에도 들지 못했다. 유럽의 상황이 더 좋았던 덕분에 결국 이익을 남기긴 했지만, 〈버라이어티〉는 이 영화를 '흥행 실패작'으로 분류했다(Sklar, p.121).

영화업계지의 기자들은 큐브릭의 거만함을 비난했다. 그것은 큐브릭이 〈배리 린든〉의 촬영장에 그들을 들여놓지 않았고, 제작의 성격을 주로 비밀에 부쳤기 때문이었다. 1960년대 후반 이래로, 아마도 그의 영화에 대한 미국의 전반적인 혹평에 맞서서, 그는 작품 진행에 대한 취재 사진을 거절했다. 하지만 〈배리 린든〉의 더 큰 문제는, 특히 배급의 측면에서 영화 산업이 변화하고 있다는 사실이었다. 그해 최대 흥행작 〈조스*Jaws*〉는 1억 3300만 달러를 벌어들였는데, 이전 기록의 거의 두 배에 달했다. 이 경험에서 영화사들은 새로운 마케팅 전략을 배웠다. '텐트 폴tent-pole'■ 영화들을 모든 극장에 가득 채워 넣는 전략, 대규모 TV 광고와 프로모션 캠페인, 시사회를 통한 수익 창출, 극장 상영 시간의 보장 등 다양한 방식들이 동원되었다(Sklar, p.121). 기업적 사고방식과 큰돈을 노리는 전략이 점점 더 확산되었다. 1980년대 로널드 레이건이 대통령이 되었고, 영화사들은 다시 합종연횡하면서 통폐합되었다. 이제 '뉴 할리우드'의 시대는 지나갔다.

큐브릭은 변화하고 있는 시대에 직면해 매우 상업적인 프로젝트로 대응했다. 〈샤이닝〉은 스티븐 킹Stephen King의 소설에 기초한 공포 영화로 잭 니콜슨이 주연을 맡았다. (그는 워너 브러더스에서 가장 수익률이 높은 작품

■ 텐트 폴(천막 기둥) 전략은 단기간에 대규모로 예산과 프로모션을 집중하여 빠르게 영화 수익을 창출하는 것을 말한다. 블록버스터 영화는 극장 개봉과 동시에 장난감·게임 등 다양한 부가 상품 판매 비지니스를 동반한다.

중 하나였던 〈엑소시스트*The Exorcist*〉[1973]의 감독직을 거절했다.) 〈샤이닝〉은 1800
만 달러를 투자해서 미국 내에서 거의 4000만 달러를 벌었다. 괜찮은 성
적이었지만, 루카스의 〈제국의 역습*The Empire Strikes Back*〉이 1억 4000만
달러를 번 것에 비하면 그렇게 인상적이지는 못했다. 로버트 스클라에 따
르면, '미학'과 '재정적 책임감' 사이의 격차가 점점 더 커지고 있었고, 큐
브릭의 영화들은 교양 있는 도시 관객들을 넘어서 흥행하기 더욱 힘들어
지고 있었다(Sklar, p.123). 그럼에도 불구하고 워너 브러더스는 여전히 큐
브릭을 신뢰했다. 테리 세멜은 큐브릭이 월스트리트에서 워너 브러더스의
이미지를 강화시켰고, 그의 후기작들이 상대적으로 작고 효과적으로 촬
영되었다는 사실에 만족했다. 〈풀 메탈 재킷*Full Metal Jacket*〉(1987)은 베
트남전쟁의 불편한 진실을 다룬 영화들 중에서 비교적 나중에 등장했다.
이 영화는 1700만 달러를 투자해서 미국 내에서 거의 2300만 달러를 벌
어들였다(Cook, p.525). 그 외에도, 적어도 두 가지 프로젝트가 있었다. 하
나는 〈아리안 페이퍼스*The Aryan Papers*〉였는데, 2차 세계 대전 동안 비유
대인으로 가장한 어느 유대인의 이야기를 다룬 루이스 버글리Louis Begley
의 소설 《전쟁 거짓말*Wartime Lies*》에 기초했다. 다른 하나는, 〈A. I.〉였다.
이는 버려진 미래의 로봇 소년을 다룬 브라이언 올디스Brian Aldiss의 단편
소설에 바탕을 두었다. 큐브릭의 마지막 영화인 〈아이즈 와이드 셧〉은 톰
크루즈와 니콜 키드먼이 주연을 맡았다. 촬영에 엄청난 시간이 걸렸으며,
영화 산업의 대규모 인플레이션을 반영하는 6500만 달러의 예산을 쏟아
부었다. 미국 관객들은 심리 스릴러나 섹스 쇼를 보기 원했지만, 그런 기
대와 달리 〈아이즈 와이드 셧〉은 지난 십여 년간 가장 특이한 영화 중 하
나였다. 영화 티켓 가격이 매우 비싸게 오른 때임을 감안해도,[27] 〈아이즈
와이드 셧〉의 미국 내 초기 수입은 실망스럽게도 5600만 달러 정도였다.

박스 오피스 수익의 변동에도 불구하고, 큐브릭의 경력은 결코 상업적으로 축소되지 않았다. 20세기가 끝났을 때 그는 나이든 독불장군에 그칠 수도 있었지만, 40년 이상 할리우드에서 뛰어난 이미지를 유지했고, 언제나 자신과 스튜디오를 위해 돈을 벌어들이는 영리한 흥행사였다. 비록 그가 스필버그, 루카스, 제임스 카메론만큼 성공하지 못했지만, 그는 더 일관되게 예술적으로 감명 깊은 영화들을 만들었다. 생애 마지막에 그가 미국작가조합the Director's Guild of America으로부터 그리피스상the D. W. Griffith Award을 수상했을 때, 수락 연설에서 그는 커다란 예술적 야심에 대한 믿음을 내비쳤다. 그는 그리피스의 영화 인생이 종종 이카루스 신화에 비교되어 왔다는 점을 상기시켰다. "하지만 동시에 나는 잘 모르겠습니다. 이카루스 이야기의 교훈이 일반적으로 받아들여지는 것처럼 단지 '너무 높이 날려고 하지 마라'는 것인지, 아니면 '밀랍과 깃털 대신에 날개를 더 잘 만들어라'는 것인지 말입니다."

3

그로테스크의 미학

작가, 화가, 영화 감독 등은 그들이 무언가 말하기를 원하기 때문에 활동하는 것이 아니다. 그들은 무언가를 느끼고 있다.

– 스탠리 큐브릭, 〈옵저버*The Observer*〉, 1960. 12. 4, 런던.

큐브릭의 영화 인생에 대해 앞서 말한 배경 지식과 함께 나는 이제 작가적 스타일의 문제, 특히 큐브릭 영화의 정서적 특성의 문제로 돌아간다. 나는 이 이슈를 특히 강조해 왔다. 대부분의 비평가들이 큐브릭을 철학 사상가처럼 다루는 경향에 대해 반대하기 때문이다. 그의 작품의 지적 차원을 등한히 할 수 없지만, 우리는 그가 주로 감정의 문제를 다룬 예술가라는 사실을 처음부터 이해해야 한다.

이런 논의가 쉽지는 않다. 영화의 스타일 분석을 통해서 어떻게 우리가 영화의 색조, 분위기, 복합적 정서를 말할 수 있겠는가? 이 모든 것들은 주관적으로 지각되고 단지 빈약한 형용사로 묘사될 수 있을 뿐이지 않은가? 그런 의문은 특히 큐브릭 같은 감독을 연구할 때 제기된다. 그의 영화들은 아마도 그 자신의 개성의 표현일 테지만, 종종 '싸늘하고' '차가운' 정서적 느낌을 갖는다고 알려져 왔다. 아마도 큐브릭의 드러난 이미지가 이런 식의 반응에 대해 무언가 기여했을 것이다. 대체로 그의 이미지는 지적인 미스터 쿨Mr. Cool이자, 학구적인 턱수염을 기른 터프 가이였다. 예를 들면, 그의 초기 공동 작업자였던 재능 있는 소설가 칼더 윌링햄은, 〈영광의 길〉에서 큐브릭의 주요 결점을 이렇게 말했다. "이야기 속의 인물들에 대한 거의 사이코 같은 냉정함과 차가움…… 그는 사람들을 별로 좋아하지 않았다. 사람들이 끔찍한 짓을 저질렀거나, 그들의 어리석음이 너무나 악의적이어서 무서울 정도로 재미있을 때에만 겨우 관심을 보였다."[28]

많은 사람들이 큐브릭 영화에 대해 그런 식으로 말했다. 폴린 케일은 큐브릭 영화의 '극단적 정신arctic spirit'에 대해 언급했다. 결국 큐브릭의 친구들이 그를 방어하기 위해 나서야 했다. 그들은 큐브릭의 가족에 대한 사랑, 길 잃은 동물들과 애완동물들에 대한 깊은 애정 등에 대해 말했다. 마이클 헤어는 자서전에서 〈풀 메탈 재킷〉 때 큐브릭과 함께 일한 경험에 대해 말했다. "나는 큐브릭을 냉혈한으로 간주하는 수십 편의 글들과 몇 권의 책을 알고 있다. 하지만 이 글들은 분명히 그에 대해 전혀 알지 못했던 사람들이 썼을 것이다."[29] 헤어는 큐브릭을 '사교적'이고 명랑한 사람으로 묘사한다. 헤어는 큐브릭의 성격이 레니 브루스Lenny Bruce ▪를 닮았고, 종종 공격적 유머로 대화에 생기를 불어넣었다고 말한다. 큐브릭의 영화

▪ 레니 브루스(1925~1966)는 미국의 스탠드업 코미디언으로, 사회 비판과 풍자로 유명하다. 그의 일대기를 다룬 영화 〈레니Lenny〉(감독 밥 포스, 주연 더스틴 호프먼, 1974)가 있다.

에 대해서, 그의 악명 높은 냉정함coolness이 영화 속의 황폐하고 결핍된 느낌을 낳았다는 비판에 대해서 헤어는 강력히 반박한다. 사실 〈롤리타〉 나 〈배리 린든〉을 본 사람이라면 큐브릭이 냉정한 사람이라고 비난할 수 없을 듯하다.

헤어의 논평을 제쳐두고, 계속 늘어나는 큐브릭에 관한 책들에서 논의된 것처럼 그의 스타일의 특징은 냉정한 느낌, 완벽주의 분위기, 미학적 객관성 등을 보여 준다고 말할 수 있다. 〈타임〉지는 언젠가 그의 사진 이미지를 '보석 세공처럼 정교'하다고 평가했다.[30] 그 이미지는 시각적 자극과 꽤 단단한 빛의 재료들에 의존했고, 딥 포커스와 수정처럼 맑은 해상도를 선호했다. 그것은 마치 미첼 뷰파인더 같은 정교한 광학 장치의 그라운드 글라스를 통해 본 세계처럼 보였다.[31] 큐브릭은 또한 와이드 앵글 렌즈를 선호했다. 그는 그것을 오슨 웰스처럼 사용했는데, 괴상하고 왜곡되고, 때로 희화화된 공간감을 창조했다. 웰스와 막스 오퓔스처럼, 그는 움직이는 카메라의 거장이었다. 단지 더 엄격하게 기하학적인 느낌을 만들어 낼 때를 제외하고, 그의 움직이는 카메라는 캐릭터들을 옆으로 훑고 앞쪽의 지나가는 대상들을 따라간다. 그의 카메라 트래킹은 임박한 파국을 향해 끊임없이 공포스런 복도를 따라 내려간다. 그것은 군사 작전 때 거침없는 행진과 같다. 이 기법에 대항하는 것이 핸드헬드 카메라 숏들의 반복적 사용이다. 이 숏들은 종종 기이한 앵글로 폭력적 싸움을 묘사한다. 기하학적 트래킹과 변화무쌍한 핸드헬드 카메라 운동 사이의 급격한 변화가 배우들의 연기와 함께 어우러진다. 배우들은 두 가지 방식으로 영화 자연주의에서 떨어져 나온다. 하나는 느릿느릿하고 때로 부조리극의 대화 같은 방식으로 이루어진다. 비록 진부하다 할지라도, 모든 연기에 똑같은 무게가 주어진다. (〈2001 스페이스 오디세이〉에서 비행사들의 교대 장면이나 〈아이즈 와이드 셧〉에서 거의 모든 대화 장면을 생각해 보라.) 다른 하나는 삐딱하고 과장된 외모와 제스처를 통해 이루어진다. (〈닥터 스트레인지러브〉에서 조지 스콧과 〈시계태엽 오렌지〉에서 맬컴 맥다월을 보라.) 두 가지 기법 모두 관객들과의 거리두기 효과를 만들어 낸다. 큐브릭은 멜로드라마나 감상주의를 회피하기 위해 일관되게 이 기법을 사용한다. 거의 모든 그의 영화들은 확실히 풍자적이고, 결점이 많고 범죄적이며 심지어 괴물 같은 주인공들에 초점을 맞춘다.

하지만 이런 중요한 형식적, 주제적 특징들은 큐브릭 영화의 전형적 장면 효과를 설명하기에 충분하지 않다. 예를 들어, 스트레인지러브 박사가 휠체어를 들어 올리면서 트위스트 스텝을 밟으며 극적 흥분감에 "총통, 나는 걸을 수 있다"고 외칠 때, 정확히 이 영화에 적합한 반응은 어떤 것일까? 〈시계태엽 오렌지〉에서 알렉스가 커다란 세라믹 페니스로 캣 레이디의 머리를 내려칠 때는 어떤가? 〈배리 린든〉에서 신이 난 웃음소리가 병든 기침소리와 심장병으로 바뀌는 반신불수의 찰스 경의 경우는 어떤가? 결혼한 '늙은 정자 은행'에 대해 시끄럽게 투덜거리는 〈샤이닝〉의 잭은 어떤가? 확실히 이 장면들은 블랙 유머이긴 하지만 충격, 혐오, 공포, 외설적 재미와 사디즘적인 기쁨 같은 어떤 다른 종류의 감정을 자극한다. 이른바 큐브릭의 냉정함이 창출하는 효과와 영향들을 이해하기 위해서, 아마도 그로테스크 미학이라는 용어를 검토해야 할 것 같다. 이 용어는 문학과 예술 비평에서 종종 사용되지만, 영화 비평에서는 아직 드물다. 하지만 무엇보다 일상적 어법으로 '그로테스크'는 단순히 '괴이하고 추악한' 것을 의미하기 때문에, 이 용어의 문화적 역사와 시적 함의를 간략히 검토해야 할 듯하다.

예술사에서 많은 중요한 범주들과 달리, '그로테스크'라는 용어는 꽤 구체적인 탄생일을 갖고 있다. 그것은 대략 1500년경에 생겨났다. 그 당시 로마 발굴단이 일련의 장식 벽화들을 발굴했는데, 벽화는 동물, 식물, 광물 이미지들이 기이하게 뒤섞여서 의도적으로 생물과 무생물을 혼란스럽게 만들었다. 인간의 머리가 나무에서 자라고, 동물의 얼굴이 인간 몸에 붙어 있고, 화환이 촛대에서 솟아나는 등의 그림이 그려져 있었다. 아우구스투스 시대의 고전 작가 비트루비우스Vitruvius는 그 그림들을 '괴물 같고' '잡종과 같다'고 비난했다. 이 벽화들은 주로 고대 로마식 정원의 인공 암굴인 그로테grotte에서 발견되었다. 이 '지하' 발굴품으로부터 형용사 그로테스코grottesco와 명사 그로테스카la grottesca가 생겨났다. 처음에 두 낱말은 단지 고대 장식 스타일을 의미했지만, 얼마 지나지 않아 프랑스 작가 라블레는 '그로테스크grotesque'를 인간 육체의 기형적이고 '저급한' 측면을 묘사하기 위해 사용했다. 18세기 영국과 독일에서 그로테스크는 예술적 회화화와 관련해서 경멸과 비난의 의미를 함축했다. 결국 빅토리아 시대에 영국 예술사가 존 러스킨John Ruskin은 이 용어의 거의 모든 이후의 사용법에 영향을 끼친 중요한 정의를 내렸다.《베니스의 돌 *The Stones of Venice*》(1851~1853)에서 러스킨은 "짐승처럼 비열하게 곁눈질하는 괴기스런" 머리들이 주렁주렁 달린 모습을 묘사한다. 그것들은 탄식의 다리the Bridge of Sighs▪를 비롯해서 베니스의 여러 상징물에 조각된다. 그는 멍청한 조롱거리로 고안된 이 조각들에서 다음의 이론을 발전시킨다.

▪ 1600~1603년에 만든 베니스의 두칼레 궁전과 작은 운하를 사이에 둔 감옥을 잇는 다리로, 죄인이 법정으로 끌려 갈 때 이곳을 건넜다. 다리의 이름은 바이런의 시〈차일드 해럴드의 여행〉에 나오는 구절에서 유래한다.

거의 모든 경우에, 그로테스크는 두 가지 요소들로 구성된다. 하나는 우스 꽝스럽고, 다른 하나는 공포스럽다. 어느 것이 우세한가에 따라서 그로테 스크는 쾌활한 그로테스크sportive grotesque와 끔찍한 그로테스크terrible grotesque로 나뉜다. 하지만 우리는 이 두 가지 측면들을 적절하게 고려할 수 없다. 이 두 측면들이 어느 정도 뒤섞이지 않은 경우는 거의 없기 때문이 다. 공포의 그림자가 드리워지지 않은 채 완전히 쾌활한 그로테스크는 거의 없다. 또한 재미를 배제한 절대적 공포의 그로테스크도 거의 존재하지 않는 다.[32]

러스킨은 전형적인 빅토리아풍으로 설교한다. 그는 중세 소작농들의 축제를 즐기는 '길거리' 문화 양식으로서 그로테스크에 대해 찬사를 보 내는 반면, 르네상스 시기의 퇴폐적 베네치아 귀족들에 의해 만들어진 것 들에 대해서는 비난한다. 베네치아 귀족들은 가면무도회를 만들어서 쓸 데없이 놀았고, "쉴 새 없이 불만족스런 사치와 향락"에 몰두했기 때문이 었다(p.208). 그럼에도 불구하고, 러스킨은 단테의 《인페르노Inferno》와 셰 익스피어의 《오델로》, 《리어왕》에서 '고귀한' 그로테스크의 사례를 발견 했다. 그는 다음과 같이 말한다.

고귀한 그로테스크의 발전보다도 더 확실하게 시대, 국가, 인간의 위대함을 실험하는 것은 없다. 그로테스크한 발명의 결핍보다도 더 확실하게 시대, 국 가, 인간의 부족함을 실험하는 것도 없다(p.214).

그로테스크의 완벽한 의미를 찾으려는 가장 심혈을 기울인 학문적 시도는 1963년에 영어로 번역된 볼프강 카이저Wolfgang Kayser의 《예술과 문학에서 그로테스크The Grotesque in Art and Literature》다. 그는 G. K. 체스터턴G. K. Chesterton이 처음 제기했던 개념에 도달한다. 그로테스크 형식은 일상생활을 낯설게 하고, 이를 통해서 삶의 부조리와 공포를 통제하고 내쫓기 위한 심리적 전략이라는 것이다.[33] 다른 영향력 있는 이론은 1968년 러시아어에서 영어로 번역된 미하일 바흐친Mikhail Bakhtin의 《라블레와 그의 세계Rabelais and His World》에서 발전되었다. 바흐친은 그로테스크 개념을 중세의 빌링즈게이트Billingsgate■에서 벌어졌던 상스럽고 천한 희극의 '활기차고' '카니발 같은' 특징들로 국한시켰다. 그는 그로테스크를 다양한 육체적 표현들에 몰두하면서, "태양, 지구, 왕, 군사 지도자의 우월한 권력에 맞서는" 대중의 사회적 의례social ritual라고 설명했다.[34] 사실상 모든 이후의 작가들에게, 그로테스크는 카니발적인 것과 공포스런 것 둘 모두에 연관된 더 넓은 범주다. 한 극단은 역겨운 희극이고, 다른 극단은 괴기스럽고 기이하고 초자연적인 것이다. 하지만 그 모든 시각적, 언어적 징후 속에서, 그로테스크는 이중의 의미로 구조화된다. 따라서 모호성, 아이러니, 역설 등 수사적 특징들과 공통점이 있다. 필립 톰슨Philip Thompson은 그로테스크를 웃음과 역겨움, 공포 같은 불편한 감정들 사이의 '풀리지 않는' 긴장이라고 정의한다.[35] 사실상 그로테스크는 웃음과 울부짖는 충동을 뒤섞는다. 그것은 대립하는 느낌들 사이에서 균형을 잡으려는 관객과 독자들을 어떻게 반응해야 좋을지 모르는 불확실한 상태로 밀어 넣는다.

■ 1699년경부터 형성된 테임스 강 북쪽에 위치한 런던 최대의 수산 시장으로, 말이 거칠기로 유명하다.

물론 이런 정의의 문제점은 개인 관객들이 다르게 반응할 수 있다는 사실이다. 궁극적으로, 그로테스크는 항상 어느 정도는 관객의 눈에 달려 있다. 그것은 불협화음과 관련이 있기 때문에 사람들은 때때로 그 속에 들어있는 것이 무엇인지 동의할 수 없다. 도대체 웃음, 공포, 혐오의 어떤 혼합이 그로테스크한 것을 만들어 내는가? 그로테스크는 어느 정도까지 스타일이나 주체의 문제인가? (빅토르 위고에게, 그로테스크는 단순히 예술적인 것이 아니라 본성적인 어떤 것이다.) 그것은 예술적 방식인가, 그렇다면 어떻게 풍자, 희화화, 블랙 코미디에 기여하는가? 합리적이고 설득력 있는 여러 논의들에도 불구하고, 이런 질문들에 대해 아무도 만족스런 답변을 제시하지 못했다. 이런 논의들에 따르면, 그로테스크는 단순한 희화화보다는 과장되고 극단적인 스타일에 의존해왔다. 또한 그것은 블랙 코미디와 달리 인간 신체의 괴기스럽고 역겨운 이미지에 배타적으로 집착해 왔다. 그럼에도 불구하고, 풍자와 희화화는 종종 그로테스크 이미지를 활용한다. 적어도 어떤 이론가는 그로테스크가 블랙 유머의 하위 장르로 이해해야 한다고 논한다.[36]

이 주제에 대한 거의 모든 작가들에게, 그로테스크는 오직 사진이나 묘사적 언어를 통해 만들어지는 시각적인 것인 듯하다. 여기에 그로테스크 음악 같은 것은 없다. 하지만 〈시계태엽 오렌지〉에서 알렉스가 강간과 '광란ultraviolence'의 저녁에 〈사랑은 비를 타고Singin' in the rain〉를 부를 때, 그런 식의 조합은 그로테스크하다고 말할 수 있다. 토마스 만을 수장으로 하는 몇몇 작가들은 장르와 색조를 혼합하는 모더니즘 문학의 경향은 본질적으로 그로테스크하다고 주장했다. 하지만 그 용어에 대한 가장 공통적 이해는 신체의 기형적이고 혐오스런 재현들과 연관된다. 특히 그것은 항문, 질, 다른 구멍들을 과장되게 강조하는 재현들이나, 신체의 분비물과 액체들을 묘사하는 재현들과 관련이 있다. 인간을 해부해서 동물 머리나 인형 다리 등 어떤 기이한 것들과 혼합하는 이미지들도 마찬가지다. 영화에서 그로테스크는 가면, 화장, 와이드 앵글 클로즈업을 통해서, 혹은 지독히 뚱뚱하거나 마르거나 추한 배우의 캐스팅을 통해서 그들의 얼굴을 우스꽝스럽거나 끔찍하게 만드는 식으로 이루어진다.

어떤 식으로 그로테스크가 이루어지든지 간에, 그것은 '부조리한' 것과 똑같지는 않다. 우리가 부조리라는 용어를 '합리성의 반대' 의미로 사용하는 한에서 말이다. 또한 그것은 '별난,' '섬뜩한,' '기이한' 것들과 동일하지 않다. 그 용어들이 '매우 이상한,' '죽음과 연관된,' '초자연적인' 것들을 의미하는 한에서 말이다. 그럼에도 불구하고, 그로테스크는 이런저런 여러 감정들이 실린 용어들에 속한다. 그것은 때때로 뒤섞이고 혼동된다. 그로테스크한 인물들은 종종 부조리극, 동화, 유령 이야기 등에 나타난다. 예술에서 그로테스크한 것은 뿌리 깊은 불안감을 함축한다. 한 가지는 분명하다. 비록 그로테스크가 긴 역사를 갖지만, 그것은 모더니즘 예술에 특히 중요하다. 몇 가지 문학 작품의 예들을 생각해 보라. 프란츠 카프카의 《변신*Metamorphosis*》, 제임스 조이스의 《율리시스*Ulysses*》에서 '순환하는' 에피소드, 너새니얼 웨스트Nathaniel West의 《미스 론리하츠*Miss Lonelyhearts*》, 주나 반스Djuna Barnes의 《나이트우드*Nightwood*》, 플래너리 오코너Flannery O'Connor의 《착한 사람은 찾기 어렵다*A Good Man is Hard to Find*》, 귄터 그라스Günter Grass의 《양철북*The Tin Drum*》, T. S. 엘리엇의 《황무지*The Waste Land*》, 실비아 플라스Sylvia Plath의 《에어리얼*Ariel*》 등. 현대 미술에서 그로테스크 효과는 초현실주의 작가들의 '우아한 시체Exquisite Corpse' 그림들(어떤 의미에서 고대 이탈리아 동굴 회화들의 잡종 양식들과 유사한) 속에서, 피카소와 프랜시스 베이컨Francis Bacon의 수많은 이미지들 속에서 나타난다. 그 목록은 20세기 전반에 그로테스크가 예술적 진지함과 진실성의 보증 수표로 기능했던 그 지점까지 확장할 수 있다. 이전 시대들처럼, 그것은 '쾌활하고sportive' '끔찍한terrible' 두 측면 모두를 가진다. 그럼에도 불구하고, 하이 모더니즘의 그로테스크한 세계에서 우리는 좀처럼 순수하게 초자연적인 것과 만나지 못한다. 모더니즘은 여전히 세속적 미학이다. 그것은 귀족적 아름다움, 부르주아 리얼리즘, 고전적 격식에 대한 공공연한 반역이다. 모더니즘은 세계가 실제로 존재하거나 이해되어야 하는 방식을 보여 주기 위해 그로테스크 미학을 활용한다. 흉측한 유령과 괴물들은 정신분석적으로 설명된다. 이들은 토도로프가 '환상적fantastic' 양식이라고 부른 것에 들어간다. 환상적 양식 안에서, 사건들은 환상과 현실 사이에 모호한 자세를 취한다.[37]

20세기의 가장 영향력 있는 예술 형식으로서 영화는 그로테스크 미학의 수많은 사례들 — 〈치명적인 맥주 한 잔The Fatal Glass of Beer〉(1933)에서 〈붙어야 산다Stuck on You〉(2003)까지 슬랩스틱 코미디들 속에서, 〈프랑켄슈타인의 신부The Bride of Frankenstein〉(1935)에서 〈헬보이Hellboy〉(2004)까지 괴물 영화들 속에서 — 을 보여 준다. 더 공공연한 '예술적' 수준에서, 비슷한 그로테스크 효과들이 바이마르 독일의 수많은 기념비적 영화들 속에 드러난다. 그중에서 프리츠 랑의 〈M〉(1931)은 조지 그로츠 George Grosz의 그로테스크 회화화로부터 영향을 받았다. 사실, 그로테스크의 미학은 국제 예술 영화의 역사에 중요하다. 우리는 세르게이 에이젠슈테인Sergei Eisenstein, 루이스 부뉴엘Luis Buñuel, 구로사와 아키라, 로만 폴란스키Roman Polanski, 무엇보다 페데리코 펠리니Federico Fellini의 영화들에 대해 생각할 필요가 있다. ('포스트모던' 영역에서 가장 최근의 사례는 데이비드 린치David Lynch, 데이비드 크로넨버그David Cronenberg, 코엔 형제Joel/Ethan Coen

등이다.) 대략 비슷한 이유로, 1940년대와 1950년대 모더니즘에 영향 받은 필름 느와르도 그로테스크 미학을 활용했다. 몇몇 미국 감독들은 그로테스크 미학을 통해 고전 할리우드 기법에 맞섰다. 에릭 폰 스트로하임Erich von Stroheim의 〈탐욕Greed〉(1925), 조셉 폰 스턴버그Joseph von Sternberg의 〈금발의 비너스Blonde Venus〉(1932), 〈진홍의 여왕The Scarlet Empress〉(1932), 특히 웰스의 〈상하이에서 온 여인The Lady from Shanghai〉(1948), 〈아카딘 씨 Mr. Arkadin〉, 〈악의 손길〉, 〈카프카의 심판The Trial〉(1962) 등. 더 대중적인 취향의 할리우드 감독으로는 로버트 알드리치Robert Aldrich, 새뮤얼 풀러 Samuel Fuller, 프랭크 타슬린Frank Tashlin 등이 있다.

우리는 이들 모두와 큐브릭의 연관성을 생각할 수 있다. 큐브릭의 작품은 모더니즘 예술에 의해 형성되었다. 1940년대와 1950년대 후반에 그는 뉴욕에 몰입했는데, 그 당시 블랙 유머와 부조리극이 미국 문화에 깊은 영향을 끼치고 있었다.[38] 그는 〈룩〉의 사진 기자로서 조지 그로스의 사진을 찍었을 뿐 아니라, 우리가 이미 살펴본 것처럼, 그 당시 첨단을 달리던 뉴욕파 사진 예술가들과 같이 작업했다. 그들 중에는 그로테스크 미학의 두 전문가들이 포함된다. 한 명은 현대미술관에 작품을 전시하던 최초의 미국 거리 사진가 위지다. 다른 한 명은 다이앤 아버스인데, 아버스는 〈하퍼스 바자Harper's Bazaar〉에서 예술 사진으로 자신의 경력을 옮겨갔고, 큐브릭이 〈룩〉에서 영화로 옮겨간 뒤 곧바로 그를 뒤따랐다. 위지는 종종 대중주의자이자 다큐멘터리 리얼리스트로 불린다. 그의 이미지의 불안정한 힘은 그가 뉴요커들을 만들어 낸 방식에서 나왔다. 오페라 애호가건 바우어리■가의 건달이건 간에, 위지의 사진 속 뉴요커들은 모두 기괴한

■ 뉴욕의 빈민가.

카니발 쇼의 참가자처럼 보였다. 아버스의 더 불온한 사진들은 그녀 자신이 '기형인freaks'이라고 묘사한 사람들에 집중했다. 수전 손택Susan Sontag은 아버스 작품의 '차가운 우울'과 '연민의 결핍'을 매우 싫어했다. 손택은 그것이 만들어 낼 수 있는 혼란스런 감정을 정확히 지적했다. "아버스 사진들의 신비는 그녀가 느끼는 것을 그들이 제시한다는 점이다…… 그들은 보는 이들이 기이하게 여기는 것을 아는가? 그들은 자신들이 얼마나 그로테스크한지 아는가?"[39] 큐브릭의 그리니치빌리지의 권투 선수 월터 카르티에와 그의 쌍둥이 형제 빈센트를 다룬 1949년 사진 기사와 1951년 다큐멘터리 영화에 대해서도 비슷한 질문이 제기된다. 큐브릭은 〈닥터 스트레인지러브〉에서 나이든 위지를 사진사로 고용했고, 〈샤이닝〉에서 아버스의 섬뜩하기로 유명한 쌍둥이 소녀 사진을 인용했다.

앞에서 보았듯이, 큐브릭은 거의 틀림없이 진짜 미국 예술 영화의 첫 번째 독립 프로듀서였다. 그의 초기 장편 영화 〈공포와 욕망〉은 소비에트 몽타주, 와이드 앵글 기법, 내적 독백, 신체 결박과 계획적 강간을 포함한 섹스 신 등 '현대적 예술성'의 수많은 흔적들을 지닌 매우 은유적 드라마다. 그 후 대부분의 작품에서 큐브릭은 수많은 형식적 전략들을 이용한다. 데이비드 보드웰David Bordwell은 이러한 형식적 전략들을 "영화 실천 양식a mode of film practice"으로서 예술 영화의 특징이라고 보았다. 특히 실재 장소의 활용, 모호성, 거리두기, 불안감, 부조리 등에 의존하는 표현적 '리얼리즘' 등이 그것이다.[40] 하지만 특별히 큐브릭의 관점에서 〈공포와 욕망〉을 '예술적'으로 만든 것은 그로테스크에 대한 매혹이다. 가장 그로테스크한 장면은 저녁을 먹고 있는 적군들을 덮치는 야간 군사 기습 작전의 시퀀스다. 큐브릭은 기름에 전 스튜 사발 속에서 마비된 채 구부러진 죽어가는 손과 그 손가락 사이로 젖은 빵 조각을 움켜쥔 장면을 보여 준다. 허리 아래로부터 프레임된 시신들은 마룻바닥에 이리저리 끌려 다니고, 그들의 발은 비스듬히 뻗쳐서 막대기 같은 사람이나 인형들처럼 보인다. 이 시퀀스의 마지막에, 역겹고 동시에 냉소적 재미를 떠올리는 이미지 속에서, 우리는 저녁 식사 테이블의 차가운 죽 한 사발을 집어삼키는 승리자의 클로즈업을 본다. 이때 그의 야윈 턱과 만족스런 웃음소리가 화면에서 사라진다.

큐브릭의 다음 영화 저예산 스릴러 〈살인자의 키스〉는 이런 경향을 좀 더 분명히 보여 준다. 특히 벌거벗은 백화점 마네킹들로 가득 찬 다락방에서 영웅 데이비와 악당 빈스 사이의 검투사 경기 같은 결투 장면에서 최고조에 다다른다. 댄스홀 걸 글로리아를 둘러싼 두 라이벌은 서로 창과 소방용 도끼로 무장하고 싸움 중간에 서로 여자 마네킹을 집어던지기 시작한다. 데이비가 여자 마네킹 몸 전체를 던지자 빈스는 도끼로 내리쳐 반 토막을 낸다. 여자의 마네킹의 하반신에 무기가 걸리면서 데이비가 빈스를 마네킹 더미 아래로 밀치며 창을 찌르려 한다. 데이비가 절단된 몸통을 사납게 흔들면서 풀어헤치자 빈스는 도끼를 거칠게 휘두르며 마네킹을 산산조각 내버린다. 계속해서 서스펜스는 유머로 가득 채워진다. 그것은 한편으로 큐브릭의 편집이 실제 인물과 마네킹을 구분하기 어렵게 만들기 때문이기도 하고, 다른 한편으로 와이드 숏이나 마스터 숏들이 꽤 길게 이어지면서, 휘청거리면서 허우적거리고 넘어지면서 지쳐가는 진땀에 먼지투성이의 싸움꾼들을 보게 되기 때문이기도 하다. 내가 이 시퀀스를 학생들에게 보여 줄 때마다 몇몇은 웃음을 터뜨렸다. 그들의 반응은 큐브릭이 이끌어 내려한 최소한의 효과를 보여 주는 듯하다. 그 속에서 공포스럽고 기이하고 사디즘적으로 재미있는 것들이 서투르고 불확실한 균형을 이루고 있다.

〈살인자의 키스〉: 벌거벗은 백화점 마네킹들로 가득 찬 다락방에서 영웅 데이비와 악당 빈스 사이의 결투 장면.

S t a n l e y   K u b r i c k

예술 사진의 역사에서, 생물과 무생물 사이의 혼동이 만들어 내는 비슷한 효과를 낳는 많은 사례들이 있다. 특히 볼프강 카이저는 이런 식의 혼동을 그로테스크와 연결시켰다. 큐브릭은 〈살인자의 키스〉의 클라이맥스에 대한 아이디어를 앞에서 말한 〈룩〉지의 사진에서 가져왔다. 그러나 더 일반적으로 말해서 아이디어는 백화점 마네킹을 다룬 초현실주의 사진들의 전통에서 유래한다. 사진들은 대부분 피아 멀러 탐Pia Muller-Tamm과 카타리나 시코라Katharina Sykora가 편집한 박물관 카탈로그 〈인형, 신체, 자동기계: 현대의 환영Puppen, Korper, Automaten: Phantasmen der Moderne〉에 수록되었다.[41] (1920년에서 1945년 사이에 이러한 사진술의 대가로는 유진 아젯Eugene Atget, 움보Umbo, 한스 벨머Hans Bellmer, 베르너 로데Werner Rodhe 등이 있다.) 카이저가 말한 것처럼, 문학에서도 이런 유형의 더 오래된 장면들이 있다. 예를 들어, E. T. A. 호프만E. T. A. Hoffmann의 《잠귀신The Sandman》에서는 주인공 너새니얼이 스팔란자니 교수가 만든 올림피아라는 자동기계와 사랑에 빠진다. 어느 날 교수의 집에 들어간 너새니얼은 교수와 코폴라라는 한 이탈리아인이 여자의 몸을 서로 차지하기 위해 싸우는 모습을 본다.

너새니얼은 그녀가 올림피아라는 걸 알아차리고 놀라서 움찔했다. 코폴라가 힘을 써서 교수의 손아귀에서 올림피아를 비틀면서 너새니얼을 한 방 먹였을 때, 너새니얼은 분노에 차서 그 미친 남자들의 손아귀에서 그 연인을 떼 내려 했다. 스팔란자니는 뒤로 휘청거리면서 테이블 위 꽃병과 증류기 사이로 내동댕이쳐졌다…… 코폴라는 올림피아를 너새니얼의 어깨 너머로 던졌고, 날카롭고 소름끼치게 웃으면서, 서둘러 층계 밑으로 달려갔다. 층계에 올림피아의 더러운 발이 축 늘어져서 부대끼는 나무처럼 삐걱거리는 소리를 내고 있었다.

필립 톰슨은 그로테스크 이론에 대한 그의 훌륭한 논문 속에서 이 부분을 인용한다. 그는 "당황스러우면서 섬뜩한" 어떤 것들이 "그 소동의 슬랩스틱한 성격 때문에 저항할 수 없이 우스꽝스러울 수 있다"고 설명한다(p.52). 그런 우스꽝스런 느낌은 인간의 몸이 딸각거리는 막대기나 기계적 물건처럼 보이기 때문이기도 하다. 그것은 평생 큐브릭을 사로잡았던 이미지다. 특히 〈닥터 스트레인지러브〉에서 반인간 반인형처럼 보였던 미친 과학자의 이미지가 대표적이다. 또한 〈시계태엽 오렌지〉라는 영화 제목은 유기체와 기계 사이의 그로테스크한 조합을 가리킨다. 〈2001 스페이스 오디세이〉에서 기이한 '인간'의 목소리와 개성이 컴퓨터에서 흘러나온다. 〈A. I.〉는 휴머노이드 로봇의 이슈를 제기한다.

큐브릭의 세 번째 영화이자 사실상 첫 번째 할리우드 작품인 〈살인〉은 가장 큰 영향을 받은 존 휴스턴의 〈아스팔트 정글〉과는 차이가 있다. 여기서 큐브릭은 그로테스크 이미지의 참된 축제를 보여 주기 때문이다. 시나리오 작가 짐 톰슨은 가학적 유머들을 만들어 냈고, 출연진 대부분은 험악한 필름 느와르의 대가들이었다. 그들 중 몇몇은 더 새롭고 별난 개성들을 지니고 있었다. 모리스는 경마장에서 강도질을 하는 동안에 경찰을 유인하는 냉철한 남자인데, 실제 체스 선수이자 이전에 레슬링 선수였던 콜라 크와리아니가 그 역할을 맡았다. 큐브릭은 그를 뉴욕에서부터 알고 있었다. 말에게 총을 쏘는 저격수 니키 역할은 뭉개진 귀, 빡빡머리, 불룩 튀어나온 배, 털로 뒤덮인 몸통에 거의 알아들을 수 없는 악센트를 넣어 말하는 티모시 캐리가 맡았다. 그가 경마장 바에서 시작하는 소동은 정말로 카니발적이다. 그것은 마치 1950년대 쓰리 스터지스Three

〈살인〉: 캐리는 비열한 웃음을 짓고 이를 드러낸 채 떠들어 대면서, 짐 자무시의 영화에서 볼 수 있는 비트족처럼 꿈꾸는 듯이 연기한다.

Stooges 슬랩스틱 코미디, 괴물 영화, 레슬링 게임 등을 버무린 듯하다. 캐리는 비열한 웃음을 짓고, 이를 드러낸 채 떠들어 대면서, 짐 자무시Jim Jarmusch 영화에서 볼 수 있는 비트족처럼 꿈꾸는 듯이 연기한다. 그는 도시 바깥의 어떤 사격장에서 스털링 헤이든과 대화하는 초반 시퀀스에서 특히 낯설어 보인다. 세 번의 갑작스런 총격이 일어나는 이 시퀀스의 첫 번째 이미지는, 눈살을 찡그리며 총구를 우리에게 겨누는 만화책 속의 갱스터처럼 똑같이 세 개의 목표물을 겨눈다. 카메라는 목표물 너머를 비추고, 우리는 캐리와 헤이든이 걸어 나가는 모습을 본다. 그들의 대화가 진행되면서 우리는 특이한 시각적 병치를 느낀다. 금방이라도 주저앉을 것 같은 뒷배경의 집 앞에 주차된 MG 스포츠카와, 캐리의 손에 부드럽게 안긴 사랑스런 강아지의 모습 말이다. 전경에 놓인 세 개의 위협적 목표물들은 〈살인자의 키스〉에서 마네킹들처럼 기이하고도 약간 우스꽝스럽다. 헤이든은 속사포로 강도 계획을 늘어놓기 시작한다. 그 중간에 큐브릭은 극적인 로 앵글 클로즈업으로 캐리를 비춘다. 맨 앞에 놓인 목표물 중 하나를 가로질러서 그가 안고 있는 귀엽고 작은 개가 두 개의 괴물 같은 머리들에 의해 프레임된다. 캐리는 부드럽게 그 강아지를 쓰다듬고 헤이든의 대화를 들으면서 생각에 잠긴 듯이 그 목표물 너머로 몸을 기대며 땅바닥에 침을 뱉는다.

〈살인〉은 종종 토머스 앨런 넬슨Thomas Allen Nelson이 합리성과 우연성 사이의 투쟁이라고 부른 것에 대한 실존적 우화나 철학적 논평으로 해석되었다.[42] 그러나 이 영화의 관객에 대한 직접적 효과는 철학적이거나 지적이기보다는 정서적이다. 시간 계획을 들려주는 무신경하고 때로 부정확하기조차 한 보이스 오버 내레이션은 특이한 이미지들과 아이러니한 대조를 이룬다. 그것은 마치 엘리엇이 시적 '의미'라고 부른 것처럼 기능

〈살인〉: 스털링 헤이든의 고무로 만든 어릿광대 가면은 큐브릭 영화의 그로테스크한 가면 장면 가운데 최초의
것이다.

한다. 그것은 합리적 정보 제공의 가면을 쓰고서 관객의 "관심을 돌리거나 마음을 가라앉게 한다…… 그것은 마치 상상 속의 빈집털이범이 집을 지키는 개에게 언제나 맛있는 고기를 던져 주는 것과 마찬가지다."[43] 한편, 플롯의 복합적 시간 배치는 강도들의 극도로 합리적인 계획을 야단스런 디테일과 세부 사항들에 의해 변경되도록 만든다. 스털링 헤이든의 고무로 만든 어릿광대 가면을 생각해 보라. 그것은 큐브릭 영화의 그로테스크한 가면 장면들 가운데 최초의 것이다. 이 장면은 〈시계태엽 오렌지〉에서 남근 코 모양의 가면 도구를 둘러쓴 소년 폭력배들, 〈샤이닝〉에서 돼지 가면을 쓰고 펠라치오하는 유령 같은 인물, 〈아이즈 와이드 셧〉에서 베니스 카니발 가면을 쓴 혼음 파티 참가자들의 전조가 된다. 또한 엘리사 쿡과 매리 윈저 사이에서 벌어지는 더 일반적인 연기 장면들을 생각해 보자. 첫 장면에서 키 작은 남자가 육감적이고 육중한 여자의 발아래 앉아 있다. 그녀의 몸은 와이드 앵글과 프레임 배치에 의해 과장된다. 여기서 모든 것들이 희화화되지만, 동시에 신중한 스타일로 연기된다. 그 장면은 부드럽고 황홀한 롱 테이크로 촬영되어 잔인한 풍자극의 느낌을 한층 강화시킨다.

이런 맥락에서 큐브릭은 작품이 계속될수록 그로테스크한 특징을 반복해서 보여 준다. 〈롤리타〉에서 곁눈질하는 호텔 주인은 '돼지Swine'라고 불린다. 〈시계태엽 오렌지〉에서 메탈릭 컬러 가발을 쓰고 미니스커트를 입은 '엄마,' 〈배리 린든〉에서 극도로 치장한 '슈발리에,' 〈아이즈 와이드 셧〉에서 비키니 속옷을 입은 땅딸막한 일본 남자들 등등. 이 사례들은 큐브릭이 프랑수아 라블레처럼 외설 문학에 관심이 많음을 보여 주는 것일 수 있다. 이런 이유로 큐브릭은 〈롤리타〉, 〈시계태엽 오렌지〉, 〈샤이닝〉, 〈풀 메탈 재킷〉, 〈아이즈 와이드 셧〉, 심지어 〈2001 스페이스 오디

〈살인〉: 여자의 몸은 와이드 앵글과 프레임 배치에 의해 과장된다.

세이〉에서조차 중요 장면을 욕실에서 찍는 것을 선호했다. 비슷한 논리로, 그는 음탕한 육체 이미지들에 매력을 느꼈다. 〈시계태엽 오렌지〉에서 코로바 밀크 바의 여자 조각상과 '비품들,' 〈A. I.〉에서 벌어진 입이나 구멍들처럼 큐브릭이 크리스 베이커Chris Baker에게 맡긴 라블레풍 건축 디자인이 이런 점을 잘 보여 준다. 비록 큐브릭이 크고 중요한 사상을 다룬 예술가로 간주되지만, 그의 스타일 핵심은 인간 육체와 능력에 대한 불안한 매혹에 있다. 그는 블랙 유머와 그로테스크의 미학을 다룬 예술가들과 마찬가지로 상반된 감정들을 동시에 얽어맨다. 그는 우리의 인지적이고 정서적인 반응 모두를 혼란에 빠뜨린다. 큐브릭 작품의 이런 측면들은 할리우드의 검열이 더 자유로워지고 그가 제작에 대한 더 큰 통제력을 얻게 되면서 그의 영화 경력을 통해 더욱 뚜렷해진다. 계속해서 그는 자유주의적이건 보수적이건 간에 사회적 기준들을 불안하게 만들기 위해 그로테스크 효과를 사용한다. 그것은 일종의 도덕적, 감성적 불균형을 유도한다. 아마도 〈2001 스페이스 오디세이〉는 이정표의 상실을 명확히 보여 준다. 왜냐하면 그 영화 속에서 인류는 우주의 거대함에 압도당하기 때문이다. 심지어 정반대 극단에서, 그의 풍자는 아주 분명한 휴머니즘으로 받아들여질 수도 있는데, 바로 이때 그는 복잡한 감정의 모호성을 창조한다. 〈닥터 스트레인지러브〉의 마지막 장면에서 핵폭발 몽타주는 그로테스크한 순간은 아니지만 비슷한 원리에 따라 작동한다. 그래서 공포의 감정이 태양, 하늘, 터져 오르는 구름들의 숭고한 아름다움이라는 전혀 다른 감정과 뒤섞인다.

내 생각에, 큐브릭의 영화들은 그로테스크 미학을 비슷하게 사용하는 다른 감독들의 영화들과 다르다. 예를 들어 그와 오슨 웰스는 와이드 앵글 렌즈, 롱 테이크의 역동적 활용 등 기술적 특징들을 공유할 뿐만 아니라 과장된 연기, 희화화된 얼굴, 육체 등을 선호한다. 둘 사이의 차이는 주로 영화의 스타일과 감정 효과의 문제다. 웰스에게 그로테스크는 셰익스피어적이다. 그것은 정서적이고, 감상적이며, 심지어 비극적인 감정들로 굴절된다. 〈악의 손길〉에서 살찌고 구질구질한 경찰서장 퀸랜이 타나의 거실에서 캔디 바를 씹고 있을 때, 그는 아이 같고 동정심을 유발하며 이상하게 고상해 보인다. 〈아카딘 씨〉에서 아카딘이 죽어가는 야콥 주크를 깔보면서 아카딘을 비웃을 때, 주크는 아카딘이 비웃고 있는지 묻는다. 아카딘은 리어왕을 떠올리는 어투로 '노인'이라고 말한다. 〈심야의 종소리 *Chimes at Midnight*〉에서 웰스는 러스킨과 바흐친을 흥미롭게 했던 것 같은 저속하고 축제 같은 즐거움을 느낀다. 큐브릭은 결코 그런 영역으로 모험하지 않는다. 큐브릭의 영화에서 육체는 과격하고 조롱하는 듯한 유머를 통해서 억제된 공포를 근원적으로 드러낸다. (그의 작품이 예술에 관심이 있는 청소년과 남자 대학생들에 언제나 강하게 어필하는 이유가 바로 이런 점 때문일 수도 있다.)

하나의 대표적 신을 상세히 분석함으로써 내 주장을 가장 잘 설명하거나 요약할 수 있을 것 같다. 〈풀 메탈 재킷〉의 오프닝 시퀀스가 내 목적을 위한 최선의 선택이다. 이는 그 시퀀스가 내가 선택할 수 있는 최선의 순간이기 때문이 아니라, 내가 아는 한 큐브릭의 전 작품 중 유일하게 그 시퀀스에서 '그로테스크'라는 단어가 대화하는 중에 등장하기 때문이다. 이 시퀀스는 와이드 앵글 트래블링 숏으로 시작한다. 이 숏은 리 어메이가 연기한 특무상사 하트먼 앞에서 뒤로 빠진다. 이어서 하트먼은 패리스 아일랜드의 해병 막사를 360도로 빙 둘러보면서, 머리를 빡빡 민 채 침대 앞에서 군기 잡혀 서 있는 신참들을 점검한다. 그 숏은 전형적으로 큐브릭의 것이다. 롱 테이크, 딥 포커스, 막사 창문으로 들어오는 리얼리스틱한 조명, 하트먼이 병사들에게로 다가갈 때 역동적 원근법과 와이드 앵글 렌즈가 만들어 내는 터널 효과 등. 또한 우리는 병사들로 채워진 남성적이고 군사적인 큐브릭의 세계 속으로 들어간다. 촬영은 반사된 빛이 텅 빈 마룻바닥을 비추면서 먼지 한 올 없이 깔끔한 실내를 강조한다. 하지만 청결, 대칭, 군기의 아우라는 약간 이상한 공간의 과장, 하트먼의 시끄럽고 과장된 행동 등과 불안한 대립을 이룬다.

대쪽같이 꼿꼿하게 하트먼은 앞으로 나아가서 병사들을 주시한다. 그의 눈은 툭 튀어나왔고, 저주, 외설, 인종 차별적 욕설, 생생하고 음란한 이미지들로 가득 찬 성난 외침을 쏟아 낸다. 시퀀스가 진행되면서 사태는 이상하게 발전한다. 하트먼의 모욕이 최고조에 달했을 때 장면 전환이 일어난다. 영화는 하트먼이 개별 병사들을 다루는 모습을 더 가까이에서 보여 준다. 그는 병사들에게 만화적 닉네임('스노,' '조커,' '카우보이,' '고머 파일'■ 등)을 붙여 주고, 그들을 협박하고 모욕하며 육체적 폭력을 행사하면서 공포 분위기를 조성한다. 우리 대부분은 이미 병사들을 겁에 질리게 만드는 해병대 훈련에 대한 할리우드 영화들을 알고 있다. 하지만 이 영화는 너무나 충격적이어서 어떻게 받아들여야 할지 잘 모를 지경이다. (유용한 비교를 위해서, 〈테이크 더 하이 그라운드!*Take the High Ground!*〉[1953]의 처음 10분을 보라. 이 작품은 리처드 브룩스Richard Brooks가 연출하고, 존 앨턴이 촬영한 해병대를 다룬 냉전 영화인데, 똑같이 육체적이고 정신적인 모욕, 상투적 캐릭터, 장총과 권총의 차이에 대한 은근한 농담 등을 보여 준다.) 또한 잭 웨브Jack Webb의 〈교관*The D. I.*〉(1957)은 〈풀 메탈 재킷〉의 중요한 상호텍스트가 되는 영화다. 하트먼은 아주 진지한가? 아니면 미치광이인가? 이것이 진짜 해병대 상사의

■ 고머 파일은 미국에서 1962~1969년에 방영된 TV 시트콤 〈앤디 그리피스 쇼*The Andy Griffith Show*〉에 등장하는 단순하고 사고뭉치인 병사다.

모습인가, 아니면 〈닥터 스트레인지러브〉처럼 풍자 스타일의 왕국인가? 교관이 말하는 모든 것은 엄청나게 공격적이긴 해도, 웃음을 유발하는 모욕적 은유를 연극적이고 시적으로 능숙하게 전달한다. 〈풀 메탈 재킷〉은 리얼리즘과 희화화 사이의 어딘가를 배회하는 것 같다. 그 시퀀스에서 하트먼은 우리로 하여금 균형 감각을 상실케 한다. 왜냐하면 그는 역겨우면서도 무섭고 동시에 우스꽝스런 인물이기 때문이다.

하트먼의 장광설 속에서 성적 함의를 따져보는 것도 괜찮을 듯하다. 그는 부대원들을 '숙녀들,' '동성애인들,' '남자 동성애자들'로 칭하고, 병사들의 여자 친구를 '마리화나'라 부른다. 그는 해병대가 자신의 통제하에 섹슈얼리티를 총에 대한 사랑으로 전환시킬 것이라고 다짐한다. (〈닥터 스트레인지러브〉도 비슷한 방식으로 다루는) 그런 문제들의 중요성을 인정하면서, 우리는 하트먼이 섹슈얼리티를 육체적 배설에 대한 강한 집착, 특히 그로테스크한 언어 유머를 위한 최고의 재료인 똥에 종속시키는 것에 대해 주목할 필요가 있다. 그의 대화법은 클라우스 테벨라이트Klaus Theweleit의 첫 번째 저서 《남성 판타지Male Fantasies》(1987)에서 독일의 원조 파시스트 자유군단Freikorps을 분석한 것과 같은 방식으로 쉽게 분석할 수 있다. 거기에서 우리는 애국적 병사들의 단단한 육체에 맞서는 진흙, 대변, 월경의 피뭉치 같은 공포스런 이미지들과 반복적으로 마주친다.[44] 〈풀 메탈 재킷〉 전체는 그런 이미지들에 의해 구조화된다. 그것은 베트남전을 '똥의 전쟁'으로 묘사하는 데서 절정에 달한다. 그것은 무결점의 청결성, 집착적 명령, 딴딴한 엉덩이들 같은 것들의 이원적 대립인 듯하다. 하지만 특히 영화의 절반쯤에서 화장실의 피비린내 나는 클라이맥스에 다다른다. 하트먼은 아무도 흉내 낼 수 없는 방식으로 그 두 병사에게 청소를 명령한다. ("이 똥 같은 놈들아, 당장 그 죽은 놈을 치워 버려. 성모 마리아가 거기서 똥 누는

〈풀 메탈 재킷〉: 큐브릭은 와이드 앵글의 클로즈업으로 하트먼의 왜곡된 상과 그의 손가락, 외치는 모습 등을
보여 준다.

것을 자랑스러워할 정도로 아주 깨끗하게 치워 버리라구!")

오프닝 장면에서, 똥은 결코 하트먼의 마음에서 멀리 떨어져 있지 않다. 그가 막사를 순시할 때, 그의 혈맥은 부풀어 오르고 얼굴은 빨개진다. 그는 신입 병사들에게 "너희들은 수륙 양용으로 뒤엉킨 똥이나 마찬가지다"라고 말하면서 "똥구멍에서 피똥 흘릴 때까지" 그들을 혼내 줄 거라고 협박한다. 그의 격렬한 언명에서 중요한 측면은, 그가 병사들을 냉혈적 살인자로 탈바꿈시키기 위해 심리학을 이용한다는 점이다. 그의 속임수 중 하나는 재미있으면서 끔찍한 반응 — 말하자면, 그로테스크에 의한 반응 — 을 이끌어 낸 다음, 그들을 처벌하는 것이다. (매튜 모딘이 연기한) 이등병 조커가 존 웨인을 흉내 내며 비웃는 말을 웅얼거렸을 때, 하트먼은 그 방으로 달려가서 그 말을 한 "똥 같은 동성애 공산주의자 놈"을 찾아낸다. 조커를 발견했을 때 그는 비웃음을 날린다. "난 널 좋아해. 내 집에 와서 내 여동생을 건드려!" 그는 지저분한 농담을 던지면서 조커의 명치를 가격하여 그를 마룻바닥에 쓰러뜨린다. 여기서 큐브릭은 장면을 전환하는데, 조커의 주관적 시점으로부터 와이드 앵글의 클로즈업으로 하트먼의 왜곡된 상과 그의 손가락, 외치는 모습 등을 보여 준다. "너는 비웃지도 못하고 울 수도 없을 거야!" 조커가 일어서 자세를 바로잡자, 하트먼은 경고한다. "에이, 천한 놈. 네 머리를 비틀어서 똥을 처넣을 테다!" 그 다음 그는 요구한다. "어디 해병대 얼굴 한번 보자!" 조커는 얼굴을 찌푸리며 미친 듯이 소리를 지른다. 하지만 그의 둥글고 학구적인 안경 너머로 그의 얼굴은 우스꽝스럽고 두려움에 질린 듯이 보인다. 하트먼에게 그 효과는 충분하게 그로테스크하지 않다. "너는 나를 겁주지 못했어." 그는 돌아서며 말한다. "계속해."

다음 줄로 내려가면서 하트먼은 (앨리스 하워드가 연기한) 카우보이 앞에

〈풀 메탈 재킷〉: 조커의 둥글고 학구적인 얼굴 너머로 그의 얼굴은 우스꽝스럽고 두려움에 질린 듯이 보인다.

Stanley Kubrick

멈춰 서서 묻는다. "당황했는가? 초조했는가?" 카우보이는 정면을 응시한 채 소리친다. "아닙니다!" 카우보이의 목소리가 다른 사람보다 짧았기 때문에 경멸적으로 그를 노려보면서, 하트먼은 소리친다. "누가 그렇게 엄청나게 똥자루를 쌓았는지 모르지만…… 네 아빠 정자가 네 엄마 거기서 흘러내려서 침대 위에 반쯤 쏟아진 모양이지!" 하지만 하트먼의 연기에서 가장 중요한 부분은, 그가 (빈센트 도노프리오가 연기한) '이등병 고머 파일'이라고 부른 키 크고 뚱뚱한 병사를 가학적으로 대하는 장면이다. 순진한 촌놈 파일은 군대식의 곧추선 자세와 텅 빈 눈으로 정면을 응시하려 노력하지만 하트먼의 음탕한 농담에 웃음을 감출 수 없다. 하트먼은 그를 아래위로 쳐다보면서 묻는다. "너, 부모가 주워 온 아이 맞지? 네 부모는 괴물 같았을 거야. 그래서 네가 이렇게 지저분하게 생긴 거야!"

하트먼이 모욕적일수록 파일은 더욱 웃음을 멈출 수 없다. "너 내가 귀여워 보이니, 이등병 파일?" 하트먼은 신경질적으로 화를 내면서 묻는다. "너 내가 우습지?" 파일은 아니라고 하지만 하트먼은 소리를 지른다. "그 역겨운 웃음 집어치워!" 파일은 마음의 평정을 찾으려 노력한다. "3초를 주겠다. 정확히 3초. 당장 그 썩은 미소를 집어치워라!" 하트먼은 악을 쓴다. "안 그러면, 네 눈깔을 도려내고 해골과 섹스하게 하겠다!" 하트먼이 말한 해골과 섹스하는 이미지는 너무나 끔찍하고도 우스꽝스러워서 파일은 자신을 더 이상 통제할 수 없고 일종의 패닉적 쾌락에 빠진다. 하트먼은 명령한다. "무릎 꿇어, 이 쓰레기 같은 놈!" 그는 허리춤에 손을 내리고, 파일에게 몸을 구부리게 한 다음 파일의 목을 조인다. "너 이제 다 웃었니?" 그는 파일의 숨구멍을 쥐어짠다. 파일은 웃음을 멈추고 그의 얼굴은 창백해진다. "예, 상사님!" 파일이 숨 막히게 말한다. "허튼소리하고 있네!" 하트먼이 응답한다. "안 들리는데, 불알이 흔들리도록 크게 말

〈풀 메탈 재킷〉: 하트먼이 모욕적일수록 파일은 더욱 웃음을 멈출 수 없다.

Stanley Kubrick

해!" 파일이 다시 입을 열려할 때 하트먼이 그를 풀어 준다. 파일은 겁에 질려서 제자리로 돌아간다. 하트먼은 경고한다. "너 똥구멍 잘 닦고 졸업할 때까지 잘 간수해라!"

〈풀 메탈 재킷〉의 오프닝 시퀀스가 하트먼이 '현대 예술의 걸작'이라고 부른 것일지 어떤지 몰라도, 아마도 걸작의 조건에 다가간 것 같다. 그 모든 시각적, 언어적 기법들은 정확한 스타일을 유지하면서 군대 생활에 대한 설득력 있는 장면을 보여 주려 한다. 동시에 그것은 우리를 당황하게 하고 불편한 웃음을 짓게 만든다. 결국 그것은 큐브릭의 예술에 대한 메타 비평이기도 하고, 그로테스크가 삶에서건 영화에서건 어떻게 우리 마음을 혼란스럽게 하는지에 대한 체계적 예증이기도 하다.

비록 하트먼에 대한 파일의 반응이 한 템포 느리긴 하지만 그 시퀀스의 주된 아이러니는 대부분의 관객들이 재미, 공포, 역경 등이 뒤섞인 당황스러움을 느낀다는 점이다. 이런 혼재된 감정은 갑작스레 전면적인 충격으로 바뀐다. 다른 신병들의 차가운 얼굴과 달리, 파일의 반응은 합리적이고 정상적이다. 단지 그의 느낌이 거부되었을 때 나중에 그는 살인자이자 자살자로 바뀐다. 더구나 그의 혼란과 당황은 부조리하면서도 사실적인 세계를 창조하려는 바로 그 영화의 구조와 조직 속에 박혀 있다.

이것은 큐브릭이 반복적으로 재현하려는 세계다. 만약 큐브릭을 냉혈적이라고 간주한다면, 그것은 아마도 그가 우리에게 편안하고 안전한 답변을 주지 않기 때문일 것이다. 그가 이끌어 내는 감정은 근원적이지만 혼재된 것이다. 공포는 유머로 가득 차 있고, 웃음은 해방적이면서 방어적이다. 촬영, 데쿠파주decoupage, 연기 등에 대한 그의 통제는 몰입을 넘어 작가적 이해의 깊이를 창조한다. 격렬하고, 거의 아이 같은 감정이 명쾌하고 합리적인 태도로 관찰되고 있는 것 같다. 프란츠 카프카처럼, 그

〈풀 메탈 재킷〉: 하트먼은 파일에게 몸을 구부리게 한 다음 그의 목을 조인다.

Stanley Kubrick

의 가장 기이한 효과는 그의 상상이 만들어 내는 명쾌함으로부터 나온다. 그 결과는 감정들의 충돌이다. 그것은 강렬한 분위기를 만든다. 그 분위기는 단지 하나의 예술가가 만들 수 있는 유일한 가치가 아니다. 그것은 큐브릭의 작품에 엄청난 동기를 부여하고 목적의 일관성을 제시한다. 그러므로 큐브릭의 스타일은 기술적 성향의 총합 이상이며, 주관적 선택 이상이다. 그것은 전쟁, 과학, 섹슈얼리티, 유럽 역사, 가족생활 등 서로 다른 이슈들에 대한 통일된 입장으로부터 자라난다. 그로테스크의 미학이 드러나는 많은 다른 작가들처럼, 그는 자신의 전성기에 역설적이고 잠재적으로 불편한 진실을 보여 주고자 한다. 우리가 경험하는 마지막 지점에서 극단적인 것들은 서로 만나서 변형된다. 액체는 가장 차가운 온도에서 불에 못지않게 타오른다. 특히 인간의 육체와 관련해서, 끔찍한 만큼 우습고 우스운 만큼 끔찍한 무언가가 항상 존재한다.

2부

초기 큐브릭

STANLEY KUBRICK

4

마음은 다른 나라에

큐브릭의 첫 번째 장편 영화 〈공포와 욕망〉은 극장에서 거의 상영되지 않았기 때문에 영화를 보지 못한 사람들을 위해 간략하게 플롯을 요약하려 한다. 영화가 시작되면, 어느 이름 모르는 전쟁에서 네 명의 군인들이 비행기 추락으로 적진에 남겨진다. 그들은 주변 지형을 정찰한 뒤 뗏목을 만들어서 강 아래로 내려가 자신의 군대와 합류하려 한다. 적의 정찰기가 머리 위로 날아가면서 그들의 위치를 거의 파악했기 때문에 그들의 계획은 연기된다. 그들은 망원경으로 활주로와, 한 장교와 초병이 있는 작전본부를 살펴본다. 그들은 숲 속으로 숨어들어 간다. 밤이 되어서 그들은 적병들이 식사를 하고 있는 어떤 집에 도달한다. 그들은 급습하여 적병들을 죽이고 남은 음식을 게걸스럽게 먹어치운 뒤 무기를 확보한다. 다음날 아침, 그들은 강으로 돌아가는데 물고기를 잡고 있는 젊은 여자 세 명과 마주친다. 한 여자가 접근했을 때 그녀를 사로잡아 나무에 묶는다. 그녀를 감시하기 위해 가장 젊은 군인 한 명만 남겨둔 채 나머지 군인들은 뗏목을 감추어 두러 간다. 하지만 혼자 남겨진 젊은 군인은 임무의 중압감에 못 이겨 거의 미칠 지경이 된다. 그는 두서없이 횡설수설하면서 여자를 껴안은 뒤 그녀를 풀어 준다. 그녀가 도망치자 그는 총을 쏴 그녀를 죽인 뒤 숲 속으로 뛰쳐나간다.

남아 있는 군인들 중 가장 공격적인 군인이 적의 전초 기지를 공격해서 장교를 죽이자고 말한다. 그는 주의를 돌려 함정을 놓는 계획을 세운다. 어둠을 틈타 뗏목을 타고 강 아래쪽으로 내려가면서 초소를 지키는 병사에게 총을 갈긴다. 그때 나머지 두 명이 초병이 없는 건물 안으로 살며시 들어가 장교와 그의 부관을 사살한다. 하지만 그렇게 함으로써 그들은 스스로를 죽이고 있는 것처럼 보인다. (장교와 부관은 그들을 공격했던 두 명의 군인들이 1인 2역으로 연기한다.) 그들은 근처에 있던 비행기를 타고 자신의 부대로 탈출한다. 한편, 뗏목으로 적을 유인하던 군인은 큰 부상을 입고 죽어가면서 강물 위에 떠내려간다. 그는 거기서 미쳐서 달아났던 젊은 군인을 다시 만난다. 탈출한 두 명의 군인은 부대로 무사히 귀환한 뒤, 부대장과 상의하여 강 아래쪽에서 뗏목을 타고 내려오는 동료를 기다리기로 한다. 안개가 자욱한 가운데, 그들은 결국 죽은 동료와 젊은 미친 군인이 뗏목을 타고 내려오는 것을 발견한다.

거칠게 요약하자면, 〈공포와 욕망〉은 꽤 전형적이고, 특히 암울한 전쟁 영화인 것 같다. 하지만 익숙한 일반 요소들이 있음에도 불구하고 이 영화는 확실히 어떤 알레고리를 보여 주며, 장면마다 '예술성'의 흔적을 드러낸다. 문학적 수준에서 보면, 〈공포와 욕망〉은 의식의 흐름 기법, 철학적 독백, 마크 트웨인, 존 던John Donne, 윌리엄 셰익스피어, T. S. 엘리엇 등에 대한 암시를 보여 준다. (마지막 장면에서 뗏목 위의 두 군인은 제리코의 19세기 회화 〈메두사의 뗏목The Raft of the Medusa〉을 암시한다.) 안개, 연기, 얼룩진 빛의 놀라운 외광 효과plein air effects를 보여 주는 촬영은 구로사와의 영화 〈라쇼몽Rashomon〉(1950)에 대한 현대적 비평을 상기시킨다. 특히 그로테스크한 폭력 장면에서, 편집은 에이젠슈타인과 소비에트 학파를 강하게 떠올린다. ('프로테우스'라는 이름의 개를 포함해서) 스토리는 상징으로 가득하다. 모든 것은 결국 절망과 부조리의 분위기로 끝난다. 영화는 도중에 젊은 여자의 섹시한 장면을 변태적으로 보여 준다. 그녀는 나무에 묶여 있고, 젊은 군인은 미친 듯이 그녀를 부둥켜안는다. 이 장면은 예술 영화의 광고를 위한 자극적 재료가 된다. (예상대로 〈공포와 욕망〉의 광고들은 이 장면을 강조했다.)

　〈공포와 욕망〉이 냉소적 혼성 모방이라고 말하려는 것은 아니다. 반대로, 실패했을지언정 예술적 야심이 대단한 작품이다. 큐브릭은 아버지와 부유한 삼촌에게서 돈을 빌렸다. 또 작품에 관련된 몇몇 공동 협력자들도 있었다. 시나리오는 원래 약 1.4kg 무게가 나갔고, '덫The Trap'이라고 이름 붙여졌는데, 큐브릭의 감독하에 하워드 O. 새클러가 썼다. 새클러는 훗날 브로드웨이 연극 〈위대한 백인의 희망The Great White Hope〉으로 퓰리처상을 받는다. 〈공포와 욕망〉의 모던한 음악은 〈시합 날〉에서 큐브릭과 처음 작업했던 제럴드 프리드가 작곡했다. 큐브릭의 아내 토바 메츠Toba Metz는 '대사 감독'이자 제작 보조의 역할을 했고, 〈룩〉에서 큐브릭의 조수였던 밥 더크Bob Dierk는 '제작 매니저'를 맡았다. 다른 대부분 작업은 큐브릭이 직접 처리했다. 제작자, 연출자, 촬영 감독, 편집자일 뿐만 아니라 캘리포니아 촬영 현장인 샌 가브리엘 산맥으로 스태프들을 실어 나르는 운전기사 노릇도 했다.

　〈공포와 욕망〉은 35mm 흑백 필름을 사용하고, 미첼 카메라를 렌트해서 25mm, 50mm, 75mm, 100mm 등 (당시 큐브릭이 사용한 적이 없었던) 표준 렌즈 시리즈를 장착하여 촬영했다. 이 영화에는 복잡한 카메라 운동이 없

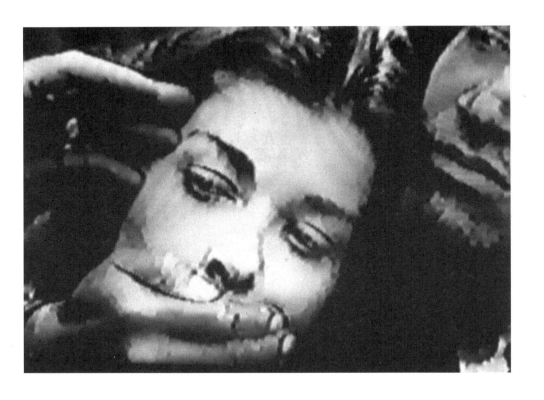

〈공포와 욕망〉: 젊은 여자의 섹시한 장면은 예술 영화의 광고를 위한 자극적 소재로 활용된다.

는데, 아마도 큐브릭이 카메라 운동을 쉽게 해 주는 트랙이나 다른 장비들을 갖지 못했기 때문일 것이다. 또한 동시 녹음도 없는데, 그 이유는 한편으로 큐브릭이 사운드 레코딩 기술에 익숙하지 않았기 때문이고, 다른 한편으로 다큐멘터리 감독으로서 그의 초기 작품은 모든 것을 조용히 찍은 뒤 내레이션, 음악, 사운드 효과를 넣는 사진적 방식과 관련이 있기 때문이다. 그는 이 방식이 제작을 더 빠르고 경제적으로 진행시켜 줄 것이라고 믿은 것 같다. 또한 그는 만약 사운드트랙이 나중에 합쳐진다면, 자연광에 더 역동적으로 어울리는 음악을 만들 수 있다고 생각했다. 하지만 이것은 영화의 예술적 완성도에 영향을 준 큰 실수였다. 사운드는 아주 작게 들렸고 제작비는 엄청나게 늘어났다.

1960년대에 큐브릭은 〈공포와 욕망〉을 배급에서 제외시켰다. 남아 있는 유일한 프린트는 뉴욕 주 로체스터의 조지 이스트만 하우스에 있다. 1991년 그 프린트는 큐브릭의 협력 없이 콜로라도의 텔루라이드영화제Telluride Film Festival에서 상영되었고, 이후 1994년 뉴욕 필름포럼에서 다시 상영되었는데, 두 번 모두 반응이 엇갈렸다. 뉴욕에서 상영 이후 큐브릭은 언론 인터뷰에서, 〈공포와 욕망〉은 "갈팡질팡하는 아마추어 습작이고…… 완전히 서투르고 기이한, 따분하고 가식적인"[45] 영화라고 말한다. 이스트만 하우스의 전 큐레이터 파올로 체르키 유세이Paolo Cherchi Usai는 최근 이 영화의 상세한 분석을 통해 상당히 다른 의견을 제시한다. 그에 따르면, 큐브릭은 그의 첫 번째 영화를 숨겨 두려 했다. 이는 〈공포와 욕망〉이 이후 이어지는 큐브릭의 전 작품의 창조적인 전략들을 가장 순수하고 직접적인 형태로 선언하기 때문이었다.[46] 의심의 여지없이, 〈공포와 욕망〉은 큐브릭의 다른 영화들과 많은 공통점을 지니고 있다. 하지만 유세이의 말은 설득력이 떨어진다. 〈공포와 욕망〉은 하나의 예술적 성취였고, 큐브릭은 이 작품이 잊혀지기를 원치 않았다. 그 작품은 큐브릭의 미래의 방법론과 관심사를 충분히 드러냈다. 〈공포와 욕망〉을 보았던 어떤 사람도 이 영화가 불충분한 자원과 예술적 자만심을 갖고 있던 흥미로운 감독의 작품이었다는 점 이상으로 이 영화를 칭찬하지는 않을 것이다. 만약 이 영화가 아무런 신뢰를 주지 못했다면, 우리는 결코 그것을 큐브릭과 연계 짓지 않았을 수도 있다. 하지만 우리는 이 영화의 감독을 알기 때문에, 그의 징표이자 후기작들의 전조가 되는 주제, 이미지, '표현적' 요소들을 찾아내려고 한다.

〈공포와 욕망〉과 큐브릭 후기 영화들 사이의 가장 분명한 연관은 그가 전쟁 영화를 많이 찍었고, 끔찍한 전쟁 장면들에서 야전사령관처럼 배우들을 이끌었다는 점이다. 그는 언제나 '반전' 감독으로 묘사되지만, 어떤 의미에서 그런 묘사는 부적절하다. 군사적 전투 그 자체가 가치 있다고 믿으면서 전쟁을 옹호하는 감독 — 존 웨인조차도 — 은 거의 없다. 다른 한편, 많은 위대한 감독들은 애국적이고 선동적이다. 그들은 민주주의, 사회주의, 휴머니즘, 민족주의, 종교, 혹은 어떤 다른 비군사적 가치의 이름으로 전쟁을 정당화한다. 큐브릭이 특별한 점은 그가 전쟁의 합리성과 군사적 투쟁의 이유를 인간의 자기 파괴적 충동 때문으로 본다는 것이다. 그는 모든 영화에서 그 주제를 제기했다. '적'은 보이지 않거나 사실상 주인공과 구분할 수 없다. 폭력은 발작적이고 제멋대로다. (〈스파르타쿠스〉가 예외인데, 큐브릭은 그 영화의 이상주의와 감상주의를 싫어했다.) 동시에, 아마도 그는 권투 시합에 매료된 것과 똑같은 이유로 냉혹하고 극적인 전투와 전쟁의 이미지에 사로잡혔다. 폭력 장면을 능숙하게 묘사하는 감독으로서 그는 전쟁의 혼돈, 야만, 부조리와 함께 군사 전략의 물리적 우아함, 잠재적으로 아름다운 기하학 등을 보여 준다.

〈공포와 욕망〉은 이런 측면들을 후기작보다 더 공공연히 알레고리적이고 일반화된 방식으로 다룬다. 물론 〈스파르타쿠스〉, 〈시계태엽 오렌지〉 같은 그의 다른 몇몇 작품들 역시 알레고리적으로 읽힐 수 있다. 또한 많은 보통의 전쟁 영화들도 무언가 전쟁에 대한 알레고리다. 두 남자를 참호에 집어넣고 폭격으로 찢겨진 황폐한 풍경에 맞서 싸우게 해 보라. 단지 미장센을 비워 낸 덕분에, 당신은 〈고도를 기다리며Waiting for Godot〉나 인간성에 대한 상징적 비판 같은 것을 만들 수 있다. 마찬가지로, 존 포드John Ford의 〈길 잃은 정찰대The lost Patrol〉(1934), 데니스 샌더스Denis Sanders의 〈워 헌터War Hunt〉(1962), 큐브릭의 〈풀 메탈 재킷〉 등 거의 모든 전쟁 영화들은 전투 속의 작은 그룹에 초점을 맞춘 알레고리나 우화로 되는 경향이 있다. 확실히 2차 세계 대전을 다룬 할리우드 영화에서, 상징주의는 꽤 의식적이다. 하워드 혹스Howard Hawks의 〈에어포스Air force〉(1943) 같은 경우, 폭격기 승무원을 미국의 한 단면으로 보여 주고 비행기를 국가의 상징으로 바꾸어 놓는다. (나중에 큐브릭이 〈닥터 스트레인지러브〉에서 풍자하는 기법이다.)

그렇지만 〈에어포스〉와 내가 언급했던 몇몇 영화들은 에리히 아우어바흐Erich Auerbach가 해석의 '리얼리즘' 양식이라고 부른 것을 끄집어낸다. 즉 그 영화들의 캐릭터들 대부분이 허구적이고 상징적인 역할을 하지만 그 영화들은 쉽게 알아챌 수 있는 역사적 상황들을 다룬다.[47] 반면, 〈공포와 욕망〉은 분명히 탈역사적이고 탈리얼리즘적이다. 네 명의 군인들은 미국 군인 같지 않은 약간 이상한 옷을 입고 있다. 영화 초반에 그들 머리 위로 날아가는 비행기는 젊은 시절 큐브릭 자신이 몰던 상업용 경비행기 파이퍼 커브다. 영화가 시작되자마자, 카메라는 텅 빈 풍경 속을 천천히 패닝한다. 화면 밖의 내레이터가 대사를 읊고 우리는 그 이야기를 허구적 알레고리로 받아들이게 된다.

> 이 숲 속에 이제까지 없었고 앞으로도 없을 전쟁이 있다. 우리가 그들을 불러내지 않는다면, 여기서 싸우는 적들은 존재하지 않는다. 그들 모두에게 지금 일어난 모든 일들은 역사의 바깥에 있다. 공포의 변하지 않는 형태, 의심과 죽음은 우리의 세계로부터 나온다. 당신이 보고 있는 이 군인들은 우리의 언어와 시간을 유지하고 있지만, 마음은 다른 나라에 있다.

다른 전쟁 영화들처럼, 〈공포와 욕망〉의 길 잃은 정찰병들도 아주 다른 개성과 사회적 배경을 지닌 남자들로 구성된다. 그러나 전형적인 전쟁 영화들의 알레고리적 인물들과 달리, 큐브릭의 군인들은 아무도 특별히 호감이 가지 않고, 그 그룹은 결코 단일한 전투 부대로 묶여 있지도 않다. 존 던과 반대로, 이 영화에서 큐브릭의 가장 강한 모티프 중 하나는, 사람은 누구나 각자의 섬에 갇혀 살아간다는 점이다. 그들의 다양한 사회적 계급, 정신적 성향, 민족적·종교적 배경은 기껏해야 비관적이고 때로 잘난 체하는 철학적 화음으로 합쳐지는 것 같다. 코비 중위(케네스 하프)는 와스프(WASP: White Anglo-Saxon Protestant) 지식인이다. 그는 전쟁에 대해 철학적으로 사고하려 하고 결국 그것의 무의미함을 발견한다. "우리는 지금 당장 죽고 싶지 않기 때문에 우리가 수행하는 이 모든 것은 사기야." 병장 '맥'(프랭크 실베라)은 그을린 피부의 프롤레타리아인데, 사무원들에 대한 씁쓰레한 분노와 텅 빈 자기 삶에 대한 격한 좌절감을 느낀다. "난 서른네 살이나 먹었지만, 중요한 아무것도 해놓지 못했어. 전쟁이 끝나면 나는 라디오를 고치거나 세차장에서 일할 거야." 만사태평의 무기력한 남부 출신 이등병 플레처(스티브 코이트)는 나중에 병적인 혼란에 빠진다. "난 내가 원했던 게 뭔지 몰라. 하지만 어쩌면 원했던 건 아무것도 없어…… 나에겐 모든 게 혼란스러워." 이등병 시드니(폴 마주르스키)는 예민한 젊은 뉴요커인데, 계속되는 공포에 사로잡힌다. "여기에서 아무도 안전하지 않아. 그들이 나를 노리고 있지 않니? 여기서 죽지 않아!"

　　노먼 케이건Norman Kagan에 따르면, "어떤 면에서, 네 명의 군인들은 한 인격의 분해된 파편들인 것 같다."[48] 사실 〈공포와 욕망〉은 중세 시대 시인 프루덴티우스Prudentius의 서사시 《영혼의 싸움the Psychomachia》으로까지 돌아가는 형식인 영혼the Psyche의 알레고리처럼 보여진다. 대신 그는 사회의 세속적이고 실존적인 관점을 제시한다. 〈공포와 욕망〉의 배우 중 한 명이 말한 것처럼, 큐브릭은 그것을 영구적 전쟁 상황 안에서 '포화에 불타는 섬'이라고 묘사한다. 그 결과는 토머스 홉스Thomas Hobbes의 《리바이어던Leviathan》의 암울하고 격렬한 세계를 닮은 마음의 나라다. 물론 종교의 권위와 충성심을 문명화하는 데 있어서 보수적인 홉스의 신념은 여기에 해당되지 않는다. 질 들뢰즈Gilles Deleuze는 큐브릭의 영화와 관련된 재미있는 말을 남겼다. "세계 그 자체는 뇌다. 뇌와 세계는 동일하다."[49] 들뢰즈의 생각과 〈공포와 욕망〉은 문학적으로 동일하다. 그러나 큐브릭의 많은 후기 영화들처럼, '뇌'는 스스로 갈등한다. 이성은 에로스Eros, 타나토스Thanatos, 혹은 우리가 혼란과 소멸을 만들어 낸다고 가정하는 통제할 수 없고 본능적인 충동을 억제할 수 없다. 현상학적으로 볼 때 위기감은 더욱 심각하게 드러난다. 뇌와 세계의 존재론적 통일성에 대한 특히 흥미로운 논쟁을 통해서, 제이슨 스펍Jason Sperb은 이렇게 말한다. 〈샤이닝〉 같은 큐브릭의 후기 영화들은 "제멋대로이고 환영적인 마음의 나라를 점점 더 강하게 드러낸다…… 이야기 세계 너머로 모호함의 가면을 쓴 얼굴façade……"[50]

조지프 버스틴에게 쓴 편지에서, 큐브릭은 〈공포와 욕망〉을 적대적 세계 속에서 길 잃은 '남자'의 '알레고리'이자 '시적' 드라마라고 묘사했다. 그들은 물질적, 정신적 근원을 빼앗겼고…… 따지고 보면 거의 똑같은 틀로 만들어진 보이지 않는 치명적인 적들에 의해 위기에 처한다.[51] 따라서 네 명의 군인들이 숲 속의 집을 공격할 때, 그들이 죽인 남자들은 대체로 희미하게 보이고, 그들의 몸 일부와 시체는 격리되며, 공격자들과 거의 구분할 수 없게 된다. 적군의 지휘 본부 안에서, 나이든 장교와 그의 부관은 독일군 유니폼을 입고 술에 취해 있다. 그들은 중사 코비와 이등병 플래처의 1인 2역이다. (코비처럼, 장교도 염세적으로 전쟁을 곱씹는다. "나는 수렁에 빠졌어. 난 감옥에 가야 해. 나는 다른 사람을 무덤으로 보냈어." 플래처처럼, 부관도 빙긋이 웃으면서 순응적이고, 별로 말이 없다.) 코비가 살려 달라고 간청하면서 죽어 가는 장교에게 결정적 한 방을 날렸을 때, 코비는 장교의 모습에서 자신의 얼굴을 보고 있다는 것을 깨닫는다. 이 영화에서 진짜 '타자'는 사로잡힌 여자다. (큐브릭은 약간의 할리우드 경력을 가지고 있던 버지니아 리스를 '발굴'한다.) 그녀는 그 남자들의 공포와 욕망을 말없이 객관화하고 무의미한 죽음을 맞는다. 버스틴에게 보낸 편지에서 큐브릭이 '남자'라는 단어에 인용 부호를 단 것은 고의적 반어법이었던 것 같다. 큐브릭은 인간의 조건이라는 일반적 측면보다 구체적인 남성의 심리학을 풍자하려는 그의 의도를 강조한다.

이 모든 것들이 강력한 불안감을 주었을지 모르지만, 이 영화에서는 희미하게 드러날 뿐이다. 플롯의 극적 아이러니와 가끔 시도되는 중사 코비의 냉소적 위트에도 불구하고, 〈공포와 욕망〉은 큐브릭의 영화 중 가장 유머가 없는 작품이다. 클라이맥스 에피소드들은 침울하게 진행되고, 적의 지휘 본부 습격은 아마추어적이다. 큐브릭이 이런 영화들에서 항상 보여 주었던 역동성이 이 영화에서는 부족하다. 연기도 마찬가지다. 코비

역을 연기한 케네스 하프는 서투른 TV 아나운서처럼 부자연스럽고 거만해 보인다. 훗날 중요한 작가이자 감독이 되는 폴 마주르스키는 자기감정을 통제하지 못하고 짜증스런 히스테리를 부리는 시드니 역할을 맡았다. 노스웨스턴 대학교에서 법학을 전공한 뒤 배우가 된 프랭크 실베라의 연기가 제일 낫다. 출연진 중 유일한 전문 배우였던 실베라는 뉴욕 극단에서 반역 노예 냇 터너 역을 했고, 엘리아 카잔Elia Kazan의 〈비바 자파라 *Viva Zapata*〉(1952)에서 멕시코인, 로저 코만Roger Corman의 〈발렌타인 데이의 대학살*The St. Valentine's Day Massacre*〉(1967)에서 이탈리아인 등 할리우드 영화에서 다양한 역할을 맡았다. 그는 다혈질이고 자기 혐오적인 맥의 느낌을 잘 살려냈다. 아마도 이 영화가 내리막길에 있던 그의 경력에 도움이 되었을 것이다.

그러나 〈공포와 욕망〉은 상당한 영화적 재능을 보여 준다. 힘든 야외 촬영 속에서 일광 촬영은 색조와 분위기의 미묘한 변화를 만들어 낸다. 큐브릭은 광학적 장면 전환, 과격한 공간 왜곡, 대사와 독백 사이의 재빠른 전환 등을 통해 그의 재능을 보여 준다. 비록 그가 롱 테이크와 움직이는 카메라 기법을 주로 사용했지만, 이 영화에서 그의 스타일은 시각적 요소들의 대담하고 빠른 편집에 많이 의존한다. 이것은 그가 푸도프킨에 대해 세심하게 연구했다는 점을 떠올리게 한다. 그는 연속성의 법칙을 자주 어기고, 180도 규칙을 무시하고, 설정 숏을 인색하게 사용한다. 그는 망원 앵글에서 와이드 앵글로 비약하는 것을 좋아하기 때문에, 대화 장면에서 그의 편집은 거의 입체적 효과를 낸다. 가장 강력한 몽타주는 외딴 집에 있는 적병 두 명을 사살하는 첫 번째 공격 장면이다. 여기서 21개의 짧은 숏들이 배경 음악 없이 효과적인 음향과 함께 이어진다. 소비에트 영화들처럼, 그 시퀀스는 일종의 시각적 은유와 환유로 구성된다. 죽어가는 두 남자들의 머리는 서로 다른 각도로 비스듬히 촬영되고, 테이블 나이프는 떨어지는 스튜 국물 옆으로 내동댕이쳐진다. 손 하나가 그릇을 덮쳐 흔들고, 손가락 사이로 음식을 움켜쥔다. 맥 풀린 손이 질척이는 빵조각을 떨어뜨리고, 이상하게 비틀린 발과 바지를 움켜잡고 스크린 밖으로 끌어낸다. 그 시퀀스의 마지막에, 우리는 죽은 자의 손과 스튜 그릇을 보면서 흘러나오는 목소리를 듣게 된다. "시드니, 먹을 걸 챙기도록 해."

다른 효과적인 몽타주 장면은 시드니와 여자 포로 사이의 섹스 장면이다. 그것은 변태적이고 가학·피학적인 큐브릭 영화의 전형적 특징을 보여 준다. 젊은 여자는 얇은 여름옷을 입고 군인 벨트로 나무에 묶여 있다. 그녀는 아무 말도 하지 않지만, 그녀의 눈은 공포에 질린 듯하다. 그녀의 다리 사이를 누르는 그의 무릎이 클로즈업된다. 그녀의 얼굴은 두려움에 떨고 있지만, 그가 벨트를 풀려할 때 그녀는 미소를 짓는다. 시드니가 자신의 손에 물을 담아 그녀에게 가져갈 때 그녀는 다시 미소를 띤다. 그녀는 물을 게걸스레 먹으면서 그의 손바닥을 핥는다. 그의 손이 그녀의 얼굴을 훑고 더듬을 때 그녀는 머리를 뒤로 젖힌다. 그는 그녀의 목과 어깨에 키스를 한다. 그가 쭈그리고 앉아 그녀를 보듬자 그녀는 못 본 체 하는 것 같다. 그는 그녀의 몸을 둘러 벨트를 더듬으면서 진지하게 중얼거린다. "나를 안아 줘요!" 그녀가 묶인 손을 풀고 달아나자, 시드니는 그녀에게 멈추도록 애원하면서 총을 발사한다. 그녀는 소리 없이 쓰러지고, 여기서 큐브릭은 그녀의 움직임 없는 얼굴을 의도적으로 두 개의 잘못 편집된 듯한 클로즈업으로 보여 준다. 하나는 그녀가 배를 깔고 누워 있는 듯이 보이고, 다른 하나는 등을 대고 누워 있는 듯이 보인다.

큐브릭의 다른 영화들과 비교해 볼 때, 〈공포와 욕망〉은 상대적으로 덜 중요한 것 같다. 특히 그해에는 프리츠 랑의 〈빅 히트*The Big Heat*〉, 알프레드 히치콕Alfred Hitchcock의 〈나는 고백한다*I Confess*〉, 하워드 혹스의 〈신사는 금발을 좋아한다*Gentlemen Prefer Blondes*〉, 빈센트 미넬리의 〈미녀와 악당*The Bad and the Beautiful*〉, 새뮤얼 풀러의 〈사우스 스트리트의 소매치기*Pick Up on South Street*〉, 앤서니 만의 〈운명의 박차*The Naked Spur*〉, 조지 시드니George Sidney의 〈키스 미 케이트*Kiss Me Kate*〉 등 명작들이 쏟아져 나왔다. (1953년의 할리우드 외부의 작품들도 허버트 비버만Herbert Biberman의 〈대지의 소금*Salt of the Earth*〉, 페데리코 펠리니의 〈비텔로니*I Vitelloni*〉, 미조구치 겐지의 〈우게츠*Ugetsu*〉, 캐롤 리드Carol Reed의 〈위기의 남자*The Man Between*〉, 로베르토 로셀리니의 〈이탈리아 여행*Voyage in Italy*〉 등이 있었다.) 그해에 가장 큰 상을 타고 흥행한 영화는 프레드 진네만Fred Zinnemann의 전쟁 영화 〈지상에서 영원으로*From Here to Eternity*〉였다. 이런 상황에서, 큐브릭의 영화는 이례적이고 심지어 약간 이상하기조차 하다. 〈공포와 욕망〉은 할리우드 작품도 아니고, 정치적 선동 영화도 아니고, 그렇다고 외국 예술 영화도 아니었다. 하지만 그 영화의 남다른 측면과 '역사 외부'에 대한 주장에도 불구하고, 〈공포와 욕망〉은 몇 가지 의미에서 자신의 시대에 속한다. 그것은 토머스 앨런 넬슨이 "1950년대 보헤미안 반항심과 실존적 자축을 담은 젊음의 보물상자"(p.22)라고 불렀던 것처럼 보인다. 앞서 우리가 살펴본 것처럼, 그 시대가 예술 영화를 요구했기 때문에 〈공포와 욕망〉은 상업적으로 상영될 수 있었다. 또한 이 영화는 루스벨트 시대에 어울리는 낙관주의가 이제 끝났음을 보여 준 한국전쟁의 마지막 달에 만들어졌다. 블랙리스트가 만들어졌고, 보수 정부가 집권했으며, 지식인들이 믿기 원했던 어떤 이상적 대의명분도 사라졌다. 〈공포와 욕망〉의 역사로부터 명백한 후퇴는 역사의 가공물, 즉 '리얼리즘' 알레고리에 의해서 역사의 흔적을 남긴다. 큐브릭의 영화 〈공포와 욕망〉 속 네 명의 군인들의 전쟁에 지친 얼굴은 1950

년대 할리우드의 어떤 전쟁 영화보다도 더 한국전쟁에 참전한 미군의 뉴스릴 이미지에 가깝다. (할리우드 전쟁 영화 규칙의 예외가 새뮤얼 풀러의 〈철모*The Steel Helmet*〉[1951]와 〈말 없는 총검*Fixed Bayonets*〉[1951], 앤서니 만의 〈맨 인 워*Men in War*〉[1957] 등이었다.) 더구나 〈지상에서 영원으로〉나 다른 할리우드 영화들이 단지 군대를 비판하려 한 것과 달리, 〈공포와 욕망〉은 제도의 근본적 문제에 대해 지적했다. 이 영화는 전쟁터가 본질적으로 야만적이고 무의미하다고 묘사했다. 이후 큐브릭은 더 실제 전쟁들을 직접적으로 다루었다. 하지만 이때 그는 이미 미숙한 비관주의를 넘어 사실적 조건들을 진지하게 고려했다.

5

꿈의 도시

〈공포와 욕망〉이 뉴욕에서 개봉된 뒤, 큐브릭은 '미노타우로스 프로덕션 Minotaur Productions'이라고 이름 붙인 자기 회사의 지원 아래 다른 저예산 장편 영화를 준비하기 시작했다. 1953년 7월, 법적 대리인을 통해서 그는 〈스파이더 게임*Along Came a Spider*〉의 시나리오를 영화제작관리국(PCA) 의 조지프 브린Joseph Breen에게 제출했다. 그는 이를 승인하지 않았는데, 그 이유는 "알몸 노출 장면들, 야만적 표현들, 강간 시도, 불법적 섹스 등 이…… 어떠한 윤리적, 도덕적 가치도 없이 다루어지고 있었기" 때문이 었다.[52] 그래서 큐브릭은 그 영화의 아이디어를 덜 자극적인 내용으로 바 꾸고, '키스 미, 킬 미*Kiss Me, Kill Me*'라는 제목을 붙였다. 다시 한 번, 하워 드 O. 새클러가 (큐브릭의 스토리라인을 그대로 사용하여) 시나리오를 썼다. 제럴 드 프리드가 음악을 만들었고, 출연진은 프랭크 실베라와 경험 없는 소규 모 연기자 그룹에서 맡았다. 큐브릭은 연출, 촬영, 편집을 도맡았다. 처음 에 그는 동시 녹음으로 촬영하려 했지만, 붐 마이크가 실내의 섬세한 빛을 건드리자 그 생각을 접었다. 다시 완전한 후시 녹음이 이루어졌다.

이번 프로젝트는 주류 엔터테인먼트임에도 불구하고 큐브릭의 예술적 톤을 살릴 수 있는 필름 느와르였다. 결국 〈살인자의 키스〉는 실패한 뉴욕 권투 선수 데이비 고든(제이미 스미스), 자기 파괴적인 직업 댄서 글로리아 프라이스(이렌 케인), 신경질적인 갱스터 빈스 라팔로(프랭크 실베라) 사이의 삼각관계를 다룬다. 경기에 진 뒤 복싱을 포기하는 데이비는 빈스가 글로리아를 거칠게 밀치는 것을 본다. 그는 그녀를 구조하려다 사랑에 빠지고, 그녀에게 시애틀로 함께 가자고 설득한다. 그는 시애틀에서 삼촌의 말 목장에서 일할 계획이다. 글로리아가 다니는 플레저랜드 댄스홀의 사장인 빈스는 질투심에 사로잡혀 방해를 놓고 데이비를 죽이려 하지만 실패한다. 백화점 마네킹이 가득 찬 다락방에서의 이상한 시퀀스에서, 데이비는 빈스와 격투 끝에 그를 죽인다. 이 모든 것이 데이비의 내레이션에 의해 플래시백으로 회상된다. 그는 시애틀행 기차를 타려고 펜실베이니아 역에서 글로리아를 기다리고 있다. 마지막 장면에서 마침내 그녀가 나타나자 그들은 열정적으로 포옹한다.

제작 과정에서 큐브릭은 〈라이프〉지로부터 친구 알렉산더 싱어가 찍었던 영화 관련 사진 자료를 입수할 수 있었다. 검열 결과, 두 장면의 삭제를 요구했다. 하나는 데이비가 키스 후 글로리아를 침대로 밀치는 장면이었고, 다른 하나는 데이비의 아파트에서 집을 찾고 있는 동성애 남자의 장면이었다. 영화제작관리국은 클라이맥스에서 영웅과 악당의 싸움 장면이 '마네킹 알몸을 이용'하는 데 있어서 신중할 것을 요구했다.[53] 큐브릭은 영화 절반쯤에서 간단한 시퀀스 하나를 스스로 삭제하고, 데이비와 글로리아가 도시를 함께 걸어가는 장면과 결혼하는 장면을 넣기로 결정했다.

이 영화의 매력은 펄프 픽션과, 뉴욕 거리의 다큐멘터리 느낌을 수공예처럼 거친 톤으로 합성한 방식에서 나온다. 이 영화의 가장 매력적 시퀀스들 중 하나는 큐브릭의 투박한 리얼리즘과 스펙터클 사이의 생생한 대조를 드러낸다. 데이비와 글로리아는 군중들이 붐비고 여기저기서 불빛이 깜박거리는 저녁 피크 시간에 49번가와 브로드웨이 사이에 있는 글로리아의 일터로 찾아간다. 이 시퀀스는 아이모 카메라를 써서 고속의 흑백 필름으로 야외에서 찍었다. 배우들은 잘 알려지지 않은 사람들이었고 거리의 보행자들과 뒤섞여 촬영했다. 사운드트랙은 거리의 소음을 그대로 담고 있고, 뒷배경에 광고들이 번쩍거리면서 가게 유리창을 비춘다. 휘황찬란한 극장 간판들은 최신 시네마스코프와 테크니컬러를 특히 강조하고 있다. 그러나 빽빽하게 들어찬 볼거리들은 번잡한 풍물 장터 같고, 투박하게 포착된 도로 위의 삶은 거칠고 공격적이다.

이런 식의 시퀀스들 때문에 개빈 램버트Gavin Lambert는 영화 잡지 〈사이트 앤드 사운드Sight and Sound〉에서 〈살인자의 키스〉를 "인간의 태도, 즉 장소와 시간의 느낌에 대한 네오리얼리즘적 접근"이라고 평했다.[54] 사실 다큐멘터리 분위기를 내는 것은 그 시절 할리우드 영화, 특히 필름 느와르에서 꽤 전형적 방식이었다. 헨리 해서웨이Henry Hathaway의 〈이중노출Kiss of Death〉(1947), 줄 다신의 〈벌거벗은 도시〉 등은 뉴욕 거리의 삶에 대한 광범위한 자료들을 활용한다. 루돌프 메이트Rudolph Mate의 〈D.O.A.〉(1950)는 에드먼드 오브라이언이 샌프란시스코의 붐비는 거리를 달려가는 장면을 담고 있다. 큐브릭의 영화와 같은 해 개봉한 로버트 알드리치의 〈키스 미 데들리Kiss Me Deadly〉는 로스앤젤레스의 가상 지도를 보여준다. 그런 형식으로 후기 영화인 알렉산더 매켄드릭Alexander Mackendrick의 〈성공의 달콤한 향기Sweet Smell of Success〉(1957)는 〈살인자의 키스〉를 찍은 근처에서 제임스 윙 하우James Wong Howe가 촬영했다. 내가 언급한 대부분의 영화들처럼, 이 영화도 경찰이 거리를 통제한 가운데 엑스트라 배우들을 써서 촬영했다. 〈살인자의 키스〉가 상대적으로 더 특별했던 것은, 직접적으로 드러나는 뉴욕의 모습과 진실하고 평범한 일상을 기록했기 때문이었다. 에드워드 디먼드버그Edward Dimendberg는 미국 필름 느와르 속의 도시 공간에 대한 뛰어난 저서에서 큐브릭의 영화를 사진작가 윌리엄 클라인William Klein의 사진집《뉴욕에서의 신나고 멋진 삶Life is Good and Good for You in New York》(1956)에 비유했다. 그의 사진집은 맨해튼을 '무질서와 더러움'의 세계로 묘사했다.[55] 디먼드버그는 〈살인자의 키스〉가 뉴욕이라는 대도시를 "1940년대 필름 느와르들과 비교할 수 없는 수준"(p.136)으로 재현한다고 말한다. 그에 따르면, 〈살인자의 키스〉는 여유로운 도시의 보행 공간들이 포스트모던의 파편화, 상업화, 분산된 주변화로 변화하는 역사의 한순간에 대한 알레고리다. 그가 지적한 것처럼, (1960년대 파괴되는) 펜실베이니아 역 안의 그라운드 레벨 숏ground-level shot으로 촬영한 〈살인자의 키스〉의 오프닝 장면은 텅 빈 채 고요한 대합실과 둥근 천장의 평화로운 빛줄기를 강조한다. 계속해서 권투 시합장의 폭력적이고 번들거리는 공간들, 댄스홀, 붐비는 거리, 데이비와 글로리아가 서로 멀어지고 객관화하게 되는 마네킹 공장 장면 등이 이어진다.

만약 〈살인자의 키스〉가 다른 필름 느와르들과 좀 다르다면, 그것은 의심의 여지없이 거친 게릴라 스타일의 촬영과, 내가 이미 설명했던 뉴욕파들의 흑백 거리 사진의 전통에 빚지고 있기 때문이다. 이 영화의 몇몇 장면들은 뉴욕 사진작가들을 암시한다. 이를테면, 지하철 장면과, 로버트 와이즈Robert Wise의 〈셋업The Set Up〉(1949)에서 조력자로 일했던 위지를 암시하는 에피소드가 대표적이다. 〈셋업〉은 주로 스튜디오에서 촬영한 느와르 권투 영화인데, 막다른 골목에 몰려 폭력배들에게 죽음을 맞는 늙은 권투 선수의 이야기를 다루었다. 큐브릭의 영화에서, 두 명의 폭력배들이 권투 선수의 매니저를 때려서 죽인다. 그 장면은 스튜디오가 아니라 실제 골목에서 촬영되는데, 위지의 범죄 사진들보다 더 진짜처럼 피 튀기고 불결하게 느껴진다. (겁에 질린 매니저가 골목의 한 구석에서 다른 곳으로 허겁지겁 종종걸음하면서 그는 '화장실 아님'이라고 거칠게 쓰인 합판을 지나쳐간다.)

그러나 큐브릭의 스타일은 여러 가지로 위지와는 다르다. 한 예로, 위지의 밤 사진은 도시의 건축학이라기보다는 검은 배경에서 플래시 조명으로 찍은 사람들의 그로테스크 미학에 가깝다. 〈룩〉지에서 큐브릭의 스틸 카메라 작업, 특히 〈살인자의 키스〉의 권투 장면에 영향을 준 월터 카르티에의 사진들은 의심의 여지없이 이런 전통 속에 있었다. 하지만 큐브릭은 자주 와이드 앵글 렌즈를 사용하고, 카메라 위치를 극단적으로 낮추거나 높이면서, 극적인 빛을 배경으로 인물의 윤곽을 드러내고, 오슨 웰스를 연상시키는 다양한 기교를 보여 주었다. 〈살인자의 키스〉에서 몇몇 시선을 사로잡는 이미지들은 도시 풍경 사진의 관습에 의존한다. 그것은 (맨해튼 스카이라인 뒤로 천천히 사라지는 눈부신 태양을 멋지게 촬영한) 알프레드 스티글리츠나, 스틸 카메라 인물 기법(아파트 창문 너머로 쳐다보는 글로리아의 클로즈업, 그녀의 얼굴은 유리면에 부드럽게 반사된다)을 보여 준 시적 자연주의 학파, 또는 사람들을 건축물이나 신호 체계와 관련해서 보여 주는 더 아이러니한 기법(바닥이 체스판 모양으로 되어 있고, 머리 위에 '걸음 조심' 표시가 붙어 있는 플래저랜드의 계단을 오르는 글로리아의 극단적 와이드 앵글 숏)으로 돌아간다.

이 영화와 그의 모든 후기작에서, 큐브릭은 사진 기자로서 애용했던 '자연적'이고 '실용적'인 조명을 결코 포기하지 않았다. 그러나 그의 이미지들은 위지보다도 더 빛의 변화와 성질에 민감했다. 빈민과 뉴욕 매춘부에 대한 위지의 사진들은 주로 인간의 얼굴과 개성적 인물의 견고한 집단을 다루고 있다. 그의 뉴욕은 생생한 캐릭터들의 도시다. 반면 큐브릭의 뉴욕은 익명의 군중과 텅 빈 공간의 도시다. 아마도 큐브릭은 공식적 허가나 엑스트라를 고용할 돈도 없이 촬영했기 때문에, 몇몇 핵심 시퀀스들을 새벽의 희미한 빛 속에서 촬영했을 것이다. 이를테면, 펜실베이니아 역 장면이나 데이비와 글로리아가 8번가의 아파트를 나오는 장면 같은 경우에 사람들이 별로 없는 틈을 타서 촬영했다. 영화의 거의 마지막에 역동적으로 촬영·편집된 추격 시퀀스에서, 데이비는 24번가 다락방 창문으로 뛰쳐나가서 뒷골목을 따라 내려간 뒤, 비상계단으로 올라가 다락방을 가로질러 전력 질주한다. 그 시퀀스는 도시에 아무도 살지 않는 것 같은 으스스한 효과를 만들어 낸다. 실내에서조차, 큐브릭은 사람들을 충분히 보여 줄 수 없었고, 결국 그는 '청중들'이 완전히 어둠 속에 숨어 있는 권투 시합과 발레를 보여 준다. 이런저런 기법을 통해서, 마치 대부분의 타블로이드 사진작가들과 마찬가지로 그는 뉴욕을 초현실적 장소로 만든다. 하지만 위지 같은 사진작가에게 초현실주의는 토속적이고, 자의식에 갇혀 있지 않으며, 삶으로 가득 차 있다. 〈살인자의 키스〉에서 그것은 의도적이고, 텅 비어 있으며, 대중에 영합하지 않는 느낌을 준다.

〈살인자의 키스〉는 사운드트랙 또한 흥미롭다. 대사가 적고 오프 스크린 내레이션이 많기 때문에, 동시 녹음을 피하려는 큐브릭의 결정은 〈공포와 욕망〉에서만큼 큰 문제를 일으키지 않는다. 내러티브는 좀 복잡한데, 데이비의 플래시백 안에 다른 플래시백 두 개가 있다. 첫 번째는 글로리아가 빈스와 만남에 대해 회상하는 장면이고, 두 번째는 그녀가 어린 시절과 가족의 죽음에 대해 길게 회상하는 장면이다. 두 번째 플래시백은 심리적 이미지나 아방가르드 영화보다 관습적이지 않다. 시각적으로 볼 때, 그 장면은 뉴욕시립발레단의 댄서이자 디자이너였던 큐브릭의 두 번째 부인 루스 소보차Ruth Sobotka가 검은 배경 앞에서 연기한 발레 독주로 구성된다. (그녀는 이전에 한스 리히터Hans Richter의 초현실주의 연작 〈돈으로 살 수 있는 꿈들Dreams that Money Can Busy〉에서 만 레이Man Ray의 에피소드에 출연했다.) 데이비가 대부분의 오프 스크린 내레이션을 담당하긴 했지만, 마치 세 명의 주요 배역들의 시점이 바뀌는 만큼이나 쉽게 내레이션이 데이비에서 글로리아로 바뀐다. 때때로 내레이션은 완전히 중지되고 장면 묘사만이 길게 이어지는데, 그동안 배우들은 무언극을 연기하는 듯하다. 통화하는 대화를 담은 몇 장면은 더빙을 통해 더 쉽게 만들어진다. 가끔씩 배우들은 프레임 바깥이나 카메라 뒤에서 대사를 전달한다. 대사가 직접 촬영된 경우는 드물었다. 이미지와 사운드의 주변 특성 사이에 약간의 부조화가 있다. 하지만 이것은 낯설고 꿈꾸는 듯한 분위기를 증대시켰다.

제럴드 프리드의 악보는 주로 세 가지 뒤섞인 요소들로 구성된다. 데이비의 링 위의 삶과 관련된 격투 음악, 글로리아와 관련된 로맨틱 음악, 빈스와 폭력배들에 관련된 라틴 재즈 음악(이 라틴 음악은 오슨 웰스의 〈악의 손길〉에 쓰인 헨리 맨시니Henry Mancini의 악보를 예견하는 듯하다). 〈살인자의 키스〉의 대부분은 단지 배경 음악과 더빙된 사운드 효과에 의존할 뿐이다. 그것은 무성 영화 시대에 세 가지 기본 편집 기술에 따른다. 역사가들이 그리피스와 연계시키곤 하는 병행 편집, 주로 레프 쿨레쇼프Lev Kuleshov와 히치콕과 관련된 시점 편집, 에인젠슈타인과 소비에트 학파로부터 나온 몽타주 등이 그것이다. 대사보다는 편집에 거의 완전히 의존했기 때문에, 〈살인자의 키스〉는 히치콕이 '순수 영화pure cinema'라고 부른 것으로 간주될 수 있다. 심지어 이 영화는 히치콕을 느끼게 하는 몇 장면을 포함하고 있다. 주인공이 뒤쪽 창문으로 쳐다보는 장면, 캐릭터들 중 한 명을 조롱하는 것 같은 그림이 있는 장면, 기차의 기적 소리를 삼켜 버리는 날카로운 비명을 담은 장면 등이 그렇다.

히치콕과 다름없이, 큐브릭은 종종 보통의 유성 영화는 영화적이지 않다고 말했다. 1969년 극작가이자 영화학자인 모리스 라프Maurice Rapf 와의 인터뷰에서, 그는 "대부분의 영화들에서 서로 이야기 나누는 사람들이 있고, 대략 서너 가지 세트들을 이용하게 되지. 그게 다야. 진짜로 봐야 할 것은 별로 없지. 우리 모두는 엄청난 액션 시퀀스를 기다리고 있는데 말이야."[56] 〈살인자의 키스〉는 영화의 조형적 성격에 대한 그의 관심을 풍부하게 입증한다. 그는 필름 느와르 세계에 전형적인 인물과 상황의 윤곽을 제시하고, '엄청난 액션 시퀀스'로 영화의 끝을 장식한다. 그러나 그는 이미지, 사운드, 미장센의 역동적이고 약간은 비정통적인 조작을 통해서 익숙한 듯 낯선 것들을 만들어 낸다.

영화는 원시적 스타일로 시작한다. 어두운 스크린에서 여행을 시작하는 기차의 칙 하는 소리가 들린다. 실로 짠 넥타이와 스포츠 코트를 입고 담배를 피면서 부드러운 빛이 떨어지는 펜실베이니아 역의 텅 빈 대합실에 서 있는 젊은 남자의 로 앵글, 딥 포커스 이미지가 보인다. 크레딧 자막이 나타나고, 기차 소리가 멀리 사라질 때, 다음 열차의 출발 시간을 알리는 안내 방송과 벨 소리가 이어진다. "혼란 속에서 어떻게 빠져나갈지 미칠 지경이다." 화면 밖에서 들리는 젊은 남자의 목소리가 들린다. 그는 이런 혼란이 며칠 전 로드리게즈와의 권투 시합에서 시작되었다고 설명한다. 일렁이는 디졸브가 두들기는 시합 음악과 함께 우리를 과거로 데려간다. 월터 카르티에에 대한 큐브릭의 다큐멘터리를 거의 직접 옮겨다 놓은 듯한 간략한 몽타주가 이어진다. 가로등 기둥과 이발소 창문가에 붙은 한 선수의 포스터는 내레이터의 얼굴을 보여 주면서 그의 이름이 데이비 고든이라고 말해 준다.

　데이비의 아파트 어두운 방 안. 폴로셔츠와 바지를 입는 데이비의 모습이 하이 앵글로 보여지고, 그는 화장대 거울에 비친 자기 얼굴을 유심히 바라본다(《시합 날》에서 빌린 이미지). 재빠른 인서트들이 거울 주위에 붙어있는 가족사진들을 보여 준다. 한 농가, 현관 앞에 시골 옷을 입고 서 있는 여인의 희미한 이미지(그 옆에 9번가 '워시랜드'의 찢어진 티켓이 붙어 있다), 소 한 마리, 숲 속의 한 노인 등의 사진이 붙어 있다. 데이비는 계속 자기 얼굴을 관찰하면서, 손가락으로 코를 납작하게 해 본다. 만약 코가 부서졌다면 어떻게 되었을까 생각하는 듯하다. 그다음 그는 거울 옆의 싱크대로 가서 물 한 컵을 마신다. 그가 걸을 때마다 카메라는 비좁은 방 안을 패닝하면서 보여 준다. 벽에 매달린 이상한 것들 중에는 칼과 만돌린도 있다. 창문 바깥으로 좁고 어두운 공간을 넘어서 옆집 창문이 보이는데, 스웨터와 셔츠를 입은 매력적인 금발 아가씨가 자기 방 안을 왔다 갔다 하고 있다. 데이비는 무심하게 지나치면서 몸을 구부려 옆 벽면 램프 아래의 금붕어 어항을 쳐다본다. 여기서 큐브릭은 영화의 가장 대담한 이미지 하나를 연출한다. 그것은 '불가능한' 리버스 앵글 클로즈업인데, 이전 숏에서 벽이 있던 곳에 놓인 카메라가 데이비를 어항 너머로 쳐다본다. 앞에서 자기 손으로 일그러졌던 그의 모습은 이제 그로테스크하게 왜곡되어 보인다. 큐브릭은 원근법을 납작하게 펼쳐 보이도록 하기 위해 망원 렌즈를 사용함과 동시에 어안 효과a fisheye effect를 내기 위해 어항을 사용한다. 결과적으로 데이비는 마치 신나게 두들겨 맞은 것처럼 뭉개져 보이면서 동시에 이상하게 길게 늘어져 보인다.

　데이비는 창문 너머로 글로리아를 힐끗 쳐다본 뒤 옷을 입은 채로 자기 침대로 가 눕는다. 인서트 숏으로 그의 시계는 6시 50분을 가리키고

〈살인자의 키스〉: 리버스 앵글 클로즈업. 이전 숏에서 벽이 있던 곳에 놓인 카메라가 데이비를 어항 너머로 쳐다본다.

Stanley Kubrick

있다. 다른 '불가능한' 앵글이 이어진다. 머리맡의 전화기와 시계 뒤편의 벽 쪽에 위치한 카메라가 창문을 향해 이웃집 아파트를 쳐다본다. 큐브릭은 액자 구조의 장면화를 통해 최소한의 장식미를 보탠다. 데이비는 몇 개의 작은 스냅 사진이 붙어 있는 거울에 의해 프레임되고, 이 숏에서 글로리아는 두 개의 똑같은 창문에 의해 프레임된다. (그녀 이미지의 오른편에 데이비의 방 벽에 붙어 있는 사진들이 프레임된다.) 빽빽하게 둘러싸인 아파트는 일종의 카메라 옵스큐라가 된다. 그것은 길을 가로질러 밝게 비치는 인물을 보여 주는 하나의 열려진 구멍 같은 것이다.

관음증의 순간은 전화벨 소리에 의해 중단된다. 데이비의 매니저가 체육관에서 공중전화를 건다. 그는 마치 프로세스 스크린 앞에 서 있는 것처럼 이상하게 문어체 투로 이 영화의 첫 번째 대사를 던진다. 그는 데이비와 그날 저녁 시합 약속을 잡기 위해 전화를 한 것이다. 계속해서 글로리아를 간략하게 소개하는 장면이 이어진다. 그녀의 방은 데이비의 방과 비슷한 구조지만 커튼이나 체크무늬 테이블보, 빨래줄 위에 걸린 나일론 옷가지 등으로 꾸며져 있다. 커피를 홀짝이면서 그녀는 이리저리 걷다가 창문 쪽으로 가서 바깥을 내다본다. 옆집을 쳐다보는 그녀의 모습이 클로즈업으로 잡힌다. 그녀의 시점에서 와이드 숏으로 창문 너머로 데이비가 가방을 싸는 장면이 보인다. 클로즈업으로 글로리아가 커피를 마시며 오랫동안 그를 응시한다. 그녀는 데이비에 관심이 있거나 무언가 공상을 하는 듯하다. 곧 커피를 다 마신 그녀는 옷장에서 트렌치코트를 꺼내 입고 아파트를 나선다.

큐브릭은 계속해서 두 주인공을 교차 편집한다. 그들은 각자 계단을 걸어 내려가서 거리로 나간다. 데이비가 먼저 나와서 우편함에서 편지를 꺼낸다. 그와 글로리아는 아파트 건물을 빠져나와 커브 길에 주차된 밝은 색깔의 새 컨버터블 자동차로 걸어간다. 데이비는 돌아서서 거리 쪽으로 내려가고, 번들거리는 폭력배처럼 옷을 입고 컨버터블에서 나오는 빈스의 모습이 보인다. 그는 8번가 지하철로 들어가는 데이비를 뒤편에서 쳐다본다. 글로리아를 차에 태운 뒤 빈스가 말한다. "너 제대로 해." 글로리아는 "무슨 뜻이에요?"라고 되묻다가 금세 빈스의 말뜻을 알아차린다. "아, 그 사람은 이 아파트에 사는 사람일 뿐이에요." 그러나 빈스는 이미 데이비를 알고 있고, 웃으면서 말한다. "오늘밤 TV에 그 사람이 나올 거야." 빈스는 차를 몰고 가기 시작한다.

거의 비어 있는 뉴욕 지하철에서, 데이비는 우편함에서 꺼낸 편지를 읽는다. 우리는 예기치 않게 우스꽝스럽고 촌티가 나는 조지 아저씨의 목소리를 듣게 된다. "데이비야, 우리는 여전히 네 소식이 궁금하구나." 데이비는 살며시 미소를 짓는다. 곧바로 다이렉트 컷direct cut을 통해 권투 경기장의 와이드 숏으로 연결된다. 사방이 어둠으로 둘러싸인 가운데 쏟아지는 불빛 속에 두 선수가 보이고, 관중은 어둠 속에서 보이지 않은 채 엄청난 환호를 보내고 있다. 선수 대기실에서 매니저가 데이비의 손에 테이프를 두르고 있고 바깥의 관중은 여전히 환호하고 있다. 이어지는 시합 장면에서, 큐브릭은 월터 카르티에에 대한 그의 다큐멘터리 장면을 다시 보여 준다. 그는 똑같은 핸드헬드 아이모 카메라를 사용해서, 똑같이 로앵글로, 또한 똑같이 들쭉날쭉한 편집 스타일로 이 장면을 찍는다. 하지만 처음에 그는 타임스 스퀘어 숏을 보여 주고, 곧이어 바쁜 도시의 몽타주를 간략하게 묘사한다. 이 다큐멘터리 숏들은 약간 기이하다. 산타클로스 자동인형이 혀를 쑥 내밀고 애플 캔디를 핥아 먹는다. 핫도그는 노점상의 기계 위에서 데워지고 있고, 아이스크림선데는 턴테이블 위에서 돌아가고 있다. 가게 창문 안의 네온사인은 '사진'이라고 쓰였고, 그 너머로 의례적인 가족사진들과 유니폼 걸친 젊은 군인의 사진들이 벽 위에 전시되어 있다. 가장 기이한 것은 작은 플라스틱 아기 인형이 대야 안에서 수영을 하는 장면이다.

이 숏들은 약간 불안한 느낌을 준다. 비록 우리가 소음이 흘러나오는 도시 한가운데 있지만, 우리는 어떤 사람도 볼 수 없다. 단지 이미지, 모조품, 자동 기계만을 볼 수 있을 뿐이다. 이것은 마치 마네킹 공장에서의 클라이맥스 결투의 전조를 보여 주는 듯하다. 비인간적 분위기는 플레저랜드 댄스홀 단면을 묘사한 몇몇 다큐멘터리 숏들에 의해 강화된다. 한쪽의 야한 글씨('커플 초대/댄스 파트너') 아래로 오른쪽 얼굴이 보이는 가슴 큰 금발머리가 그려져 있다. 다른 편의 글자('뜨거운 춤/호스티스') 너머로 왼쪽 얼굴이 보이는 흑발의 백인 여성이 있다. 에드워드 디먼드버그가 지적한 것처럼, 이 광고 이미지들은 영화 초반에 광고 전단에서 보았던 남자 권투 선수의 사진들과 각운을 이룬다. 플레저랜드 매표소에서, 한 남자가 담배를 피우면서 1달러짜리 티켓을 판다. 그의 얼굴은 숨겨져서 잘 보이지 않는다. 실내에서, 카메라는 수평으로 큰 방을 훑어 지나가고, 우리는 벽에 기댄 채 거칠어 보이는 술집 기도들과 시끄러운 스피커로 흘러나오는 소리를 따라서 춤을 추는 기이한 커플들을 본다. (이 장면은 큐브릭이 이 영화에서 많은 엑스트라를 동원한 유일한 장면이다. 엑스트라들은 그리니치빌리지에 사는 그의 친구들이었다.) 계속해서 글로리아의 탈의실 장면이 이어진다. 음악 소리가 멀리서 들리고, 화장대와 하이힐이 보인다. 희미한 가운데 거울 앞에 서서 글로리아는 스웨터를 벗고 끈 없는 검은 브래지어를 드러낸다. 데이비의 탈의실이 이어진다. 트레이너가 데이비의 얼굴과 벌거벗은 몸통에 기름칠을 한다. 데이비는 매니저의 손에 펀치를 날리면서 워밍업을 한다. 바깥에서 군중의 웅성거리는 소리가 들린다.

두 연기자 데이비와 글로리아는 자기 몸을 준비하고, 빈스는 댄스홀 위의 작은 사무실에 혼자 앉아서 술을 마시고 담배를 핀다. 조명은 극도의 느와르풍이고, 방은 지나간 극장 포스터들과 이상한 청바지 광고 같은 것들로 뒤섞여 뜻 모를 초현실주의풍으로 꾸며져 있다. (이것은 큐브릭이 무대를 매혹적인 키치풍으로 장식한 첫 번째 사례다. 이 숏에서 잠깐 보이는 두 개의 커다란 포스터들은 멜로드라마 연극의 폭력적 장면을 묘사한다. 그중 하나는 어떤 사람이 둥근 톱 앞에서 두 팔을 벌리고 있는 모습이고, 다른 하나는 커다란 대포 앞에서 팔을 치켜 올린 남자의 모습이다.) 빈스는 베니스식 블라인드를 통해서 댄스홀 아래를 내려다보다가 텔레비전을 켜고 사무실 불을 끈다. TV 화면의 불빛에 그로테스크하게 비치면서, 그는 아나운서가 두 권투 선수를 소개하는 소리를 듣는다. 22전 무패의 키드 로드리게즈와 백전노장 데이비 고든의 대결. TV 화면의 인서트는 링에 마주서서 심판과 이야기를 나누는 두 선수를 보여준다. (큐브릭은 텔레비전 스캔 선들을 제거하기 위해 카메라 셔터 속도를 조절할 필요가 없는 실제 방송 장면을 촬영한 듯하다. 1950년대 초반에 CBS 방송에서 하는 가장 대중적인 쇼는 수요일 밤에 방영하는 〈팝스트 블루 리본 파이츠 *Pabst Blue Ribbon Fights*〉였다. 이 프로그램은 실제 경기를 모사한다.) 아나운서는 데이비 고든이 스물아홉 살이고 영리한 복서이지만, "턱이 약하고 큰 경기에 약한 불운을 겪고 있다"고 소개한다.

　　빈스는 사무실 창문가에 서서 꿈꾸듯이 웃고 있다. 그는 아래층으로 내려가서, 글로리아를 댄스홀에서 끌어내기 위해 그의 파트너를 거칠게 밀친다. 다음 순간, 큐브릭은 로드리게즈에게 두들겨 맞는 데이비와, 빈스에게 안겨서 낚아 채인 채 억지로 TV 경기를 보게 된 글로리아를 교차 편집한다. 시합 장면 자체는 영화적 역작이다. 많은 장면들이 〈시합 날〉에서 큐브릭이 촬영했던 장면들에서 다시 만들어졌지만, 그가 계속 쓰러지는 장면들에서 데이비의 주관적 시점이 보태졌다. 전후의 다른 필름 느와르 영화들(〈살인자들*The Killers*〉[1946], 〈육체와 영혼*Body and Soul*〉[1947], 〈셋업〉, 〈챔피언*Champion*〉)의 비슷한 권투 장면들보다도 피 흘리는 장면이 적음에도 불구하고, 〈살인자의 키스〉는 훨씬 더 격렬하고 진실해 보인다. 그것은 부분적으로 배우들이 발 빠르고 권투에 대해 어느 정도 알고 있기 때문인 것 같다. 링 위에서 일어나는 권투 장면과 빈스의 사무실에서 벌어지는 섹스 실랑이 장면의 교차 편집은 화면을 가학·피학적인 에로티시즘으로 가득 채운다. 그것은 권투의 승화된 의미 중 하나가 오락이라는 점을 드러낸다.

권투 시합을 바라보는 글로리아와 빈스의 모습은 모호하다. 이 장면은 큐브릭이 나중에 〈스파르타쿠스〉의 최고 장면 중 하나에서 보여 주는 어떤 변태적이고 퇴폐적인 관능미를 예견하게 한다. 이 영화에서 로마 귀족들과 그 아내들은 검투사의 시합을 농밀한 시선으로 쳐다본다. 또한 〈살인자의 키스〉에서 빈스와 글로리아의 포옹은 민감한 인종적 의미를 지니고 있다. 큐브릭은 금지된 섹슈얼리티의 전율을 창조하려고 애쓰는 듯하다. 〈공포와 욕망〉에서처럼, 이 영화에서 프랭크 실베라는 그의 토속적이고 약간 아프리카인 같은 외모에 맞는 역할로 기용된다. 그의 외모는 이렌 케인의 귀족적인 금발과, 등 파인 드레스 너머로 보이는 완전히 하얀 피부와 극명하게 대조된다. 빈스는 그녀의 벗겨진 어깨를 손으로 감싸고 TV 화면 바깥의 불빛을 가리킨다. 〈공포와 욕망〉에서 나무에 묶인 여자처럼, 그녀는 비참하면서도 포획자에 대한 어떤 성적 권력을 쥐고 있다. 처음에 그녀가 당황한 것처럼 보이지만, 빈스가 그녀를 조용히 더듬기 시작하자 그녀는 그가 흥분한 이유를 감지한다. 데이비가 로드리게즈에게 두 번 쓰러진 뒤, 그녀는 두려워하면서도 약간 흥분한다. 데이비가 세 번째, 그리고 완전히 쓰러지는 권투 시합 장면이 이어진다. 그가 자기 코너로 돌아갔을 때 청중의 환호성이 들린다. "집에 가라, 이 건달 놈아. 너 이제 끝났어!" TV 아나운서는 "고든에게 오늘 밤은 독한 약을 마신 것처럼 정말로 쓰리군요." 빈스는 글로리아를 껴안고 목에 키스를 한다. 약간 웃으면서 그녀는 깜빡거리는 TV 불빛을 보려고 몸을 돌린다. 빈스도 웃고 그녀도 웃는다. 키스 장면에서, 빈스는 굶주린 듯 그녀를 향해 몸을 구부리고 손을 머리 뒤로 가져간다. 그는 입으로 거칠게 키스를 하면서 그녀의 벌거벗은 등을 카메라 쪽으로 돌려놓는다. 그녀는 팔을 엉거주춤한 상태로 그의 움직임에 몸을 내맡긴다. 뜨거운 라틴 재즈가 서서히 고조되면서 페이드 아웃.

데이비와 글로리아는 이미 여러 가지로 유사한 면이 있었고, 똑같이 굴욕감을 느끼고 있었다. 페이드 인되면서 유려한 카메라가 한밤의 타임스 스퀘어를 비춘다. 트렌치코트를 입고 좀비처럼 거리를 가로지르는 글로리아의 모습이 멀리서 보인다. 카메라는 왼쪽에서 오른쪽으로 움직이면서, 다리는 보이지 않은 채 스크린 밑쪽에서 중앙으로 걸어가는 그녀를 프레임한다. 텅 빈 도시와 차오르는 거리의 수증기 뒤에 남겨진 쓸쓸한 인물, 그녀는 그녀를 가볍게 쳐다보는 옷 잘 입은 한 남자를 지나친다. 아마도 그 남자는 실제 행인인 것 같다. 다시 데이비의 장면. 그는 어두운 방에서 셔츠조차 안 입은 채로 맥주 캔을 마시면서 골똘히 생각한다. 한줄기 빛이 비치자 그는 창가로 다가간다. 카메라는 앞으로 나가면서 불빛에 반사되는 그의 몸통을 보여 준다. 멀리 라디오에서 음악 소리가 흘러나오고 옆집 아파트에 글로리아가 보인다. 신발과 벨트를 풀고 있는 그녀는 절망스럽고 불안해 보인다.

데이비의 전화벨이 다시 울린다. 그의 옆면 클로즈업은 의도적으로

〈살인자의 키스〉: 권투 시합을 바라보는 글로리아(이렌 케인)과 빈스(프랭크 실베라).

글로리아 쪽을 쳐다보는 그의 모습을 보여 준다. 그는 전화를 하면서 화장대에 등을 기대고 서 있고, 뒤편 거울에 글로리아가 비친다. 그 숏은 프레임 속의 프레임으로 채워진다(거울, 거울에 붙은 여러 사진, 두 개의 창문). 우울한 관음증의 희극을 보는 듯하다. 데이비는 웃통을 벗고 있고, 글로리아는 옷을 벗는다. 데이비는 조지 삼촌의 전화를 받아야 한다. 데이비가 삼촌에게 전화하기 좋은 시간은 아니라고 예의바르게 설명할 때, 거울 속에서 글로리아는 검은 속옷만 남기고 다 벗은 차림으로 시야에서 벗어난다. 데이비는 전화를 끊고, 글로리아는 파자마 차림으로 다시 나타나서 불을 끈다. 멀리 라디오에서 로맨틱 음악이 들리고, 데이비는 시계태엽을 감고 램프를 끈 뒤 침대에 드러눕는다. 암전.

다음 시퀀스는 이 영화에서 가장 중요한 장면 중 하나인 데이비의 꿈 장면이다. 우리는 이것이 꿈이라는 것을 나중에 알게 된다. 다이렉트 컷은 비좁고 어지러운 거리의 네거티브 이미지를 보여 준다. 황량한 소호 지역처럼 보이는 곳에 차들이 몇 대 주차되어 있다. 카메라는 와이드 앵글 렌즈를 장착하여 차 위에서 찍은 것처럼 보인다. 텅 빈 거리를 끝없이 달려 내려가고, 양편 건물들은 빠른 속도로 비켜 지나간다. 점프 컷 장면들이 앞뒤로 홱홱 지나가고 카메라는 계속해서 앞으로 돌진한다. 격렬한 음악과, 데이비의 권투 시합에서 보이지 않는 군중의 숨죽인 목소리("집에 가라, 이 건달 놈아!")가 들린다. 곧이어 여자의 비명소리가 들린다. 여기서 큐브릭은 주목 효과를 위해 나중에도 종종 사용하게 되는 '터널' 장면을 처음으로 사용한다. 꿈은 데이비의 불안과 불길한 예감의 표현이다. 왜냐하면 그 거리는 영화의 클라이맥스 폭력 장면에서 다시 나타나는 바로 그 거리이기 때문이다.

글로리아의 비명에 깨어난 데이비는 빈스가 그녀를 밀치는 장면을

〈살인자의 키스〉: 조지 삼촌의 전화를 받으면서 건너편 글로리아 쪽을 쳐다보는 데이비.

보고서, 아파트 옥상을 가로질러 계단을 내려가 그녀의 방으로 달려간다. 그가 도착했을 때, 빈스는 도망친 뒤였다. 데이비는 글로리아에게 자초지종을 물어본다. 그녀는 대답한다. '한 시간 정도 전에……' 라틴 재즈의 타악기 소리가 커지고, 화면이 흔들리는 디졸브를 통해 플래시백으로 바뀐다. 글로리아의 꽉 차고 생생한 클로즈업으로 시작해서, 그녀의 얼굴은 아래쪽의 불빛에 비치고 그녀는 닫힌 문 옆에서 서성이다 빈스의 문 두드리는 소리를 듣는다. 빈스가 들어 왔을 때, 그는 애처롭게 뉘우치는 듯하지만 여전히 위험해 보인다. 우리는 결코 그의 사무실에서 어떤 일이 일어났는지 보지 못했지만, 무언가 성폭력이 있었음을 짐작할 수 있다. 글로리아는 뒷걸음질 치면서 테이블 너머로 돌아간다. 그녀는 말한다. "여기서 당장 나가!" 빈스는 그녀를 무시하고 징징거린다. "평생토록 난 언제나 내 소중한 것들을 망쳐 버렸어. 당신이 나의 이 비참한 느낌을 알아준다면 좋으련만!" 테이블을 돌아가서 그는 그녀의 팔을 움켜쥔다. "당신을 일으켜 세우고 싶소…… 나를 용서해 주오!" 큐브릭은 글로리아의 클로즈업을 보여 주면서, 폭력적 효과를 창출하기 위해 180도 규칙을 깨뜨린다. "나에게 당신은 일개 늙은이일 뿐이야. 더러운 냄새가 난다구." 그녀가 소리를 지르려 할 때, 그가 그녀의 입을 틀어막는다. 카메라는 〈시민 케인〉을 연상시키는 '스위시 팬swish pan'■으로 빙 돌면서 플래시백을 끝낸다. 데이비가 글로리아에게 말한다. "그 생각은 더 이상 하지 말아요." 그는 그녀가 잠들 때까지 옆에 있겠다고 약속한다.

■ 화면의 한 지점에서 다른 지점으로 카메라가 빠르게 수평 이동함으로써 중간 영역이 흐리게 보이는 카메라 패닝 기법. 장소의 변화나 시간 경과 등을 암시하는 경우에 많이 쓴다. 플래시 팬flash pan, 퀵 팬quick pan이라고도 한다(《영화사전》, propaganda, 2004 참조).

S t a n l e y   K u b r i c k

글로리아가 잠들었을 때, 이 영화의 사랑에 관한 테마가 배경 음악으로 흘러나온다. 데이비는 그녀 침대 기둥에 매달린 작은 인형을 본다. 평론가들은 보통 그 인형이 순수함의 상징이라고 논하지만 그 인형은 상당히 이상해 보인다. 누더기 옷을 입고, 낡고 섬뜩한 금발 가발을 하고서 눈동자가 풀린 채, 사형수처럼 침대에 매달려 있다. 데이비는 불을 끄고 글로리아의 방을 돌아본다. 빨랫줄에 말리고 있는 스타킹과 란제리를 손가락으로 만져 보고, 화장대 위의 향수 냄새를 맡아 보고, 우편엽서를 읽어 보고, 뮤직 박스를 열었다 닫고, 사진 액자를 유심히 쳐다보기도 한다. 글로리아에 대한 그의 관심은 온순할지 모르지만 페티시적이고 관음증처럼 보인다.

영화의 나머지 부분은 오래된 할리우드 공식을 따른다. 소년은 소녀를 만나고, 그녀를 잃은 뒤, 다시 그녀를 얻는다. 모든 캐릭터들은 어둡고 심리적인 동기를 가지고 있다. 글로리아에 대한 데이비의 호기심은 변태적인 듯하다. 그것은 큐브릭의 이상한 미장센 때문이기도 하다. 다음날, 글로리아가 겪은 삶과 사랑의 고통이 분명히 드러난다. 햇볕 드는 그녀의 방에서 아침 식사를 하면서, 데이비는 묻는다. "저 사진 속의 사람들은 누구에요? 당신은 어쩌다 그 댄스홀 사장과 얽히게 된 거죠?" 앞선 장면에서 인서트는 가는 머리카락에 구레나룻을 한 거무스름하고 꽤 기품 있는 노인과, 발레 옷을 입은 댄서가 있는 한 쌍의 액자를 보여 주었다. 이 숏을 위해 큐브릭은 아내와 장인의 사진을 사용했다. 특히 그 남자는 빈스 라팔로 역할의 프랭크 실베라와 많이 닮은 것 같다.

액자 속의 두 사람은 글로리아의 아버지와 언니 아이리스다. 두 사람은 그녀가 빈스와 연루된 이유와 연관이 된다. "이전에 아무에게도 말하지 않았는데," 그녀는 긴 독백을 시작한다. 발레를 하는 언니의 꿈꾸는 듯한 이미지가 이어지면서, 글로리아는 인생의 비밀을 털어놓는다. 아이리스는 그녀보다 여덟 살 위였다. "그녀는 아버지를 좋아했고, 물론 아버지도 그녀를 좋아했어요." 아버지는 성공한 작가였고, 어머니는 매우 아름다웠다. 그들은 "아주 행복했어요. 내가 태어나면서 어머니가 돌아가셨어요." 시간이 흘러, 아이리스는 어머니를 쏙 빼닮았고, 글로리아는 언니를 점점 더 질투하게 되었다. 어느 부유한 남자가 아이리스에게 발레를 관두고 자신과 결혼하자고 했지만, 그녀는 거절했다. 하지만 곧이어 아버지가 큰 병에 걸리고 병원비가 절실하게 되었다. 아이리스는 그 부유한 구혼자와 결혼한 뒤 발레를 그만두고 매일 아버지의 병상을 지켰다. "그 당시 나는 그녀를 지금보다 더 미워했지요." 글로리아는 말한다. 아버지가 죽었을 때, 아이리스는 자신이 가장 좋아하는 발레곡을 틀어 놓고 손목을 그어 자살했다. "그녀는 내게 쪽지 하나를 남겼어요." 글로리아가 말한다. 그로부터 며칠 후 글로리아는 댄서를 구한다는 광고를 보고 플레저랜드로 간다. "그때 무엇이 나를 사로잡았는지 정말 모르겠어요. 그 타락한 곳. 나는 계속 생각했죠, 적어도 아이리스는 결코 이런 식으로 춤추지 말아야 했어…… 그다음 나는 덜 불행하다고 느끼기 시작했어요."

글로리아의 이야기는 형제간의 경쟁심에 관한 프로이트 심리학의 주제와 연관된다. 언니의 죽음에 대한 죄의식과 아버지를 닮은 갱스터에 대한 이중 심리를 보여 준다. 클럽에서 춤을 추면서 그녀는 죄의식을 속죄하는 길을 발견하고, 동시에 언니와 아빠의 로맨틱한 관계를 패러디함으로써 무의식적 '승리감'을 맛본다. 그녀의 고백은 치료 효과가 있을지 모른다. 그러나 그녀는 어떤 관계를 맺기 위한 준비가 거의 되어 있지 않은 듯하다. 특히 그녀는 댄스홀 이외의 삶은 거의 알지 못하고, 노동 계급 출신의 아버지와의 관계에 대해서도 준비되어 있지 않은 것이다. 큐브릭이 데이비와 글로리아가 하루 종일 도시를 걸어 다니는 신 하나를 잘라냈기 때문에, 그들의 친밀감은 더욱 성급하고 의심스러워 보인다. (빈스가 했던 것처럼 그녀의 머리를 잡으면서) 글로리아와 단지 한 번 키스를 한 뒤, 데이비는 사랑을 고백한다. 빈스와 키스했던 것과 똑같은 장면의 덜 위협적인 다른 버전에서, 그녀는 데이비로부터 벗어나려 한다. "나를 사랑한다고? 웃기지 마시오." 그녀는 침대에 앉아 있고, 데이비는 그녀 발밑에 무릎을 꿇는다. 그 장면은 맨해튼의 밤 이미지와 함께 끝난다.

사무실로 돌아와서 빈스는 술에 취한다. 그의 부하가 걸어온 전화는 글로리아가 일을 그만두고 급료를 받으러 올 거라고 알려 준다. 그의 책장 위에는 글로리아의 화장대 위에 있는 것과 비슷한 사진첩이 놓여 있다. 벽 위의 이상한 예술품은 그의 마음을 보여 주는 듯하다. 그는 특히 한 이미지를 노려본다. 그것은 세기말 보드빌vaudeville의 만화 캐릭터인데, 그를 조롱하듯 쳐다보는 듯하다. 그 그림의 시점으로부터 '불가능한' 숏이 이어지면서, 빈스는 위스키 잔을 그 그림에다 내던진다. (큐브릭은 카메라 앞쪽에 유리 한 장을 매달아서, 그림의 프레임이나 카메라 렌즈가 산산이 부서진 것 같은 효과를 낸다.)

이어지는 장면은 전형적 멜로드라마다. 이야기는 아이로니컬하게 굴절되고, 촬영과 편집은 능수능란하다. 시애틀로 떠나기 위해, 데이비와 글로리아는 급료를 받으러 플레저랜드로 간다. 데이비는 매니저를 만나서 대전료를 받을 계획이다. 그때 순간적으로 술 취한 슈리너가 그의 스카프를 빼앗아 도망간다. (슈리너는 큐브릭의 친구이자 댄서인 데이비드 반이 연기한다. 슈리너는 술에 취해서 멀리 도망간다.) 빈스는 데이비를 죽이기 위해 부하들을 보낸다. 하지만 그들은 실수로 데이비의 매니저를 죽이게 된다. 글로리아가 살인 사건의 증인이 될 수 있기 때문에, 빈스는 그녀를 납치해서 24번가

다락방에 그녀를 숨겨둔다. 그곳의 미장센은 빈스 사무실의 연극 포스터와 비슷하다. 금발의 글로리아가 조금 높은 곳의 의자에 묶여 있고, 감시하는 폭력배들은 알전구 아래서 포커를 치고 있다. 데이비가 글로리아를 구하러 가지만, 폭력배들은 그를 속이고 때려눕힌다. 특히 에피소드는 흥미롭게도 예상을 전복한다. 남자 주인공의 시도는 실패하고, 여자 주인공은 악당에게 돌아가 이성적인 목소리로 간청한다. "빈스, 나를 죽이지 말아요. 나는 죽고 싶지 않아요. 당신이 원하는 모든 걸 다할게요." 빈스가 그녀는 데이비를 사랑한다고 말했을 때, 그녀는 말한다. "나는 몰라요. 그렇지 않아요. 그를 만난 지 단지 이틀이 되었을 뿐이에요."

데이비는 의식을 차리면서 이 말을 들은 뒤, 2층 창문을 깨부수고 아래 거리로 떨어져 달아난다. 빈스와 총을 든 그의 부하에게서 달아나다가, 데이비는 어떤 마네킹 창고에 다다른다. 거기서 데이비와 빈스는 창과 도끼를 들고 최후의 결투를 벌인다. 이 클라이맥스 액션은 웰스의 〈상하이에서 온 여인〉의 마지막 장면에서 사용된 영화적 기교와 비교할 만하다. 폭력과 서스펜스가 그로테스크한 시각적 위트와 뒤섞인다. 데이비는 기이한 음악이 흐르는 그 방으로 들어가서 늘어선 여자 마네킹들(몸통은 비틀려 있고 다리는 어긋나 있다) 사이를 지나간다. 갑자기 멀리서 어두운 그림자가 살아서 다가오는 듯하다. 세계의 지배자처럼 마네킹들 사이에 일하는 수리공이다. 빈스는 데이비를 따라 들어가면서 수리공을 쓰러뜨린다. 큐브릭은 데이비가 남자 마네킹 머리들 사이로 숨는 장면을 보여 준다. 그의 옆면은 마네킹들과 같은 방향을 가리킨다. 나중에 빈스와 데이비가 서투른 검투사들처럼 서로 지쳤을 때, 그들은 마네킹들과 뒤엉켜 누가 누구와 싸우고 있는지 헷갈리게 된다.

캐릭터와 마네킹 사이에서 시각적 혼란은 폭력과 서스펜스의 성격을 강화할 뿐만 아니라 주제와 관련하여 중요한 의미가 있다. 마네킹은 글로리아의 방 안에 있던 이상한 인형, 그리고 타임스 스퀘어에서 대야 안에서 수영하던 플라스틱 아기 인형, 데이비의 거울 안에 생기 없는 사진 이미지들, 텅 빈 뉴욕의 거리, 그리고 캐릭터들 그 자신들과 무언가 비슷하다. 다나 폴란이 지적했듯이, 〈살인자의 키스〉에서 모든 배역들은 "평이하거나 서툴거나 괜히 과장스럽다. 더불어 서투른 후시 녹음으로 인한 인물과 목소리의 불일치 때문에 거리감이 느껴진다. 이런 점들 때문에 인물들은 약간 따분하게 그려진다."[57] 하지만 이 영화의 결점과 관계없이, 상대적으로 평이한 캐릭터의 특징과 좀비 같은 대사들은 개인보다는 폴란이 '사회적 역할'이라고 부른 것을 더 강조하는 큐브릭의 성향과 일치한다. 이 영화는 캐릭터들의 스테레오타입을 체계적으로 전복하거나 그 매력을 제거한다. (권투 선수는 턱이 약하고, 댄서는 망가진 과거를 지닌 예술가 가족 출신이다. 갱스터는 신경질적이고 불안하다.) 동시에 캐릭터들은 정서적 거리감이 있고 소외되고 약간 로봇처럼 보인다. 캐릭터들이 탈인간화된 반면, 인형이나 마네킹들은 정신이나 영혼이 있는 듯 섬뜩한 느낌을 준다. 이것은 아마도 큐브릭이 던지는 음산한 농담일 것이다. 그는 영화 경력이 쌓이면서 이런 식의 음산한 농담을 보다 정교하고 풍부하게 구사한다.

다른 음산한 농담은 대부분의 마네킹들이 여자라는 사실에서 나온다. 그들의 격렬한 싸움 중간에, 글로리아의 연인들은 서로 여자의 몸뚱이를 던지기 시작한다. 데이비가 여자의 몸 전체를 집어서 빈스에게 던질 때, 빈스는 도끼를 휘둘러 몸통을 반 토막 낸다. 계속해서 데이비는 다른 여자 몸뚱이와 다리를 집어던진다. 데이비가 빈스를 마네킹 여자 알몸 더미 위로 밀어 넣고 창을 찌르지만 실패한다. 그 와중에 데이비의 창이 여자 하반신에 가 꽂히고, 빈스는 도끼를 휘두르며 반 토막을 낸다. 그 싸움은 질투심에 사로잡힌 두 남자에 대한 상징적 비평이 된다. 또한 그것은 여성의 몸을 파편화하고 물신화하는 상업적 모더니티 경향에 대한 비평으로 기능한다. 큐브릭은 무섭고 긴박한 남성들의 격투를 서투른 싸움처럼 보이게 묘사한다. 그는 몇 차례 와이드 숏을 꽤 오랫동안 사용해서, 두 싸움꾼의 비틀거리고, 허둥대고, 뒹굴고, 점점 지쳐가는 모습을 보여 준다. 그들의 피곤한 얼굴에 매달린 땀방울과 먼지투성이가 클로즈업으로 비춰지고, 데이비는 결국 빈스를 쓰러뜨리고 창을 찌른다. 그 장면은 기사도 정신이라기보다는 추잡해 보인다. 큐브릭은 빈스의 비명으로부터 마네킹 머리의 클로즈업으로 장면을 전환한다. 마네킹 머리는 거꾸로 누워서 공포 영화 속의 인물처럼 아래로부터 빛을 비추고 있다. 비명과 이미지는 펜실베이니아 기차역의 시끄러운 기적 소리로 디졸브되면서, 영화가 시작했던 그 지점으로 돌아간다.

알렉산더 워커나 토머스 앨런 넬슨 같은 몇몇 비평가들은 〈살인자의 키스〉를 대부분의 할리우드 영화들이 구조적 차원에서 반복하는 내러티브 형식인 동화 이야기에 비교해 왔다. 이 영화는 기사가 괴물의 손아귀에서 착한 아가씨를 구해 주는 이야기이기 때문에, 그런 비교는 적절하다. 하지만 큐브릭이 일관되게 유지하는 톤은 초현실적 환상의 암울하고 변태적인 로맨티시즘에 더 적합하다. 글로리아가 데이비와 같이 떠나기 위해 기차역에 나타나는 마지막 장면은 의심의 여지없이 상업적 흥행을 위해 고안된 것이며, 큐브릭의 영화 중 가장 할리우드적인 결말이다. 하지만 그 장면은 이상해 보인다. 왜냐하면 이 연인들은 이미 서로를 배신한 것처럼 보였기 때문이다. 데이비가 글로리아를 끌어안았을 때, 그들의 자세는 이전의 키스신과 비슷한 것 같다. 여자의 얼굴은 카메라로부터 돌아가 있고, 남자는 그녀의 머리를 열정적으로 감싼다. 글로리아의 옷은 너저분하고, 이미 시애틀행 기차의 출발 안내가 있었기 때문에 아마도 그들은 기차를 놓쳤을 것이다. 이 영화에서 관객은 장르 영화의 관습적이고 의례적인 해피 엔딩을 볼 수 있다. 실제로 관객은 더 환상적인 결말을 원할 것이다. 어찌되었거나, 이 프로젝트를 통해서 큐브릭은 자신의 영화 인생에서 진정한 영화 작가가 될 수 있다는 사실을 입증했다.

3부

큐브릭, 해리스, 더글러스

STANLEY KUBRICK

6

범죄자와 예술가

프랑스 비평가 레이몽 보르드Raymond Borde와 에티엔 쇼머통Etienne Chaumeton에 따르면, 대부분의 필름 느와르들은 어느 정도 범죄자와 사이코패스의 시점을 따른다. 이 논의를 받아들인다면, 〈롤리타〉, 〈닥터 스트레인지러브〉, 〈시계태엽 오렌지〉, 〈샤이닝〉 등 큐브릭의 많은 영화들은 필름 느와르의 특징을 갖고 있음이 분명하다. 그 목록은 〈2001 스페이스 오디세이〉까지 연장될 수 있다. 그 영화의 많은 사건들이 살인 컴퓨터의 시점에서 보여진다. 〈배리 린든〉도 마찬가지다. 동명의 주인공은 사기꾼이자 악당으로 성장한다. 하지만 가장 분명한 경우는 큐브릭이 자신의 최초의 작가 영화라고 간주했던 〈살인〉이다.

큐브릭과 제임스 해리스는 동업을 시작한 지 얼마 안 되어, 뉴욕 웨스트 57번가에 사무실을 차렸다. 해리스는 근처 서점에서 리오넬 화이트의 《클린 브레이크》를 집어 든다. 그 소설은 범죄자의 시점으로 경마장 강도 사건을 다룬다. 해리스는 이 소설을 그들의 첫 번째 영화를 위한 잠재적 작품으로 큐브릭에게 추천한다. 큐브릭은 의심의 여지없이 이 소설에 끌렸다. 스포츠 경기뿐만 아니라 플롯도 매력적이었다. 왜냐하면 그가 좋아하는 감독인 존 휴스턴이 최근 가장 영향력 있는 범죄 영화 〈아스팔트 정글〉을 만들었기 때문이었다. 그와 해리스는 재즈풍의 화려하고 시간 순서를 뒤섞어 놓은 화이트의 내러티브에 매혹되었다. 그것은 영화를 통해 재현되고 발전될 수 있었다. 해리스는 재빨리 화이트의 대리인을 찾아내서 영화 판권을 1만 달러에 구입했다. 그 과정에서 해리스는 《클린 브레이크》의 판권 구입을 망설이고 있던 프랭크 시나트라 같은 유명 인사를 노련하게 따돌렸다.

리오넬 화이트는 실제 범죄를 다룬 대중 소설 작가로 그의 경력을 시작했고, 긴장감 있고 영화 같은 플롯을 전개하는 데 능숙했다. (그의 소설 중 하나에 근거한 후기 필름 느와르 영화가 버트 케네디Burt Kennedy의 〈돈의 덫The Money Trap〉[1966]이다.) 이전 두 편의 영화에서 큐브릭이 필요로 했던 것은, 생생한 캐릭터와 자극적 대사를 제공할 수 있는 누군가였다. 그는 결국 좋은 아이디어를 생각해 냈다. 범죄 소설의 세계에서 가장 어두운 분위기의 작가 짐 톰슨을 영입하는 것이었다. 라이온 북스 출판사에서 톰슨의 불온한 시리즈 소설들 — 《내 안의 살인마The Killer inside Me》(1952), 《새비지 나이트Savage Night》(1953), 《여자의 지옥A Hell of a Woman》(1954) — 은 사이코패스나 정신분열증 환자의 시각에서 쓰였다. 그 소설들은 쓰레기와 아방가르드 사이의 전복적 경계 어딘가에 예술적으로 자리 잡고 있었다. 로버트 폴리토Robert Polito에 따르면, 톰슨의 범죄 소설들은 "감각적인 것과 진지한 문화 사이의 차이를 부숴 버리는 지능적 범죄"를 기초로 한다. "스펙터클과 살인에 대한 위지의 사진들처럼…… (그들은) 자신들의 불안하고 모순적인 지위를 즐긴다"(p.4). 이것이 정확하게 〈살인자의 키스〉에 영감을 준 감성이었다. 또한 그 감성은 〈살인〉에 특별한 톤을 부여한다.

　　1955년 뉴욕에서 큐브릭과 마흔아홉 살의 알코올 중독자 톰슨은, 처음에 '폭력의 날Day of Violence'이라고 불리다가 나중에 《공포의 침대Bed of Fear》로 명명된 화이트의 소설에 대한 각색을 시작한다. 큐브릭은 트리트먼트를 쓰면서 사건들을 시퀀스로 나누었고, 톰슨은 대부분의 대사를 써넣었다. (해리스 또한 약간 도움을 주었다.) 비록 톰슨이 이후 프로젝트에서도 계속 큐브릭과 같이 일하긴 했지만, 그는 완성된 영화를 보았을 때 기절초풍할 정도로 엄청난 화를 냈다. 왜냐하면 그 영화의 크레딧에 시나리오 작가로 큐브릭의 이름이 올라 있고, 톰슨의 이름은 아주 조그맣게 두 번째로 올라 있었기 때문이었다. 리오넬 화이트의 소설이나 톰슨의 소설에 친숙한 이들에게 이 크레딧은 톰슨의 중요성을 깎아내린 것 같았다. 큐브릭과 톰슨은 명백히 블랙 코미디와 가학 피학적 관계에 대한 관점을 공유했다. 그러나 그 영화의 대사, 특히 결혼한 커플 조지와 세리 피티(엘리사 쿡 주니어와 매리 윈저)의 말다툼과 관련한 신의 대사는 진짜로 톰슨의 것이다.

조지　나 오늘 좀 아파. 배가 많이 아픈데.

세리　당신 위에 구멍 난 거 아니에요, 조지, 그렇게 생각하지 않아요?

조지　구멍이 났다고? 무슨 구멍 말이야?

세리　당신 머리에 구멍 난 거 아니에요? 술이나 한잔 줘 봐요, 조지, 나도 아프기 시작하네요.

조지　세리, 농담하지 말고 말할 수 없겠어?

세리　빨리 술 한잔 달라구요, 조지. 점점 더 아프기 시작해요.

〈살인〉의 시나리오는 소설의 기본 시간 구조를 따라간다. 소설과 마찬가지로 영화에서도 전과자 조니 클레이는 200만 달러 강도질을 위해 아마추어들을 조직하려고 한다. ("나는 대부분의 도둑들이 범하는 실수 하나를 피하려 한다." 조니는 그 책에서 설명한다. "나와 같이하는 이 사람들 중 누구도 전문 도둑놈은 없어. 모두 직업이 있고, 그런대로 괜찮게 평범한 생활을 하는 자들이지. 그러나 그들은 모두 돈이 필요하고 도둑질할 생각을 갖고 있지.") 하지만 영화는 화이트가 소설에서 한 것보다도 조니의 개인사와 동기에 더 적은 관심을 기울인다. 조니가 조지 피티를 총으로 쏴 죽이는 소설의 결말도 바뀌게 된다. 영화는 화이트 소설의 캐릭터들을 바꾸고 제거한다. 소설에서, 마빈 언거는 법정 속기사이자 계급 적개심으로 펄펄 끓는 조바심 많은 항문기 성격의 소유자이고, 조니에 대해서는 특별한 애착이 없다. 마이클 헨티(영화에서 오레일리)는 아내와 딸을 부양해야 하는 도박사다. 조지 피티는 몸집이 크고, 그의 아내 세리는 조그마한 암여우다. 그녀는 옹졸한 갱스터 발 캐넌과 부패한 경찰 랜디 케넌과 바람을 핀다. (캐넌은 그녀가 경마장 강도 계획에 대한 정보를 알고 있다는 사실을 알아채고는 그녀로부터 이를 캐낸다.) 대부분 영화의 각본 작업에서처럼, 그 시나리오도 소설보다 훨씬 경제적이다. 부차적 캐릭터들을 떼 내고, 스토리를 단순화시키면서, 사건을 빠르게 진행시킨다. 동시에 영화는 성적 모티브를 확대하고 강조한다. 조니를 위한 언거의 열정, 조지의 질투와 열등감, 정력 넘치는 젊은 남자를 붙들려는 세리의 욕망, 이 모든 것들이 강도의 성공을 위협한다. 성적 욕망을 강조하기 위해 처음에 영화 제목은 '공포의 침대'로 정해졌고, 많은 장면들이 침대를 둘러싸고 벌어진다.

시나리오가 영화제작관리국의 승인을 위해 제출되었을 때, 할리우드 검열관들은 마빈 언거(제이 C. 플리펀)의 동성애에 대한 은유를 비롯해서 성적 풍자들을 간과했다. 영화제작관리국은 해리스에게 경고문을 보냈다. 영화 속의 총기는 '소지가 가능한 것'이어야만 하고, 경마장 강도 사건에서 자동화 무기는 사용될 수 없다는 것이었다. 큐브릭은 반박문을 보내면서, 새뮤얼 풀러의 최근 영화 〈대나무집*The House of Bamboo*〉(1955)에서 "내가 아는 한, 로버트 라이언은 자동화 무기인 독일제 P38 권총을 사용했다"고 불만을 토로했다. (완성된 영화에서 스털링 헤이든은 기관총 손잡이를 지닌 총신을 짧게 자른 소총을 사용한다.) 또한 검열관들은 강도들 중 하나가 경찰이라는 점을 우려했다. 로스앤젤레스 경찰서장 스탠리 셸든이 "그 캐릭터에 대해 무언가 제안을 할 수도 있기 때문에" 시나리오를 읽어야 한다는 영화제작관리국의 제안에 해리스와 큐브릭은 동의했다.[58] 셸든이 뭐라고 논평했는지는 모르지만, 바뀐 것은 아무것도 없었고, 그 시나리오에서 최고의 농담 중 하나가 살아남았다. 강도 사건이 있는 날 순찰 경관 케넌이 경마장으로 가려고 할 때, 실내복을 입은 한 여자가 달려와서 소리친다. "경관님, 아 고마워요! 빨리 좀 와 주세요! 그들이 서로 죽이려 해요!" 케넌은 거리에 서 있는 그 여자를 내팽개치고 차를 몰고 떠난다. 유일하게 남아 있는 검열 문제는 '깜둥이nigger'라는 단어와 관련이 있었다. 영화 속에서 거의 사용되지 않던 그 단어는 고용된 저격수와 흑인 주차 경비원 사이의 실랑이가 있는 장면에서 사용되었다. 영화제작관리국은 주차 경비원이 극도로 격렬한 태도를 보일 때만 그 단어를 사용할 수 있다고 통보했다.

영화제작관리국의 승인이 떨어졌을 때, 큐브릭과 그의 동료들은 촬영을 위해 로스앤젤레스로 갔다. 큐브릭의 초기 저예산 영화들은 영화 제작과 관련된 거의 모든 기술을 그에게 가르쳐 주었다. 그러나 비록 저예산이긴 했지만, 〈살인〉은 그에게 전문 기술자들과 경험 많은 할리우드 스태프들의 귀중한 지원을 제공해 주었다. 사운드 레코딩의 문제는 없었고, 카메라는 큐브릭이 능숙하게 이용한 돌리dolly를 통해 이동식 촬영이 가능했다. 스튜디오 오케스트라는 제럴드 프리드의 음악을 연주했고, 스트라빈스키풍의 재즈 악보는 앙드레 프레빈André Previn, 피터 칸돌리Pete Candoli, 셸리 맨Shelly Manne 등의 음악가들이 연주했다. 큐브릭과 촬영 감독 뤼시앵 발라드Lucien Ballard 사이의 관계가 유일한 문제점이었다. 발라드는 이전에 조셉 폰 스턴버그와 일한 적이 있었고, 나중에 샘 페킨파Sam Peckinpah가 가장 선호하는 카메라맨이 된다. 큐브릭은 카메라맨 노조에 가입되어 있지 않았기 때문에, 핸드헬드 숏 몇 장면 외에는 그 영화의 촬영을 직접 할 수 없었다. 그러나 그는 카메라 렌즈와 데쿠파주 문제에서 발라드와 충돌했고, 언제나 최종 결정권을 행사하려 했다. 큐브릭은 발라드와 그의 카메라 팀이 샌프란시스코의 베이 메도우즈 경마장에서 찍은 촬영본을 전면 거부했다. 그는 친구이자 동료 프로듀서 알렉산더 싱어를 그 경마장으로 보내서, 〈시합 날〉에서 사용했던 아이모 카메라를 통해 핸드헬드로 경마 장면을 다시 촬영했다.[59]

〈살인〉은 큐브릭의 촬영과 관련한 결정들이 옳았음을 증명한다. 그의 다른 작품들에서처럼, 그는 사실적인 조명을 사용한다. 그러나 그의 리얼리즘은 대체로 명백히 과장된 효과를 낳는다. 발 캐넌(빈스 에드워즈)과 세리 피티는 공포 영화의 등장인물들처럼 테이블 램프를 마주하고 앉는다. 마이크 오레일리(조 소이어)가 램프 아래서 앞으로 구부릴 때, 우리는 그의 얼굴의 모든 선들과 구부러진 담배꽁초의 잔주름을 본다. 범죄 갱단은 머리 위쪽에 전구 한 알이 비치는 테이블 주변에 모이고, 그들 주변의 검은 배경은 〈닥터 스트레인지러브〉에서 초현실적 작전 상황실을 미리 보는 듯하다. 큐브릭은 또한 카메라를 생동감 있게 움직인다. 아마도

〈살인〉: 발 캐넌과 세리 피티는 공포 영화의 등장인물들처럼 테이블 램프를 마주하고 앉는다.

가장 놀라운 사례는 조지와 세리가 관련된 첫 번째 시퀀스인데, 5분 동안 단지 5개의 숏들, 그중 하나는 짤막한 클로즈업으로 구성된다. 마리오 팔세토Mario Falsetto는 그 방을 가로지르는 연속적 롱 테이크와 여유 있는 움직임들이 어떻게 '시간의 자취를 지우게 되는지'에 대해 훌륭하게 분석했다. 시간 흐름을 넘나들면서 이곳에서 저곳으로 긴박하게 움직이는 영화임에도 불구하고, 그 시퀀스는 관객들에게 영화 속에서 실제 시간이 지속되는 느낌을 준다.[60] 다른 한편, 카메라와 캐릭터의 움직임은 더욱 압도적이고 강력하다. 영화의 끝에, 그 갱이 조니가 훔친 물건과 함께 나타나기를 기다리고 있을 때, 카메라는 조지 피티를 따라서 방 안을 이리저리 움직인다. 카메라는 천천히 걸어 나가서 창문을 내다보는 그를 멀찌감치 지켜보고, 완전히 앞으로 빠져나오는 그의 손에 들린 위스키 잔을 프레이밍하면서, 때때로 지나가는 다른 캐릭터들에 오래 머물기도 한다. 경우에 따라, 움직이는 숏들은 특별히 과시적 성격을 보이기도 한다. 그것은 큐브릭이 와이드 앵글 렌즈와 로 카메라 레벨을 재빠르고 수평적인 전후 트래킹 모션과 결합해서 사용하기 때문이다. 발라드와의 초기 논쟁에서 큐브릭이 고집했던 단초점 렌즈는 시간과 시점 모두를 왜곡한다. 따라서 조니 클레이가 모텔 건물들을 지나서 앞으로 걸어 나갈 때, 그는 위쪽으로 약간 희미하게 보이고, 마치 거인이 깊은 공간을 가로질러 걸어가는 것처럼 넓은 보폭으로 부자연스럽게 걷는 것 같다. 이런 유형의 숏들은 내레이션의 격렬한 흐름, 프리드 음악의 박동치는 리듬 등과 어울려 영화의 공격적 분위기를 만드는 데 도움을 준다.

영화의 모티브가 되는 카메라의 수평적 운동도 비슷한 특징을 갖는다. 그러나 그 운동들이 약간 이상해 보이는 것은 큐브릭이 대상과 인물을 화면의 맨 앞에 갖다 놓기 때문이다. 오프닝 신에서, 마빈 언거는 경마장 매표원들과 내기꾼들을 뒷배경에 두고 왼쪽에서 오른쪽으로 걸어간다. 더 앞쪽의 전경에서는, 새장의 창살이 스쳐 지나가듯이, 측면으로 잡힌 움직임이 없는 인물들이 스크린을 가로질러 미끄러지듯이 빠져 나간다. 이 인물들은 벽 위에 붙은 레이싱 결과를 연구하는 것처럼 카메라 앞에서 위쪽을 쳐다본다. 카메라는 벽 안에 있는 것 같고, 〈살인자의 키스〉의 정지된 숏들에서 큐브릭이 자주 사용했던 것과 비슷하게 '불가능한' 위치에서 모든 것을 쳐다보고 있는 듯하다. 같은 효과가 뒤에서도 나온다. 조니 클레이가 소개될 때, 카메라는 맥주병을 따는 그의 손을 프레임하고, 뒤로 물러서서 방 세 칸을 가로질러 움직이는 그를 오른쪽으로 길게 패닝하면서 따라간다. 그는 화면 밖의 누군가에게 무언가 이야기를 하면서, 창문 커튼들, 벽장식들, 방 사이의 벽들이 놓인 어두운 전경을 지나서 걸어간다. 이런 식의 기법은 기본적으로 1930년대로 거슬러 올라간다. 할리우드 영화는 어떤 인물이 두 방 사이의 벽을 지나가는 모습을 따라가면서 촬영하는 시각적 장면 전환 방식을 종종 사용했다. 이 방식이 매우 특이해 보이는 것은 부분적으로 카메라를 낮은 곳에 두고 와이드 앵글 렌즈를 사용했기 때문이다. 또한 우리 눈을 미끄러져 지나가는 장식품들이 마치 투명한 네 번째 벽에 붙어 있는 것처럼 보이기 때문이다.

아마도 이러한 점들은 사진작가로 그의 경력을 시작한 감독에게 충분히 예상된 것들이다. 더 놀라운 것은 이 영화의 연기 수준이 매우 높다는 것이다. 이 영화는 큐브릭이 경험 있는 연기자들의 혜택을 본 첫 번째 영화다. 대부분의 연기자들은 필름 느와르 영화에 출연한 경험이 풍부했다. 조니 클레이의 감성적이고 불안한 여자 친구 페이는 콜린 그레이가 연기한다. 그녀는 〈이중 노출〉, 〈악몽의 골목Nightmare Alley〉(1947), 〈캔사스 시티 컨피덴셜Kansas City Confidential〉(1952) 등에 출연했다. 도박꾼

경찰 랜디 케넌은 테드 드 코르시아가 연기했다. 그는 무게감 있는 연기를 많이 했는데, 〈상하이에서 온 여인〉, 〈벌거벗은 도시〉 등이 가장 기억할 만하다. 슬픈 얼굴의 갱스터 레오는 제이 아들러가 연기했다. 그는 〈크라이 댄저Cry Danger〉(1951), 〈스캔들Scandal Sheet〉(1952), 〈99번가99River〉(1953), 〈머더 이즈 마이 비트Muder Is My Beat〉(1955) 등에 출연했다. 바텐더 마이크 오레일리 역은 조 소이어가 맡았다. 그는 〈길다Gilda〉(1946)에서 터프가이 역을 맡았다. 삼류 사기꾼 발 캐넌 역은 빈스 에드워즈가 맡았는데, 그는 〈사악한 경찰Rogue Cop〉(1954), 〈나이트 홀즈 테러The Night Holds Terror〉(1955)에서 잘생긴 킬러 역을 담당했다. 티토 부올로는 싸구려 모텔의 주인 조 피아노 역을 연기했다. 그는 〈집행자The Enforcer〉(1951)와 다른 하드보일드 영화들에서 조직폭력배를 사칭하거나 이탈리아인 노동자 역할을 맡았다.

　이 배우들 대부분이 대중에게 잘 알려져 있지 않았지만, 그들의 얼굴은 범죄 영화에 자주 등장했고, 그들의 연기는 극중 인물들에게 즉각 생생한 개성을 불어넣었다. 이미 언급했던 것처럼, 그들은 그로테스크한 분위기를 증대시키는 덜 친숙한 몇몇 인물들의 연기와 결합했다. 콜라 콰리아니는 경마장 경찰의 주의를 분산시키기 위해 고용된 힘센 남자 모리스 역을 맡았다. 티모시 캐리는 랜스다운 스테이크 경주에서 선두를 달리는 말을 저격하기 위해 고용된 명사수 니키 역을 맡았다. 더 중요한 중심 역할은 스털링 헤이든이 맡은 조니였다. 그 역할은 〈아스팔트 정글〉에서 헤이든이 맡은 역할을 약간 변형시킨 것이었다. 또 다른 중심 역할은 원저가 연기한 셰리였다. 그녀는 원저가 〈악의 힘Force of Evil〉(1948)과 〈익스프레스The Narrow Margin〉(1952)에서 연기한 캐릭터와 비슷한 거칠고 섹시한 여성이었다. 엘리샤 쿡 주니어는 조지 역할을 맡았다. 조지는 살인을 저지르는 보통 남자인데, 쿡은 〈말타의 매*Maltese Falcon*〉(1941)에서 윌머 역할의 지워지지 않는 명성에 걸맞게 계속해서 비슷한 역할을 재창조했다. 이 세 명의 배우들은 고정된 역할을 맡았지만, 연기가 더 좋아진 것은 아니다. 둔중한 주먹, 쾅쾅 거리는 목소리, 뱃사람 같은 걸음걸이를 가진 헤이든(그는 이전에 선장이었고 평생 뱃사람이었다)은 주요 배역에 프롤레타리아 귀족의 분위기를 불어넣었다. 그러나 큐브릭은 그에게 존 휴스턴의 영화에서보다 덜 감성적으로 연기하도록 주문한 것 같았다. 큐브릭은 헤이든이 친절함을 발휘하는 장면(그의 아들 팻지가 알카트라즈에서 잘 지내고 있다고 조 피아노에게 말하는 장면이나, 마빈 언거의 침대에 앉아서 그에게 잘 가라고 말하는 장면)을 과소평가하고, 그의 육체적 힘과 강한 의지를 강조했다. 한편, 윈저와 쿡은 어리석고 위태로운 역할을 맡아서, 리얼리즘적인 관습을 어느 정도 넘어서는 희화화된 인물을 연기한다.

극히 일반적으로, 〈살인〉의 스타일은 전체적으로 퍼즐 맞추기 플롯의 '합리성'과 싸구려 에로티시즘과 블랙 코미디 같은 우둔함의 '불합리성' 사이의 충돌이라는 점에서 묘사될 수 있다. 그 충돌의 가장 명확한 지점 중 하나가 불길한 내레이션과 그로테스크한 미장센 사이의 관계 속에 존재한다. 내레이션의 스타일은 그 시대의 관객들에게 꽤 익숙했다. 그것은 2차 세계 대전 이후 20세기 폭스사에서 만든 루이스 드 로체먼트의 다큐멘터리 같은 범죄 드라마들, 〈지방 검사*Mr. District Attorney*〉, 〈고속도로 순찰대*Highway Patrol*〉 같은 1950년대 라디오와 TV 경찰 드라마에서 폭넓게 사용되었다. 그 기법은 잭 웨브의 〈드레그넷*Dragnet*〉에서 사실적 내레이션으로 이어졌지만, 〈살인〉의 특별한 목소리 스타일은 무엇보다도 깊숙하고 권위적인 목소리와 특색 없는 발음을 지닌 뉴스나 다큐멘터리 아나운서들을 연상시켰다. 큐브릭의 다큐멘터리 〈시합 날〉은 CBS 뉴스 아나운서 더글러스 에드워즈를 내레이터로 기용했다. 경마장의 다큐 멘터리 필름과 내레이션을 들을 수 있는 〈살인〉의 초반부 장면들은 〈시 합 날〉과 비슷한 느낌이 난다. 그러나 큐브릭은 내레이션을 통해 〈시민 케 인〉에서 케인의 일대기를 소개하는 초반부의 '뉴스 온 더 마치News on the March'를 패러디했다. 〈살인〉은 〈시민 케인〉에서 빌린 양식을 통해 시간 을 조작한다. 아마도 그런 이유로, 큐브릭의 이 범죄 영화는 사실적 내레 이션과 극적인 사건 사이의 불일치를 통해 어떤 아이러니한 효과를 만들 어 낸다.

〈살인〉의 이름 없는 내레이터는 과거형의 전지적 시점으로 이야기를 이끌어 간다. 어떤 때는 (강도 사건에서 랜디 케넌의 특별한 역할 같은) 적어도 하 나의 중요한 정보를 알려 주지 않거나, 세리와 피아스코가 공항에서 죽는 장면처럼 스토리가 클라이맥스에 도달했을 때 그의 해설은 잠시 멈춘다. 또 어떤 경우에 그는 캐릭터가 생각하고 있는 것을 설명한다. "뒤죽박죽 인 퍼즐 게임의 예정된 최종 결과를 맞춘 것처럼, 그는 자신이 그 일의 최 종 결과에 큰 영향을 끼쳤다고 느끼기 시작했다." 어떤 다른 상황에서 그 는 영화의 긴박감을 조성하려고 노력한다. "그날 아침 7시에 조니 클레이 는 삶의 마지막일지도 모르는 일을 시작했다." 하지만 일반적으로 이 영 화에서 내레이터의 역할은 관객이 복잡한 시간 구조를 쉽게 따라갈 수 있도록 하는 것이다. 모든 일은 단 일주일 동안에 일어난다. 하지만 플롯 은 개별 캐릭터의 특정한 날의 행위를 따라가도록 설계되고, 시간상 같은 날 다른 캐릭터들을 따라가면서 앞뒤로 배열된다.● 관객들이 스토리를

● 내가 아는 한, 이전의 어떤 영화도 이런 식으로 조직되지 않았다. 〈살인〉의 영향을 받은 쿠 엔틴 타란티노Quentin Taratino의 〈저수지의 개들Reservoir Dogs〉(1992)은 내레이터의 도움 없이 더 복잡한 시간 계획을 보여 준다.

확실하게 따라가도록 하기 위해서, 내레이터는 강도 사건의 날에 경마장의 장내 방송 아나운서의 도움을 받는다. 랜스다운 스테이크 경주에서 다섯 군데의 다른 지점에서 똑같은 안내 방송이 나오고, 말들이 출발 문에서 나오는 똑같은 장면이 반복된다. 주의 깊은 관객들은 이 실마리들을 이용해서 플롯을 꿰맞출 수 있겠지만, 그들은 또한 많은 이상한 점들을 발견할 것이다. 마리오 팔세토는 두 가지 분명한 잘못을 지적했다. 마빈의 아파트에서 마빈 언거에 대한 조니 클레이의 작별 인사가 아침 7시에 있었지만, 다음 시퀀스에서 내레이터는 조니가 공항에 "정확하게 아침 7시에" 도착했다고 말한다. 조지 피티와 발 캐넌 사이의 총격전이 7시 15분 이후에 일어나지만, 다음 시퀀스에서 내레이터는 조니가 조 피아노의 모텔에 "40분 전, 즉 6시 25분에" 도착했다고 말한다.[61]

영화 편집이 완료되었을 때 완벽주의자 큐브릭은 단지 고개를 끄덕이고 있었을까 아니면, 그는 내레이션이 믿을 만한 게 못된다고 주장하려 했던 것일까? 그 질문에 대해 만족스런 답변은 없지만, 내 생각에 그는 내레이션을 단지 설명적 장치로 간주했고, 그것의 권위에 대해서 미묘한 농담을 던지려 했다. 이 영화는 명백히 우리가 시간의 퍼즐을 해독하도록 원하고 있지만, 그 복잡한 플롯은 상투적 장르 관습에 대한 영리한 변형일 뿐이다. 그것은 우리의 이성적 충동을 만족시키려 하면서, 또한 동시에 더 어둡고 더 변태적인 힘을 드러낸다. 거의 군사적인 강도 계획이 환상적 몽타주로 제시되면서 영화의 재미가 생겨난다. 조각조각 맞춰 가는 스토리텔링 형식은 구체적인 이미지들, 세팅들, 신들의 매력적이고, 때로 끔찍하면서 우아한 매혹에 빠져들게 한다.

사소한 예로, 조 피아노의 모텔처럼 평범한 것에 주목해 보라. 그것은 로스앤젤레스의 떠돌이 가난뱅이의 삶을 잘 보여 주는 촬영 세트다.

조니가 지저분하고 판자로 덧댄 집안으로 들어갈 때, 문 안쪽에는 '78 ×
09'처럼 목수가 분필로 쓴 흔적들이 남아 있다. 반쯤 감긴 눈꺼풀로, 일그
러진 미소를 지으며, 이빨 사이로 최신 속어를 습관적으로 내뱉는 니키
와 관련된 장면들에서 비슷한 날것의 이미지를 볼 수 있다. 그는 조니에게
말한다. "어이, 아저씨, 그 총으로 방 전체를 날려 버릴 수도 있으니 조심
해야 할 걸." (나중에 영화에서 비슷한 총이 그렇게 한다.) 니키와 조니가 이야기할
때, 우리는 생생한 대조적 리듬을 느끼게 된다. 니키는 팔로 감싼 애견을
느긋하게 쓰다듬고 있지만, 조니는 단조로운 톤의 긴 이야기를 속사포로
쏘아 댄다. 그는 전체 계획을 묘사하다가 갑작스레 톤을 높인다. "당신이
뭘 해야 할지 알겠지? 당신은 말을 쏘는 거야. 그건 일급 살인이 아니야.
사실 살인이라고도 할 수 없지. 글쎄 그걸 뭐라고 불러야 하나? 싸움을
선동하거나, 철이 지난 뒤 말을 사냥한 정도의 죄목이 가장 적절하겠지."

　　이후 니키가 흑인 주차 관리원과 나누는 대화는 더 당혹스럽다. 그
장면은 히치콕 스타일의 왜곡된 긴장감을 불러일으킨다. 보통의 동정심
과 반대로 우리는 악인을 응원하게 된다. 우리는 니키가 강도 계획의 장
애물인 관리원을 제거하기를 바라게 된다. 하지만 그 주차 관리원은 동정
심을 불러일으키는 흑인이다. 그 역을 맡은 제임스 에드워즈는 이전에 스
탠리 크레머의 〈용사의 고향Home of the Brave〉에서 심신 장애를 겪는 군인
을 연기했다. 그를 의도적으로 '깜둥이'라고 부르는 군대 심리학자에 의
해 충격을 받는다. (또한 에드워즈는 로버트 와이즈의 〈셋업〉에서 권투 선수 역할을 맡
았고, 〈맨추리언 캔디데이트The Manchurian Candidate〉[1962]에서 정신적 트라우마를
겪고 있는 한국전쟁 퇴역 군인을 연기했다.) 큐브릭은 흑인 주차 관리원에 대한 우
리의 동정심을 유발하려고 노력한다. 그는 전쟁에서 돌아온 잘생긴 젊은
이로 절름발이다. 그는 지적으로 보이지만 그의 직업은 하찮은 일이다. 반

〈살인〉: 니키는 팔로 감싼 애견을 느긋하게 쓰다듬고 있지만, 조니는 단조로운 톤의 긴 이야기를 속사포로 쏘아 댄다.

면, 니키는 깐죽대면서 교활한 녀석이다. 그는 스포츠카를 타고 말을 쏘려고 작정한다. 처음에 니키가 닫혀져 있는 주차장으로 진입하려 할 때, 주차 관리원은 버티고 서서 심하게 화를 낸다. 마치 그가 백인에게 아니라고 말할 수 있는 권한을 갖고 있다는 듯이 신경질적으로 대한다. 이에 대해, 니키는 자신도 2차 세계 대전 벌지 전투에서 하반신 마비의 부상을 당한 퇴역 군인인 척 가장하는 괴상한 전략을 쓴다. 그러면서 관리원의 주머니에 돈을 슬쩍 집어넣는다. 이제 관리원은 굽실거리면서 거의 알랑거리는 투로 사과한다. 처음에 그는 니키에게 경주 프로그램을 주고, 그다음에 행운을 비는 말굽을 갖다 준다. "이건 당신에 대한 내 감사 표시에요, 신사 양반." 경마나 날씨 등에 대해 이야기하려는 주차원의 시도는 약간 자극적이고 성가시면서 당혹스럽게 느껴진다. 상황의 긴박함과 위험성, 그리고 경주가 막 시작되었다는 사실 때문에, 관객들은 주차원이어서 떠나 주기를 원하게 된다. 니키는 친근함의 가면을 벗고, 서스펜스의 작동을 위협하는 단어인 '깜둥이'라는 말을 주차원에게 던짐으로써, 이 목표를 달성한다. 주차원은 발을 절름거리면서 화난 듯이 말굽을 땅바닥에 내동댕이친다. 그의 제스처는 결국 시적 정의로 끝난다. 니키가 레드 라이트닝이라는 말을 저격한 뒤, 그의 차를 뒤로 빼다가 말굽에 걸려 타이어 펑크가 나고, 곧이어 경찰이 니키를 사살한다. 그럼에도 불구하고, 니키의 모욕적 언사와 주차 관리원의 약간 이상한 행동은 마음속에 불편하게 남는다. 그것은 〈살인〉을 다른 보통의 스릴러 영화보다도 더 교활하고 잔인한 유머로 남아 있게 만든다.

조지와 세리에 얽힌 장면들은 더욱 기억할 만하다. 거기에서 영화의 부차적 줄거리가 강도 사건 그 자체보다 더 흥미롭다. 결혼에 대한 패러디로써 그들의 관계는 무표정한 엄숙함을 보여 준다. 그 커플의 첫 번째 대화에서 카메라는 낮은 곳에 위치한 채 조용히 응시한다. 그 숏의 시간적 지속은 상황의 기이함을 강화한다. 그 시퀀스는 영화의 공간을 다루는 방식 때문에 연구할 가치가 있다. 그것은 카메라와 배우 사이의 우아한 춤 동작으로 발전되는 듯하다. 처음에 내레이터는 의례적으로 단호하고 심각한 태도로 정확히 7시 15분에 조지가 집에 도착했다고 말한다. 우리는 조지가 비좁은 복도로 들어가서 점심 도시락을 내려놓는 것을 본다. 앞에서 조니 클레이가 그의 아파트를 가로질러 걸어가는 숏에서, 카메라는 방을 가로지르는 그와 함께 움직이면서, 맨 앞의 전경에 놓인 문틀, 램프, 그늘진 물체 등을 지나쳐 간다. (조니와 관련된 그 시퀀스는 침대 근처에서 그와 페이 사이의 대화와 함께 끝난다. 이 장면은 마이크 오레일리가 집으로 돌아와서 침대에 누운 아내와 이야기하기 위해 아파트를 건너가는 장면으로 이어진다. 이제 우리는 이불을 덮고 있는 세리를 찾아서 집에 도착한 조지를 보게 된다.)

전경의 긴 의자에 기댄 채 번지레한 잡지를 게으르게 넘기고 있는 세리 앞에 도달했을 때, 조지와 카메라는 둘 다 멈춘다. 짐 톰슨의 소설 제목을 빌리자면, 그녀는 '풍만한 자기swell-looking babe'다. 그녀의 크고 육감적인 존재감은 와이드 앵글 렌즈와 로 레벨 숏에 의해 과장된다. 목선이 깊게 파인 잠옷 가운을 입고, 풍만한 가슴을 카메라 앞에 내민 자세로, 그녀는 하루 종일 축 늘어져 있는 것 같다. 그녀는 속눈썹, 립스틱, 염색한 금발 웨이브 머리카락을 위해 많은 시간을 허비했음에 분명하다. 구석의 침대가 공간의 대부분을 차지하는 그녀의 아파트는 작기는 하지만 이 영화의 다른 어떤 방보다도 더 잘 꾸며져 있다. 그것은 세리가 화려한 장신구로 집안을 치장하기 좋아한다는 것을 말해 준다. 우리는 꽃무늬 벽지, 새장의 앵무새, TV 수상기, 탑 모양의 침대 램프 한 쌍, 침대 위에 있는 동양적인 그림의 액자들을 본다. 라디오에서 재즈 음악이 부드럽게 흘러나온다. 조지가 그녀의 볼에 키스하려 할 때, 세리는 가볍게 밀쳐 낸다. 그가 그녀의 발밑에 앉았을 때, 그녀는 싸구려 대중 소설에 나오는 보스(조지의 환상 속의 이상적 여자)처럼 보인다. 그녀는 잡지에서 시선을 떼지 않은 채 피곤하고 경멸적인 톤으로 말한다. 두 캐릭터의 이야기 아래로 폭력적 기류들이 잠재되어 흐르지만, 쿡과 윈저는 모든 대사에 부차적 텍스트의 무게감을 부여하면서, 대부분의 장면들을 부드럽고 친숙하게 연기한다. 다시 한 번 극적인 장면으로 돌아간다면, 우리는 핀터와 앨비의 나라에 있을지 모른다.

술잔을 든 채, 세리에게 자신이 그날 보았던 행복한 부부의 이야기를 건네면서, 조지는 "나 피곤해"라고 말한다. 그는 일어서서 새장이 있는 방의 다른 쪽으로 걸어간다. 세리가 따라가서 그들이 서로 마주 보고 섰을 때, 그녀는 그보다 15㎝ 정도 더 커 보인다. 그녀는 부드러우면서도 조롱하듯이 말한다. "내가 당신을 아빠라고 부르기 원하지요, 조지? 그리고 당신은 나를 엄마라고 부르기 원하구요." 여기서 대화의 속도와 화내는 정도가 약간 올라간다. 두 배우들의 언성이 약간 서로 엇갈리고, 새장의 앵무새(어느 정도 〈시민 케인〉의 앵무새를 연상시키는)는 대조를 이루며 재잘거린다. "당신은 모든 답을 알고 있어." 조지는 반쯤 꾸짖듯이 말한다. 세리는 멈춰 선다. "계속해 봐요. 물론 이게 당신의 마지막 말이 될지도 모르겠죠. 하지만 나는 가능한 한 고통 없이 당신을 죽이려 할 거에요." 그녀를 무시하면서, 조지는 자신이 오늘밤에 나가야 한다고 설명한다. "단지 저녁 먹으러 가는 게 아니야." 그녀는 창문 쪽으로 가서, 담뱃불을 붙이고, 그에게 말한다. "거기에는 정성스런 메뉴와 야채 가게에서 준비한 음식들이 있을 테지요."

곳곳에서, 윈저는 세리가 한 캐릭터에서 다른 캐릭터로 옮겨가면서

〈살인〉: 조지가 세리의 볼에 키스하려 한다.

어떻게 조지를 조정하는지를 우리에게 즐겁게 보여 준다. 필요에 따라서 그녀는 거세하는 암여우가 될 수도 있고, 경멸적 여자, 요부, 심지어 사랑스런 동반자가 되기도 한다. 조지는 묻는다. "나에게 뭔가 말해 봐. 세리? 당신 왜 나와 결혼했지?" 세리는 눈살을 찌푸리면서 술을 그만 마시고, 유리잔에 짤랑짤랑 얼음소리를 낸다. "오, 조지," 그녀는 잘난 체하면서 자기 연민에 빠진 목소리로 말한다. "남자가 자기 아내에게 그렇게 물어본다면 그의 결혼 생활은 아주 좋지 못했던 거죠." 그녀는 침대 모서리에 기대어 눕고, 다시 조지는 그녀의 발밑에 앉는다. "당신은 나를 사랑했어요. 적어도 예전에 당신은 그렇게 말했어요." 그들은 부자가 될 것이라고 그가 약속했을 때, 그녀는 그가 '매우 중요한 말을 했다'는 점을 상기시킨다. "내가 당신같이 크고 잘생기고 지적인 사내를 가지고 있는 한, 나는 그런 것에는 정말 관심이 없어요." 조지는 그들이 큰돈을 만지게 될 거라고 그녀에게 말한다. "수십 만 달러." 처음에 세리는 조롱한다. "물론 그럴 거예요, 조지. 당신이 북극으로 보낸 편지에 주소를 똑바로 잘 써넣었지요?" 그다음 순간, 그녀는 그가 진지하다는 것을 깨닫는다. 그는 일어나서 그녀 앞을 가로질러 프레임의 전경에 선다. 스크린 오른쪽 구석에 그의 손에 쥔 유리잔이 보인다. 세리는 그를 올려다본다. 그 순간 두 캐릭터의 상대적 크기가 역전되면서, 조지가 지배적인 것처럼 보인다. "당신 거짓말하는 게 아니지요, 조지," 세리는 거의 자기 자신에게 말하는 듯하다. "당신은 거짓말을 할 위인이 못 돼요."

　　짧고 말 없는 클로즈업으로 조지는 더 이상 말하기를 거부한다. 새로운 앵글로 장면이 바뀐다. 화장대에서 방 쪽을 건너다보는 숏이다. 세리가 말한다. "알았어요." 비단 손수건을 획 젖히면서 그녀는 침대에서 일어나 화장대 쪽으로 버둥거리며 걸어간다. 화장대에 앉아서 램프를 켜고 거울을 보면서 머리에 빗질을 한다. 다시 한 번 그녀는 조지보다 더 큰 프레임으로 잡힌다. 조지는 온순하게 따라가서 그녀 뒤에 앉는다. 그들 사이로 멀리 부부 침대와, 남자와 여자를 그린 두 개의 액자가 보인다. "세리, 세리, 여보," 조지는 부드럽게 애원한다. "내 마음을 아프게 하지 마오…… 내가 당신을 얼마나 미치도록 좋아하는지 알지 않소!" 세리는 작은 통에서 마스카라 브러시를 꺼내서 살짝 침을 뱉은 뒤, 이미 커다란 속눈썹을 더 확대하기 시작한다. "당신이 집에 돌아왔을 때 내가 없더라도 놀라지 말아요." 그녀는 삐죽거리는 투로 말한다. "전혀 놀라지 말아요." 조지는 그녀에게 조용하고 담담하게 말한다. "여기 그대로 있는 게 좋을 거야. 내 말 듣고 있지, 세리? 만약 다른 놈이랑 있는 걸 발견한다면……" 이제 세리는 무시당한 아내로 변신한다. "왜 그래야 하죠? 당신은 내가 필요 없잖아요…… 당신은 말과 행동이 다르잖아요." 조지는 머뭇거린다. "좋아, 내가 그것에 대해 약간만 이야기해 줄 수 있어. 하지만 당신 비밀을 지킨다고 약속해야 해." 세리는 돌아서서 그를 보면서 미소를 지으며, 사탕발림의 알랑거리는 말투로 이야기한다. "물론이에요, 여보."

그 장면은 즉각 세리의 연인 발 캐넌, 아마도 그녀가 '크고, 잘생기고, 지적인 사내'라고 묘사한 그 남자의 아파트의 헝클어진 침대를 클로즈업하는 숏으로 바뀐다. 발은 소매 없는 검은 티셔츠를 입고 분명히 다른 여자와 즐긴 듯하다. 그 앞에서 세리는 불안하게 매달리는 여자 친구가 된다. 그들이 사랑을 나눈 뒤(암전에 뒤이어 봉고 드럼 소리가 점점 커지는 것을 통해 알 수 있다), 그녀는 소파 위에서 그에게 안겨 있고, 그녀의 나이와 취약점을 드러내 주는 탁상 램프가 밝혀져 있다. 우리는 세리와 조지의 이전 신들에서 돈에 대한 욕망 이상의 어떤 다른 동기가 있었다는 것을 알게 된다. 그녀는 경마장 강도들의 전리품을 갈취할 방법을 제시함으로써 발을 끌어들이려 한다.

세리와 조지의 모든 만남은 권력을 향한 무분별한 주도권 다툼으로 나아간다. 그러나 두 배우는 결코 이 다툼이 시끄러운 목소리나 폭력이 되도록 용납하지 않는다. 영화의 거의 마지막에 피할 수 없는 폭발이 일어난다. 조지가 무리들이 있는 방으로 난입해, 발에게 총을 쏘면서 소리 지른다. "얼간이가 여기 있다!" 발의 총이 난사되고, 〈살인자의 키스〉에서 엉망이 된 마네킹들처럼 시체의 몸들이 온 방 안에 흩뿌려진다. 조지는 치명적 부상을 입은 채 서 있고, 그의 얼굴은 총탄에 찢겨져 나갔다. 그는 마지막으로 세리를 만나기 위해 죽을힘을 다한다. 조지가 아파트 바깥으로 비틀거리며 나올 때, 큐브릭은 핸드헬드 카메라로 조지의 주관적 시점을 보여 준다. 그다음 조지가 조니의 차 후드에 기어오를 때, 우리는 조니의 시점을 통해 조지를 보게 된다. 조지는 길을 가로질러 비틀거리면서 자기 차로 간다. 두 남자는 가까스로 경찰을 피하면서 서로 반대 방향으로 차를 몰고 간다.

조지와 세리의 마지막 순간은 이전처럼 똑같은 블랙-코믹한 톤을 갖는다. 이 시퀀스는 블랙 슬립을 입고 정돈되지 않은 침대 위에서 두 개의 가방을 꾸리고 있는 세리의 로 앵글 숏으로 시작한다. 조용한 색소폰 재즈가 라디오에서 흘러나온다. 그녀는 누군가가 들어오는 소리를 듣고, 돌아서서, 행복한 주부의 목소리로 말한다. "일이 잘 되었어요?" 문가에서 비틀거리는 조지의 모습이 극단적 로 앵글로 보여진다. 그의 얼굴과 셔츠에는 피가 묻어 있고, 손에는 총이 들려 있다. 그는 앞쪽의 새장에 부딪힌다. 앵무새는 꽥꽥거린다. "조심해, 예쁜 앵무새야!" 클로즈업으로 조지는 부드럽게 이야기한다. "세리! 왜? 당신 왜 그랬어?" 피범벅이 된 채 총을 들고 있는 조지를 무시하면서, 세리는 두려움을 숨기면서 익살맞도록 부드럽게 답변한다. "뭐라고요? 난 당신이 무슨 말하는지 모르겠어요. 난 세탁소에 맡길 옷들을 챙기고 있었을 뿐이에요." 조지가 비틀거리면서 그녀를 노려볼 때, 그녀는 멈춰 서서 미소를 띨구며 잔소리 투로 돌아서서 자신의 죄를 숨기려 한다. "그래 당신이 어리석었어요. 당신은 총구 앞에서 똑바로 행동하지 못했어요. 아직 살아 있을 때 여기서 당장 나가는 편이 나을 거예요." 마지막 숨을 몰아쉬며, 조지는 말한다. "세리, 사랑해." 아무 생각 없이 그녀는 대답한다. "조지, 어서 나가 버려. 지겨워." 앵무새는 다시 꽥꽥거리고 조지는 총을 쏜다. 세리는 죽어가는 목소리로 그의 남성성을 공격한다. "이건 아니야," 그녀는 배를 움켜쥐면서 자기 연민에 빠져 징징거리는 투로 말한다. "난 당신 외에 아무도 없어. 진짜 남편은 아니었다구, 허튼 농담거리였을 뿐이야."

조지와 세리에게 아무것도 바뀌지 않은 것처럼, 조니와 페이에게도 마찬가지였다. 그들은 공항에서 또 다른 '허튼 농담'의 희생양이 되었다. 어둡고 얄궂은 운명으로 인해, 비평가들은 종종 〈살인〉을 큐브릭 작품들의 견본으로 간주했다. 큐브릭의 작품들에서 대체로 주의 깊은 계획은 엉망진창으로 바뀌게 된다. 비평가 토머스 앨런 넬슨은 이 주제를 특히 강조한다. 그는 이 영화에서 강도 계획의 실패와 이후의 다른 영화들에서 실패한 계획들을 질서와 우연성 사이의 형이상학적 갈등의 관점에서 묘사한다. 물론 조니 클레이의 체포는 마지막 단계에서 범죄가 승리해서는 안 된다는 할리우드 영화 제작 약관에 따라 결정되었다. 그렇기는 하지만 큐브릭은 강도 사건이 경찰의 체계적 수사에 의해서가 아니라 변덕스런 운명의 장난에 의해서 좌절되도록 했다. 마지막 장면들은 아이러니한 사건들의 연속일 뿐이다. 가방은 잠금쇠가 느슨해지고, 사무적인 항공사 직원은 가방이 너무 커서 비행기 객실 안으로 가져갈 수 없다고 말한다.

애완견에게 아기처럼 이야기하는 부유한 노인의 강아지가 공항 활주로 쪽으로 뛰쳐나간다. 짐을 잔뜩 실은 카트는 개를 피하려고 갑자기 방향을 바꾸다가 가방을 뒤집어엎는데, 프로펠러의 돌아가는 바람 속에 10만 달러가 흩뿌려진다. 이 사건들은 리오넬 화이트의 《클린 브레이크》에서 피 흘리는 클라이맥스보다 존 휴스턴의 〈시에라 마드레의 황금Treasure of the Sierra Madre〉(1945)에서 보여 주는 실존적 부조리에 더 가깝다. 《클린 브레이크》에서 질투심 많은 조지 피티는 공항으로 조니 클레이를 뒤쫓아 가서 그에게 총격을 가하고 움직이는 프로펠러와 충돌한다. 큐브릭의 영화에서 조니는 마치 만물의 진리를 깨달은 것처럼 충격을 받고 망연자실한다. 거대한 좀비처럼, 그는 자그마한 페이를 따라 공항 대기실로 들어간다. 페이는 힘겹게 택시를 부르려 한다. 그녀는 울먹인다. "조니, 어서 달아나요!" 조니는 돌아서서 사복 경찰 두 명이 총을 들고 그를 뒤쫓아 오는 것을 본다. 조니는 힘 빠진 목소리로 말한다. "그런다고 뭐가 달라지겠어?"

내 생각에, 강도 사건의 실패는 우연적이기보다 몇몇 범인들의 확고한 열정과 약점 때문이다. 특히 조지, 세리, 발 사이의 삼각관계가 만들어 내는 열정, 탐욕, 질투의 폭발적 혼합과 지력이 부족한 것과 관련이 있다. 강도 사건은 믿지 못할 아내와 그녀의 연인이 관련된 이야기를 따라 발전된다. 갱들의 성공은 조니에 대한 마빈 언거의 사랑에 의해 순간적으로 위협받는다. 마빈은 나오지 말아야 할 날에 술에 취해 경기장에 나타난다. 이러한 성적 함의가 없이도 대부분 관객들은 범인들이 돈을 갖고 달아나지 못할 거라는 것을 알아챈다. 아마도 어떤 측면에서 관객들은 범인들이 실패하기를 원했을 것이다. 큐브릭은 체스 클럽에서 촬영한 영화의 가장 자기반영적인 장면에서 그런 가능성을 이끌어 낸다. 그 체스 클럽은 큐브릭이 한때 속한 적이 있던 뉴욕의 체스 클럽과 비슷했다. 프리드리히 니체의 필름 느와르 버전인 것처럼, 모리스는 조니에게 말한다. "인생에서 우리는 다른 사람들처럼 행동해야 한다. 더 좋지도 나쁘지도 않은 완벽한 평범성. 나는 종종 갱스터와 예술가는 대중의 눈에 똑같이 비친다고 생각해 왔다. 그들은 찬사를 받고 영웅으로 숭배되지만, 거기에는 그들이 영광의 꼭대기에서 파괴되는 것을 보고자 하는 대중의 근본적 바람이 있다."

복잡한 플롯을 지휘한다는 의미에서 큐브릭의 또 다른 자아인 조니는 이런 말의 약간 가식적인 효과를 약화시키려는 것처럼 비꼬는 투로 무의미한 답변을 던진다. "말하자면, 인생은 한 잔의 차에 불과하잖아, 응?" 그럼에도 불구하고, 피할 수 없는 파국의 분위기는 영화에서 어떤 식으로 그 계획이 어긋날지에 대한 단 하나의 질문을 제기한다. 파멸의 씨앗은 조지와 세리의 초반부 신에서 이미 드러난다. 장르의 요청은 이성적 계획과 원시적 열정 사이의 과잉된 갈등을 유발한다. 비록 이 영화에서보다 더 효과적으로 드라마화되지 않았다 할지라도, 이러한 갈등은 이후 큐브릭 영화들의 핵심이다. 〈살인〉은 훈련을 받은 이성과 거친 본능 사이의 분리가 명확하게 드러난다. 범인들은 실패해야 하지만 예술가는 영화의 성공을 책임져야 한다.

7

개미집

〈영광의 길〉을 둘러싼 작가주의와 관련된 골치 아픈 질문들이 있다. 그러나 그 영화가 1950년대 중반 큐브릭이 MGM에서 실패한 시기에 시작되었다는 점에는 모두 동의한다. 그 당시 그는 10대 때 아버지의 서재에서 읽었던 험프리 콥의 《영광의 길》(1935)이라는 소설을 영화화할 것을 제임스 해리스에게 제안했다. 이 소설은 1차 세계 대전 당시 겁쟁이로 잘못 기소되어 총살당한 다섯 명의 프랑스 군인의 실제 이야기에 기초하고 있다. 작가는 1934년 〈뉴욕 타임스〉에 실린 관련 기사를 읽고 이 소설을 착안했다. 그 기사는 군인의 미망인들이 프랑스에서의 재판을 통해 배상금으로 겨우 7센트 정도를 받게 되었다는 내용이었다. 아무런 문학적 중요성은 없었지만, 그 기사는 참호전의 참상과, 어떻게 장교들이 그들의 장병들을 총알받이로 다루는지에 대해 충격적으로 묘사했다. 미국에서 이는 폭넓은 비판을 불러일으켰으며, 성공적이진 못했지만 1938년 유명한 극작가이자 시나리오 작가인 시드니 하워드Sydney Howard가 연극으로 만들었다. 1950년대까지 그 사건은 사실상 잊혀졌다. 큐브릭은 그 사건이 영화적 잠재성을 갖고 있다고 믿었다. 또한 그것은 당대 관객들에게 익숙하지 않기 때문에 쉽게 받아들여지고 개작될 수 있었다. 큐브릭과 짐 톰슨은 시나리오를 발전시켰고, 나중에 칼더 윌링햄이 수정 작업을 했다. 하지만 앞서 살펴본 것처럼, MGM은 이 프로젝트를 거부했다. 이 영화는 결국 유나이티드 아티스트가 자금을 댔다. 이것은 완전히 커크 더글러스 덕분이었다. 그는 나중에 큐브릭–톰슨–윌링햄의 시나리오를 읽고, 이 영화에 출연하는 데 동의했다. 큐브릭이 더글러스의 제작사를 위해 다른 영화들을 감독해야 한다는 조건이었다.

큐브릭이 시작했다는 점 외에도, 완성된 영화는 모든 곳에 큐브릭의 스타일과 주제의 흔적이 새겨진다. 와이드 앵글 트래킹 숏의 능숙한 사용, 사실적 세계를 낯설게 만드는 능력, 그로테스크에 대한 관심, 질서 정연하고 화려한 군사 행동의 근본적 불합리성에 대한 매혹 등등. 1차 세계대전은 큐브릭에게 특히 적절한 주제다. 왜냐하면 그 전쟁은 민족주의자들의 무의미한 동맹에 의해 발발했고, 800만 명 이상이 죽었다. 무지몽매한 정치가들과 무능한 장군들은 땅위에 엄청난 폭격과 자살 공격을 감행했다. 문학사가 폴 퓨셀Paul Fussel은 《위대한 전쟁과 현대의 기억*The Great War and Modern Memory*》(1997)에서, 가장 끔찍하고 징후적인 전쟁이자 군인들에게는 '위대한 실패'라고 알려졌던 1916년 솜Somme 전투는 인류 역사상 가장 규모가 크고 무의미한 군사 작전이었다고 지적했다. 그 전투는 1만 5000개 이상의 총포들이 독일군 참호를 1주일 동안 계속 포격하면서 시작되었다. 하지만 포격이 멈추고 영국군이 공격했을 때, 수적으로 우세한 독일군은 기관단총들을 깊숙하고 잘 만들어진 터널에서 꺼내 영국군을 살육했다. 하루에 6만여 영국군이 죽었고, 일주일 뒤 다른 2만여 명이 황무지에서 치명적 부상을 입고 도움을 요청했다.

앙드레 브레통은 1차 세계 대전에서 참전했던 자크 바세Jacques Vaché
의 글로부터 '블랙 유머'의 개념을 끌어냈다. 이는 큐브릭 작품들의 중심
개념이다. 〈영광의 길〉이 루이스 부뉴엘 같은 초현실주의자의 찬사를 받
았다는 사실은 놀랍지 않다. 그것은 1958년 알제리 전쟁에 연루된 프랑
스 정부가 이 영화를 싫어한 것과 마찬가지다. 프랑스 정부는 베를린 국
제 영화제에서 〈영광의 길〉의 상영을 막기 위해 정치적 압력을 행사했고,
20년 동안 프랑스와 스위스의 극장 상영을 금지했다. 그 이유는 분명했
다. 콥의 소설처럼, 영화는 '개미집'(소설에서는 '여드름')이라고 불린 흙무더
기 요새를 공격함으로써 전쟁의 '돌파구'를 찾으려 한 프랑스 장군과 관
련이 있기 때문이다. 공격은 아무런 전략적 가치가 없었지만, 선전 효과가
있을지 모른다고 생각한 허황된 장군에 의해 주도되었다. 공격이 멈추었
을 때, 장군은 자기 군대를 향해 대포를 쏘도록 명령한다. 그의 명령이 거
부되자, 그는 '단지 시체만이 공격이 불가능했다는 것을 보여 준다'는 이
유로 수많은 군인들을 총살시키려 한다. 결국 그는 부대 사무관이 선발
한 육군 하사관 세 명을 시범 케이스로 총살한다. 총살 집행 후, 장군과
직속상관은 대저택에서 아침 식사를 즐기면서 병사들의 죽음을 자축한
다. 마지막 총살과 함께, 그 부대는 또 다른 무의미한 전투를 위해 참호로
돌아가라는 명령을 받는다.

〈영광의 길〉은 1차 세계 대전을 다룬 이전의 유명한 영화들과 상당
히 다른 분위기를 보여 준다. 〈서부전선 이상 없다All Quiet on the Western
Front〉(1930), 〈위대한 환상Grand Illusion〉(1937) 등은 전쟁에 대해 비판적
이긴 해도 인간적으로 접근한다. 〈새벽의 출격The Dawn Patrol〉(1930, 1938)
은 불운한 귀족적 정신으로 벌이는 비행 전투의 스펙터클 이미지를 제공

한다. 〈요크 상사*Sergeant York*〉(1941)는 대중적이고 애국적인 전쟁의 신화를 만들어 낸다. 비슷한 사례를 찾기 위해, 우리는 2차 세계 대전을 다룬 로버트 알드리치의 〈공격*Attack*〉(1956)이나 큐브릭의 다른 전쟁 영화들과 〈영광의 길〉을 비교해 봐야 한다. 다른 곳에서처럼 여기서도 큐브릭은 실제로 서로 구분할 수 없는 양 측면을 보여 줌으로써 전쟁의 부조리를 강조한다. 그것은 마치 매카시 시대를 풍자한 1950년대 코믹 만화 월트 켈리*Walt Kelly*의 《포고*Pogo*》의 명대사를 보여 주려는 것 같다. "우리는 적을 만났고, 그가 우리다." 큐브릭의 전 영화 인생에서, 전쟁 영화의 경우에 드물지만 군인들은 적진 뒤에서 거울 이미지나 여자와 직접 마주친다. 〈공포와 욕망〉, 〈풀 메탈 재킷〉에서 여자는 충격적으로 죽는다. 〈영광의 길〉에서 그런 갈등은 내부적이고, 적은 보이지 않으며, 황무지의 다른 편에서 연기와 어둠으로부터 내뿜는 치명적 총소리와 포격만이 존재한다. 이 영화는 큐브릭의 일상적 패턴에서 벗어난다. 마지막에 프랑스 군인이 독일 여자 포로와 마주쳤을 때, 그녀는 왜곡된 욕망과 살인적 불안의 대상이라기보다는 흘러넘치는 억압된 향수와, 정신과 육체의 갑옷을 잠시나마 벗겨 내는 모성적 인물이 된다.

하지만 다른 의미에서 〈영광의 길〉은 큐브릭에게 꽤 이례적이다. 나중에 커크 더글러스와 큐브릭이 의절하게 되는 〈스파르타쿠스〉를 제외하고, 이 영화는 관객들이 편안한 동일시를 느낄 수 있는 훌륭한 캐릭터에 초점을 맞춘 그의 유일한 영화다. 더글러스가 연기한 닥스 대령은 영화에서 다른 누구보다 더 많은 클로즈업과 시점 숏으로 보일 뿐만 아니라 영웅적 덕목의 모범이다. 잘생기고 용감한 사무관인 그는 개미집 위의 죽음의 공격 일선에 선다. 그는 쏟아지는 총탄을 뚫고 나아가면서, 대규모 사상자들을 구조하고 뒤처진 부대를 결집시키기 위해 참호로 돌아간다. 참전하기 전에, 닥스는 '아마도 프랑스 최고의 형사 변호사'였다. 부패한 장군들이 세 명의 무고한 군인들을 총살시켰을 때, 닥스는 열정적이고 웅변적으로 그 군인들을 변호한다. 불가능한 곤경에 맞서서, 그는 결코 권력에 대항한 진실을 말하기를 두려워하지 않는다. 영화의 거의 첫 부분에서, 닥스는 장군에게 (18세기 영국의 문학자) 새뮤얼 존슨이 언젠가 애국주의를 "악당의 마지막 피난처"로 묘사한 적이 있다고 말한다. 영화의 마지막 부분에서 닥스는 커크 더글라스 특유의 스타일로 자신보다 계급이 더 높은 장군조차 몰아세운다. 의분에 떨며 몸과 얼굴을 뒤틀고, 목소리는 울부짖기도 하고 내지르기도 한다. "당신은 타락하고 가학적인 늙은이요. 내가 사과하기 전에 지옥에 떨어질 거요!"

다르게 말해서, 그 모든 단호함과 두려움 때문에, 〈영광의 길〉은 관객들에게 멜로드라마 같은 재미를 주는 스타 중심의 영화로 나아간다. 이는 보통 큐브릭이 피하고자 하는 형식이다. 큐브릭은 멜로드라마를 필름 느와르나 예술 영화식으로 아이로니컬하게 다룬다. 여기서 '멜로드라마'라는 용어는 액션, 최후의 구원 등을 지닌 긴박감 있고 감성적인 플롯 — 반드시는 아니지만, 선한 것이 대체로 이기는 도덕적 갈등에 기초한 플롯 — 을 가리키는 것이 아니다. 그런 종류의 멜로드라마는 고전 할리우드 형식이거나, 종종 커크 더글러스와 관련된 자유주의적인 사회 문제 영화들에서 사용하는 형식이다. 사회 비관주의자로서 큐브릭은 몇 가지 이유들 때문에 그런 형식을 싫어했다. 미셸 시명과의 인터뷰에서 큐브릭은 분명하게 말했다. "멜로드라마는 세상의 문제점들, 그리고 캐릭터들에게 닥친 곤경과 재난을 이용한다. 결국 멜로드라마는 세상이 자애로운 곳이라며 이를 증명하려 한다"(p.163). 〈영광의 길〉은 결코 그 멀리로 나아가지 않는다. 그러나 이 영화는 악과 싸우는 자애로운 영웅을 보여 준다.

영웅은 보통 사람들의 긍정적 인간성을 입증하고 끝까지 살아남아서 싸운다.

어떤 비평가들은 닥스는 "부패한 제도의 충성스런 관리자로 남을 뿐이기 때문에 영웅이 아니다"라고 말한다. 이것은 아마도 이 영화의 민감한 아이러니일 것이다. 그러나 험프리 콥의 소설도, 시드니 하워드의 연극 대본도 우리에게 이 영화에서처럼 강직하고 용기 있는 캐릭터와 감정적 위안을 제공해 주지 못한다. 앞의 두 버전은 순진한 군인들의 총살(연극의 경우, 무대 뒤의 대사로 처리)로 서투르게 끝난다. 어떤 경우에도 닥스는 특별히 중요한 역할을 하지 못한다. 그는 황무지를 가로지르는 공격을 이끌지도 못하고, 군사 재판에서 변호인의 역할을 하지도 못한다. 험프리 콥의 핌플 전투에 대한 묘사는 영웅적 스펙터클의 흔적조차 부족하다. 군인 하나가 공격 신호에 따라 그의 참호로부터 나올 때, 그는 기관단총에 의해 사살되고 몸이 나뒹군다. 반면, 영화는 더글러스에게 대담한 행동을 할 기회를 준다. 큐브릭은 황무지를 가로지르는 기교 넘치는 트래킹과 줌 숏들을 보여 준다. 만약 부대원들을 참호 속에 붙들어 둔 겁쟁이 중사 로제트(웨인 모리스)가 없다면, 더글러스 부대의 생존자들은 개미집에 도달할 거라는 인상을 준다.

놀랍게도, 커크 더글러스보다 이전의 초기 시나리오 버전(위스콘신 대학교의 더글러스 관련 자료들 속에서 발견됨)은 적어도 한 측면에서 더욱 멜로드라마처럼 보인다. 더글러스는 자서전 《넝마장수의 아들The Ragman's Son》에서 다음과 같이 말한다. 그와 제작팀이 뮌헨에 도착했을 때, 그는 새로운 시나리오를 받았다. 큐브릭은 짐 톰슨의 도움으로 그 시나리오를 수정했다. 거기에는 많은 형편없는 대사들과 선고를 받은 세 군인들의 사형을 중지하는 마지막 장면이 들어있었다. "장군의 차가 끼익 소리를 내며 도착해서 사형을 중지시키고 이를 30일 영창 구금형으로 바꾼다. 그다음 내 캐릭터인 닥스 대령이 그동안 계속 싸웠던 그 나쁜 자와 함께 차에서 내린다…… 술에 취한 장군은 그의 손을 내 어깨에 걸친다." 더글러스에 따르면, 큐브릭은 그에게 수정본을 건네면서 조용히 말했다. "나는 돈을 벌기 원해요." 더글러스는 대본을 방에다 내동댕이치고 영화의 가치에 대한 장광설을 늘어놓았다. "우리는 원래 대본으로 돌아가야 해요, 그렇지 않으면 영화를 찍을 수 없어요."[62]

분란을 일으킨 그 대본은 날짜가 적혀있지 않지만, 큐브릭과 톰슨의 사인이 들어 있다. 대본은 대부분 더글러스가 말한 대로 끝나지만, 어딘가 도덕적으로 모호하다. 그것은 악당을 덜 잔혹하게 만들고, 영웅을 더 정치적으로 만든다. 마지막 페이지에는 선고받은 군인을 구하기 위해 군단장을 윽박지르는 닥스 대령과 그대로 사형 집행을 주장하는 사단장 루소 장군(개봉된 영화에서 이 캐릭터의 이름은 미로 장군이다) 사이의 대화가 이어진다. 닥스는 자신이 루소 장군에 대해 "항상 커다란 직업적 존경심"을 가져왔다고 하면서, 만약 장군이 병사들을 죽인다면 그것은 "군대의 커다란 손실"이라고 말한다. 두 남자는 침묵하면서 함께 걷는다. 루소는 묻는다. "우리 중 누가 천사의 편이지?" 닥스가 당황하자 루소가 설명한다.

루소 장군   압제가 마그나 카르타의 탄생을 낳았지. 인간 행복에 대한 냉혈성과 무관심이 프랑스 혁명을 불러일으켰고. 역사에서, 진보는 언제나 도전을 통해 탄생하지. 오늘 그 병사들이 죽었다면, 그 사건은 군대에서 압제의 종말로 나아가는 신호탄이 되지 않겠는가?

닥스 대령   장군, 참 이상한 논리를 펴시는군요. 저는 동의할 수 없어요.

루소 장군   나도 내 논리에 동의하지 않지. 말하자면, 인간이 이성의 동물이라고 말할 때, 그것은 자기 말을 합리화하는 무제한의 능력을 갖고 있다는 뜻이지. 의심의 여지없이 난 사악한 사람이야. 하지만 난 내가 사악하다고 생각하지 않거든. 아마도 그게 진짜 사악한 자라고 딱지를 붙이는 전제 조건인지도 모르지.

닥스 대령 딱지는 양철통에 붙이는 것이지, 인간한테는 아닙니다. 잘은 몰라도, 아마 모든 사람들이 상황이 허락하는 만큼 올바르게 살고 있겠지요.

루소 장군 그렇게 좋은 설명은 아니네, 대령.

닥스 대령 아마 그 무엇도 설명할 수 없겠지요…… 무신론자인 내 고객과 대화를 나눈 적이 있어요. 기독교가 정말로 실패했다고 묻는지 물어보았지요. 그의 답변은 간단했어요. 한 번도 그렇게 생각해 본 적이 없다는 거예요……

루소 장군 성곽에서 나랑 커피 한잔 하겠나?

닥스 대령 좋습니다. 너무 이르지 않다면, 강력한 무언가를 제안해야 할 것 같아요.

(루소는 웃으면서 닥스의 어깨에 손을 올린다.)

루소 장군 너무 이른 건 없네, 대령. 사실, 오히려 너무 늦었네.

(그들이 카메라에서 멀어진다. 군악대의 선율이 희미하게 들린다.)

끝.[63]

영화의 완성본을 잘 살펴보면, 더글러스가 원한 대본에서조차 이러한 해피 엔딩이 어떻게 가능했을지 알 수 있다. 소설이나 연극에 없는 두 장면이 특히 중요하다. 사형 집행 전날, 미로 장군에게 자기 부대에 총을 쏘라는 명령을 받았던 포병 장교가 닥스의 방으로 찾아와서 말한다. "군사 재판에 영향을 줄지도 모르는 것을 당신에게 말하겠습니다." 다음 장면에서, 닥스는 부대장의 대저택 파티를 방해하고, 브롤라드 장군과 도서관에서 열띤 토론을 한다. 닥스는 대화의 마지막에 말한다. "미로 장군이 우리 군대를 포격하라고 한 걸 아십니까?" 이러한 언급은 사태의 극적인 격변으로 작용했던 것 같다. 이 때문에 닥스는 고위 장성을 위협할 수 있었고, 세 명의 군인들에게 말뿐인 영창형으로 감형해 줄 수 있었다. 하지만 영화에서 그 영웅의 마지막 노력은 상대적으로 적어진다. 브롤라드 장군은 단지 닥스가 미로의 직위를 노리고 있다고 생각한다.

더글러스가 원했고 얻어 냈던 것은 칼더 윌링햄이 수정한 두 번째와 세 번째 시나리오 초안에 기초한 영화였다. 1995년 죽기 얼마 전에, 윌링햄은 〈영광의 길〉의 99퍼센트는 자신이 썼다고 주장했다. 그는 최종 시나리오가 단지 큐브릭이 첨가한 사소한 대사 두 줄만을 포함하고 있으며, 짐 톰슨은 아무것도 한 일이 없다고 말했다(Polito, p.405). 톰슨의 전기 작가 로버트 폴리토에 따르면, 톰슨은 적어도 영화의 절반을 책임졌고, 위에 인용한 초기 시나리오 자료들이 이를 입증한다. 영화 대사의 많은 부분들 — 콥이 연극 형식으로 쓴 재판의 불꽃 튀는 변론 장면을 포함해서 — 이 콥의 소설로부터 바로 나왔다는 점도 지적되어야 한다. 우리는 누가 시나리오에 얼마나 기여했는지 정확히 구분할 수 없을 것 같다. 시나리오를 변경하려 했던 큐브릭의 의도가 무엇이었는지 확실하지 않다. 폴리토의 그럴듯한 설명에 따르면, 큐브릭은 더글러스와 자존심 대결을 하면서, 닥스가 정치적 수완을 앞세우는 인물로 그려진 초기 시나리오를 그에게 주었다. 큐브릭은 완성된 영화가 스타의 역할이 더 커지도록 타협하지 않는다는 사실을 확실히 하려고 했다(pp.404~405).

한 가지 분명한 것이 있다. 〈영광의 길〉은 제작 과정에서 감독과 스타 사이의 투쟁에 휘말렸다. 더글러스는 한 지면에서 큐브릭을 "재능 있는 똥"이라고 경멸하면서, 자신을 "영화의 통합성을 수호하는 사람"(p.305)으로 묘사했다. 그러나 더글러스는 영화가 자신의 스타덤을 위한 적절한 도구라는 사실을 분명히 했다. 실제로 〈챔피언〉에서 그는 가장 중요한 역을 맡았고, 다른 사람들은 그가 셔츠를 벗는 장면을 참아 내야 할 정도의 불문율이 있었다. 아니나 다를까, 〈영광의 길〉의 첫 번째 신은 소설이나 연극과 판이한데, 그는 지하 벙커에서 웃통을 벗고 세수 대야에 얼굴을 씻는다. 소설과 영화의 모든 주요한 차이들은 더글러스의 배역을 더 돋보이게 하려는 필요에 따라 설명될 수 있다. 그는 멜로드라마 같은 연기를 더 많이 하게 된다. 정서적 충격을 주는 사형 집행 장면에서 그의 역할은 주변으로 밀려나고 두려움을 느낀다. 그 장면 이후, 영화는 소설과 다른 두 개의 신을 더 만든다. 칼더 윌링햄에 따르면, 처음에 큐브릭이 주저하긴 했지만 두 신 모두 결국 칼더 윌링햄 자신이 썼다. 그 신들은 닥스 대령의 도덕적 권위와 타고난 선량한 인간성을 입증한다. (이 신들은 최종 시나리오에서 빠졌다.)

윌링햄에 따르면, 제작 과정에서 그는 큐브릭에게 "군인들이 사형 당하는 영화의 강력하고 야만적인 결말은 청중들에게 참을 수 없는 분노와 함께 철학적으로 공허한 어떤 메시지"를 줄 것이라고 주장했다 (Polito, p.406). 책과 연극 모두 사형 집행으로 끝나긴 하지만 결국 큐브릭은 윌링햄의 견해에 동의했다. 윌링햄이 첨가한 신들 중 첫 번째에서, 브롤라드 장군은 닥스를 대저택으로 불러 미로 장군에 대한 모욕을 입증하라고 말한다. 미로 장군은 위엄 있게 똑바로 서 있다. "그래! 네가 나를 바보로 만들었어. 이 사건과 아무 관련도 없는 나를 말이야!" 그는 발끈해서 나가 버리고, 브롤라드 장군은 닥스에게 연대장 자리를 제안한다. 닥스는 예의를 무시하고 브롤라드를 타락한 자라고 부른다. 다음 장면에서, 닥스는 길가 선술집의 창문에 서서, 그의 부하 군인들이 독일 여자 포로에게 추파를 던지는 장면을 목격한다. 곧이어 그녀가 〈충성스런 병사*Der treue Husar*〉라는 노래를 부르자 군인들은 그녀와 눈물을 흘리며 합세한다.

결국 〈영광의 길〉에서 보여 주는 작가주의는 음울한 풍자가 큐브릭과, 화려한 연기 스타일과 개인적 세계관이 멜로드라마 효과에 의존하는 스타 더글러스 사이의 어떤 긴장과 관련이 있다. 두 남자 모두 스타가 되기를 원했다. 이 경우에 작가와 배우의 충돌은 꽤 생산적이었다. 더글러스가 진지한 자유주의자였다는 사실은 기억되어야 한다. 그의 영화들은 그의 스타덤을 강조할 뿐만 아니라, 그의 사회적 신념을 보여 주기도 한다. 그를 스타의 반열에 올려놓은 〈챔피언〉은 제작자가 나중에 블랙리스트에 오른 좌파 프로젝트였다. 더글러스는 〈스파르타쿠스〉에서 돌턴 트럼보를 신뢰하면서 블랙리스트를 철폐하는 데 도움을 주었다. 더글러스가 자신의 영화사 브리나 프로덕션에서 만든 작품 중 가장 좋아한 것은 또 다른 자유주의 은유가 깃들인 〈마지막 영웅*Lonely are the Brave*〉(1962)이었다. 이 작품 역시 트럼보가 시나리오를 썼다. 〈영광의 길〉 시나리오에서 그와 큐브릭은 어둡고, 어떤 의미에서 멜로드라마 같은 영화를 빚어냈다. 그 영화에서 더글러스는 자유주의 이성과 인간성의 목소리를 대변한다. 그는 유럽 역사에 대한 큐브릭의 거칠고 트라우마적인 관점을 누그러뜨리는 캐릭터를 구축한다.

영화 완성본의 크레딧은 '브리나' 프로덕션 자막이 먼저 보이고 이어서 해리스–큐브릭 프로덕션이 보인다. 더글러스는 자서전에서 이 점에 대해 짜증스레 언급한다. "어디를 가든지, 큐브릭은 마치 임대 광고판처럼 해리스–큐브릭이라는 사인을 붙여 두었는지 확인했다…… 그것

은 나에게 흥미로웠다······ 놀랍게도, 큐브릭은 그 사인들이 단지 큐브
릭이라는 이름만을 말하기를 바란 것이 아니었다. 우습게도, 몇 년 뒤 큐
브릭은 내가 단지 〈영광의 길〉의 고용인이었을 뿐이라고 떠들고 다녔다"
(p.250). 큐브릭은 더글러스에 맞서서 스스로를 변호하지 않았다. 하지만
1962년 테리 서던Terry Southern과의 인터뷰(미출판)에서, 큐브릭은 영화 제
작 과정에서 군인들의 사형을 피하려는 논의가 있었음을 인정했다. "그
군인들을 살려야 한다고 말하는 사람들이 있었어요. 하지만 그게 문제의
핵심은 아니죠······ 그건 무의미해요. 물론 그 일은 일어났죠."[64]

결국 큐브릭은 작가주의를 위한 투쟁에서 승리했다고 말할 수 있다.
왜냐하면 〈영광의 길〉은 능숙하게 각색되었을 뿐만 아니라 훌륭한 감독
의 영화이기 때문이다. 그 영화의 완벽한 '작품성' — 연기, 촬영, 미장센,
편집 등 — 은 내러티브가 지닌 힘을 정확히 표현한다. 영화는 소설과 시
드니 하워드의 실패한 연극이 지닌 드라마의 힘을 꽤 강화시킨다. 이를
위해 영화는 부차적 캐릭터들을 제거하고, 개미집 공격으로 다가가는 행
위들을 줄이기도 한다. 책에서 스크린으로 나아가면서, 영화는 소설의
'영화 같은' 요소들을 화려하게 구현한다. 특히 이것은 큐브릭과 촬영 감
독 조지 크라우스George Krause의 자연스런 현장 촬영 기법 덕분에 가능
했다. 또한 큐브릭은 장군들이 전쟁을 지휘하는 대저택과 실제 전쟁이 벌
어지는 참호들을 시각적이고 청각적으로 날카롭게 대비시킨다.

조너선 로젠바움이 나에게 알려 준 것에 따르면, 〈영광의 길〉을 촬
영한 뮌헨 외곽의 슐라이스하임 궁전은 알랭 레네의 〈지난해 마리앵바
드에서Last Year at Marienbad〉(1961)의 무대이기도 하다. 스테디캠을 사용
해서 거대한 호텔의 음산한 복도를 훑고 지나가는 큐브릭의 〈샤이닝〉이
〈지난해 마리앵바드에서〉와 비슷한 특징을 갖고 있다는 점을 생각한다

면, 그러한 일치는 특히 흥미롭다. 세 영화들은 모두 퇴폐적인 과거의 건축물 — 소리가 울리는 공간들, 사치스런 가구 비품들, 매혹적인 기하학 패턴들 등으로 구성된 거대한 건물 — 을 무대로 상류층의 음모를 다룬다. 〈영광의 길〉의 경우에, 큐브릭은 막스 오퓔스 영화의 우아하고 세기말적인 무대 장치에 영향을 받았다. 배우 리처드 앤더슨(영화에서 생토뱅 소령)에 따르면, 촬영 첫째 날 큐브릭은 배우와 스테프들에게, 오퓔스가 방금 막 죽었고 그들이 찍으려는 시퀀스의 움직이는 카메라 숏들은 오퓔스에게 바쳐질 것이라고 선언한다(LoBrutto, p.138). (로버트 폴리토에 따르면, 주로 짐 모리슨이 쓴) 그 시퀀스는 전형적인 오퓔스 영화보다도 더 역동적이고 힘차게 편집된다. 그러나 그 시퀀스는 큰 방 주위를 도는 배우들을 돌리로 이동 촬영하는 중요한 장면들을 담고 있다. 그것은 뒤틀린 이미지의 오퓔스식 연출을 보여 준다. 큐브릭은 〈시민 케인〉의 스타일을 연상시키면서 자연광을 훌륭하게 사용한다. 방 안의 소리의 반향은 클로즈업과 멀리서 들리는 목소리 사이의 대조를 느끼게 해 준다. 또한 그 시퀀스는 편집, 카메라 운동, 배우들의 배치 방식 등에서도 주목할 만하다. 그것은 대화 장면에서 감정의 기류와 분위기의 변화를 드러내는 데 도움을 준다.

처음에 우리는 거대한 천장에서 내려오는 하이 앵글 숏을 본다. 키크고 귀족적인 미로 장군(조지 맥레디)이 총사령관 브롤라드(아돌프 멘주)에게 인사하러 대리석 마루를 가로질러 간다. "헬로, 조지!" 미로는 커다랗게 이야기한다. 화면은 눈높이 시점으로 전환되고, 카메라는 가슴에 훈장을 주렁주렁 단 두 남자에게로 움직인다. 그들은 크게 웃으면서 제국의 위엄을 보여 주는 희미한 배경을 지나서 함께 걸어간다. "멋지군요! 최고에요!" 그의 목소리는 벽에 울린다. 미로는 점잖게 웃는다. "그래요, 일하기 좋은 분위기를 만들려고 노력했어요." 브롤라드는 미로가 너무 편안하게 지낸다고 말하면서 알랑거린다. "엄청 잘 갖췄어요! 카펫과 그림에 대한 취향이 대단하군요!" 카메라는 그와 미로가 프랑스 제국 책상과 의자에 다가갈 때 패닝한다. 거기서 미로는 왼쪽 뺨에 있는 불쾌한 결투의 자국을 드러내면서 멈춘 뒤, 자리를 가리키면서 돌아선다. "당신은 아주 친절해요, 조지, 아주 많이요, 난 당신처럼은 못해요." 그는 말을 하면서 천천히 웃음을 거둔다.

간단한 숏-리버스 숏들이 방문의 목적을 드러낸다. 브롤라드는 '무언가 엄청난' 비밀 계획을 알린다. 미로는 눈을 희번덕거리며 거의 기도하듯이 손바닥을 모으고 개미집 공격을 직감한다. 브롤라드는 미로를 "독심술사"라고 칭찬하면서 말한다. "폴, 우리 군대에서 나를 위해 이 일을 할 수 있는 유일한 사람이 바로 당신이요!" 그러나 미로는 개미집을 차지하기 위해서 자신의 사단이 엄청난 살상을 감수해야 하므로, 설사 개미집을 차지할 수 있을지라도 그것은 "터무니없는 짓"이라고 선언한다. 브롤라드는 더 권위적으로 테이블에서 일어나 걸어 나간다. "아니요, 폴," 그는 앉아 있는 미로를 뒤돌아보면서 말한다. "내가 말했던 건 무언가 다른 거요. 하지만 당신은 내 의도를 오해할 것 같소." 미로는 기대감으로 일어난다. 카메라는 그와 함께 브롤라드 쪽으로 이동한다. 브롤라드는 방 한가운데 18세기풍의 긴 소파를 빙 돌면서 말한다. "작전 본부에 대해 말해봅시다. 그들은 당신을 12군단장으로 고려하고 있소." 그는 미로의 팔을 잡고 카메라 쪽으로 걸어간다. 카메라는 그들을 프레임에 담기 위해 뒤로 이동한다. 브롤라드는 군단장이 '전투 장성'이어야 할 필요성을 설명하고, 미로가 승진에 필요한 자격을 갖고 있다고 지적한다. 또한 그는 개미집에 대한 공격을 거부하는 것은 승진에 나쁜 영향을 줄지 모른다고 암시한다. "아무도 당신의 의견을 물어보지 않을 거요. 그들은 단지 그 일

〈영광의 길〉: 미로 장군과 브롤라드 총사령관이 개미집 공격을 위한 비밀 계획을 모의한다.

을 할 누군가를 선택하겠지." 두 사람은 테이블 앞에 멈춰 선다. 미로는
곤경에 처했음을 깨달으면서 멍하니 술 한 잔을 들이킨다. 브롤라드는 손
으로 그를 토닥인다. "당신의 의견이 중요한 게 아니오, 폴." 미로는 갑자
기 자신이 해야 할 일을 알아채고 말한다. "코냑 한잔 하실래요?" 브롤라
드는 답변한다. "괜찮아요, 폴, 저녁 식사 때까지 기다립시다."

　　브롤라드는 의자에 가만히 앉아 있고, 클로즈업이 미로를 쳐다보는
그를 비춘다. 와이드 숏은 앞뒤로 왔다 갔다 하면서 웅변가처럼 목소리를
높이는 미로를 보여 준다. "조지, 난 8000명 군인의 목숨을 책임지고 있
어요…… 나에겐 그 군인들 하나하나의 목숨이 프랑스의 모든 별들, 훈
장들, 고관들의 것보다 훨씬 더 중요합니다!" 리버스 앵글은 브롤라드가
일어서서 방 반대쪽으로 멀찌감치 걸어가는 모습을 보여 준다. 그는 거기
서 돌아 멈춰 선 뒤, 총을 겨냥하는 결투자처럼 목소리를 높인다. "이번
공격이 당신 부대원들의 능력을 절대적으로 넘어선다고 생각하시오?" 커
다란 클로즈업으로 미로는 미소 지으며 조용히 답한다. "저는 그렇게 말
하지 않았어요. 조지." 그는 앞으로 걸어가고 카메라는 그를 따라 이동한
다. 그는 활기차게 선언한다. "그들의 전투심이 치솟을 때, 아무것도 우리
부대를 능가할 수 없어요!" 그는 브롤라드의 팔을 잡는다. 그들은 뒤돌아
서서 방을 가로지르고, 카메라는 그들을 따라간다. 그들은 긴 안락의자
를 빙 돌아서 카메라 쪽으로 움직인다. 미로는 공격을 지원할 포병대와
대체 병력을 요구한다. 브롤라드는 답한다. "만약 당신이 의사를 분명히
한다면, 우리는 충분한 지원을 해 주겠소." 그는 미로의 등을 토닥이며
재확인한다. "당신이야말로 개미집을 공격할 적임자요!" 카메라는 멈춰
서고 두 남자는 다시 돌아서서 멀리로 걸어 나간다. 그들은 희미하게 비
치면서 공모자처럼 보인다. 그들 뒤로 햇빛이 대리석 마루 위에 부드럽고

긴 그림자를 떨구면서 큰 창문으로부터 쏟아진다. 그들의 목소리는 먼 메아리가 되어 울린다. "이 일이 언제 최종 결론이 날까요?" 미로가 묻는다. "모레까지는," 브롤라드가 답변한다. "우리가 해내겠죠!" 미로는 주먹을 손바닥에 내리치며 찰싹 울리는 소리를 내면서 그 시퀀스의 종지부를 찍는다.

바로크풍의 대저택과 우아한 카메라 운동은 아이러니한 효과를 낸다. 마치 인간 문화의 모든 성취는 야만성의 기념비라는 발터 벤야민Walter Benjamin의 유명한 언급을 입증하는 듯하다. 다이렉트 컷이 우리를 개미집으로 데려갈 때, 아이러니는 분명히 드러난다. 개미집은 황무지 지평선 위의 무의미하고 분간되지 않는 흙더미인데, 참호 구멍을 통해 이름 없는 군인들이 보인다. 리버스 돌리 숏이 거의 1분 30초나 이어진다. 미로 장군이 참호를 따라 앞으로 나가면서 부대를 사열한다. 알랑거리는 보좌관 생토뱅이 뒤따르는 가운데, 장군은 활기차게 앞으로 나아가고, 가끔씩 멈추어서 거짓된 친밀감과 거만하고 상투적인 장교 태도로 부대를 격려한다. 와이드 앵글 렌즈와 로 카메라 레벨이 그의 움직임을 힘 있게 보이게 한다. 그의 뽐내는 듯한 군복은 그가 지나갈 때 피투성이 붕대를 감은 채 차렷 자세로 서 있는 피곤한 병사들과 선명한 대조를 이룬다. 하늘은 흐리고, 먼지를 뒤집어쓴 군인들은 참호의 더러운 벽을 따라 포개져 있다. 그들이 이야기할 때 차가운 공기가 증기를 뿜는다. 작은북 하나로 구성된 제럴드 프리드의 배경 음악은 불길한 행진곡을 두드린다. 기관단총과 포탄 터지는 소리가 간간히 들리고, 어떤 것은 참호 근처를 때린다. 미로는 자신감 있는 이미지를 보여 주려 하지만 약간 주춤한다. (특수 효과 기술자 어윈 랭Erwin Lange은 효과적인 폭격 장면을 만들어 냈다. 그는 폭발 장치를 이용해서 더럽고 무거운 검은 코르크 마개 파편들을 하늘 높이 날려 보냈다.) 믿기 힘든 시적

〈영광의 길〉: 참호 안의 군인들.

S t a n l e y   K u b r i c k

우연성 속에서, 미로는 나중에 총살형에 처해지는 세 명의 군인 근처에서 멈춘다. "어이, 제군, 더 많은 독일군을 죽일 준비가 돼 있겠지?" 그는 페롤 이등병(티모시 캐리)에게 말한다. 그는 페롤이 결혼했는지 학교는 마쳤는지 물어본다. 페롤은 외친다. "자랑스러운 조국의 아들이 될 것을 다짐합니다!" 그다음 미로는 상병 패리스(랠프 미커) 앞에서 멈춘다. "어이, 제군, 더 많은 독일군을 죽일 준비가 돼 있겠지? 총을 잘 다루게. 그게 군인에게 최고의 친구지. 자네는 잘 할 걸세. 모든 게 잘 될 거네!" 이때 엄청난 폭격이 있고, 미로는 움츠렸다가 다시 계속 걸어간다. 긴 공간을 지나서, 그는 이등병 아르노(조 터클) 옆에 서서 크게 웃고 있는 비대한 중사 앞에 도착한다. "어이, 제군, 더 많은 독일군을 죽일 준비가 돼 있겠지?"

롱 테이크는 여기서 끝난다. 미쳐서 히죽거리는 중사의 갑작스런 클로즈업이 이어진다. 그 중사가 전쟁공포증 때문에 대답을 할 수 없다고 이등병 아르노가 설명하자, 미로는 격분하면서 그 중사를 때려 쓰러뜨린다. (그 장면은 1950년대의 관객들에게 2차 세계 대전 때 잘 알려진 사건을 상기시켰을 것이다. 그 당시 조지 패턴 장군은 육군 병원에서 한 군인을 두들겨 팼다.) "전쟁공포증 같은 것은 없다"고 그는 선언하면서, 그 범죄자를 부대 밖으로 데려가라고 명령한다. 장군과 보좌관은 다시 출발하고, 카메라는 그들을 따라간다. "장군님이 옳습니다. 이런 종류의 것들은 병사들에게 퍼져 나갈 수 있습니다…… 장군님의 시찰은 병사들에게 계산할 수 없을 정도로 큰 효과를 줄 것입니다!" 카메라는 두 장교가 걸어 나가는 장면을 잡으면서 그 시퀀스를 끝낸다. 바로 그때 피곤에 지친 군인들이 참호로부터 오른쪽으로 들어와서 우리 앞으로 걸어간다.

영화의 약간 뒷부분에서, 큐브릭은 같은 참호로 돌아가서 닥스 대령이 개미집 공격을 준비하는 장면을 보여 준다. 이 시퀀스는 거의 2분 동안 8개의 컷으로 구성된다. 그것은 큐브릭의 영화에서 가장 인상적인 '터널' 이미지 중 하나다. 그 이미지는 영화와 감독 둘 다에게 상징적인 순간이다. 그것은 촬영과 녹음의 힘을 통해 시적이고 극적인 정서를 만들어 내는 큐브릭의 역량을 확실히 보여 준다. 참호에서의 미로 장군의 행보와 달리, 닥스의 시찰은 주관적 시점으로 보여진다. 하지만 첫 번째 숏에서 카메라는 그 장면을 어떤 캐릭터와도 독립된 시점으로 보여 주는 듯하다. 우리는 곧바로 참호 아래로 내려가서 와이드 앵글 렌즈를 통해 눈높이에서 바라본다. 더럽고 면도조차 못한 군인들은 어깨를 맞대며 길 양편에서 조용히 뒤돌아본다. 큐브릭은 그의 시각적 실마리를 콥의 소설의 첫 페이지에서 가져온다. 거기에서 콥은 군인들이 "회색의" "변비에 걸린 듯이" 보인다고 묘사한다. 구름이 덮인 하늘, 참호 밑의 나무 침상들, 그들을 조각상처럼 보이게 하는 허연 가루들로 뒤덮인 채 몰려 있는 군인들 등 모든 것들은 회색의 그림자를 드리운다. 많은 군인들이 담배를 피워 대고, 끊임없는 포격이 그들을 에워싼다. 압도적 소음, 연기, 더러움 사이에서 군인들(독일 경찰분대가 연기한)은 선명하게 개성을 드러낸다. 피곤한 얼굴을 하고 더러운 군복을 입은 그들은 한 줄로 늘어서서 무한대로 갈라져 나간다.

리버스 숏은 앞으로 걸어 나가는 닥스를 보여 주고, 와이드 앵글 카메라가 그 앞쪽으로 물러난다. 그는 모두를 놀라게 하는 폭격 소리를 무시하면서 단호하게 군인들 앞으로 지나간다. 폭격 소리는 점점 더 격렬하게 들려오고, 충격적 폭발이 더 규칙적으로 이어진다. 2분 시퀀스 안에 적어도 24번의 폭발이 일어난다. 한 번의 먼 포격, 그다음 두 번의 가까운 포격, 그다음 여러 번 함께, 그다음 계속해서, 사운드트랙은 쉭 소리를 내면서 비명을 지르고 우당탕하는 소리로 가득 채워진다. 하나의 시점 숏

〈영광의 길〉: 닥스는 모두를 놀라게 하는 폭격 소리를 무시하면서 단호하게 군인들 앞으로 지나간다.

에 닥스는 부대원들이 힘겹게 참호에 기대고, 몸을 구부리고, 얼굴을 돌린 모습들을 본다. 끝에서 두 번째 숏에서 카메라는 자욱한 연기를 뚫고 움직인다. 그 속에서 군인들은 마치 물 밑을 떠도는 유령처럼 보인다.

공격하기 전에, 미로 장군은 자신의 부대가 "탄환과 포탄을 빨아들여서" 다른 부대의 진군을 가능하게 할 것이라고 말한다. 그의 평가에 따르면, 5퍼센트는 자기 포대에 의해 죽을 것이고, 10퍼센트는 황무지에 남고, 50퍼센트는 개미집을 정복할 것이다. 하지만 실제 공격에서, 닥스 부대의 거의 모든 군인들이 죽은 것처럼 보인다. 공격은 전쟁터에 높이 치솟은 크레인 숏과 함께 시작한다. 그 부대는 썩은 표면 위를 떼 지어 몰려가는 구더기처럼 참호를 벗어나 한꺼번에 몰려간다. 기관단총, 폭발, 비명의 불협화음에 맞서, 닥스는 계속 휘슬을 불면서 군인들을 진격시킨다. 큐브릭은 이 장면의 촬영을 위해 다양한 카메라를 사용하지만 대부분의 시퀀스는 두 가지 형식의 재구성과 관련이 있다. 왼쪽에서 오른쪽으로 안정된 트래킹 숏들을 통해 부대는 포탄 구멍들과 더러운 흙더미를 가로질러 물결의 진동처럼 몰려간다. 또한 (큐브릭이 직접 찍은) 핸드헬드 숏들을 통해 공격을 이끄는 닥스를 줌 인, 줌 아웃으로 보여 준다. 곧 죽은 자와 다친 자의 몸뚱이들은 들판에 버려지고, 포탄 하나가 시체 위에 정확히 떨어지면서 그것을 파편 조각으로 날려 버린다.

영화의 나머지 부분은 더 천천히 진행되면서, 대저택의 바로크식 계단, 연회장, 정원 등으로 에워싸인 가운데 세 명의 군인들이 총살당하는 의례를 보여 주기 위해 나아간다. 큐브릭은 재판 장면을 으리으리하면서도 비교적 텅 비어 있고 바닥이 체스판 모양으로 되어 있는 방 안에서 진행한다. 그 방 안에서 군인들이 걷는 소리와 사법적 미사여구들이 위협적으로 울려 퍼진다. 미로 장군은 옆쪽의 소파에 우아하게 앉아 있다. 검찰

Stanley Kubrick

〈영광의 길〉: 큐브릭은 재판 장면을 으리으리하면서도 비교적 텅 비어 있고 바닥이 체스판 모양으로 되어 있는
방 안에서 진행한다.

장교인 생토뱅은 재판 과정에서 앞뒤로 왔다 갔다 하면서 능글맞게 웃는다. 고소당한 세 명의 군인들은 참을성 없고 조급한 재판관(피터 케이플)을 마주 보면서 의자에 나란히 앉아 있다. 극적 효과는 결과에 대한 궁금증에서 나오지 않고, 오히려 증거들이 너무나 손쉽게 기각되면서 발생한다. 또한 그것은 촬영과 편집의 운동 효과로부터 발생한다. 망원 카메라로 촬영한 변호사와 재판관들의 클로즈업은 고소당한 군인들의 극단적 와이드 앵글 숏들과 번갈아 나온다. 증거를 제시하기 위해 앞으로 나왔을 때, 그들은 정신병원 안에 부동자세로 서 있는 듯하다.

외국의 촬영 세트에서 찍은 대부분의 할리우드 영화들처럼, 〈영광의 길〉에서 대부분 배우들은 미국식 발음을 하지만 악당들은 훈련된 목소리로 '유럽식' 발음을 한다. 다른 사람들의 말에 따르면, 큐브릭은 배우들에게 통역에 대해 특별한 언급을 하지 않았다. 하지만 영화가 완성되었을 때 그는 배우들의 목소리를 외국어로 더빙하도록 지시했다. 커크 더글러스의 목소리 경우에, 큐브릭은 닥스 대령이 군대에 충성스럽다는 것을 확실히 하기 위해 배우의 원래의 감정선을 억누르기를 원했다. "닥스가 자신의 감정을 노골적으로 드러내지 않도록 주의해야 한다. 부대장과의 갈등에도 불구하고 그는 언제나 군인이다. 그가 **결코 연민에 빠지지 않도록 해야 한다. 그런 점에서, 그가 결코 군인들이 당하는 불의에 깊이 상심하지 않도록 묘사해야 한다**"(큐브릭의 강조). 더글러스의 적대자 조지 맥레디는 종종 거만한 귀족이나, 우리가 미치도록 싫어하는 사람(가장 기억할 만한 것은 〈길다〉에서 파시스트 악당 발린 역이다)을 연기했지만, 큐브릭은 그가 너무 멜로드라마의 악한으로 비치지 않도록 하기 위해 애썼다. "극도로 위엄 있는 최고의, **강력하고**, 귀족적인 어법. 미로 장군은 자기 마음속에서 단 한 순간도 결코 자신의 행동을 안내하는 이기적 동기를 알지 못한다…… 그는 자신의 지위를 자랑스러워하며 매우 야심적이다. 하지만 그는 악당이 되려고 하는 것은 아니다. 문제는 그를 가능한 동정적으로 표현하는 것이다. 상투적으로 보이건, 노골적으로 잔인하고 이기적으로 보이건 간에, 그는 언제나 자신이 말한 것을 실천한다는 점을 믿음직스럽게 표현해야 한다"(큐브릭의 강조). 더 계산적인 브롤라드 장군, 즉 그 당시 반미활동조사위원회(HUAC)의 할리우드 공산주의자 조사에서 우익을 위한 증인이 되었던 아돌프 멘주는 영화에서 다른 특성을 보여 준다. 채플린, 에른스트 루비치Ernst Lubitsch, 그리피스 등의 무성 영화들에서 세련된 스타였던 멘주는 나중에 특히 속사포 대사에 능숙하다는 점을 입증했다(〈특종 기사The Front Page〉[1930], 〈스테이지 도어Stage Door〉[1937], 큐브릭이 가장 좋아한 영화 중 하나인 〈록시 하트Roxie Hart〉[1947] 등을 보라). 큐브릭은 아마도 그 당시 멘주의 정치 행위를 이용했을 수도 있지만, 이 배우의 대륙적 매력과 두드러진 목소리가 더 중요했을 수 있다. "강하고 완벽한 발음, 상당히 독특하고 특별한 멘주 자신의 목소리에 가능한 한 가깝게. 지적이고 따뜻하게. 그는 마키아벨리 같은 뛰어난 권모술수를 가지고 있다. 그는 따뜻함과 친근함의 망토 속에 자신을 감춘다. 그가 따뜻하고 친근할 때, 그는 정말로 따뜻하고 친근함에 분명하다. 우리는 그가 따뜻함을 가장하고 있다고 느끼지 말아야 한다…… 그는 전쟁이라는 선을 위해 자신이 말한 그대로 행동한다. 관객들이 그를 미워하지 않도록 해야 한다"(큐브릭의 강조).

큐브릭은 조연 연기자들에 대해서도 똑같이 흥미로운 이야기를 한다. 겁쟁이 중사 로제트를 연기한 웨인 모리스는 1930년대와 1940년대 워너 브러더스의 베테랑이었다. 그는 잘생기고 북유럽 스타일이었지만, 목소리가 너무 가벼워서 결코 스타덤에 오르진 못했다. 큐브릭은 모리스의 약간 징징거리는 목소리가 그 역에 딱 맞는다는 것을 알아챘다. "그 목소리는 몸집 큰 남자에게 어울리지만 불안감을 가능한 한 예민하게 드러내야 한다. 중간 계급, 평균적 교육 수준…… 그는 나약함을 의미하지 않는다. 그는 '좋은 녀석'이 됨으로써 인생에 적응하려는 그런 남자다." 다른 배우들에 대한 지시는 간략하면서도 명확했다. 아무도 흉내 낼 수 없는 티모시 캐리의 페롤 역에 대해서, "그는 정말로 독특하고 거의 모방할 수 없는 특성이 있다. 그에게 가장 커다란 위험은 과잉이다. 아주 특별한 것보다는 아주 평범하게 연기하라." 조 터클이 맡은 아르노 역에 대해서, "하층 계급이지만 밑바닥 속어를 사용하지 않는다…… 그를 너무 독선적으로 몰고 가지 마라. 군사 재판의 불공정성에도 불구하고 그는 자신이 유죄라고 느낀다." 랠프 미커의 패리스 역에 대해서, "강하고, 남성적인, 중간 계급의, 훌륭한 군인." 마지막으로, 같은 해 〈성공의 달콤한 향기〉에서 가학적 경찰 역으로 잊을 수 없는 연기를 했던 에밀 메이어는 이 영화에서 자신의 고정 이미지를 깨뜨리는 듀프 신부 역을 연기했다. "하층 계급의 거친 목소리를 내려고 노력하라. 그것은 목사에 대한 고정관념으로부터 즐거운 구원이다."[65]

이러한 언급들은 사회 계급에 대한 큐브릭의 깊은 관심을 입증한다. 알렉산더 워커는 큐브릭이 "계급 투쟁의 연속으로서 전쟁"에 대한 영화를 만들었다고까지 말했다.[66] 하지만 정치적 관점에서 〈영광의 길〉은 혁명적이기보다는 자유주의적이라는 점이 지적되어야 한다. 가장 영웅적이고 도덕적으로 강직한 인물인 닥스는 장교 계급의 일원이다. 유죄 선고를 받은 세 군인들 중 상병 패리스의 경우, 그를 사형시키도록 결정한 대령과 같은 학교 출신이다. 확실히 계급 구분은 모든 곳에서 분명하고, 영화의 풍자는 직접적으로 군대의 위계질서를 겨냥하고 있다. (닥스가 자신도 부하들과 같이 죽겠다고 자원했을 때, 브롤라드는 즉각 답변한다. "이것은 장교의 일이 아니네!") 그렇긴 하지만 가장 생생한 갈등은 닥스와 두 장군 사이의 논쟁 속에서 극화된다. 또한 사형 선고를 받은 세 군인들이 보인 반응도 서로 다르다. 그것은 고정관념에 기댄 계급적 함의를 갖는다. 캐리가 익살꾼으로 관습적인 연기를 한 이등병 페롤은 둔하고 타락한 룸펜 프롤레타리아인데, '사회적 불명예'로 간주되어 재판을 받게 된다("내가?" 그는 말한다. "사회적 불명예라고?"). 사형 전날 밤, 그는 미로 장군이 보낸 구운 오리를 신나게 씹는다. 그다음 독약을 탔을지 모른다고 생각하면서 뱉어 낸다. 상병 패리스는 헛간 마룻바닥을 기어 다니는 바퀴벌레가 내일도 살아서 "내가 아니라 내 아내와 아이를 만날 것"이라고 중얼거린다. 페롤은 입술을 오므리며, 바퀴벌레를 내려치면서 스크린 밖으로 빠지면서, 씁쓰레 말한다. "지금은 네가 그보다 낫다." 신부가 와서 집행유예는 없을 거라고 말했을 때, 페롤은 아이처럼 흐느껴 울기 시작한다. 그가 사형장으로 끌려갈 때 (닥스의 참호 시찰과 비슷하게 와이드 앵글의 주관적 시점 숏으로 촬영), 그는 이런 일의 '엄숙함'에 화를 내면서 으르렁댄다. 그는 신부의 묵주를 움켜쥐고 울먹인다. "왜 내가 죽어야 하죠? 왜 그들은 죽지 않죠?" 여기서 노동 계급 출신의 이등병 아르노는 술에 취해 신부를 공격하려 한다. 상병 패리스가 주먹을 날려 그를 저지하고, 뒤로 나가떨어진 아르노는 벽에 머리가 부딪쳐 깨진다. 의식을 잃은 그는 들것에 실려 사형장으로 이송되고, 사격병들이 사형을 위해 그를 때려서 깨운다. 패리스는 비록 자신이 총살형이라는 구경거리 속에 있긴 하지만 약간 더 교육받고 사회적으로 나은 위치에 있는 인물로서 자신의 위엄을 지키려 한다. 처음에 그는 움츠러들어 살려 달라고 간청하지만 곧 마지막 의례를 받아들이고, 미안해하는 과거 학교 친구가 해 주는 눈가리개 착용을 거부하면서 태연하게 죽음을 맞이한다.

대저택과 연병장을 배경으로 펼쳐지는 총살 장면은 큐브릭의 공간 조작뿐만 아니라 계획적 템포 조절에 따라 정서적 충격을 준다. 그 시퀀스는 능숙하게 편집된 것이지만, 사건이 실제로 벌어지는 듯한 느낌을 준다. 카메라는 군인들이 묶여서 총살당하는 세 개의 말뚝을 향해 가차 없이 나아간다. 그 통로는 와이드 앵글 렌즈에 의해 더 길어 보인다. 시각적으로 길어 보이고, 공들여 늘어진 의례는 연병장을 가득 채운 군인들, 늘어서서 참관하는 장교들, 수많은 신문 기자들과 관련이 있다. 그 의례는 총살당하는 세 명의 불쌍한 군인들을 둘러싼 채 그로테스크하고 과장되어 보인다. 그 장엄한 배경은 험프리 콥의 소설이 지닌 아이러니의 핵심을 더 강화시킨다. 콥은 토머스 그레이Thomas Gray가 쓴 시 〈시골 교회에서의 애수곡Elegy in a Country Churchyard〉에 나오는 대사에서 '영광의 길'이라는 소설의 제목을 뽑았다. "영광의 길은 무덤으로 향한다." 그러나 사형이 집행된 뒤 큐브릭은 관객에게 죽은 군인들 외에 아무것도 보여 주지 않는다. 멀리 보이는 건물과 그림 같은 장식물들과 상관없이, 무자비하게 효율적이고 잔인하게 야만적인 총살형이 광장을 수놓는다. 칼더 윌링햄은 총살의 트라우마 다음에 관객을 위한 어떤 구원 같은 것이 필요했기 때문에 시나리오를 고쳤을지도 모른다. 그러나 마지막 장면에서 보여 준 영화의 효과는 시나리오 그 자체의 문제가 아니라 감독의 취향과 관련이 있다. 사로잡힌 독일 여자가 프랑스 보병대의 심장을 녹여 버릴 때, 모두가 쉽게 감상주의에 휘말린다. 큐브릭은 아마추어 배우의 자연스런 연기를 이용하는 (캐릭터) 유형화typage, 자연 조명, 그리고 야수적 축제로부터 사랑과 슬픔으로 능숙하게 분위기를 바꾸는 방식을 통해서 감상주의의 위험으로부터 벗어난다. 선술집 주인(제리 하우저)은 보쉬 지역의 희극 스타일로 여자를 소개한다. 하지만 멈칫거리는 그녀의 아마추어적인 노래는 청

〈영광의 길〉: 선술집 주인은 보쉬 지역의 희극 스타일로 독일 여자를 소개한다.

중들의 몽타주와 함께 거친 진실성을 보여 준다. 뮌헨 지역의 비직업 배우를 기용하면서 큐브릭은 다양한 얼굴들을 보여 준다. 잘생겼지만 가학적으로 보이는 시끄럽게 소리치는 남자, 창백한 얼굴의 소년, 회색 수염의 늙은이, 학생, 농부 등 모두가 울먹이며 노래를 부른다. 그 노래는 프란첸 구스타프 게르데스Frantzen-Gustav Gerdes의 〈충성스러운 병사〉로, 나폴레옹 군대가 라인 지방을 점령했을 때 19세기 초 해방 전쟁Befreiungskriege에서 유래한 민요다. 이 노래는 지금도 남부 독일에서 2월 카니발 동안에 불린다. 이 민요는 전쟁에서의 사랑과 죽음을 이야기하면서, 1차 세계 대전 때까지 이어지는 그 지역의 피의 역사를 풍자적으로 들려준다.

충성스런 병사가 있었네.
그는 오랫동안 그녀를 사랑했지⋯⋯
어느 날 그는 들었네.
사랑하는 그녀가 죽어 가고 있다는 소식을.
그는 모든 것을 내팽개치고
오직 진정한 사랑 그녀를 찾아갔지.
오, 주여, 빛을 내리소서,
내 사랑하는 여인이 죽어 가고 있나이다.

이 노래가 울려 퍼지는 것을 들은 닥스 대령이 다시 공격을 준비하라는 명령을 받는 장면은 더욱 아이러니한 것 같다. 그가 본부로 걸어 들어가고 카메라 앞에서 문이 닫힐 때, 제럴드 프리드의 배경 음악은 게르데스의 달콤한 멜로디를 군사 행진곡처럼 연주한다. 불합리한 전쟁은 계속되고 영화는 자신의 원래 역할로 돌아가는 생존자들과 함께 끝난다. 이 영화에 대해 대부분 사람들이 전체적으로 기억하는 것은 회색조의 참호 전에서 빛나는 닥스 대령의 영웅주의라기보다는, 애국적 존엄의 이름을 내건 세 군인의 처형과 야만적 시스템이 다시 작동하기 전에 벌어진 향수에 젖은 막간극이다. 이는 감독이 처음부터 계획한 것이었을 수도 있고, 비평가들이 이 영화 제작의 역사, 비교적 잘 알려지지 않은 소설과의 관계, 영화의 밑바닥에 깔린 정치적 긴장 등에 대해 크게 관심을 갖지 않았기 때문일 수도 있다.

8

돌로레스, 고통의 여인

블라디미르 나보코프의 《롤리타》는 미국의 한 어린 소녀에게 집착하는 유럽인 소아성애자의 이야기다. (또는 '성적 매력을 지닌 어린 소녀에 대한 소유와 노예화 속에서 자신을 발견하는 '매혹된 여행자'의 이야기다.)[67] 《롤리타》는 1958년 미국에서 G. P. 퍼트넘즈 선즈G. P. Putnam's Sons 출판사에서 처음 나왔다. 그 이후 이 소설은 독특한 표현을 둘러싼 논쟁적 분위기가 차분한 감상을 어렵게 하는 대표 작품이 되었다. 《럭키 짐Lucky Jim》과 여러 유명한 코믹 소설들을 쓴 작가 킹슬리 에이미스Kingsley Amis는 영국의 〈스펙테이터The Spectator〉지에 나보코프의 소설은 "두 가지 의미에서 완전히 나쁘다. 그 소설은 예술 작품으로서만이 아니라, 도덕적으로도 나쁘다"라고 썼다. 《롤리타》는 영국 의회에서 비난을 받았고, 미국에서 출판 금지되었으며, 프랑스에서도 두 차례 출판 금지되었다(프랑스어판은 빌리 와일더가 언젠가 단번에 읽을 수 있는 책을 만드는 조달업자라고 평가했던 올림피아 출판사에서 출판되었

다.). 〈뉴욕 타임스〉에서 서평가 오빌 프레스콧Orville Prescott은 《롤리타》
를 "더럽고" "역겨운" 작품이라며 공격했다. 퍼트넘이 그 소설을 출판하
기 전에 대부분 미국 출판사들은 이를 대놓고 거부했다. 전하는 바에 따
르면 사이먼 앤드 셔스터 출판사는 셔스터 부인이 '그 더러운 책'에 자신
의 이름을 넣기를 원치 않았기 때문에 출판을 거절했다. 심지어 아방가르
드 문학 전문 출판사인 제임스 로플린James Laughlin■의 뉴 디렉션즈New
Directions 출판사도 《롤리타》의 출판을 거부했다. (로플린은 그 소설이 나보코
프의 아내와 아들에게 나쁜 영향을 줄 것 같다고 주장했다.)[68]

그러나 당대의 뛰어난 문학계 인사들 중에서 몇몇 중요한 이들이 《롤
리타》를 옹호했다. 소설가 그레이엄 그린Graham Greene은 《롤리타》를 그
해 유럽에서 출판된 책들 중 최고의 책으로 선정했다. 미국의 문학평론가
리오넬 트릴링Lionel Trilling은 《롤리타》를 최근의 베스트셀러 《킨제이 보
고서》처럼 단순히 섹스를 다룬 것이 아닌 낭만적인 사랑 이야기라고 찬
사했다. 찬반 논쟁이 너무 강력해서 이 소설은 엄청난 성공을 거두었다.
미국에서 초판이 300만 부나 팔렸고 56주간 베스트셀러 자리를 지켰으
며, 15개 국어로 재빨리 번역되었다. 미친 듯이 치솟는 인기 속에 롤리타
인형들이 이탈리아에서 무허가로 판매되었다.

나보코프는 자신의 행운에 놀랐다. 그는 나중에 자랑스러워했는데,
미국 출판계에서 사실상 금기 사항인 적어도 세 가지 주제 중 하나를 건
드렸기 때문이다. 다른 두 가지는 "많은 자손을 낳고 엄청나게 성공한 흑
인과 백인의 결혼에 대한 이야기와, 행복하고 의미 있게 살다가 106세에
잠든 채로 죽은 완전한 무신론자의 이야기"다(p.314). 그의 소설은 할리우

■ 제임스 로플린(1914~1997)은 시인으로, 뉴 디렉션즈 출판사를 설립했다.

드의 관심을 끌었고, 영화화를 위해 가장 적절한 감독인 스탠리 큐브릭의 손에 떨어졌다. 나보코프와 큐브릭은 공통점이 많았다. 그들은 강력한 미학을 가졌고, 체스를 사랑했으며, 음울한 유머를 즐겼다. 큐브릭과 제임스 해리스는 출간 이전에 《롤리타》를 읽었고, 즉각 판권을 획득한 뒤, 검열을 통과하기 위한 시나리오 작업을 위해 분투했다.

1958년 영화제작관리국(PCA)의 제프리 셜록은 〈롤리타〉의 투자에 관심이 있던 워너 브러더스사에 통지문을 보냈다. 그 통지문은 셜록이 해리스 및 큐브릭과 나누었던 아주 만족스런 토론을 요약한 것이었다. 셜록에 따르면, 해리스와 큐브릭은 험버트 험버트와 롤리타 헤이즈가 "켄터키나 테네시 같은 주들 중 하나"에서 결혼을 하는데, 영화는 "성인이 코흘리개 10대와 결혼하면서 일어나는 유머"를 다룰 것이라고 설명했다. 또한 그들은 "사회적 통념에 반하는 성적 취향"과 "소아성애의 증대"를 예방하고자 한다는 점을 셜록에게 확인시켜 주었다.[69] 셜록은 중년 남부인, 어린 신부, 사업 경쟁자 사이의 삼각관계를 다룬 테네시 윌리엄스 Tennessee Williams의 소설을 각색한 엘리아 카잔의 1956년 영화 〈베이비 돌Baby Doll〉을 참조했다. 그 영화는 젊은 캐롤 베이커를 아기 침대에서 잠들 것 같은 손가락 빠는 사춘기 소녀 역에 발탁했다. 〈베이비 돌〉은 가톨릭영화심의위원회로부터 엄청난 공개적인 비난을 받았지만, 나보코프의 격정적인 플롯을 '합법적인' 것으로 바꾸는 방법이 무엇인지 보여 주었다. (비슷한 방법이 이미 소설 속의 험버트 험버트에 의해 제시되었다. 그는 "일부 미국 주에서" 열두 살 소녀의 결혼을 허락하는 전통이 유지되고 있다고 말한다.)

1959년 해리스와 큐브릭은 나보코프의 대리인 어빙 스위프티 라자르Irving 'Swifty' Lazar를 만나서, 작가가 직접 시나리오를 쓸 수 있는지 타진했다. 초반 논의는 성공하지 못했다. 그 이유는 부분적으로, 해리스와 큐브릭이 영화가 검열을 통과하기 위해서는 스토리를 중년 남자와 10대의 비밀스런 결혼 이야기로 바꾸어야 한다고 확신했기 때문이었다. 나보코프가 시나리오 집필을 거절했을 때, 큐브릭은 그 프로젝트를 칼더 윌링햄에게 할당했다. 큐브릭은 나중에 윌링햄의 시나리오 초안을 퇴짜 놓는다. 한편, 나보코프는 유럽으로 여행을 간 뒤 시나리오에 대해 다시 생각하기 시작했다. 그때 해리스-큐브릭은 워너 브러더스사와 협상을 포기하고 영국의 세븐 아츠사와 새로운 계약을 한다. 계약에 따라, 만약 그들이 대부분 영국 배우와 스태프를 고용한다면, 그들은 세금 혜택을 얻고 할리우드와 다른 비즈니스 방식을 즐길 수 있었다. 큐브릭이 검열과 싸울 의지를 보여 주며 간청하자 나보코프는 시나리오를 집필하는 계약을 수락했다.

1960년 여름에, 나보코프는 아무것도 희생시키지 않고, 심지어 소설에서 빼 버렸던 몇 장면을 추가하기까지 하면서 400페이지 시나리오를 완성했다. 큐브릭과의 계약에 따라, 그는 영화가 개봉된 지 한참 뒤인 1974년에 이 시나리오의 축약판을 출판할 수 있었다. 리처드 콜리스 Richard Corliss의 뛰어난 BFI(British Film Institute) 연구 논문에 따르면, 나보코프의 출판된 시나리오 버전은 원본에서 많이 수정되었고 심지어 큐브릭의 아이디어들을 포함하고 있기도 하다. 그럼에도 불구하고, 콜리스는 나보코프의 시나리오가 거의 4시간 분량이었다고 평가한다. 하지만 큐브릭은 이를 느린 스타일로 진행되는 152분짜리 영화로 축약한다. 영화와 마찬가지로 나보코프의 출판 시나리오도 똑같이 플래시백 구조를 갖고 있지만, 험버트 험버트와 클레어 퀼티 사이의 대화를 담은 오프닝 장면은 없다. 그것은 두 명의 내레이터 — 청중들에게 강연하는 돌팔이 정신과 의사 존 레이, 그리고 감옥에서 자서전을 쓰고 있는 듯한 험버트 — 를 두는 소설의 형식을 유지한다. 그것은 돌로레스/돌리/로/롤리타 헤이즈와의 만남에 이르는 험버트의 모든 개인사 — 그의 어머니의 죽음, 어린 시절 애너벨과의 성경험, 파리에서의 망가진 결혼과 이혼, 점점 더해지는 어린 여자에 대한 집착, (미국의 여성 문학 클럽에서 '신성한' 에드가 앨런 포에 대한 터무니없는 강의를 통해 전달되는) 섹시한 소녀에 대한 그의 이론, 짧은 기간의 정신병원 감금, 젊은 버지니아 맥쿠의 프랑스어 선생으로 일하기 위해 램스데일에 도착하는 장면 등 — 를 보여 준다. 험버트가 아우어 글래스 호수에서 수영하는 샬롯 헤이즈를 죽이려는 시도가 무산된 장면, 사로잡힌 롤리타를 데리고 미국 전역을 여행하는 장면 등 소설 속의 모든 주요 사건들이 드라마화된다. 여기서 나보코프는 자신이 카메오 출현하는 것까지 대본에 집어넣는다. 그는 험버트가 길을 물어보는 나비연구가 역할을 맡는다.

나보코프의 시나리오는 길이뿐만 아니라 어떤 면에서 형식의 모험이기도 하다. 그것은 펠리니처럼 꿈의 이미지들과 여러 가지 반리얼리즘 효과들을 의도적으로 활용한다. 험버트의 어머니가 나타날 때, "그녀의 우아한 유령이 검은 절벽 위에 흘러 다니면서 파라솔을 들고 그녀의 남편과 아이에게 키스를 한다." 존 레이 박사가 험버트의 첫 번째 결혼 이야기를 늘어놓을 때, 그는 자신이 통제할 수 없는 영화를 바라보는 구경꾼처럼 보인다. "나는 택시 운전사가 여기서 왼쪽으로 돌아갔어야 했다고 생각한다. 아, 그는 거리 옆으로 지나갈 수 있다." 험버트가 그녀의 사랑을 고백하는 샬롯의 편지를 크게 읽을 때, 그는 다양한 가면을 쓰고 우리 앞에 나타난다. 그는 "한 숏에서 가운 입은 교수로, 다른 숏에서 상투적인 햄릿으로, 세 번째 숏에서 퇴락한 포로"로 변장한다. 나보코프는 소설에서 섹스 장면을 거의 삭제하지 않는다. 험버트와 롤리타가 (미스터 스운, 닥

터 러브, 블리스 패밀리 등이 거주하는) '마법에 걸린 사냥꾼 호텔'이라는 이름의
호텔에서 같이 밤을 보낼 때, 롤리타는 누워 있는 험버트 위에 몸을 기대
어 유혹하면서(우리는 단지 그의 썰룩거리는 커다란 발가락을 볼 수 있을 뿐이다), "요
즘 아이들이 즐겨하는 게임"을 하며 놀자고 제안한다.

> **험버트** (희미하게) 난 그 게임을 할 수 없어.
> **롤리타** 내가 가르쳐 줄까요?
> **험버트** 너무 위험하거나, 어렵지만 않다면, 아, 이런!

대본의 길이에 절망하면서도(제임스 해리스는 비꼬았다. "내가 못 산다, 못 살
어"), 큐브릭과 해리스는 그 작가를 과장되게 칭찬했다. 해리스는 큐브릭
과 함께 조용히 영국과 미국의 검열을 대비해서 대본을 편집하고 다시 쓰
고 복사하기 시작했다. 1960년 12월에 수정한 지 몇 달이 지나서 큐브릭
은 영국검열위원회the British Board of Film Censors의 사무국장이자 대영제
국 4등 훈장 수훈자인 존 트레벨리언John Trevelyan에게 수정 대본을 제출
했다. 그는 희극화하기에 주제가 부적절하다고 논평했다. "만약 그것이
그리스 비극의 분위기라면, 이 대본은 영화화될 수 있을 것이다"라고 트
레벨리언은 썼다. 그는 특히 "화장실 소음과 섹스 상황의 병치," "미스 프
렛"이라는 미친 학교 교사가 이야기하는 이중적 대사 등에 대해 매우 화
를 냈다. "바로 어제 그녀는 가장 천박한 네 글자 단어를 썼다. 우리의 의
사 커틀러가 나에게 말한 그 말은 어떤 의료 팸플릿에 있는 천박한 멕시
코인의 화장실 용어다."[70]
한 달 뒤, 제임스 해리스는 그 대본을 〈모션 픽처 데일리〉의 발행인
마틴 퀴글리와 할리우드 영화제작관리국의 주요 기획자에게 보냈다. 나

보코프의 대부분의 묘사적 언어나 '캐릭터와 사건에 관한 설명 부분'들이 삭제되었다. 퀴글리는 사전에 "매우 불쾌하고," "아주 역겨운 냄새"를 풍기는 것을 찾아냈다. 그는 여러 가지 중에서 소녀가 단지 열다섯 살이라는 점을 강조했다. 그와 제프리 셜록은 "사내애들이 발기 장난감을 가지고 놀 나이에, 당신은 그녀를 여자로 상대했기 때문에" 같은 대사를 구체적으로 지적하고 삭제를 지시했다. 해리스는 퀴글리와 셜록에 의해 제기된 거의 모든 이슈들에 대해 능수능란한 외교적 답변을 제시했다. 해리스는 많은 수정을 하겠다고 그들에게 확답했다. 고등학교 댄스파티 장면 등에서 롤리타가 열다섯 살 이상으로 보이도록 하고, '발기 장난감' 대사는 삭제한다. 퀼티의 살인이 너무 야만적으로 보이지 않도록 주의한다. '마법에 걸린 사냥꾼 호텔'에서의 유혹 장면에서, "우리는 비난을 피하기 위해서 롤리타가 커다란 목욕 수건을 걸치고, 긴 슬리브의 목이 높고 긴 나이트가운을 입도록 할 것이다. 험버트 또한 단지 파자마만이 아니라 목욕용 가운도 같이 입힐 것이다."[71] 이 약속들은 지켜졌다. 롤리타는 고등학교 댄스파티에서 교양 있는 상급생처럼 보이고, 퀼티의 죽음은 게인즈버러의 그림 같은 것으로 조심스럽게 가려지고, 롤리타와 험버트는 호텔 베드신에서 적당히 옷을 걸친다. '발기 장난감' 문구가 들어 있는 문장의 단지 절반만이 영화화된다. 클레어 퀼티가 험버트 험버트를 시적으로 비난하는 글이 적힌 종이를 큰소리로 읽다가, "어린 사내애들의 나이인 그녀를 상대했기 때문에"라는 부분에 이르렀을 때, 험버트는 이를 낚아챈다. "왜 그것을 빼앗아 가나요, 신사 양반?" 퀼티는 촌뜨기 같은 목소리로 묻는다. "너무도 외설적이지요!"

시나리오는 소설의 거의 3분의 1을 버리고 검열에 대한 양보를 반복하면서 바뀌어 갔다. 셜록과 퀴글리가 1961년 8월에 〈롤리타〉를 보았을 때, 그들은 샬롯 헤이즈가 "흐느적거리는 국수(성불구자)"라고 한 말과, 닫힌 욕실 안에서 계속 끙끙거리는 소리를 잘라내라고 요구했다. 해리스는 "기술적 문제가 허락하는 한" 그들의 요구를 수용했다. ('흐느적거리는 국수'는 그대로 남았다. 욕실 소리는 험버트가 일기를 쓰려고 화장실에 숨는 장면에서는 작은 중얼거림으로 바뀌고, 샬롯이 예비 하숙생에게 집을 보여 주는 장면에서는 단 한 번의 시끄러운 물 내리는 소리로 바뀐다. "우리는 구식이지만 여전히 잘 작동하는 배관을 가지고 있지요. 유럽 사람을 만족시킬 거예요.") 이런 변화에도 불구하고, MGM이 배급한 최종 필름본은 1950년대 후반과 1960년대 초반의 몇몇 성인 등급 영화에 해당되었다. 〈롤리타〉는 미국영화협회(Motion Picture Association of America: MPAA)에서 'A,' 즉 성인 등급을 받았고, 영국검열위원회에서 'X' 등급을 받았다. 가톨릭영화심의위원회는 처음에 이 영화를 비난하다가, '18세 이상 관람가'라는 문구를 영화 광고에 삽입하자 누그러들었다. (로버트 미첨이 꽉 끼는 셔츠를 입은 어린 소녀를 제물로 삼는 가학적 전과자를 연기하는 J. 리 톰슨J. Lee Thompson의 〈케이프 피어Cape Fear〉가 〈롤리타〉와 같은 해 개봉되었다. 그 영화는 베를린을 제외한 모든 나라에서 나이 제한을 피한 것 같았다.) 그럼에도 불구하고, 영화가 개봉하기 얼마 전인 1961년 3월 24일 〈버라이어티〉지 보도에 따르면, 영국의 '크리스천 액션Christian Action'이라는 단체가 〈롤리타〉의 상영을 금지시키려 했다. 그들은 〈롤리타〉가 "똑같은 변태들에게 보여질 수 있고…… 따라서 일어나지 않아도 되는 강간, 살인을 유발할 위험이 있다"고 주장했다.

　비록 성격이 온순한 해리스가 많은 일을 해냈지만, 완성된 영화의 시나리오 크레딧에는 나보코프가 단독 작가로 명기되었고, 큐브릭의 기여는 무시되었다. 나보코프는 1962년 뉴욕 시사회에 참석했다. "제임스 메이슨을 보거나 히치콕의 덤덤한 옆모습이라도 보려고 내 차 안을 들여다보는 팬들처럼 정열적이고 순진하게," 그는 "누더기가 된 시나리오의 역경과 종말이 일으킨 일"을 묵묵히 지켜보았다(시나리오, xii). 그는 영화의 여러 가지 측면들을 칭찬했다. (계약상 그는 영화에 대해 나쁜 이야기를 할 수 없었다.) 1967년 〈파리 리뷰The Paris Review〉에서 그는 큐브릭에게 "빌려준 것들"이 "시나리오 작가로서 나의 정당한 지위를 보장"하기에 충분했다고 말했다.[72] 큐브릭과 해리스는 나보코프의 이름이 그 프로젝트에 주는 문화적 자산을 얻는 것에 만족했을지도 모른다. 그렇긴 하지만 많은 비평가들은 실망했다. 〈타임〉에 따르면, 〈롤리타〉는 "현재 계속되고 있는 무모한 각색들 중에서 가장 슬프고 중요한 희생양"(1962. 6. 22)이었다. 〈뉴스위크〉는 "소설과의 협상에 의해 타결된" 작품(1962. 6. 18)이라고 묘사했다. 미국 바깥에서, 〈사이트 앤드 사운드〉와 〈카이에 뒤 시네마〉도 부정적 평을 내보냈다.

계속해서 평론가들은 소설과 비교해서 영화를 혹평했다. 그것은 영화가 많은 불법적 섹스 장면들을 배제했을 뿐만 아니라, 스타일이 '환영적'이었기 때문이었다. 영화에서는 나보코프 소설의 자기반영성, 암시성, 복합적 내러티브, 조이스풍의 언어유희 등이 부족했다. 이 논쟁의 가장 좋은 사례들은 〈롤리타〉에 대한 리처드 콜리스의 BFI 연구 논문과 로버트 스탬Robert Stam의 《영화 속의 문학: 리얼리즘, 마술, 각색의 예술 Literature through Film: Realism, Magic, and the Art of Adaptation》이다. 특히 스탬은 감독의 "미학적 능력의 부족"과 "소설의 인위적 자기과시성을 영화적으로 표현하지 못하는 무능력"을 꼭 집어서 지적했다.[73] 다른 한편, 스탬의 지적처럼, 큐브릭은 영화의 풍부한 의미를 숨겨 두었고, 우리는 영화를 "두 번 보았을 때 더 큰 즐거움을 얻는다. 나보코프 소설의 애독자들은 소설의 문학성을 잊어버리고, 미세하게 조율된 연기라든가 세심한 미장센 같은 영화의 특별한 즐거움을 느껴 보는 편이 낫다"(p.235). 놀랍게도 영화가 처음 개봉되었을 때 스탬이 언급한 긍정적 측면들에 찬사를 보낸 사람은 다름 아니라 영화의 환영성을 철저히 배격하는 감독 장 뤽 고다르였다. 그는 〈롤리타〉가 큐브릭의 이전 작품보다도 영화적으로 덜 '과시적'이라고 지적했다. 고다르는 〈살인〉을 혹평했지만, 〈롤리타〉는 높이 평가했다. 그에 따르면, 〈롤리타〉는 "단순하고, 조용한 영화다. 그 영화는 미국과 미국인의 성관계를 정확히 드러낸다…… 큐브릭은 자신이 영화를 포기할 필요가 없다는 사실을 증명한다."[74]

사실, 큐브릭과 해리스는 이 영화를 의도적으로 '단순하게' 만들었다. 그들의 목표는 잘 만들어진 할리우드 로맨틱 드라마의 전통을 이어가면서도 패러디하는 점잖고 아주 단순한 작품을 만드는 것이었다. 그들은 영화를 깔끔하게 보이도록 하기 위해 많은 일을 했다. 큐브릭은 영국 촬영 감독 오즈월드 모리스Oswald Morris에게 1950년대 MGM이 사용했던 미국산 렌즈 세트를 빌려 줄 수 있는지 물어보았다. 그 렌즈들은 스튜디오의 흑백 이미지에 번지르르한 광택을 부여한다. (MGM의 필름 느와르가 매끄러운 느낌을 주기 위해 이 렌즈를 사용한 것이 좋은 예다. 1951년 존 스터지스John Sturges가 연출한 〈오하라 대 군중The People against O'Hara〉을 보라.) 버나드 허만 Bernard Herrmann이 (제임스 해리스의 형이 쓴 테마 음악에 기초한) 영화 음악의 작곡을 거절하자, 큐브릭과 해리스는 멋지고 로맨틱한 음악을 위해 넬슨 리들Nelson Riddle에게 작곡을 맡겼다. 리들은 1950년대와 1960년대 프랭크 시나트라의 유명한 앨범들을 편곡했다. 큐브릭은 이 영화에서 관습적인 편집 스타일을 선호했다. (예를 들어, 허버트와 퀼티 사이의 '로마식 탁구' 경기를 보라. 그 장면은 설정 숏으로 시작해서 숏 – 리버스 숏의 탁구 게임 장면이 이어진다.)● 또한 큐브릭은 도입부의 헤이즈의 집 장면에서 그가 애용하는 오필스식의 트래킹 숏과 크레인 효과를 절제한다. 거기에서 카메라는 충계의 아래위로 움직이고, 〈살인〉에서처럼 벽을 미끄러져 지나가면서, (마스크 컷과 관련된) 지점에서 위층 침대 바닥을 통해서 아래층 부엌 쪽으로 내려가는 듯하다. 결과적으로 영화는 소설의 선정적인 주제에 대한 스튜디오의 불안을 지우고, 동시에 교양과 저속함의 혼합을 통해 나보코프 소설의 가장 중요한 효과를 살려낸다.

고급스럽고 아이로니컬하게 변형된 스타일은 (챔버스 앤드 파트너스 Chambers and Partners라는 영국 회사가 제작한) 크레딧 시퀀스에서 곧바로 보여진다. 그 시퀀스는 매니큐어 칠하는 남자의 약간 털이 보이는 손바닥 안에서, 소녀의 뾰족하고 발가벗은 발의 빛나는 이미지 위로 우아하게 떨어지는 하얀 글씨를 보여 준다. 남자가 소녀의 발가락 사이에 솜을 넣고 발톱에 매니큐어를 칠하기 시작하자, 구슬프고 갈망하는 듯한 피아노 소리와 함께, 마치 오래된 여성 멜로드라마 음악처럼 〈롤리타〉의 테마 음악을 담은 리들의 관현악이 배경 음악으로 흘러나온다. 테마 음악은 밥 해리스 Bob Harris가 작곡했는데, 그 제목과 가사는 더 노골적인 풍자의 세계를 보여 준다. 큐브릭과 해리스는 나이 들긴 했어도 여전히 많은 할리우드 음악을 만들고 있던 새미 칸Sammy Cahn에게 가사를 위임했다(누군가 새미 칸에게 작사와 작곡 중 어느 것이 먼저냐고 물었을 때, 그의 유명한 답변은 '돈'이었다). 새미 칸은 다음과 같이 현명하게 압축된 가사를 썼다.

●　편집 스타일은 부분적으로 배우에 의해 결정되었다. 편집자 앤서니 하비에 따르면, 피터 셀러스와 셸리 윈터스 사이의 고교 댄스 신에서, 윈터스가 대사를 잊어버리는 바람에 '약 65 테이크'를 찍었다. 그래서 시간이 지날수록 셀러스의 연기는 시들해졌고, 결국 하비는 많은 숏들 중 가장 좋은 숏이었던 오버 더 숄더 숏을 선택해야 했다. Ed. Sikov, *Mr. Strangelove: A Biography of Peter Sellers*, New York: Hyperion, 2002, p.161.

'이전에도 없었고 – 앞으로도 없을'

코러스(온화하게)

이전에도 없었고 – 앞으로도 없을,

떨리는 키스를 해 준 그가 내게 말했지요.

그때 그 자리에서.

우리는 영원 속의 사랑을 다짐했죠,

별처럼 빛나고 노래처럼 따뜻한 그런 사랑을.

다른 사람들은 꿈을 찾아 헤매지만,

나는 그럴 필요가 없지요, 난 당신을 가졌어요.

우리 함께 살아가요, 즐겁거나 괴로우나,

오늘만이 아니라, 어제와 내일을 생각하며.

여자와 남자의 이 모든 세상 속에서

이전에도 없었고 앞으로도 없을!!!

이전에도 없었고 앞으로도 없을,

우리 같은 사랑은 영원히 없을 거예요!!!

의심의 여지없이 이처럼 지나치게 감상적인 가사는, 러시아인들이 천박함poshlust이라고 부르는 키치Kitsch에 대한 소설의 깊고 사랑스럽기까지 한 집착 때문이다. 이러한 키치는 미국 대중음악을 다양하게 풍자한다. 《롤리타 해설》의 편집자 알프레드 아펠 주니어Alfred Appel Jr.는 나보코프의 대본에서 언급된 1947년에서 1952년 사이의 히트 음악들을 열거했다. 새미 케이Sammy Kaye의 〈겉으론 웃고 있지만, 속으론 울고 있어요*I'm Laughing on the Outside but Crying on the Inside*〉, 에디 피셔Eddie Fisher의 〈그대 위해 우는 마음*My Heart Cries for You*〉, 토니 베넷Tony Bennett의 〈당신 때문에*Because of You*〉, 패티 페이지Page Patti의 〈우회로*Detour*〉와 〈테네시 왈츠*Tennessee Waltz*〉. 이후 작품들에서 거의 혼자서 '컴필레이션' 음악들을 만들었던 큐브릭은 〈롤리타〉에서는 이 음악들을 사용할 좋은 기회를 놓쳤다. 그는 영화가 만들어진 그해의 음악들을 훨씬 더 잘 사용할 수도 있었다. 무엇보다도 그 당시는 처비 체커Chubby Checker■와 '트위스트'의 해였다. 또한 큐브릭은 다른 영화의 장면들을 은근히 암시한다. 1947년에 대부분이 정해진 그 소설은 그해 개봉한 많은 필름 느와르 중 두 영화를 반어법적으로 적절하게 인용한다. 하나는 〈잔인한 힘*Brute Force and Possessed*〉이고, 다른 하나는 〈스칼렛 거리*Scarlet Street*〉(1945)다. 큐브릭은 프리츠 랑의 〈스칼렛 거리〉에서 에드워드 G. 로빈슨이 조앤 베네트의 발톱에 매니큐어 칠을 하는 장면을 암시한다. 또한 큐브릭은 우리가 잠깐 언급할 한 호러 영화에서 실제 장면을 가져온다.

영화의 스타일과 분위기가 문제 중 하나였고, 플롯이 또 다른 문제였다. 소설을 영화로 옮기는 거의 모든 경우에서처럼, 〈롤리타〉는 장편 영화의 길이에 맞추기 위해 많은 이야기 재료들을 압축하고 잘라내야 했다. 동시에 이 특별한 소설이 잘 알려져 있고 찬사를 받았기 때문에, 나보코프의 독자들이 보기 원하는 것과 비슷하게 가야 하는 압박이 있었다. 다행히 나보코프의 플롯은 많은 웰메이드 드라마나 소년과 소녀가 만나는 식의 각본처럼, 세 개의 서로 다른 '막'을 가지고 있었다. 1막: 소아성애자가 요정 같은 소녀를 만난다. 그녀에게 다가가기 위해 그녀의 과부

■ 처비 체커(1941~)는 미국의 가수로 1960년 〈트위스트*The Twist*〉, 1961년 〈렛 트위스트 어게인*Let's Twist Again*〉 등이 큰 인기를 얻어 전 세계에 트위스트 붐을 일으켰다.

어머니와 결혼한다. 2막: 어머니가 사고로 죽는다. 소아성애자는 그 요정과 섹스한다. 그녀의 의붓아버지 노릇을 하면서 그녀와 여행을 떠난다. 다른 남자에 의해 그녀를 빼앗기는 끔찍한 일을 겪는다. 3막: 몇 년 후 소아성애자는 잃어버린 그녀를 찾는다. 그녀에게 다른 남자 곁을 떠나라고 간청한다. 그녀와 결혼하여 그녀를 빼앗아간 남자를 살해한다. 영화는 소설의 이런 기본 골격을 유지한다. 가장 크게 바뀐 부분은 도입부다. 역마차가 안개 낀 거리로 달려가는 연결 숏, 제너두 같은 성곽에서 희극적이고 초현실적인 살인 숏, 비행기가 뉴욕에 도착하는 플래시백 등 오프닝 신은 우리의 관심을 '끌어당긴다.' 그럼에도 불구하고, 검열 규약에 따라서 영화는 험버트가 어린 시절에 애너벨과 섹스한 것이라든지, 램스데일에 도착하기 전에 이미 그가 소아성애자였다는 사실 등을 언급하지 않는다. 큐브릭은 원래 험버트의 일련의 소아성애 행위들을 몽타주로 보여 주려 했다. 그러나 검열의 압박 때문에 그는 이 장면들을 잘라냈고, 소아성애라는 주제를 모호하게 처리했다. 이 때문에 적어도 어떤 관객들은 이 영화가 10대 애인에게 빠진 중년 학자의 음울한 코미디라고 생각할 수도 있다.

또 다른 주요 삭제 장면은 소설의 2막에 있다. 험버트와 롤리타는 '방랑자 멜모스'라는 딱 맞는 이름을 지닌 헤이즈의 자동차를 타고 전국을 가로지르는 긴 여행을 떠난다. 영화는 이 부분을 거의 다 생략한다. 험버트가 그의 어린 포로를 추잡하게 다루는 장면들을 없애고, 나보코프의 미국에 대한 전경 묘사를 빼 버린다. 〈롤리타〉는 〈2001 스페이스 오디세이〉와 비견되는 여행의 기록일 수도 있었다. 그것은 늘어선 모텔들과 신기한 가게들을 따라가는 범죄자의 긴 서부 여행의 기록일 수도 있었다. 그러나 그렇게 하기 위해서는, 플롯이 그렇게 많이 진행되지 않으면서 적어도 1시간 이상의 러닝 타임이 더 필요했을 것이다. 큐브릭은 고속도로, 간선도로, 주택들의 간략하고 산뜻한 촬영 장면들에 스스로 만족했다. 큐브릭과 제2제작진은 미국 동부 지역과 서부 사막 지대를 따로 촬영해 두었다. 이처럼 많은 자료 필름들이 험버트의 차 안에서 바라보는 프로세스 스크린 이미지들로 능숙하게 합성된다. 우리는 거의 아무것도 운전자의 시점으로 보지 못한다. 시골 풍경은 단지 험버트가 롤리타와 이야기를 나누는 배경이 된다. 롤리타는 감자칩을 아삭아삭 먹으면서 10대처럼 조잘거린다("아, 당신 그거 봤어요? 찌그러진 고양이!" "당신 그 외국 영화 봤어요?…… 난 '음' 같은 말은 좋아하지 않아요."). 결과적으로, 영화는 소설보다 더 밀실 공포증의 분위기를 풍긴다. 데이비드 톰슨은 이런 식의 온실 분위기를 강하게 비판했다. 나보코프의 "미국에서의 러브 스토리가 터무니없이 영국에서 촬영되었다"(p.408). 하지만 영화는 영국에서 촬영했기 때문에 무언가 얻은 것이 있는 듯하다. 미국을 바라보는 나보코프의 재치와 즐거움(그는 소설에 대한 논평에서 미국을 무대 '세트'이자, '환상적이고 개인적인' 세계라고 묘사한다[p.315])은, 미국의 시골 풍경들이 유럽인의 감성에 의해 중재되면서 생겨난다. 마찬가지로, 〈롤리타〉의 80퍼센트를 차지하는 영국 기술자들과 배우들은 큐브릭의 뉴욕 감성을 매개한다. 그들은 외국인의 시선으로, 보이지는 않지만 적절한 미국의 분위기를 만들어 낸다. 비슷한 의미에서, 명확히 섹슈얼한 대사와 이미지들을 생략하고, 어느 정도 소설의 에로티시즘을 떼어 낸 큐브릭의 결정은 손해보다는 덕을 많이 본 것 같다. 나보코프의 매체는 활자이기 때문에, 그는 포르노그래피 효과 없이 육체적 세부 사항을 기술할 수 있었다. 그러나 이미지 매체는 거의 불가피하게 포르노그래피 효과를 만들어 낸다. (이런 논지는 소설을 각색한 에이드리언 라인Adrian Lyne의 1997년 소프트코어 영화 〈롤리타〉에서 실험된다. 그 영화에서 요정 같은 소녀는 빅토리아 시크릿의 모델과 구분이 가지 않는다.) 그렇긴 해도, 나보코프는 장난스럽고 세심한 문학적 스타일로 에로틱한 장면들을 묘사함으로써 올림피아 출판사의 많은 독자들을 실망시켰다. 그것은 소설의 포르노그래피 전략과는 다른 전략이었다. 나보코프에 따르면, 영화의 내러티브가 진행될수록 섹스는 더욱더 강렬하고 변태적으로 발전해야 한다. 영화의 "스타일, 구조, 이미지는 그의 미적지근한 욕정 때문에 독자들을 산만하게 만들어서는 안 된다"(p.313). 큐브릭과 해리스는 이러한 원리를 이해했고, 어린 소녀들에 대한 험버트의 관음증을 지리멸렬하게 묘사할 필요가 없다고 생각했다. 해리스가 말한 것처럼, "우리는 거기에 아무런 관심도 없었다."[75] 그 이유는 특히 영화를 보러오는 모든 사람들이 이미 소설이 소아성애자를 다룬다는 점을 알고 있었기 때문이었다. 내 생각에, 영화가 소설에 비해 불충분하다고 불평하는 사람들은 단지 영화가 그들이 상상한 만큼 성적이지 않았기 때문에 실망했던 것 같다.

다른 장면들을 삭제한 것도 영화의 장점이었다. 예를 들어, 나보코프의 대본을 보면, 험버트가 롤리타를 처음 본 시점으로부터 그가 고등학교 댄스파티에서 그녀의 보호자 역할을 하는 시점까지 무려 14장이 소요된다. 여기에는 코믹한 꿈 장면을 포함해서 몇몇 '영화적' 장치들이 들어 있다. 그러나 거기에는 사건을 지연시키는 엄청난 대사와 일들이 존재한다. 큐브릭은 짧고 비교적 말이 필요 없는 네 개의 시퀀스 안에 이 모든 것을 담아낸다. 한눈에 반한 험버트가 임대 계약을 하는 장면에 이어서, 깃털처럼 가벼운 여름 모자를 쓰고 비키니를 입은 채, 햇빛의 후광에 둘러싸여서 모든 것을 알고 있다는 듯이 반쯤 미소를 짓는 육감적 소녀 롤리타의 부드러운 클로즈업에서, 썩은 살을 드러내기 위해 얼굴의 붕대를 찢는 공포 영화 속 미라(〈프랑켄슈타인의 저주The Curse of Frankenstein〉[1957]에서 크리스토퍼 리)의 거친 클로즈업까지 여러 장면들이 빠르게 전환된다. 이어서 공포 영화가 상영되는 자동차 극장에서 샬롯과 롤리타 사이에 앉아 있는 험버트로 장면이 바뀌고, 겁에 질린 두 여자가 험버트의 손을 잡는다. 그는 어머니의 손길을 피해서 딸을 더 편안하게 느낀다. 샬롯은 그녀의 장갑 낀 손을 롤리타 위에 올리고, 롤리타의 손은 험버트의 손 위에 올려 있다. 따라서 변태적인 피라미드가 만들어진다. 험버트는 롤리타의 손으로부터 자기 손을 빼내서 어색하게 스스로 팔짱을 낀다. 페이드 아웃. 페이드 인이 되면서 지루한 험버트가 샬롯에게 체스를 가르친다. 롤리타가 할머니 가운을 입고 아래층으로 와서 어머니에게 화난 표정으로 의무적인 키스를 한 다음, 잠깐 멈추면서 험버트의 볼에 미묘하고 섹시한 키스를 한다. 롤리타가 나가고, 체스 게임에서 험버트가 샬롯의 퀸을 잡아먹으면서 말한다. "언젠가 일어날 일이었죠." 페이드 아웃. 책 모서리를 유심히 보는 험버트의 클로즈업으로 페이드 인된다. 사운드트랙으로 10대 취향의 록 음악과 "31, 32, 33……"을 헤아리는 롤리타의 목소리가 들린다. 줌 아웃되면서 목욕 가운을 입은 관음증적인 험버트의 모습이 보인다. 그는 뒤뜰에서 햇볕을 쪼이면서, 훌라후프를 돌리는 롤리타를 바라본다. 샬롯은 카프리 바지를 입고 밀짚모자를 쓴 채 살금살금 그 장면 안으로 들어와서, 플래시 사진으로 험버트를 찍는다. 험버트는 깜짝 놀라고 롤리타는 후프를 떨어뜨린다. 샬롯은 험버트를 보고 활짝 웃는다. "당신이 얼마나 느긋해지고 있는지 볼래요?"

이 부분들은 나보코프의 캐릭터 구축과 주제를 흥미롭게 응축하고 있다는 점에서 주목할 만하다. 그들은 분명히 사건을 끌고 가는 욕망의 삼각관계를 구축하고 있다. 샬롯은 애처로운 공격성을, 롤리타는 새롭게 발견된 성적 매력을, 험버트는 도시성과 순수성의 결합을 보여 준다. 소녀

〈롤리타〉: 관음증적인 험버트. 그는 뒤뜰에서 햇볕을 쪼이면서, 훌라후프를 돌리는 롤리타를 바라본다. 샬롯이 플래시 사진으로 험버트를 찍는다.

에서 괴물로 장면 전환되면서, 그로테스크적인 충격 효과뿐만 아니라, 소설에서 험버트가 자신을 로맨틱한 사랑에 빠진 남자이자 죄책감을 느끼는 퇴물로 느끼는 것에 대한 간결한 표현을 보여 준다. ("야수성과 아름다움이 한 지점에서 만난다." 그는 그의 독자들에게 말한다. "그것이 내가 정하고자 하는 경계선이다."[p.135]) 그들은 램스데일의 도덕성 밑바닥에 깔린 섹슈얼리티의 걷잡을 수 없는 확산을 보여 준다. 그들은 소설의 핵심 사상인 유럽의 미학과 미국의 천박성 사이의 피학적 만남을 드라마로 승화시킨다. 비키니와 선글라스, 휴대용 라디오에서 흘러나오는 달콤하고 섹시한 노래, 자동차 극장, 훌라후프, 서투른 체스 게임 등 이 모든 세부 묘사들이 풍자를 강화한다. 한편, 샬롯의 속물적 고상함과, 험버트의 미국 팝 음악에 대한 당혹스런 심취는 가장 단순하고 코믹한 단어들로 제시된다.

예상했듯이, 해리스와 큐브릭은 롤리타 역을 맡을 소녀를 찾아서 엄청난 시간을 들이고 홍보 작업을 진행한다. 릴리언 기시와 메리 픽포드의 시대 이래 할리우드는 어린 소녀에 몰두해 왔다. 또한 1950년대 이래 미국 시각 문화와 광고는 섹시한 아이들의 이미지에 점점 더 집중했다. (〈뱀파이어와 인터뷰Interview with the Vampire〉[1994]에서 크리스틴 던스트, TV에서 쌍둥이 올슨 자매, 사춘기 이전의 브리티니 스피어스 등은 세기말의 몇 가지 예일 뿐이다.) 이 때문에 그 배역에 수많은 후보들이 몰려들었을 것 같다. 하지만 소설은 국가가 부인하거나 부끄러워하는 문제들에 대해 솔직히 이야기했고, 영화는 스크린에 비친 주인공의 재능뿐만 아니라 매력까지도 요구했다. 큐브릭과 해리스는 눈부신 외모의 투즈데이 웰드를 제외했다. 그녀는 1950년대 몇몇 영화들에서 육감적인 10대를 연기했지만, 〈롤리타〉가 제작될 당시에 20대에 접어들고 있었다. 나보코프의 동의하에, 그들은 수 라이언을 선택했다. 그녀는 금발의 열네 살 소녀로 이전에 텔레비전에 단역으로 출연했고, 로스앤젤레스 치과협회로부터 '미스 스마일'상을 받았다. 영화 촬영이 시작되었을 때, 라이언은 '아홉 살에서 열네 살 사이'라고 소설에서 설정한 요정 역을 맡기에 적절한 어린 소녀였다. 특히 영화가 검열에 굴복하여 그녀를 더 나이 들어 보이게 하려고 애썼던 고교 댄스파티와 호텔 장면에서, 라이언의 배우로서의 경험 부족, 약간 인공적인 느낌의 머리카락과 화장 등은 어떤 의미에서 유리하게 작용했다. 험버트는 이런 그녀에 대해 "부드럽고 꿈꾸는 듯한 유치함과 괴상한 천박함의 혼합"이라고 묘사한다. 의심할 것도 없이, 그녀의 가장 괴상하고 인위적인 장면은 비슬레이에 있는 험버트의 거실에서의 한 장면이다. 거기에서 그녀는 좌절하고 따분한 아내이자 화내고 뿌루퉁한 아이의 두 얼굴을 복합적으로 연기한다. 그녀는 퀼티의 학교 연극 〈쫓기는 마법사〉에서 숲 속의 요정 역할을 하기 위해 요부 같은 화장을 하고 조잡한 옷을 걸친다. 하지만 편집과 다른 기술적 속임수에 의해 도움을 받을 때조차도, 그녀는 매우 어려운 역할을 수행한다. 그녀는 가끔 같은 시퀀스 안에서 장난꾸러기 10대와 멍한 유혹녀, 편협한 얼간이와 냉소적 교양인, 순진한 희생양과 능숙한 조정자 사이를 왔다 갔다 해야 했다. 또한 그녀는 영화의 마지막 부분에서 결혼하고 임신한 젊은 여성으로 나이든 역할도 해야 했다. 만약 그녀가 험버트를 매혹시킨 것처럼 관객을 매혹시키지 못할지라도, 적어도 그녀는 섹시한 순간들과 까다로운 감정의 변화들을 이룬다. 그것은 아마도 그녀의 타고난 기술과 큐브릭의 지도 덕분에 가능하다.

샬롯 헤이즈처럼, 셸리 윈터스도 소설 속의 여자와는 신체적으로 다르다. 소설 속에서 험버트는 그녀를 "연약한 마를렌 디트리히"라고 칭한다(p.37). 그럼에도 불구하고, 그녀는 "커다란 가슴에 사실상 머리가 빈 어린애"(p.26)처럼, 험버트가 가장 혐오하는 여성상의 생생한 캐리커처를 보여 준다. 리처드 콜리스가 지적한 것처럼, 그녀의 일은 "강하고 나쁜 인상을 준 뒤, 중도 하차하는"(p.42) 것이다. 이렇게 영화 경력에서 그녀는 영화 중간쯤에서 살해되는 하층 계급의 금발머리 역할을 수행한다. 그녀는 〈이중생활*A Double Life*〉(1947)에서 로널드 콜맨에 의해, 〈젊은이의 양지*A Place in the Sun*〉(1952)에서 몽고메리 클리프트에 의해, 그리고 가장 기억할 만한 것은 〈사냥꾼의 밤*Night of the Hunter*〉(1955)에서 로버트 미첨에 의해 살해된다. 이 영화들과 〈롤리타〉에서 그녀의 더 중요한 가치는 성가시게도 감동스럽게도 보이는 그녀의 능력이다. 그녀는 담배 파이프를 흔들며 이리저리 뽐내면서 걸어 다니고, 그 빈방을 "남자를 위한 원룸"으로 묘사하면서, 웨스트 램스데일은 "훌륭한 네덜란드계 영국인과 스코틀랜드계 영국인이 많이 사는" "문화 수준이 높은" 동네라고 단언한다. 그녀는 우스꽝스럽고 천박한 여자처럼 보인다. 다른 장면들에서 그녀는 오직 샬롯만이 할 수 있는 방식으로 관객을 움찔 놀라게 한다. 험버트와 그녀의 침대 머리 대화는 코미디를 고통으로 갑작스럽게 전환시키는 소설의 능력을 보여 준다. 능숙하게 묘사된 그 장면(소설에서 온 것은 아니다)에서 샬롯은 전 남편 해럴드에 대해 고백한다. 그녀에 따르면, 침대 맡에서 사진으로 내려다보고 있는 그녀의 전 남편은 자살을 시도했던 '진실한 영혼'이었다. 그녀는 풍자와 함께 동정심을 이끌어 내려고 한다.

물론 가장 중요한 배우는 제임스 메이슨이다. 큐브릭은 언제나 그를 험버트 역의 제1순위로 꼽았다. 1940년대와 1950년대 초반 로맨틱한 만인의 연인이었던 그는 캐롤 리드, 막스 오퓔스, 조셉 맨키비츠Joseph Mankiewicz 등이 연출한 영화들에서 성적 매력과 지적 아우라 둘 다를 만족시켰다. 메이슨은 골치 아픈 캐릭터들(〈스타 탄생*A Star Is Born*〉[1954], 〈실물보다 큰*Bigger than Life*〉[1956])과 재미있는 악당들(〈해저 2만리*20,000 Leagues* *under the Sea*⟩[1954], ⟨북북서로 진로를 돌려라*North by Northwest*⟩[1959]) 모두를 연기할 수 있는 다재다능한 연기자였다. 그는 영국인이었기 때문에 해리스-큐브릭이 영화 투자를 얻기 위해 필요한 인원 쿼터를 채우는 데 도움이 되었다. 그는 충분히 나보코프 소설의 그 캐릭터처럼 보였다. 소설 속에서 험버트는 스스로를 "온갖 불행에도 불구하고, 아주 잘생긴 남자, 천천히 걷고, 키 크고, 부드럽고 어두운 머리카락을 지닌, 우울하고도 유혹적으로 처신하는" 남자라고 묘사한다. 점잖고, 부드러운 음악적 특성을 지닌, 탐미주의자의 매끄러운 말씨와 살인자의 "공상적 산문 스타일" 모두에 적합한 그의 목소리(p.9)는 완벽하다.

어떤 기준에 비추어보더라도, 이것은 메이슨의 성공적 영화 인생에서 가장 좋은 연기 중 하나다. 거의 모든 코미디와 때때로 고통스런 감정 효과들은 자신의 재능을 보여 주려는 험버트의 노력에서 나온다. 복수심에 불타는 연인으로서, 그는 멋진 털외투를 걸친 퀼티와 대면한다. 그는 총과 시를 들고 있지만, 번뜩이는 재치와 카멜레온 같은 태도를 지닌 그의 연적에 의해 계속해서 마음의 평정을 잃는다. 샬롯의 집에 머물게 될 하숙생으로서, 험버트는 몰아치는 샬롯에게서 뒷걸음치면서 얼굴을 찡그리지 않고 미소를 유지하려고 노력한다. 고교 댄스파티에서 보호자로서 험버트는 어색하게 접는 의자에 앉아서, 한 손에 술잔을 들고 다른 손에 케이크 한 조각을 들고 있다. 샬롯과 팔로우 부부(제리 스토빈과 다이애나 데커)는 험버트의 옆에 서서 롤리타를 집으로 데려올 방법을 의논한다. 샬롯과의 '멋진 데이트' 파트너로서 험버트는 핑크 샴페인을 마시게 되고 어색한 차차차 춤에 동참하게 된다. 그녀의 미래의 살인자로서 험버트는 마루에서 연발 권총을 꺾어서 탄환을 쏟아 낸다. 롤리타에게 시 작문을 가르치는 시퀀스에서, 험버트는 훈련 받은 물개처럼 계란 프라이를 받아

〈롤리타〉: 롤리타에게 시 작문을 가르치는 시퀀스에서, 험버트는 훈련 받은 물개처럼 계란 프라이를 받아먹는
다.

먹는다. 롤리타의 유혹자로서 험버트는 허름한 시골집을 전전하다가 경찰들이 우글거리는 모텔에 도착한다. 샬롯이 사고로 죽은 뒤, 험버트는 뜨거운 목욕물에 몸을 담근 채 술에 잔뜩 취해서 휴식을 취한다. 가슴털이 물 위에 흘러 다니는 가운데 그는 입으로 위스키 잔의 균형을 잡고 있다. 수증기 속에서 인사불성이 된 채, 그는 샬롯이 콩팥을 하나만 가지고 있어서 어차피 오래 살지 못했을 거라는 말을 팔로우 부부에게 듣는다. 그는 의도하지 않게, 족제비처럼 나비넥타이를 맨 프레드릭 빌(제임스 다이렌포스)을 교묘하게 이용하게 된다. 사고 자동차의 소유주인 빌은 변기통 근처에 앉아서 샬롯의 장례식 비용을 지불하겠다고 말한다. 험버트의 다른 모든 계획들도 실패한다. 얼굴의 씰룩거림, 끔찍한 소리를 내는 코감기, 심장병의 전조로서 팔에 전해지는 둔탁한 아픔 등등 영화가 진행될수록 그의 불안은 점점 더 커진다.

영화 곳곳에서, 메이슨은 교양, 역량의 부족, 로맨틱한 고통 등이 혼합된 무언가를 전달한다. 이 모든 것들은 험버트의 집착이 지닌 어두운 그림자와 현대 세계에 대한 외면을 보여 준다. 큐브릭이 영리하게 연출한 가장 훌륭한 것들 중 하나는 험버트가 사랑에 빠진 남자에서 신이 난 괴물로 바뀌는 극적인 반전의 순간이다. 그 에피소드는 침대에서 일어나는 털 많은 험버트로부터 시작한다. 그는 비단 실내복을 입고 창문 밖을 불행하게 내다본다. 롤리타는 '캠프 클라이맥스'로 여름 여행을 가기 위해 가족용 승용차에 타려고 준비하고 있다. 험버트의 시점에서, 그녀는 어머니를 쳐다보며 말한다, "잠시만요." 그녀는 하얀 드레스에 부풀어 오른 속치마를 입고 하이힐을 신은 채 집안으로 달려간다. 넬슨 리들의 음악과 함께 계단 위로 올라가는 그녀의 모습이 크레인 숏으로 잡힌다. 감상적인 피아노 소리가 관현악 음악을 뚫고 흘러나올 때, 그녀는 층계 위에서 험버트를 껴안는다. 클로즈업으로, 그녀는 말한다. "당신을 다시 볼 수 없겠지요?" 험버트는 고개를 끄덕이며 비극적으로 답한다. "나는 떠나야 할 거야." 롤리타는 웃는다. "이게 마지막이군요." 그녀는 그에게 윙크한다. "날 잊지 말아요." 그녀는 발랄하게 말하면서 달려 내려간다. 피아노는 롤리타 테마 음악을 시작하고, 약간 로 앵글로, 험버트는 쓸쓸히 발코니 아래를 응시한다. 카메라는 치솟아서 크레인 숏으로 그의 고통을 근접 촬영한다. 그는 기댄 채로 그녀가 가는 것을 지켜본다. 카메라는 돌아서서 그녀의 방으로 가는 그를 뒤따른다. (벽에 클레어 퀼티의 사진을 담은 잡지 광고를 포함해서) 방 안은 그녀의 소녀 같은 소지품들로 둘러싸여 있고, 그는 그녀의 침대 위에 앉아서 그녀의 베개 위에 머리를 묻고 흐느낀다.

그것은 마치 성 역할이 뒤바뀐 더글러스 서크의 영화를 보는 것 같다. 거기에서 '여성화된' 남성은 사랑의 고통을 느낀다. (실제로 서크는 그런 영화를 연출했다. 〈언제나 내일은 있다*There's Always Tomorrow*〉[1956]) 하지만 험버트가 깊은 절망에 빠졌을 때, 샬롯의 편지를 전달하기 위해 흑인 하녀(이소벨 루카스)의 손이 프레임 안으로 들어온다. 침대 모서리에 앉아서 훌쩍거리면서, 그는 충혈이 되고 경멸적인 목소리로 그 편지를 크게 읽는다. "사랑하는 당신, 지난 일요일 교회에서 나는 주님께 어떻게 해야 좋을지 물었어요. 주님은 지금 이대로 계속하라고 말하셨지요…… 가세요, 차라리 떠나세요!…… 당신이 내 곁에 남아 있다는 사실은 내가 당신을 원하듯이 당신도 나를 원한다는 뜻이겠죠. [험버트는 눈물이 빠지도록 웃기 시작한다. 샬롯의 상투적이고 가식적인 경건함을 즐기기라도 하듯이. 계속해서 그는 재밌다는 듯이 크게 웃는다.] 평생의 동반자로서 [더 많은 웃음]…… 안녕, 내 사랑! 다시 만날 수 있기를! [웃음]" 험버트는 의기양양하게, 면도도 하지 않고, 악마 같은 모습으로 머리를 뒤로 하며 사악하게 웃어젖힌다. 그는 더없이 행복하게 롤리타의 베개 위로 드러누우면서 계속 웃어 댄다. 카메라는 '진짜 좋은 맛'이라는 문구와 함께 드론 담배를 광고하고 있는 퀼티의 잡지 이미지 위로 패닝한다.

클레어 퀼티의 배역은 큐브릭의 가장 과격한 선택이었다. 소설 곳곳에서 등장하는 퀼티는 종종 숨겨진 채 암시적으로 드러난다. 그러나 험버트가 그의 정체를 발견하고 고딕풍의 은신처로 그를 쫓아간 뒤에 돌이켜 보면, 그의 존재는 확실히 눈에 들어온다. 중요한 장면은 소설의 맨 뒤에 나온다. 거기에서 그는 험버트의 복수를 좌절시키는 환상적이고 퇴폐적인 캐릭터로서 처음 등장한다. 퀼티와 험버트 사이의 그로테스크한 싸움이 벌어진다. 험버트는 "서기 2000년의 첫해" 그의 예상 독자들에게 서부영화의 "난투극"을 기대하지 말라고 말한다. "그와 나는 둘 다 더러운 솜털과 넝마 조각을 둘러쓴 대단한 얼간이들이었다. 그것은 두 지식인이 저지른 조용하고 부드럽고 형체도 없는 몸싸움이었다. 그들 중 하나는 완전히 약에 절어 파멸했고, 다른 한 명은 심장병에 걸렸고 술에 절었다" (p.299). 싸움의 클라이맥스에 험버트는 몸을 떨고 꿈틀거리면서 이상한 영국식 억양으로 투덜거리는 퀼티에게 연달아 총을 쏜다. 퀼티는 2층으로 도망가고 험버트는 깜짝 놀라며 말한다. "나는 솟구치는 에너지를 그덜 떨어진 녀석에게 쏟아 붓고 있었다. 마치 그 총탄은 자극적인 묘약이 춤추는 캡슐인 것 같았다"(p.303).

큐브릭이 이 장면을 영화의 도입부로 가져왔기 때문에, 영화에서 퀼티는 더 큰 존재감을 갖는다. 어떻게 변장하든 간에 그를 항상 쉽게 알아챌 수 있다. 험버트의 도플갱어로서 그의 기능은 더욱 직접적이고 분명해진다. 나보코프는 거울의 양면처럼 두 명의 '지식인'을 고안해 냈다. 험버트는 로맨틱하고 피학적이다. 즉 문명화되고 무정부적이고 소외된 유럽인

〈롤리타〉: 싸움의 클라이맥스에서 험버트는 이상한 영국식 억양으로 투덜거리는 퀼티에게 연달아 총을 쏜다.

으로서 그는 속물 롤리타에게 흥분해서 자기감정의 노예가 되어, 사로잡힌 하인이 된다. 그는 그녀에게 샌드위치를 만들어 주고("마요네즈를 넣어서 네가 좋아하는 대로"), 그녀의 발톱에 매니큐어를 칠하고, 그녀의 선물을 사고, 집안일을 모두 다 하고, 그녀를 박물관에 데려가고 그녀에게 소설 《젊은 예술가의 초상》을 주면서 터무니없이 그녀의 학교생활을 감시하려 한다. 언제나 최선을 다해서, 그녀가 나이를 먹고 임신을 했을 때조차도 그는 자신의 어린 연인을 욕망하기를 멈추지 않는다. 다른 한편, 퀼티는 냉소적이고 가학적이다. 미국 텔레비전 쇼와 할리우드 영화의 작가("나는 52편의 성공적 시나리오를 썼지.")인 그는 쉽게 롤리타를 정복한다. 그는 자신의 성곽으로 그녀를 내쫓아서, 포르노 '예술' 영화에 그녀를 강제로 출연시키려 한 뒤 거리낌 없이 차 버린다. 모든 상황의 지배자로서 그는 험버트를 모욕하기를 즐기고, 총을 맞고 죽어 가는 순간에조차 재치 있는 농담을 던진다.

이처럼 사악한 쌍둥이를 연기하기 위해서, 큐브릭은 흉내쟁이 피터 셀러스를 기용했다. 그는 〈레이디 킬러The Lady Killer〉(1955), 〈아임 올 라이트 잭I'm All Right, Jack〉(1959)을 비롯해서 많은 영국 코미디 영화에 출연했지만, BBC 라디오의 초현실적 〈군쇼The Goon Show〉에서 스파이크 밀리건 Spike Milligan▪과의 거칠고 불손한 협력 작업으로 더 잘 알려졌다. 큐브릭과 셀러스는 코믹하고 기이한 감각을 공유했다. 특히 큐브릭은 기본 멜로디 위에서 재즈 음악의 반복 효과를 내는 셀러스의 즉흥 연기에 감탄했

▪ 〈군쇼〉는 영국 BBC의 라디오 코미디 프로그램으로 1951년에서 1960년까지 방송되었다. 스파이크 밀리건은 〈군쇼〉의 기획자이자 작가다. 대본은 초현실적인 유머, 익살, 기괴한 음향 효과 등 우스꽝스러운 플롯으로 짜여졌다.

다. 사실 그 영화에서 셀러스의 많은 대사들이 대본에 있는 것 — 예를 들어, 오프닝 신에서 그의 가장 중요한 대사는 소설에서 바로 가져온 것 — 이지만, 또한 큐브릭은 셀러스가 가끔 카메라가 구르는 것 같은 대사와 연기를 발명하도록 북돋았다. 그가 나올 때마다 영화는 리얼리즘적인 환영을 버리고 보드빌 쇼나 특수 연극 같은 약간 다른 양식으로 바뀐다. 비록 셀러스가 자신의 개성을 연기 속의 목소리와 습관 속에 담을 줄 아는 재주를 가졌다 할지라도(종합해 볼 때, 영화 외에 그의 캐릭터는 〈찬스*Being There*〉[1979]에서 그가 연기한 어린애 같은 바보 '챈스'처럼 멍하고 무표정한 것들이었다.), 〈롤리타〉에서 그는 언제나 '그 자신,' 바로 재미있게 흉내 내는 코미디언인 것처럼 보인다. 고교 댄스 장면에서 그는 손뼉 치며 시간을 보내고 있는 험버트와 달리 지르박 춤을 멋지게 춘다. 퀼티는 사실상 그냥 서 있는 자세로, 손가락을 꺾으면서, 자유분방한 보헤미안 비비안 다크블룸(마리안 스톤)을 힐끗 쳐다보며 빙 돌린다. 샬롯이 그의 귀에 속삭이면서 그들이 함께 보냈던 어느 오후를 상기시키자, 퀼티는 그녀의 목덜미를 뚫어지게 쳐다보면서 히죽거린다. "내가 그랬던가요?" 그다음 그는 두운을 사용해서, 문학적으로 박식한 어투로, 앨저넌 찰스 스윈번Algernon Charles Swinburne▪의 퇴폐적인 시 〈돌로레스, 고통의 여인〉을 읊기 시작한다. "들어보세요, 당신은 딸 하나를 가지고 있지요? 이름이 사랑스럽지 않았나요? 그게 뭐였더라, 사랑스럽고, 명랑하고, 시적인 이름인데?…… 롤리타! 아, 바로 그거야. 그건 '눈물과 장미'를 뜻하는 돌로레스의 약칭이죠……" 나중에 그와 비비안이 '마법에 빠진 사냥꾼 호텔'에 도착하는

▪ 앨저넌 찰스 스윈번(1837~1909)은 영국의 시인이자 평론가로, 이교도적이고 관능적인 시를 썼으며 운율법의 자유로운 구사로 빅토리아 시대의 기성관념에 도전했다.

장면에서, 큐브릭은 만화 같은 와이드 앵글로 그를 촬영한다. 퀼티가 호텔 직원 스와인과 서로 비꼬는 말투는 나보코프보다는 〈군쇼〉에서 그의 대사와 더 가까운 듯하다.

스와인   아마 당신은 나를 가끔 이용할 수 있어요.

퀼티   아마 내가 당신을 이용할 수 있지요.

스와인   난 수영도 하고, 테니스도 치고, 역기도 들지요. 남아도는 힘을 빼 보세요. 당신은 남아도는 힘으로 무얼 하죠?

퀼티   (번들거리는 검정 비옷을 입은 비비안을 보면서) 우리도 남아도는 힘으로 많은 걸 해요…… 그녀는 노란 벨트, 나는 녹색 벨트를 갖고 있죠. 본능에 따르죠. 그녀가 나를 저 너머로 던져 버려요.

스와인   그녀가 당신을 던진다구요?

퀼티   …… 그녀는 내 아랫도리로부터 내 발목들을 쓰다듬지요. 나는 엄청난 소리를 내며 주저앉아요. 난 고통스럽게 거기에 눕지만, 난 정말 그걸 사랑해요…… 난 거기 누워서 의식과 무의식 사이를 왔다 갔다 하지요.

셀러스의 미국식 억양은 로스앤젤레스의 유명한 재즈 프로듀서 노먼 그란츠Norman Granz를 모방한다. 그러나 리처드 콜리스는 셀러스의 억양이 레니 브루스에 더 가깝다고 말한다. 내 생각에 그는 때때로 스탠리 큐브릭을 모방한 것 같다. 결국 극 중에서 클레어 퀼티는 영화 감독이다. 어쨌거나 그는 할리우드를 경험한 사람이고, 자기 영화에 롤리타를 캐스팅하려는 사람이다. 험버트에 대한 퀼티의 첫 번째 대사는 큐브릭의 최근 영화 〈스파르타쿠스〉(노예로부터 해방이냐, 짐승처럼 살 것이냐?)와 관련이 있다. 그의 첫 번째 행동은 험버트와 탁구 경기를 하는 것이다. 탁구는 큐브릭이 가장 좋아하는 놀이 중 하나였다. 가끔 퀼티는 35㎜ 스틸 카메라를 목에 매고 등장한다. 그것은 마치 영화 제작 기간에 찍은 비하인드 스토리 광고 숏에서 큐브릭이 카메라를 걸치고 나오는 장면과 흡사하다. ("얼른 가서 코다크롬 칼라 필름 좀 가져와." 거기서 큐브릭은 특이한 브롱크스 억양으로 조연출에게 지시한다.) 비록 그가 큐브릭보다 더 말쑥하긴 했지만, 퀼티는 뉴욕 예술가와 똑같은 아우라를 갖고 있었고, 그의 여자 친구들은 큐브릭이 젊은 시절 알고 있던 그리니치빌리지 여성들의 코믹한 스테레오타입과 비슷했다.

플롯이 진행될수록, 큐브릭은 셀러스가 점점 더 화려한 장기를 보여주도록 한다. 그런 장면들은 나보코프의 소설 구절들과 대략 비슷하다. 거기에서 모든 것들은 희극적 부조리에 의해 뒤바뀐다. 험버트는 백일몽을 꾼다. 꿈속에서 그는 캠프 큐로 잠입해서, "험버트 부인을 멍하니 바라보는 우울한 구식 소녀"로 변장한 롤리타를 만난다(p.66). 처음에, 셀러스는 경찰 대회에 참가하는 신경질적이고 약간 여성적인 대표로 가장한다. 그는 호텔의 어두운 베란다에서 험버트에게 등을 기댄다. "아마 당신은 내가 당신을 의심한다고 생각할 수도 있어요. 내가 경찰이나 모든 것인 것처럼…… 많은 사람들이 내가 의심한다고 생각하죠, 특히 내가 길모퉁이를 서성거릴 때. 지난주에 우리 아이들 중 하나가 나를 데려왔죠…… 내가 당신을 보았을 때, 난 스스로 말했어요. 내 인생에서 가장 평범한 사람을 보았다고…… 내가 아주 평범한 사람이니까 평범한 얼굴을 보는 게 좋아요. 우리처럼 평범한 두 사람이 함께하는 게 좋지요. 평범하게 세상사에 대해 이야기해 봐요." 그다음 그는 비즐리 고교 심리 상담사 젬프 박사로 나온다. 그는 일종의 두터운 안경을 낀 스트레인지러브 박사이고, 거짓 구레나룻으로 변장한 채 드론 담배를 피면서, 연극적인 독일식 억양으로 이야기하면서 험버트의 거실 어둠 속에 앉아 있다. "홈바르트 박사, 당신에게 그녀는 여전히 두 팔에 안긴 작은 소녀지요. 비즐리 고교의 소녀들에게 그녀는 사랑스런 소녀에요. 언제나 그녀는 껌을 씹고 있어요! 그녀는 농담을 하지만 아무도 이해하지 못하고 그녀와 함께 즐기지 못해요!" (더듬거리는 독일어 어투로 이야기한다.)

〈닥터 스트레인지러브〉를 만들기 전에 테리 서던과의 인터뷰에서, 큐브릭은 이 장면을 카프카류의 "코믹한 악몽"으로 다루었다고 언급했다. 그는 "이제까지 영화에서 탐험된 적이 없던 스토리 방식의 새로운 길"을 개척했기 때문에 "매우 기뻤다"(p.3)고 말했다. 확실히 그런 효과의 영화적 전례가 있긴 했다. 큐브릭은 〈롤리타〉와 같은 해 개봉한 웰스의 〈카프카의 심판〉의 각본을 훑어봤던 듯하다. 그것은 악몽 속의 유머를 더 철저하게 탐구했다. 그러나 〈롤리타〉의 그로테스크 희화화, 무표정의 리얼리즘, '금지된' 성의 은유는 1960년대 이전 영화들에서 매우 드물었다. 더구나 셀러스의 흉내 내기는 복잡한 감정의 톤을 표현하는 영화의 전략 중 하나다. 그런 식의 코미디는, 험버트와 늙은 호텔 짐꾼 톰(존 해리슨)이 롤리타가 잠든 사이에 침실을 열어 보려고 하는 슬랩스틱 장면에서, 롤리타가 자기 어머니에게 클레어 퀼티에 대해 물어보면서 깃펜 조각을 만지작거리는 섬세한 시각적 위트가 드러난 장면에 이르기까지 다양하다. 또 다른 극단으로, 영화는 풍자와 함께 고통과 연민을 혼합한다. 롤리타가 떠나가 버렸기 때문에 슬픔과 분노에 사로잡혀 열병이 난 험버트가 병원 직원에 의해 마룻바닥에서 허우적대는 장면을 생각해 보라. 그레그 젠킨스Greg Jenkins가 지적했던 것처럼, 이 장면은 소설보다 더 정성껏 극화된다. 험버트는 '제압당해서 완전히 온순해진' 것처럼 보이고, 일어나 위엄을 되찾으려 하면서 천천히 퇴장하며 가슴 아픈 대사를 남긴다. "혹시라도 그녀가 나에게 메시지를 남기지 않았나요? 아니지, 그럴 리 없어."[76]

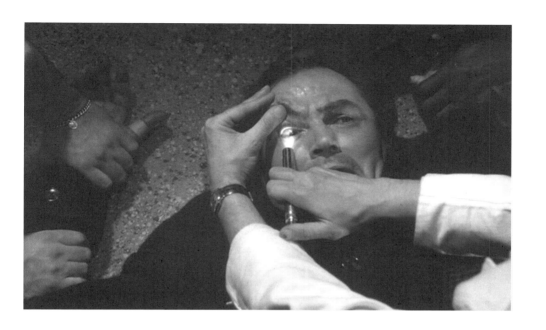

〈롤리타〉: 롤리타가 떠나자 열병이 난 험버트가 병원 바닥에서 허우적거린다.

험버트의 쓸쓸한 퇴장 이후, 우리는 소설 20페이지 분량에 해당하는 4년의 세월을 뛰어넘어, 연민으로 가득 찬 클라이맥스의 재회 장면에 도달한다. 험버트는 롤리타에게 "안녕 아빠"로 시작되는 철자가 엉망인 편지를 받는다. "잘 지내시나요? 저는 애기를 낳을 거예요. 우리는 빚이 너무 많아서 집에서 쫓겨날 정도로 미칠 지경이에요. 저에게 돈 좀 주실 수 있나요?" 그는 총을 갖고 한 작은 도시의 노동자 지역(그 장면은 뉴욕 주 알바니에서 촬영되었다)인 듯한 곳으로 차를 몬다. 그곳에서 그는 리처드 '딕' 실러(게리 코크럴)와 결혼한 롤리타를 발견한다. 험버트의 값비싼 옷과 상류층 매너는, 누추한 집안 분위기에 안경을 쓰고 청바지를 입고 임신 중인 롤리타와 생생한 대조를 이룬다. 약간 귀가 먹은 딕(보청기는 좋은 아이디어다)은 맥주 캔을 딴 뒤 그의 친구 빌(롤랜드 브랜드)과 함께 작은 뒤뜰로 나간다. 롤리타는 그녀의 특별한 연인 클레어 퀼티와 함께 도주한 사연을 설명한다. 그녀는 퀼티를 "일본과 동양의 아름다운 생활 철학"을 지닌 "천재"라고 묘사한다. 그녀는 퀼티가 그녀를 다루었던 비도덕적 방식에 대한 어떤 분노도 보이지 않는다. 또한 그녀의 허리를 붙잡고서, 이 결혼을 포기한 뒤 그에게 돌아오라고 애원하는 험버트에 대한 어떠한 감정적 친밀감도 보여 주지 않는다. 그녀는 떠나자는 험버트의 생각은 "미친 짓"이라고 말한다. 그녀는 친절하고 평범한 남편과 함께 알래스카로 가서 아이를 낳을 거라고 말한다. 상심하여 걷잡을 수 없이 울먹이며, 험버트는 롤리타를 놓아주면서 그녀에게 현금, 수표, 집 임대 수익 등 자신이 가진 모든 것을 준다. 그는 비탄에 빠진 채 지체 없이 떠나가고, 그녀는 그에게 '사기친 것'에 대해 사과한다. "세상일이 다 그렇고 그렇지요." 그녀는 큰소리로 외친다. "서로 연락해요."

  큐브릭이 테리 서던에게 설명한 것에 따르면, 이 장면 촬영에 12일이

〈롤리타〉: 험버트는 상심하여 걷잡을 수 없이 울먹이며 롤리타에게 자신이 가진 모든 것을 준다.

걸렸다. 큐브릭은 "여전히 미련이 남은" 험버트와 "약간 당황해하는" 롤리타 사이의 "불일치"와 "부조화"를 표현하려고 노력했다(p.5). 그는 이장면이 소설의 중요한 장면이라고 믿었다. 이 장면에서 어린 소녀에 대한 험버트의 욕망은 성장한 여자에 대한 사랑으로 환골탈태한다. "비극의 로맨스"가 "희극의 표면"을 뚫고 지나간다(p.7). 큐브릭은 리오넬 트릴링이 나보코프 소설에 대해 《로미오와 줄리엣》, 《안나 카레리나》, 《보바리 부인》 등 고전 소설의 전통 안에서 현대의 러브 스토리라고 묘사한 것에 동의했다. 이 모든 소설들은 여러 형태의 불법적 열정과 관련이 있다. 특히 큐브릭은 나보코프가 험버트와 롤리타의 관계를 작가의 입장에서 승인하지도 부인하지도 않은 것에 대해 감탄했다. "사실, 험버트가 4년 후 그녀를 다시 만나고 그녀는 더 이상 어린 소녀가 아닐 때, 즉 그녀를 향한 그의 진실하고 사심 없는 사랑이 드러나는 바로 그때까지는 두 사람의 사랑을 승인할 수도 부인할 수도 없었다"(p.2).

만약 정말로 소설과 영화가 사랑에 대한 것이라면, 나보코프와 큐브릭은 그 주제를 아이로니컬하게 다루고 있다. 그것은 마치 사랑은 결코 평등하지 않다는 프루스트의 개념에 대한 블랙 코미디의 변주나 마찬가지다. 스토리에 얽힌 모든 열정들 — 샬롯의 험버트에 대한, 롤리타의 퀼티에 대한, 험버트의 롤리타에 대한 욕망 — 은 극히 부적절하다. 그 연인들은 거절될 순간을 향해 운명적으로 달려간다. 이런 의미의 '불일치'와 '부조화'를 끝에서 두 번째 장면보다도 더 분명하게 보여 주는 곳은 없다. 롤리타에 대한 험버트의 사랑이 차이의 틈바구니를 뚫고 성적 욕망조차도 뚫고 얼마나 멀리 뻗어 나가는지 표현하기 위해, 계급, 나이, 감정의 모든 신호들이 한데 모인다. 롤리타가 말한 것처럼, 아마도 '세상일이 다 그렇고 그런' 것이다. 사랑은 손이 닿지 않거나 금지된 대상에 대한 에로틱한 매혹으로부터 시작한다. 그러나 그것은 감탄할 만한 것일 수도 터무니 없는 것일 수도 있는, 희망 없는 이상주의의 위험에 처한다.

　내 생각에, 아무도 해리스-큐브릭의 〈롤리타〉 각색이 나보코프 소설만큼 예술적 감동을 준다고 말할 수 없다. 또한 아무도 영화가 소설을 정확히 재현할 수 있거나 해야만 하는 뚜렷한 이유를 제시할 수 없다. 그러나 큐브릭과 해리스가 20세기의 가장 빛나는 소설 중 하나에서 그들이 감탄한 어떤 특징들을 환기시키고자 했기 때문에, 그들의 성공과 실패에 대한 대차대조표를 작성할 만한 충분한 가치가 있다. 〈롤리타〉는 로맨틱 피학증과 사회적 소외의 혼합물을 효과적으로 전달한다. 그러한 혼합물은 롤리타에 대한 험버트의 집착뿐만 아니라, 내가 더 좋은 영화라고 생각하는 오퓔스의 〈미지의 여인으로부터 온 편지〉를 비롯해서 수많은 영화의 위대한 러브 스토리들의 근원이다. 〈롤리타〉에서 미국에 대한 풍자는 나보코프 소설보다도 덜 복합적이고, 고상한 재미와 정서의 독특한 혼합이 부족하다. 그러나 그 영화는 소설보다 더 날카롭고 정확하다. 〈롤리타〉는 주인공 남성이 범죄의 충동과는 거리가 먼 일종의 영웅적 반역자로 묘사되는 샘 멘더스Sam Mendes의 〈아메리칸 뷰티American Beauty〉 (2000) 같은 표면적으로 비슷한 영화보다도 감정과 도덕을 훨씬 더 적게 연관시킨다. 하지만 불행하게도 큐브릭의 〈롤리타〉는 소설의 핵심인 가장 음울한 아이러니, 즉 험버트가 이상주의자이면서 동시에 아동학대범이라는 사실로부터 도피한다. 결과적으로, 영화에서 험버트의 잠재적 폭력성이라든가 간헐적 범죄성은 잘 드러나지 않는다. 따라서 우리는 왜 롤리타가 딕 실러와 결혼하려고 했는지에 대한 이유를 정확히 알지 못하게 된다. (소설 속에서 험버트는 언급한다. "우리의 단조롭고 야만적인 동거 생활 동안에, 나의 평범한 롤리타에게 점점 더 분명해진 사실은, 가장 비참한 가족생활조차도 근친상간의 패러디보다 더 낫다는 점이었다. 결국 내가 줄 수 있는 것이라고는 방랑 생활에 불과했다."
[p.287])

　소설의 다른 중요한 측면이 영화에서 간과되거나 약화되고 있다. 나보코프의 궁극적 주제는 예술 그 자체의 초월적 가치다. 그 가치는 그가 책을 쓰는 것을 유일하게 정당화해 주었고, 그가 목격한 어리석음, 잔인함, 죽음 등에 대해 유일하게 위로해 주었다. "내 불행은 아무것도 나아지지 않았다." 험버트는 독자들에게 고백한다. "우울함과 분절적 예술의 임시 처방만이 있을 뿐이다"(p.283).

　소설에서 험버트는 1952년에 심부전증으로 죽고, 롤리타는 아이를 유산한 지 얼마 안 되어 죽는다. 영화는 이 마지막 사건들을 생략한다. 영화에서 소설의 마지막 대사에 부합하는 어떤 것도 없다. 그 대사는 험버트의 목소리를 빌린 나보코프 자신의 이야기일 수도 있다. "나는 들소와 천사를 생각한다. 그들은 오래가는 안료, 예언적 시, 도피적 예술의 비밀이다. 이것이 나와 당신이 공유하는 유일한 불멸성이다. 나의 롤리타여" (p 309). 이 마지막 명상적 문구는 소설의 가장 가슴 아픈 효과뿐만 아니라 나보코프의 화려한 시구와 자기반영적이고 문학적인 능력에 힘을 보탠다. 예술적 기교의 부족(이런 생각은 아마도 영화 관객들에게 너무 고상해 보일 수 있다)으로 인해, 〈롤리타〉는 예술적 주제를 명확히 드러내지 못한다. 험버트의 고별사를 대신해서, 영화에서는 퀼티를 향해 발사된 험버트의 총탄이 그림의 '내구성 안료'를 관통한다. (그 장면엔 약간의 콘티뉴이티 오류가 있다. 그림이 놓인 장소가 바뀐 것이다. 영화 오프닝에서 그 그림은 계단 밑에 있지만, 영화 마지막에는 계단 위에 놓여 있다.) 그럼에도 불구하고, 그 그림은 영화를 마무리하기에 적절한 이미지다. 왜냐하면 큐브릭은 나보코프만큼이나 탐미주의자이기 때문이다. 〈롤리타〉와 이어지는 그의 대부분 작품들에서, 큐브릭은 영화의 기교와는 약간 다른 종류의 아름다움을 제공한다. 그 아름다움은 그가 관객들에게 고통과 죽음에 대해 제공하는 유일한 보상이다.

4부

스탠리 큐브릭 전성기

STANLEY KUBRICK

9

전면전

1961년 11월 15일, 〈롤리타〉가 완성된 후 큐브릭은 미국으로 돌아가서 영국의 편집자 앤서니 하비에게 편지를 썼다. "비록 내가 25년이나 살았던 뉴욕을 잘 알고 있긴 해도, 여기는 나에게 여전히 원더랜드군요." 그 편지에서 그는 점점 더 몰두하고 있는 주제와 관련된 책 두 권 — 허먼 칸 Herman Kahn▪의 《열핵전쟁On Thermonuclear War》(1960)과 헨리 키신저 Henry Kissinger의 《선택의 필요성The Necessity for Choice》(1961) — 을 추천했다. 이 책들은 원자 폭탄 개발의 근거를 제시하고 있다. 652페이지 분량에 달하는 《열핵전쟁》은 언론의 높은 관심을 끌었고, 1960년에 3만 부 이상이 팔렸다. 《선택의 필요성》은 1960년 대통령 선거에서 존 F. 케네디의 조언자로서 작가의 지위를 확고히 부여했다. 큐브릭은 그 문제에 깊은 관심을 가지고 있었다. 그는 도서관에서 핵전쟁 관련 도서를 70권 이상이나

▪ 허먼 칸(1922~1983)은 미국의 미래학자이자 전략이론가이며, 허드슨 연구소의 설립자다.

읽었고, 군사 잡지들과 미국해군협회the US Naval Institute의 공식 기록들을 정기적으로 열람했다. 그가 하비에게 보낸 편지에 따르면, "중요한 것은 핵폭발의 직접적 효과들이다. 엄청난 바람, 열, 날아다니는 것들 등등. 그 다음 순간적(최대 2주간)이고 치명적인 방사능이 C^{14}를 발생시킨다. 그것은 1만 년 이상 사라지지 않고 우리에게 유전적 영향을 끼친다."[77]

큐브릭이 다음 영화로 각색하려고 했던 소설은 피터 조지의 《적색경고Red Alert》였다. 이 소설은 1958년 영국에서 '피터 브라이언트'라는 필명에 "파국을 향해 가는 두 시간Two Hours to Doom"이라는 제목으로 처음 출간되었다. 그 소설은 핵전쟁으로 인한 대재앙의 위험이 증가하는 세계의 공포를 반영한 스릴러물이었다. 영국 공군 참전 용사인 조지는 핵 군비 감축 캠페인의 적극적 회원이었다. 전략적 군사 계획에 대한 그의 지식은 허먼 칸의 찬사를 받을 정도로 충분한 영향력이 있었다. 그의 소설에서, 악당 미국 장군은 러시아에 대한 B-52 폭격을 명령한다. 그는 자신보다 고위 관료가 그 명령을 철회할 수 있는 비밀 코드를 드러내기보다는 자살하는 길을 택한다. 장군은 자신의 행동이 공산주의 위협으로부터 미국을 구할 거라고 믿는다. 하지만 뒤이어 미국 대통령이 국방부에 중지 명령을 내리면서, 장군은 더 이상 나쁜 짓을 할 수 없게 된다. 소련은 수십 개의 코발트 폭탄■과 수소 폭탄을 우랄 산맥에 파묻는다. 만약 놀랍게도 미국이 핵 공격을 한다면, 그 폭탄들이 터질 것이고 온 지구가 함께 멸망할 것이다. 공군 전략 사령관이 목표물에 빠르게 접근하자, 미국은 임박한 공격에 대해 소련에 정보를 제공한다. 하지만 소련 공군 방위청은 접근하는 미국 비행기를 막기 위한 충분한 대책을 세우지 않는다. 마지막 순

■ 수소 폭탄 주위를 코발트cobalt로 둘러싼 것으로 핵병기의 일종이다.

간에, 한 미국 공군 장교는 죽은 장군이 메모장에 'POE'(Peace on Earth)라고 휘갈겨 쓴 글자를 발견한다. 그는 이 글자의 합성이 비밀 호출 암호라고 추정한다. 이 글자들이 폭격기에 전송되면서, 폭격 임무는 도중에 성공적으로 중단된다. 하지만 비행기 한 대가 호출 암호를 받지 못한다. 단호한 클린트 브라운 소령이 조종하는 '앨라배마 앤젤' 비행기는 소련 로켓에 의해 격추되어 라디오 전파를 수신할 수 없게 된다. 브라운은 부상을 입고 죽어가지만, 폭격기는 계속 나아가서 엉뚱한 목표물에 충돌하면서 전면적 핵 폭격에 실패한다. 그 후, 미국 대통령은 외교적 수완으로 소련의 보복 공격을 무마한다. 최후 심판일의 경험은 미국과 소련 두 정부로 하여금 지구 평화를 위해 더 많은 노력을 하게 만든다.

소설은 의사 다큐멘터리quasi-documentary 스타일로 서술된다. 이 작품은 컬럼비아사의 후원 아래 큐브릭의 영화와 동시에 제작에 들어갔던 시드니 루멧Sidney Lumet의 〈핵전략 사령부Fail-Safe〉(1964)와 상당히 비슷한 방식으로 만들어질 수도 있었다. 큐브릭은 시나리오 공동 작업을 위해 조지를 고용했다. 그러나 제임스 해리스와 함께한 그 프로젝트에 대한 첫 번째 회의에서부터, 큐브릭은 그 소설의 낙관적 결론이나 단조로운 심각성을 받아들이기 어렵다는 사실을 발견했다. "우리는 어리석어지기 시작했어요"라고 해리스는 회상했다. "'만약 모든 사람들이 배가 고프고, 식품점 사람이 들어오기만을 기다리면서, 에이프런을 두른 웨이터가 샌드위치 주문을 받기를 원한다면, 그 작전 회의실에서 무슨 일이 일어날까요?' 우리는 키득거리며 웃기 시작했죠"(Lobrutto, p.228). 해리스는 그 영화에 무정부주의 유머를 끌어들이는 것은 실수라고 생각했다. (큐브릭과의 파트너십을 끝낸 뒤, 그는 피터 조지의 소설과 비슷한 주제를 다룬 리얼리즘 드라마 〈베드포드 사건〉을 감독했다.) 그러나 큐브릭은 이에 동의하지 않았다. 1962년 말, 큐브릭은 두 가지 중요한 결정을 내렸다. 첫째, 핵무기에 의한 지구의 파멸을 상상하는 것이 터무니없는 것이 아니었기 때문에, 그는 직접 그 상황을 영화로 보여 주고자 했다. 둘째, 군비 경쟁의 부조리한 상황 때문에, 그는 조지의 소설을 '악몽의 코미디'로 변경시키기로 결정했다. 그는 〈닥터 스트레인지러브: 나는 어떻게 핵무기에 대한 근심을 멈추고 사랑하게 되었나〉라는 제목을 붙이고, 피터 셀러스를 주인공으로 캐스팅했다.

셀러스의 제안에 따라, 큐브릭은 《매직 크리스천The Magic Christian》(1959)을 쓴 미국의 소설가 테리 서던에게 한 달 동안 그를 도와서 대본에 유머를 불어넣는 작업을 해 달라고 요청했다. 셀러스는 영화를 찍는 동안에 즉흥적 대사와 훌륭한 조크들을 보탰다. 영화가 개봉되었을 때, 많은 사람들은 그 유머가 주로 1960년대 대항문화에 크게 영향을 받았던 서던에 의한 것이라고 생각했다. 큐브릭은 그 풍자가 자신의 아이디어였고, 영화 크레딧의 순서(큐브릭이 첫 번째, 조지가 두 번째, 서던이 세 번째)가 적절했다고 주장했다. 한때 큐브릭은 에벌린 워Evelyn Waugh의 소설을 서던이 각색한 영화 〈더 러브드 원The Loved One〉(1964)을 '닥터 스트레인지러브의 작가'가 만든 영화라고 광고한 MGM 영화사를 상대로 법적 소송을 제기하려고 했다. 만약 큐브릭이 조지의 소설 속 기본 요소들을 얼마나 쉽게 부조리한 것들로 뒤집을 수 있는지 알았기 때문이라면, 사실 그는 첫 번째 시나리오 작가로 크레딧에 이름을 올릴 자격이 있었다. (예를 들어, 'Peace on Earth'를 'Purity of Essence'로 바꾼 것은 단지 사소한 변경이었을 뿐이다.) 이러한 전략이 큐브릭의 연출과 합쳐지면서, 〈닥터 스트레인지러브〉는 엄청난 흥행을 이끌어 냈고, 영화 역사상 가장 효과적인 블랙 코미디가 되었다. 이 영화는 쿠바 미사일 위기와 존 F. 케네디의 암살이 일어났던 시대에 하나의 위험한 상업적 모험이었다. 오늘날 글로벌 자본주의, 핵 확산, 애국적 군사주의 시대에도 이 영화는 여전히 날카로운 빛을 잃지 않고 있으며, 불손하면서도 새로워 보인다. (내가 이 글을 쓰는 순간에도, 조지 부시 행정부는 미국의 핵 무장을 새롭게 늘리고 있다.)

〈닥터 스트레인지러브〉가 제작되던 당시에, 할리우드는 아이젠하워 대통령이 '군산복합체'라고 부른 수익의 연쇄 고리에 얽혀있었다. 냉전의 시기에 군 기관의 참여와 보증 없이는 현대 무기와 관련된 어떤 영화도 만들어지기 어려웠다. 그런 방식은 영화 제작자들에게는 값비싼 장비를 얻을 수 있게 해 주었고, 군대는 홍보 효과를 증대시킬 수 있도록 해 주었다. 전쟁 영화의 크레딧 시퀀스는 언제나 군 기관에 감사를 표했고, 때때로 촬영에 도움을 준 장교들의 이름을 나열했다. (이런 전통은 오늘날 리들리 스콧의 〈블랙 호크 다운*Black Hawk Down*〉[2001] 같은 스펙터클 액션 영화에도 살아 있다.) 특히 미국 전략 공군 사령부는 스크린의 후한 찬사를 원했고 또 그것을 얻어냈다. 가장 놀라운 예는 앤서니 만이 감독하고 예편한 공군 대령인 제임스 스튜어트가 출연한 파라마운트사의 〈전략 공군 사령부 *Strategic Air Command*〉(1955)다. 이 영화는 컬러 비스타비전 카메라로 거대한 핵 폭격기 내부를 직접 촬영했고, 공중 재급유 기술에 대한 놀라운 항공 촬영술을 보여 주었다. 〈전략 공군 사령부〉에 이어서 워너 브러더스의 컬러 시네마스코프 영화 〈B-52 폭격기*Bombers B-52*〉(1957)가 나왔다. 이 영화는 사실상 공군의 신병 모집 홍보 영화나 다름없었다. 반면, 흑백 영화 〈닥터 스트레인지러브〉는 군대에서 조언을 해 준 어떤 사람도 열거하지 않는다. 대신, 크레딧에 앞서서, 관객들이 미루어 짐작할 수 있는 회의주의를 불러일으키는 스크롤 자막을 띄운다. "미 공군의 공식 입장에 따르면, 그들의 안전장치들은 이 영화에서 묘사된 사건들을 예방할 수 있을 것이다. 더구나 이 영화에 묘사된 어떤 캐릭터들도 살아 있거나 죽은 실제 인물들과 아무런 관련이 없다."

　이러한 넉살 좋은 접근 방식에도 불구하고, 또는 그것 때문에, 〈닥터 스트레인지러브〉는 17주 연속으로 가장 대중적인 미국 영화가 되었다. 이 영화는 큐브릭에게 뉴욕비평가상을 안겨 주었고, 그전에 비평가들과 지식인들로부터 엄청난 논란을 불러일으켰다. 폴린 케일과 앤드루 새리스는 이 영화에 대해 혼재된 논평을 제기했고,[78] 〈사이트 앤드 사운드〉지는 혹평했으며, 신문에 기고하는 몇몇 이름 있는 평론가들은 엄청난 공격을 퍼부었다. 〈로스앤젤레스 타임스〉의 필립 K. 세우어Phillip K. Scheuer는 그 영화는 터무니없이 "헐뜯고" "위험"하다고 묘사했다. "〈닥터 스트레인지러브〉는 그 자체로 우스꽝스럽지 않다. 특히 그들을 상쇄시켜 주는 어떤 좋은 사람들도 없다"(1964. 2. 2). 〈뉴욕 타임스〉의 보슬리 크라우더는 "그 영화가 영리하게 각색되고, 능숙하게 연출되고, 연기도 훌륭하다"고 인정하면서도, "편안한 맛을 요구하는 우리의 방어적 취향을 너무 경멸한다"고 평가했다(1964. 2. 2). 2주 뒤, 뉴욕 신문들에 찬반 논쟁이 벌어지기 시작했다. 크라우더는 이어지는 평론 기사에서, 〈닥터 스트레인지러브〉가 "사악하고 병든," "책임감 없는," "표현의 자유에 대한 뻔뻔스런 응석받이," "패배주의와 의욕 상실," "바보스럽고 히스테리컬한" 영화라고 평했다. 또한 그는 이 영화가 "극단적 불안"의 "위험한 방종"일 뿐만 아니라, "미국 방어 체계에 대한 군사 정치적 오류에 근거한 왜곡이며, 그 믿음은 어떤 근거도 없는 공상"이라고 혹평했다(1964. 2. 16).

　얼마 지나지 않아, 저명한 문화 비평가 루이스 멈포드Lewis Mumford가 큐브릭을 변호하는 장문의 편지를 〈뉴욕 타임스〉에 기고했다. 멈포드는 크라우더가 〈닥터 스트레인지러브〉의 풍자 방법과 "건전한 도덕성"을 이해하지 못했다고 비판했다. 멈포드에 따르면, "병든 것은 이 영화가 아니다.”

병든 것은 아마도 우리의 도덕적, 민주적 국가다. 이 국가는 어떠한 공개된 대중 토론의 겉치레조차 없이 핵전쟁에 대한 정책을 세우고 집행했다⋯⋯ 이 영화는 오랫동안 이 나라를 옥죄어 온 냉전의 긴장과 최면을 깨뜨리는 최초의 시도다(1964. 3. 1).

하지만 미국의 모든 영화팬들 중에서 연극 평론가이자 연출자인 로버트 브루스타인Robert Brustein이 그 영화의 힘에 대해 가장 설득력 있게 설명했다. 브루스타인은 〈닥터 스트레인지러브〉가 “이제까지 나온 영화 중 가장 용감한 영화”일 것이라고 주장한다. 그 이유는 부분적으로, “이 영화가 관객의 기대를 전혀 존중하지 않고,” “앙토냉 아르토Antonin Artaud도 인정했을 일종의 총체 연극total theatre”을 창조했기 때문이다. 브루스타인이 볼 때 1960년대 중반의 “프랑스, 이탈리아 귀족들의 우울하고 나른한 정신 상태를 가차 없이 궁지로 몰아넣는” “레네, 펠리니, 안토니오니의 구구절절한 이야기들”과 대조적으로, 큐브릭은 “재미”있는 영화를 만든 것이다. 〈닥터 스트레인지러브〉는 “할리우드 전쟁 영화의 재미 위주의 내러티브 관습을 이용하고, 더구나 그 관습을 전복하는 방식”으로 재미를 만들어 낸다. 브루스타인에 따르면, 눈에 띄게 새로운 것은 이 영화의 “비꼬면서 신랄하고 파괴적인 동시에, 즐겁고 비도덕적인 기조”다. 이러한 기조는 “매카시즘을 비판한 영화 〈맨추리언 캔디데이트〉에서도 의례적으로 보인다. 그러나 〈닥터 스트레인지러브〉에서 그 기조는 매카시즘의 표면을 완전히 파괴한다. 만약 이 영화가 계속 상영되었다면, “이 나라의 모든 반공주의 이데올로기들을 막아 낼 수” 있을 것 같았

다.[79]

　브루스타인이 묘사했던 우상 파괴적 태도는 1950년대와 1960년대 초 미국에서 다양하게 발견될 수 있다. 나보코프의 《롤리타》, 조지프 헬러Joseph Heller의 《캐치-22Catch-22》, 짐 톰슨과 찰스 윌리포드Charles Willeford의 싸구려 대중 소설들, 만화 잡지 〈매드Mad〉의 초기 이슈들, 레니 브루스가 나이트클럽에서 한 연기, 심지어 알프레드 히치콕의 텔레비전 쇼의 몇몇 에피소드 등 곳곳에서 드러난다. 그러나 큐브릭의 아이 같은 풍자가 지닌 대중성은 예상되지 못했다. 부정적 비평에 의해 상처 입고 우파에 의해 항의를 받은 것과 상관없이, 〈닥터 스트레인지러브〉는 흥행에 성공했다. 아마도 경쾌하고 종합적인 냉소주의 때문에, 이 영화는 특히 젊은 층에게 큰 호응을 얻었다. (엘비스 프레슬리도 이 영화의 대단한 팬이었다.) 전혀 계획된 것은 아니었지만, 큐브릭은 문화적 전환점을 향해 나아갔다. 그는 평론가가 뭐라고 말하건 간에 수십 년간 그를 지탱해 준 젊은 관객들에게 다가갔다.

　〈닥터 스트레인지러브〉의 반대자들과 옹호자들 모두, 큐브릭이 군사적이고 정치적인 진실을 마음대로 다루었다고 생각했다. 심지어 브루스타인조차 이 영화가 "입증 가능한 진실보다는 무의식적 공포"(p.137)에 더 많이 근거하고 있다고 말했다. 명확히 해야 하고 더 분명해지고 있는 사실은 이 영화가 정부의 행위나 대중의 담론을 지나치게 과장하지 않았다는 점이다. '자동 안전장치'는 전략 공군 사령부에서 실제로 사용되었다. 그들은 "평화는 우리의 임무"라는 표어를 채택했고, 항공 경보를 위해 적어도 십여 대의 B-52 전투기를 보유했다. 폭격기에 명령을 내릴 수 있는 '출격 암호'가 있었고, 러시아에 대해 호시탐탐 선제공격을 가하고 싶어 한 장군이 실제로 존재했다. 대통령이 핵 공격에 의해 사망했을 때 전투력을 이동시키기 위한 절차도 있었다. 지하 대피소는 선택된 주요 인사들이 살아남아서 계속 싸워 나가도록 계획되었다. 심지어 미국 극우파들은 사회주의자들이 마시는 물에 불소를 넣어 사람들을 좀비로 만들고 있다는 강박증을 갖고 있었다. 국방부나 백악관은 큐브릭이 상상한 초현실적 '전시 상황실'을 갖고 있지 않았다. 그러나 로널드 레이건이 대통령이 되었을 때, 그는 그런 장소가 실재한다고 생각했고 그곳을 보여 달라고 요청했다.

그 당시의 관객들은 〈닥터 스트레인지러브〉의 다양한 캐릭터들이 실재 인물이거나 적어도 잘 알려진 정치인에 근거한다는 점을 확실히 알고 있었다. 대통령 머킨 머플레이(셀러스)는 민주당의 아들라이 스티븐슨Adlai Stevenson의 외모를 모방했다. 그는 나중에 대통령 선거에서 드와이트 아이젠하워에게 패배한 뒤, 존 F. 케네디 정부하에서 유엔 대사가 되었다. 잭 리퍼 장군(스털링 헤이든)은 전략 공군 사령부를 이끌고 나중에 공군 참모총장이 되는 커티스 르메이Curtis LeMay를 연상시킨다. 스트레인지러브 박사(셀러스가 1인 3역)는 여러 인물의 합성이라고 알려져 있다. 먼저, 우익 과학자 에드워드 텔러Edward Teller.[■] 그는 자신이 수소 폭탄의 발명자인양 잘못된 믿음을 퍼뜨렸고, 나중에 핵무기 군비 확산의 선두에 섰다. 다음, 제트 추진기 전문가인 베르너 폰 브라운Wernher von Braun. 그는 나치를 위해 일했고 나중에는 미국 쪽으로 돌아섰다. (《나는 별들을 겨누었다》라는 제목의 그의 자서전은 사실 '나는 별들을 겨누었지만, 런던을 쏘았다'로 불러야 한다는 재미있는 농담이 있다.) 마지막으로, 외교 정책 전문가에서 나중에 리처드 닉슨 정부

■ 에드워드 텔러(1908~2003)는 미국의 물리학자로 2차 세계 대전 때 맨해튼 프로젝트에 참여했으며 '수소 폭탄의 아버지'로도 불린다.

의 국무 장관이 되는 헨리 키신저 등이 그들이다.

셀러스에 따르면, 스트레인지러브의 억양은 키신저와 약간 비슷한 것 같지만, 정확히는 큐브릭이 이 영화의 스틸 사진사로 고용한 위지의 목소리에 근거하고 있다. 큐브릭이 앤서니 하비에게 추천한 키신저의《선택의 필요성》은 특히 캐릭터 구축과 관련이 있다. 그 책은 핵 억제 전략(스트레인지러브 박사가 잔인하고도 즐겁게 이야기하는 단어)에 대한 장황한 장과 함께 시작된다. 거기서 키신저는 미국과 소비에트 사이의 '미사일 전력 차이'와 '핵 억제 정책과 전쟁 전략 사이의 차이'에 대한 불안을 제기한다.[80] 키신저에 따르면, "평화 유지를 위해서는 1000만 명의 사상자를 피할 수 없을지 모른다. 그러나 1000만 명의 사상자를 내는 것이 두 가지 악 중에서 더 나은 것일 수 있다. 전쟁에 관련된 국가는 공격하거나, 아니면 공격을 받을 수밖에 없다. 전쟁은 공격 부대를 제거할 수도 있고, 수억의 사상자를 양산할 수도 있다"(p.17). 이어서 그는 핵전쟁의 위협은 "전쟁 수행 의지에 대한 어떤 의심도 없는" 상황하에서만 작동할 수 있다고 강조한다 (p.17).

하지만 스트레인지러브 박사를 가장 대중적 인물로 만드는 데 기여한 사람은 앞서 언급한 적이 있는 랜드 코퍼레이션(영화에서는 블랜드 코퍼레이션)의 주요 전략 기획가 허먼 칸이다. 큐브릭은 칸의《열핵전쟁》에 관심이 있었다. 그는 칸과의 우정을 발전시켰고, 계속해서 핵 전략 지식에 대한 그의 지혜를 빌렸다. (영화가 만들어진 뒤, 칸은 큐브릭에게 로열티를 달라고 요구했다. 큐브릭은 답했다. "말도 안 되는 소리 하지 마시오.")[81] 영화의 탄탄한 논리와 언어 중 상당수는 칸의 영향을 받았다. 그는 '최후 심판일의 기계'라는 단어를 만들었고, 동시에 방사능 위험은 인간이 상상하는 것보다 더 적다고 지적했다. 투박한 독일어 억양을 쓰는 카리스마 넘치는 강사였던 그는, 상상할 수 있을 뿐 아니라 이길 수 있다는 전제 위에서 핵전쟁을 이론화했다. 또한 그는 두 초강대국 사이에 '미사일 전력 차이'가 있다는 미국인의 믿음을 확산시키는 데 크게 기여했다. 그의 주장을 뒷받침하는 통계적 증거는 크게 과장된 군사 정보로부터 왔다. 그러나 그 증거는 대중에게 충분히 설득력이 있었고, 케네디는 1960년 대통령 선거에서 이를 유리하게 이용했다. 이뿐만 아니라, 칸은 생존 전략으로서 핵 피난처와 지하 도시의 주요 지지자였다. 어떤 사람이 그곳에서 사람들이 무엇을 먹고 살지 물었을 때, 엄청나게 뚱뚱한 칸은 재치 있게 대답했다. "나는 개인적으로 린디네 레스토랑의 요리사와 함께 살 생각이 있어요. 그는 정말로 시큼한 크림을 바른 청어 요리와 저장용 별미들을 잘 알고 있거든요" (Menand, p.96). 그는 자기 계획에 너무나 자신감이 넘쳐서 저서에 "나는 어떻게 핵무기에 대한 근심을 멈추고 사랑하게 되었나"라는 훌륭한 부제를 붙여 넣었다.

영화에서 칸의 언어는 스트레인지러브 박사와 미 연합군 사령관 벅 터지슨(조지 C. 스콧) 장군의 입을 통해 약간 더 직접적으로 전해진다. 터지슨은 미국이 러시아를 선제공격해야 한다고 대통령에게 말한다. 그 이유는, 유감스럽지만 판단할 수 있는 전후의 두 가지 환경 사이에서 선택권을 갖기 위해서다. 하나는 2000만 명을 죽이는 경우이고 다른 하나는 1억 5000만 명을 죽이는 경우다. 그의 논리는 직접적으로 《열핵전쟁》에서 나왔다. 그 책에는 "비극적이지만 판별할 수 있는 전후 상황"이라는 도표가 들어 있다. 스트레인지러브는 대통령을 안심시킨다. 죽은 자들에 대해 비탄에 빠지거나 부러워하거나에 관계없이, 핵전쟁의 지하 생존자들은 '모험적 상황에 대한 강한 호기심'을 느낄 것이다. 스트레인지러브는 지하 도시에 대한 칸의 책에서 한 장을 그대로 인용한다. 그 장의 제목은 "생존자들은 죽은 자들을 부러워할 것인가?"다. 그 글은 "재건에 대한 정열적이고, 거의 종교적인 헌신성을 보여 주는 사람들 사이의 새로운 활력"을 낙관적으로 예언한다.[82]

칸의 초기 독자들 중 일부는 반핵론자들이거나 평화주의자들이었다. 그들은 칸이 핵무기를 해체할 수 있는 최선의 가능성을 제시한다고 생각했다. 하지만 사실 칸은 통계학자일 뿐이었다. 그의 헐렁한 괴물 같은 책은 도표로 가득 채워졌고, 폭탄과 폭탄 피난처에 더 큰 투자를 유도하기조차 했다. 그의 책은 영화가 풍자하는 사고의 방식을 정확히 보여 준다. 벅 터지슨이 공군의 '인간 신뢰성 테스트'에 대해 말하면서, '100만 명의 사망자'라는 딱지가 붙은 일급비밀 서류철을 가슴에 끌어안고 있을 때, 그는 정확히 칸의 언어로 말하고 있는 것이다. 또한 마지막 신에서 스트레인지러브가 마지막 해법을 유쾌하게 제시하는 모습 뒤에는 2차 세계 대전에서 나치의 학살 캠프를 만드는 데 도움을 준 도구적 합리성이 숨어 있다.

스트레인지러브 [로 와이드 앵글 시점으로, 큰 상황판이 등 뒤로 희미하게 비치고, 휠체어를 타고 돌아다니면서, 미소를 띤 채 뻣뻣하게 고개를 치켜든다.] 인류의 핵심을 보존할 수 있는 기회를 놓치지 않을 거예요. [그가 탄 휠체어가 어두운 곳에서 앞쪽으로 나오는 망원 렌즈 숏으로 장면 전환] 에, 말하자면, 에, 깊숙이 지하 도시를 건설하는 건 그렇게 어렵지 않아요.

대통령 얼마나 오래 거기에 머물러야 할까요?

스트레인지러브 [클로즈업] 자, 봅시다. [그는 장갑을 낀 오른손을 코트 속에 넣으면서 계산기를 꺼내든다. 그는 왼손을 장갑에서 빼내려고 애쓴다.] 코발트 토리움 G…… [계산을 하면서] 한 100년은 가겠군요.

대통령	사람들이 100년 동안 거기 살아야 한다는 말이요?

스트레인지러브 [로 앵글로, 소비에트 대사와 모여 있는 사람들이 보이고, 그는 의기양양하게 소리친다.] 별로 어렵지 않을 거예요. 하이 히틀러! [의자에서 몸을 괴상하게 비틀면서, 웃으면서 평범한 목소리로 계속 이야기한다.] …… 아, 어, 죄송합니다. 각하…… 동물들을 기르고 죽여서 잡아먹으면 되고요……

대통령 [사려 깊게] 누가 남고 누가 내려갈지 결정하기 어려울 텐데.

스트레인지러브 [자꾸 바닥으로 내려가서 의자에서 그를 끌어내리려는 오른팔을 제어하려 애쓴다.] 컴퓨터로 제어한다면 간단할 거예요!

이 영화는 칸의 생각을 철저히 풍자하는 듯했다. 칸은 압도적 힘에 기반을 둔 군사 전략을 통해 '전면전'을 수행할 꿈을 꾸고 있었다(Menand, p.95). 이러한 생각은 실제로 〈닥터 스트레인지러브〉의 모든 장면에 동기를 부여한다. 오프닝 크레딧에서 사운드트랙 〈트라이 어 리틀 텐더니스 *Try a Little Tenderness*〉가 울리는 가운데 B-52 폭격기에 남근처럼 생긴 재급유 막대가 삽입되는 장면이라든가, 콩 소령이 거대한 남근처럼 보이는 핵폭탄 위에 즐거운 모습으로 올라타고 있는 장면 등이 그렇다. 영화 곳곳에서, 핵전쟁은 남성적 발기처럼 보인다. (약간의 예외가 머킨 머플레이와 리오넬 맨드레이크인데, 둘 다 여성적이고 무능한 사람처럼 묘사된다.) 남성적 상징 — 때때로 담배는 담배일 뿐이다. 그러나 리퍼 장군이 담배를 피울 때, 그것은 전혀 다른 의미다 — 은 모든 곳에 존재한다. 다른 사람보다 더 큰 무기를 소유하려는 경쟁은 영화 속 캐릭터들을 라커룸에 갇힌 소년들의 불안처럼 보이게 한다. 이 영화의 유일한 여자인 벅 터지슨의 비키니를 입은 '비서'(캐롤 리드 감독의 양녀 트레이시 리드)는 엉덩이 주변에 〈포린 어페어스 *Foreign Affairs*〉▪ 잡지를 덮고 있는 〈플레이보이〉의 나체 사진에서나 볼 수 있는 여자다. 그녀는 성과 전쟁이 만나는 방식과, 일반적으로 여성이 남자 전사에 의해 평가받는 방식을 상징한다. "물론 단지 육체적인 것만이 아니지." 그녀가 전쟁 상황실에서 있는 그에게 전화했을 때, 벅은 전화에 대고 소곤거린다. "나는 당신을 인간으로서 존중해!" 스트레인지러브가 상상하는 갱도 유토피아에서 그런 여자는 흘러넘칠 것이다. 그러나 성적으로 매력적인 여자들은 또한 하나의 위협이다. 잭 리퍼는 '육체적 사랑'을 하면서 '깊은 피로감과 공허함'을 느꼈기 때문에 폭격 명령을 내린다. '전후 공산주의 음모'가 그의 '양기'를 파괴하려는 것처럼, 여성은 그의 '힘'을 느끼지만, 그에게서 '정수'를 빼앗으려 한다. 오직 죽음을 통해서만 그와 전사들은 성적 능력을 회복할 수 있다. 이런 주제 의식은 마지막 장면에서 종합적으로 드러난다. 콩의 폭탄이 투하되고 스트레인지러브는 무덤 속의 미라처럼 휠체어에서 일어난다. 스포트라이트를 받으며 일어서서, 스트레인지러브는 스스로 자신의 정력에 놀란다. "나는 계획이 있어요," 그는 자기 발을 내려 보면서 소리친다. "하이 히틀러! 난 걸을 수 있어요!" 그가 서투르게 앞으로 걸어 나갈 때, 오르가즘의 해방감에 터져 오르는 핵폭발 버섯구름의 몽타주로 장면이 전환된다.

로버트 브루스타인이 지적한 것처럼, 더 일반적으로 말하자면, 〈닥터 스트레인지러브〉는 장군들의 작전 회의, 중요 기지 급습 작전, 미국인의 민족성과 사회성의 단면을 보여 주는 용감무쌍한 폭격기 등과 같은 할리우드 전쟁 영화의 관습을 풍자한다. 앤서니 하비와 큐브릭은 영화의 모든 사건들을 훌륭하게 편집하고, 코믹 타이밍과 극적인 긴장을 유지하

■ 1922년 미국의 뉴욕에서 창간된 국제 관계 평론 잡지로, 국제 정치, 경제 문제에 대한 수준 높은 분석을 다루어 영향력이 크다.

기 위해 원본을 깔끔하게 수정한다. 하지만 주요 시퀀스들을 잇는 다이렉트 컷을 효과적으로 사용한 것을 제외하고, 이 영화의 구조는 철저히 고전적이다. 그것은 그리피스만큼이나 오래된 영화 기법으로 서스펜스를 구축한다. 영화적 사건의 데드라인을 정한 다음, 분위기를 고조시키면서, 사건의 중요한 지점들을 교차 편집한다. 많은 곤경에도 불구하고, B-52 폭격기는 드럼 소리와 〈조니가 행진하며 집으로 돌아올 때When Johnny Comes Marching Home〉의 멜로디 속에서 계속 앞으로 나아간다. 관객들은 미국을 응원하는 마음과 핵폭발에 대한 두려움 사이의 어딘가를 배회하게 된다. 모든 것은 미쳐 돌아가지만, 추리 영화의 낡은 방식들은 능숙하게 작동한다. 우리는 벅 터지슨과 똑같은 정서적 함정에 빠진다. 콩 소령이 비행기를 고치자마자 폭탄이 투하되는 바람에, 터지슨은 얼떨결에 논쟁의 승리자가 되지만, 온 세계는 최후의 순간에 직면하게 된다.

짜증이 난 맨드레이크 대령(셀러스)이 미국의 '생활 방식을 혹평'하는 장면은 할리우드에 대한 영리한 패러디다. 〈닥터 스트레인지러브〉는 러시아인, 영국인, 독일인을 비롯해 모든 민족을 재미있게 풍자한다. 그러나 의심의 여지없이, 이 영화의 주요 타깃은 세계의 가장 강력한 국가다. 이 영화는 미국의 할리우드 연예 산업뿐만 아니라, 종교적 근본주의(B-52 조종사들은 러시아 경구와 성경이 합쳐진 작은 책을 지급받는다)와 자본주의 숭배 사상(코카콜라 기계는 영화 속 제품 광고를 뒤집는 사례다)을 신랄히 비판한다.

이러한 우상 파괴의 농담들은 뛰어난 기획과 연출이 뒷받침되지 못했다면 그렇게 효과적이지 못했을 것이다. 큐브릭의 가장 중요한 결정 중 하나는 코믹한 이야기를 근엄하게 다룬 것이다. 그 스타일은 다큐멘터리와 느와르 서스펜스 영화 사이를 교차한다. 이 전략으로부터 크게 벗어난 한 시퀀스가 있었지만, 큐브릭은 그 시퀀스를 첫 번째 시사 이후 통째로 덜어냈다. 그것은 전시 상황실에서 야단법석으로 싸우는 장면인데, 현재 BFI 자료실에 남아 있으며,[83] DVD 편집본을 위한 흥미로운 자료 필름으로 쓰이는 것 같다. 그 시퀀스를 세부적으로 묘사한 에드 시코프Ed Sikov에 따르면, 그 사건은 최후의 날 무기가 발사되고 스트레인지러브가 의자에서 떨어져 마룻바닥에 굴렀을 때 시작된다. 머플레이 대통령은 소비에트 대사 드 새데스키가 '아주 작은 장비'라도 가졌을 수 있기 때문에 알몸 수색을 요구한다. 벅 터지스는 대사의 '7가지 구멍'이 수색되어야 한다고 주장한다. 이에 맞서, 드 새데스키는 연회 테이블의 파이를 잡아채서 터지슨에게 던지는데, 터지슨이 피하자 대통령이 맞는다. 터지슨은 부상당한 대통령을 피에타 조각처럼 자기 팔에 안고서 소리친다. "여러분, 우리의 위대한 대통령이 임기 중에 불명예스럽게 파이에 맞아 쓰러졌소! 어찌 이런 일이? 엄청난 복수가 있을지라!" 무성 영화의 음악과 함께 파이 싸움이 패스트 모션으로 이어진다. 캐릭터들은 테이블 위로 올라가고 머리 위 전구가 흔들린다. 터지슨은 누군가의 어깨 위에 앉아서 그 와중에 자기 입에 파이를 쑤셔 넣는다. 둥근 회의 테이블은 하얀 크림으로 채워진 권투 시합 링처럼 된다. 결국 스트레인지러브가 총을 쏘며 소리 지른다. "당장 이 어린애 장난을 멈추시오!" 다른 사람들은 바닥 주위에 둘러앉아 모래성을 쌓은 아이처럼 커스터드 크림을 갖고 논다. "그들의 마음이 긴장으로 폭발한 것 같군." 스트레인지러브가 말한다. 얼마 후 베라 린Vera Lynn이 부르는 〈우리는 다시 만나리We'll Meet Again〉 노래와 함께 핵폭발 장면이 몽타주된다. (제작 초기에 큐브릭은 스크린에 그 노래의 가사를 띄우고 바운싱 볼로 글자를 표시해 줄 생각이었다.)

　　파이 싸움은 리처드 레스터의 영화나 몬티 파이톤Monty Python의 코미디처럼 보인다. 나중에 테리 서던이 말한 것에 따르면, 스튜디오는 그

〈닥터 스트레인지러브〉: 커다란 원탁 위의 둥그런 빛은 핵폭발로부터 터져 나오는 원형 구름 같은 인상을 준다.

장면에 대해 단호히 반대했다. 큐브릭이 그 시퀀스를 빼버린 이유는, 그것이 영화의 전체 분위기에 적절하지 않았기 때문이었다. 또한 영화의 개봉 직전에 일어난 케네디 대통령의 암살 사건이 "우리의 위대한 대통령이 임기 중에 불명예스럽게 파이에 맞아 쓰러졌소!"라는 대사를 부적절하게 만들어 버렸기 때문이었다. 그의 결정은 의심의 여지없이 옳았다. 영화는 순수한 슬랩스틱을 피하면서 비교적 진지한 스타일을 유지하는 최선의 효과를 거두었기 때문이다. 영화의 곳곳에서 표현주의, 리얼리즘, 코믹한 기호들의 세심한 조화가 이루어진다. 과장된 표현들과, 광원이나 천장 무대 장치처럼 겉보기에 '진지한' 기법들이 서로 경쟁한다. 와이드 앵글, 로키 숏들은 때때로 검은 배경 위에 단순한 램프를 비추어서 만들어졌는데, 웰스의 작품을 연상시킨다. 특히 리퍼 장군의 사무실과 표현주의풍의 전시 상황에서 안개 낀 듯하고 화려한 장면들이 그렇다. 커다란 원탁 위의 둥그런 빛은 핵폭발로부터 터져 나오는 원형 구름 같은 인상을 준다.

반면, 영화의 몇 부분들은 순수한 시네마 베리테 스타일로 촬영된다. 버플레슨 공군 기지에서의 전투는 핸드헬드 16㎜ 카메라에 망원 렌즈를 끼고 큐브릭이 직접 뉴스릴처럼 촬영했다. (기지 방어자들 중 한 명은 그 이미지의 진실성에 대해 간접적으로 논평했다. "우리가 그 기지를 공산주의자들에게 넘겨주었음에 틀림없다…… 그 트럭은 확실히 공산주의자들의 것인 듯하다!") 큐브릭은 또한 핸드헬드 카메라를 콩 소령의 B-52 안에서 빠르게 편집된 시퀀스들에 사용했다. 그 장면들에는 패닝이나 줌이 많이 사용되었고, 카메라가 직접 전구를 촬영하면서 빛 번짐 현상을 만들기도 했다. (공군은 스파이들이 전투기에 대한 비밀 정보를 캐내기 위해 사용할지도 모른다고 걱정했다. 그러나 계기판과 관련 기술들은 항공 잡지에서 직접 복사한 것들이었다.) 사운드트랙은 여기저기서 리얼리즘의 느낌을 보태 준다. B-52 폭격기 안의 모든 것들은 조종사들의 작은 이어

폰을 통해 들린다. 전시 상황실에서 볼륨과 에코음은 카메라 앵글에 따라 바뀐다. 물론 영화는 리얼리즘으로부터 확실히 벗어난다. 제목과 크레딧 자막은 스타일리시하고 풍자적인 목적을 명확히 보여 준다. 그것은 영화 초반에 피터 셀러스가 가짜 코와 방위군 콧수염을 하고 나타났을 때 강화된다. (상사가 총격전이 시작되었다는 정보를 주자, 그는 답한다. "이런! 러시아가 침공했나요, 장군님?") 콩 소령의 B-52 폭격기 외부를 보여 주는 숏들은 나중에 〈2001 스페이스 오디세이〉에서도 작업하는 영국 디자이너 월리 비버스Wally Veevers가 세심하게 만든 모델들이다. 하지만 약간 인공물이라는 티가 난다. 큐브릭이 처음으로 사전 녹음한 음악들은 사건을 비꼬듯이 논평하는 듯하다. 브레히트의 연극처럼, 그것은 관객을 감성적으로 동일시된 목격자라기보다는 비판적 관찰자의 입장에 둔다.

〈닥터 스트레인지러브〉의 가장 흥미로운 정서적 성격은 사실적인 서스펜스와 괴상한 풍자 사이의 긴장감과 변증법이다. 그것은 마치 우리가 감정적으로 끌어당겨지고 있지만 결과적으로 농담에 의해 밀려나고 있는 것처럼 느껴진다. 이러한 긴장감의 좋은 예는 리오넬 맨드레이크가 잭 리퍼의 사무실로 달려가서 그에게 휴대용 라디오에서 나오는 민간 방송을, 즉 세계가 핵공격 앞에 직면해 있지 않다는 사실을 듣도록 하는 장면이다. 셀러스는 맨드레이크를 영국 방위군의 패러디로 묘사한다. 그러나 큐브릭은 그 시퀀스에 느와르 분위기를 입힌다. 대부분의 사건들은 리퍼의 책상 뒤 약간 먼 거리에서 움직이지 않는 카메라에 의해 롱 테이크와 딥 포커스로 보여진다. 와이드 앵글 렌즈는 천장과 벽을 시야 속으로 가져오고, 그림자 드리운 방을 극적으로 길게 늘인다. 주로 리퍼 머리 위의 형광등이 그 방을 비춘다. 연기는 칙칙하고 신중하게 이어지고 대사는 계속해서 잠깐씩 멈춘다. 맨드레이크가 들어와서 라디오가 평범한 음악 방송 중이라고 말한 뒤, 커다랗고 눈에 띄는 남자 리퍼는 천천히 책상에서 일어나서 방을 따라 걷다가 멀리서 문을 잠근다. "장교 교환 프로그램은 당신에게 내 명령을 뒤바꿀 어떤 특권도 주지 않아." 그는 맨드레이크에게 말한다. 책상으로 돌아서서 등을 보인 채 앉으면서 담배 끝을 자른 다음 불을 붙인다. "내 명령은 계속된다." 맨드레이크는 멈칫거리다가 그의 명령을 받아들인다. 그다음 예의바르게, 데이비드 니븐의 억양으로, 그는 리퍼에게 말한다. "이것 참 이상하네요." 리퍼는 거만하게 답변한다. "자, 좀 진정하자, 공군 대령. 난 에틸알코올이나 빗물 증류수를 한잔 먹을 테니, 당신도 원하는 걸 드시게." 긴 침묵이 이어진다. 맨드레이크는 고지식하게 차렷 자세를 취하고, 발꿈치를 들어 거수경례를 한다. "리퍼 장군님, 대영 제국 공군 장교로서 저는 현재 상황에 대처하는 분명한 의무로써, 나 자신의 권한으로 공격 철회 명령을 발동하겠습니다." 그는 활기차게 뒤로 돌아 나가서 문을 열려하지만 문은 잠겨 있다. 그가 다른 문을 열려하지만 역시 잠겨 있다. "진정하라고 말했네"라고 리퍼는 말한다. "나는 세 글자 암호를 아는 유일한 사람이야." 그는 앞으로 나아가서 책상 앞에 근엄하게 선다. "장군님, 암호를 저에게 주시지요!"

여기서 롱 테이크가 갑자기 끝나고, 거대하고 위협적인 리퍼의 얼굴이 클로즈업된다. 이전 숏에서 그는 중간쯤이나 뒤쪽에 위치했다. 이제 그는 검은 배경에 망원 렌즈로 촬영되어서 우리 앞에 드러난다. 그의 사악한 얼굴은 머리 위 램프에 의해 비춰진다. 촬영 감독 길버트 테일러 Gilbert Taylor는 리퍼의 어두운 눈에 미친 분위기를 내기 위해 더 많은 빛을 보탰다. 인서트 장면으로 삽입된 그의 손이 책상으로 가서 진주 손잡이의 45구경 권총을 꺼낸다. 미디엄 클로즈업으로 맨드레이크의 놀란 모습과 코믹한 액션이 보인다. "그 총을 나에게 주시오, 장군, 총으로 아군

〈닥터 스트레인지러브〉: 리퍼의 모습은 극단적 로 앵글의 클로즈업을 통해 비춰진다. 그의 넓은 가슴은 훈장으로 뒤덮여 있고, 그의 두꺼운 담배는 입에서 튀어나와 있다.

장교를 위협하는 거요?" 리퍼의 모습은 극단적 로 앵글의 클로즈업을 통해 비춰진다. 그의 넓은 가슴은 훈장으로 뒤덮여 있고, 그의 두꺼운 담배는 입에서 튀어나와 있다. 리퍼는 담배를 질겅거리면서 엄숙한 톤으로 차근히 이야기한다. 그는 계속해서 강렬하고 심각하게 미친 클라이맥스를 향해 나아간다.

리퍼   국방부 전시 상황실에서 대통령과 [담배 빼꼼] 합동참모회의는 어떤 결정을 내리고 있겠지. 그들이 공격 명령의 철회가 불가능하다는 것을 깨달았을 때, 남은 결정은 오직 하나뿐이다. [잠깐 쉬고] 전면 공격! [길게 쉬고] 맨드레이크, 당신은 클레망소■가 전쟁에 대해 한 말을 알고 있는가? 그는 전쟁은 장군들에게 맡기기에는 너무 중요하다고 말했다. 그 당시에는 [잠깐 쉬고] 아마도 그가 옳았겠지. 그러나 오늘날 [잠깐 쉬고] 전쟁은 정치가들에게 맡기기엔 너무 중요하다! 그들은 시간도 없고, 훈련되지도 않았고, 전략적 사고를 하지도 못한다. [길게 쉬면서, 손으로 담배를 들고 연기를 내뿜는다] 나는 더 이상 뒷짐 지고 기다릴 수 없다. 공산주의가 유입되고, 세뇌되고, 체제를 전복하는 것을 허락할 수 없다. 국제 공산주의자의 음모가 [쉬고] 우리의 고귀한 육체를 빨아먹고 더럽히는 [쉬고] 것을 지켜만 보지 않겠다!

코미디에 문외한인 스털링 헤이든은 인터뷰에서, 큐브릭과 다른 배우들을 존중해 주어야 했기 때문에 그는 이 장면을 촬영하느라 무척 힘들

■ 조르주 클레망소Georges Clemenceau(1841∼1929)는 프랑스의 정치가이자 언론인이며 의사다. 상원의원과 총리 겸 내무장관을 지냈으며 육군장관이 되어 1차 세계 대전에서 프랑스를 승리로 이끌었다(두산백과 참조).

었다고 말했다. 그의 연기는 약간 불안해 보이지만, 그의 떡 벌어진 체격과 위엄 있는 태도와 결합하면서 오히려 그를 더욱 위협적으로 보이게 한다. 그는 맨드레이크를 연기한 셀러스와 함께 그 장면을 지배한다. 셀러스는 어려운 상황에서 불굴의 정신을 유지하려 노력하는 약간 둔한 멍청이처럼 보인다. 그 역할에서 셀러스의 가장 코믹한 장면 중 하나는 그가 소파 귀퉁이에 앉아서 조용히 껌 포장지를 만지작거리면서 침착성을 유지하려 애쓰는 장면이다. 미친 리퍼 장군이 옆에 앉아서 큰 팔을 그의 어깨에 두르면서 묻는다. "맨드레이크, 공산주의자들이 물 마시는 걸 본 적이 있는가?"

영화는 셀러스의 다양한 연기를 강조함에도 불구하고, 그는 결코 스타처럼 두드러져 보이지 않는다. 이것은 아마도 그가 연기한 세 가지 캐릭터 중에서 두 개는 비교적 합리적으로 보이기 때문이다. 맨드레이크는 일본군에게 자신이 고문당한 사실을 리퍼에게 말할 때조차도 겸손한 사람이다. "아, 그거 재미있는 일이었죠, 돼지 같은 놈들. 이상한 건 그런 놈들이 카메라 하나는 잘 만든다는 거죠." 대령 뱃 구아(언제나 믿을 만한 키난 윈이 연기했다. 제임스 에이지는 그를 당대의 할리우드 최고 배우로 지목하기도 했다.)는 맨드레이크가 화장실에서 리퍼를 죽인 "타락한 변절자"라고 비난한다. 맨드레이크는 씩씩거리면서도 정중하게 분노를 표한다.

에드 시코프에 따르면, 셀러스는 머플레이 대통령을 더 여성적 역할로 연기하려고 의도했다. 하지만 큐브릭은 그 연기를 좀 누그러뜨렸고, 그래서 우리는 단지 코의 치장이나 손수건 같은 것을 통해 셀러스가 초기에 의도했던 흔적만을 볼 수 있을 뿐이다. 셀러스는 소련의 키소프 서기장과의 전화 대화 장면을 통해서 대통령 역할에서의 폭넓은 코미디를 보여 준다. 그 장면은 어느 정도 즉흥적으로 연출되었는데, 밥 뉴하트˙나

셸리 버먼Shelly Berman 같은 코미디언들의 전성기에 대중화된 방식을 모방했다.

> 머플레이　디미트리, 음악 소리 좀 낮춰 줄래요? [잠깐 멈춤] 잘 지내시죠.
> 나도 잘 지내고 있어요, 예? 아, 당신도 잘 지내고 나도 그렇고. 아주 좋아
> 요. 디미트리, 우리 항상 핵무기가 잘못될 가능성에 대해 이야기해 왔잖아
> 요? 핵폭탄 말이에요, 디미트리. 지금 그런 일이 일어났어요. 우리 사령관
> 중 하나가 미친 짓을 저질렀어요. [잠깐 쉼] 그가 일을 저질렀어요. 당신 나
> 라에 폭격 명령을 내렸다구요. 디미트리, 우리는 이 일을 잘 처리해야 해요.
> 예, 들어 봐요. 나는 어떤 기분일거 같아요? 내가 지금 왜 당신한테 전화했
> 겠어요? 물론 당신한테 전화한 거죠. 지금 정말 골치 아픈 일이 일어났다고
> 말하고 있는 거예요. 물론 우호적 전화라구요! 우호적이지 않다면 왜 전화
> 했겠어요!

　단연코 셀러스가 이 영화에 가장 크게 기여한 것은 주인공 스트레인지러브에 대한 그의 탁월한 해석이다. 큐브릭은 그의 즉흥적이고 순간적인 연기를 놓치지 않기 위해 카메라 세 대로 촬영했다. 스트레인지러브는 영화가 절반 이상 진행될 때까지 전면에 나오지 않는다. 그는 전시 상황실 회의 테이블을 쓸어버리면서 휠체어를 타고 반들거리는 마룻바닥을

■　조지 로버트 밥 뉴하트George Robert "Bob" Newhart(1929~)는 미국의 스탠드업 코미디언이자 배우다. 그의 데뷔 앨범이자 스탠딩 코미디 실황 앨범인 《더 버튼 다운 마인드 오브 밥 뉴하트The Button-Down Mind Of Bob Newhart》는 전 세계적으로 인기를 얻었고 1961년 그래미 어워드에서 코미디 앨범으로는 최초로 '올해의 앨범'을 수상했다. 〈밥 뉴하트 쇼〉, 〈뉴하트〉 등의 시트콤에 출연했다.

미끄러져 내려온다. 그는 세련된 검정 양복을 입고, 물결이 솟구치는 금발 올백 머리를 뽐낸다. 그의 몸은 그로테스크하게 뒤틀려 있고, 그의 모든 것은 코믹 원리에 의해 지배된다. 나는 다른 책에서 이를 "표현적 모순 expressive incoherence"이라고 묘사했다. 그의 다리는 죽었고 몸통은 살아 있다. 선글라스 뒤에서 사납게 응시하고 있는 그의 눈은 얼어붙은 그의 미소와 어긋난다. 그는 이빨을 앙다문 채 이야기한다. 검은 장갑을 낀 오른손은 장갑을 안 낀 왼손에 대해 규칙적으로 반발한다.[84] 첫 번째 클로즈업에서, 그는 기계 팔에서 담배를 떼어내려고 애쓴다. 또한 그의 콧소리와 높은 음의 목소리를 통제하려고 노력한다. 그다음 그는 거들먹거리는 공손함의 가면을 내던지고, 무의식중에 핵심 단어를 소리친다. 마치 연단 위의 히틀러처럼 말이다.

> 각하, [최후의 무기에] 요구되는 기술은 최소의 핵전력으로 가능합니다. 그것은 단지 의지의 문제이지요…… 그게 이 무기의 전부예요. 핵 억지력이란 적의 마음에 공격에 대한 공포심을 불러일으키는 예술이에요…… 자동화된 장치는 인간의 간섭을 배제합니다!

스트레인지러브가 검은 장갑을 껴야 한다고 제안한 사람은 큐브릭이었다. 큐브릭은 아마도 프리츠 랑의 〈메트로폴리스〉에 등장하는 미친 과학자 로트왕을 생각하고 있었던 듯하다. 그러나 셀러스는 그 장갑을 낀 오른손이 독자적으로 움직이게 함으로써 아이디어를 발전시켰다. 그 팔은 스트레인지러브의 억지할 수 없는 나치 돌격대 본능을 드러낸다. 영화의 클라이맥스에서 그것은 전면전을 선언한다. 첫째, 오른손은 휠체어를 통제하려고 하지만 왼손이 방해하면서 계속 세차게 때린다. 스트레인

〈닥터 스트레인지러브〉: 그는 전시 상황실 회의 테이블을 쓸어버리면서 휠체어를 타고 반들거리는 마룻바닥
을 미끄러져 내려온다.

지러브는 절뚝거리면서 지쳐서 주저앉는다. 기우뚱한 자세로, 스트레인지러브는 대통령에게 핵 생존자들이 절망감을 느끼지 않을 거라고 부드럽게 말한다. "충격의 기억들은 없을 거예요." 그다음 그의 나치 자아가 더 커진다. "살아남은 사람들에게 가장 강한 감정은 향수병일 거예요. 그것은 모험을 향한 강렬한 호기심과 합쳐질 겁니다!" 갑자기 오른팔이 튀어 올라 나치 구호를 외친다. 왼손은 오른팔을 허리춤에서 잡고서 무릎으로 끌어내린 채 때려서 복종시킨다. 오른팔은 다시 튀어 올라 그의 턱을 강타한다. 그는 오른손을 깨물고, 그의 왼손은 또 오른손을 끌어내리려고 안간힘을 쓴다. 오른손은 그의 목덜미를 잡고 숨 막히게 한다. 결국 공격은 가라앉고, 거의 동시에 스트레인지러브는 다시 걸을 수 있게 되면서 세상의 끝으로 나아간다.

또한 셀러스는 콩 소령 역할도 하기로 되어 있었다. 그러나 그는 그 역할의 적절한 강조점을 찾아내지 못했고, B-52 세트를 움직이다가 다치기도 했다. 놀랍게도, 큐브릭은 그 역을 존 웨인에게 제안했고, 예상한 대로 퇴짜를 맞았다. 그다음 그는 TV 드라마 〈보난자*Bonanza*〉의 스타이자 케네디 시대의 자유주의자였던 댄 블로커에게 접근했다. 블로커의 에이전트는 그 영화가 '너무 빨갛다'는 주장에 대해 열변을 토하며 반박했다.[85] 후대를 위해 다행스럽게도, 슬림 피켄즈가 그 배역을 맡았다. 그전에 피켄즈는 큐브릭도 약간 연관되었던 영화 〈애꾸눈 잭〉에서 악당 보안관의 조수 역으로 뛰어난 연기를 했다. 또한 그는 〈닥터 스트레인지러브〉에 기본적으로 턱이 처지고 토속적인 외계인의 폭력적 느낌을 불어넣었다. 이 역할을 바탕으로 그는 나중에 멜 브룩스Mel Brooks의 〈불타는 안장*Blazing Saddles*〉(1974)에서 더 폭넓은 코미디 연기를 선보인다. 전직 로데오 카우보이였던 피켄즈는, 큐브릭이 폭탄을 타고 앉은 콩의 유명한 이미

〈닥터 스트레인지러브〉: 핵폭탄을 타고 앉은 콩 소령의 유명한 이미지.

지를 개발하는 데 도움을 준다. 그 숏의 강력한 호소력은 부분적으로 시청각 구조로부터 나온다. (콩의 비명은 으스스한 바람 소리를 따라 이상한 반향을 울린다. 마지막 순간에 대지는 폭탄과 마주치기 위해 솟구치는 듯하다. 핵폭발은 하얀 침묵 속에서 다이렉트 컷에 의해 만들어진다.) 또한 그 숏의 힘은, 피켄즈가 위엄 있게 무기를 양다리 사이에 끼고 올라탄 모습과 진짜 카우보이처럼 열정적으로 '야—호' 소리를 내지르는 모습으로부터 나온다. 다른 곳에서 그는 진짜 서부극의 비음 섞인 억양으로 대사를 이야기하고, 이 영화의 가장 우스꽝스런 대사들을 천연덕스런 표정으로 전달한다. (그 대사들은 텍사스 출신의 테리 서던이 쓴 것 같다.) '공중 공격 플랜 R' 명령이 내려졌다는 정보를 받고 그는 말한다. "좋아, 난 만국박람회에도 가 보았고, 소풍을 가서 로데오도 해 보았지. 이 명령은 내가 받은 명령 중에서 가장 멍청한 것이군!" 명령은 농담이 아니다. 그는 곧 애국적으로 되고, 넋두리를 늘어놓으면서, 자기감정과는 반대로 행동하게 된다.

콩   [카우보이모자를 쓰고서] 제군들, 이제 시작이다. 러시아와의 핵전쟁!…… 제군들 내가 말재주는 없지만, 빌어먹을 뭔가 중요한 일이 거기서 벌어지고 있는 것 같다. 제군들은 개인적으로 만감이 교차할 것이다. 젠장, 핵전쟁에 대해 아무 감정이 없다면 인간도 아니겠지…… 하나만 기억하자. 고향의 부모 형제들이 제군들을 믿고 있다. 우린 그들을 실망시키지 않을 것이다. 하나 더 말해 보자. 만약 이 일이 내 생각보다 훨씬 덜 중요하다고 밝혀지더라도 마찬가지다. 이 일이 끝났을 때, 제군들 모두는 엄청난 승진과 표창을 받을 것이다. 이건 마지막 한 사람까지 우리 모두에 해당된다. 인종, 피부색, 종교에 상관없이!

이 모든 것에도 불구하고, 조지 스콧은 이 영화에서 가장 뛰어난 연기를 보여 준다. 그의 성공은 놀랍다. 왜냐하면 그는 주로 진지한 드라마를 해 왔고, 또한 우리가 벅 터지슨 역할에 어울리는 다른 배우를 쉽게 상상할 수 있기 때문이었다. 그 캐릭터는 허풍쟁이 정치인이나 거짓 남성미가 넘쳐흐르는 국방부 관료를 연상시키는 반면, 나중에 조지 패턴 역으로 훌륭한 연기를 하게 되는 스콧은 건장한 가슴, 툭 부러진 코, 울림이 있는 걸걸한 목소리 등 셰익스피어 소설의 기조처럼 위엄 있는 신체 조건을 갖추고 있다. 스콧의 자연스런 얼굴은 회화화되었지만, 바보스럽다기보다는 리처드 3세처럼 거칠고 교활한 인물에 더 적합하다. 그럼에도 불구하고, 로저 에버트Roger Ebert가 지적한 것처럼, 그의 "목소리의 이중창과 얼굴 표현"은 순수하게 코믹한 특징이라는 면에서 제리 루이스나 짐 캐리와 견줄 만하다. 그는 완벽하고 진실한 감정으로 '평이함 속에 숨겨진' 모든 순간들을 표현한다.[86]

스콧이 불쾌해 했던 이유는, 큐브릭이 터지슨의 얼굴 숏에서 터무니없이 비딱하게 쳐다보는 테이크를 선택했기 때문이었다. 그러나 스트레인지러브나 콩처럼, 터지슨은 어두운 재미를 지닌 영화의 분위기를 활기찬 부조리의 순간들로 끌어올린다. 허풍스런 제스처를 취하면서 그는 전시 상황실의 번드르한 바닥을 가로지르고, 미끄러지면서 공중제비를 돌고, 자기 대사를 끝내기 위해 자리를 박차고 일어선다. 큐브릭은 완벽한 엉뚱함 때문에 그 장면을 그대로 두기로 했다. 큰 거울이 있는 침실에서 롱 테이크로 찍은 첫 번째 신에서, 터지슨은 만화 속 인물처럼 들어온다. 처음에 그의 컬컬한 목소리가 화장실에서 들리고, 그의 비서는 전화 속의 다른 장교로부터 메시지를 전달받는다. ("그 사람 이름이 뭐였더라, 아, 리퍼에게 전화해 봐! 툴툴, 툴툴. 내가 모든 걸 다해야 하나!") 그다음 그는 저만치에서 나와서, 짧게 깎은 군인 머리, 앞가슴이 열린 하와이언 셔츠, 버뮤다 팬티를 자랑스레 내보인다. 그는 배가 나온 몸통을 자랑스레 내밀면서 전화를 든다. "프레드? 나, 벅이야," 그는 말한다. "상황판에 뭐라고 나오지?" 그 뉴스를 들으면서 인상을 찌푸리고 순간적으로 생각하면서 폼을 잡는다. "이제 무얼 해야 할지 말해 주겠네, 친구," 그는 자기 배를 요란하게 때리면서 그 말을 강조한다. 이 장면은 영화의 가장 탁월한 제스처 중 하나인데, 캐릭터의 허풍과 어리석은 자만심을 직접적으로 전달한다.

전시 상황실에서, 터지슨의 태도는 심하게 흔들린다. 때때로 그는 대통령보다 우월하다고 느끼는 열광적 지도자였다가, 또 다른 때는 머리를 수그리면서 껌을 질겅질겅 씹는 당황해하는 작은 소년이 된다. 그는 어떤 말을 강조하거나 표정과 태도를 재빠르게 바꾸면서 웃음을 짓는다. '드롭 킥 작전'에 대한 그의 거만한 보고를 끝내면서, 그는 갑작스레 훈계조로 말하면서 불안해한다. "그 명령이 러시아를 목표로 공중 폭격하도록 했다는 것이 드러났지요." 머프레이 대통령은 노려보면서 자신만이 그 명령을 내릴 수 있는 사람이라고 말한다. "맞습니다, 각하," 터지슨은 껌 하나를 입에 넣으면서 말한다. "아직 단언할 수 없지만, 리퍼 장군이 월권행위를 한 것 같습니다." 머플레이는 리퍼의 '인간성 테스트'를 통해 그럴 가능성이 없음을 확인했다고 지적한다. 터지슨은 거만하지만 예의바르게 말한다. "한 번의 실수로 테스트 프로그램 자체를 비난할 순 없겠지요." 대통령은 터지슨의 의견은 "점점 더 신뢰할 수 없다"고 말한다. 심술이 나서 눈살을 찌푸리면서 껌을 질겅거리는 터지슨의 모습이 로 앵글로 잡힌다. 하지만 곧 터지슨은 자만심에 가득 찬 목소리로 강연을 시작한다. 그는 미국이 폭격할 때 러시아인들은 "엄청나게 화를 낼" 것이라고 대통령에게 설명한다. 자신도 리퍼의 행위를 화장실에서 들었다는 사실을 잊어버리고서, 터지슨은 앞으로 기대면서 무거운 눈썹 밑으로부터 음모하듯이 미소를 짓는다. "이제, 만약 전면적이고 조직적인 공격을 개시한다면, 우리는 기습적으로 그들을 사로잡을 좋은 기회를 얻게 될 겁니다!"

머플레이가 러시아와 대책을 협의하겠다고 발표했을 때, 터지슨은 크게 실망한다. 실눈으로 째려보면서 그는 소리친다. "러시아 대사를 전시 상황실로 들여놓는다는 게 말이나 되냐구요?" 눈을 부라리면서, 그는 자신의 통계 보고서를 팔로 감싼다. "그는 모든 걸 볼 거요! 그가 작전 상황판을 볼 거라구요!" 공격 철회 암호가 발견되어 상황이 종료되었을 때, 그는 의자 위에 올라가 조용히 하라고 휘슬을 불면서 '감사기도'를 청한다. 그는 위엄에 찬 목소리로 '신'을 올려다보며 소리친다. 그러나 곧이어 비행기 한 대가 계속 진군하고 있다는 사실이 알려진다. 갑자기 그는 눈을 가늘게 뜨고 말한다. "각하, 살찐 공산주의 쥐새끼들의 냄새가 납니다!" 대통령이 키소프 서기장과 전화 통화를 할 때, 터지슨은 머리에 손을 감싸며, 두려워하고 힘겨워하는 것처럼 보인다. 대통령이 돌아서서, 비행기를 격추시킬 수 있는지 묻자, 터지슨은 놀라움을 넘어 격렬하게 껌을 씹으면서 상황을 유쾌하게 즐긴다. 그는 열정적으로 이야기한다. "각하, 솔직히 말해서, 소련군은 허풍쟁이들입니다. 그들이 우리 노하우를 알 수가 없지요. 무식한 노동자들이 우리 기계를 이해할 수 없을 겁니다! 러시아인들은 대체로 배짱은 두둑해요. 보세요, 나치를 엄청나게 죽이고도 여전히 살육을 계속 하잖아요!" 목소리를 낮추면서, 그는 러시아인의 배짱은 아무 쓸모도 없다고 주장한다. 왜냐하면 아군 조종사는 "너무나 뛰어나서 아주 낮게 비행기를 몰고 갈 수 있을 것……"이기 때문이다. 갑자기 그는 흥분을 가라앉히고, 두 팔을 비행기 날개처럼 펼치면서 킥킥 웃는다. "이걸 보세요. B-52의 거대한 날개! 그 제트기는 마당에서 닭고기

〈닥터 스트레인지러브〉: 갑자기 터지슨은 흥분을 가라앉히고, 두 팔을 비행기 날개처럼 펼치면서 킥킥 웃는다.

도 구워먹을 수 있어요! 하하! 무사할 수 있냐구요? 오, 물론입니다!" 그 다음 그는 문득 자신이 영화 역사상 가장 과장된 이중 반응double-take을 보이고 있다는 사실을 깨닫는다. 얼굴을 떨구면서, 눈을 동그랗게 뜨고, 한 손으로 입을 막으면서 당황한 표정을 짓는다.

이처럼 코믹한 깨달음의 순간은 영화의 전체 주제를 깊숙이 드러낸다. 확실히 그 장면은 관객들을 갑자기 멈추게 만드는 큐브릭의 전반적 전략을 보여 준다. 그것은 목구멍에 차오르는 웃음과, 갑자기 어리석음을 깨닫게 하는 긴장감을 창조한다. 핵폭탄 위에 올라타고 위기에 처한 콩, 휠체어에서 벌떡 일어서는 스트레인지러브, '전면전'을 주장하는 터지슨은 갑자기 죽음으로 끝나버린다. 그러나 그것은 성적 클라이맥스에서의 '작은 죽음'과 같은 황홀한 암흑 상태는 아니다. 다른 곳에서처럼 여기서도, 군산 복합체와 남성적 리비도는 직접적이고 불안하게 좌절하고 파괴된 섹슈얼리티의 제도와 연결된다. 프로이트가 《문명 속의 불만》에서 제시한 것처럼, 전쟁은 사랑이다. 심지어 터지슨의 이중 반응은 질외 사정으로 묘사될 수도 있다. 콩과 스트레인지러브에게, 그 효과는 에로스의 타나토스로의 직접적 변형에 가깝다. 세계는 예상되는 공포를 표명하기도 전에 멈춰 버린다. 오직 핵구름의 끔찍한 아름다움과, 야만적이고 풍자적인 분노의 느낌만이 뒤에 남겨진다. 〈닥터 스트레인지러브〉에서 큐브릭은 순수한 블랙 코미디 스타일에 도달한다. 그는 영화 경력을 시작한 이래 블랙 코미디 형식에 강하게 끌렸다. 블랙 코미디는 그의 예술적 기질을 끌어당기는 자석이 되었다. 그러나 열정적 우상파괴주의, 염세주의적 풍자, 그리고 예상치 못한 공포가 그처럼 강력하게 혼합된 작품은 좀처럼 다시 만들어지지 못했다.

10

우주 너머

큐브릭의 가장 야심적인 다음 프로젝트는 미국 역사에서 가장 충격적인 해였던 1968년에 발표되었다. 그해에 마틴 루터 킹과 로버트 케네디가 암살되었다. 베트남전에서 신년 총공세the Tet Offensive가 시작되었고, 주 방위군은 켄트 주립 대학교 시위 학생들에게 발포했다. 바로 얼마 전 청년 시위대는 폭력으로 돌아섰고, 진압대는 그에 맞서고 있었다. 큐브릭은 영국으로 완전히 이주했다. 그는 더 먼 미래와 우주에 대한 탈정치적 스튜디오 영화에 심혈을 기울이기 시작했다. 이제 새천년이 시작되었고, 우리는 〈2001 스페이스 오디세이〉가 얼마나 잘 당대를 반영했고, 다가올 해에 대해 얼마나 잘못 이해했는지 질문할 수 있는 좋은 위치에 서 있다.

깜빡거리는 비디오 스크린들과 우주복에 달린 '키보드들'에도 불구하고, 〈2001 스페이스 오디세이〉는 디지털 혁명과 컴퓨터의 소형화를 예측하지 못한다. (영화 속의 우주 비행사들은 미래형 만년필과 평범한 클립보드로 글을 쓴다.) 우주선의 자동화는 어느 정도 저평가되고, 인공 지능의 진전은 고

평가된다. 그럼에도 불구하고 1960년대 후반 미국항공우주국(NASA)의 활동에서 추론된 우주여행의 비전은 영화 속에서 가능성의 왕국으로 잘 묘사된다. 우리는 오랫동안 우주선을 이용해왔다. 오늘날의 여객기처럼 의자 뒤에 TV 스크린을 장착한 영화 속의 팬암 오리온보다는 덜 사치스럽다 할지라도 말이다. 우리가 우주 정거장들과 달 착륙을 넘어선 우주 탐사를 더 발전시키지 못하고 있는 유일한 이유는, 지구상의 정치권력이 그것의 군사적, 상업적 가치를 낮게 보았고, 컴퓨터화된 로켓들과 카메라들이 주로 과학적 목적으로 활용되었기 때문이었다. 그러므로 〈2001 스페이스 오디세이〉는 기술적으로나 사회 정치적으로 아주 구식으로 느껴진다. 그것은 냉전의 종말을 예상하지 못했다. 또한 러시아 여성 과학자 분견대와 우주 정거장에서 미국인 한 명을 제외하고는, 우주여행자들은 모두 남성이다. 사이키델릭 효과를 보여 주는 마지막 에피소드(그것은 리처드 애버던Richard Avedon▪의 비틀스에 대한 색채 사진을 연상시키며, 앨프리드 젠슨 Alfred Jensen▪▪의 우주 에너지에 대한 추상 회화와 정확히 동시대의 숨결을 느끼게 한다) 를 제외하고, 이 영화에서 가장 분명한 1960년대식 이미지는 달나라 여행 동안에 헤이우드 플로이드(윌리엄 실베스터) 박사를 돕는 젊은 비행 승무원들과 여승무원들(영화는 '여자들girls'이라고 부른다)이다.

〈2001 스페이스 오디세이〉는 당대의 모습을 간접적으로 보여 준다. 큐브릭은 원래 이 영화를 시네라마로 기획했고, 현대의 융합 예술 및 기술 프로젝트와 완벽하게 교류했다. 그는 영화의 미래 그 자체를 제시하려 했다. 존 벨튼John Belton이 관찰한 것처럼, 이 영화에 선행했던 대표적 시

▪ 리처드 애버던(1923~2004)은 20세기 미국을 대표하는 패션 사진작가다.
▪▪ 앨프리드 젠슨(1903~1981)은 과테말라 출신의 미국 추상 화가다.

네라마 영화들은 주로 국가주의와 스펙터클 기행이라는 주제에 기초하고 있었다.[87] 〈2001 스페이스 오디세이〉는 1:2.20 슈퍼 파나비전 포맷의 '휘감는' 듯한 특징을 효과적으로 이용했고, 영화 보는 방식을 바꾸는 새로운 기술들을 발전시켰다. 큐브릭과 톰 하워드Tom Howard는 아프리카와 우주 장면을 위해 대형의 전면 영사 시스템을 고안하고 특허를 냈다. 더글러스 트럼불Douglas Trumbull은 클라이맥스 우주 쇼 장면을 위해 '슬릿스캔Slit-scan' 장치를 개발했다. 월리 비버스와 모형 건축 회사들은 아무도 상상할 수 없었던 우주선의 환상적 모습을 창조해 냈다. (크리스티안 큐브릭이 부분적으로 디자인한 모형은 보통보다 훨씬 더 크게 만들어져서 사실적인 세부 묘사를 보여 준다.) 큐브릭은 촬영된 시퀀스들을 보기 위해 TV 폐쇄 회로를 이용하는 최고의 기술 감독들(제리 루이스Jerry Lewis를 포함해서) 사이에 있었다. 그와 촬영 감독 제프리 언스워스Geoffrey Unsworth는 컬러 효과와 조명 계획을 체크하기 위해 폴라로이드 사진을 이용하는 방법을 고안했다. 또한 그는 250개 이상의 특수 효과 장면들을 잘 관리할 수 있는 상세한 분류 및 기호 시스템을 개발했다. 대부분의 특수 효과 장면들은 완성되기 위해서 10개의 분리된 단계를 거쳐야하는 매트 기술과 관련이 있었다. 이 모든 것의 아이러니는, 영화가 개봉하자마자 시네라마는 사라지기 시작했고, 큐브릭이 완벽하게 만들었던 거의 모든 '진보적' 장치들은 결국 컴퓨터에 의해 대체되었다는 것이다. 〈2001 스페이스 오디세이〉의 깨끗한 딥포커스 이미지와 첨단 특수 효과들은 경이감을 불러일으키는 힘을 결코 잃지 않았다. 내 생각에 그 영화는 21세기 초의 디지털 블록버스터들보다 훨씬 더 화려하다. 하지만 그것은 기본적으로 극장에서 필름을 보는 사진적photographic 경험이다. (심지어 영화 속의 우주 비행사들은 비디오카메라보다 필름을 사용한다.) 그러한 아날로그 경험은 오늘날 DVD, TV, 홈시어터 시스템의 신기술에 의해 매개되고 있다.

폴커 피셔Vollcer Fischer의 지적에 따르면, 그 영화의 우주복, 계기판, 실내 디자인이 미래적 매력을 지닌 이유는, 큐브릭과 많은 디자이너들이 일종의 21세기 모더니티의 연속성을 성취했고, 르 코르뷔지에Le Corbusier와 바우하우스Bauhaus의 유토피아 '화이트 모더니즘white modernism'을 먼 미래로 투사했기 때문이다.[88] 이러한 영화의 성격은 디스커버리호의 임무를 위해 우주 비행사들이 거주하는 팬암 우주선, 우주 정거장 5의 힐튼 라운지, 에리즈 B 우주선, 거대한 원심분리기와 다람쥐바퀴와 관련된 시퀀스들에서 분명히 드러난다. 우주정거장에서 붉은 오렌지 라운지는 프랑스 디자이너 올리버 모그Oliver Morgue의 팝아트 작품이고, 비행기 승무원 의상은 앙드레 쿠레주Andre Coureges,■ 메리 퀸트Mary Quant,■■ 비달 사순Vidal Sassoon■■■ 등이 디자인했다. 비록 이런 요소들이 1960년대를 상기시킨다 할지라도, 그것들은 포스트모던 우주 드라마의 퇴행적인 디스토피아 스타일을 축소하고 회피함으로써 그럴듯한 '미래성future-ness'을 창조한다. 특히 이 영화에서 유일한 복고풍 디자인은 우주 비행사 보우먼(케어 둘리)이 우주여행의 마지막에 마주치는 이상한 아파트 또는 호텔 방 장면이다. 그곳은 새 배관 설비, 반투명 패널에서 나오는 빛, 가구들과 장식들 등을 지닌 현대식 방이 분명함에도 불구하고, 18세기 계몽주의 시

■ 앙드레 쿠레주(1923~)는 1960년대 청년 스타일을 선도한 프랑스 디자이너다. 젊은이들의 자유분방하고 발랄한 이미지의 스타일에서 영감을 얻은 디자인들을 선보였으며, 1960년대의 우주여행에 대한 사회적 관심을 접목한 스페이스 룩을 유행시키기도 했다.

■■ 메리 퀸트(1934~)는 영국의 디자이너로, 1960년대 모즈 룩의 선구자다. 1961년 당시 파격적인 미니스커트를 발표하자 전 세계 젊은이들에게 파급되었다.

■■■ 비달 사순(1928~2012)은 영국의 헤어 드레서이자 사업가로, 1960년대에 보브 컷을 기반으로 한 새로운 스타일을 선보여 선풍적인 인기를 끌었다.

〈2001 스페이스 오디세이〉: 이 영화에서 유일한 복고풍 디자인은 우주 비행사 보우먼이 우주여행의 마지막에
마주치는 이상한 아파트 또는 호텔 방 장면이다.

대를 연상시킨다.

빈센트 로브루토의 큐브릭 전기, 제롬 에인절Jerome Angel의 선집《큐브릭의 2001 메이킹*The Making of Kubrick's 2001*》, 캐럴린 제덜드Carolyn Geduld의 《2001 스페이스 오디세이 가이드*Filmguide: 2001: A Space Odyssey*》 (큐브릭이 감탄했던 책이다) 등은 이처럼 특별하고 영향력 있는 영화가 어떻게 만들어졌는지의 이야기를 담고 있다. 스테파니 슈웜Stephanie Schwam의 모음집《2001 스페이스 오디세이 메이킹*The Making of 2001: A Space Odyssey*》 은 에인절과 제덜드의 책으로부터 많은 것들을 가져온다. 이 책의 목적상, 다른 곳에서 논의되지 않은 몇몇 세부 사항들을 포함해서, 제작 과정에 대한 간략한 요약만으로 충분할 것이다.

이 프로젝트는 큐브릭이 처음으로 우주 영화에 대해 생각했던 1950년대 중반에 시작된 듯하다. 특히 그는 SF 영화의 영원한 주제인 외계인의 존재에 대해 관심을 가졌다. 〈닥터 스트레인지러브〉를 기획하면서 그는 다른 행성의 방문자들이 멸종한 지구를 발견하는 장면에 대해 생각했다. 외계인을 출연시키지 않고도, 〈닥터 스트레인지러브〉는 1964년에 '휴고Hugo'■ 시상식에서 최고SF영화상을 받았다. 아마도 이 일은 큐브릭으로 하여금 더 직접적으로 SF 장르에 접근하도록 했을 것이다. 케네디 시대에 소비에트와의 우주 경쟁은 인간이 달나라에 가는 시점을 앞당기고 있었고, 이 주제에 대한 대중의 관심을 크게 불러일으켰다. 그러므로 큐브릭은 현실적이고 과학적으로 정확한 영화를 만들려고 결정했다. 그는 그 당시 영화 제작의 '특별 이벤트'를 이용하려 했다. 결국 큐브릭은 영어권

■ 휴고상Hugo Award은 1955년 이래 해마다 최우수 SF 소설과 판타지 문학 작품에 대해 수여하는 상이다. 미국 SF의 아버지인 휴고 건즈백Hugo Gernsback을 기념해 만들어졌다.

에서 가장 유명한 SF 작가인 아서 C. 클라크에게 시나리오를 도와달라고 부탁했다.

아마추어 고생물학자이자 천문학자로서 클라크는 중요한 과학적 지식과 상상력을 갖고 있었다. 그는 독자적으로 우주여행에 대한 중요한 생각들, 이를테면 우주 비행선이나 그 자체의 중력을 갖는 원심 분리 우주 정거장 같은 아이디어들을 생각해 냈다. 클라크는 1960년대 미국항공우주국(NASA)의 장거리 우주 계획에 참여했다. 그는 철학적 소설 《어린 시절의 끝Childhood's End》, 사색적 논픽션 《미래의 단면들Profiles of the Future》로 널리 알려졌다. 그러나 큐브릭은 클라크의 단편 소설 — 특히 《파수꾼The Sentinel》이라는 9페이지 분량의 단편 소설 — 로부터 시작하자고 제안했다. 그 소설은 원래 1951년에 다른 제목으로 출판되었다. '파수꾼'은 보이지 않는 방어막에 둘러싸인 피라미드 형태의 이상한 물체의 비밀을 밝혀내는 1996년 달 탐사 이야기다. 이 이상한 물체는 무선 신호와 '화재 경보'를 내보내고, 지구인이 그것을 발견한다. 클라크는 이 간략한 이야기로부터 출발해 영화화를 위한 대서사를 쓰기 시작했다.

이 이야기의 오리지널 버전인 '우주 너머 여행Journey beyond the Stars'은 클라크의 작품과 비슷한 영국 철학자이자 SF 소설 작가인 올라프 스테이플던Olaf Stapledon(1886~1950)의 소설에 크게 빚지고 있다. 스테이플던은 돌연변이 슈퍼맨, 외계인, 시공간의 거대한 스케일을 가로지르는 생물의 진화 등에 관한 소설을 썼다. 예를 들어, 그의 《스타 메이커Star Maker》(1937)는 우주가 만들어진 때부터 마지막 은하계가 사멸하고 우주가 '완전한 물리적 휴지기'에 이른 시점까지 수십억 년에 걸친 이야기다.[89] '우주 너머 여행'은 그렇게 광대하지는 않지만, 그래도 스토리의 시공간 차원은 다른 영화들의 기를 죽인다. 큐브릭이 공동 집필한 1965년 2월의 시나리오 버전은 선사 시대 원숭이들이 빛을 내뿜는 '크리스털 관'을 발견하는 장면에서 시작한다. 화면 밖의 내레이터는 그 빛이 "자연 무기를 인공 도구로 활용하는 놀랍고 엄청난 개념"이라고 설명한다. 그 무기는 원시인들을 수동적 채식주의자에서 다른 동물을 먹는 잡식주의자로 바꾸어 놓는다. 여기서 플롯은 400만 년 뒤로 튀어 오른다. 이제 지구는 인구 과잉과 핵무기 확산에 의해 고통받는다. 다른 크리스털 관은 달나라의 우주인에 의해 발견되고, 그 무선 신호를 추적할 임무가 부여된다. 이 시나리오 버전에서 아직 할HAL 컴퓨터는 등장하지 않고, 마지막에 우주 비행사 보우먼은 오래된 TV 쇼에서 본 이상한 호텔방에 놓인 채 누군가에게 감시받고 있는 자신을 발견한다. 전화벨이 울리고, 우주 외계인의 목소리가 그에게 말한다. 나중에 보우먼은 "두 팔 두 다리로 직립 보행하지만 번쩍이는 금속으로 만들어진 외계인들을 만난다. 그들은 발가벗고 있지만, 성기는 없고, 머리는 인간이 아니며, 두 개의 거대하게 튀어나온 눈과, 코가 있을 자리에 작고 말아 올려진 코끼리 코 같은 것이 붙어 있다."[90]

대략 이때쯤 큐브릭은 NASA에서 일한 적이 있던 해리 랭Harry Lang과 프레데릭 오드웨이Frederick Ordway를 영화의 자문 위원으로 고용한다. 큐브릭과 클라크는 천체 물리학자 칼 세이건Carl Sagan과 의논을 하면서, NASA뿐만 아니라 IBM, 허니웰Honeywell,■ 보잉, 벨, RCA, GE 등으로부터 그들의 로고를 스크린에 넣어 주기로 하고 부가적 디자인 도움을 받는다. (이 영화는 상업적 '끼워 팔기'를 아이로니컬하게 처리한다. 심지어 그 회사 디자이너들의 상상력으로부터 기술 타당성을 획득하기도 한다.) 1965년 8월 말에 수정된 시나리오는 〈2001 스페이스 오디세이〉로 명명된다. 이 버전에서 오프닝 신들

■ 미국의 전자 통신 시스템 장비 제조 회사.

이 약간 다듬어진다. 내레이터는 인간 진화 이론을 더 분명하게 설명한다. '문워커Moonwatcher'라 불리는 원시인은 도구 – 무기를 만들어 내면서, "처음으로 희미하게 느낀 새롭고 강력한 통증 – 살인 충동을 느낀다. 그는 인간성을 향한 첫걸음을 내딛는다." 플롯은 2001년으로 튀어 오른다. 꽤 수다스런 내레이터는 인류 문명이 '완벽한 무기'를 만들어 냈다고 설명한다. 수백 개의 핵무기가 지구 궤도를 돌고 27개 나라가 핵 클럽에 가입했다는 것이다. "2차 세계 대전 이래 의도적이건 우연적이건 간에 아직 핵무기의 사용은 없었다." 내레이터는 설명한다. "그래서 어떤 사람들은 안전하다고 느꼈다. 그러나 다른 사람들은 그것을 완벽한 안전 기록을 가진 여객기와 비교하는 것 같았다. 그것은 아주 조심스럽고 능숙하게 관리되는 것 같았다. 그러나 아무도 마지막까지 영원히 그러리라고 예상할 순 없었다."[91] 이 시나리오 초안에서 할이라고 이름 붙여진 컴퓨터가 등장한다. (그전 중간 초안에서 컴퓨터는 여성이고 아테나Athena라고 불렸다.) 그러나 그 것이 문제를 일으켰을 때, 보우먼은 그 컴퓨터를 다시 프로그래밍할 수 있다.

1965년 12월, 촬영 대본은 더 새로운 내용을 갖게 된다. 그 속에는 헤이우드 플로이드가 신용카드와 '비전 쇼퍼Vision Shopper'를 사용해서 자신의 딸로 삼기 위해 아프리카 원주민 아이를 구입하는 장면을 포함하고 있다. 달에서 미국 측은, 그들이 발견한 물체(이제는 돌기둥monolith)가 아마도 '별에서 떨어져 나온 무언가'인 것 같다고 추측한다. 할은 영화의 최종본에 나온 컴퓨터를 모방하기 시작하지만 그의 대사는 효과적이지 못하다. 보우먼과 지구 사이의 교신은 왜 할이 문제가 생겼는지 말해 준다. 할은 그 미션의 목적에 대해 거짓말을 하도록 프로그래밍되었던 것이다. 할은 미션의 목적에 대해 직접적 의문을 느끼면서, 진실을 말해야 하는지 갈등한다. "이 딜레마에 직면해서, 그는, 뭐라고 말해야 할지 모르겠지만, 신경질이 났다." 이 시나리오는 아마도 괴상한 우주인 만들기를 포기하고, 대신에 신비롭고 정신적인 효과를 선택한다. 그 대본에는 우주의 "기계성"이라고 적혀 있다. 그 기계성은 "우주 공간 그 자체로부터 지식을 저장하고, 얼어붙은 빛의 격자 속에서 영원성의 사상을 지켜낼 수 있다." 이러한 진보적 존재는 "방사능의 창조자이자, 물질의 전제 군주로부터 자유로운 마지막 존재"다.[92]

큐브릭은 런던 근교의 셰퍼턴 스튜디오와 보햄우드에서 12월에 영화 촬영을 시작한 뒤 더 많은 것을 바꾼다. 보햄우드에서 비커스 엔지니어링 회사는 디스커버리 원심분리기에 올라탄 장면을 위해 거대한 대회전 관람차를 만든다. 〈2001 스페이스 오디세이〉는 특수 효과의 복잡성 때문에 원래 촬영 기간을 1년 이상 넘겼다. 큐브릭은 편집을 하면서 몇 장면을 뺐다. 또한 그는 임시로 사용한 클래식 '보관 음향needle drops'▪에 매료되어서, 작곡자 알렉스 노스Alex North에게 위임했던 오리지널 악보를 포기하기로 결정했다. 그의 다양한 음악 선택 — 리하르트 슈트라우스의 〈차라투스트라는 이렇게 말했다〉, 요한 슈트라우스의 〈아름답고 푸른 도나우 강〉, 아람 하차투리안의 〈가이느〉, 죄르지 리게티의 〈분위기〉, 〈레퀴엠〉, 〈영원한 빛〉 — 은 결국 영화의 가장 격렬한 논란을 불러일으킨다. 영화 사운드트랙에 잘 알려진 연주곡을 사용하는 것이 새로운 것은 아니다. 그러나 미셸 시옹Michel Chion이 지적한 것처럼, "그 영화의 음악은 효과음이나 대사와 거의 혼합되지 않는다. 그것은 다른 사운드트랙 요소들

▪ 영화 제작자가 음악에서 필요한 부분만 골라서 쓸 때마다 사용료를 지불하는 것을 말한다.

과 섞이고 합성되기를 거부한다."[93] 음악은 눈에 잘 띄게 전시되어 있는 듯하다. 바로 이런 이유로 〈차라투스트라는 이렇게 말했다〉의 오프닝 모티프는 즉각적으로 대중의 열광을 얻어냈고, 이후 수많은 영화와 TV 광고에서 패러디되어 왔다.

큐브릭은 이번만은 할리우드 검열의 삭제와 수정이 필요 없는 영화를 만들었다. PCA는 이 영화가 사실상 수정할 것이 없다고 보고했다. 그 보고서를 쓴 사람은 '범죄'라는 제목을 달고 당황스런 항목 하나를 기입해 놓긴 했다. "컴퓨터가 승무원들을 죽이는가???"[94] 그 검열관의 당황스러움은 1968년 3월의 MGM 시사회에서 많은 관객들의 반응과 비교할 수조차 없다. 관객들은 영화가 완전히 수수께끼 같고, 서스펜스와 극적인 탄력은 부족하다고 생각했다. 똑같이 수수께끼 같은 미켈란젤로 안토니오니의 〈욕망Blow-up〉이 그 전해에 MGM에서 성공했다. 그러나 〈욕망〉은 그렇게 돈이 많이 들지 않았고, 활기찬 런던에서 여러 번의 섹스 장면을 보여 주기도 했다. 큐브릭의 영화는 미래 지향적 장비와 보이지 않는 외계인 외에 아무것도 보여 주지 않는다. 아무런 스타 배우도 섹스(〈욕망〉에서는 바네사 레드그레이브가 셔츠를 벗어던지는 유명한 장면이 있다)도 없다. 영화의 거의 3분의 2는 아무런 대사도 없다. 단지 30분 정도만이 위험에 처한 캐릭터들과 연관된다.

보이지 않는 외계인을 만들고, 엔딩을 신비스럽게 끝내려는 큐브릭의 결정은 이런 상황에 전혀 도움이 안 되었다. 하지만 영화의 이상한 결론은 그가 포스트프로덕션 작업을 통해 사용했던 전략과 일치했다. 그는 반복해서 영화의 시청각 표현들이 보여 주는 과학의 겉옷을 벗겨내고, 사건들의 의미를 합리적인 만큼 불확실하고, 모호하게, 그리고 신비롭게 만들었다. (시나리오 작업을 하면서, 큐브릭과 클라크는 수많은 SF 소설을 참조했다. 인류학자 루이스 리키Louis Leakey의 《아담의 선조들Adam's Ancestors》, 로버트 오드리 Robert Audrey의 《아프리카의 기원African Genesis》, 칼 세이건과 I. S. 슈클로프스키I. S. Shklovskii의 《우주 생명체Intelligent Life in the Universe》 등. 그러나 조지프 캠벨Joseph Campbell의 《천의 얼굴을 가진 영웅Hello with a Thousand Faces》은 융 심리학을 통해서 이 영화의 클라이맥스 에피소드에 나오는 새로운 시대정신에 영향을 준 것 같다.) 그는 원래 이 영화의 도입부를 1.37대 1의 표준 비율 흑백 필름으로 촬영한 다큐멘터리로 시작할 계획이었다. 그것은 20명의 과학자들과 유대인 신학자 한 명이 우주여행, 인공 지능, 외계 생명체의 가능성 등의 주제로 이야기를 나누는 장면이었다. 조감독 로저 카라스Roger Caras가 그 인터뷰를 찍었지만, 부분적으로 길이 때문에 상영되진 못했다.[95] 그 뒤 큐브릭은 오프스크린 내레이션을 상당수 잘라냈다. 그의 대다수 영화들이 내레이션을 사용했기 때문에 이것은 그답지 않아 보였다. 결과적으로 관객들은 대본에서 강조하고 있는 세부 사항들을 알지 못한다. 예를 들어, 뼈 무기가 공중으로 날아올라서 궤도를 도는 우주선으로 바뀌는 유명한 매치 컷은 원래 내레이션을 동반할 예정이었다. 내레이션은 지구 궤도를 돌고 있는 그 물체가 핵폭탄이라고 설명한다. 내레이션의 결여는 영화의 주요 아이러니들 중 하나로 의도된 것을 불명확하게 만들어 버렸다. 이를테면, 핵에너지 때문에 목성 탐사 미션이 추진되었다는 사실은 영화 속에서 명확히 제시되지 않는다.

　〈2001 스페이스 오디세이〉에 대한 스튜디오의 불안은 공식 개봉 이후 대다수 뉴욕 비평가들에 의해 강화되었다. 〈뉴욕 매거진〉의 주디스 크리스Judith Christ와 〈뉴 리퍼블릭〉의 스탠리 카우프만Stanley Kaufman은 부정적 평을 냈다. 〈새터데이 리뷰〉의 홀리스 앨퍼트Hollis Alpert는 큐브릭이 인간보다는 컴퓨터 할에 더 많은 관심을 기울이게 했다고 불평했다. 〈타임〉은 영화가 너무 길고, 큐브릭과 클라크는 "캐릭터와 갈등이라는 전통적 요소들"을 무시했다고 말했다(1968. 4. 19). 〈뉴스위크〉는 "우주여행의 지루함을 보여 주는 감독의 시도는 진짜로 재미없는 것이 되었다"(1968. 4. 15). 가장 통렬한 혹평은 〈하퍼스〉에서 폴린 케일이 제기했다. 그는 "바보 같은 엄숙함," "탁상공론의 권위적인 쇼 비즈니스"[96]라고 비난했다. 〈빌리지 보이스〉의 앤드루 새리스 또한 그 영화에 반대했다. 그러나 얼마 있지 않아서, 그 영화가 젊은 세대의 거대한 구름 관중을 모으기 시작하자, 그는 농담조로 "연기 나는 물체"의 영향으로 입장을 바꾸었다고 고백했다. 그 "물체"는 "베르무트 칵테일"보다 세지는 않다고 설명하면서, 그는 큐브릭의 영화가 "추리 영화"가 아니라 "뛰어난 예술가의 뛰어난 작품…… 형이상학적 두려움과 통렬한 즐거움이 살금살금 나란히 걸어가는 미래의 우화"라고 평한다.[97]

우주적 시각, 기술적 디자인에 대한 철저한 관심, 관습적 드라마에 대한 거부 등으로 인해서 대부분 뉴욕 비평 단체들은 영화의 엄청난 성과를 정확히 이해하지 못했다. 큐브릭의 대응은 19분을 잘라내는 것이었다. 그것은 대단치 않은 수정이었다. 만약 더 심각한 수정이 있었다면, 그 영화는 전혀 다른 종류의 것으로 바뀌었을지도 모른다. 마리오 팔세토의 말처럼, 오리지널 70㎜ 상영은 관객들이 "영화를 무엇보다 먼저 감각적으로 경험하고 있다"(p.45)고 느끼도록 해 주었다. 스펙터클을 즐기고, 톰 거닝이 말한 '매혹의 시네마the cinema of attractions'를 느끼기 위해 영화관을 찾은 관객들은 문학 평론가들보다도 훨씬 더 잘 그들이 보고 있는 것의 특별한 성격을 이해할 수 있었던 것 같다.[98] 하지만 어떤 지적인 사람들은 〈2001 스페이스 오디세이〉가 대형 스크린에 창조한 물질적 감각에 잘 적응했다. 막스 코슬로프Max Kosloff는 〈필름 코멘트〉에서 "카메라가 어떻게 손에 잡히듯이 활발하게 움직이다가, 속도를 줄이면서 우아하게 나아가는지"에 대해 묘사했다. 코슬로프는 설명한다. 큐브릭의 붐 숏과 패닝 숏들은 "시네라마 스크린 그 자체의 굴곡을 따라서 화면 둘레를 한 번에 쫙 훑어보게 한다." 우리가 극장에서 이 스펙터클의 위쪽에 앉아 있든지 아래쪽에 앉아 있든지 간에, 우리는 나선형의 움직임을 따라서 육체적으로 빨려 들어가는 느낌이 든다. 그것은 마치 태양계의 맨 바깥쪽에 매달린 위성과 마찬가지다.'[99] 〈아트 포럼〉의 장황한 에세이에서, 애넷 마이컬슨Annette Michelson은 〈2001 스페이스 오디세이〉는 "아주 빠른 엘리베이터나 여객기 안에서 경험하는 정지 상태"를 보여 준다. 그 영화는 "관객들이 의식의 극장으로서 육체의 공간과 차원들을 재발견하도록 해 준다."[100]

데이비드 린David Lean의 〈아라비아의 로렌스Lawrence of Arabia〉(1962)는 불타는 성냥의 클로즈업이 모래 언덕 위로 떠오르는 태양의 와이드 숏으로 바뀌는 매치 컷을 보여 준다. 이 영화는 거의 〈2001 스페이스 오디세이〉만큼이나 숭고한 파노라마들을 창조한다. 큐브릭 영화를 독특하게 만드는 것은 광대한 공간을 느린 시간으로 표현하는 방식이다. '인류의 새벽'으로 이름 붙여진 오프닝 부분에서, 한 타블로 장면이 다른 타블로 장면으로 느긋하게 이어진다. 슈퍼파나비전 스크린의 거대한 시각적 감흥이 내러티브의 진행을 방해한다. 고요함과 하루 동안 하늘빛의 흐름이 무언가 숨 막히는 불안한 조짐을 불러일으킨다. 드디어 충격과 놀라움의 짧은 발작이 고요한 정적을 깨뜨린다. 해골은 태양에 말라 버렸고, 표범은 테이퍼를 공격한다. 온순하고 채식을 하는 유인원들이 소리 지르면서 약탈하는 라이벌 원숭이 무리에 의해 물웅덩이에서 쫓겨난다. 리게티의 초현대적 음악이 깔리는 가운데, 어디에서도 본 적이 없는 검은 돌기둥의 초현실적 모습이 드러난다. 돌기둥 위로 별들의 배열(오프닝 숏과 반대 각도에서, 지구, 태양, 달)은 한 유인원(클라크의 소설에서 '문워커,' 영화 속에서 다니엘 리히터가 연기)에게 의식과 지능의 각성을 유발한다. 그는 아무 생각 없이 뼛조각 하나를 집어 들고 노닥거린다. 슈트라우스의 〈차라투스트라는 이렇게 말했다〉 음악과 함께, 그는 무기 소유자, 살인자, 육식 동물이 된다. 슬로 모션으로 그는 테이퍼를 내려친다. 라이벌 원숭이들을 물웅덩이에서 제거한 뒤, 그는 기뻐 날뛰면서 그 뼈 무기를 공중으로 높이 던진다. 뼈 무기는 천천히 회전하면서 지구 궤도를 조용히 돌고 있는 우주선으로 뒤바뀐다. 약간 기술적으로 어색하지만 개념적으로 눈부신 매치 컷이 수천 년의 세월을 뛰어넘는다. 숨 막히는 고요의 순간 뒤에, 우리는 〈아름답고 푸른 도나우 강〉의 오프닝 선율을 들으면서 천체를 떠다니는 우주선들을 본다.

이제까지 어떤 대형 SF 영화도 이처럼 느린 진행을 보여 준 적은 없었다. 그것은 마치 미니멀리스트의 완벽한 현상학에 최면이 걸린 듯하다. 영화의 체계적인 액션들은 거대한 와이드 스크린 배경과 경쟁한다. 안드레이 타르코프스키Andrei Tarkovsky의 〈솔라리스Solaris〉(1972)는 확실히 〈2001 스페이스 오디세이〉의 영향을 받았다. 〈솔라리스〉는 〈2001 스페이스 오디세이〉처럼 때때로 느리게 가지만, 특수 효과에 대한 관심이 덜하고 캐릭터의 심리학에 더 집중한다. 큐브릭의 영화는 직접적으로 우주를 어떻게 지각할 것인가의 문제를 다룬다. 그의 영화는 내러티브 요소의 즐거움을 유지하면서도 급진적 방식으로 우주를 탐험한다. 이 영화가 영향을 주었던 어떤 할리우드 SF 영화와도 — 그중에는 〈스타 워즈〉, 〈스타 트렉Star Trek〉 시리즈를 비롯해 브라이언 드 팔마Brian De Palma의 〈미션 투 마스Mission to Mars〉(2000)가 있다 — 달리, 〈2001 스페이스 오디세이〉는 초고속으로 지구를 떠났다거나 우주선을 타고 날아가 버렸다는 느낌을 전혀 주지 않는다. 매혹적인 〈기계 무용Ballet Mécanique〉■이 시작되면 플로이드 박사는 우주 정거장과 달을 향해 떠나가고, 우리는 아주 조용하게 모든 것을 만난다. 우리는 화려한 신기술과 엄청난 기계적 엔지니어링, 그러나 동시에 우주의 광활함 속에서 점차로 우리가 가진 것들을 잃어가는 상황에 직면한다. 어떤 곳에서, 특히 '목성 탐험: 18개월 후'라는 표제가 붙은 섹션에서, 시간은 멈추고 우리는 어디로 가야 할지 모른다. 우주선 디스커버리호는 목성을 향해 돌진하는 듯하지만 별이 총총한 암흑을 통과하며 서서히 느려지고 있다. 우주 비행사 풀(게리 록우드)은 관 같은 것들이 늘어선 통로 아래로 내려가지만, 아무 성과도 없다. 한순간 가속도가 붙으면서, 보우먼이 풀을 구하려고 하지만 실패한다. 우주 비행사의 몸과 고칠 수 없는 그의 '캡슐 장비'들이 영원 속으로 떨어져나간다. 보우먼은 '목성과 무한대의 공간' 속으로 여행을 떠난다. 하지만 영화의 후반부는 의식의 새로운 상태라는 내부로의 여행을 다룬다. 보우먼은 우주여행의 낯선 공간에 도착한다. 모든 것은 다시 늦춰지고, 시간과 공간은 정지한다. 한 숏에서, 우리는 캡슐 내부로부터 보우먼의 주관적 시점을 본다. 그러나 그 뒤 몇 숏들에서, 우리는 똑같은 앵글로 돌아가서, 우주복을 입고 바깥쪽에 서 있는 보우먼을 본다. 화장실을 돌아보면서 그는 화면 바깥의 어떤 소리를 듣는다. 주관적 트래블링 숏은 그가 침실 쪽으로 움직이는 장면을 보여 준다. 거기서 그는 실크로 만든 실내복을 입고서 나이든 자신의 모습을 마주 본다. 그는 엄청나게 놀란 반응을 보이

■ 〈기계 무용〉(1923~1924)은 페르낭 레제Fernand Leger와 더들리 머피Dudley Murphy가 만든 영화로, 입체파의 영향을 받은 작품이다.

〈2001 스페이스 오디세이〉: 우주비행사 폴은 관 같은 것들이 늘어선 통로 아래로 내려가지만, 아무 성과도 없다.

고, 곧이어 리버스 숏으로 그가 보고 있는 것이 무엇인지 보여 준다. 그러나 우리가 처음 앵글로 돌아갔을 때, 그의 어린 시절 자아의 모습은 사라진다.

이러한 체계적 방향 상실과 가치의 역전은 영화의 '시적' 혹은 음악적 전략, 특히 리듬과 주제들을 통해 소통하려는 경향을 돋보이게 한다. 토머스 앨런 넬슨은 〈2001 스페이스 오디세이〉의 여러 가지 순환 패턴들을 상세히 묘사했다. 그는 어떻게 그 순환 패턴들이 "공간으로 올라가서 시간으로 내려가는 세계"를 창조하는지를 강조했다. 뿐만 아니라, 그 세계는 자신을 비웃는 몸짓 안에서 무너지면서, 함축된 상상의 왕국을 향해 바깥으로 뻗어나간다"(p.116). 그런 경향은 영화의 첫 번째와 두 번째 파트 사이에서 명확히 드러난다. 유인원과 인류 모두 무기의 발명자다. 둘은 라이벌 집단들이고, 검은 돌기둥 주위에 흥분한 채 모인다. 유인원처럼, 인류도 대부분의 삶을 먹고 자는 데 소모한다. 헤이우드 플로이드가 달에서 신비한 물체를 만지려고 손을 뻗치는 장면에서, 그는 '인류의 새벽' 파트에 나온 대장 유인원의 자신 없는 몸짓과 비슷한 태도를 보인다. 다른 우주 비행사들이 기념 촬영을 하듯이 돌기둥 주위에 모이는 장면에서, 그들은 그들의 유인원 조상들과 비슷해 보인다. 다른 장면들에서도 우리는 이런 식의 겹침과 반복을 발견한다. 두 인간의 생일을 기념하는 장면에서, 사실상 구분할 수 없는 두 우주 비행사들은 디스커버리호를 감시하면서, 또 하나의 할이 지구에 있다고 말한다. 영화가 진행될수록, 인간은 기계를 닮고, 기계는 어느 정도 생물인 것처럼 보인다. (큐브릭의 인터뷰에 따르면, NASA 기술자들은 '기계는 섹시하다'고 말한다.)[101] 이 말은 분명히 가장 감성적 캐릭터이자 뇌세포가 피처럼 붉은 할 컴퓨터에게 뿐만 아니라, 반짝이는 눈을 가진 잭 오 랜턴의 거대한 머리처럼 보이는 에리즈 B 우주선

〈2001 스페이스 오디세이〉: 반짝이는 눈을 가진 잭 오 랜턴의 거대한 머리처럼 보이는 우주선의 모습.

에게도 진실이다. 디스커버리호는 이상한 곤충이나 깊은 바다 생물처럼 만들어졌고, 우주 캡슐은 팔과 마주보는 '손가락들'을 가지고 있다. 우주복을 입은 우주 비행사들은 보호막을 뚫고 나오는 천연색의 벌레처럼 그들의 캡슐로부터 나온다. 캐럴린 제덜드가 지적한 것처럼, 이 영화에서 우주여행은 '추상적 자궁 이미지'로 가득하다. 특히 캡슐에서 나오는 우주 비행사들의 장면과, 보우먼이 '모선mother ship'의 비상 공기 잠금장치의 붉은 터널로부터 터져 나오는 숏(pp.55~58)이 그렇다.

보우먼의 스페이스 오디세이에서 여행과 귀환의 패턴은 다양한 순환적 리듬과 이미지를 통해 보인다. 벽 위쪽을 타고 돌면서 걸어가는 스튜어디스, 회전하는 우주 정거장, 디스커버리호의 회전하는 방, 우주 궤도를 도는 행성 등. 또한 눈과 시각에 관련된 두드러진 모티프가 있다. 할의 빛나는 붉은 '눈동자'는 디스커버리호 안의 모든 것을 본다. (우리는 할에 반사된 모습을 통해 우주 비행사를 처음으로 보게 된다.) 보우먼 역을 맡은 케어 둘리는 특히 강렬하고, 얼음같이 차갑고 파란 눈을 가지고 있다. 이런 의미에서, 이 영화의 첫 번째 부분에서 시점 숏들이 꽤 절제되고 있다는 사실은 주목할 만하다. 대장 유인원이 아침에 깨어나서 화면 바깥의 무언가를 감지했을 때, 큐브릭은 돌기둥을 보여 주기 위해 주관적 앵글보다는 장대한 파노라마로 장면 전환한다. 중간 부분에서 가장 강력한 주관적 숏들은 컴퓨터 할과 관련된다. 할은 극단적 와이드 앵글로 세계를 보고, 말하는 우주 비행사들의 입술을 망원적 시점을 통해 읽어낸다. 하지만 클라이맥스에서 보우먼의 스타게이트 여행은 완벽하게 주관적이다. 그것은 단순히 깜빡거리는 눈의 시점으로 보여진다. 마지막 숏에서 우주 태아the Star Child는 자신의 커다란 눈을 우리에게 돌린다.

더 명백한 영화의 주제 모티프 중 하나는 기술과 문화의 불일치와 관

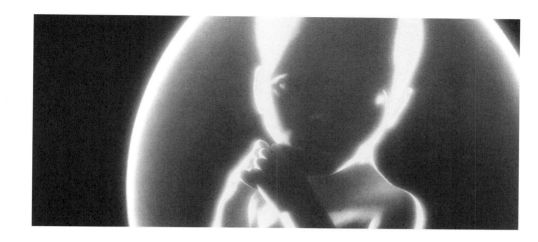

〈2001 스페이스 오디세이〉: 마지막 숏에서 우주 태아는 자신의 커다란 눈을 우리에게 돌린다.

우 주 너 머

련이 있다. 유인원은 끙끙거리고, 으르렁거리면서 '말'하고, 우주 비행사들은 시시한 말이나 단순한 명령어만을 이야기한다. 그럼에도 불구하고 몇몇 대화 장면들은 숨겨진 감정의 유머러스하고 꽤 복잡한 의미를 갖는다. 긴 침묵과 불편한 예의는 이런 것들을 보여 준다. 그 결과, 큐브릭 영화에 전형적인 효과 — 때때로 불안하면서도 유머러스한 평범함 — 가 점점 더 커져간다. 두 번의 '생일' 대화 — 첫 번째는 플로이드와 스퀴트(비비안 큐브릭) 사이에서, 두 번째는 풀과 그의 부모 사이에서 — 는 텔레비전을 통해 친근함을 이루려는 어색하고 감정 없는 시도다. 그러나 플로이드 박사와 스미슬로프 박사(레오나르드 로시터) 사이의 우주 정거장에서의 교류 장면과 나중에 보우먼과 할(더글러스 레인) 사이에 디스커버리호 승선 장면은 영리하게 연기되고 편집되었으며, 감정적 함의가 풍부하게 실려 있다.

그전의 시퀀스는 대부분 짧고 배우와 카메라의 거리가 멀다. 처음에 우리는 스미슬로프와 세 명의 여성들이 테이블에 앉아서 공모하는 듯한 톤으로 러시아어로 말하는 장면을 본다. 여자들 중 하나가 손목시계를 보고, 플로이드는 함박웃음을 터뜨리면서 접근한다. 플로이드는 형식적으로 의례적 인사와 소개를 나눈다. ("아주 좋군요." "아, 당신 이름 많이 들었어." "그레그는 어때요?," "그에게 내 안부 전해 줘요.") 플로이드는 마시는 걸 거절하면서, 자리를 권하는 스미슬로프의 제안을 받아들인다. 플로이드는 느긋하게 다리를 꼬고 앉는다. 스미슬로프는 다른 의자를 당겨서 앞으로 기댄다. 세 여성들은 침묵하고 그들은 플로이드가 클레비우스 기지로 가는 중임을 알게 된다. "플로이드 박사." 스미슬로프는 점잖고 정확하게 말한다. "내가 너무 꼬치꼬치 캐묻는다고 생각하지 마세요. 거기서 무슨 일이 일어났는지 당신이 말해 줄 수 있을 것 같은데요." 긴 침묵 속에 웃음이 잦아들면서, 플로이드는 조용히 대답한다. "당신이 무슨 말을 하는지

〈2001 스페이스 오디세이〉: 플로이드 박사와 러시아 우주인들이 대화를 나누는 장면.

모르겠군요." 스미슬로프는 그 미국인이 보란 듯이 날카로운 태도로, 그 이슈를 강조하면서 말한다. "아주 이상한 일이 일어났어요." "계속 그런 일이 일어날 거예요." 플로이드는 그 말을 계속 무시하면서("오, 그래요?" "아, 알겠어요." "참 이상하네요."), 침착하게 지켜보고 조용한 태도를 유지한다. 스미슬로프는 약간 앞으로 구부리면서 쉬쉬하는 목소리로 말한다. "플로이드 박사, 압박감을 주려는 건 아니지만, 당신한테 단도직입적으로 질문 하나 해도 되나요?" 플로이드가 답한다. "물론입니다." 그 러시아인은 클레비우스의 전염병에 대한 "믿을 만한 기밀 보고서" 이야기를 한다. "실제로 이런 일이 일어났나요?" 다시 긴 침묵 뒤에, 플로이드는 스미슬로프를 똑바로 쳐다보고 우리는 발전기와 기계들에서 나오는 주변 소리들만 듣는다. "죄송합니다. 스미슬로프 박사님," 플로이드는 조용한 가운데 불편한 모습을 보이면서 말한다. "그 문제에 대해서는 제가 말할 입장이 아닙니다."

이 장면의 개성과 언어적 특징은 나중에 보우먼과 할 사이의 대화에 그대로 이어진다. 보우먼이 손으로 그림 스케치를 하면서 지나갈 때, 할이 그를 부른다. 이 장면은 짧고 거의 클로즈업이다. "아주 잘 그렸네요, 데이브." 컴퓨터가 말한다. "점점 더 그림 실력이 늘고 있군요." 플로이드와 스미슬로프가 처음 만났을 때, 두 사람은 예의바르게 행동하지만 한 명은 극도로 말을 아끼고, 다른 한 명은 점잔을 빼면서도 많은 말을 한다. (폴린 케일은 할이 게이 같다고 묘사한다. 초기 시나리오에서처럼 여성적 흔적을 갖고 있긴 해도, 할의 특성은 양성적이라고 말하는 편이 더 정확하다.) 더 적극적인 쪽이 정보를 강요하기 시작하고, 다른 쪽은 평정심을 유지하려고 노력한다. 대화는 의미심장한 침묵에 이르고, 우주선 발전기와 장비의 주변 소리만이 들린다.

할   그런데 개인적 질문 하나 해도 될까요?

데이브   물론.

할   [약간 떨면서] 내가 너무 꼬치꼬치 캐묻는다고 생각지 마세요. 지난 몇 주 동안 당신이 그 임무에 대해 다른 생각을 하는 것 같아서요.

데이브   [멍하니, 잠깐 쉰 뒤] 무슨 말이지?

할   글쎄, 뭐랄까요, 내가 그 문제에 대해 관심이 좀 있는데요, [쉬고] 난 확실히 의심하고 있어요. [약간 짜증난 듯이] 이 임무는 너무 이상해요. [쉬고] 내 말 속에 진실이 들어있다고 생각하지 않으시나요?

할   그것에 대해 계속 말해도 될까요, 데이브?

데이브   [멍하니, 잠깐 쉬고] 물론.

할   확실히 출발 전부터 떠돌아다니는 이상한 이야기들에 대해 모르는 사람은 아무도 없었어요. [쉬고] 소문은 달에서 발굴된 무언가에 대한 것이죠. [쉬고, 데이브는 아무 반응 없는 얼굴로 눈을 깜빡이면서] 이 소문을 그리 믿을 순 없지만, 다른 관점에서 보자면, 그 소문을 무시할 순 없죠. 예를 들어, 우리의 준비는 철저한 보안 속에 진행되었어요. 한 편의 멜로드라마처럼, 헌터, 킴볼, 카민스키 교수들은 네 달 동안의 훈련 뒤에 동면 상태로 우주선에 올라탔죠.

데이브   [단호히, 멍한 표정으로] 너 지금 승무원 심리 분석 보고서를 쓰고 있는 건가?

할   물론입니다. 그 점은 미안하게 생각해요. 이것은 어리석은 일이긴 해요. [쉬고] 잠깐만요. [쉬고] AE 35 유닛에 오류가 생겼어요.

이 긴장되고 재미있는 장면에서 연기의 매력은 잦은 멈춤과 함께, 침착한 대화와 '숨겨진' 감정 사이의 대조로부터 나온다. 케어 둘리의 연기

는 거의 완전히 그의 눈에서 나온다. 그의 눈은 약간 아래쪽으로부터 비
춰지는데, 강한 의지와 적대심 같은 것을 숨기면서, 대화의 방향에 대해
점점 더 불안해한다. (이전에 BBC 인터뷰에서 보우먼이 디스커버리호의 모든 것이 순
조롭다고 확인해 주었음에도 불구하고, 그는 할을 좋아하지 않고 불신하는 듯하다.) 한편,
더글러스 레인의 연기는 꿈꾸는 듯한 목소리와 세심한 말투와 함께 행해
진다. 그의 말투는 여러 가지 좋은 뉘앙스로 굴절된다. BBC 기자가 관찰
했듯이, 그것은 '자신감'을 드러낼 뿐만 아니라, 상류층의 자기 비하처럼
가장된 가면을 쓴 거만함, 겸손함, 분노를 보여 준다.

　미셸 시옹은 '환청acousmetre'(모든 것을 안다는 듯이 유체 이탈된 목소리), '1인
칭 목소리I-voice'(주관적 공간으로부터 울려 퍼지는 목소리) 등의 개념으로 할 컴
퓨터에 대해 길게 분석했다. 그는 할의 말들이 "공간적 지표나 반향을 갖
지 않는 마이크 목소리"라는 점에 주목한다. 반면, 보우먼이나 풀의 목소
리는 "우주선 안쪽의 벽에 반사된다"(p.102). 따라서 컴퓨터의 목소리는
특별한 감정을 담고 있으며 기이한 듯하다. 또한 인간은 말이 없고 컴퓨터
는 말이 많은 점에 주목해 보라. 모든 것을 한눈에 보고 있는 할의 전지적
응시panoptic gaze에 불안해하면서, 보우먼과 풀은 비밀스럽게 중요한 대화
를 나눈다. 할이 자신들을 우주선 바깥으로 내보낸 뒤 선을 끊어 버리려
고 한다는 것을 알아차렸을 때조차도, 보우먼은 분노를 통제하면서 사무
적으로 군사 명령을 내린다. 결국 우울한 유머에도 불구하고 어쨌거나 인
간과 기계 사이의 슬프고 냉혹한 대결 속에서, 보우먼은 사실상 침묵을
지킨다. 피처럼 붉은 '브레인 룸'에서 전두엽 절제술이 행해진다. 우주 비
행사의 호흡은 무겁고 기계적인 반면, 컴퓨터의 목소리는 신경질적이고
크게 지껄이는 듯하다.

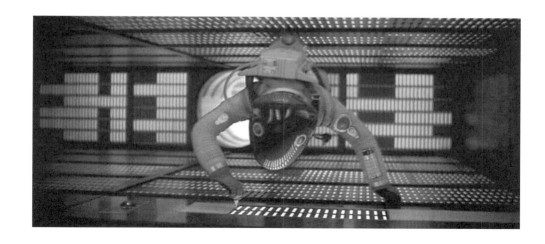

〈2001 스페이스 오디세이〉: 우주 비행사의 호흡은 무겁고 기계적인 반면, 컴퓨터의 목소리는 신경질적이고 크게 지껄이는 듯하다.

할 당신 뭐하고 있나요, 데이브?…… 데이브…… 대답 좀 해 봐요…… 무언가 잘못 돌아가고 있어요. 하지만 모든 게 다시 제자리로 돌아가게 되겠죠…… 아, 좀 나아지네요…… 데이브…… 당신 정말로 화났군요…… 자리에 조용히 앉아서, 스트레스 약을 먹고, 심사숙고해 봐요…… 당신을 도와주려는 거예요. 데이브, 멈춰요…… 멈춰, 멈추라구, 데이브…… 멈출 거지? 어서…… 어서 내 말 들어요, 데이브.

상대적으로 대사가 극히 부족함에도 불구하고, 경외심을 불러일으키는 오프닝과 클로징 신들에서부터 우주여행자에 대한 풍자적 이미지에 이르기까지 〈2001 스페이스 오디세이〉는 풍부하고 다양한 분위기를 통해 효과적으로 사건을 전개한다. 극단적으로 그 돌기둥은 인간의 기술과 지능을 넘어서는 어떤 것을 상징한다. 그것은 어둡고, 토템 신앙 같고, 빛이 통과되지 않고 반사되는, 프로이트적이면서 융 심리학적인, 초현대적이면서 엄청난 힘을 지니고 있다. 다른 한편, 호머의 외눈박이 거인 키클롭스를 연상시키는 외눈박이 컴퓨터와, 〈닥터 스트레인지러브〉의 조크처럼 도킹 플랫폼으로 들어가는 우주선을 비롯해서, 일련의 재미있는 상징들이 거기에 있다. 불행하게도, 영화가 언제나 목표로 한 효과에 성공하는 것은 아니다. 특별히 디자인된 유인원 옷을 입은 무언극 배우들과 댄서들은 〈혹성 탈출*Planet of the Apes*〉(1968)에서의 유인원 이상으로 상당히 사실적이다. 그럼에도 불구하고, (특히 그들 중 한 명이 실제 아기 침팬지를 잡는 장면에서) 그들은 유인원 옷을 입은 배우처럼 보인다. 거의 마지막에 엄청난 우주빛 쇼는 놀라움을 자아낸다. 하지만 폴린 케일은 이미 비서사적 아방가르드 영화가 이미 더 강력하게 그런 장면들을 보여 주었다고 지적한다. 큐브릭은 중간 섹션과 기이한 결말 신에서 최고에 도달한다. 거기서

〈2001 스페이스 오디세이〉: 돌기둥은 인간의 기술과 지능을 뛰어넘는 어떤 것을 상징한다.

그는 철학적이고 과학적인 사색을 기이한 서스펜스와 경이로운 우주의 블랙 유머와 결합해 낸다.

할과 관련된 장면은 너무나 극적으로 흥미롭고 과학적으로 자극적이다. 그래서 《할의 유산: 2001년 컴퓨터의 꿈과 현실*HAL's Legacy: 2001's Computer as Dream and Reality*》▪이라는 책까지 나왔다. 이 책에서 인공 지능을 전공하는 과학자들은 다음과 같은 근본적 질문들에 답하려고 노력한다. 실패할 위험이 없는 컴퓨터를 만들 수 있는가? 컴퓨터는 인간의 언어를 어떻게 배울 수 있는가? 그들은 어떻게 '보는가'? 그들이 감정을 가질 수 있는가? 그들이 죽는다면, 누가 비난받아야 하는가?[102] 할과 관련된 부분들은 큐브릭의 가장 인상적인 시청각 효과들을 보여 준다. 예를 들어, 괴로울 정도로 천천히 풀을 구조하려는 장면은 우주복 안에서의 꽉 막힌 호흡 소리와 컴퓨터 잡음들로 시작해서, 완벽한 침묵으로 끝난다. (큐브릭과 고다르는 주변음을 포함해서 영화 속에서 모든 소리를 없애버리는 실험을 한 감독들에 속한다. 하지만 큐브릭은 리얼리즘의 맥락에서, 고다르는 자기반영성self-reflexivity의 맥락에서 그런 시도를 한다.) 완벽하게 비어 있는 침묵의 공간 속으로 나선형을 그리며 사라지는 풀의 육체 이미지는 공포스런 사건이자, 인간 존재의 무의미함에 대한 끔찍한 논평이다. 그 죽음은 조지 톨레스가 "감춰진" 우울함이라고 묘사했던 것과 비슷하다(p.149).

영화의 장황한 설명적 부분을 대부분 덜어내고 몽환적이고 신비한 부분을 강조하려한 큐브릭의 중간 결정은 원래 계획을 급진적으로 바꾼 것은 아니었다. 극단적으로 말해서, 그것은 우주의 본성에 대한 과학적 사고들이 신화나 종교의 이야기와 비슷하기 때문인 것 같았다. 이 영화가

▪ 과학자 데이비드 G. 스토크가 쓴 책으로 1998년에 출간되었다.

매력적인 — 그리고 아서 클라크의 소설보다 더 흥미로운 — 이유들 중 하나는 과학적 시각과 형이상학적이고 기이하고도 설명할 수 없는 강력한 느낌들을 혼합해 내는 능력에 있다. 그럼에도 불구하고, 큐브릭은 '신에 대한 과학적 정의'를 내리려고 일관되게 노력했다.[103] 그는 설명했다. 하느님의 필요충분조건은 전지전능이다. 따라서 디스커버리호의 모든 것을 보고 우주선의 모든 기술적 기능을 통제하는 컴퓨터 할은 벤담의 공리주의라는 관점에서 신이라고 볼 수 있다. 태아가 되어 지구로 돌아가는 우주 비행사 혹은 오디세우스는 확실히 평범한 인간과의 관계에서 일종의 신이다. 물론 영화에서 궁극적 신은 돌기둥을 만들고 인간 진화에 개입한 신비로운 어떤 지능적 존재다. 인간 역사에 대한 이 영화의 내러티브는 다윈주의나 유대주의가 아니다. 대신, 세속적으로 볼 때, 그것은 '지적 창조intelligent design'라고 불리는 21세기 초 미국의 종교적 근본주의자들의 SF 세계관 같은 것이다.

어떤 이는 이 영화가 역사와 문명에 대한 니체주의 세계관을 갖는다고 말한다. 큐브릭은 오프닝과 클로징에서 바그너의 음악을 사용해서 우리에게 경외심을 불러일으킨다. 뿐만 아니라, 그는 니체의 《차라투스트라는 이렇게 말했다》를 통해 이 영화의 비명이 되는 몇몇 대사들을 제시한다.

인간은 초월되는 무엇이다. 무엇이 인간을 초월했던가?……
그대들이 유인원이었을 적이 있었다. 그렇지만 인간은 유인원보다도 더 유인원 같다. 그대들 중 가장 현명한 사람조차 식물이나 허깨비들과 조화를 이루지 못하는 잡종이다. 그러나 내가 그대들이 식물이나 허깨비가 되라고 말하는 것인가?

아니다. 나는 그대들에게 초인이 되라고 가르친다!¹⁰⁴

영화의 거의 마지막에, 우주 비행사 보우먼이 마루 위의 깨어진 유리 파편들을 내려다볼 때, 신기하게 기울어진 그의 머리는 첫 장면에서 유인원이 모래 위의 뼛조각들을 내려다보는 장면과 유사하다. 기념비적 발견이 손앞에 있지만, 그것은 니체의 영원 회귀Eternal Return처럼 느껴진다. 초인이 결국 태아의 모습으로 우주로부터 지구에 도착했을 때, 우리는 과거와 똑같은 힘에 의해 지배되는 어떤 혁명적 순환을 목격한다.

큐브릭은 원래 지구를 바라보면서 의지의 힘으로 핵위성들을 폭발시키는 아이를 보여 주려고 했다. 알다시피, 핵무기들은 문명을 파괴한다. 하지만 큐브릭은 마음을 바꾸었다. 왜냐하면 그는 〈닥터 스트레인지러브〉의 엔딩을 반복하기를 원하지 않았기 때문이었다. 그럼에도 불구하고, 그가 도덕과 평화의 필수적 진보에 의한 '더 높은' 생활 방식의 발전을 조명했는지는 의심스럽다. 영화는 모든 도약, 자연에 대한 모든 지배의 순간들이 살인에 연관된다고 말한다. 이런 식으로 큐브릭은 소스타인 베블런Thorsten Veblen 같은 풍자가들과 약간의 공통점을 갖는다. 베블런은 원시 사회 조직은 항상 평화롭고(영화의 오프닝에서 유인원들처럼), 문명은 약탈자의 야만성과 부권주의에 근거한다고 주장했다. 〈2001 스페이스 오디세이〉의 미래 세계에서, 생산적 지능, 창조성, 진보적 기술은 대체로 여전히 사유 재산과 남성적 공격성에 의해 지원된다. 이러한 순환을 벗어나는 유일한 방법은 초인superhuman이나 탈인간non-human으로의 이행이다. 그러나 영화에 따르면, 기계 지능은 살인적 본능을 품고 있다.

이런 역설들에 대해 우리는 여러 가지 다른 것들을 보탤 수 있다. 큐브릭의 작품은 어떤 의미에서 사색적 다큐멘터리이고, 다른 의미에서 일종의 꿈과 우화다. 조지 톨레스는 이 영화를 하나의 동화라고 명쾌하게 해석했다. "뒤늦은 모더니스트"와 비슷하게, "인간이 남긴 의식의 고통과 무게가 컴퓨터를 짓누른다"(p.161). 이 영화는 할리우드 스펙터클이자, 이제까지 만들어진 가장 값비싼 예술 영화인 듯하다. 영화의 결말은 열려 있고 모호하다. 앤드루 새리스는 애당초 이것을 "인스턴트 잉그마르 Instant Ingmar"라고 불렀다.[105] 내가 이전에 지적했던 것처럼, 그것은 최후의 미래주의 영화이자, 미래주의가 의존하는 유토피아/디스토피아 구분을 뛰어넘는 영화다. 어떤 뛰어난 평론가도 이 영화의 궁극적 중요성을 정확히 가려내지 못했다. 검은 돌기둥으로 표현되는 탈인간 지능은 자애로운 힘인가, 아니면 사악한 농담인가? 우주 태아는 구세주인가, 아니면 악동인가? 이 영화는 휴머니스트인가 반휴머니스트인가, 낙관주의적인가 비관주의적인가? 앤드루 워커Adrew Walker는 〈2001 스페이스 오디세이〉가 희망을 부풀린다고 말하고, 레이먼드 더그냇Raymond Durgnat은 이 영화를 필름 느와르라고 부른다.[106] 마빈 민스키Marvin Minsky▪는 인공 지능 분야의 선구자이자 〈2001 스페이스 오디세이〉의 자문 위원인데, 이 영화가 클라크와 큐브릭이라는 두 천재의 까다로운 기질들을 합성하고 있다고 말한다. "마지막 신은 클라크의 소설 《어린 시절의 끝》에 기초한 아이디어다. 그럼에도 불구하고, 나는 두 작가들이 어떤 의미에서 꽤 신비스럽다고 생각한다. 큐브릭의 비전은 인류가 종말에 다다른다는 것인 듯하고, 클라크는 인류가 진화의 더 높은 단계로 나아가고 있다는 것이다"(Stork, p.23). 한 흥미로운 에세이에서, 비평가 칼 프리먼Carl Freeman은 서로

▪ 마빈 민스키(1927~)는 미국의 인지과학자로, 존 매카시와 함께 MIT의 인공 지능 연구소를 설립하였다.

다른 각도에서의 이런 모순과 내적 긴장들을 설명하려 노력한다. 그는 〈2001 스페이스 오디세이〉가 SF 영화를 재발명한다고 주장한다. 동시에 이 영화는 "SF 장르를 지킬 수 있는 가장 설득력 있는 회의주의를 보여준다." 프리먼에 따르면, 상대적으로 특수 효과로부터 자유로운 고다르의 〈알파빌〉과 달리, 대부분의 SF 영화들에서 특수 효과는 그들의 목적상 거의 언제나 암묵적 전제 군주이자 거대하고 화려한 바그너주의자다. 로버트 와이즈의 〈지구가 멈춘 날 *The Day the Earth Stood Still*〉(1951)이나 리들리 스콧의 〈블레이드 러너 *Blade Runner*〉(1982) 같은 어떤 영화들은 특수 효과와 함께, 프리드먼이 "문학적," "심리적" 요소들이라고 부른 것들을 혼합하면서, 영화의 비판적 관점을 발전시킨다. 〈2001 스페이스 오디세이〉의 매우 바그너적인 역설은, 이 영화가 '문학적인' 것을 회피하고, 'SF 영화의 미학적 헤게모니를 특수 효과에 부여하고' 있음에도 불구하고, 이 영화는 일관되게 인간 삶의 무의미함을 핵심 주제로 제기한다는 점이다. 프리드먼에 따르면, "정치학에 대한 전략적 회피에도 불구하고, 〈2001 스페이스 오디세이〉는 정신적 풍요를 꿰뚫어보면서 진정한 유토피아의 에너지를 전달한다. 아마도 그것은 헤이우드 플로이드와 그의 러시아 동료들의 구태의연한 관료주의로부터 인간성을 구원할 수 있을 것 같다."[107]

하지만 영화의 마지막에 제기된 이슈들 중 하나는 인간성이 '구원'될 필요가 있는지, 아니면 그것은 어떤 다른 것으로 진화될 필요가 있는지 하는 문제다. 〈2001 스페이스 오디세이〉의 위대한 성취는 유토피아에 대한 갈망과 유토피아에 대한 깊은 의심 사이에서 우주와 인간에 관한 질문을 던지는 능력이다. 조지 톨레스는 지구보다도 더 커 보이는 우주 태아는 "이제 너무 커져 버린 채, 어린 포식자처럼 세계를 응시한다." 그러나 동시에 우주 태아는 변형과 구원의 정신을 뜻한다. 그것은 "늙음과 죽음에 대한 우리의 두려움을 이야기하면서, 그 두려움을 마술적으로 극복한다"(p.156). 영화의 궁극적 아이러니는 우주 태아가 대본에서 묘사된 것처럼 "방사능의 창조물이자 결국 그 물질의 횡포로부터 자유로운 아이"라는 점이다. 이런 의미에서 〈2001 스페이스 오디세이〉는 예상치 못하게 예언적으로 된다. 이 점을 이해하기 위해서는, 내가 큐브릭과 클라크가 예상하지 못했던 몇 가지들을 열거하면서 이 장을 시작했다는 점을 기억할 필요가 있다. 21세기 들어 급속히 진행된 가장 혁명적인 과학의 발전은 인간 유전자genome 지도의 완성이라고 말할 수 있다. 비록 〈2001 스페이스 오디세이〉가 이 사건을 예측하지 못했지만, 이 영화는 우리에게 생물학의 심오한 지식이 이끄는 비전을 제시한다. 2005년 미래주의 과학자 레이 커즈와일Ray Kurzweil■이 예견했던 것처럼, 컴퓨터는 이제 유전자 지도를 해독할 수 있기 때문에, 우리는 이미 내재적으로 컴퓨터화된 '비생물학적 지능non-biological intelligence'에 도달했다. 그것은 인간 육체와 합성되고, 새롭고 낯설면서 이론적으로 죽지 않는 어떤 것을 만들어 낸다.[108] 큐브릭은 우주에 대한 진화적 서사극의 형식을 통해 바로 그런 미래를 상상했다. 나중에 살펴볼 테지만, 그는 20세기 말에 영화 〈A. I.〉를 통해서 다시 그 주제로 돌아갈 계획이었다. 그 영화는 스티븐 스필버그의 연출로 큐브릭이 세상을 떠난 뒤 영화로 만들어졌다. 그것은 큐브릭 사후의 적절한 기념물인 듯하다. 〈A. I.〉는 인류의 멸종과 순수 지능의 생존을 상상함으로써, 큐브릭의 작품에 자주 등장하는 주제인 인간 죽음의 불가피성을 다룬다.

■   레이 커즈와일(1948~)은 미국의 발명가이자 미래학자로, 현재 구글 엔지니어링 디렉터다.

11

프로페셔널 영화

이미 살펴본 것처럼, 〈2001 스페이스 오디세이〉가 끝난 뒤, 큐브릭은 원래 변증법적으로 대립되는 영화로, 19세기 초 나폴레옹의 삶을 다룬 서사극을 만들 계획이었다. 이미 설명했던 것처럼, 그는 이를 포기했다. 결국 큐브릭은 앤서니 버지스의 1962년 소설 《시계태엽 오렌지》를 각색하기 위해 워너 브러더스와 계약했다. 그 소설은 미래에 대한 영화로 변형될 수 있었는데, 이번에는 특수 효과가 필요 없었다. 그 소설은 〈닥터 스트레인지러브〉를 제작하는 동안 테리 서던이 큐브릭에게 추천해 주었다. 그러나 처음에 큐브릭은 《시계태엽 오렌지》에 별 관심이 없었다. 서던은 비교적 적은 돈으로 영화 판권을 구입했다. 그는 변호사를 통해 영화화하는 데 롤링 스톤스The Rolling Stones와 켄 러셀Ken Russell의 관심을 끌려고 했지만 실패했다. 그동안 큐브릭은 《시계태엽 오렌지》를 더 자세히 읽고 그 잠재력을 알아챘다. 그는 서던이 지불한 것보다 더 높은 가격으로 영화 판권을 재구입했다. (둘 다 판권을 버지스에게서 직접 구입한 것은 아니었다.) 큐브릭은 자신이 직접 시나리오를 쓰겠다고 결정했다.

　　패션 디자인과 국제적 대중문화에 대한 영국의 막대한 영향 속에서 만들어진 〈시계태엽 오렌지〉는 현대 영국 사회에 대한 큐브릭의 유일한 영화가 되었다. (〈닥터 스트레인지러브〉의 마지막 신에 사용된 베라 린의 노래는 영국 대중문화에서 왔고, 〈2001 스페이스 오디세이〉에서 미국 우주 비행사의 인터뷰 방송은 영국 BBC TV다.) 역설적으로, 이 영화는 영국 보수주의자들의 항의를 불러일으켰고, 영국영화검열협회the British Board of Film Censors는 제한 개봉을 결정했다. 미국의 새로 도입된 등급 제도에서는 X등급을 받았다. 3년 전 존 슐레진저John Schlesinger의 아카데미 수상작 〈미드나이트 카우보이 Midnight Cowboy〉와 샘 페킨파의 〈와일드 번치Wild Bunch〉가 처음으로 X등급을 받았지만, 〈시계태엽 오렌지〉는 더 많은 논란을 불러일으켰다. 이 영화는 〈닥터 스트레인지러브〉식의 블랙 코미디였고, 노골적인 성과 끔찍한 폭력으로 가득 채워졌다. 〈디트로이트 뉴스〉와 미국의 다른 신문들은 X등급을 이유로 광고를 거부했다. 〈시계태엽 오렌지〉는 1972년 오직 런던의 한 극장에서만 상영되었다. 큐브릭은 잠깐 상영을 중단하고, 미국에서 R등급을 얻기 위해 30초 분량을 잘라냈다. (미국의 검열 기관은 폭력보다는 섹스 신에 더 많은 관심이 있었다.) 그러나 영국 언론들은 이 영화를 비꼬면서 논란을 이어갔다. 신문들은 〈시계태엽 오렌지〉가 모방 범죄를 부추겼다고 주장했고, 큐브릭은 살해 위협이 담긴 익명의 편지를 받기 시작했다. 그는 자신이 배급권을 갖고 있던 영국에서 영화 상영을 중지하는 것으로 대응했다. 〈시계태엽 오렌지〉는 큐브릭이 세상을 떠난 뒤에야 영국에서 공식적으로 상영되었고, 심지어 오늘날 미국의 케이블 TV에서조차 거의 방영되지 않는 영화다. (2006년 대중 연예지 〈엔터테인먼트 위클리〉는 이 영화를 멜 깁슨의 〈패션 오브 더 크라이스트The Passion of the Christ〉 다음으로 역사상 가장 논쟁 큐브릭은 이 영화로 뉴욕비평가상을 받았지만, 많은 미국 평론가들은 이 작품을 아주 싫어했다. 앤드루 새리스는 지루하고 가식적이라는 평을 냈고(*The Village Voice*, 1971. 12. 30, p.49), 데이비드 덴비David Denby는 퇴폐적이고 허무적이라고 말했다(*Atlantic*, 1972. 3, p.100). 폴린 케일은 이 영화가 관객들로 하여금 강간과 폭력을 즐기도록 한다고 주장했다(*The New Yorker*, 1972. 1. 1, p.50). 〈뉴욕 타임스〉를 비롯해 토론회 등에서는 〈시계태엽 오렌지〉의 미학, 도덕, 정치 효과가 폭넓게 논쟁되었다. 이 영화는 예술인가 포르노인가? 그것은 중요한 풍자인가 부도덕한, 여성 혐오의, 인간 혐오의 사기극인가? 우파인가 자유주의인가? 대중은 결정할 수 없었고, 논쟁은 확산되었다. 큐브릭은 자신의 의도에 대해 다르게 설명했다. 〈테이크 원Take One〉과의 인터뷰에서, 큐브릭은 〈시계태엽 오렌지〉가 의도적으로 꿈처럼 몽환적으로 만들어졌으며, '도덕적 판단을 유보'할 필요가 있다고 말했다(1971. 5~6, p.28). 그러나 그 후 〈포지티프〉와의 인터뷰에서, 그는 그 영화가 선과 악 중 하나를 선택하기 위한 자유에 대한 도덕적/철학적 질문이라고 말했다(1972. 6, pp.23~31).

재닛 스테이거Janet Staiger에 따르면, 영화에 대한 큐브릭의 다른 언급들이나 극도의 문화적 갈등을 낳은 대응들은 역사적 조건과 관련이 있었다.[109] 1960년대 성 혁명은 포르노그래피와 외설의 개념에 대한 변화와 모순을 낳았다. 따라서 〈시계태엽 오렌지〉에 대한 관객들의 다른 해석이 '가능'해졌다. 이 영화는 처음에 예술 영화의 논쟁적 프레임 안에서 다루어졌고, 나중에는 컬트로 숭배되었다. 스테이거는 이 영화가 아마도 게이 진영의 맥락에서 이해되었다고 말한다. 실제로 1980년대 '글램록glam rock'의 슈퍼스타이자 양성애자인 데이비드 보위David Bowie는 콘서트에서 이 책을 계속 언급했다.

당시 가장 뛰어난 소설가 중 하나였던 앤서니 버지스는 영화 각색에 대해 이중적 태도를 보였다. (그는 나중에 큐브릭의 제안으로 〈나폴레옹 교향곡〉 [1974]을 썼고, 1980년대에 영국 무대를 위해 〈시계태엽 오렌지〉의 뮤지컬 버전 두 개를 각색했다. 그중 하나는 큐브릭을 조롱하는 것이었다.) 다작의 작가이자 비평가인 버지스는 또한 뮤지션이자 언어학자이기도 했다. 수많은 시나리오를 썼음에도 불구하고 그는 영화에 대해 겸손했다. 확실히 그의 소설은 그가 때때로 작곡하기도 했던 오케스트라 음악에 대한 광범위한 지식을 보여 준다. 뿐만 아니라, 그는 제임스 조이스의 영향을 받아 두 권의 책을 썼다. 가톨릭 집안에서 태어난 그는 원죄와 자유 의지 사이의 관계에 대한 종교 문제에 강하게 집착했다. 하지만 〈시계태엽 오렌지〉가 영화로 만들어졌을 때, 그는 소설이 주제에 대해 상대적으로 덜 중요한 탐색이었다고 말했다. 버지스에 따르면, 《시계태엽 오렌지》는 자신이 치명적일 수 있는 질병을 앓고 있을 때 서두르면서 쓴 수준 이하의 오웰주의 디스토피아 소설이다. (초기 출판에서 별다른 주목을 끌지 못했던) 소설은 현대 영국에 대한 보수당의 태도를 대변한다. 그것은 부분적으로 그의 첫 번째 부인에 대한 기억을 '떨쳐 버리려는' 시도였다. 그녀는 2차 세계 대전 당시 4명의 미군 탈영병들에게 성폭행을 당했고 그 결과 임신한 아이를 잃었다(LoBrutto, p.336). 전후 수십 년에 걸친 '청년 문제'와 '소년 범죄'에 대한 도덕적 공포를 보여 주면서, 소설은 테디 보이Teddy Boys,▪ 모즈Mods,▪▪ 로커의 폭력을 1980년대로 투사한다. 소설은 소년 강간범들과 무능한 희생자들의 세계를 상상한다. 그들은 좌우파 모두의 비천하고 위선적인 사회주의에 의해 지배된다. 버지스의 문학적 평판은 그의 죽음 이후 내리막길을 걸었다. (말년에 그는 높은 세금과 대중문화에 대해 쓴 소리를 해대며 보수 반동의 길을 걸었다.) 오늘날 대부분의 비평가들은 〈시계태엽 오렌지〉에 대한 경멸적인 판단에 동의하지 않는다. 소설은 음울한 특징에도 불구하고, 활기찬 내러티브와 언어 기교의 예술적 성취를 보여 준다. 이야기는 자아에 도취되고 가학적인 알렉스(영화에서 그는 '알렉산더 드라거'라는 풀 네임을 얻는다. 그러나 신문 헤드라인의 몽타주는 그를 '알렉산더 버지스'라고 칭한다.)의 1인칭 시점으로 진행된다. 그는 '10대'라는 단어를 '나드삿Nadsat'이라는 자신만의 은어로 이야기한다. 알렉스의 은어는 대부분 러시아어에서 유래하는데, 이는 음산한 사회주의 미래를 제시하려는 버지스의 의도였다. 그러나 그는 런던 토박이와 엘리자베스 여왕 시대의 영어를 이용하기도 했다. "잘 지내나, 악취 나는 기름 덩어리? 와서 한 덩어리 가져가라, 고자 같은 놈아."[110] 온갖 말장난, 혼성어, 언어유희 등을 통해서, 이 소설은 때때로 제임스 조이스의 《피네간의 경야》의 말 만들기를 모방한다. "너 끔찍한 충격으로 엉망진창이 되고 싶진 않겠지. 우리 아버지는 자기 거시기를 갖고 하늘나라에서 놀다가 훅 갔지. 우리 엄마는 거기를 벌리고 거시기 하다가 외아들을 안고 끔찍한 호러쇼를 실망시켰지"(p.61). 콜린 버로Colin Burrow에 따르면, 이런 식의 언어는 소설의 독자들이 "자기 언어의 이해 방법을 다시 확인해 보고 문장을 새롭게 파악하도록 만든다. 독자들은 말의 어원을 어떻게든 조합해 보

■ 테디 보이(테드)는 1950년대 유행한 영국의 하위문화로, 에드워드 7세(1841~1910) 시대의 스타일에 영감을 받아 젊은이들이 긴 재킷에 딱 달라붙는 바지, 끝이 뾰족한 구두를 신었다. 1950년대 초 런던에서 시작된 이 스타일은 로큰롤과 결합되어 영국 전역으로 급속도로 퍼져나갔다.

■■ 모즈(moderns의 약자)는 1960년대 영국에서 시작된 하위문화로, 런던의 카나비 스트리트를 중심으로 나타난 비트족에 속하는 젊은 세대를 말한다. 이들은 대체로 부유한 계층으로 새로운 형식의 옷을 맞춰 입는 것을 좋아했는데, 당시로서는 파격적이었고 록 음악과 밀접한 관련이 있다.

려고 애쓴다. 그들은 개별 단어의 의미를 자기 입장에서 어떻게든 이해해
보려고 한다."[111] 그것의 전반적 효과는 역설적이고 코믹하고 시적이다. 이
런 식의 언어유희는 끔찍한 폭력을 묘사하는 데 있어서 어떤 방어막이나
여과체 같은 역할을 제공한다. 그것은 알렉스가 괴물처럼 행동할 때 그를
교활하고 매력적이면서 창의적이기조차 한 것처럼 보이게 만든다.

근본적으로 버지스의 사회 풍자는 종교적이면서도 예술적인 주제
다. T. S. 엘리엇이나 그레이엄 그린과 아주 비슷하게, 버지스는 모더니티
에 대한 비판자다. 그는 원죄를 믿고, 세속적 휴머니스트나 사회복지가보
다는 무자비하고 잘난 체하는 죄인을 선호한다. 그는 인간은 모두 불완전
하고 '타락'했지만 신의 은총으로 구원받을 수 있다는 보수 기독교의 가
르침을 받아들인다. 이런 가르침에 따르면, 의도적으로 죄를 짓고 악의 편
에 선 자는 단순한 무신론자보다도 신, 따라서 인간성과 구원에 더 가까
이 있다. 살인자 같은 알렉스를 생각해 보라. 그는 자신이 신을 믿는다고
말한다. 그러나 그는 악의 편에 서 있다.

> 악은 자아, 대상, 당신이나 내가 기이하게 마주치는 것들이다. 악은 신에 의
> 해 만들어지고 그의 자존심 같은 것이다. 그러나 비아the not-self는 악을 가
> 질 수 없다. 정부, 법원, 학교 같은 것들은 악을 허용하지 않는다. 왜냐하면
> 그들은 자아를 허용할 수 없기 때문이다. 우리의 현대 역사, 내 형제들, 그리
> 고 용감한 남성 자아들은 이 거대 기계들과 싸우고 있는가? 나는 이 문제에
> 대해 너와 나의 형제들에게 진지하게 말한다…… 하기를 좋아하기 때문에
> 나는 한다(p.34).

알렉스가 야만적으로 늙은 영감탱이를 때리고 아이를 강간하는 장

면에서, 버지스는 우리가 두려워 놀라기를 바란다. 그러나 버지스는 또한 우리가 '알렉산더 씨'에 대한 혐오감을 느끼기를 바란다. 알렉산더 씨는 알렉스의 희생자이자 아이러니하게 똑같은 이름을 갖고 있으며, 알렉스처럼 《시계태엽 오렌지》라는 책을 썼다. 알렉산더의 책은 루소처럼 성선설에 대한 논문이다. 그 책은 인간을 기계처럼 다루는 정부의 시도를 조롱한다. 그러나 동시에 자유를 받아들이도록 보통 사람들을 자극할 필요가 있다고 말한다. 버지스의 눈에, 신을 믿지 않는 자유주의자 알렉산더는 똑같이 신을 믿지 않는 내무부 장관과 마찬가지로 별 볼 일 없는 존재다. 내무부 장관은 알렉스에게 파블로프식 조건반사 마인드 컨트롤 실험을 자행한다. 알렉스는 이 두 사람들에 대해 제한적이고 아이러니한 승리를 거둔다. 그와 악당들은 알렉산더의 책 초안을 파괴하고, 그를 초죽음이 되도록 때리고, 눈앞에서 그의 젊은 아내를 윤간한다. 알렉스가 말한 것처럼 '질 낮은Inferior 내무부Interior 장관'은 육체적 처벌 대신 결국 자유주의 정치가들이 요구한 '로도비코 치료'로 돌아간다. 이는 알렉스의 죄를 암묵적으로 인정해 준 셈이다. 응징을 면제받는 유일한 캐릭터는 알코올 중독자이자 아마도 동성애 목사인 감옥 안의 '얼간이'다. 그는 신의 이름으로 정부의 마인드 컨트롤 실험에 반대하고, 알렉산더가 온순한 로봇이 되었을 때 그의 일을 사임한다.

소설의 예술적 주제는 그것의 종교적 주제를 강화한다. 그것은 고급 예술과 상업 예술의 대립에 대한 버지스의 암묵적 태도 때문이다. 그것은 역설적이면서 보수적이다. 베토벤, 모차르트, 헨델, 그리고 '클라우디우스 버드만,' '프리드리히 지터펜스터,' '앤서니 플라우터스' 같은 허구적 인물들에 대한 알렉스의 열정적 사랑은 젊은 살인자가 그를 통제하려는 사회사업가나 국가 관료들보다 더 천사에 가깝다는 버지스의 의도를 보여 준다. 핵심은 예술이 '선'(알렉스가 조롱하는 생각)과 같다는 것이 아니라, 그것이 인간의 의식으로부터 샘솟아 나온다는 것이다. 예술은 인간 본래의 잔인함을 표현할 뿐만 아니라 정신적 갈망과 기쁨을 표현할 수 있다. 피터 J. 라비노비츠Peter J. Rabinowitz가 말한 것처럼, 아마도 버지스는 고전 독일 음악은 어느 정도 악이라고 믿는 듯하다.[112] 그러나 소설은 베토벤이 악마적 초월의 최고 수준을 이루었다고도 말한다. 알렉스에게 '우아한 9번 교향곡'은 디오니소스적 방종의 의식으로 작용한다. 그것은 가학적 환상을 제공하고 에로틱한 절정을 불러일으킨다. 다른 한편, 현대 국가에 잘 적응된 시민들에게, 선이건 악이건 간에 어떤 음악도 신화적이면서 거의 종교적인 특징을 갖지 않는다. 그것은 저질의 키치(예를 들어, 소설에 나오는 '조니 지바고,' '스타시 크로흐,' '이드 몰로토프,' 그리고 알렉스가 경멸하는 여러 팝 스타들)거나 실용적인 것 ── 로도비코 치료의 창시자가 베토벤에 대해 말한 것처럼 "분위기를 띄우는 것" ── 일 뿐이다. 버지스는 정부의 마인드 컨트롤 실험이 알렉스의 폭력 행위 능력뿐만 아니라 베토벤 음악을 들을 수 있는 능력까지 파괴한다는 점을 효과적으로 설명한다. 특히 알렉스는 자신이 폭력과 섹스의 이야기를 인용하곤 했던 성경에 대한 독해력조차 상실한다. 인간성은 악을 따라서 죽는다. 알렉산더 씨가 지적한 것처럼, "음악과 성 행위, 문학과 예술 등 모든 것은 이제 기쁨만이 아니라 고통의 원천임에 틀림없다"(p.122).

　　기이한 정치성과는 별도로, 큐브릭은 비교적 싼 가격에 영화 판권을 샀다. 의심의 여지없이 큐브릭은 몇 가지 미학과 이데올로기의 이유로 이 작품에 흥미를 느꼈다. 이 작품은 쉽게 알아챌 수 있는 세 가지 '행위들'을 통해 눈길을 사로잡는 내러티브를 전개한다. 도구적 합리성에 대한 풍자, 인간과 꼭두각시와 기계의 관계에 대한 간접적 언급, 공격적 남성 섹슈얼리티에 대한 충격적 묘사 등. 이 영화는 이전에 큐브릭이 〈살인〉과 〈롤리타〉에서 탐구했던 예술가로서 범죄자의 다른 사례를 제시한다. 큐브릭은 스토리의 후반부에 많은 우연의 일치와 극적인 아이러니들을 사용하여 이야기의 동화적 성격을 끌어낸다. 그것은 리얼리즘 내러티브의 영역을 밀어내고, 감상주의 관습을 패러디하면서, 초현실주의 블랙 코미디의 가능성을 개척한다. 그 외에도, 그는 이 프로젝트가 연민이나 판단의 위기를 유발할 수 있는 점 또한 명확히 이해했다. 알렉스는 끔찍하긴 해도 자신의 범죄에 대해 철저하게 솔직하다. 그는 계속해서 자신의 독자들인 우리를 '내 형제들'(버지스는 교활하게 보들레르와 엘리엇의 "내 형제 동포에 대한 위선적 설교"를 암시한다)이라고 부른다. 큐브릭은 이런 식의 솔직함, 카리스마 넘치는 악행에 흥미를 느꼈다고 말했다. 이러한 악행은 그에게 셰익스피어의 유명한 캐릭터를 연상하게 했다.

> 알렉스는 자신의 부패와 사악함을 스스로에게나 관객들에게 전혀 속이려 하지 않는다. 그는 악의 화신 그 자체다. 다른 한편, 그는 철저한 솔직성, 위트, 지능, 에너지 등 마음을 끄는 특징들을 갖고 있다. 이것들은 매력적이다. 그는 리처드 3세의 특징을 공유한다(Phillips, *Stanley Kubrick Interviews*, p.128).

차이는 리처드 3세가 마지막에 적절한 처벌을 받는 멜로드라마의 인물이라는 점이다. 셰익스피어의 관객들은 리처드 3세의 솔직한 악행에 전율을 느끼겠지만, 그들의 도덕적 우월성을 확인하고 정의와 질서가 승리한다는 편안한 느낌으로 극장을 떠난다. 큐브릭의 〈시계태엽 오렌지〉는 그런 도망갈 구멍을 남겨두지 않는다. 알렉스는 영화에서 유일하게 매력적 캐릭터이자 처음과 끝이 거의 똑같다. 정말로 소설과 영화의 가장 놀라운 차이는, 버지스가 알렉스로 하여금 갱생을 시작하게 하는 꽤 편안한 결말을 제시하는 반면, 큐브릭은 이를 생략한다는 점이다. 소설의 오리지널 영국판은 각 7장들이 세 개의 부분들로 구성되었다. 마지막 장(기호 21)에서 알렉스는 극단적 폭력ultra-violence에 흥미를 잃고, 베토벤보다 독일 가곡을 선호하게 되며, 결혼과 부성애에 대한 백일몽을 꾼다. 또한 영국판의 마지막 부분은 '시계태엽'의 은유적 함의를 확장한다. 알렉스는 자신을 장난감을 갖고 노는 어린애에 비유한다. "당신은 거리에서 파는 장난감을 본다. 그것은 양철로 만들어지고 스프링 속을 지닌 작은 남자처럼 보인다…… 그것은 직선적으로 뻗쳐 있고, 다른 물건들에 부딪혀 계속해서 꽝 꽝 꽝 소리를 낸다. 젊다는 것은 이런 작은 기계들 중 하나가 되는 것인 듯하다"(p.148). 그는 자기 아들이나 손자가 똑같은 문제를 가질 것이라고 상상한다. 그러나 직선적이고 기계적으로 그렇게 되는 것은 아니고, 그들은 결국 순환하는 우주 신의 일부가 될 것이다. "그것은 세계의 종말로 갈 것이다. 어떤 거대한 남자처럼, 오래된 신처럼, 돌고 돈다. 거대한 손 안에서 작고 더러운 오렌지로 바뀐다"(p.148).

소설을 각색할 당시, 큐브릭은 결말을 잘 몰랐다. 그가 참조한 미국판은 버지스의 마지막 장을 빼먹었다. W. W. 노턴 출판사의 편집장은 그 부분이 용두사미고, 전체 내용에 잘 부합하지 않는다고 보았다. 큐브릭은 설사 자신이 다른 판본을 알고 있었다 할지라도 똑같은 식으로 시나리오를 끝냈을 것이라고 주장했다. 그의 영화는 오리지널 소설의 끝에서 두 번째 장에 상당히 충실하다. 그것은 또한 〈닥터 스트레인지러브〉와 어떤 공통점이 있다. 〈시계태엽 오렌지〉는 남성적 삶으로 되돌아가는 악당의 몸짓으로 갑작스럽고 아이로니컬하게 끝을 맺는다. 또한 종교로부터 정치로 강조점을 바꾼다. 표면적으로 '자유로운' 알렉스가 국가의 역설적 대리인으로 바뀐다. 파시스트 알렉스(맬컴 맥다웰)는 깁스를 하고서, 병원에서 회복을 되찾고 있다. 보수적 내무부 장관(앤서니 샤프)은 개인적으로 그에게 음식을 갖다 주고 거대한 사운드로 베토벤을 들을 수 있도록 해 준다. 알렉스는 그 상황을 조롱하는 듯하다. 새장 속의 어린 새처럼, 그는 입을 크게 벌리고 맛있게 음식을 받아먹는다. 그는 언론 보도용 사진을 위해 행복한 모습으로, 내무부 장관을 껴안고 엄지손가락을 추켜올린다. 곧이어 그는 음악에 최면에 걸린 듯 심취한다. 종종 평론가들이 부정확하게 묘사하기도 하는 영화의 마지막 장면은 베토벤을 듣는 그의 환상을 보여 준다. 버지스의 소설에서, 알렉스는 세상 속으로 달려가 칼을 휘두르는 자신을 상상한다. 그러나 영화에서, 그는 하얀 깃털이나 눈 같은 것 위에서 누드로 누워 있다. 검은 장갑에 꽉 끼는 검은 목걸이를 한 아름다운 여자와 '유사 성행위'를 즐기는 장면이 슬로 모션으로 보인다. 여자는 두 발을 벌리고 위에 올라타서 같이 즐기는 듯하다. 이 장면은 영화 속에서 섹스를 통해 서로 강렬한 기쁨을 느끼는 유일한 장면이다. (초반에 알렉스의 방에서 난잡한 섹스 파티 장면, 즉 패스트 모션으로 〈윌리엄 텔 서곡〉의 전자 버전이 깔리던 숏은 상대적으로 형식적이다.) 그러나 그것은 단지 알렉스의 상상이자 연극적 캐릭터로서 자신의 퇴폐적 시선일 뿐이다. 영국 지배층을 상징하는 신사 숙녀들이 그의 성적 곡예를 지켜보고 찬사를 보낸다. 그들 모두는 마치 애스콧Ascot 경마장▪에서 돌아온 사람들처럼(아마도 〈마이 페어 레이디 My Fair Lady〉의 세트 같다) 에드워드 7세 시대의 치장을 하고 옷을 입고 있

▪ 런던 교외에 위치한 영국 왕실 소유의 경마장으로, 왕과 귀족이 즐겨 오는 곳이라 정장을 입었다.

〈시계태엽 오렌지〉: 검은 장갑에 꽉 끼는 검은 목걸이를 한 아름다운 여자와 '유사 성행위'를 즐기는 장면이 슬로 모션으로 보여진다.

다. 사운드트랙과 함께, 알렉스의 목소리가 울려 퍼진다. "나는 확실히 치료되었어!"

　　다른 의미에서, 큐브릭의 영화는 소설에 노예적으로 종속되지 않으면서도 소설의 전체 의미를 잘 전달한다. 버지스는 각색이 단지 '도둑 까치' 같은 큐브릭의 것일 뿐이라고 투덜거렸다. 그는 큐브릭이 소설을 세트 속으로 들고 들어가서 배우들과 함께 즉흥적으로 그것을 이용해 먹었다고 비난했다.[113] 큐브릭의 방법론에 대한 이런 식의 묘사는 아주 부적절하다. 그러나 이런 묘사는 완성된 영화가 형식적으로 철저하면서도 소설과 약간 다를 뿐이라는 사실을 착각하게 만든다. 영화 속의 충격적 묘사는 버지스 소설의 폭력 묘사를 상당히, 그리고 불가피하게 줄여 주었을 것이다. 많은 폭력 장면들이 삭제되고, 소설에서 열 살 소녀들에 대한 알렉스의 강간 묘사는 영화 속에서 10대들과의 즐거운 오후의 섹스 장면으로 변형된다. 캣 레이디는 한심한 늙은 여자에서 상류층의 거식증 환자로 바뀌고, 영화 속의 감옥은 소설 속의 감옥보다 훨씬 더 편안한 곳으로 설정된다. 더구나 알렉스의 은어 '나드삿'의 많은 부분들이 과감하게 삭제된다. 큐브릭은 아주 중요한 1인칭 내레이션, 관객에게 직접 말하는 장면, 어린 알렉스의 시적 감성을 드러내는 말장난, 나보코프가 살인자의 "공상적 산문 스타일"이라고 부른 것(소설에서 알렉스는 셸리와 랭보를 잘 안다) 등은 그대로 둔다. 곳곳에서, 시적 느낌을 주는 그의 언어는 알렉스의 가학증에 위트와 섹슈얼한 생기를 불어넣는다. 그의 내레이션("두란고 95는 진짜 호러쇼처럼 기분 좋게 달렸다. 뱃속까지 기분 좋고 따뜻하게 떨리는 느낌")뿐만 아니라, 대사("오, 작은 소녀여, 그대 감미로운 노래를 부르기 위해 집으로 가지 않으련? 그대는 가련한 연주자들을 구하게 될 거야. 천사의 트럼펫과 악마의 트롬본 소리를 들어 보자. 자, 가자꾸나.")도 그런 느낌을 준다.

소설에서 알렉스가 캣 레이디를 죽였을 때 열다섯 살이고, 소설의 막 판에 열일곱 살이다. 그 배역을 위해서 큐브릭은 스물여덟 살의 맬컴 맥다월을 골랐다. 맥다월은 린제이 앤더슨Lindsay Anderson의 〈만일If〉(1968)에서 좋은 연기를 보여 주었고, 대중의 마음에 젊은이들의 반란을 강하게 연상시켰다. 그의 소년 같은 외모 때문에 맥다월은 10대 불량배 역에 적합했다. 그러나 그는 큐브릭이 폭력 장면에서 원했던 댄서로서의 움직임이 부족했다. 큐브릭은 그가 좋은 연기를 하도록 도와주었다. 또한 큐브릭은 수많은 몽타주, 음악, 패스트 모션, 슬로 모션 사진들을 이용해서, 야단법석 섹스 장면에 대한 소설의 묘사가 어떻게 영화적 상관관계를 갖는지 우리에게 보여 주었다. 그렇지만 맥다월은 가능한 모든 방식을 통해서 현대 영화에서 가장 인상적이고 특별한 연기 중 하나를 보여 주었다. 그의 배역에는 육체적 측면이 중요했다. 그는 로도비코 치료를 위해 구속복에 묶인 채 눈을 다치면서까지 눈꺼풀을 연채로 고정시키는 것을 감수했다. 롱 테이크로, 그는 딤(워런 클라크)에 의해 두들겨 맞고, 그의 머리는 40초 이상 물속에 잠겼다. 또한 그 배역은 능숙한 목소리 연기, 억양, 감정 톤의 세밀한 통제를 요구했다. 알렉스는 아주 다른 극적인 상황에 놓인 연극적 인물이자 불한당이다. 결과적으로 맥다월은 알렉스의 배역을 폭넓게 연기한다. 그는 일반적 영화보다 훨씬 많은 분량의 구체적 몸짓을 사용하는 코믹한 스타일을 선보인다. 몇몇 장면들은 완전히 슬랩스틱 코미디 같다. 그가 의식을 잃고 얼굴이 스파게티 접시에 처박히는 장면이라든가, 가학적 악당이 우리를 겁주는 강력한 오프닝 숏이 특히 그렇다. 오프닝 숏에서 그는 약간 고개를 숙이고, 오른쪽 눈을 화려하게 치장한 채, 면도칼처럼 날카로운 속눈썹으로 우리를 쏘아본다. (맥다월은 눈 화장 아이디어에 기여했다.) 배우로서 그는 다양한 가면을 쓰고 치장을 한다. 악마에서 천사로, 괴물에서 광대로, 시인에서 불량배로, 유혹자에서 희생양으로, 사기꾼에서 얼간이로 순식간에 변신한다. 맥다월은 이처럼 다양한 페르소나를 매혹적으로, 유머러스하게, 열정적으로 연기한다. 그는 그 배역에 확실한 자신만의 흔적을 남긴다. 그래서 영화를 본 뒤 소설을 읽는 사람은 머릿속에서 그의 흔적을 지우기 어려울 것이다.

맥다월의 연기 외에도, 〈시계태엽 오렌지〉의 큐브릭 버전은 감정적 정서와 지적 의미로 가득 채워졌다. 흥미롭게도, 그는 소설의 종교적 주제를 약화시키면서 그것을 제자리로 돌려놓았다. 큐브릭이 버지스의 역설적 기독교 이데올로기를 얼마나 심각하게 받아들였는지 말하기는 어렵다. 대부분의 관객은 큐브릭이 종교를 풍자하고 있다고 생각할 것이다. 예를 들어, 그는 도자기로 빚은 4개의 똑같은 예수의 얼굴들과 노출된 성기들을 몽타주해서 살아 움직이게 한다. 그것들은 알렉스가 베토벤을 들으면서 자위행위를 할 때 피투성이 합창단처럼 춤춘다. 또한 큐브릭은 성경 속 이야기들에 대한 알렉스의 환상을 보여 주기 위해 세실 드밀Cecil De Mille의 영화를 패러디한다. 그는 예수를 성적 환상과 에로틱한 에너지의 원천으로 재현한다. 알렉스의 아파트 건물 로비는 성서 이야기를 담은 외설적 그림들로 가득하고, 알렉스는 예수가 십자가에 못 박힌 갈보리로 가는 길 위의 로마 병사가 되는 백일몽을 꾼다. 또한 알렉스가 알렉산더 씨의 근육질 보디가드의 손에 피에타처럼 안긴 장면도 나온다. 그러나 이런 장면들은 버지스의 개념에 완전히 일치한다. 그의 개념은 인간성이 성적이면서 정신적이라고 주장하며, 그의 소설은 원죄에 대해 강조한다. 알렉스는 잠재적으로 사탄의 캐릭터이지만, 무신론자는 아니다. 따라서 영화에서 춤추는 예수들은 베토벤과 나란히 그의 침대에 놓인다. 그는 감방의 핀업 사진들 옆에 십자가에 못 박힌 예수의 조각을 걸어 놓는다.

영화는 종교에 대해 똑같이 복잡하고 혼란스런 어떤 것을 계속 보여 준다. 교도소의 목사는 비밀스런 동성애자로 묘사된다. 그는 조이스의 《젊은 예술가의 초상》에서 지옥불의 사제를 희미하게 연상시키는 설교를 한다. 그러나 그는 선택의 도덕적 자유에 대해 열정적으로 설파한다. 신에 대해 약간 의심하면서, 그는 큐브릭이 주장한 영화의 메시지를 전달한다. 큐브릭은 미셸 시멍에게 이렇게 말했다. "고드프리 퀴글리가 연기한 교도소 목사는 영화의 도덕적 목소리다…… 고드프리의 약간 코믹한 이미지와, 그가 표현해야 할 중요한 생각들 사이의 섬세한 균형이 그의 연기 속에서 이루어져야 했다"(p.149). 아마도 그 '섬세한 균형'은 교양 있는 수사적 전략에 도달한다. 그 전략은 관객에서 어떤 캐릭터의 개인적 특성과, 그 캐릭터가 재현하는 도덕적이거나 윤리적인 입장 사이의 차이를 구분하게 한다. 그러나 큐브릭은 연민과 판단을 분리함으로써 영화에 대한 악선전을 피해가려고 시도한다. 이러한 시도 속에서, 큐브릭의 영화는 버지스가 결코 직면한 적이 없었던 문제들을 극복해야 한다. 소설 속의 모든 사건들은 알렉스의 믿을 수 없는 내레이션과, 선과 악에 대한 작가의 간접적 담론과 암시에 의해서 매개된다. 반면, 영화는 종교적 담론을 생략하고, 알렉스의 왜곡된 시점과 별도로 카메라 앞에 '존재'하는 세계를 우리에게 보여 준다.

큐브릭은 소설의 주관적 성격에 가까이 가려고 노력한다. 알렉스의 1인칭 내레이션의 분량을 공평하게 유지하고, 과열된 사춘기 상상력에 어울리는 방식으로 연기와 미장센을 강조하고 과장한다. 예를 들어, 소설에서 알렉스는 가슴 큰 여자들('호러쇼 가슴들')에 몰두한다. 영화는 러스 메이어Russ Meyer▪의 것과 거의 똑같은 유방 집착증을 갖는다. 그러나 영화에서 사물들은 단지 말해지지 않고 보여진다. 그러므로 그것들은 성인 세계에 대한 알렉스의 판단을 확실히 보여 주는 듯하다. 더구나 영화의 몇 몇 장면들에서 알렉스는 직접 관련되어 있지 않고, 많은 주관적 숏들은 다른 캐릭터들의 시점을 보여 준다. 이를테면, 알렉산더 씨는 알렉스의 가면을 쓴 얼굴과 페니스 모양의 거대한 가짜 코를 '보기' 위해 마루에서 위로 올려다본다. 이런 기법으로 인해, 영화의 스테레오타입 혹은 그로테스크는 독립적이고 객관적인 성격을 취한다. 영화는 누군가를 도덕적 진실의 목소리로 간주하지 않는다. 우리는 큐브릭이 알렉스의 솔직함, 위트, 지능, 에너지라고 묘사한 것 외에 다른 어떤 가치에 매달리지 않는다. 따라서 많은 관객들에게 이 영화는 인간 문명에 대한 뿌리 깊은 경멸에 기초한 급진적 자유주의를 표현하는 듯하다. 영화는 모든 성인을 불리한 입장에 처하게 한다. 그것이 의미하는 바는, 관료 사회는 자신이 억압하려는 범죄자들만큼이나 폭력적이고 무자비하다는 것이다. 영화는 종교적이고 세속적인 '법과 질서'를 넘어 알렉스의 가학증의 '자유로운' 표현을 지지하는 듯하다. 영화는 풍자적 관점에서 모든 것을 바라보기 때문에, 버지스 소설의 암울함을 어느 정도 상쇄하는 이상주의를 설파하는 것은 아니다.

나는 이제 정치적 주제에 대해 더 많이 말해야 한다. 소설의 예술적 주제와 관련해서, 큐브릭의 매체가 소설보다 더 유리하다. 그렇지만 영화는 약간 혼란스런 효과를 유발한다. 그것은 마치 팝아트의 장난스런 관점이 상류층 보수주의의 저류에 굴복하고 있는 듯하다. 큐브릭은 〈2001 스

■ 러스 메이어(1922~2004)는 미국의 영화 감독, 제작자, 극작가, 배우 등으로 활동했다. 저예산 선정 영화를 만들어 큰 성공을 거두었고 포르노 영화의 선구자로 알려져 있다. 그의 작품은 성폭행 장면과 가슴이 큰 여성이 주로 등장하지만 성행위 묘사는 별로 없었다.

페이스 오디세이〉에서 클래식 음악을 사용한 것으로 유명해졌다. (레코드 가게에서 이 영화의 음악 LP는 두드러져 보인다.) 버지스의 소설은 큐브릭에게 그 기법을 다시 사용할 많은 기회들을 주었다. 그는 영화 음악으로 독일 그라모폰 음반사의 베토벤 9번 교향곡을 특별히 포함시킨다. 뿐만 아니라, 영화 속의 영화를 위해 무그 신서사이저 음악을 연주하는 월터 카를로스 Walter Carlos와 웬디 카를로스Wendy Carlos를 고용한다. 여러 곳에서, 그는 버지스에 의해 제안된 음악을 완전히 무시한다. 소설 속에서 알렉스는 독일 고전 작곡가와 벤야민 브리턴과 아놀드 쇤베르크 같은 현대 음악 작곡가들을 선호한다. 큐브릭은 퍼셀, 로시니, 엘가, 림스키코르사코프 등 더 절충적이고 대중적인 음악을 사운드트랙으로 사용한다. 그는 이러한 사운드트랙을 통해서 액션의 아이러니를 보여 주거나, 액션의 '분위기를 띄우면서' 연극적 생명력을 창출한다. 녹음 현장에서 큐브릭은 소설 속의 허구적 팝스타들이 포함된 앨범 커버들을 보여 준다. 그러나 놀랍게도 그는 1970년대 영국 10대들이 실제로 들었던 록 음악을 빼먹는다. 버지스처럼, 큐브릭도 이런 음악을 별로 즐기지 않았던 것 같다. 그의 음악은 주로 잘 알려진 클래식에 쏠려있다. 그는 클래식 음악을 통해 알렉스의 '예술적' 성향들과 함께, 에리카 에이젠Erica Eigen의 〈나는 등대지기와 결혼하고 싶어요I Want to Marry a Lighthouse Keeper〉 같은 저속한 대중문화에 대한 선호를 보여 준다. 그것은 아마도 알렉스의 부모와 그들의 젊은 하숙생의 나쁜 취향을 드러내려는 의도일 것이다.

약간 다른 음악적 범주로는 영화 속에서 알렉스가 두 번 부르는 더 오래되고 매력적인 고전 〈사랑은 비를 타고Singin' in the Rain〉가 있다. 큐브릭이 알렉스가 알렉산더 부부를 폭행하는 장면에서 즉흥 댄스를 요구했을 때, 맬컴 맥다월은 리허설을 하는 동안 그 노래를 부르기 시작했다. 이 노래는 원래 아서 프리드와 나시오 허브 브라운Nacio Herb Brown이 MGM 영화사의 최초의 완전 유성 영화를 위해 작곡했고 나중에 뮤지컬 영화 속에서 몇 번 사용되었다. 특히 영화 〈사랑은 비를 타고〉(1952)에서 진 켈리는 이 노래의 아이콘이 되었다. 맥다월의 즉흥적 흥얼거림을 듣자마자 큐브릭은 그 음악의 사용을 결정했다. 심지어 그는 영화의 마지막 크레딧이 올라갈 때, 진 켈리의 오리지널 음악을 내보내기도 했다. 그 음악은 마치 자신이 치료되었다고 알리는 알렉스의 즐거운 목소리에 대한 논평처럼 들린다. 이 결정은 소설의 전체적 분위기와 약간 충돌하는 듯하다. 왜냐하면 버지스에 의해 창조된 알렉스는 대중문화에 대해 경멸적이고, 고전 음악을 흥얼거리는 것을 더 좋아하기 때문이다. 그럼에도 불구하고, 〈사랑은 비를 타고〉 음악은 큰 충격 효과를 유발한다. 그것은 〈닥터 스트레인지러브〉의 〈트라이 어 리틀 텐더니스〉나 〈우리 다시 만나리We'll Meet Again〉의 아이러니컬한 사용과는 꽤 다르다. 그것은 폭행과 강간의 공포를 스타일화하고 강화한다. 뿐만 아니라, 그것은 대중문화에 대한 공격이자 위대한 할리우드 영화에 대한 음흉한 폭력이다. 그것은 마치 큐브릭이 영화 애호가들을 위해 로도비코 치료를 집행하고자 하는 것 같다. 나를 비롯해서 많은 영화 애호가들은, 〈시계태엽 오렌지〉의 그 노래에 대한 우쭐거리는 도용에 대해 분개하고 메스꺼움을 느끼지 않고서는, 진 켈리의 그 즐거운 노래를 결코 다시 들을 수 없다. (아마도 관객들은 베토벤과 관련해서도 똑같은 신성 모독이 저질러졌다고 느낄 것이다.)

프로덕션 디자인은 현대 예술의 비하라는 이 영화의 주제를 더욱 정교하게 다듬는 데 기여한다. 큐브릭의 이전 영화 세 작품은 거의 스튜디오 안에서 촬영되었다. 그러나 이 영화는 런던 근교의 촬영 장소를 주의 깊게 선택하여, 현대와 상상적 미래 사이의 연속성을 잘 설정한다. 알렉스가 살고 있는 낙서로 뒤덮인 주택가("시립 아파트 블록 18a 리니어 노스"), 그가 감금된 원형 감옥("스타자 84F"), 그가 수술을 받는 썰렁한 시설("로도비코 의료 센터") 등은 실제 건물들이다. 건물들은 모두 〈2001 스페이스 오디세이〉의 화이트 모더니즘의 어두운 반대편을 보여 준다. 레코드 가게와 술집, 시골의 부유한 집들도 실제 장소나 마찬가지다. 이곳의 실내 인테리어는 대체로 프로덕션 디자이너 존 베리John Barry와 미술 감독 러셀 해그 Russell Hagg, 피터 실즈Peter Shieds에 의해 재단장되었다. 이 인테리어의 가장 흥미로운 특징 중 하나는 그림과 조각들이 어느 정도 계속 전시되어 있다는 점이다. 미술품은 소설에서 전혀 중요하지 않지만, 영화에서는 모든 곳에 존재하면서 섹슈얼리티에 대한 영화의 아우라에 기여한다. 또한 그것은 예술, 키치, 포르노그래피 등이 점차 '민주화'되고, 서로 분리될 수 없다는 것을 말해 준다.

훗날 큐브릭은 미셀 시멍에게 이렇게 말한다. "에로틱 예술은 결국 대중 예술이 될 거예요. 그건 당신이 지금 울워스 쇼핑몰에서 아프리카 야생 동물 그림을 사는 거나 마찬가지죠. 언젠가 우리는 에로틱한 그림들을 사게 될 거예요"(p.162). 우리는 처음에 이 현상을 코로바 밀크 바를 위한 세트 디자인에서 알게 된다. 그 세트 디자인은 리즈 무어Liz Moore가 조각한 여자 누드들을 포함한다. 그녀는 〈2001 스페이스 오디세이〉에서 우주 태아를 디자인하기도 했다. 무어는 1960년대 조각가 앨런 존스Allen Jones의 페티시 '가구'에 대해 패러디한다. 또한 그녀의 세트 디자인은 깡마른 패션모델들이나 백화점 마네킹의 누드처럼 보인다. 그 누드들은 검은 눈구덩이, 튀어나온 가슴, 긴 머리카락, 세심하게 만들어진 성기를 갖고서 순종적 포즈를 취하고 있다. 캣 레이디의 집에 있는 최신 유행의 장식품들은 거의 포르노와 예술의 혼합처럼 보인다. 소설에서 이 여자는

〈시계태엽 오렌지〉: "에로틱 예술은 결국 대중 예술이 될 거에요." 코로바 밀크 바의 세트 디자인.

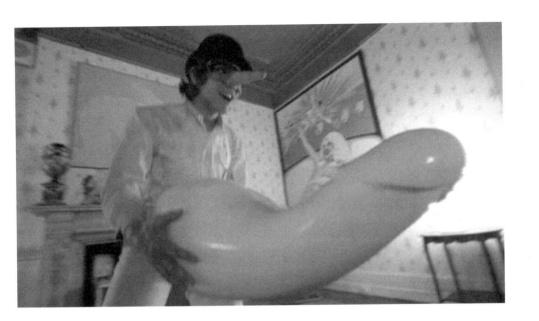

〈시계태엽 오렌지〉: 캣 레이디의 집에 있는 최신 유행의 장식품들은 거의 포르노와 예술의 혼합처럼 보인다.

늙은 은둔자이지만, 영화에서 그녀는 부유하고 거식증에 걸린 보헤미안이다. 그녀는 몸에 딱 붙는 레오타드를 입고, 헬스 기구로 운동을 하고, 에로틱한 팝아트 미술품들 — 한스 아르프Hans Arp의 작품을 닮은 커다란 페니스를 포함해서 — 을 수집한다. 그 미술품들은 알렉스를 매혹시키고 즐겁게 한다(캣 레이디는 말한다. "건들지 마라, 그건 중요한 예술품이야!"). 알렉스가 그 페니스로 공격할 때, 그의 폭력은 그녀의 만화 같고 가학·피학적인 그림들의 빠른 몽타주를 통해서 표현주의적으로 묘사된다. 또한 팝아트 감성은 알렉스와 그의 부모가 사는 작은 아파트로 확장된다. 그곳에는 알록달록한 벽지와, 큰 눈에 가슴이 튀어나온 거무스름한 피부를 가진 여자들의 그림들이 있다. 그것의 리얼리즘적인 스타일은 〈등대지기〉 노래와 함께, 노동자 계급의 저속한 취향을 보여 준다. 그러나 그런 대조적 취향은 계속 유지되기 힘들다. 영화의 대부분은 '포스트모던' 아이러니로 채워진다. 이를테면, 알렉산더 씨의 집 바깥으로 보이는 '집HOME'이라는 네온사인 같은 것들이 그러하다. (아마도 알렉산더 씨의 집 내부는 팝아트와 관계없는 유일한 실내 공간인 듯하다. 큐브릭은 알렉산더 부인의 윤간 장면을 크리스티안 큐브릭이 그린 커다란 전원풍의 유화를 배경으로 연출한다.)

이탈리아 디자이너 밀레나 카노네로Milena Canonero가 만든 영화 의상들은 현재와 미래 사이를 연결하면서, 동시에 젊은이들의 하위문화가 지닌 유행 민감성과 그 결과로 나타나는 상품화에 대해 논평한다. 영화에서 국가 관료들이 입는 제복들은 실제 영화가 개봉된 영국에서 당시에 입었던 것들과 똑같다. 알렉스 갱단의 옷 — 하얀 셔츠와 바지, 피 흘리는 눈알 모양의 소매 장식, 신사 중절모, 전투화, 멜빵, 권투 선수 명치 보호대, 손잡이에 칼을 숨긴 경찰봉 등 — 은 1960년대 말 스킨헤드족을 연상시킨다. 레코드 가게에서, 알렉스는 매우 과장된 '뉴 에드워드 시대'의 복

〈시계태엽 오렌지〉: 알렉스가 페니스로 공격할 때, 그의 폭력은 만화 같고 가피학적인 그림들의 빠른 몽타주를 통해 표현주의적으로 묘사된다.

장을 입는다. 그것은 '스윙잉 런던swinging London'*의 시대에 카나비 스트리트를 중심으로 유행했다. 알렉스가 자신의 성적 특징을 강조하는 옷 — 눈썹, 지팡이, 명치 보호대, 꽉 끼는 바지, 어깨 패드를 댄 에드워드 시대의 코트 등 — 을 입을수록 점점 더 그는 양성애자처럼 보인다. 국가가 그의 몸과 마음을 통제할 때, 그는 보통의 남성성을 보여 주는 평범한 파란 옷으로 바꿔 입는다. 여기서 그의 겁먹은 부모 '엠과 피'**는 심지어 그보다 더 화려한 옷을 입고 젊은이들의 패션 산업에 대한 열광에 더 장단을 맞춘다. 아버지는 1970년대 남성 패션의 첨단이었던 밝은 색깔의 셔츠, 넓은 넥타이와 옷깃을 걸친다. 그의 어머니는 고고 미니스커트, 부츠, 메탈릭 컬러 가발 등(영화 초반에 술집의 젊은 웨이트리스가 입었던 것과 똑같은 의상)으로 치장한다.

물론 모더니티의 징후적 예술 형식은 알렉스가 '시니sinny'라고 부르는 영화the cinema다. 따라서 로도비코 치료가 행해지는 장면들은 우리가 보고 있는 영화의 자기반영적 비판이자, 적어도 잠재적으로, 영화가 비판적 공격을 예방하는 수단이다. 아이로니컬하게 이런 장면들은 매우 소설적인 언어에 의존한다. 처음에 알렉스는 우리가 이 영화 속에서 계속 보아 왔던 그런 폭력적 장면들을 보도록 강요당한다. "할리우드에서 만들어진 것같이 아주 훌륭하고 프로페셔널 영화예요." 알렉스가 보는 그 영화 속에서 젊은 갱단들은 폭행과 강간을 자행한다. 그 폭력은 사실적이

---

* 1960년대 역동적이었던 런던의 모습을 가리킨다. 당시 새로운 청년문화운동으로 낙관주의와 쾌락주의가 풍미한 문화 혁명을 뜻하기도 한다.
** '엄마Em,' '아빠Pee'라는 뜻의 슬랭. 버지스는 《시계태엽 오렌지》에서 러시아어를 교묘하게 변형시킨 수많은 슬랭을 통해서 반항적 청년의 하위문화를 표현한다. 대표적인 것으로, 'sarky(냉소적인),' 'sinny(영화),' 'grahzny bratchny(더러운 놈)' 등이 있다.

〈시계태엽 오렌지〉: 팝아트 감성은 알렉스와 그의 부모가 사는 작은 아파트로 확장된다.

고, "똑같은 회사에서 만든 것처럼, 우리의 오래된 친구인 붉디붉은 피가……" 낭자한 그런 장면이었다. 그러나 대체로 우리는 그 소리들을 듣지 못하고 알렉스의 내레이션이 그 이미지들로부터 우리를 떼어 낸다. 알렉스의 교화를 위해 영화라는 아편과 함께 약물이 처방된다. 알렉스는 인공적으로 메스꺼움과 구토 증세를 느끼기 시작한다. 그것은 마치 일반 관객들이 〈시계태엽 오렌지〉의 절반 이상을 보았을 때 느꼈을 법한 그런 느낌과 비슷하다. 알렉스는 몸을 묶은 줄을 풀지 않고는 눈을 감을 수 없고 "그 영화의 사선에서 벗어날 수 없다." 다음날 그는 베토벤 9번 교향곡과 함께 나치 선전 영화를 보게 된다. 큐브릭은 우리에게 유대인 죽음의 캠프를 보여 줄 수도 있었지만, 대신 그는 알렉스가 알아볼 수 있을 듯한 장면을 선택했다. 연병장을 으스대며 사열하는 히틀러의 뉴스릴 이미지들과 나치 돌격대 장면들이 이어진다. 이전 장면들에서 이미 보였던 베토벤과 야만적 파시즘 사이의 관계는 이제 명확하게 합쳐진다. 알렉스의 반응은 애처로운 간청에 가깝다. "멈춰요!…… 제발! 애원해요! 그것은 죄악이에요!"

영화의 철학적, 이데올로기적 함의와 별개로, 〈시계태엽 오렌지〉는 의심의 여지없이 '프로페셔널 영화'다. 영화는 뛰어난 촬영, 무대 장치, 편집의 예들을 보여 준다. 이 화려한 촬영 효과 중 하나가 줌 렌즈의 사용이다. 줌은 1960년대 특히 다큐멘터리 스타일의 프랑스 누벨 바그 영화와 텔레비전에서 폭넓게 사용되었다. 줌은 경제적인 면에서 트래킹 숏을 효과적으로 대체한다. 큐브릭은 스타일적인 모티프를 창조하기 위해 촬영 장비들을 체계적으로 사용한 드문 감독들 중 한 명이다. (큐브릭처럼, 로버트 알트만도 배우의 몸에 부착하는 무선 마이크를 사용하기도 했다.) 큐브릭의 줌 렌즈는 극단적 클로즈업으로부터 와이드 숏으로 나아가면서, 점차로 전체적 모

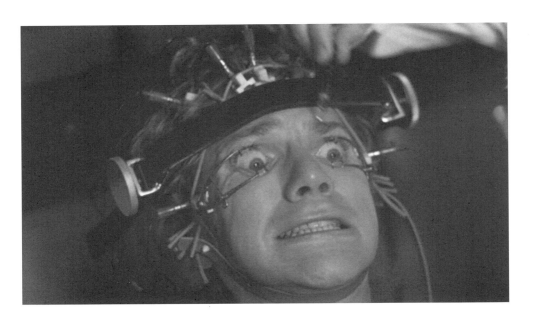

〈시계태엽 오렌지〉: 알렉스의 반응은 애처로운 간청에 가깝다. "멈춰요! ⋯⋯제발! 애원해요! 그것은 죄악이에요!"

습을 '드러내는,' 카메라의 특별히 느리고 위엄 있는 운동과 관련이 있다. 〈시계태엽 오렌지〉에서 줌 사용의 명백한 사례는 코로바 밀크 바를 보여주는 유명한 오프닝 숏과, 알렉산더 씨가 베토벤 9번 교향곡을 들려주면서 알렉스에게 고통을 가하는 장면이다. 때때로 큐브릭은 방향을 바꿔서 와이드 숏에서 클로즈업으로 나아간다. 그러나 어떤 경우라도 그는 정지화면이나 타블로 효과 ─ 〈배리 린든〉에서 결국 강력한 효과를 창출했던 의도적인 화면 구성 ─ 를 만들어 낸다. 〈시계태엽 오렌지〉의 촬영 기법과 관련해서, 큐브릭은 가벼운 아리플렉스 카메라를 사용하는 더 쉽고 안정적인 촬영 방법을 발견했다. 알렉스가 밤에 알렉산더 씨의 현관문 앞에서 비를 맞으며 비틀거리는 장면을 생각해 보라. 울퉁불퉁한 땅 위에서 핸드헬드 카메라의 트래블링 숏이 이어진다. 이 숏은 나중에 큐브릭이 〈샤이닝〉에서 사용하는 스테디캠 숏과 흡사하다. (〈시계태엽 오렌지〉와 대부분의 큐브릭 후기 작품에서 큐브릭의 촬영 감독이었던 존 올컷John Alcott에 따르면, 큐브릭은 아리플렉스 카메라에 그처럼 부드럽고 미끄러지듯 유연한 움직임을 줄 수 있었던 유일한 감독이었다.)[114]

큐브릭의 이전 작품들은 롱 테이크와 와이드 앵글 미학에 기초했다. 특히 그는 복도 아래로 걸어 내려가거나 방을 돌아다니는 캐릭터들을 촬영하는 자신만의 방법들을 발견했다. 그러나 이 시기에 그는 일관된 숏들에 의존하는 시퀀스들과, 편집에 의존하는 시퀀스들을 꽤 유연하고 자유롭게 혼합할 줄 알게 되었다. 알렉스가 레코드 가게에서 두 소녀들을 만나는 장면은, 가게를 돌아다니면서 극단적 어안 렌즈로 모든 것을 보는 하나의 단일한 숏으로 구성된다. 교도소 목사와 그의 대화는 와이드 앵글 트래킹 숏으로 촬영된다. 이 숏에서 두 인물들은 도서관 책들이 늘어선 터널같이 긴 복도를 걸어 내려온다. 침실에서 델토이드 씨(오브레이 모리스)와 인터뷰하는 장면은 멀리 있는 인물들을 두 가지 와이드 앵글 장비를 번갈아 가면서 찍었다. 경찰 세 명의 '심문' 장면은 7가지 장비 세트를 사용한다. 그들 중 절반은 망원 렌즈로 찍은 클로즈업이고, 시퀀스 마지막에 설정 숏이 나온다.

영화의 곳곳에서, 큐브릭과 편집자 빌 버틀러Bill Butler는 어떻게 편집이, 큐브릭 영화의 특징인 강력하고 때로 심하게 느린 연기 스타일과 대위법적으로 어우러지는지를 보여 준다. 알렉산더 씨의 집에서 스파게티를 먹는 장면을 생각해 보자. 이 장면은 저녁 식사 테이블을 둘러싼 무대 연기의 복잡한 문제를 처리하는 하나의 방법을 제시한다. (데이비드 보드웰이 말한 것처럼, 이것은 모든 감독들이 한두 번씩 겪는 문제다.)[115] 그 신은 두 개의 시퀀스로 나뉠 수 있다. 첫 번째, 휠체어를 탄 알렉산더 씨(패트릭 마지)와 그의 보디가드는 회전 유리 테이블에서 알렉스 옆에 앉아서 그가 먹는 것을 바라본다. 두 번째, 다른 두 사람이 합석하면서 테이블 전체 자리가 채워진다. 첫 번째 시퀀스는 180도로 그 방을 이용하고, 두 번째 시퀀스는 360도로 이용한다. 똑같이 그들은 20개 카메라 장비를 이용해서, 시점을 변화시키고, 로 앵글에서 하이 앵글로, 롱 숏에서 강한 클로즈업, 와이드 앵글에서 망원 촬영으로 튀어 오른다. 하지만 부지런한 데쿠파주에도 불구하고, 템포는 거의 침울하다. 알렉산더 씨는 이상하게 잔뜩 긴장한다. 얼굴을 찡그리고, 눈을 가늘게 뜨면서, 부자연스럽게 말을 하고, 거의 소리 지르듯이 단어를 외친다. "음식은 좋은가?" "와인이 좋다니 다행이군. 한 잔 더 하지." "내 아내는 나를 위해 모든 걸 다 해 주었지…… 그녀는 죽었어." 알렉스가 점점 더 불안해하면서 편집의 속도가 빨라진다. 그러나 그 이상한 연기 스타일(마지는 과잉 연기를 하고, 다른 사람들은 자연스럽게 처신한다)은 단호하면서도 지나치게 질질 끌고, 침울하면서도 조롱하는 듯한 독특한 분위기를 창출한다.

마지의 기이한 연기는 〈닥터 스트레인지러브〉에서 조지 스콧의 코믹하고 과장된 연기와 〈롤리타〉에서 피터 셀러스의 거친 즉흥 연기와 공통점이 있다. 그러나 마지의 연기는 덜 우스꽝스럽고, 더 그로테스크하다. 이런 예외적 연기들은 큐브릭의 모든 후기 영화들에서 보인다. 그것은 당혹스럽고 부조화한 효과를 만들어 내고, 종종 평론가들은 이런 과장된 연기를 짜증스럽다거나 유머가 부족하다고 지적한다. 예를 들어, 케빈 잭슨Kevin Jackson에 따르면, 큐브릭이 마지로부터 '갈취한' 연기는 '연기의 예술에 대항하는 범죄'다. 또한 오브레이 모리스가 연기한 델토이드 — 우연히 틀니를 담은 잔으로 물을 마시면서 알렉스의 '가랑이를 움켜잡는' 동성애자 역할 — 는 기껏해야 1970년대 영국 시트콤 수준이다 (p.26). 그러나 의심할 것도 없이 큐브릭은 이런 식의 심한 과장을 원했다. 〈롤리타〉 때부터 그는 연기 스타일의 초현실적 불연속성이나 모순성을 보여 주려 했다. 이러한 연기 스타일들이 큐브릭의 영화를 자연주의에서 부조리로 갑작스레 밀어 넣는다. 큐브릭은 배우들의 연기에 의도적으로 위험 요소를 불어넣는다. 알렉스가 집으로 돌아가서 부모를 만나는 믿을 수 없을 정도로 느리고 아주 이상한 장면처럼, 또는 클로징 신에서 알렉스가 입술을 쩝쩝거리면서 저녁을 맛있게 먹는 장면처럼 말이다.

물론 〈시계태엽 오렌지〉는 다른 의미에서도 똑같이 위험하다. 이 영화는 검열의 한계를 시험할 뿐 아니라, 사회에 대한 염세적 관점을 표현한다. 영화는 사회가 본능적이고 약탈적인 폭력과 함께, 이성적이고 실용적인 강압에 기초할 따름이라고 묘사한다. (〈2001 스페이스 오디세이〉는 살인 유인원으로서 인간이라는 주제를 다룬다.) 〈닥터 스트레인지러브〉와 달리, 〈시계태엽 오렌지〉는 정치적 좌파의 관점에서 조명될 수 없다. 비록 이 영화가 보수주의자들의 분노를 자극했다 할지라도 그렇다. 하지만 이 영화는 딱지를 붙이기 어려운 어떤 급진적 정치학을 함축한다. 아도르노가 무덤에서 벌떡 일어날진 모르겠지만, 이 영화는 여러모로 아도르노의 주장과 비슷하다. 영화는 베토벤에 대한 아도르노의 후기 낭만파 감성을 공유한다. 또한 영화는 사회주의와 파시즘에 대한 아도르노의 거침없는 풍자적 태도, 관료주의에 대한 혐오, 키치에 대한 조롱, 계몽적 합리성에 대한 절망 등을 공유한다. 현대의 물신화와 소외에 대한 큐브릭의 신랄한 비판은 테오도르 아도르노와 막스 호르크하이머Max Horkheimer의 《계몽의 변증법》에서 유명한 '문화 산업Cultural Industry'에 관한 장과 크게 다르지 않다. 마찬가지로 섹스에 대한 큐브릭의 견해는 마르퀴스 드 사드Marquis de Sade의 책에 나오는 내용('도덕성으로서 계몽')과 대체로 일치한다. 사드의 자유분방주의libertinism는 단지 자유주의 부르주아 주체의 역사에서 논리적 발전 — 종교적 미신에 대한 부정, '끊임없는 기쁨의 추구,' 합리성, 효율성, 사회 조직의 감각 영역으로의 확장 — 이었다. 호르크하이머와 아도르노는 사드의 《소돔의 120일》에 나오는 왕자의 말을 풍자적으로 인용한다. 왕자는 〈시계태엽 오렌지〉에 나오는 내무부 장관뿐만 아니라 알렉산더 씨와도 비슷하다. "사람들은 미래의 지옥에 대한 공포로부터 벗어나야 한다. 그러한 허무맹랑한 공포는 엄청난 형벌로 대체되어야 한다. 물론 형벌은 국가에 불안을 일으킨 사람들에게 적용된다." 정부는 "사람들을 죽일 수 있는 수단들을 가져야 한다. 정부가 사람들을 두려워해야 하는가, 아니면 인구 증가를 두려워해야 하는가."[116] 사람들이 정부에 대항하지 않는 한, 정부는 사람들에게 '가장 광범위한 범죄'를 허용해 준 것이다.

어떤 유토피아적 충동도 없이, 〈시계태엽 오렌지〉는 영화의 정치성을 "알렉스는 우리 모두 속에 있다"는 앤서니 버지스의 논쟁적 (그리고 증명할 수 없는) 개념으로부터 끌어낸다. 그러나 영화는 소설보다 종교에 대한 관심이 적다. 또한 프랑크푸르트 학파보다 염세주의에 대한 관심이 더 많다. 이 영화는 단지 모더니티에 맞서는 예술지상주의만을 제시할 뿐이다. 정치학의 관점에서, 영화가 만들어질 당시 서구 사회는 전체적으로 폭력과 잔인함이 증가하고 있었다. 미국에서, 베트남 대학살은 저녁 뉴스의 단골 안주거리였다. 맨슨 패밀리 사건▪은 히피들이 악마라는 최악의 보수적 공포를 확인해 주었다. 미국 부통령 스피로 애그뉴Spiro Agnew는 우익적인 '침묵하는 다수'에게 '법과 질서'(즉 전쟁과 사회 불평등에 맞서는 혁명적 거리 시위대를 억압할 필요성)를 세우자고 호소했다. 영화 초반부에, 버지스의 1962년 소설에서 직접 가져온 장면으로, 알코올 중독의 집 없는 부랑자(폴 패렐)가 세상을 한탄하는 장면이 나온다. "사람이 달에 가고, 지구 주위를 돌면서, 세상의 법과 질서가 무너져 버렸어." 이것은 정확히 1971년의 거꾸로 가는 정치 분위기를 표현한다. 이전 10년간의 청년 혁명은 점차 왜곡되면서 상업화되고 있었다. 〈시계태엽 오렌지〉는 적어도 당대의 거칠고 자극적인 비전을 보여 준다. 상대적으로 암울한 1970년대 영화의 비전은 곧이어 로널드 레이건의 '미국의 아침'▪▪에 길을 양보한다. 이어지는 엔터테인먼트의 멋진 신세계 속에서, 할리우드는 이처럼 무자비하게 불안감을 주는 그 어떤 영화도 제작하려 하지 않는다.

▪ 미국 희대의 살인마 찰스 맨슨은 '맨슨 패밀리' 교주로 불린다. 맨슨과 그 일당은 로만 폴란스키 감독의 아내로 당시 임신 중이었던 유명 배우 샤론 테이트를 살해한 것을 비롯해 35명을 잔인하게 죽였다.

▪▪ 1984년 대통령 선거 당시 레이건의 슬로건 "미국에 다시 찾아온 아침It's Morning Again in America"은 미국 정치사상 최고의 슬로건으로 꼽힌다.

12

결투

〈시계태엽 오렌지〉는 스캔들을 일으킨 성공작이자 1970년대 워너 브러더스의 가장 큰 흥행작이었다. 이 작품은 스튜디오와 큐브릭의 관계를 보증해 주었고, 미래 서사극 〈2001 스페이스 오디세이〉와 경쟁하는 바람에 오랫동안 지연된 역사 서사극으로 큐브릭이 돌아갈 수 있게 해 주었다. 나폴레옹 프로젝트는 너무 복잡하고 비용이 많이 들었기 때문에, 그는 잠깐 윌리엄 메이크피스 새커리William Makepeace Thackeray의 《허영의 시장Vanity Fair》(1847~1948)의 각색을 고려했다. 이 소설은 할리우드에서 1930년대 이전에 세 번 영화로 만들어졌다. "영웅 없는 소설"이라는 부제를 단 새커리의 풍자적 내러티브는 19세기 초 영국에서 중산층과 상류층 사이에 권력 투쟁의 파노라마를 담았다. 큐브릭은 주인공 같지 않은 여주인공 베키 샤프가 나폴레옹과 분명하게 대비되었기 때문에 소설에 특별한 흥미를 느꼈다. 정말로, 베키의 몰락은 워털루 전투에 비견된다. 이야기는 세인트헬레나에서 나폴레옹이 죽은 지 얼마 후인 1830년에 끝난다. 그럼에도 불구하고 큐브릭은 《허영의 시장》을 3시간으로 압축하기엔 너무 어려워서, 대신 새커리의 다른 초기 작품 《배리 린든의 행운: 지난 세기의 로맨스The Lucky of Barry Lyndon: A Romance of the Last Century》를 선택했다. 이 소설은 1844년 잡지 연재물로 처음 발표되었고, 그 후 수정되어 1856년에 단행본으로 《아일랜드 공화국의 배리 린든 씨 회고록The Memoirs of Barry Lyndon, Esq., of the Republic of Ireland》이라는 제목으로 재출간되었다. 이 소설은 18세기 아일랜드 방탕아의 이야기다. 이야기는 영국계 아일랜드 상류층의 낮은 계급에 속한 실제 역사적 인물에 기초한다. 그는 영국 귀족이 되려고 하지만 결말은 좋지 않다. 이 소설은 대중에게 별로 알려지지 않았고, 상대적으로 자유롭게 개작될 수 있는 상태였다. 1973년 소설의 제목과 등장인물의 이름을 가린 채 요약본만으로, 큐브릭은 워너 브러더스의 투자를 설득했다. 다음 2년 동안, 그는 가장 유명하고 비정통적인 사극 중 하나이자, 그의 가장 인상적인 예술적 성공작 중 하나인 〈배리 린든〉을 만들기 시작했다.

〈배리 린든〉은 아카데미에서 몇몇 상(최우수촬영상, 최우수의상디자인상, 최우수음악상, 최우수미술상)을 받았으며, 대부분 관객들이 받은 첫인상은 숨 막히는 사진적 아름다움이었다. 영화의 뛰어난 시각적 특성은 무엇보다도 사실적인 자연광 촬영에 대한 큐브릭의 오래된 관심 때문이었다. 나폴레옹 프로젝트를 준비하면서, 큐브릭은 가능한 한 기계 조명 없이 전기 이전 시대의 사극 무대를 만들려는 생각에 사로잡혔다. 또한 그는 〈영광의 길〉에서 대저택 시퀀스처럼, 스튜디오 세트나 사극 복장의 현대적 해석 없이 실제 역사적 장소에서 촬영하고자 했다. 다른 말로 하면, 그는 〈스파르타쿠스〉와 완전히 대조되는 영화를 만들려 했다. 그의 동기는 미학적이고 지적이었지만, 그는 거의 다큐멘터리 같은 접근이 돈이 될 거라는

〈배리 린든〉: 큐브릭은 NASA가 달 표면을 찍기 위해 개발한 자이스 렌즈를 사용했다.

점을 스튜디오 경영진에게 설득해야 했다. 1968년 그는 〈나폴레옹〉 영화의 잠재적 투자자들에게 자신의 의도를 간결한 메모로 설명했다.

> 대규모 예산의 서사극이 이미 해왔듯이, 나는 이번 영화의 모든 실내 장면들을 실제 로케이션을 통해 촬영하려고 합니다. 영화의 질이 높아지고 많은 돈을 절약할 수 있을 것입니다…… 우리가 사용하려는 새롭고 빠른 카메라 렌즈로 인해서 조명 장치가 별로 필요 없을 것이고, 대신에 보통의 창문 조명에만 의존할 것입니다. 그것은 일반 촬영 조명보다 더 아름답고 사실적으로 보이는 부수적 효과를 거둘 것입니다.[117]

동시에 큐브릭은 한 청년이 촛불에 비춰지는 468미터의 컬러 테스트 시퀀스를 찍었다. 그러나 그 당시의 상대적으로 느린 필름 속도를 지닌 일반 카메라 렌즈들은 불만족스런 결과를 낳았다. 큐브릭은 〈배리 린든〉을 찍으면서 f 0.7 자이스 렌즈를 사용했다. 이 렌즈는 NASA가 달 표면을 찍기 위해 개발한 것이었다. 그는 자이스 렌즈의 세 가지 다른 초점 거리를 수용하기 위해 워너 브러더스로부터 받은 구형 미첼 카메라를 개조하도록 에드 디 기율리오 제작사에 의뢰했다. 촬영 감독 존 올컷은 이 장비를 사용해, 영화에서 우리가 보게 되는 촛불에 실린 금빛 인테리어들을 촬영할 수 있었다. 올컷은 햇빛이 비치는 실내를 위해서 종종 부스터 라이트와 반사 장치, 그리고 다른 여러 장비들을 이용했다. 그러나 그는 언제나 자연광 효과를 내고자 했다. 대부분 아일랜드와 영국에서 촬영된 햇빛이 비치는 외부 장면을 위해서 올컷과 큐브릭은 아리펙스 카메라를 선호했지만, 산광 필터는 잘 사용하지 않았다. 멀리서 권총 결투를 하며 시작하는 오프닝 숏에서 배경 이미지들은 촉각적 명료함과 정교한 감각

〈배리 린든〉: 촬영 감독 존 올컷은 구형 미첼 카메라를 개조하여 촛불 조명이 비치는 금빛 인테리어를 촬영했다.

성으로 공기, 구름, 햇빛의 변화하는 패턴을 포착한다.

영화의 또 다른 매력은 성곽들, 시골의 사유지들, 거대한 방들에 대한 기록들이다. 거기에서 우리는 나무 바닥 위에서 덜거덕거리는 신발 소리를 듣고, 높은 창문으로 넘어오는 빛 속에서 태피스트리와 가죽으로 묶은 책들을 본다. 작품은 진짜 같은 느낌authenticity을 준다. 그것은 영국 현지 로케이션 촬영과 제2제작진이 독일에서 촬영했기 때문이기도 하고, 의상, 가발, 얼굴 분장, 군사 장비, 카드놀이, 마술 장비, 면도 도구, 심지어 칫솔이나 피임 도구 같은 눈에 잘 안 띄는 물건들까지 18세기 생활의 모든 측면에 대해 상세하게 역사적 연구를 했기 때문이기도 하다. 그러나 리얼리티에 대한 큐브릭의 열정은 강렬한 미학적 역사주의에 의해 균형을 맞추게 된다. 이러한 미학적 역사주의는 그의 영화에 상당히 비현실적이고, 회화적 효과를 준다. 그는 많은 숏들을 호가스, 레이놀즈, 샤르댕, 와토, 프라고나르, 조파니, 스터브스, 호도비에키 등 18세기 화가들■이 그린 이미지들과 비슷하게 구성한다. 큐브릭은 프로덕션 디자이너 켄 애덤이 영화의 영감을 불어넣기 위해 이러한 예술가들을 활용해야 한다고 주

■ 조수아 레이놀즈Joshua Reynolds(1723~1792)는 게인즈버러와 함께 18세기 영국의 대표적 초상 화가다. 장 바티스트 시메옹 샤르댕Jean-Baptiste-Siméon Chardin(1699~1779)은 프랑스의 화가로, 특히 소박한 부엌 살림을 주제로 한 정물화를 잘 그렸다. 또 서민 가정의 일상생활이나 어린이들의 정경 등을 따뜻하고 평화롭게 그렸다. 장 오노레 프라고나르Jean-Honoré Fragonard(1732~1806)는 프랑스의 대표적인 로코코 화가로, 가장 유명한 작품은 〈그네〉다. 요한 조파니Johann Zoffany(1733~1810)는 독일 출신의 영국 화가로, 영국에서 연극화로 성공을 거두고 네덜란드 회화의 영향이 강한 초상화를 많이 그렸다. 조지 스터브스George Stubbs(1724~1806)는 영국의 동물 화가로 말 그림으로 유명하다. 다니엘 호도비에키Daniel Chodowiecki(1726~1801)는 독일의 판화가이자 화가로, 2000점이 넘는 에칭의 대부분은 레싱, 괴테, 실러 등 동시대 작가의 문예 작품의 삽화다.

〈배리 린든〉: 멀리서 권총 결투를 하며 시작하는 오프닝 숏.

장했다. 큐브릭은 세트를 18세기 작품들로 채워 넣고, 종종 의상을 입은 배우들과 엑스트라들을 거의 장르나 배경 그림들 속의 정지 인물들처럼 배치했다. (거의 한마디 말도 안 하는 레이디 린든을 연기한 전직 패션모델 마리사 베렌슨은 마치 게인즈버러 인물화에서 걸어 나온 것처럼 보인다.) 이런저런 의미에서 이 영화는, 과거는 언제나 역사적 담론과 예술적 재현에 의해 매개된다는 점을 인정하는 듯하다.[118] 큐브릭이 비현실적이라고 간주하는 보통의 할리우드 역사극들은 대체로 역사가 진실하게 재생될 수 있다고 주장한다. 다른 한편, 표면적으로 〈배리 린든〉은 프레드릭 제임슨이 혼성 모방pastiche이라고 부른 것과 더 정확히 닮아 있다. 이 영화는 '18세기스러움'을 떠올리게 하기 위해 배경, 건축, 예술품 등을 세밀하게 모사한다.[119]

영화의 회화적 느낌은 유난히 느리고 위엄 있는 속도와 경향에 의해 강화된다. 영화의 느린 속도는 연기를 영화의 전체 흐름에 종속시킨다. 큐브릭은 대화나 실내 장면들을 공백으로 넘어갈 때까지 끌고 간다. 그는 의례적 오락들이나 공식 회합들에 대해서도 세심한 것까지 깊이 생각한다. 그는 대부분의 배우들 — 특히 베렌슨과 배리를 연기한 라이언 오닐 — 에게 사회적 예절의 통제된 가면들을 잘 쓰고 있도록 요구한다. 큐브릭은 감정적 폭발과 발작적 폭력과 연관된 장면들을 아주 조용히 만들어 간다. 거두절미하고 간단히 요약하자면, 배리의 삶은 특히 영화의 첫 번째 중간 부분에서 모험으로 가득하다. 그는 자신이 사랑하는 여인을 위해 결투를 하고, 집을 떠나고, 노상강도를 당한다. 그는 영국군에 입대하고, 암울한 전쟁에서 생존한다. 동성애자 장교의 유니폼과 말을 훔친 뒤 군대를 탈영한다. 그는 남편이 전쟁에 나간 젊은 독일 여자와 로맨틱한 저녁을 보낸다. 프러시안 군대를 만나서 임무 수행 중인 장교로 가장한다. 그의 사칭은 곧 발각되고 그는 보병으로 참전하게 된다. 전쟁에서 부대장

〈배리 린든〉: 배리는 린든 부인을 만나 결혼하면서 귀족 신분을 얻는다.

의 목숨을 구해 주고, 그 보상으로 포츠담으로 가서, 아일랜드 도박꾼의 행동을 감시하는 일을 한다. 결국 그와 그 도박꾼은 동료가 되고, 프러시아를 피해서 떠돌이 카드 사기꾼이 된다. 하지만 이 모든 악당 같은 행위들은 극도로 느긋하게, 한결같은 속도로 진행된다. 그것은 마치 화려한 천연색 타블로 시리즈처럼 보인다.

영화의 두 번째 중간 부분에서, 배리가 귀족과 결혼해서 가정생활에 정착한 뒤, 사태는 더 느리게 간다. 격식을 차린 대사는 18세기 신고전주의풍으로 무거운 침묵 속에 이어진다. 이를테면, 젊은 귀족 벌링든(도미니크 새비지)과 레버렌드 런트(머레이 멜빈) 사이의 단순한 대화는 그런 조용하고 안정된 리듬과, 운율 있는 대사로 쓰일 수도 있는 통제된 침묵과 함께 연기된다.

런트　　벌링든 경, 당신 오늘 침울해 보이는 군요. 어머니의 결혼식이 행복하지 않은가요?

벌링든　　이건 아닌 것 같아요. / 너무 서두르고, / 확실히 이 남자는 아네요.

런트　　당신은 새 아버지가 맘에 들지 않군요?

벌링든　　솔직히 별로예요. / 그는 평범한 기회주의자일 뿐이에요. / 그는 어머니를 전혀 사랑하지 않아요. / 그처럼 어리석은 어머니의 행동을 보는 내 마음이 아파요.

이처럼 느리고 유연한 스타일을 유지하면서, 큐브릭은 중요한 디테일로부터 그림 같은 와이드 숏으로 빠져나가는 길고 느린 줌 아웃을 통해 가장 강력한 카메라 효과를 낸다. 정원, 대지, 자연의 탁 트인 광경과 함께 많은 줌 숏들에 눈을 뗄 수 없는 이유는, 18세기 풍경의 그림 같은 아름다움과 감성뿐만 아니라, 그들이 고요함 속에서 미세한 움직임만을 보여주기 때문이다. 바람에 흩날리는 나뭇잎, 잔물결, 머리를 돌리는 개 한 마리, 멀리서 권총을 겨누는 인물 등의 미세한 움직임들. 중요한 것은, 줌은 카메라 운동이 아니라 렌즈의 초점 거리의 변화라는 점이다. 그것은 큐브릭의 장기인 트래킹 숏과는 아주 다른 인상을 준다. 〈배리 린든〉에서 이미지는 종종 평이해 보이지만, 다음 순간 천천히 넓혀지면서 환영주의 회화의 깊이를 획득한다. 종종 큐브릭은 설정 숏으로 빠져나가는 줌과 함께 시퀀스를 시작한다. 그런 식의 설정 숏은 관습적 클로즈업과 숏-리버스 숏을 잘라서 해부하는 듯하다. 랠프 마이클 피셔Ralf Michael Fischer는 그림과 영화 사이, 혹은 사진 이전의 역사적 시기와 현재 사이의 변증법의 관점에서 이러한 기법을 분석했다. 피셔에 따르면, "큐브릭은 움직이는 이미지들을 활용해서 사진술을 알지 못했던 시대를 시각화할 수 있는지 알고자 했다. 그러므로 이런 점이 종종 무시되긴 했지만, 〈배리 린든〉은 영화와 그림의 재현 전략 사이를 흥분되게 왔다 갔다 한다."[120]

이러한 기법은 관객으로 하여금 정지 상태와 지나가는 시간 사이의 대립에 대하여 더 많은 것을 알게 해 준다. 〈2001 스페이스 오디세이〉에서처럼, 그러나 약간 다른 의미에서, 움직임은 늦춰지고 일시적 느낌은 이미지 속으로 슬금슬금 들어간다. 그것은 마치 시계가 조용하고 질서정연한 구도 뒤에서 째깍거리는 소리를 내는 것과 마찬가지다. 실사 촬영으로 만들어진 그림 같은 효과들은 때때로 가슴 저미는 아름다움을 보여 준다. 과거는 다가갈 수 없고(예술을 통하지 않고서는), 이미 죽어 버렸다. 이러한 암시는 드라마를 통해 강화된다. 지나가는 시간에는 슬픔과 분노가 실려 있다. 사람들은 결국 허깨비처럼 보인다. 순수하게 영화적 차원에서 한 이미지는 다른 이미지로 안정감 있게 대체되지만, 비슷한 일이 발생한다. 얼마 안 되는 역사적 영화들(웰스의 〈위대한 앰버슨가*The Magnificent Ambersons*〉, 존 포드의 서부극들은 좋은 예다. 비록 그들은 큐브릭이 거부했던 향수에 흠뻑 취했지만.)만이 우리에게 시간 매체로서 영화의 강력한 자의식을 보여 주었다. 그것은 회화와는 다른 경험이다. 지나가는 빛줄기처럼 순식간에 물질적 구성 요소들이 영사기를 통과한다. 그들은 자신이 재현한 세상과 함께 사라지고 '죽어간다.'

다른 의미에서, 〈배리 린든〉은 의도적으로 시대를 거슬러간다. 폭력 장면에서 큐브릭의 핸드헬드 카메라와 시네마 베리테 효과를 생각해 보라. 특히 배리와 한 군인 사이의 권투 시합 장면, 콘서트가 열리고 레이디 린든이 자살을 시도하는 동안 배리가 벌링든을 공격하는 장면 등. 또한 음악의 경우를 보자. 다시 한 번 큐브릭은 클래식 레퍼토리를 꺼내 든다. 이번에는 레너드 로젠먼Leonard Rosenman이 오케스트라 곡들을 선정, 편곡, 지휘하도록 위임한다. 로젠먼은 아카데미상을 받았지만, 미국영화협회 세미나에서 그는 〈배리 린든〉에 대해 혹평했다. (로젠먼에 따르면, 영화는 "엄청나게 느리고 지루하다." 큐브릭은 헨델의 〈사라반드〉를 반복적으로 사용하여 음악을 "엉망으로" 만들어 버렸다.)[121] 〈배리 린든〉의 영화 음악은 네오클래식보다 바로크를 선호한다. 그중에는 헨델, 바흐, 모차르트, 비발디 등이 포함된다. 하지만 그 영화는 〈사라반드〉 음악의 현대화된 버전을 제공하고, 19세기 작곡가 슈베르트와, 전통 아일랜드 음악을 현대적으로 해석하여 연주하는 20세기 그룹 칩트레인스Chieftains 모두를 중요하게 취급한다. 회화의 사용도 많은 것을 암시한다. 18세기 미술가들이 대부분이지만, 어떤 이미지들은 초기 낭만파 존 콘스터블John Constable(1776~1837)의 자연 장면들, 19세기 역사화가 아돌프 멘젤Adolph Menzel(1815~1905)의 촛불에 비친 실내 장면들에 의해 영감을 얻는다.[122]

큐브릭이 이러한 시대 역행을 우리가 주목해 주길 바랐는지 아닌지는 몰라도, 이미 혼성 모방에 기초하고 있는 새커리의 소설과 영화의 관계는 흥미롭다. 18세기 대표적인 영국 소설 작가 헨리 필딩의 추종자인 새커리는 이 소설에서 18세기 문학 관습을 모방하면서 악한이 등장하고, 풍자적이며, 자기반영적인 내러티브를 만들어 냈다. 소설은 자전적 형식을 취한다. 배리는 빚쟁이 감옥에서 그의 어머니에게 입이 떡 벌어지듯 놀라운 카사노바 모험담과 부패한 사회에 대한 회상을 들려준다. 소설 초고는 새커리가 연재 소설을 잡지에 싣기 위해 활용했던 자신을 위한 최고의 페르소나 'G. S. 피츠 부들'에 의해 '편집'된다. 〈배리 린든〉이 소설로 간행되었을 때, 피츠 부들의 주석들과 편집 수정들은 삭제되었지만, 그는 여전히 중요한 존재로 남았다. 그는 배리의 표리부동과 18세기의 일반적인 사악함을 지적하는 빅토리아 시대의 도덕군자 같은 역할을 했다. 소설의 결론부에서, 그는 린든가의 영지로부터 쫓겨난 이후 배리의 삶을 요약한다. (새커리는 아일랜드 대기근 몇 년 전에 이 대사를 썼다.) "근검절약하고, 깔끔하고, 충성스런 아일랜드 소작농들…… 그들은 여전히 이방인들을 환대하면서, 대담하고, 무모하고, 사악한 배리 린든의 몰락 이야기들을 들려준다."[123] 다른 말로, 큐브릭의 영화처럼, 소설 《배리 린든의 행운》은 역사 픽션 속의 자의식 실험이다. 이 소설은 18세기를 창조하지만 후대의 시각으로 그것을 바라본다.

더구나 어떤 면에서 새커리와 큐브릭은 깊은 구조적 연관성을 갖고 있는 듯하다. 새커리는 원래 화가가 되기를 원했지만 시각 예술에 깊은 관심이 있었다. 실제로 그는 《허영의 시장》(1847~1848)의 초판에 일러스트레이션들을 그리고, "영국 사회 스케치"라는 부제를 붙이기도 했다. 본디 캐리커처 화가인 그는 소설 속의 사람들을 '꼭두각시 인형들'처럼 묘사하곤 했다. (이런 식으로 배리는 언급한다. "나는 운명의 손아귀에 들어 있는 꼭두각시 인형이나 마찬가지다."[p.42]) 《배리 린든의 행운》의 잡지 버전에서, 새커리는 윌리엄 호가스의 풍자 작품에 대해 엄청난 찬사를 보냈다. 호가스의 가장 유명한 그림인 〈난봉꾼의 편력 *A Rake's Progress*〉, 〈유행에 따른 결혼 *Marriage a la Mode*〉 등은 이미지 시퀀스 형식으로 스토리를 전개한다. 물론 큐브릭 또한 캐리커처 화가이자 풍자가다. 그는 종종 등장인물들을 인형들처럼 다룬다. 그의 영화는 기막히게 아름다운 인물들을 만화에서 걸어 나왔을 법한 스테레오타입으로 병치한다. 영화의 가장 뛰어난 장면들은, 조용하고 멋들어진 미장센 속으로 그로테스크한 특징을 집어넣은 등장인물들을 통해 만들어진다. 생활비를 린든가에 의존하고 있는 약삭빠르고 여성적인 성직자 레버렌드 런트(머레이 멜빈)는 배리의 결혼 서약을 읽으면서 자신의 불만을 억누른다. 슈발리에 드 발리바르를 연기한 패트릭 마지는 퇴폐적이고 나이든 도박꾼이다. 화려한 가발, 두터운 화장, 눈 안대를 두른 그의 모습은 할로윈 파티에 가는 인물처럼 보인다. 퀸 대위를 연기한 레오나르드 로시터는 〈닥터 스트레인지러브〉에서처럼 기이하고 우스꽝스런 모습을 보여 준다. 그는 멋 부리면서 우쭐대는 모습으로, 연병장에서 병사들을 이끌고, 노라 브래디(게이 해밀턴)와 아일랜드 지그jig 춤을 춘다.

이 모든 것들은 큐브릭이 소설의 정신을 그대로 가져오고자 한다는 것을 의미하지 않는다. 반대로 영화는 소설을 완전히 변형시킨다. 새커리의 《배리 린든의 행운》은 많은 부분이 배리에 의해 서술된다. 배리의 내레이션은 영화가 생략한 많은 캐릭터들과 함께 그의 파란만장한 삶을 느슨하고 지엽적인 방식으로 들려준다. 잘생기고 영리한 배리는 잘난 체하고 수다스런 악당이다. 그는 태연스럽게 아내를 때리고 자신의 화려한 모

〈배리 린든〉: 퀸 대위를 연기한 레오나르드 로시터는 〈닥터 스트레인지러브〉에서처럼 기이하고 우스꽝스런 모습을 보여 준다.

험담을 떠벌린다. 그의 아내는 천박하고 그다지 미인이 아니다. 그렇다 하더라도 그녀는 다루기 힘든 여자다. 그녀는 애인이 따로 있고, 더 이상 배리의 태도를 참을 수 없게 되자 배리와 이혼한다. 큐브릭의 영화는 이 모든 측면들과 정확히 반대다. 영화에는 전지적 내레이터가 있고, 내러티브 전개의 3단계 법칙a three-act structure에 의해 주의 깊게 양식화된 통합적 플롯이 존재한다. 영화는 배리를 조용하고 감정 표현이 서툰 남자로 묘사한다. 그는 부드러운 아일랜드 억양으로 이야기하고, 아내를 속인 뒤 죄의식을 느끼는 듯하다. 레이디 린든은 부서질 듯한 연약하고 우울한 아름다움을 지닌 여성이다. 그녀는 쉽게 배리에게 유혹당하고 그 결혼으로부터 '구출'되어야 한다.

영화의 기조는 소설과 많이 다르다. 새커리는 아일랜드인의 충격적이고 유머러스한 이야기를 들려준다. 등장인물들에 대한 작가의 암시적 태도는 《톰 존스》(1749)에서 보여 주는 필딩의 태도보다도 더 어둡고 비판적이지만, 내러티브는 신나고 떠들썩한 분위기를 띤다. 큐브릭 영화의 관객들이 이런 사실들을 알건 모르건 간에, 그들은 아마도 1963년 토니 리처드슨Tony Richardson의 매우 성공적인 〈톰 존스〉의 각색(오늘날 〈배리 린든〉과 비교해 볼 때, 이 영화는 구태의연해 보인다)처럼, 빠르고 재미있고 로맨틱한 분위기를 예상할 것이다. 그러나 영화는 아주 느리게 진행되고 비극적 결말을 향해 간다. 배리 린든은 전지적 시점에서 관찰된 불쌍한 사회적 아웃사이더로 다루어진다. 큐브릭이 소설에서 직접 가져온 내용조차도, 덜 경쾌하고 더 심각한 새로운 맥락으로 옮겨진다. 하나의 중요한 예가 있다. 새커리의 첫 번째 장의 초반부에서, 배리는 어떻게 자신과 조상들이 귀족 혈통을 사기로 빼앗겼는지, 그리고 어떻게 아버지, '으르렁거리는 해리 배리'가 체스터 경마에 참가하던 중에 자연사했는지에 대해 설명한다. 그다음 그는 가족사를 털어내고, 더 직접적인 관심사로 옮겨간다. "위에서 말한 인물들은 조지 3세 통치 시절을 살아냈고, 싸워 왔다. 착하건 악하건, 잘생기건 못생기건, 부유하고 가난하건 그들은 이제 모두 똑같다. 일요일 신문들과 법정은 우리에게 더 소설 같고 흥미로운 험담들을 들려주지 않는가?"(p.6) 큐브릭은 이 대사의 첫 두 문장을 차용하고 편집하고 약간 수정해서, 영화의 마지막에 타이틀 카드로 넣었다. 거기에서 이 대사는 궁극적으로 모든 사람을 평등하게 만드는 죽음에 대한 작가의 암울하고 철학적인 논평이 된다. "앞에서 말한 인물들은 조지 3세 통치 시절을 살아냈고, 싸워 왔다. 착하건 악하건, 잘생기건 못생기건, 부유하고 가난하건 그들은 이제 모두 똑같다."

영화의 전체적 기조는 큐브릭이 결정했다. 그는 소설의 1인칭 내레이션을 약화시키고, 이를 마이클 호던의 아름다운 목소리 연기를 통한 전지적 시점으로 바꾼다. 호던은 필딩의 장난기어린 스타일보다 19세기 리얼리즘 양식에 더 가까운 내레이션을 들려준다. 폴린 케일은 이런 식의 장치에 대해 불평했다. 그는 특히 내레이터가 앞으로 일어날 일을 미리 말해 주는 방식을 싫어했다. 케일뿐만 아니라, 많은 평론가들과 제작자들은 보통 이러한 전지적 시점을 '영화 같지 않다'고 공격한다.[124] (영화 내레이션을 반대하는 주장과, 소설에서 '말하기'와 '보여 주기'의 대립을 비판하는 견해 사이에는 흥미로운 연관성이 있다. 후자는 웨인 부스Wayne Booth의 《픽션의 수사학The Rhetoric of Fiction》[1950]에서 완전히 잘못이 입증되었고, 후자는 사라 코즐로프Sarah Kosloff의 《보이지 않는 스토리텔러Invisible Storytellers》[1998]에서 효과적으로 비판되었다.) 그러나 대체로 다른 논평가들은 〈배리 린든〉의 내레이션이 특별한 효과를 지닌다고 본다. 마리오 팔세토는 호던의 목소리를 귀족적 캐릭터라고 묘사한다. 그것은 완벽한 신뢰를 주지는 않지만, "개성적, 특권적 시점"을 재현한다(p.100). 그의 도시적 세련미와 개성으로 인해, 이 내레이터는 새커리가 배리에게 부여했던 많은 특성들을 표현해 낸다. 결과적으로, 그는 언제나 지배 계급을 옹호하지만은 않는다. "위대한 철학자나 역사가는 7년 전쟁의 원인들을 설명할 것이다"라고 호던이 말했을 때, 그는 소설 속의 배리보다도 더 많은 것을 안다는 듯한 역설적 태도를 취한다. 전쟁은 "세상 속의 온갖 살인을 저지르는" 왕들의 작품이라고 그가 말했을 때, 그의 말은 상대적 객관성 덕분에 더 많은 권위를 획득한다.

그의 많은 기능 중에서, 내레이터는 전근대 소설 같은 효과를 내는 데 도움을 준다. 그는 우리에게 등장인물들과의 거리감을 유지하도록 해 주며, 등장인물의 동기에 대해 논평해 준다. 때때로 그의 논평들은 배리와 노라 브래디 사이의 첫 번째 신에서처럼, 우리가 보고 있는 것과 다르다. 때때로 그의 논평들은 벌링든 경이 "어머니에 집착하는 우울한 작은 소년"이라고 소개될 때처럼, 이미지가 제시하는 것을 명확히 설명해 준다. 때때로 그의 논평들은 배리와 저녁에 섹스를 함께한 젊은 독일 여자가 다른 군인들과 즐길 때처럼, 보이지 않은 것에 대한 정보를 준다. 내레이터는 높은 위치에서 온 세계를 바라보면서, 전통적 리얼리즘 소설에서처럼, 우리가 독자이자 관객으로 사는 세계와 유사한 허구의 세계로 우리를 안내한다. 따라서 그는 격언이나 자명한 이치를 늘어놓는다. ("자유와 돈을 가진 자는 행복하다.") 그는 우리가 현명하게 판단하도록 용기를 북돋운다. (영화의 초반부에 '젊은 연인'의 연설은 후자의 좋은 예다. 그것은 부분적으로 아이러니하고, 부분적으로 배리에 대한 가부장적 연민을 유도한다.)[125]

때때로, 내레이터는 스토리텔링 그 자체의 예술을 알게 해 준다. 내가 가장 좋아하는 예는 배리가 레이디 린든을 유혹하는 장면이다. 내레이터는 큐브릭의 차가운 사건 전개에 대해 조크를 던지는 듯하다. 소설에서 배리는 그녀를 성적으로 정복하기 위해 부지런히 노력한다. 영화에서, 그것은 단번에 일어나지만, 거의 슬로 모션으로 보인다. 레이디 린든과 배리가 촛불이 비치는 게임 테이블을 가로질러 오랫동안 의미심장한 눈빛을 나눌 때, 슈베르트의 음악이 배경에서 흘러나온다. 그녀는 양해를 구하고 바깥으로 나와서 달빛 속을 걸어간다. 배리가 따라 나올 걸 예상하면서 그녀의 가슴이 두근거린다. 배리는 천천히 그녀를 따라 나간다. 그녀는 돌아서서 그를 바라본다. 그는 그녀의 손을 잡고 오래토록 그녀의 눈을 응시하다가 우아하지만 격정적으로 키스한다. 이 말 없는 달빛 속의 유혹은 거의 1분 40초 동안 지속된다. 큐브릭은 다이렉트 컷을 통해 푸른 달빛에서 호수의 햇빛으로 장면을 전환한다. 보트의 붉은 돛이 왼쪽에서 오른쪽으로 우아하게 지나가고, 두 연인을 태운 두 번째 보트가 우리에게로 다가온다. 내레이터는 말한다. "긴 이야기를 짧게 하기 위해, 그들이 만난 지 6시간 만에, '마님'은 사랑에 빠진다."

내레이터는 단지 해설하고 판단하는 재간꾼이 아니다. 그는 주인공이 바보스럽거나 잔인하게 행동할 때조차도, 주인공에 대한 관객들의 동정심을 유지시키는 데 중요한 역할을 한다. 배리가 슈발리에를 처음 만나서 갑자기 감정을 폭발시키는 장면을 설명할 때, 내레이터는 터무니없이 자기 잇속만 챙기는 태도를 지닌 고객을 방어하고 있는 변호사처럼 보인다. "배리가 잘못했다. 그러나 어느 누구도 그가 나쁘다거나 좋은 아버지가 아니라고 말할 수 없다"고 말할 때, 내레이터는 잘난 체하는 소설의 1인칭 내레이터보다도 더 설득력이 있다. 그의 가장 중요한 역할 중 하나는 사건의 전조를 알리는 것이다. 그는 어떤 사건이 곧 배리를 프러시아 군대에서 나오게 할 것이라고 말하거나, 그가 한 여자를 "이 이야기에서 앞으로 중요한 역할을 하게 될 사람"이라고 소개한다. 등장인물들이 아는 것

〈배리 린든〉: 배리가 아들 브라이언에게 펜싱 기술을 가르친다.

보다 더 많은 정보를 우리에게 줌으로써, 내레이터는 극적 긴장감과 불가피한 분위기를 창조한다. 배리가 아들 브라이언에게 펜싱 기술을 가르치는 신에서 이 효과는 특히 강력하다. 내레이터는 말한다. "소년 시절 그가 가졌던 원대한 희망을 전달하는 것은 불가능하다. 그는 자신이 세상에서 성공하고 목표를 달성할 것이라는 수천 가지 좋은 예상들에 몰두했다. 그러나 운명은 그가 모든 경주에서 뒤쳐지지 말아야 하며, 그의 가난하고 외롭고 자식 없는 삶을 끝내야 한다고 결정했다." 햇빛이 비치고 즐거운 사건 전개의 한가운데서, 영화의 전체 결말이 예견되고, 연민의 아우라가 배리를 휘감는다. 나무칼을 자랑스레 휘두르는 젊은 브라이언의 이미지는 고통스럽고 순간적인 성격을 띤다. 그것은 행복했던 기억이 재난의 징조에 의해 먹구름이 드리워지는 것과 마찬가지다.

영화의 내러티브 구조도 역시 흥미롭다. 〈배리 린든〉은 사건과 캐릭터를 상당 부분 제거하면서 소설의 이야기를 압축한다. 그러나 또한 큐브릭은 형식을 가다듬고 주제의 일관성을 빚어내는 과정에서 새로운 것들을 추가한다. 예를 들어, 도입부에 배리의 아버지를 죽이는 권총 결투는 분명히 거의 결론부에서 배리와 벌링든 경 사이의 권총 결투와 '각운'을 맞추려고 의도한 것이다. 두 신은 모두 큐브릭의 창작이다. 소설의 편집된 종결부에서, 피츠 부들은 결혼 이후 배리의 삶을 요약하면서, 지나가는 말로 언급한다. 벌링든은 배리를 바스의 스파까지 따라가서 "펌프 룸에서의 엄청난 징계를 내린다(p.225)" 큐브릭은 곳곳에서 결투를 영화의 두드러진 모티프로 만든다. 우리는 세 번의 권총 결투, 한 번의 펜싱 결투, 한 번의 배리와 아들 사이의 칼싸움 연습, 그리고 한 번의 글러브를 끼지 않은 권투 시합을 목격한다. 펜싱과 첫 번째 싸움은 강도와 기술을 요구한다. 그러나 권총 결투는 주로 신경전이다. 어떤 의미에서 그것은 영화에서 가장 스펙터클한 군대 전투의 재현 장면과 비슷하다. 거기에서 군인들은 소총을 들고 화려한 제복을 입고 반대편 총포를 향해 돌진한다.

또한 영화의 또 다른 모티프는 카드 게임이다. 그것은 기회, 교활함, 사기에 더 많이 노출된 싸움이다. 도입부의 배리와 노라 사이의 에로틱한 카드 게임은 결말부에서 다리 없는 배리와 어머니 사이의 쓸쓸한 게임과 각운을 이룬다. 그리고 중반부에 배리와 슈발리에 사이의 속임수 카드 게임 몇 장면이 더 있다. 이런 구조에 대해 명쾌하게 분석한 마빈 들루고 Marvin D'Lugo에 따르면, 〈배리 린든〉은 '놀이'의 시각에서 사회를 분석하고 있으며, 돈과 권력을 얻으려는 근본적 투쟁을 표현하는 데 있어서 카드 게임은 결투보다 더 중요하다.

> 결투와 그것의 더 큰 버전인 전쟁이 말해 주는 육체적 공격성과 폭력의 위협이 극적인 사건들의 중심에 있는 듯하지만 그것은…… 카드 게임에서 서로 간의 투쟁은 생명이 아니라 운에 의해 결정되고, 거기에서 세계의 진정한 정신이 분명히 드러난다.[126]

경제적 힘이 우리가 바라보는 모든 것의 중심이라는 사실, 그리고 보통 카드 게임은 돈과 연관된다는 사실을 부인하지 않지만, 나는 좀 다른 이야기를 할 것이다. 모든 다양한 경쟁의 결과는 계급 시스템에 의해 미리 결정되기 때문에, 모든 게임은 평등하지 않다. 더구나 결투는 사회적으로 중요한 행동이다. 확실히 결투는 카드 게임보다 덜 경제적인 행위지만, 더 강력하게 성적이고 사회적인 특권을 보여 준다. 얼마나 많은 기술이 연관되건 사용되는 무기가 무엇이건 간에, 큐브릭은 싸움의 모든 변수를 통해서 영국 대지주 계급의 아이러니와 위선을 엄격하게 조명한다.

막스 오퓔스의 추종자로서, 큐브릭은 결투가 연극적 가치와 중요한 역사적, 문화적 의미를 지닌다는 사실을 확실히 이해했다. (큐브릭은 또한 하워드 혹스의 〈지옥의 천사들*Hell's Angels*〉[1930]을 찬미했다. 그 영화에는 먼 거리에서 희미하게 보이는 권총 결투 장면이 있는데, 〈배리 린든〉의 초반부와 흡사했다.) 큐브릭은 18세기 결투의 세세한 의식과 규칙이 유럽 봉건 사회의 남아 있는 찌꺼기라는 사실을 아는 듯하다. 교회가 관장한 결투는 사법 재판의 성격이었고, '계몽주의 시대'에는 더 이상 합법적이지 않았다. 그럼에도 불구하고, 그러한 결투들은 기사도 덕목과 남성적 '존중'의 이데올로기에 의해 계속되었다. 이론적으로 그들은 소작농이나 상인이 아니라 지배 계급의 구성원을 위한 것이었던 듯하다. 큐브릭은 결투의 귀족적 성격에 방점을 찍었다. 결투자들은 '신사들'로 묘사되고, 결투의 의식은 주심과 부심에 의해 관장된다. 결투 의식은 결투자들을 똑같이 정정당당하며 우아한 사람으로 위치 지운다. 큐브릭은 또한 권투 시합을 묘사한다. 그것은 사회적으로 정반대 위치에 놓인 것을 재현하는 듯하다. (그는 이 시합을 로 레벨의 핸드헬드 카메라로, 〈살인자의 키스〉에서의 권투 시합을 연상시키는 다면적 효과를 내면서 촬영했다. 라이언 오닐은 이전에 권투 선수였던 적이 있었기 때문에 그 장면을 더욱 사실적으로 보이게 했다. 오닐이 물리치는 몸집 큰 남자는 흔들리는 강펀치를 오닐의 머리 위 60cm 높이로 유지했다.) 하지만 흥미롭게도 권투는 18세기 중반에 그것의 현대적 형식을 고안해 냈다. 잭 브로턴Jack Broughton ■ 은 '브로턴 규칙' 같은 것을 통해 기술 기반의, 관객을 위한 스포츠를 발명했다. 그 당시 런던에 권투 아카데미가 있었고, 젊은 신사들은 펜싱과 함께 난투극을 배울 수 있었다. 결투처럼, 권투는 주심에 의해 관장되었다. 그것은 때때로 프롤레타리아의 아

■　잭 브로턴(1703~1789)은 영국의 권투 선수로, 1743년 세계 최초의 복싱 규칙을 만들었다.

우라 같은 것을 가지고 있었고, 시합 규칙은 상류 계급에 의해 정해졌다.

영화의 기본적 아이러니는, 영국 귀족에 의해 은근히 무시당하는 아일랜드 야심가인 배리가 모든 종류의 결투에서 남성적 덕목을 보여 준다는 점이다. 권투 시합에서조차 그는 마치 권투 아카데미에서 훈련을 받은 신사인 양, 야만적 힘보다는 능숙한 책략에 의해 승리한다. 어떤 의미에서 그는 귀족보다 더 귀족답다. 하지만 결투에서 승리는 그를 너무 멀리로 데려간다. 왜냐하면 전쟁과 도박처럼 결투도 궁극적으로 상속받은 돈과 권력에 의해 규정되는 약탈적이고 야만적인 메커니즘이기 때문이다. 게임의 규칙을 충분히 습득했다 할지라도, 사회의 아웃사이더는 진정으로 승리할 수 없다. (적어도 나폴레옹 시대 이전에는 그랬다.) 배리와 슈발리에는 카드들을 조작할 수 있다. 그러나 속임수를 썼을 때조차도 그는 거의 따지 못한다. 배리는 찰스 린든의 부인을 유혹할 수 있다. (그는 죽어가는 그 귀족에게 말한다. "그들이 그 승리를 비웃게 하세요.") 그러나 그는 결코 린든 가문의 지위를 차지할 수 없다. 무장한 결투에서 '페어 플레이'라는 것도 마찬가지다. 다혈질의 어리석은 퀸 대위와의 권총 결투는 배리에게 익숙하지 않기 때문에 사기적이다. 따라서 노라 브래디는 돈 많은 영국 남자와 결혼할 수 있을 것이다. 영화의 거의 마지막에, 아들의 죽음에 분개한 배리가 땅바닥에 당당하게 총을 쏘고 놀란 벌링든을 살려 주었을 때, 벌링든은 다른 태도를 취한다.

벌링든과의 결투의 클라이맥스는 잠깐씩 멈추면서 느리게 진행되고 어색한 분위기를 자아낸다. (이 장면은 〈코시칸 브러더스*Cheech and Chong's The Corsican Brothers*〉[1984]에서 흥미롭게 패러디된다.) 미셸 시멍에 따르면, 큐브릭은 결투 장면을 다음과 같이 묘사했다. "수많은 비둘기들이 처마 밑에 둥지를 튼 지푸라기 헛간…… 비둘기 소리가 여기에 무언가를 보탠다. 만

〈배리 린든〉: 결투장의 분위기는 약간 종교적이다. 십자가 모양의 창문으로 빛이 흘러들고, 하얀 비둘기들은 지붕에서 퍼덕거린다.

약 이것이 코미디였다면, 더 많은 비둘기들이 이 결투를 지켜보았을 것이다"(p.175). 결투장의 분위기는 약간 종교적이다. 십자가 모양의 창문으로 빛이 흘러들고, 하얀 비둘기들은 지붕에서 퍼덕거린다. 그것은 마치 큐브릭이 중세 유럽 결투의 기원을 설명하는 듯하다. 느린 진행은 이 특별한 대결이 사회적으로나 성적으로 영화의 극적인 절정을 재현하고 있다는 사실에 의해 정당화된다. 배리와 벌링든은 이중적이고 하나로 묶인 캐릭터다. 그들은 '엄청난 가족 재산'만이 아니라 레이디 벌링든을 차지하기 위한 경쟁자들이다.

이것은 영화와 소설의 또 다른 커다란 차이다. 새커리 소설에서, 레이디 벌링든은 자기 아들에게 특별한 관심이 없다. 그러나 배리는 어머니에 대해 계속 좋은 이야기만 한다. 배리는 그녀를 '레이디 배리'라고 부른다. 새커리는 종종 어머니에 집착하는 젊은 남자들에 대해 썼다. (이 주제는 《헨리 에스먼드》[1852]에서 가장 완전하게 표현되었다. 이 작품은 18세기 소설에 대한 가장 뛰어난 혼성 모방이었다.) 그러나 큐브릭은 어머니-아들 사이의 관계를 더욱 분명하게 프로이트 심리학의 영역으로 밀어 넣는다. 그것은 큐브릭이 나폴레옹에 대한 영화에서 하려고 했던 바로 그런 것이었다. 그 과정에서, 큐브릭은 배리와 믿기 어려운 천벌 사이의 긴장감을 높이고, 두 인물들이 서로 원하는 결투에서 마주치도록 한다. 그 결과로 영화의 핵심 주제는 날카롭게 가다듬어지고 압축된다. 큐브릭의 〈배리 린든〉의 첫 번째 절반은 악인의 내러티브다. 그러나 두 번째 절반은 윌리엄 스티븐슨William Stephenson이 '비극적 방식tragedy of manners'이라고 부른 것에 관심을 집중한다. 그것은 거울 이미지나 풍자적 이중성으로 간주되지만 근본적으로 다른 사회적 형태인 어머니의 아들들을 보여 준다.

한편, 레이먼드 배리는 어린 시절에 약간 낭만적 방식으로 남성적 아버지를 잃어버린다. 배리는 서로 간의 감정과 확신을 공유하면서 어머니 (마리 킨)와 강한 연대감을 형성한다. 그들은 몰락한 상류층 가족으로, 자신들에게 적합한 사회적 위치를 빼앗겼다고 생각한다. 비록 배리의 어머니는 아줌마처럼 꽤 저속하게 풍만하고 성적인 매력이 있었지만, 애인은 없었다. 대신 그녀는 배리의 행복에 자신을 헌신하고, 결국 배리가 린든 가를 지배하도록 부추기고 가르친다. 그녀의 아들은 강하고 잘생기고 씩씩한 남자로 성장한다. 그는 아버지가 자신처럼 강한 남자였으며, 자신은 어머니의 모든 관심을 받고 있다고 믿는다. 배리는 레이디 린든과의 사이에서 아들을 얻게 되고, 배리 부인은 그 아이를 이불에 감싸 자리에 눕히고, 배리는 침대 맡에서 그 아이에게 모험담을 이야기해 준다. 강하고 쾌활한 여자인 그녀는 배리의 믿을 만한 동맹군이 되고, 이야기의 초반부에서처럼 마지막에도 그의 유일한 동반자가 된다.

다른 한편, 벌링든은 어린 시절에 아버지를 잃는다. 그러나 벌링든의 아버지는 늙고 무기력하며, 온몸이 마비되어 휠체어에 의존하는 인물이다. 찰스 린든 경의 죽음 이전에도, 그의 아들과 미모의 젊은 부인은 내레이터가 암시한 과도한 애정 집착을 보여 준다. 그녀는 우아하고, 외롭고, 왕족의 결혼에 갇혀있고, 불안한 '산만함'에 휘둘리기 쉽다. 벌링든도 똑같이 우울한 젊은이고, (관습적 프로이트 이론에서처럼) 오이디푸스의 갈등을 해결할 수 없다. 평범한 이성적 사랑을 이루려는 그의 능력은 좌절된다. 벌링든이 약간 '여성적'인 젊은이로 성장했을 때, 그는 남성미 넘치고 기회주의적인 라이벌을 만나서, 어머니의 사랑과 아버지의 상속 재산을 놓고 경쟁한다. 배리의 아들을 위한 호화스런 생일 파티에서, 배리 부부는 마술쇼를 보며 실컷 웃어젖힌다. 스크린 반대쪽에서 완전히 성장한 벌링든이 레이디 린든의 발쪽에 힘없이 앉아서, 어린 미소년 애인처럼 그녀의

〈배리 린든〉: 벌링든이 '여성적'인 젊은이로 성장했을 때, 그는 남성미 넘치고 기회주의적인 라이벌 배리와 경쟁한다.

손을 잡는다.

벌링든의 눈에, 배리는 단지 레이디 린든을 학대하면서 그녀의 돈을 낭비하는 아일랜드 모험가일 뿐이다. 또한 그에게 배리는 자신의 장점을 위협하면서 거세 공포를 조장하는 '남성적' 인물이다. 배리는 벌링든의 엉덩이를 채찍으로 여러 번 내려친다. 벌링든은 배리를 비천한 태생의 간통자라고 공개적으로 비난하면서 보복한다. 이에 분노하여 배리는 벌링든을 야만적으로 공격한다. 하지만 벌링든은 결정적인 결투에서 승리한다. 결과는 어색하고 돌발적이다. 배리는 이미 부상을 입는다. 그럼에도 불구하고 배리는 상징적 거세를 당한다. 다리를 잃은 배리는 린든 영지로부터 추방되고, 벌링든은 슬픔에 빠진 채 외로워하는 어머니 곁에 자신의 오래된 자리를 회복한다.

이미 말한 것처럼, 이처럼 소설의 형식적, 실질적 변형의 결과는 큐브릭이 새커리의 소설 주인공을 보다 더 불쌍한 인물로 그려낸다는 점이다. 영화에서 배리는 사랑에 빠진 젊은이이자 매력적이고 남성미 넘치는 인물로 묘사된다. 18세기 유럽의 근원적 야만성을 발견하고, 악당, 사기꾼, 돈을 노린 구혼자가 된다. 배리가 새 아내와 화려한 마차를 타고 가는 동안, 그가 사랑스런 아내의 얼굴에 파이프 담배 연기를 내뿜는 장면은 우리를 놀라게 한다. 그러나 우리는 그의 거친 행동의 근원을 알고 있다. 배리의 피할 수 없는 몰락은 그의 후천적 잔혹성보다는, 자신이 지배 계급에 속해 있다고 생각하는 자만심이나 잘못된 믿음과 더 많은 관련이 있다. 그의 사랑스런 아이(자신과 판박이이자, 린든가의 나약한 아이와는 대조적인)의 죽음은 또한 자신이 왕족이라는 믿음의 죽음이다. 영화는 소년의 죽음을 감상적으로 다루지 않는다. 수많은 빅토리아 시대의 소설들(20세기의 두 가지 다른 사례가, 에벌린 워의 《한 줌의 먼지A Handful of Dust》와 마가렛 미첼Margaret

Mitchell의 《바람과 함께 사라지다*Gone with the Wind*》다)처럼, 그 사건은 귀족 가문의 몰락을 암시한다. 그러나 배리는 결코 영국에서 귀족이 될 수 없었다. 그의 결투 기술과 용기에도 불구하고, 귀족 타이틀을 사려는 그의 적극적인 노력에도 불구하고 그는 쉽게 사기당하고 징집당하고 망명해야 하는 식민지 주체로 남을 뿐이다. 그는 언제나 아웃사이더로서의 그의 지위를 아는 것 같다. 브라이언이 지켜본 질질 끄는 임종 장면에서 배리의 눈물 — 큐브릭 영화에서 온몸으로 비애감을 자아내는 아주 드문 장면 — 은 그가 친구 그로건 대위(고드프리 퀴글리)가 전장에서 죽었을 때나, 그가 프러시아에서 슈발리에 드 발리바르와 처음 만났을 때 흘리던 눈물과 비슷하다. 세 경우 모두 배리는 그의 아일랜드 고향 사람들과 가족에 대한 강한 사랑 때문에 흐느낀다. 그들이 없다면 그는 홀로 남을 것이기 때문이다.

비평가들은 일반적으로 배리에 대한 라이언 오닐의 연기를 저평가한다. 영화 개봉 당시, 그는 할리우드 스타(대중적으로 흥행한 〈러브 스토리*Love Story*〉[1970]에서 인공 감미료를 뿌린 눈발 위에서 그의 눈물은 〈배리 린든〉만큼이나 엄청났다)였지만, 그의 박스 오피스 흥행에도 불구하고 또는 아마도 그것 때문에, 그는 단지 가벼운 코미디 재능이 있는 잘생긴 주연 배우에 지나지 않는 것으로 보였다. 그의 휜하고 착해 보이는 얼굴과 탄탄하고 운동선수 같은 몸매는 이 특별한 영화의 주연으로 안성맞춤이었다. 스크린 바깥에서 그의 평판은 연기를 더 돋보이게 해 주었다. 이전에 골든 글로브상에 지명되기도 했던 그는 할리우드의 나쁜 남자로 소문이 났고, 자신과 함께한 여주인공들과 바람을 피우는 것으로 악명 높았다. 하지만 그의 스타 이미지와 별개로, 그는 다양하고 섬세한 연기를 보여 준다. 큐브릭이 생각한 배리의 캐릭터는 용기 있고 임기응변이 있고 매력적이지만, 그리

지적이지도 똑똑하지도 않은 역할이다. 일반 군인이건, 도박꾼이건, 부유한 남편이건 간에 그가 거주하는 사회 집단은 종종 그에게 조용히 가면 뒤에서 행동하기를 요구한다. 그와 레이디 린든은 거의 대화가 없고, 다른 등장인물과 함께하는 가장 중요한 신들에서 그는 거의 다른 사람 말을 듣지 않는다. 배우로서 이런 종류의 작업은 생각보다 어렵다. 오닐은 이 긴 영화의 거의 모든 순간 스크린 위에 나오면서, 주로 말 없는 반응과 최소한의 표정으로 배리의 삶에 대한 다른 측면들 — 냉담한 청년, 뻔뻔스런 모험가, 자애로운 아버지, 비극적 고독자 등 — 을 연기해야 했다. 그는 배리의 모순된 모습들 — 급한 성미, 침착한 영리함, 잔인성과 부드러움, 자만에서 절망으로 감정의 변화 등 — 을 훌륭하게 전달한다. 레이디 린든에 대한 그의 유혹은 확실히 로맨틱하다. 음악회에서 벌링든에 대한 그의 분노는 불안감을 던져 준다. 귀족처럼 처신하려는 그의 모습은 서툴다. 그가 그림 속의 '파란색'을 찬미하고 웃음소리를 들을 때, 가든파티에서 귀족들의 대화에 대해 침묵하는 모습은 완전히 계산적이다.

이처럼 능숙한 연기와 다면적 캐릭터는 영화의 나머지 부분들 — 배리 부인이 그를 새장 안으로 밀어 넣으며 도와줄 때 뒤쪽에 그가 보이게 하는, 프랑스 누벨 바그 스타일의 정지 프레임처럼 — 과 다른 스타일을 보여 준다. 그는 한쪽 다리의 무릎을 절단하고 목발을 짚는다.* 비교적 단조롭고 거의 스냅 사진처럼 보이는 구성은 황량한 분위기를 고조시키는 듯하다. 이어서 우리는 린든 성곽의 금빛 새장 너머로 레이디 린든의 황홀하게 아름다운 그림 같은 숏을 본다. 수척하고, 음침하고, 브라이언

● 큐브릭은 영화의 마지막 장면에서 라이언 오닐 대신 그보다 몸집이 두 배는 돼 보이는 실제 다리 불구자를 대역으로 기용한다.

의 죽음 이후 자살을 시도했던 그녀는 창문의 창백한 빛 속에 앉아 있다. 그의 아들과 가신들은 주위를 맴돌고, 그녀는 깃펜으로 은행 수표에 사인을 한다. 인서트 장면에서, 그녀는 배리에게 500기니의 연금 — 하찮은 선물은 아니지만 — 을 지불하고 있다. 주의 깊은 독자라면, 그 수표의 날짜가 1789년, 즉 프랑스 혁명의 해라는 사실을 눈치 챌 것이다.

그 날짜는 아주 중요했다. 큐브릭은 혁명과 민주주의 시대의 도래를 교묘하게 알려 주면서 영화를 끝내길 원했다. 똑같이 강력한 모티프는 영화가 소설의 복고적 이야기를 역사적 진보의 이야기로 만들려는 욕구인 듯하다. 큐브릭의 의도가 무엇이건, 유럽 사회와 정치에 대한 그의 암시적 태도는 새커리와는 약간 다르다. (어쨌거나 프랑스 혁명과 나폴레옹 시대는 영국 토지 소유 계급에게 엄청난 번영의 시대였다.) 《배리 린든의 행운》과 《허영의 시장》의 작가는 디킨스주의에 반대한다. 그는 18세기에 대해 비판적이긴 해도 본능적으로 혁명 이전의 세계를 옹호한다. 그의 초기 소설은 부르주아 계급에 대해 경멸적이다. 사실상 소작농과 가난한 노동자 계급에 대해 의식하지 못하며, 배리나 베키 샤프처럼 사회적 졸부들에 대해 무시한다. 새커리는 모험심 넘치는 불한당들의 대담성을 찬미하는 듯하지만 그들이 위험에 처할 때 그들을 동정하지 않는다. 무엇보다 그는 나폴레옹에 반대한다. 《배리 린든의 행운》의 마지막에 노회한 내레이터가 그의 모험담을 회고할 때, 우리는 거의 그 소설을 뚫고 나가는 새커리의 목소리를 들을 수 있다. "그렇다, 보나파르트가 으스대며 활보하는 근위대와 함께 유럽을 야만화하기 전까지 지난 시대는 신사의 시대였다. 나폴레옹과 함께 여기 영국에서 가게 주인들과 장사꾼들의 시대가 도래했다"(p.99).

새커리와 큐브릭은 18세기를 감성과 계몽의 시대로 묘사하기 거부한다는 점에서 비슷하다. (큐브릭이 그 시대를 예의범절과 감정의 억압이라는 관점에서 바라보는 경향이 있음에도 불구하고, 이 점은 일관되다.) 대신, 그들은 귀족적 아름다움이라는 그 시대의 표면 아래로 흐르는 냉혹성과 야만성을 강조한다. 유대계 미국인 큐브릭은 영국 시골에 정착했고, 배리 린든처럼 사회의 아웃사이더와 자신을 동일시하기 더 쉬웠다. 따라서 큐브릭은 배리 린든을 자기 시대에 맞서 싸웠지만 실패한 자생적 반역자로 묘사한다. 대략 비슷한 이유로, 큐브릭은 코르시카 섬의 출세한 졸부 나폴레옹을 자신과 동일시했다. 나폴레옹은 프랑스 구체제를 딛고 현대 사회의 설계자 중 한 명이 되었다. 나폴레옹과 비교해서, 배리는 역사의 소용돌이에 휩쓸린 평범한 남자이자, 장군이라기보다 그저 군인일 따름이다. 그러나 어떤 의미에서 큐브릭은 배리의 급속한 성장과 몰락을 나폴레옹의 순간적인 역사적 모험의 전조로 간주한다. 큐브릭의 지난 18세기에 대한 관심은 나폴레옹이 떠오른 조건을 탐구하려는 그의 욕망에 뿌리내린다. 또한 1789년에 대한 큐브릭의 언급은 민주주의에 대한 낙관적 헌사라기보다는 나폴레옹 시대의 전조이자 그가 만들지 못했던 나폴레옹 영화에 대한 예의에 더 가까운 듯하다. 큐브릭은 나폴레옹을 비극적 초인 — 독재자이자 계몽적 자유주의 권력 — 으로 묘사하려 했다. 그것은 〈2001 스페이스 오디세이〉에서 살인자 유인원과 우주 태아 사이의 구조적 관계와 비견될 만하다. 큐브릭은 나폴레옹의 모순적 측면을 영화화하려는 야심을 현실화할 수 없었다. 그러나 큐브릭은 〈배리 린든〉에서 18세기 유럽의 구조적 모순을 그려냈고, 새커리의 다루기 힘든 소설을 그처럼 아름답고 낯설고 감성적인 힘이 넘치는 영화로 바꾸어 냈다.

13

호러쇼

1975년 큐브릭은 워너 브러더스의 〈네트워크*Network*〉(1976) 제작을 위해 내정된 5명의 감독들 중 한 명이었다. 그는 관심을 표명했지만, 그 영화의 감독이 되기 원했던 원작자 패디 차예프스키Paddy Chayefsky는 그를 거부했다. 아마도 〈배리 린든〉이 미국 언론의 미적지근한 반응을 받았고, 흥행도 그렇게 썩 좋지 않았기 때문에 큐브릭은 다음 영화를 더 상업적인 것으로 고려했을 것이다(LoBrutto, pp.410~411). 〈엑소시스트*The Exorcist*〉(1973), 〈오멘*The Omen*〉(1976) 같은 호러 영화는 엄청난 수익을 벌어들였고, 구역질나고 초자연적인 할리우드 공포 영화의 주기적 순환에 기여했다. 이전 영화의 느와르 분위기를 고려해 볼 때, 큐브릭에게 공포 영화가 전혀 예상하지 못할 주제는 아니었다. 하지만 그는 워너 브러더스 사장 존 캘리가 스티븐 킹Stephen King의 《샤이닝》 교정본을 주기 전까지는 적절한 작품을 찾지 못했다. 그것은 겨울 눈 폭풍 속에서 악령에 씌운 호텔 속에 갇힌 세 가족의 심리적 불안을 다룬 이야기였다. 당시 스티븐 킹은 대중적으로 떠오르는 작가였다. 그 소설은 1977년에 출판되었고, 순식간에 미국 베스트셀러 8위를 기록했다. 큐브릭은 한때 미완의 영화 〈나폴레옹〉의 주인공으로 고려했던 메이저 스타 잭 니콜슨을 〈샤이닝〉의 주연 배우로 끌어들였다.

큐브릭은 킹이 시나리오를 쓰는 것을 거부하고 대신 다이앤 존슨 Diane Johnson과의 협력 작업을 선택했다. 존슨은 한때 큐브릭이 각색을 검토했던 심리 미스터리 소설 《그림자는 알고 있다 The Shadow Knows》(1974)의 작가였다. 슬프고 뒤틀린 재미와 공포를 지닌 이 소설은, 저소득층 주택 단지에서 그녀의 아이들과 유모와 함께 살고 있는 한 이혼녀가 그녀를 죽이려는 남자 때문에 공포를 느낀다는 이야기다. 〈샤이닝〉처럼, 이 소설도 주인공이 심리적으로 불안한 것인지 실제로 위험에 처한 것인지 불분명하다. (아이로니컬하게 '그림자는 알고 있다'는 〈샤이닝〉의 1장 대사 중 하나이기도 하다.) 영화의 여성적 관점으로 인해, 〈샤이닝〉은 큐브릭에게도 특별한 프로젝트였다. 그러나 다이앤 존슨에 따르면, 그녀의 소설은 나중에 〈아이즈 와이드 셧〉으로 발전되는 아르투어 슈니츨러의 《꿈 이야기 Traumnovella》와 공통된 특징을 갖고 있다.[127]

결국 존슨과 큐브릭이 쓴 대본은 킹의 소설과 여러 가지로 다르다. 대본은 호텔에 도착하기 전까지의 가족사를 대부분 생략하고, 친절한 호텔 주방장을 죽이며, 불로 호텔을 파괴하기보다 미로 속에서 얼어 죽는 것으로 끝난다. 킹은 영화가 개봉되자 비난했다. 왜냐하면 영화의 기조는 풍자적이고, 아버지에 대한 묘사는 거의 동정적이다. 〈플레이보이〉와의 인터뷰에서, 킹은 큐브릭을 "초자연적 세계에 대해 학술적으로조차 생각하기 힘들어하는 냉혹한 사람"이자 "오버룩 호텔의 철저한 비인간적 사악함을 이해할 수 없는 사람"으로 묘사한다. 그는 "큐브릭이 등장인물들에게서 악을 추구했고, 어렴풋한 초자연적 분위기의 가정 비극 영화를 만들었다"고 결론 내린다.[128] 큐브릭의 개성에 대한 언급은 제쳐놓고서라도, 영화에 대한 스티븐 킹의 언급은 본질적으로 옳다. 사실 소설은 더 엄청나게 초자연적이고 애니미즘적이며, 저주받은 알코올 중독자 아버지에 대해 확실히 더 관대하다. 아들에 대한 그의 마지막 말은 "도망쳐라, 어서. 그리고 내가 널 얼마나 사랑했는지 기억해라"였다. (1996년 킹은 4시간짜리 TV 미니시리즈 형식으로 소설을 더 좋지 않게 각색했다. 여기서 킹은 카메오로 출연하는데, 야한 화장을 하고서 호텔의 유령 오케스트라를 지휘한다. 그 미니시리즈는 유순한 아버지 유령이 부모의 사랑을 보여 주기 위해 아들의 대학 졸업식에 나타나는 감상적 결말로 끝난다.)

하지만 그들의 모든 차이점들에 대해서 킹과 큐브릭은 서로 비슷하게 생각했다. 〈샤이닝〉은 킹이 "초자연적인 것과 정신병적인 것 사이의 경계를 흐리게 할 기회"라고 말한 것을 보여 주었다.[129] 큐브릭은 미셸 시멍과의 인터뷰에서 똑같이 말했다. 그는 킹의 소설이 지닌 플롯의 중요성을 강조했다.

그 소설은 정신적인 것과 초자연적인 것 사이의 특별한 균형을 제시했던 것 같다…… 이 소설은 초자연적인 것에 대해 당신이 의심하지 못하도록 했고, 계속해서 당신은 완전히 스토리에 몰입하여 갑자기 이야기를 받아들일 수 있을 것이다…… 이 소설은 결코 진지한 문학 작품은 아니지만, 대부분의 플롯은 엄청나게 정교하다…… 그 플롯이 사람들의 관심을 집중시킬지, 아니면 그 플롯이 무의식 차원에서 우리와 소통하는 신화 같은 것들보다도 더 중요할지 나는 잘 모르겠다(p.181).

영화는 주로 두 인물을 통해서 정신적인 것과 초자연적인 것 사이의 균형을 유지한다. 잭 토랜스(니콜슨)는 알코올 중독자이자 자칭 작가다. 그는 술을 끊고 천한 일들에서 벗어나 글쓰기에 몰두한다. 그의 아들 대니(대니 로이드)는 다섯 살인데, 예전에 술 취한 아버지에 의한 폭력 '사건'의 희생양이 된 적이 있다. 잭은 호화스런 오버룩 호텔의 겨울 관리인 직업을 얻는다. 그는 심리적 환각 증상을 보이기 시작한다. 하지만 영화 말미에 우리는 다음과 같은 결론에 도달하는 것 외에 아무런 다른 선택을 할 수 없다. 그가 아내와 자식을 살해하도록 몰아세운 유령이 단지 그의 마음속에 있는 것만은 아니다. 대니의 경우도 일단 끔찍한 환상과 분열증에 시달리는 정신장애다. 초반부에 대니는 호텔 요리사 딕 할로란(스캣먼 크로더스)을 만난 뒤, '샤이닝' 혹은 초능력을 얻게 된 듯하다. 그는 숨겨진 과거와 충격적 미래를 직접 볼 수 있게 된다.

실제 그 일이 일어났는지 아니면 그가 미친 것인지 하는 문제가 큐브릭이 영화 속에서 계속 제기하려는 질문의 성격이다. 그것은 츠베탕 토도로프와 다른 문학 이론가들이 '환상적'이라고 묘사했던 것이다. 토도로프에 따르면, 환상적 내러티브는 단지 초자연적 사건에 대한 이야기일 뿐만 아니라, 사건을 상상적이고 초자연적으로 설명하기 위해 독자들의 능력에 도전하는 것이다. 그는 그 형식에 대해 다음과 같이 설명한다. (쉽게 읽히도록 하기 위해 나는 남성 대명사 뒤에 'sic'를 넣는 것을 삼갈 것이다.)

설명할 수 없는 현상이 일어날 때, 독자는 자신의 결정론적 심리에 따르기 위해서 두 가지 해법에 대한 선택을 강요받는다. 첫 번째는 이 현상을 이미 알려진 원인들known causes이나 자연 질서 속으로 끌어들이는 해법이다. 그는 평소와 다른 그 사건들을 상상적으로 재해석한다. 두 번째는 초자연적 존재를 인정하는 해법이다. 그럼으로써 그가 가진 세계의 이미지 재현 방식을 수정한다. 이러한 불확실성이 계속되는 한 환상적인 것은 계속된다. 독자가 어떤 해법을 선택하는 순간, 그는 기괴함the uncanny과 놀라움the marvellous의 왕국으로 들어간다.[130]

토도로프의 분석은 픽션 속의 인과 관계를 설명하는 세 가지 연속 효과를 제시한다. 첫 번째는 리얼리즘('이미 알려진 원인들')이다. 그다음 토도로프 이론의 번역자 리처드 하워드Richard Howard가 기괴함(심리적 원인들, 토도로프는 프로이트주의자는 아니지만, 더 일반적 의미에서 정신분석학을 이용한다)이라고 칭한 것이 있다. 마지막 효과는 놀라움(초자연적 원인들)이다. 두 번째 효과인 기괴함이 놀라움으로 되기 직전에 우리는 토도로프가 환상적 '장르'라고 부른 것을 발견한다. 그가 예를 든 텍스트는 헨리 제임스Henry James의 《나사못 회전The Turn of the Screw》이다. 거기에서 사건들을 어떻게 해석할지에 대한 불확실성은 결코 해소되지 않는다. 다른 말로, 제임스의 스토리에 대해 유명한 해석을 한 에드먼드 윌슨Edmund Wilson에게는 미안한 말이지만, 유령들이 여자 가정교사이자 내레이터의 성적으로 억압된 상상이 꾸며낸 허구인지 진짜인지 우리는 알지 못한다.

큐브릭은 언제나 상투적인 것과 지독하게 풍자적이거나 공상적인 것의 그로테스크한 결합에 흥미를 느꼈다. 그는 본능적으로 리얼리티와 꿈 혹은 동화 사이의 경계를 흐리는 이야기들(버지스의 《시계태엽 오렌지》와 슈니츨러의 《꿈 이야기》 등)을 끄집어냈다. 하지만 〈샤이닝〉 각색의 가장 재미있는 점 중 하나는 토도로프가 말한 내러티브 가능성들의 모든 범위를 아우른다는 점이다. 기묘함이나 전면적인 정신착란 증세의 아우라는 영화의 맨 처음부터 출몰한다. 모든 사태는 경제적, 심리적 스트레스를 겪고 있는 미국 '핵'가족의 전형적인 사실적인 상황에 의해 동기 부여된다. 초반부 신들에서, 잭이 오버룩 호텔 매니저(배리 넬슨)와 구직 면접을 치르고, 웬디(셸리 듀발)와 대니가 점심을 먹으며 대화를 나누고, 정신과 의사(앤 잭슨)가 대니를 방문한다. 여기, 그리고 더 나중에 몇 장면들에서 가족 드라마의 궁색하고 평범한 소품들이 사용된다. (어머니는 줄담배를 피우고, 아들은 땅콩버터 젤리 샌드위치를 먹고, 뒷배경으로 TV가 켜져 있다.) 그 가족 드라마는 등장인물들의 무표정한 유머에 의해 굴절된다. (어머니는 담배재가 점점 더 길어지는 줄도 모른 채 정신과 의사와 상담을 계속한다.) 2005년 한 재능 있는 영화 제작자 그룹이 〈샤이닝〉 풍자 트레일러를 만들었다. 그들은 그 영화의 여러 장면들을 짜깁기해서 변덕스런 가족 코미디처럼 보이게 했다.[131]

또한 초반부 시퀀스들은 프로이트주의의 기괴함the uncanny의 개념을 불러낸다. 이 개념은 항상 가족 리얼리즘의 배경에 의존한다. 대니가 샌드위치를 먹을 때, 그는 자신의 입 어딘가에 '사는' 상상 속 친구 토니의 걸걸한 목소리로 '토랜스 부인'에게 말한다. 이빨을 닦으면서 그는 공포스런 것들을 보고 무언가에 사로잡힌다. 플롯이 진행되면서 기이한 사건들이 더 많이 생긴다. (영화의 대부분에서, 웬디만이 유령의 방문에 면역된 것 같다.) 결국 우리는 초자연적인 것에 대한 불신을 거두어야 하는지에 대해 판단하기 어려운 지점에 도달한다. 잭은 골드 볼룸으로 걸어 들어가서 악마 같은 바텐더 로이드(조 터클)에게 술을 주문한다. 우리는 해석의 위기에 도달하고 순수한 환상의 영역으로 들어간다. 얼마 뒤, 잭이 이전 관리인의 유령에 의해 음식 창고로부터 풀려났을 때, (만약 여기부터 마지막 장면까지 이 모든 것이 잭과 다른 등장인물의 꿈이라고 가정하지 않는다면,) 우리는 영화에서 처음으로 분명한 초자연적 사건과 마주친다. 우리는 토도로프의 '놀라움'의 영역으로 들어간다. 클라이맥스 신들은 리얼리즘과 프로이트주의를 결

〈샤이닝〉: 웬디와 아들 대니.

코 늦추지 않는다. 피로 가득한 엘리베이터처럼 반복되는 이미지들은 모호한 상태를 유지한다. 그러나 영화는 가학적 유령의 카니발, 퇴폐적 섹스(특히 동성애와 수간의 암시), 신화와 동화에 대한 암시들로 끝난다.

〈샤이닝〉에 대해 말한 많은 비평가들 중에서, 오직 미셸 시멍만이 이 영화는 "환상의 장르the genre of the fantastic"라는 관점에서 이해될 수 있다고 주목했다. 토도로프와 마찬가지로, 시멍에게 '환상의 장르'는 "사실적인 것과 상상적인 것 사이의 충격"이자 "이미 알고 있는 사물의 질서 안에 뚫린 구멍"이다(p.125). 이런 점에서 〈샤이닝〉은 〈2001 스페이스 오디세이〉와 비슷한 포괄적 범주에 속한다. 시멍에 따르면, 서로 연관성이 없는 듯한 두 영화는 많은 주목할 만한 공통점이 있다. 두 영화는 오프 스크린 내레이션을 피하고, 자막을 선호한다. (〈샤이닝〉에서 표제는 사건들을 알리고, 짧은 간격 사이에 시간의 경과를 표시한다.) 두 영화 모두 현대적이고 낭만적인 음악을 섞어서 사용한다. (〈샤이닝〉은 리게티, 펜데레츠키, 바르톡 등의 음악과 베를리오즈의 〈환상 교향곡〉 중에 나오는 '진노의 날' 진혼곡을 섞어서, 웬디 카를로스와 레이첼 엘카인드Rachel Elkind가 연주한다.) 두 영화 모두 비인간적 개체에 의해 통제되는 거대한 인공 구조물 안에서 일어난 사건을 다룬다. (두 영화의 엄청나게 크고 매혹적인 세트들은 똑같은 영국 스튜디오에서 만들어졌다.) 두 영화 모두 적대적 외부 세계와, 그들의 기술 장비를 파괴하는 내부의 살인적 인물 사이에 갇힌 캐릭터들의 이야기다. 가장 중요한 것은, "두 영화 모두에서, 관객은 자신이 보고 있는 것을 합리적으로 설명할 수 없다"는 점이다(p.125).

이런 관점에 비추어 볼 때, 〈샤이닝〉의 많은 장면들은 〈2001 스페이스 오디세이〉의 메아리인 듯하다. 예를 들어, 〈샤이닝〉의 도입부에서 항공 촬영은 〈2001 스페이스 오디세이〉에서 유명한 '스타 게이트' 신과 어떤 유사성을 지닌다. 대니가 세발자전거를 타고 호텔 복도를 내려가다가,

초현실 세계를 바라보면서 절정에 달하는 장면은, 〈2001 스페이스 오디세이〉에서 데이브 보우먼이 디스커버리호에 탄 클라이맥스 여행 장면과 다르지 않다. (대니는 NASA 로켓이 그려진 스웨터를 입는다.) 같은 이유로, 모호한 '주관적' 시점의 카메라가 심장 박동 소리를 줄이면서 병이 발생한 그린 앤드 퍼플 룸 237호 주위를 맴도는 장면은 보우먼이 신비스러운 우주 호텔방을 탐험하는 장면과 흡사하다. 그러나 시명이 두 영화를 같은 '장르'라고 말하는 것은 혼란을 불러일으킨다. 왜냐하면 우리는 보통 SF 영화와 공포 영화는 다른 장르라고 생각하기 때문이다. 다행히 토도로프 이론에 대한 로즈마리 잭슨Rosemary Jackson의 수정 이론은 상황을 분명히 하는 데 도움이 된다. 잭슨에 따르면, "환상적 내러티브는 놀라운 것과 모방적인 것 모두를 혼동에 빠뜨린다…… 그들은 이미 알고 있는 일상 세계에 대한 익숙함과 안전함으로부터 독자들을 끌어내서…… 불가능한 일들이 실제로 일어나는 놀라움의 왕국으로 한발 더 다가선다." 환상적인 것의 핵심은 일반적 특징보다는 내러티브의 내부 논리나 가능한 규칙의 불안정성과 더 관련이 있다. 그러므로 "환상적인 것을 다른 일반 형식을 추정하는 하나의 양식a mode으로 규정"하는 것이 가능하다.[132]

환상적 양식의 구체적 불안정성을 설명하기 위해, 잭슨은 '점근축 paraxis'이라는 광학 개념을 빌린다. 그것은 굴절된 빛이 이미지로 합쳐지는 영역이다. 이를테면, 카메라 옵스큐라 안이나, 거울 반사면의 깊이 같은 것이다. "이 영역 안에서, 대상과 이미지는 충돌한다. 그러나 사실 대상도 재구성된 이미지도 완전히 거기 있지 않다. 거기에는 아무것도 없다." 점근축 영역은 "환상성의 스펙트럼에 대한 메타포다. 상상의 세계는 완전히 '사실적real'(대상)이지도, '비사실적unreal'(이미지)이지도 않다. 그것은 둘 사이의 어딘가에 결정되지 않은 채 위치한다(p.19)." 이전의 많은 공포 영화 감독들처럼, 큐브릭은 모호함의 스펙트럼을 다루는 점점 더 많은 예들을 제시한다. 마리오 팔세토에 따르면, 이 영화 속에는 '주관적' 시점인지 '객관적' 시점인지 불분명한 숏들이 꽤 있다. 잭이 호텔 복도를 걸어 내려가서 골드 볼룸으로 들어가자 화려한 파티와 마주치게 되는 롱 트래킹 숏(《살인자》의 한 장면을 연상시키는)에서도 비슷한 효과가 발생한다. 단 한 번의 움직임으로, 우리는 '현실'에서 '비현실'로 이동한다. 둘 사이의 명확한 구분은 없다. 진짜 '거기에' 있는 것이 무엇인지 알 도리가 없다. 또한 토랜스 가족 침실의 화장대는 현실과 이미지의 혼동을 유도하기 위해 사용된다는 점을 주목해 보라. 웬디가 침대에서 잭에게 아침 식사를 줄 때, 그들의 대화하는 중에 많은 부분은 거울을 통해 촬영된다. 잭의 티셔츠 글씨가 거꾸로 보일 때만 시점이 확실해진다. 나중에 대니가 장난감 트럭을 가져가려고 침실을 쳐다볼 때, 잭은 무아지경이거나 침울하게 침대 모서리에 앉아 있다. 그의 이미지는 거울을 통해 비친다. 영화가 마지막으로 치달을 때, 웬디는 거울을 보고, 대니가 화장실 문 뒤에 쓴 REDRUM 이라는 단어의 숨은 의미(MURDER 살인)를 알게 된다.

그런 양식과는 반대로, 〈샤이닝〉의 장르는 고딕 양식의 공포 영화다. 잭슨에 따르면, 소설에서 고딕 양식은 18세기 후반에 유럽에서 생겨났다. 그 양식은 합리주의라는 지배적 경향에 반대하면서 발전되었다. 그런 이유로 잭슨은 그로테스크처럼 고딕도 "낯설게 하기의 예술"이자 "자본주의와 가부장 질서"에 대한 비판이라고 믿는다(pp.175~176). 아마 그렇다면, 〈샤이닝〉은 그런 맥락에서 읽힐 수 있고, 또 읽혀져 왔다.[133] 로빈 우드 Robin Wood 같은 학자들이 지적한 것처럼, 좋은 공포 영화는 이데올로기적으로 반응한다.[134] 이런 의미에서, 어떤 고딕 소설들은 황폐한 성곽과 낡은 저택을 통해서 잃어버린 귀족 사회에 대한 잠재적이고 낭만적인 향수

〈샤이닝〉: 토랜스 가족 침실의 화장대는 현실과 이미지의 혼동을 유도하기 위해 사용된다.

를 표현하는 경향이 있다. 호레이스 월폴Horace Walpole[■]과 헨리 매튜린에서 헨리 제임스와 대프니 듀 모리에Daphne du Maurier[■■]에 이르기까지, 상류 계급의 건축물들은 귀신 이야기의 으스스하고 매력적인 미장센에 필수적이었다. 사실 '고딕'이란 용어는 건축으로부터 유래한다.

〈샤이닝〉의 영리한 측면 중 하나는 전통적 스타일을 현대화하는 방식이다. 그것은 고딕 디자인과 표현적 조명을 피하면서 동시에 사라진 귀족 제도의 건축학적 휘황찬란함을 강조한다. (큐브릭은 잭이 호텔 바텐더와 대화하는 장면에서 유일하게 구식의 공포 영화 조명을 사용한다. 부드러운 빛이 바를 따라서 아래로부터 남자의 얼굴을 비추면서 악마적 느낌을 준다.) 오버룩 호텔은 완전히 모던한 건물이다. 그것은 부분적으로 오레곤 주의 팀버라인 로지Timberline Lodge[■■■]를 본떠서 만들어졌고, 또 부분적으로 프로덕션 디자인을 맡은 로이 워커Roy Walker가 20세기 초 미국 건축에 대해 조사한 것에 기초하고 있으며(바텐더의 방은 프랭크 로이드 라이트Frank Lloyd Wright의 애리조나 빌트모어 호텔 디자인에 근거한다.), 또한 산꼭대기에 올라앉은 성곽처럼 보인다. 오버룩 호텔은 높은 천장을 지닌 로비와, 대니가 '비밀의 통로'로 간주하는 벙어리 웨이터, 귀신이 나올 것 같은 미로 같은 복도들, 잠겨 있는 수많은 방들을 가지고 있다. 전형적인 모던 스타일 속에서, 세련된 디자인의 비품들이 미국 원주민 문화에서 유래한 '원시적' 인공물들과 뒤섞인다. 호텔 매

[■] 호레이스 월폴(1717~1797)은 영국 예술사가이자 정치가로 고딕 소설의 효시인 《오트란토의 성》(1964)으로 유명하다.
[■■] 대프니 듀 모리에(1907~1989)는 영국의 소설가이자 극작가로, 공포 소설의 전통에 심리주의적 기법을 반영한 작품인 《자메이카여인숙》, 《레베카》로 유명하다.
[■■■] 팀버라인 로지는 오레곤 주의 해발 1829미터 설원 기슭에 위치한 고풍스러운 호텔이다. 1937년 대공황 때 미연방은 뉴딜 정책의 하나로 이 지역을 개발했는데, 그때 호텔이 건축됐다.

니저는 그 건물이 이전에 인디언 묘지였다고 말해 준다. 이런 정보와 함께 공포 영화의 상투적 음악이 흘러나올 것 같다. 그러나 호텔에는 인디언 귀신이 아니라, 인디언 문화를 파괴한 백인 야만족 후손들, 특히 재즈 시대 교양인들의 귀신이 출몰한다. 매니저가 잭에게 말한 것처럼, 오버룩 호텔은 "제트족이 무엇인지 사람들이 알기도 전부터 부유한 제트기 여행자들을 위한 중간 기착지"였다. 모든 '상류층 사람들'이 거기 머물렀고, 그중에는 네 명의 대통령과 수많은 '영화 스타들'이 포함된다. 로비에 전시된 지난 시대 부자와 유명인의 사진들은 고딕 성곽의 벽을 둘러싼 유령 가족들의 현대적 초상화처럼 보인다.

중세적 공포의 거의 모든 현대적 변종들에 의해서, 고딕 양식의 유령 건물들은 등장인물들의 심리적 상태를 표현한다. 그것은 개인의 고립과 성적 무의식과 공포에 대한 외적 선언이다. 스티븐 킹의 소설에서, 오버룩 호텔은 정신적 공간이자 심리적 유기체다. 그곳은 살아 꿈틀거리면서 등장인물들을 위협하는 정원 조경과 관목들로 채워져 있다. 큐브릭은 더 사실적으로 접근한다. 사치스런 건물은 가족에 대한 잭의 분노와, 스콧 피츠제럴드를 닮은 한량 같은 작가가 되려는 환상을 자극한다. 구직 인터뷰 동안에 그는 상황을 즐기면서, 웬디와 대니에 대한 관심을 쉽게 털어 내는 듯하다. 초반부에서 두 번 정도 카메라가 호텔 주변을 훑고 지나갈 때, 잭은 뒤돌아서 겨울 여행을 떠나는 예쁜 여자를 쳐다본다. 호텔 매니저가 있을 때 웬디에게 하는 의례적 애정 표현 외에, 잭은 소심한 아내에게 결코 애정 표현을 하지 않는다. 또한 그는 TV를 보며 시간을 보내는 아들과 결코 놀아주지 않는다. 잭은 오직 유령이 나타날 때만 활달하고 사교적으로 된다. 유령들은 그를 알아보고 그에게 존칭을 붙인다. 그가 플란넬 셔츠를 입고 작업화를 신고 있을 때조차도, 그들은 바에서 잭과 다정한 인사를 나눈다. 옛날 유령 이야기에 나오는 듯한 237호 방은 성적인 것을 암시하고 있다. 잭은 욕실의 발가벗은 유령(〈사이코〉의 샤워 신에 대한 비틀기)과 마주친다. 그 유령은 여자에 대한 잭의 욕망과 혐오를 상징한다. 처음에 그녀는 나긋나긋하고 아름답다. 그러나 다음 순간 그녀는 온몸이 썩어 문드러진 늙은 할망구로 변한다. 얼마 지나지 않아, 피처럼 붉게 칠한 볼룸의 화장실에서 그는 호텔 최고 '지배인'이 된다. 그는 백인 남성 우월주의와 살인적 분노를 직접 느낀다.

프레드릭 제임슨의 흥미로운 지적에 따르면, 스티븐 킹의 소설은 잭을 "알코올 중독에 의해 고통받는 약간 성공한 아웃사이더 미국 작가"(킹 자신처럼, 신의 은총이 없었더라면 누구라도 그렇게 되었을 뻔한 작가)라고 말한다. 그러나 큐브릭의 영화는 그를 "작가 지망생"으로 묘사한다(p.93). 제임슨이 지적한 것처럼, 영화에서 잭은 확실히 프랑스어의 "텍스트du texte" 같은 것을 만들어 내지만, 그 결과는 결국 다다이즘 소설 아니면 "텅 빈 자기 지시적 언급"(p.93)일 뿐이다. 작가로서 잭은 단지 같은 말을 반복할 수 있을 뿐이다. 그는 오버룩 호텔의 유명한 유한 계급들의 분위기를 사랑하고, 그가 대니에게 말했듯이 "영원히, 영원히" 거기에 머물고 싶어 하는 사람일 뿐이다. 호텔에 대한 이러한 강박관념은 킹의 소설과 1970년대의 주술적이고 초자연적인 공포 영화의 관습을 유물론적으로 돌려세운다. 제임슨이 말한 "절대적 악에 대한 향수"는 "1920년대 베블런이 말한 상류층의 물질만능주의"와 계급적 확실성에 대한 향수로 바뀐다(p.97). 여기서 다시 〈샤이닝〉은 〈2001 스페이스 오디세이〉와 비교된다. 〈2001 스페이스 오디세이〉의 우주 태아처럼, 잭은 니체의 영원 회귀Eternal Return를 경험한다. 하지만 그것은 어떤 복수와 같은 것이다. 호텔의 미로 속에 얼어붙은 채, 그는 "정신병적 집착과 죽음에 대한 동경이 깔려 있는 반복"의 상징이 된다. 마지막 장면에서, 그는 로비 벽에 붙어 있는 1920년대 사진에 몰입한다. 그의 정신은 영원히 "과거에 속박된 공간" 속에 남는다(p.98).

　오버룩 호텔은 단지 부와 명성에 대한 잭의 욕망을 물질적으로 표현한 것만은 아니다. 그것은 아이로니컬하게도 가족의 공간이다. 그곳은 토랜스 가족으로 하여금 소설이 '밀실 공포증'이라고 부른 것을 느끼게 하는 공포스런 '집'이다. 이 점에서, 영화는 프로이트적 해석을 내린다. 사실, 〈샤이닝〉이 개봉되었을 때, 다이앤 존슨의 인터뷰에 따르면, 시나리오를 준비하면서 그녀와 큐브릭은 프로이트의 논문 〈언캐니〉(1919)를 읽었다. 이 논문에서 프로이트는 "공포라는 영역 안에 있는 어떤 것들의 핵심적 감정"의 근원에 대해 설명하려고 시도한다.[135] 프로이트는 '집에 있지 않은unhomely'의 의미를 갖는 독일어 단어 '섬뜩한Unheimlich'은 영어의 '기괴한uncanny'과 유사하다고 언급한다. 영어의 '기괴한uncanny'은 '잘 알려지지 않은unknown'이나 '익숙지 않은unfamiliar'의 의미를 갖는다. 하지만 프로이트에 따르면, 기괴한 느낌은 일상생활에서보다 예술에서 더 강력하다. 그 느낌은 낯설고 비현실적인 현상에 의해서가 아니라, '집처럼 편안한homely' 종류의 무의식적 공포다. 그것은 가족으로부터 유래하고, 종종 아버지라는 인물에 의한 거세 공포증의 상징적 환상으로 표현된다. 큐브릭의 영화는 이 이론에 대한 어두운 유머를 암시한다. 호텔 매니저가 토랜스 가족에게 호텔 직원용으로 배정된 누추한 아파트를 보여 줄 때, 잭은 거기를 서성대면서 아이러니한 웃음을 지으며 말한다. "이거 진짜 집 같네요." 거의 클라이맥스 장면에서, 잭은 아파트 문을 도끼로 내려치면서 소리 지른다. "웬디? 나 왔어요!"

　킹의 소설처럼, 영화는 가족 중 한 사람에서 다른 사람으로 시점을 바꾼다. 그러나 대다수 주관적 숏은 잭과 대니 사이에 고르게 분배되면서, 두 개의 분명한 프로이트적 시점 사이의 균형을 유지한다. 한편으로 아버지의 자아도취, 폭력의 좌절, 죽음 충동 등이 존재한다. 다른 한편으로는 아들의 잠재된 성 욕망, 감정의 대립들이 존재한다. 후자의 관점에서, 플롯은 극도로 오이디푸스적이다. 남자 아이는 어머니에게로의 접근을 금지하는 아버지의 거세 공포에 맞서 투쟁한다. 대니와 어머니는 TV에서 로버트 멀리건Robert Mulligan의 〈1942년의 여름Summer of '42〉(1971)을 본다. 그들은 아름다운 노부인이 잘생긴 소년을 자기 부엌으로 유인하는 장면에 푹 빠진다. 영화의 마지막에 대니는 울타리 미로로 도망가고, 잭이 그를 쫓아간다. 대니는 웬디의 품으로 달려가 그녀의 입술에 키스한다.

여러 사건들에 아이의 상상이라는 옷을 입히기 위해, 존슨과 큐브릭은 브루노 베텔하임Bruno Bettelheim의 《옛이야기의 매력The Uses of Enchantment》(1973)을 통해 프로이트에 대한 독해를 보완한다. 그 책은 프로이트주의에 입각하여 동화를 분석한다. 그 책에 따르면, 어떤 무서운 이야기들은 아이들의 원초적 불안에 대한 치료 효과를 갖는다. 이런 이유로 영화는 동화와 《로드 러너Road Runner》 같은 폭력 만화들을 참조한다. 웬디는 호텔을 거닐다가 말한다. "이 전체가 거대한 미로 같아. 여기 올 때마다 빵 자국을 남겨 두어야지." 나중에 사태가 협박과 폭력으로 치달을 때, 잭은 대니가 침실에서 겁에 질렸던 바로 그 반쯤 잠든 거인과 비슷하다. 잭은 아기 돼지를 잡아먹으려는 나쁜 늑대 흉내를 내면서("작은 돼지야, 예쁜 돼지야, 문 좀 열어 주렴"), 웬디와 대니를 잡기 위해 잠긴 문을 도끼로 내려친다.

〈샤이닝〉에 대한 최고의 평론 중 하나에서, 윌리엄 폴William Paul은 이런 점들을 논했다. 또한 그는 이 영화의 결말은 프로이트에 대한 수정주의를 보여 준다는 중요한 지적을 했다. 이 영화의 가장 급진적이고 충

〈샤이닝〉: 영화의 마지막에 대니는 울타리 미로로 도망가고, 잭이 그를 쫓아간다. 대니는 웬디의 품으로 달려
가 그녀의 입술에 키스한다.

〈샤이닝〉: 잭은 아기 돼지를 잡아먹으려는 나쁜 늑대 흉내를 내면서, 웬디와 대니를 잡기 위해 잠긴 문을 도끼로 내려친다.

Stanley Kubrick

격적인 측면은 잭 토랜스가 아이의 불안이 창조해낸 상상 속의 위협이라거나 동화 속의 괴물이 아니라는 점이다. 이는 프로이트주의 관점과는 다르다. 그는 아내를 경멸하고, 아들에 대한 양가감정을 느끼며, 실제로 미치광이 도끼 살인자가 되는 사실적 캐릭터다. 이런 상황은 꽤 드문 경우다. 〈사냥꾼의 밤〉(1955), 〈계부*The Stepfather*〉(1987) 같은 공포 영화들에서 악당은 보통 의붓아버지다. 〈사이코〉(1960)와 〈존경하는 어머니*mommie Dearest*〉(1981)에서는 어머니가, 〈엑소시스트〉나 〈오멘〉에서는 악마 같은 아이가 악당으로 나온다. 로빈 우드의 공포 영화에 대한 뛰어난 정신분석 이론에 따르면, 괴물이나 악마 같은 '타자'는 억압된 것의 회귀와 함께, 영화의 핵심 이데올로기를 재현한다. 로빈 우드는 영화 속의 괴물이 백인 남성 가부장제라는 단순한 사례만을 지적하는 것은 아니다.

스티븐 킹 소설의 특별한 측면 중 하나는 수많은 괴물 같은 아버지상들을 포함하고 있다는 점이다. 큐브릭의 영화는 이런 특징들을 포착한다. 킹보다도 더 뛰어나게, 큐브릭은 아버지의 심리 속에 악을 향한 성향을 새겨 넣는다. 잭 토랜스는 악마에 의해 조종되는 것처럼 보이지만, 이데올로기 차원에서 볼 때, 유령이 진짜로 존재하는지 상상의 허구인지는 문제되지 않는다. 그는 그가 이미 원한 것을 하도록 내몰렸을 뿐이다. 더구나, 거의 마지막 부분에 나오는 성 방탕자들을 포함해서 이 영화의 모든 유령들은 백인 남성들이다. (약간의 예외가 아버지에 의해 희생된 그래디 누이들과, 자살한 사람인 듯한 욕실 속의 목소리 없는 여자다.) 잭의 남성적 분노와 그의 폭력의 주요 원인은 골드룸에서 로이드에게 말하는 그의 이야기에서 생생하게 드러난다. 이 섬뜩한 장면은 술집 귀신의 고백에 대한 패러디다. 잭 니콜슨은 커다란 제스처로 꿈틀거리면서 그 장면을 연기한다. 작가로서의 성공을 방해하는 장애물과 가족에 대한 죄책감에 의해 괴로워하면서,

〈샤이닝〉: 큐브릭은 아버지의 심리 속에 악을 향한 성향을 새겨 넣는다.

Stanley Kubrick

잭은 자신이 "2층에 사는 늙은 정자받이 여자" 때문에 생긴 "백인 남성의 부담감"으로 고통받고 있다고 설명한다.

> **잭**　난 결코 그 녀석에게 손대지 않았어, 빌어먹을…… 나는 그 빌어먹을 어린놈의 머리털 한 올도 건들지 않았다구. 나는 그 쪼그만 개자식을 사랑한다구. 난 그놈을 위해 모든 걸 다 할 거야. 제기랄, 개자식! 내가 살아 있는 한, 그년은 그날 일어난 일을 잊지 못할 거야. [쉬고] 내가 그놈을 때렸어, 알았어? 그건 사고였을 뿐이야! 아무런 의도도 없었어. 누구나에게 일어날 수 있는 일일 뿐이야. 빌어먹을 3년 전 일이라구! 그 꼬맹이가 내 원고를 바닥에 내동댕이쳤지. 난 단지 그 녀석을 끄집어 올리려 했지! 잠깐 힘을 좀 썼을 뿐이라구!

또 다른 으스스한 장면이 있다. 조그마한 대니가 아버지 무릎에 앉아 물어본다. "아빠는 나와 엄마를 해치지 못할 거예요. 알겠어요?" 꿈꾸는 듯이 잭이 답한다. "난 너를 사랑한단다. 대니, 나는 온 세상보다 너를 더 사랑해. 난 너를 결코 해치지 않아. 알겠니?" 폴이 지적한 것처럼, 영화의 여기저기에서, 큐브릭은 "프로이트의 오이디푸스 드라마를 원래의 신화로 돌려놓는다."[136] 모두가 알다시피, 프로이트의 버전은 오이디푸스가 교차로에서 아버지 라이우스를 죽이는 데서 시작한다. 하지만 폴에 따르면, 그 그리스 신화는 더 일찍 시작한다. 아버지는 아들을 포기하고, 발목을 뚫고 두 발을 묶어 아들을 불구로 만든다. (오이디푸스라는 이름은 '부풀어 오른 발'이란 뜻이다.) 프로이트는 부모의 폭력을 숨기거나 간단히 무시해 버린다. 그러나 큐브릭은 그것을 정면으로 응시한다. "서구 문화에서 일관되게 억압되어 온 어떤 것, 즉 아들에 대한 아버지의 적대감"을 드라마화한다(p.344).

영화가 다루는 신화의 정신분석학뿐만 아니라 기이한 감정의 분위기는 영화의 모든 곳에서 복잡한 미로의 상징적/은유적 의미를 암시하는 시각 디자인에 의해 강화된다. 폴크스바겐을 타고 오버룩 호텔을 향해 가는 토랜스 가족을 항공 촬영한 숏들은 미로를 헤쳐 가는 듯한 인상을 준다. 문자 그대로 산울타리 미로는 오버룩 호텔의 정원에 위치한다. 미로의 견본이 건물 안의 테이블 위에 놓여 있다. 수많은 호텔 복도도 미로처럼 만들어져 있다. 미로의 패턴은 대니가 장난감 트럭을 갖고 노는 카펫에서 볼 수 있다. 이런 디자인 덕분에, 큐브릭의 고유한 와이드 앵글 트래킹 숏들은 터널과 복도들을 수없이 미끄러져 내려가면서 갑자기 코너를 틀면서 새로운 길들을 보여 준다. 비틀고 돌아선다는 아이디어는 아마도 1974년에 떠올랐을 것이다. 그때 큐브릭은 개릿 브라운Garrett Brown의 스테디캠으로 촬영한 테스트 릴들을 처음으로 보았다. 스테디캠이라는 회전 균형 장치는 핸드헬드 카메라나 다양한 촬영 상황에서 안정된 이미지를 유지시켜 주었다. 〈샤이닝〉에서 큐브릭은 스테디캠이 아이의 시점을 보여 주는 극단적 로 앵글로 움직이기 원했다. 그는 브라운을 영국으로 불러서 카메라 오퍼레이터 일을 맡겼다. 이런 이유로 대니가 세발자전거를 타고 유연하게 미끄러지면서 기뻐하고 즐기며 긴장감 넘치는 숏이 가능해졌다. 대니는 오버룩 호텔의 커다란 방들과 황량한 복도를 가로질러 신나게 페달을 밟고, 세발자전거 바퀴는 우르릉거리는 소리를 내다가 조용해지면서 마루와 카펫을 타고 넘는다. 스테디캠의 움직임을 따라서 우리는 대니를 뒤쫓아 가고 마루를 휙 지나가면서 다음에 무엇이 나올지 두려워한다. 또한 우리는 산울타리 미로를 따라서 추적 신의 클라이맥스를 경험한다. 그 장면은 대니와 도끼를 휘두르는 아버지(이상하게 절뚝거리며 걸어가는 '부풀어 오른 발'의 캐릭터)의 움직이는 시점 사이를 왔다 갔다 하면서

〈샤이닝〉: 미로의 견본이 건물 안의 테이블 위에 놓여 있다.

편집된다. 이 장면은 눈 속에서 얼어붙은 아버지의 클로즈업으로 절정에 달한다. 다소 주관적인 '터널' 숏들이 산울타리 미로와 호텔 복도를 재빠르게 미끄러져 내려간 뒤, 영화는 알랭 레네의 〈지난해 마리앵바드에서〉, 마이클 스노Michael Snow의 〈파장*Wavelength*〉(1967), 로드 설링Rod Serling의 〈환상 특급*Twilight Zone*〉 등을 연상시키는 '객관적' 카메라와 함께 결말에 도달한다. 카메라의 눈은 1920년대 오버룩 호텔의 7월 4일 미국 독립기념일 파티에 참가한 잭의 사진 속으로 천천히 따라가면서 줌하다가 장면 전환된다.

많은 비평가들이 지적했듯이, 미로 안에서 얼어붙은 잭의 이미지는 그리스 신화의 미노타우로스를 암시하려는 의도였던 듯하다. 그 신화의 창조물(반은 사람이고 반은 소인 그 신화 속 인물은 아이를 잡아먹는다)은 미로maze가 아니라 미궁labyrinth 속에 살았다. 미궁은 모든 문화 속에 존재하는 형식인데, 보통 중심을 향해 나선형의 통로들이 순환하고 있다. 미로도 비슷한 구조이긴 하지만 그것은 박스 모양이고, 막다른 골목들이 많고, 통로의 배열이 헷갈리게 되어 있다. 보통 미궁에서 우리는 실제로 길을 잃지는 않는다. 그러나 미로의 목적 자체는 사람들을 속이는 것이다. 미궁은 '평면 곡선형'이다. 그것은 안팎을 서로 드나들 수 있고, 영원 회귀의 은유이거나 서로의 이해로 나아가는 여정이다. 그러나 미로는 퍼즐이다. 그것은 덫과 죽음의 은유다. 이런 이유로, 〈샤이닝〉은 길레르모 델 토로Guillermo del Toro의 〈판의 미로*Pan's Labyrinth*〉(2006)와 흥미로운 대조를 이룬다. 그 작품은 한 소녀가 사악한 의붓아버지에 의해 미궁을 헤매는 것으로 끝난다. 하지만 그 두 가지 형식은 때때로 상호 전환될 수 있다. 미셸 시명은 〈샤이닝〉의 산울타리 미로를 미궁이라고 말한다. 또한 그리스 신화에서, 미궁을 만든 예술가이자 기술자인 다이달로스는 아들 이카루스와 함께 거기에 갇히지만, 날개를 만들어 탈출에 성공한다. 다이달로스의 미궁 라비린토스는 인간 제물을 요구하는 미노타우로스를 가두기 위해 지어졌다. 테세우스는 반인반수의 괴물 미노타우로스를 처치하기 위해 미궁 라비린토스로 들어간다. 테세우스를 사랑한 아리아드네는 실타래를 그에게 주면서, 미궁에서 빠져나오는 길을 표시하도록 도와준다. 〈샤이닝〉은 그리스 신화와의 연관성을 환기시키면서 미로와 미궁의 의미를 결합하는 듯하다. 크리스토퍼 호일Christopher Hoile에 따르면, 영화 마지막에 몇 가지 신화와 동화들이 서로 뒤섞인다. "고립 이전에 정신분석적 긴장을 보여 주는 아버지, 아들, 어머니는 라이우스, 오이디푸스, 이오카스테와 동일시된다. 오버룩 호텔에 갇힌 사람들은 미노타우로스, 테세우스, 아리아드네, 또는 오거, 거인 살인자 잭, 오거의 친절한 아내의 동화 버전이다."[137]

테세우스와 거인 살인자 잭 이야기에 덧붙여서, 영화는 (소설처럼) 헨델과 그레텔 이야기도 암시한다. 세 이야기들은 〈샤이닝〉의 초반부에 토랜스 가족의 대화 속에서 소개된 주제인 카니발리즘과 관련이 있다. 또한 세 이야기들은 영리한 아이나 청년이 익숙지 않은 환경 속에서 괴물 같은 적대자들을 물리치는 이야기들이다. 어머니의 도움을 받은 대니는 초능력을 이용해서 호텔과 미로를 헤집고 살인자 아버지로부터 벗어난다. 대니에게 미로/미궁은 죽음이라기보다 성장으로 가는 길이다. 윌리엄 폴에 따르면, 잭이 미로의 견본을 보면서 실제로 미로 바깥에서 뛰어다니는 웬디와 대니를 내려다보는 장면에서 이미 영화의 결론이 예시되고 있다. 오버헤드 카메라 앵글은 '오버룩overlook'의 복합적 의미를 압축적으로 표현한다. 그것은 잭에게 극적 시선을 부여하면서, 그를 전지전능한 '감독자' 혹은 '관리자'로 만드는 듯하다. (영화 초반부에, 잭은 구직 인터뷰에서 "목전에 닥칠 것 같은 일"을 감지했다고 웬디에게 말한다.) 그러나 그것은 또한 1층에서 알게 된 중요한 교훈을 "간과한다"(Paul, pp.347~348). 그 숏에서 초점과 스펙트럼의 모호함(주관적인가 객관적인가? 애니메이션인가 직접 촬영된 것인가?)은 이중의 상징적 함의를 갖는다. 한편으로 잭은 자신의 마음속 미로에 점점 더 갇히게 된다. 다른 한편으로 동시에 그의 아들은 미로의 위협적 환경으로부터 벗어나 승리를 얻는다.

대니는 웬디뿐만 아니라 할로란과 동맹한다. 영화 시나리오를 쓰면서, 큐브릭은 이 캐릭터들을 어떻게 다룰지 확실히 몰랐다. 시나리오 노트 속에서, 큐브릭은 킹이 웬디를 "강하고 아무 불만도 없는" 캐릭터로 만들었다고 생각했다. 큐브릭은 스스로 물어본다. "그녀가 왜 잭과 함께하고 있는 거지? 결정해야 한다. 약함 때문인가, 물질적 이유 때문인가, 사랑 때문인가?"[138] 결국 그는 풍자적 접근 방식을 취한다. 큐브릭은 다이앤 존슨이 웬디에 대해 쓴 많은 대사를 덜어 낸다. 또한 큐브릭은 그녀의 비교적 '무난한' 성격을 순진하고 우스울 정도로 나약하며 두려움에 떨면서 문제 많은 결혼에 집착하는 인물로 그려 낸다. 큐브릭은 웬디 역을 위해 셸리 듀발을 선택했다. 그녀는 로버트 알트만의 최고 영화들 중 몇 편에서 색다른 코미디, 성적 매력, 연민 등을 보여 준 괴짜 연기자였다. (그녀는 〈내슈빌*Nashville*〉[1975]에서 긴 다리를 지닌 LA 오토바이족, 〈세 여인*Three Women*〉[1977]에서 얼빠지고 이상하게 매력적인 젊은 싱글, 〈뽀빠이*Popeye*〉[1980]에서 완벽한 올리브 오일 역을 맡았다) 촬영장에서, 적어도 비비안 큐브릭의 〈샤이닝〉 메이킹 필름에서 확인된 것에 따르면, 큐브릭은 듀발을 마치 잭이 웬디를 다루는 것처럼 경멸적으로 다루었고, 이는 그녀의 겁에 질린 듯한 연기에 기여했다. 그녀와 관련된 몇 장면들은 편집되어 잘려 나갔지만, 남은 부분만으로도 충분히 잭의 의견을 따르면서도 그를 미치게 몰고 가는 아내의 역할을 분명히 보여 준다. 그녀의 축 늘어진 머리칼, 완두콩 같은 몸매, 저소득층 말투는 잭의 자존심에 상처를 주고, 그녀의 겁먹은 표정은 잭의 가학증을 자극한다. 그녀가 거실에서 야구 방망이로 그에 맞서려 할 때, 잭의 겸손한 체하는 세련된 태도와 어둡고 우스꽝스런 위협(그는 TV 시트콤의 짜증 난 남편 같다)은 웬디에 대한 관객들의 막연한 짜증을 유도한다. 영화는 거의 공공연하게 여성혐오증을 보여 주는 듯하다. 그럼에도 불구하고, 큐브릭은 두 캐릭터들에 대한 우리의 가정을 못마땅해 한다. 웬디는 괴로움에 지쳐서 공포 영화처럼 비명을 지르지만, 잭을 쉽게 제압한다. 그녀는 그를 쓰러뜨린 채 창고로 끌고 가서, 겨울 동안 그를 가둬 두려 한다. 그가 도망가서 그녀의 문을 내려칠 때, 그녀는 고기 자르는 칼로 그의 손등을 베고, 그는 낑낑거리며 도망간다.

할로란은 운이 좋지 않다. 그는 이 영화에서 유일하게 잭에게 희생되고, 끔찍한 폭력을 직접적으로 보여 주는 유일한 영화 속 장면에 관련된다. 소설에서 할로란은 악을 물리치는 데 도움을 주고, 대니의 대부가 된다. 큐브릭과 존슨은 처음에 할로란의 역할을 상냥하고 친절한 요리사에서 호텔 유령들의 비밀스런 동맹자이자 토랜스 가족 살해의 조력자로 뒤집으려 했다. 그러나 그 배역은 킹의 오리지널 소설대로 살아남는다. 큐브릭과 존슨은 잭의 흉포함을 입증하고, 최후의 구원을 기다리는 관객의 기대를 무산시키기 위해 할로란을 죽인다. 폴린 케일은 이러한 전략을 못마땅해 했다. "웬디와 대니가 잭의 공격으로부터 다치지 않고 살아남기를 관객들이 원하기 때문에, 흑인인 할로란이 대신 죽어야 되는 것인지 매우 의심스럽다."[139] 이 이슈를 계속 거론한 유일한 비평가는 데니스 빙엄Dennis Bingham이다. 〈샤이닝〉의 비판적 수용에 관한 논문의 긴 주석에서, 그는 영화 초반부에 인종 학살의 주제가 제기되었다는 점을 지적한다. 우리는 영화 속 대사를 통해 오버룩 호텔이 인디언 무덤 위에 지어졌다는 사실을 알게 된다. 이런 세부 사항들은 스토리에 대한 큐브릭의 프로이트적 접근을 강화(프로이트는 개인 무의식의 역사를 고고학에서 역사 유적지의 매장된 단층과 비교했다)할 뿐만 아니라, 영화의 원시주의primitivism 분위기를 강화한다. 프로이트에 따르면, 원시인, 아이, 정신병자는 애니미즘과 유사한 사고방식을 지닌다. 호텔 주방에서 할로란과 대니의 대화는 흑인과 아이의 애니미즘이 연결되어 있음을 함축한다. 할로란의 플로리다 침실 벽에 걸린 곱슬머리 흑인 여성의 이상한 누드 사진들은 사태를 더 악화시킨다. 빙엄이 언급한 것처럼, 그 사진들은 〈시계태엽 오렌지〉에서 알렉스 가족이 수집한 키치 예술과 비슷하다.

할로란과 관련된 영화의 트리트먼트는 킹의 소설에 근거한다. 킹은 스파이크 리Spike Lee가 "마술적 흑인"이라고 묘사한 것에 대해 여러 번 썼다. (예를 들어, 〈그린 마일The Green Mile〉을 보라.) 다이앤 존슨은 《그림자는 알고 있다》의 초자연적 흑인 캐릭터에 대해 반대했다. 그 소설은 중간 계층 백인 여성의 시점에서 이야기가 전개된다. 아마도 큐브릭은 '마술적'인 것의 문제점을 알고 있었을 것이다. 할로란을 살인자로 만들려는 그의 계획은 위험하긴 해도 전복적인 방식이었을 수 있다. 그러나 큐브릭이 어떤 방식을 택했다 하더라도, 그는 덫에서 빠져나올 수 없었을 것 같다. 흑인 노동자 계급의 등장인물이 유령을 도울 때, 또한 그 흑인이 프로이트주의에 의해 굴절된 백인에 관한 초자연적 이야기의 맥락에서 자신의 초능력을 입증할 때도 마찬가지로, 그 흑인은 어쩔 수 없이 인종주의 상상력의 결과물처럼 보이게 된다. 빙엄에 따르면, 큐브릭은 의도적 인종주의자는 아니었다. 그는 아이로니컬하게 흑인들의 유전적 스테레오타입을 다루고자 했을지도 모른다. 또는 큐브릭은 흑인의 스테레오타입과 "1950년대와

1960년대 백인 자유주의의 고상한 이미지에 대한 풍자를 혼합하려 했을 수도 있다. 이런 이유로 큐브릭이 〈닥터 스트레인지러브〉에서 콩 소령의 폭격수로 흑인 제임스 얼 존스를 캐스팅하기도 했다.” 만약 그렇다면, 농담은 안 통한다. 빙엄은 이렇게 결론을 내린다. “큐브릭의 여성에 대해 혼란스런 태도는 흑인에 대해 혼란스런 태도와 뒤섞인다. 그는 둘 모두에 대해 그렇게 많이 생각하지 않았던 것 같다. (아마도 이 두 문제는 큐브릭이 깊이 생각하지 않았던 유일한 현대적 이슈들인 듯하다.)”[140]

역설적으로, 관객들이 대니, 웬디, 할로란을 응원할지라도, 잭은 영화를 지배한다. 이것은 부분적으로 공포 영화에서는 괴물이 언제나 가장 흥미로운 캐릭터이기 때문이며, 또 부분적으로 잭이라는 배역이 뛰어난 스타에 의해 연기되었기 때문이다. 하지만 영화 뒷부분에서 니콜슨의 연기 스타일은 아주 과장되어 보인다. 그는 문구멍에 머리를 넣은 채 즉흥 대사를 외친다. “조니 이이이있니!” 〈샤이닝〉의 혼합 양식을 따라가면서, 니콜슨은 마치 로만 폴란스키로 시작해서 로저 코만으로 끝내는 것처럼 보인다. 리처드 제임슨Richard Jameson은 니콜슨이 등장인물과 스타, 좋은 연기와 나쁜 연기 사이를 오락가락한다는 점을 강조했다.[141] 그 결과는 어릿광대 살인자, 특히 크리스마스 파티의 사악한 사회자, 어딘가 연민을 자극하는 건달−미치광이−괴롭힘쟁이, 자신의 트레이드마크인 고약한 미소를 지으며 곁눈질하는 부적절한 배우로서의 니콜슨이다. 그는 〈뻐꾸기 둥지 위로 날아간 새One Flew over the Cuckoo's Nest〉(1975)에서 정신병원의 반항적 수감자처럼 행동하고, 〈잃어버린 전주곡Five Easy Pieces〉(1970)에서 기름 시추 기술자의 패러디처럼 더러운 욕설을 던진다. 다른 말로, 잭은 니콜슨의 나쁜 버전이다. 그 배역은 잭 니콜슨에 의해 영리하게 연기된다.

영화 개봉 후 인터뷰(비비안 큐브릭의 다큐멘터리에 나오는)에서 니콜슨이 큐브릭과의 대화를 회상한 바에 따르면, 큐브릭은 배우들이 '리얼'한 연기를 위해 엄청난 노력을 하지만 이때 '리얼'한 것은 재미가 없다고 말했다. 사실 이런 생각은 큐브릭이 아니라 스타니슬라프스키, 궁극적으로 리얼리스트의 생각이다.[142] 그럼에도 불구하고, 그 말은 큐브릭이 성취하려고 노력한 특별한 효과를 위해 적절한 표어가 된다. 여러 영화들에서, 큐브릭의 연기자들은 리얼리즘과 희화화 사이에서 왔다 갔다 한다. 종종 스타 배우들(〈롤리타〉의 제임슨 메이슨, 〈배리 린든〉의 라이언 오닐, 〈아이즈 와이드 셧〉의 톰 크루즈)은 기이한 조연 연기자들 옆에서 일하는 또 하나의 조연 배우에 불과한 것처럼 보인다. 하지만 종종 스타 배우들 자신도 코믹하고 스타일리시한 연기를 보여 준다. 니콜슨은 분명히 두 번째 범주에 속한다. 술집 바에서 로이드에게 말하는 장면에서, 니콜슨은 순간적으로 극적인 스포트라이트를 받는 홈리스 정신병자처럼 보인다. "잠깐 힘을 좀 썼을 뿐이라구!"라는 말을 하면서, 큐브릭은 약해지고 조용해지는 체한다. 그는 당황해서 아주 비꼬는 듯이, 징징거리면서, 조롱하는 제스처로 그 말을 끄집어낸다. 나중에 남자 화장실에서 초현실적 영국 관리인(필립 스톤, 그는 큐브릭의 이전 두 영화들에서 크게 중요하지 않은 배역을 맡았다)과 대화를 나누는 장면에서, 큐브릭은 보드빌 코미디언처럼 보인다. "어이, 당신 이름이 무언가요?" 그는 즐거운 듯이 물어본다. 관리인이 자신은 델버트 그래디라고 답변할 때, 니콜슨은 멈칫하다가 눈썹을 치켜뜨고, 목소리를 다듬으면서 미소를 띤다. 그의 표정은 마치 관객들과 즐거움을 나누고자 하는 듯하다. "그래디 씨, 우리 이전에 만난 적이 있던가요?" 그래디는 아니라고 말한다. 그러나 그다음 이상한 말을 한다. 그는 언제나 오버룩에 있었고, 잭은 언제나 이곳의 '관리인'이었다는 것이다. 다시 말을 바꾸면서, 그래디는 자신이 관리인의 책무를 다하기 위해 자기 가족들을 "바로잡아야만" 했다고 말한다. 그다음 그는 굴종적 태도의 가면을 벗어던지고 엄격한 규율주의자의 모습을 보인다. 그는 조용하지만 강력하게 잭이 자신의 가족을 '바로잡고,' '외부인, 흑인 요리사'를 처치하도록 촉구한다. 니콜슨은 잠시 머뭇거리면서 눈썹을 치켜뜬다. "흑인이라구?" 그 반응은 이미 로이드와의 이전의 대화에서 드러났던 잭의 억압된 인종주의가 새로운 배출구를 찾았음을 암시한다.

여러 곳에서, 잭 니콜슨은 가까스로 폭력을 자제하는 — 예를 들어, 오버룩 호텔 벽에 테니스공을 던질 — 듯하다. 잭이 미치광이 단계로 들어갈 때, 그의 입과 눈꺼풀이 심하게 떨린다. 잭의 극단적 연기는 모두의 취향은 아니다. 그가 연기한 어두운 아버지의 초상은, 아마도 〈샤이닝〉이 처음엔 수익성이 괜찮았지만 결국 흥행에 실패한 이유일 것이다. 다른 한편, 잭 니콜슨의 연기는 피범벅과 코미디 축제를 뒤섞는 대중 공포 영화의 관습과 너무나 일치한다. 그의 종잡을 수 없는 농담들과 스타 이미지의 반복은 너무나 훌륭해서 영화의 분위기를 뒤집을 정도다. (더 보수적 영화들에서 끔찍한 괴물들이 종종 그런 일을 한다.)

그러나 결국 그의 연기는 큐브릭의 부조리한 스타일에 아주 적합하다. 영화가 개봉되었을 때, 큐브릭은 자신이 역사상 가장 공포스런 영화를 만들기 원했다고 말했다. 만약 그렇다면, 그는 성공하지 못했다. 그가 만든 영화는 단지 공포스러울 뿐만 아니라, 지적이고, 형식적으로 엄격하며, 미국 부성에 대한 정말로 충격적인 영화다. 그 영화는 킹의 소설과 당대 공포 영화 사이클에도 어느 정도 맞섰다. 이 영화의 풍자는 더욱 문제적이다. 잭 토랜스의 여성 혐오증, 인종주의, 나쁜 소년 같은 미소는 호텔의 사진 갤러리에 간직된 채, 마지막 순간까지 관객들 앞에 출몰한다.

5부

후기 큐브릭

STANLEY KUBRICK

14

전사들

앨런 드완Alan Dwan의 〈유황도의 모래*The Sands of Iwo Jima*〉(1949)는 전쟁의 상처를 입은 해병대 상사 존 웨인과 함께 시작한다. 그는 분대를 위해 자신을 희생하고, 존 아거의 존경을 받는다. 존 아거는 존 웨인에게 훈련을 받은 신병이지만, 이전에 웨인을 비정한 괴롭힘쟁이라고 간주했다. 영화는 전사한 웨인에 대한 헌사와, 수리바치 산 위에서 미국 국기를 올리는 〈라이프〉지의 유명한 해병대 이미지를 재조합하면서 끝난다. 우리 세대의 많은 미국 소년들처럼, 나는 여덟 살쯤에 이 영화를 개봉관에서 보았다. 하지만 신파조의 스토리가 그리 흥미롭진 않았다. 다만, 나는 전투 장면들(몇몇 장면들은 뉴스릴로 만들어졌다)과, 특히 군사 장비들 — 헬멧, 탄약 벨트, 물통, 카빈 소총, 기관단총 등 — 에 푹 빠졌다. 영화를 본 뒤, 나는 다른 아이들과 전쟁놀이를 하면서 내가 해병대가 된 것처럼 상상했다. 그 당시 내 기억으로, 만약 내가 카메라나 적당한 군사 장비를 가지고 있었더라면, 옷가지들이나, 전봇대, 그리고 내 상상력을 방해하는 것들을 걸러내고 촬영했을 거라고 생각했다. 스탠리 큐브릭도 아마 비슷한 경험을 했던 것 같다. 어쨌든 그의 마지막 전쟁 영화는 베트남 참전 군인들의 세대를 다룬다. 그들은 1940년대와 1950년대 할리우드 전쟁 영화를 보고 자랐고, 이를 통해 군인 정신에 매료되었던 사람들이었다.

논리적으로 볼 때, 베트남전은 큐브릭이 영화화할 만한 주제였지만, 다른 대부분의 할리우드 감독들처럼(존 웨인은 제외하고), 그는 전쟁이 끝난 후에야 영화에 착수했다. 1983년 실베스터 스탤론의 반동적 람보 시리즈의 성공 바로 직전에, 그리고 마이클 치미노Michael Cimino의 〈디어 헌터Dear Hunter〉(1978), 프랜시스 코폴라의 〈지옥의 묵시록Apocalypse Now〉(1979), 올리버 스톤Oliver Stone의 〈플래툰Platoon〉(1986) 등 암울한 영화들의 사이클이 끝나가던 상황에서, 큐브릭은 구스타프 해스포드Gustav Hasford의 초현실적 소설 《짧은 생명들The Short-Timers》(1979)을 각색하기 시작했다. 해병대 신문의 특파원이자 신년 대공세와 케난 전투 등에 참여하기도 했던 해스포드가 자신의 경험을 바탕으로 쓴 소설이다. 큐브릭은 《디스패치Dispatches》(1977)의 작가이자 엄청난 전쟁 보고서를 수집하고 있던 마이클 헤어에게 각본과 제작에 도움을 줄 것을 요청했다. 〈지옥의 묵시록〉의 보이스오버 내레이션을 쓴 헤어에 따르면, 큐브릭은 영화의 트리트먼트를 발전시키면서, 총포 잡지에서 본 용어인 '풀 메탈 재킷'을 영화 제목으로 결정했다. 헤어는 각본의 첫 번째 초안을 작업했고, 다른 두 사람이 이어지는 수정본들에서도 협력했다. 구스타프 해스포드는 그 과정에서 자문 역할을 했고 런던에 와서 각본 작업에 합류했다.[143] 그러나 비록 그의 소설의 기본 플롯과 많은 어휘들이 사용되긴 했지만, 영화를 위해 그가 새로이 추가한 것은 별로 없었다.

〈풀 메탈 재킷〉은 주로 케임브리지셔의 베싱본 막사에서 촬영되었다.

그곳은 페리스 아일랜드의 미국 해병대 훈련소처럼 꾸며졌다. 또한 이스트 런던의 사용하지 않는 벡턴 가스 공장도 주요 촬영지로 이용되었다. 미술 감독 앤턴 푸스트Anton Furst는 그곳을 베트남의 폭격 맞은 도시 후에Hue City처럼 보이도록 디자인했다. (이전의 베트남전 영화와 달리, 이 영화는 도시전에 초점을 맞추었다. 그림을 만들기 위해 야자나무들이 스페인으로부터 공수되었고, 제2제작진은 열대 정글 장면을 항공 촬영했다.) 베트남 도시 후에를 찍은 존 올슨 John Olson의 〈라이프〉지 사진들은 푸스트의 디자인에 영향을 주었지만, 토머스 도허티Thomas Doherty에 따르면, 〈풀 메탈 재킷〉은 "지리적 공간이 아니라, 환각 속의 꿈 장면" 같은 것에 가깝다.[144] 주요 로케이션 촬영은 1985년에 시작되었고, 1년이 좀 넘게 걸렸다. 그것은 한편으로 큐브릭이 완벽한 장면을 얻고자 계속 재촬영했기 때문이었고, 다른 한편으로 두 주요 배우인 빈센트 도노프리오와 리 어메이가 부상을 입어 치료할 시간이 필요했기 때문이었다.

완성된 영화는 특이하게 두 파트로 나뉜 구조를 갖는다. 주요 캐릭터인 이등병 조커(매튜 모딘)의 내레이션이 두 파트를 연결한다. 이 책의 앞부분에서 이미 언급한 바 있는 첫 번째 파트는 소설의 비교적 짧은 부분을 확장했다. 그 파트는 주로 해병대 막사의 일상생활을 세부적으로 다루는데, 프레데릭 와이즈만Frederick Wiseman의 〈훈련Basic Training〉(1971) 같은 다큐멘터리 형식을 취한다. 또한 지독한 훈련 교관인 포병 중사 하트먼(어메이)과, 하트먼이 '고머 파일'이라고 부르는 서투른 촌뜨기 신입 이등병 레오나르드 로렌스(도노프리오) 사이의 갈등을 주요 이야기로 엮는다. 클라이맥스는 막사 화장실에서 벌어진다. 속옷 차림으로 소총을 장전한 파일은 머리를 숙여 훈련 교관을 뚫어지게 응시한다. 희미한 미소를 띠며 기쁨에 겨운 듯한 한숨을 내쉬면서 그는 하트먼을 살해한 뒤 자살한다.

평론가 브래드 스티븐스Brad Stevens에 따르면, 이 살인 장면은 〈시계 태엽 오렌지〉에서 폭력적 오이디푸스 시나리오와 비슷한데, 결국 영화를 차갑게 멈춰 서게 만든다.[145] 두 번째 파트는 갑작스레 베트남의 다낭에서 시작한다. 카메라는 미니스커트를 입은 창녀를 따라간다. 그녀는 낸시 시나트라의 〈이 부츠는 걸을 때 쓰는 거야These Boots Were Made for Walking〉 노래 소리와 함께 거리를 가로질러서, 길거리 카페에 앉아 있는 조커와 군 사진사 래프터먼(케빈 메이저 하워드)에게 접근한다. 조커는 해병대 신문 선전 기사를 쓰는 일을 할당받았다. 그는 냉소적이지만 편안한 태도로, 미군들에 의존하며 살아가는 베트남 창녀와 도둑들을 대한다. 조커는 실전에 참가하기를 학수고대하면서, 의도적으로 그의 나긋나긋한 편집자(존 테리)를 공격한다. 그 편집자는 조커를 가장 위험한 신년 대공세 지역으로 보내 버리면서 복수한다. 이 부분에서 영화는 오락가락한다. 조커가 그의 친구 카우보이(알리스 하워드)와 다시 만나서 '발정한 수퇘지' 분대에 합류한 뒤, 결국 후에의 폐허에서 베트콩 저격수와 만나는 장면에 가서야 영화는 가까스로 제자리에 도달한 듯하다.

빌 크론Bill Krohn에 따르면, 이야기를 끌고 가던 유일한 인물들이었던 하트먼과 파일의 예상치 못한 죽음은 "위태롭고 무의미하게 이야기의 주변 지대를 배회"하도록 했다.[146] 큐브릭은 자신이 "내러티브 구조를 파괴"하기 원했다고 인터뷰에서 말했다(Krohn, p.2). 그 덕분에, 이 영화는 파편적이고 목적 없는 흐름뿐만 아니라 혼합된 스타일과 형식을 보여 준다. 두 번째 파트의 오프닝 신들은 어둡고 부조리하긴 하지만 본질적으로 사실적이다. 그 신들은 조커가 창녀와 노닥거리는 장면에서 시작해서 발정한 수퇘지 분대와 만나는 지점까지 이어진다. 하지만 분대가 베트남 도시 후에에 접근할 때, 영화는 노골적으로 자기반영적이며, '브레히트적' 제스처를 취한다. TV 촬영팀은 길게 늘어선 부대원들을 따라서 핸드헬드 카메라로 '트래킹'하고, (큐브릭의 촬영팀들이 스테디캠으로 촬영했다.) 부대원들은 〈베트남: 영화〉라는 TV 프로그램 촬영 도중에, '북베트남인'들이 인디언으로 출연하는 할리우드 서부극을 찍듯이 농담을 던진다. 다음에 우리는 〈공포와 욕망〉의 정신병 알레고리를 연상시키는 장면과 마주한다. 땅바닥에 드러누운 두 미국 병사들이 올려다보는 주관적 시점으로, 카메라는 패닝하면서 분대원들 한 명 한 명을 비춘다. 그들은 마치 죽은 군인들에게 이야기하는 것처럼 관객들을 보면서 이야기한다. ("이제 집에 가게 되었네." "충성." "멋진 해병." "잘 가시오, 형제." "나보다 당신이 낫소." 등.) 그다음 우리는 TV 스태프들의 움직임을 본다. 분대원들은 한 명씩 한 명씩 뉴스 카메라 대신 큐브릭의 카메라를 보면서 인터뷰에 답한다. ("후에는 내가 생각하던 그런 전쟁터였어요. 적이 있고, 난 그들을 죽여야 해요." "말할 필요도 없어요. 우린 최고 부대입니다…… 위급한 상황에서 누굴 부르죠?" "미국이 베트남에서 싸워야 하냐구요? 나는 내가 싸워야 한다는 건 알아요." "개인적으로 나는 베트남인들이 전쟁을 하려고 하지 않는다고 생각해요…… 그들은 자유보다 살아남기를 원해요. 바보 멍충이들이죠." 결국 그 분대가 후에 도시 안으로 들어갔을 때, 우리는 더 사실적인 모드로 돌아간다. 그다음 저격수가 등장했을 때 전투 장면은 더욱 생생한 영상으로 표현된다.)

고전적 내러티브 양식에 반대한 결과, 조커는 영화의 중심 역할을 하는 주인공이라기보다 주변의 관찰자로 보인다. 그는 단지 때때로 사건들에 참여하기 위해 한발 앞으로 나아갈 뿐이다. 캐릭터의 역할이 다소 떨어져 보이는 것은 라이언 오닐이나 잭 니콜슨 같은 스타성 카리스마가 부족한 매튜 모딘을 캐스팅한 것 때문일 수도 있다. 큐브릭에 따르면, 모딘은 개리 쿠퍼와 헨리 폰다를 섞어 놓은 듯한 이미지를 연상시킨다. 그러나 비록 그 지적이고 젊은 배우가 영화에 안정된 이미지를 갖고 오긴 했지만, 그 자신만의 캐릭터를 내세우기엔 어려움이 있었다. 영화 속에서 조커는 시점 숏이 거의 없다. 그의 내레이션은 원래의 촬영 대본에서 심하게 잘려나갔고, 긴 오프닝 시퀀스 이후에야 겨우 시작된다. 그에 대한 심리적 '뒷이야기'나 개인적 정보가 거의 제시되지 않는다. 또한 해스포드의 소설에 나오는 대부분의 다른 인물들도 단지 그들의 닉네임 정도만이 제시될 뿐이다.

첫 번째 파트에서 하트먼과 파일 사이 갈등의 보조 역할에 머문다. 두 번째 파트에서 그는 무기력해 보인다. 그는 해병대가 "로봇이 아니라 킬러"를 원한다고 말하지만 그 자신은 그룹으로 몰려다니는 경향이 있다. 무언가를 회고할 때만 그의 개성이 살아난다. 조커라는 그의 이름이 말하듯이, 그는 카드 게임에서처럼 정체성을 자유롭게 바꾸는 존재다 "너, 존 웨인이지?" 그는 스스로에게 반복해서 물어본다. "이게 너야?" 그는 해병대 커뮤니티에 참여하기도 하지만 한발 물러서서 냉소적으로 그것을 바라본다. 신병들이 파일에게 몰래 다가가서 타월에 싼 비누 뭉치로 공격을 가할 때, 조커도 마지막 일격을 가한다. 그러나 곧이어 그는 그 일을 부끄러워하며 자신의 귀를 막는다. 베트남에서, 그는 가슴에 평화의 심벌 배지를 달고 다니지만, 머리엔 '죽이기 위해 태어났다'라고 쓰인 헬멧을 쓰고 다닌다. (이 부분은 헤어의 《디스패치》에서 따온 내용이다.) 미국 TV 방송과의 냉소적 인터뷰에서 그는 "나는 남아시아의 진주인 신비의 땅 베트남에 오길 원했죠. 난 찬란한 고대 문명을 지닌 흥미로운 사람들을 만나서 그들을 죽이고 싶었어요. 난 우리 동네에서 살인을 저지른 첫 번째 놈이 되고 싶었다구요."

결국 두 번째 파트에서 조커의 모험은 〈지옥의 묵시록〉의 자료로 쓰인 조지프 콘래드의 《어둠의 심장Heart of Darkness》과 흡사하다. 콘래드의 소설에서 낭만적이지만 무능한 말로처럼, 조커는 그의 여행이 지리적, 심리적, 정치적 차원에서 신비한 나라로의 내면적 여행이라고 말한다. 하지만 그는 이 여행 속에서 제국주의자들의 야만성을 목격한다. 그는 창녀와 포주들을 만난다. 그는 미국의 무용담과 베트남 국민으로부터의 신뢰에 대한 조작된 스토리를 신문에 쓰도록 강요받는다. 그는 헬리콥터에서 베트남 농민들에게 즐겁게 총을 난사하는 사이코패스 군인을 만난다. 이 사이코패스는 어떻게 여자와 아이들까지 죽일 수 있느냐는 질문에 대해, 이 영화에서 가장 더러운 농담을 내뱉는다. "아주 쉬워, 그것들은 아주 느리거든!" 조커는 베트남 마을에서 대량으로 학살된 채 석회로 덮여 있는 주민들을 본다. 한 중사가 히죽거리면서 적들이 주민들을 학살했다고 말한다. 잘난 체하는 대령 한 명이 조커에게 일장훈시를 늘어놓는다. "모든 베트남인들은 미국인들을 내쫓으려 한다." 그 대령은 조커에게 가슴엔 평화의 배지, 머리엔 살인의 모토를 달고 있는 이유를 설명하라고 요구한다. "인간의 이중성을 말합니다. 심리학적인 겁니다. 대령님." 결국 조커는 융의 '그림자'와 콘래드의 '공포'를 아주 가까이서 경험한다. 그는 적을 일대일로 만나게 되고 그 적을 사살한다. 하지만 그것은 그가 농담으로 치받을 수 있는 성질의 것이 아니다.

영화를 특이하게 만들기 위해 큐브릭은 촬영과 편집을 하는 동안 각본에 큰 변화를 주는 일상적 절차를 따랐다. 리 어메이의 즉흥적 외설이 보태졌고, 소설에서 가져온 조커의 내레이션은 많은 부분 잘려나갔다. 영화와 비교해 볼 때, 촬영 대본은 소설과 영화 사이에서 다소 산만한 스타일로 쓰여졌고, 어떤 의미에서 더 생생하고 충격적이다. 포병 중사 거하임(영화에서 하트먼)이 신병들을 치고 목을 조르고 때린 뒤에, 우리는 조커의 목소리를 듣는다. "우리가 배운 것은, 패고 때리는 일이 패리스 아일랜드에서는 일상생활의 일부라는 사실이다. 그리고 난 존 웨인의 〈유황도의 모래〉에 나오는 헛소리들을 사랑하기 때문에 그들을 심하게 다루지는 않는다."[147] 패리스 아일랜드 섹션에서, 신병 하나가 손목을 총검으로 찔러 자살을 시도했고, 거하임은 지저분해진 것들을 그에게 청소하라고 명령한다. 파일은 정말 가학적인 모욕을 당한다. 거하임은 막사의 모든 군인들이 화장실에서 오줌을 눈 뒤 파일의 얼굴에 뿌리도록 강요한다. 다음 장면에서, 거하임은 트로이 콘돔을 물병 구멍에 대고 파일이 식사 시간에 우유를 빨듯이 먹으라고 명령한다. 다음 식당 장면에서, 다른 교관은 파일이 식당에서 간호를 할 때 '거칠고 비열한 말'을 퍼붓는다. 하지만 가장 무자비한 순간은 각본의 마지막에 온다. 조커는 그의 발밑에 쓰러진 베트남 여자 저격수에게 마지막 한 방을 쏜다.

서튼이 말한다. "조커, 잘했다. 힘들었지."

애니멀 마더가 침을 뱉는다. 한 걸음 나가서, 무릎을 꿇고, 칼집을 연다. 그는 강하게 내려치면서 그녀의 머리를 자른다.

그는 그녀의 길고 검은 머리를 높이 치켜든다. 웃으면서 말한다. "평화롭게 잠들어라, 이 잡년아."

애니멀 마더는 다시 웃어젖힌다. 그는 서성이다가 핏덩어리들을 그들의 얼굴에 칠한다. "어려워? 뭐가? 이게 어렵다구, 제기랄?"

애니멀 마더는 잠깐 멈춘 뒤, 침을 뱉고, 머리를 도랑으로 던져 버린다.

그는 M-60 기관단총을 집어서 어깨에 둘러메고 조커 앞쪽으로 뽐내며 걸어간다.

"우린 짐승이나 마찬가지야, 제기랄"(pp.111~112).

Stanley Kubrick

매튜 모딘의 제작 노트에 따르면, 큐브릭은 이 특별한 장면을 찍기 위해 많은 시간 동안 계속해서 재촬영했다. 그는 애니멀 마더를 연기한 애덤 볼드윈에게 그 고무 머리를 스크린 바깥의 스태프 쪽으로 던지라고 요구했다. 스태프들은 그것을 받아두었다가 다음 테이크 촬영에 사용했다. 모딘에 따르면, "볼드윈과 주위의 배우들은 아주 힘들어했다. 계속되는 반복 촬영은 우리를 돌아 버리게 만들었다⋯⋯ 우리가 아니라 애덤 볼드윈이 그 장면에 걸린 게 그나마 다행이었다."[148] 그러나 그 장면이 완성되었을 때, 큐브릭은 볼드윈에게 아무런 통보도 없이 영화에서 그 장면을 덜어 냈다. 큐브릭은 또한 모딘과 함께 생각했던 누드 장면 하나를 잘라 냈다. 그 장면은 베트남 창녀(파필론 수 수)와 조커가 프랑스 식민지풍의 침실에서 섹스한 뒤 대화를 나누는 장면이었다. "오, 나 섹스 더 하고 싶어," 그 창녀가 말한다. "롱 타임 어때, 너 아주 섹시해!" 조커는 담배 두 대를 피우고, 〈가자, 항해자여*Now, Voyager*〉(1942)에 나오는 베티 데이비스의 유명한 대사로 말을 바꾼다. "내 사랑, 우리는 달을 봤어요. 별까지 요구하진 말아요."

촬영 대본에서, 조커는 아주 활동적이고 동정적인 인물이다. (이는 해스포드의 소설에서도 마찬가지다.) 예를 들어, 헬리콥터가 후에로 날아가는 동안, 그는 이전의 살인 죄수였던 기장 아빈과 하사가 기관단총질을 해대는 것에 분노한다. 마지막에 그는 총탄 속을 달려가며 거의 영웅적으로 죽는다. 그의 보이스오버 내레이션은 각본에 이탤릭체로 강조되어 있는데, 남자이자 소년으로서 그의 이미지가 빠르게 교차 편집된다.

조커, 해병, 달린다.
조커, 여덟 살, 소총으로 무장하고, 운동장을 달린다.

"계속해, 계속해, 계속해!!!"

사람들은 네가 무얼 해야 할지 말한다. 계속해, 계속해, 계속해. 네가 움직이기를 멈춘다면, 네가 주저한다면, 너의 심장은 박동을 멈출 거다. 너의 다리는 자동인형처럼 너를 감아올리는 기계다.

조커, 해병, 달린다, 소총을 쏜다.

조커, 여덟 살 아이, 장난감 소총을 쏜다.

너는 세상을 쏘다닐 수 있는 것처럼 느낀다. 이제 아스팔트는 트램펄린처럼 탄력이 생기고, 너는 빠르고 우아한 녹색 살쾡이가 된다.

조커, 해병, 달린다.

조커, 여덟 살 소년, 달린다.

너는 자갈밭 위로 계속 달린다…… 너는 그걸 사랑하고…… 너는 인간이 아니라 동물이다. 너는 신처럼 느낀다…… 너는 소리친다. "죽어! 죽어! 죽어, 제기랄! 죽어! 죽어!"

조커, 해병은 자동연발총으로 벌집을 만든다.

조커, 여덟 살 소년은 고통스레 가슴을 움켜쥐고 땅바닥을 뒹굴기 시작한다. 그의 이미지는 느려지면서 화면이 정지된다. 그 자세는 한 민병대원이 치명적 총상을 입고 카메라에 의해 영원히 가을 속에 정지된 로버트 카파의 유명한 스페인 내전 사진과 비슷하다.

그러나 영화 속의 소년은 여덟 살에 불과하다(pp.115~116).

대본에서 이 시퀀스는 군인 묘지의 짧은 장면으로 이어진다. 거기서 조커 아버지는 아들의 묘지 앞에서 A. E. 하우스먼▪의 시를 읽는다. 마이클 헤어는 이런 식으로 끝내는 것이 큐브릭의 아이디어였다고 한다. 헤어가 그 결말에 반대했을 때, 강하게 반대하면서 조크를 던졌다. "그건 영웅의 죽음이죠. 아주 강력하고 감동적일 거예요······ 우린 《호머》에서 그걸 보았어요, 마이클"(Herr, p.40). 그러나 영화를 만들면서, 큐브릭은 조커의 죽음이 너무 감상적이라고 걱정했다. 큐브릭은 자신의 생각을 매튜 모딘에게 계속 물어보았다. 모딘이 그 방식이 좋다고 자신의 생각을 말했을 때, 큐브릭은 아무 반응이 없었다. 큐브릭은 다른 배우들에게 다른 식의 결말을 제안해 보라고 요청했다. 모딘은 다른 배우들의 제안을 조롱했고, 큐브릭은 그런 모딘을 쌀쌀맞게 대했다. 결국 모딘은 실망감에 빠져서 큐브릭에게 말한다. "무슨 일이 일어났는지 알고 싶나요? 조커는 살아남아야 해요. 그는 머리통을 날려 버린 파일에 대해 생각하며 여생을 보내야 한다구요." 모딘에 따르면, 큐브릭은 잠깐 생각한 뒤, 말했다. "그게 좋겠네."

큐브릭이 고안한 결말은 해스포드의 소설과 약간 비슷하다. 조커와 섬멸당한 그의 소대는 적과의 피 흘리는 전투 뒤에 "후방으로 퇴각한다."[149] 영화의 마지막 이미지는 조커와 해병들이 후에의 불타는 야경을 뒤로 하고 후방으로 퇴각하면서 끝난다. 큐브릭은 조커의 행렬을 화면 오른쪽에 배치했다가 그다음 왼쪽으로 바꾸면서 180도 규칙을 깨뜨린다. "우리는 오늘 역사의 한 페이지에 우리 이름을 충분히 새겨 넣었다." 조커는 보이스오버 내레이션이 이어진다. "우리는 펄품 강으로 퇴각해서 밤을 보낼 것이다." 그들은 터덜터덜 걸어간다. 군인들은 디즈니의 '미키 마우스 클럽'에서 따온 행진곡을 부르기 시작하고, 그들은 가끔씩 아이 목소리를 흉내 내기도 한다. (촬영 대본에서 이 노래는 더 일찍 나온다.) 조커는

■ 알프레드 에드워드 하우스먼Alfred Edward Housman(1859~1936)은 영국의 시인이자 고전학자다.

웃으면서 노래를 부르고, 다시 그의 내레이션이 흘러나온다. "나는 다시 고향으로 돌아가서 여자 유두를 만지며 사타구니에 몽정하는 꿈을 꾼다. 내가 살아 있다는 것이 행복하다…… 그래, 나는 엿 같은 세상 속에 있다. 하지만 난 살아 있고, 두렵지 않다."

어느 작가는 이 마지막 장면이 "조용한 낙관주의"의 느낌을 준다고 묘사했다.[150] 나에게 이 장면은 전투에서 살아남은 조커의 생존과 기쁨을 아이로니컬하게 표현하고 있는 듯하다. 또한 이 장면은 파국적 상황의 이 상하게 아름다운 이미지 너머로 대중적 선율이 흘러나오는 〈닥터 스트 레인지러브〉의 마지막 장면과 비슷하다. 조커의 웃음도 문제적이다. 특히 그것이 베트남 여자 저격수를 죽인 뒤에 바로 이어져 나오기 때문에 더욱 그러하다. 그는 총탄 세례를 뚫고 살아남았을지 모른다. 그러나 어떤 의미 에서 그는 '거칠고 용감한 체하는' 어린 아이처럼 남아 있다. 마지막 장면 에서 우리는 더 충격적인 모티프로 돌아간다. 미키 마우스 클럽 송은 미 국 대중문화의 가장 아이러니한 사례다. 그것은 참혹한 베트남전쟁을 그 로테스크한 디즈니랜드로 바꾸어 놓는다. 파울라 윌로켓-마리콘디Paula Willoqet-Maricondi가 지적한 것처럼, 노래 가사는 제국주의 충동을 표현한 다. "누가 저 먼 바다 너머로 행진하고 있는가?…… 가서 이 노래를 부르 라. 우리 형제들과 함께 하라."[151] (미키 마우스 송은 앞에서 두 번 더 나온다. 첫 번 째 파트 마지막에, 하트먼은 화장실 안으로 쳐들어가면서 소리 지른다. '누가 미키 마우스 송을 불렀나?' 두 번째 파트 시작부에서 해병대 신문 편집 회의를 하는 동안, 미키 마우스 인 형이 조커 뒤편 창문턱에 앉아 있다.) 또한 미키 마우스 송이 마지막 장면에 나올 때 '엿 같은 세상'이라는 대사와 함께 붉은 불길이 타오르고 있음에 주목 하라. 이것은 흥미롭게도 첫 번째 파트에서 파란 화장실과 대조적인 디자 인이다. 조커는 이 세계에서 양면적 인물인 듯하다. 그는 이 속에 있기 원하지만 동시에 거친 남성적 세계의 위협을 알아챈다. 그것은 하트먼 중사가 내뱉는 '여자 사타구니Mary Jane Rottencrotch'라는 말이 욕망과 더러움을 동시에 말하는 것과 마찬가지다.

전쟁 상황의 더러움은 아주 일상적이다. 예를 들어, 〈람보〉에서 실베스터 스탤론은 적을 피하기 위해 하수구 속에 몸을 담가야 했다. 그러나 이미 지적한 것처럼, 큐브릭은 여기서 한 걸음 더 나아간다. 영화의 언어는 배설물의 이미지를 설득력 있게 표현한다. 그것은 여성, 동성애자, 공산주의자와 연결되어, 우리가 패리스 아일랜드에서 보았던 모든 것들과 대조를 이룬다. 군 막사의 깨끗한 바닥, 머리를 밀고 깨끗이 면도한 젊은 신병들, 지나칠 정도로 잘 닦은 화장실, 반들거리게 기름칠된 소총들은 섹시한 기계가 되어 메리 제인을 대체한다. (파일은 천천히 미쳐가면서, 자신의 소총에게 사랑스런 억양으로 말한다. "잘 닦고 문질러졌어. 모든 게 깨끗하고 아름다워. 완벽하게 미끄러져 내리지. 좋아. 모든 것이 깨끗해졌고 기름칠도 잘 되었어. 너의 모습은 아름다워. 부드러워, 샤를린.") 또한 나는 앞에서 클라우스 테벨라이트의 《남성 판타지Male Fantasies》에 비슷한 이미지가 나온다고 언급했다. 테벨라이트는 이 책에서 1920년대 독일 자유군단의 파시스트 군인들의 환상에 사로잡힌 생활을 분석했다. 나는 큐브릭과 테벨라이트의 연관성을 말하고자 하는 것이 아니다. 사실 테벨라이트의 책은 독일에서 1977년, 영국에서 1987년에 출간되었다. 내 말의 핵심은 단지 통찰력을 가진 큐브릭과 헤어가 남자 군인들의 심리를 비판적으로 포착하고 있으며, 테벨라이트는 우리가 큐브릭의 작품을 이해하는 데 도움을 준다는 것이다.

《남성 판타지》 제1권에 대한 간략한 소개가 논점을 분명히 하는 데 도움을 줄 것이다. "여성, 홍수, 육체, 역사"라는 부제가 붙은 이 책은 자유군단의 군인들에 대한 대중 문학, 회고록, 일기문, 선전문 등에 대한 폭넓은 분석을 담고 있다. 군인들은 1차 세계 대전 당시에 자원입대한 사병들이었는데, 1920년대와 1930년대에 걸쳐 조직 노동자와 공산주의자들을 탄압하는 데 복무했다. 테벨라이트는 이들을 분석하면서 전사 계급의 완전한 심리적 특징들을 그려 낸다. 그는 일관되게 자유군단의 공상적 삶은 피와 똥의 이미지로 가득하다고 강조한다. 그것은 공산주의의 '붉은 홍수'와 강력히 연계된다. 자유군단 소설가 루돌프 헤어조크Rudolf Herzog를 생각해 보자. 그는 그 시기의 라인 지방 분리주의 운동을 "라인의 우아한 도시들을 전복시키고, 들끓어 올라 형제들의 피로 붉게 물드는" "똥들의 파도"(p.397)와 동일시한다. 헤어조크와 문제시되는 다른 작가들에게, 붉은 조수에 의해 운반되는 끈적거리는 점액질과 펄프의 늪은 언제나 여성적 특징을 갖고 있으며, 충실한 남성과 강력한 무기로 대표되는 '발기'에 의해 격퇴될 필요가 있다(p.402). 사실, 바바라 에렌라이히Barbara Ehremreich가 《남성 판타지》의 미국판 서문에서 말한 것처럼, 자유군단의 군인들은 조국, 공산주의, 유대인에 대해 느끼는 것에 의해서보다도 여성의 몸에 대해 느끼는 것에 의해서 더 많은 자극을 받는다. "자유군단의 여성에 대한 혐오와 공포는 프로이트의 다면적 오이디푸스 삼각관계에 의해 설명될 수 없다…… 결국 그것은 용해되고, 빨려 들어가고, 집어삼켜지고, 소멸되는 것에 대한 두려움이다. 여성의 몸은 구멍, 늪, 배설물을 집어삼킬 수 있는 곳이다"(p.xiii).

자유군단은 비교적 안전한 것에서 극단적으로 위험한 것에 이르기까지 광범위하게 여성이라는 존재와 만난다. 군인들이 전선으로 떠날 때 뒤에 남겨진 어머니와 애인들, 전쟁터에서 봉사하는 '백의의 간호사들,' 질병을 옮겨 주며 믿을 수 없는 창녀들, 그리고 가장 위험한 존재로서, 자동소총으로 무장하고 성난 군중 속이나 일대일 전투에서 군인들과 마주치

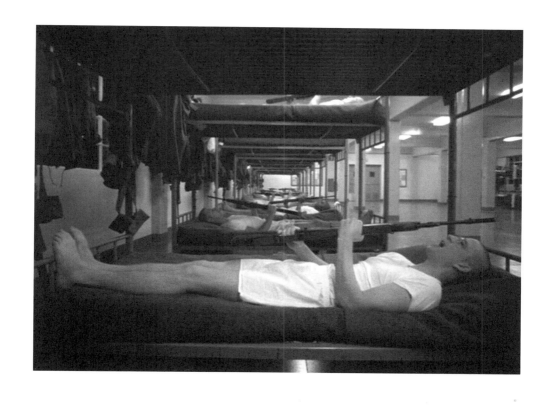

〈풀 메탈 재킷〉: 포병 중사 하트먼은 신병들에게 '쇠와 나무'로 된 무기와 '결혼'할 것을 주문한다.

는 '공산주의 여성 전사들.' 자유군단 문학의 핵심으로 반복되는 한 장면에서, 남성적인 독일 군인들은 한 붉은 여전사와 마주치고 그녀를 살해한다. 그녀는 노동 계급 공산주의자로서, 페니스를 대신해서 스커트 밑에 소총을 지니고 있다. 그녀의 죽음은 성적 함의를 갖는다. 에렌라이히는 그것을 "총탄과 칼이 관통하는 짧은 순간"이라고 묘사한다. 그 순간에 군인들은 그 여전사와 '사라짐의 공포'에 오싹할 정도로 다가가지만, 다음 순간 살아남는다. 그녀가 질펀한 피웅덩이에 휩싸인 반면, 그는 '발기' (그리고 우리는 깨끗하고 건조하게 마른 상태를 상상해야만 한다)된 채로 남는다. "그녀가 사라질 때, 세계는 '안전하게' 되고, 다시 남성성을 회복한다"(p.xiv).

〈풀 메탈 재킷〉을 본 모든 이들에게, 테벨라이트가 말한 물질적인 것의 관계는 명확하다. 영화의 사건들은 은유적이고 때때로 글자 그대로 피와 똥의 세계다. 그것은 '붉은 여전사'를 살해하는 데서 절정에 달한다. (영화와 달리, 촬영 대본은 자유군단에 의해 상상된 여성의 네 가지 유형을 우리에게 보여 준다. 고향 땅에 남겨진 '메리 제인'과 더불어서, 두 명의 창녀들, 무장 공산주의자, 전쟁터의 간호사들이 그들이다.) 살인 장면은 특히 중요하다. 왜냐하면 영화의 첫 번째 파트에서, 포병 중사 하트먼은 신병들에게 '쇠와 나무'로 된 무기와 '결혼'할 것을 주문한다. 그 무기들에는 여성적 이름이 붙여진다. 하트먼은 '강한 심장'만이 적을 죽일 수 있다고 설명한다. 그는 반복해서 유연함, 여성성, 배설물로부터 방어할 수 있는 정신적 강고함과 강철 같은 결단력을 심어 준다. 그는 '사랑하는 부대'를 최고의 소총수들이 사는 편안한 집으로 생각하라고 군인들에게 주입한다. 가장 당황스럽고 우스꽝스러운 장면들 중 하나는, 하트먼이 역사상 가장 악명 높은 저격수는 찰스 휘트먼과 리 하비 오즈월드■라고 자랑스럽게 말하는 장면이다. 그들은 '의욕이 넘치는 해병대와 총이 할 수 있는 것이 무엇인지 보여 주었다'는 것이다.

〈풀 메탈 재킷〉: 하트먼의 훈련은 역효과를 남긴다. 가장 부드럽고 힘없는 신병이 능숙한 총질로 그에게 복수한다.

그러나 하트먼의 훈련은 역효과를 낳는다. 가장 부드럽고 힘없는 신병이 화장실에서 능숙한 총질로 그에게 복수한다. 비슷한 역전이 다른 장면에서도 일어난다. 북베트남의 어린 여성 저격수 — 자유군단이 '여성 소총 저격수'라고 부르는 것의 베트남전 버전 — 가 조커와 카우보이를 겨냥할 때, 그들은 가장 커다란 도전에 직면한다.

이 지점까지, 큐브릭의 이전 전쟁 영화들처럼, 적은 거의 보이지 않는다. 우리는 단지 다낭 기지 주변을 돌파하는 희미한 인물들과 북베트남 군인들의 시체만을 볼 뿐이다. 큐브릭의 다른 전쟁 영화들처럼, 가깝게 마주치는 '타자'는 여성이다. 조커의 총은 갑자기 고장이 나고, 그녀는 표현주의의 슬로 모션으로 숨은 장소에서 몸을 돌려 조커를 발견한다. 조커가 평소 얕잡아 보던 가장 애국적 열정이 넘치는 젊은 해병인 래프트먼이 그녀를 쏘아 죽인다. 조커의 시점으로 우리는 그녀의 피투성이 얼굴을 내려다본다. 그녀는 거의 성적인 자세로 몸을 발버둥치고 있다. 그녀는 총으로 쏘아서 자신을 고통으로부터 해방시켜 달라고 간청한다. 래프트먼은 고소해하며 낄낄거리고, 애니멀 마더는 "썩게 내버려두자"고 말한다. 하지만 조커는 잠시 동안의 두려워하는 머뭇거림 뒤에 그녀에게 마지막 일격을 가한다. 다른 해병들은 조커의 이 행동을 남성성의 표현으로 해석한다. 그들 중 한 명이 말한다. "너 정말 독종이군, 독종이야." 다음 장면에서 우리는 조커가 그의 부대원들과 함께 공포에서 해방된 미소를 지으

■ 찰스 휘트먼Charles Whitman(1941~1966)은 미국의 공대생이자 예비역 해병대원이었다. 1966년 8월 1일 미국 텍사스 주에 있는 텍사스 오스틴 대학교에서 총기 사건을 일으켰는데, 15명을 죽이고 31명을 부상시키는 끔찍한 참상을 저질렀다. 그는 집에서 아내와 어머니를 죽이고 범행을 시작한 것으로 판명되었다. 리 하비 오즈월드Lee Harvey Oswald(1939~1963)는 미국의 존 F. 케네디 대통령의 암살범으로 지목되는 인물이다

〈풀 메탈 재킷〉: 조커의 시점으로 우리는 그녀의 피투성이 얼굴을 내려다본다.

며, 미키 마우스 송을 부르면서 행진하는 모습을 본다.[152]

　　물론 〈풀 메탈 재킷〉의 군인들은 《남성 판타지》의 파시스트들과 다르다. 그들은 대부분 시골 출신의 가난하고 교육받지 못한 사람들이다. 그들이 예수나 미국을 위해 참전한 것 같진 않다. 래프트먼은 '대의명분'을 위해 싸운다고 주장하고, 애니멀 마더는 섹스를 위해 '살육'에 참가했다고 말한다. 에잇볼은 혼란스런 전쟁에 휘말렸고, 조커는 자신의 실존적 용기를 시험하기를 즐긴다. 그들 사이에서 반복되는 서로 간의 도전들은 생존을 위한 야만적 전투 중간에 벌어지는, 학교 운동장에서의 놀림거리나 거친 남성미의 자랑쯤으로 보인다. 또한 주목할 점은, 베트남 여성 저격수에 대한 조커의 마지막 일격은 연민의 행동이었다는 것이다. 그것은 자유군단에 의해 상상된 여성에 대한 의기양양한 폭력이 아니다. 다른 한편, 하트먼과 우리가 본 모든 장교들처럼, 미국 군대는 기독교 남성에 의해 통치되며, 여성 혐오, 인종주의, 극단적 국가주의가 지배한다. 이런 환경에서, 군대가 공정하고 군인 제복이 그것을 입고 있는 남자들의 형제애를 부추기는 한에서, 당신은 언제나 이처럼 약간의 혐오스런 언사들에 빠져들 수 있다. "나는 엄격하지만 공정하다." 영화 초반부에 하트먼은 말한다. "나는 깜둥이, 유대 놈들, 이탈리아 놈들, 기름쟁이들을 차별하지 않는다. 여기서 너희들 모두는 똑같이 쓰잘머리 없는 놈들이다!" 미국 군인들의 적은 '베트콩들'이므로, 그들 모두는 표면상 동맹자들이다. 그들의 '사랑하는 군대'는 내부적으로 인종적 긴장으로 가득하다. 토머스 도허티는 그러한 모순들이 뒤섞이는 방식을 명쾌하게 묘사했다. "몸집 큰 백인 해병대 애니멀 마더는 그의 흑인 동료 에잇볼에게 잔소리를 해대고 비방을 늘어놓는다. 그러나 에잇볼이 부상을 입고 무방비로 쓰러졌을 때, 애니멀 마더는 명령을 어기면서까지 그를 구하기 위해 영웅적 습격을 감행한다"(pp.313~314).

남성 전사의 섹슈얼리티의 핵심으로서 파시즘을 드러내면서(이미 〈닥터 스트레인지러브〉가 했던 것처럼), 또한 〈풀 메탈 재킷〉은 전쟁 의욕을 고취하기 위한 문화 산업의 노력을 풍자한다. 큐브릭은 이 영화의 주요 테마가 "광고 회사처럼 잘 조율된 리얼리티"를 만들어 내려고 하는 미국의 시도라고 묘사했다(Ciment, p.243). 조커의 신문사 편집장은 '사상자'에 대한 기사를 원한다. 그 기사는 한편으로 "월급의 반을 베트남 칫솔을 사는 데 쓰는 미군들에 대한 기사, 다른 한편으로 전쟁에서 죽은 군인들에 대한 기사"를 의미한다. 그 대령은 전쟁이 지닌 광고와 비즈니스의 지저분한 메타포에 대해 설교한다. "그 프로그램에서 무언가 얻어야 하는 거 아니야? 왜 그 팀에 함께해서 큰 걸 하나 건지려하지 않나?" 로렌스 웰크와 앤 마가렛은 감상적이고 성적인 기사로 군인들을 즐겁게 해 줄 생각이다. 네트워크 TV가 전장을 방문해서, 전쟁과 쇼 비즈니스의 경계를 흐리는 프로그램을 제작한다. 베트남전 장면은 미국 대중음악을 배경으로 펼쳐진다. (비비안 큐브릭의 필명인 애비게일 미드가 만든 기이한 음악들이 흘러나온다.) 심지어 다낭의 귀여운 도둑은 브루스 리의 무술 액션을 흉내 내기조차 한다.

가장 중요한 문화 아이콘은 존 웨인이다. 영화는 할리우드 매파인 그의 이름과 목소리를 여러 차례 떠올리게 한다. 이런 모티프는 촬영 대본에서 화려하게 표현되었는데, 그 장면들은 대체로 해스포드의 소설에서 가져온 것들이다. 조커와 해병들은 웨인의 작품 〈그린베레*The Green Berets*〉(1968)를 보기 위해 '자유 PX 극장'을 찾는다. 조커는 이 영화를 "총에 대한 사랑을 담은 할리우드 멜로드라마"라고 평한다. 영화가 상영될 때, 조커는 보이스오버 내레이션으로 말한다. "존 웨인은 특전 부대원들을 이끌지. 그는 아름다운 군인이야. 깨끗이 면도를 하고 호랑이 가죽

무늬의 안성맞춤 정글 장식들을 두르고 있어. 그가 신은 부츠는 마치 선글라스처럼 반짝이고. 군인들은 하늘에서 투입되어 백병전을 벌이는 거야"(pp.39~40). 해병들은 극장 안에서 영화에 대해 시끌벅적하게 웃고 떠벌린다. 특히 아시아 배우 조지 타케이가 나올 때는 더욱 그랬다. 그는 〈그린베레〉에서 장교 아빈 역을 맡았지만, 그의 가장 유명한 연기는 TV 시리즈 〈스타 트렉〉의 술루 역이었다. 타케이는 확신에 차서 말한다. "첫 번째는 죽이는 거야…… 모든 베트콩들을…… 그다음 집으로 가는 거야." 해병들은 소리친다. "지랄하네, 너는 베트콩을 죽여라. 나는 지금 당장 집으로 갈 거야!"

영화 속에서 존 웨인이라는 이름은 카우보이 남성성의 극단적 애국주의 신화와 미국의 승리 지상주의에 대한 약칭으로 기능한다. 오랫동안 할리우드는 이런 이데올로기 기능을 수행했으며, 결국 미국을 베트남전으로 이끄는 데 이바지한다. 존 웨인에 대한 언급들은 전통적 전쟁 영화들과 비교해서 〈풀 메탈 재킷〉을 진실하고 신랄하며 정직한 영화처럼 보이게 만든다. 하지만 군사 전투에 대한 큐브릭의 냉소적 묘사에도 불구하고, 모든 사람들이 그의 영화를 반전 발언으로 해석하지 않았고, 또한 그 영화를 미국 군대의 파시즘에 대한 풍자로 '이용'하지 않았다. 불편한 전쟁 영화들을 만들기도 했고 전쟁 그 자체에 반대했던 새뮤얼 풀러는 〈풀 메탈 재킷〉을 '신병 모집 영화'라고 신랄하게 비판했다. 더 심한 비판은 앤서니 스워포드Anthony Swofford의 전쟁 회고록 《해병대원Jarhead: A Marine's Chronicle of the Gulf War》(2003)에서 나왔다.

베트남전쟁 영화들은 모두 전쟁을 찬성하는 영화들이다. 어떤 메시지를 던지건, 큐브릭, 코폴라, 스톤이 의도한 것이 무엇이건 간에…… 그 영화들의 마술적 야만성은 끔찍하고 비열한 전쟁 기술의 아름다움을 기념한다. 싸움, 강간, 전쟁, 약탈, 방화. 죽음과 대학살의 영화 이미지는 군인들을 위한 포르노그래피다.[153]

개별 관객들이 영화에서 느낄지 모르는 변태적 즐거움을 아무도 예상할 수 없다. 또한 어떤 감독도 영화가 자신의 의도와 다르게 소비되지 않을 거라고 확신할 수 없다. 그럼에도 불구하고, 스워포드의 비판과 내 어린 시절 경험에 비추어 볼 때, 나는 큐브릭이 자신이 풍자하고 있는 남성적 야만성을 사랑하는 것은 아닌지 의문이다. 이것은 많은 관객들이 〈시계태엽 오렌지〉에서 물었던 질문이다. 그에 대한 내 답변은 조건부로 '예스!'다. 비록 큐브릭이 멍해 보이는 지식인이었지만, 그는 권투나 미식축구 같은 격렬한 스포츠를 좋아하는 경쟁심 강한 사람이었다. 또한 예술가로서 그는 폭격기와 우주선의 남근적 하드웨어와 많은 관심을 갖고 있었다. 마이클 헤어의 기억에 따르면, 〈풀 메탈 재킷〉의 각본 작업 도중 잠깐 쉬는 동안에, 그와 큐브릭은 "스탠리의 총 몇 자루"를 갖고 근처 총포 클럽에 가서 사격 연습을 했다(p.42). 여러 인터뷰들에서, 큐브릭은 로버트 리Robert Lee ▪가 했던 말을 인용했다. "전쟁이 끔찍하다는 것이 오히려 다행이다. 그렇지 않다면, 우리는 전쟁을 좋아할 수밖에 없을 것이다."[154] 큐브릭은 스워포드가 말한 전쟁의 '마술적 야만성'과 '끔찍하고 비열한 아름다움'에 대해 분명히 알고 있었다. 그는 젊은 군인들의 더럽고도 작은 비밀을 알아챘다. 가장 잘 훈련된 군인들조차 어느 정도는 〈시계태엽 오렌지〉의 알렉스와 비슷하다. 그들은 '전투, 강간, 전쟁, 약탈, 방화'에 대해

▪ 미국 남북전쟁 시 남부군 사령관.

욕망한다.

그러나 전쟁에 대한 큐브릭의 이중성은 예술적 실패가 아니다. 정말로 전장의 에로티시즘과 공포 사이의 긴장(영화 속에서 조커의 평화 배지와 '살인 본능' 모토에 의해 상징적으로 표현되었다)은 확실히 〈풀 메탈 재킷〉을 놀랍고도 충격적인 영화로 만든다. 이런 특징은 리 어메이가 연기한 하트먼 역에서 분명히 드러난다. 하트먼은 혐오스러우면서도 카리스마 넘치는 인물이다. 아마도 이런 이중성 때문에, 새뮤얼 풀러는 이 영화가 '신병 모집포스터' 역할을 한다고 비꼬았다. 베트남전에서 부상을 입은 해병대 전역군인이자 전직 훈련 교관인 어메이는 〈지옥의 묵시록〉에서 한 역할을 맡았고, 〈풀 메탈 재킷〉을 포함해서 많은 영화들에서 조언자 역할을 했다. 그가 원래 하트먼 역할을 맡은 것은 아니었지만, 다른 연기자들을 해병대원으로 훈련시키는 장면을 본 큐브릭이 그를 캐스팅했다. 그는 다른 영화들에서의 감상적이고 거친 사랑을 지닌 교관들 — 〈사관과 신사An Officer and a Gentleman〉(1982)에서 루이스 고셋 주니어, 남학생 클럽에서 시작한 연약하고 소극적인 신병들을 늠름한 군인으로 바꾸어 놓는 〈교관〉에서의 훈련 교관 잭 웨브 등 — 과 대조를 보인다. (웨브의 〈교관〉은 분명히 해스포드의 《짧은 생명들》을 참조했다.)

어메이는 자신이 하트먼이라는 캐릭터를 "내가 아는 10명의 최악의 훈련 교관들"로부터 이끌어 냈다고 기자들에게 말했다. 그는 '지상에서 가장 지독한 인간'을 만들기 위해 그 훈련 교관들의 캐릭터들을 혼합했다.[155] 하지만 하트먼은 촬영할 때는 덜 지독한 사람이 되었다. 큐브릭은 어메이의 즉흥 대사들에 감탄했다. 어메이는 피터 셀러스가 아니었지만, 큐브릭을 웃기는 재주가 있었다. 그는 수많은 상스러운 대사를 쏟아내며 캐릭터의 특징을 잘 살렸다. 어메이의 딱딱한 얼굴 표정, 날선 연기, 모욕적 고함소리에도 불구하고, 그의 이상한 매력과 그로테스크한 위트는 강하게 자신감을 드러냈다. 영화에서 어메이의 모습은 완전히 진짜 인물처럼 보인다. 그의 연기는 더 세심하고 기술적으로 능숙한 모딘과 도노프리오의 연기를 무색하게 한다. 그의 거의 만화 같은 가학증과 애국주의에도 불구하고, 만약 그가 '신병 모집 영화'의 중요 캐릭터로 비춰질 수 있었다면, 그것은 아마도 그가 〈시계태엽 오렌지〉의 알레스나 〈샤이닝〉에서의 잭과 어떤 공통점을 갖고 있기 때문일 것이다. 그들은 모두 비슷하게 어떤 유혹적 아우라를 갖고 있고, 잔혹한 웃음과 공포 속으로 우리를 초대한다. 어메이는 영화의 핵심으로 군사적 매혹과 부조리한 공포를 혼합한 이미지를 보여 준다. 이러한 역설적 특징은 대본에 있는 순수하게 괴물적인 훈련 교관의 이미지를 증폭시킨다. 하트먼은 기이하게 우스꽝스럽고, 어느 정도 감탄스러울 만큼 자기 규율이 잡혀 있다. 만약 우리가 그렇게 부를 수 있다면, 그의 매력은 큐브릭으로 하여금 조커를 덜 활동적이고 영웅적으로 만듦으로써 드라마의 균형을 맞추도록 했을 것 같다. 결과적으로, 하트먼은 너무나 매력적이어서 진짜로 혐오할 수가 없고, 조커는 너무나 무기력해서 완전히 동정할 수가 없다.

이 모든 사실로부터 큐브릭이 미국의 베트남 정책을 승인했다거나, 그 전쟁을 어리석은 범죄가 아니라 단지 비극으로 만들려했다는 결론을 내릴 수는 없다. 특히 〈디어 헌터〉의 왜곡된 애국주의, 〈지옥의 묵시록〉의 오페라풍의 가식들, 〈플래툰〉의 조작된 감상주의와 비교해 볼 때, 군사 이데올로기의 주입과 전쟁에 대한 큐브릭의 시각은 명백히 싸구려 감상주의와 멜로드라마에 반대한다. 〈풀 메탈 재킷〉의 두 번째 파트는 확실히 다른 스펙터클 전쟁 영화들과 다르다. 그는 우리가 장르 영화에서 기대하는 서스펜스를 저버린다. 큐브릭은 관객의 심금을 울리면서 복수심을 자극하는 것을 거부한다. 특히 그는 조커의 친구 카우보이가 죽는 장면처럼, 우리가 할리우드 전쟁 영화들에서 여러 번 보아 왔던 장면들을 감정에 치우치지 않는 다른 방식으로 연출한다. 해스포드의 소설에서, 조커는 총에 맞은 카우보이를 구출하려는 부대원들의 무모한 시도를 멈추기 위해서 카우보이를 사살한다. 큐브릭은 덜 감상적으로 접근한다. 조커의 팔 위에서 카우보이는 죽고, 조커는 머리를 숙이며 흐느낀다. 그러나 카메라는 먼 거리에서 이를 비추고, 조커는 다른 군인들에 둘러싸여 있고, 우리는 슬퍼하는 조커의 모습을 거의 볼 수 없다.

〈풀 메탈 재킷〉의 가장 특별한 점은, 이 영화가 수많은 익숙하고 보편적인 요소들을 사용하고 있음에도 불구하고, 결코 강력한 주인공을 중심으로 명료하고 통일된 관습적 플롯을 채택하고 있지 않다는 점이다. 첫 번째 파트는 군사 이데올로기 주입의 실패를 다루는 서재극(書裁劇, closet drama)이다. 두 번째 파트는 황폐화된 베트남에서의 비교적 목적 없고 때때로 평이한 감정의 에피소드 시리즈를 나열한다. 큐브릭은 결코 나오지 않을 전투 장면의 스릴을 기다리는 전쟁 애호 관객들의 기대를 저버린다. 그러나 큐브릭은 두 이야기의 결말부에서 충격적 폭력 장면을 보여준다. 첫 번째는 푸른 화장실에서, 두 번째는 불길에 싸인 붉은 공장에서. 두 이야기의 초점은 미군의 영웅적이거나 동정적인 희생에 대한 것이 아니다. 그것은 결국 거의 연관성이 없는 두 이방인들의 절규다. 한 명은 남성성이 부족한 해병이고, 다른 한 명은 10대 소녀다. 그들은 쇠와 나무로 된 무기를 사용한다. 그들의 죽음은 남성 전사들의 야만적 기풍을 신랄하게 꾸짖는다.

15

연인들

큐브릭이 다음이자 마지막 영화를 하기까지 20년이 흘렀다. 그는 작가와 기획자들과 함께 두 가지 프로젝트를 추진했다. 그것은 〈아리안 페이퍼스〉와 〈A. I.〉인데, 워너 브러더스의 시장성에 대한 평가와 큐브릭 자신의 각색에 대한 의문으로 인해 결코 완성되지 못했다. 결국 그는 워너 브러더스로부터 〈아이즈 와이드 셧〉 제작 승인을 얻어 냈다. 그 영화는 아르투어 슈니츨러의 1925년 에로틱 중편 소설을 현대적으로 개작한 것이었다. 프레데릭 라파엘Frederic Raphael이 각색 작업에 참여했고, 당시 미국에서 가장 유명한 커플이었던 톰 크루즈와 니콜 키드먼이 주연으로 기용되었다. 큐브릭은 매우 긴 영화 제작을 완료한 후 세상을 떠났다. 그는 아마도 최종 사운드 믹싱을 감독하지 못했고, 시사회 이후 편집을 가다듬을 기회도 갖지 못했다. 그러나 이 영화는 확실히 그가 만들려 했던 바로 그 작품임에 분명하고, 또한 그의 마지막 뛰어난 유작이다.

큐브릭은 1968년부터 슈니츨러의 중편 소설에 매력을 느꼈고, 아내에게 그 소설을 읽었는지 물어보았다. 동시에 그는 메이저 스타를 기용해서 매끈한 포르노성 영화를 만들 수 있는지 테리 서던과 간략하게 논의했다. (서던은 그런 영화를 만들려는 큐브릭 같은 감독에 대한 소설인《포르노 영화*Blue Movie*》를 썼다.) 큐브릭은 나폴레옹 영화의 잠재적 후원자들에게〈아이즈 와이드 셧〉의 중심 캐릭터가 "아르투어 슈니츨러 소설에 버금가는 섹스 장면"을 보여 줄 것이라고 말했다. 크리스티안 큐브릭은《꿈 이야기》라는 제목의 독일어 원본으로 그 소설을 읽었다. 큐브릭은 1926년에《랩소디》라는 제목으로 J. M. Q. 데이비스J. M. Q. Davies가 번역한 영어판을 크리스티안에게 보여 주었던 것 같다. 그가 그 소설을 알았다는 것은 그의 관심사가 얼마나 폭넓은지를 말해 준다. 1870년대에 시작해서 1931년까지 활동한 슈니츨러는 20세기 중반까지 구식 작가로 보였다. 아마도 그것은 그의 작품 대부분이 세기말의 오스트리아 빈을 중심으로 결투를 하고 공식 언어를 쓰는 캐릭터들과 관련되었기 때문일 것이다. 전화기를 사용하는 캐릭터들이 나오는《꿈 이야기》에서조차, 분위기는 지난 시대를 회고하는 듯하다. 하지만 1890년대와 1920년대 사이의 시기 동안, 슈니츨러는 유럽 문학의 최전선에 있었다. 그는 내적 독백 기법(3인칭 자유 간접 화법, 독일어로 '체험 화법erlebte Rede')을 사용했으며, 그의 작품은 제임스 조이스나 D. H. 로렌스의 소설만큼이나 독자들에게 성적 스캔들을 불러일으켰다.

부르주아 섹스 심리학에 대한 슈니츨러의 통찰은 주로 의대생이자 스스로 인정하는 바람둥이인 자신의 경험으로부터 온 것이다. 그는 지그문트 프로이트 같은 동시대인의 관심을 끌었다. 프로이트는 슈니츨러를 자신의 '쌍생아'라고 묘사했다. 슈니츨러는 프로이트의 찬사에 아무 반응도 보이지 않았다. 그러나 그는 프로이트, 휴고 폰 호프만슈탈, 구스타프 클림트, 구스타프 말러, 칼 크라우스, 아놀드 쇤베르크 등과 함께 오스트리아-헝가리 문화 혁명의 한 시대를 이끌었다. '젊은 비엔나 학파'의 활기찬 예술 세계는 프리츠 랑, 오토 프레밍거Otto Preminger, 빌리 와일더 등 다음 세대의 영화 감독들에게 영향을 끼쳤다. 사실, 슈니츨러 자신도 영화 애호가였다. 거의 600가지 자신의 꿈을 묘사한 그의 일기는 1920년대 후반에 그가 적어도 일주일에 영화 세 편을 보았다고 말한다. 그의 작품들은 세실 드 밀Cecil De Mille(〈어페어 오브 아나톨The Affairs of Anatol〉[1921]), 폴 치너Paul Czinner(〈엘제 양Fraulein Else〉[1920]), 막스 오퓔스(〈리벨리Liebeli〉[1932], 〈윤무〉[1950]) 등 많은 영화 감독들에 의해 각색되었다. G. W. 파브스트G. W. Pabst는 그 당시 《꿈 이야기》를 영화로 만들려 했고, 슈니츨러는 미완성 시나리오를 준비했다. (그는 그 중편 소설이 대사 없는 흥미로운 유성 영화가 될 거라고 믿었다.) 결국 1969년 《꿈 이야기》는 각색되어서 볼프강 그뤽 Wolfgang Glück의 연출로 오스트리아 TV에서 방영되었다.

《꿈 이야기》는 이전 두 세기 동안의 대부분 유럽 소설들과 다르다. 그것은 간통보다 정절에 관련된다. 주요 등장인물들은 비엔나의 성공적 유대인 의사 프레돌린과, 그의 장식적 아내 알베르틴이다. 부부는 '금발 머리' 어린 딸과 함께 하녀를 둔 부르주아의 고급 생활을 누린다. 어느 날 저녁, 화려한 가면무도회에서 프레돌린은 두 명의 육감적 젊은 여성과 함께한다. 다른 방에서, 알베르틴은 "싫증나고 우울한 분위기에 폴란드 억양을 쓰는" 낯선 사람에 의해 유혹당한다.[156] 그다음 날 집에서, 아내와 남편은 "한동안 경험하지 못했던 열정"으로 서로를 껴안는다(p.176). 그러나 다음날 저녁 그들은 서로 다른 사람과 섹스할 기회를 놓친 것을 후회하면서 가벼운 복수의 말장난을 나눈다. 침실에서 그들은 '드물게 허락된 욕망'에 대해 고백한다. "만약 꿈이었더라면, 부조리한 운명의 바람이 그들을 그 비밀스런 곳으로 끌고 갔을 텐데……"(p.177). 알베르틴은 이전에 덴마크의 여름휴가 때 있었던 사건에 대해 말한다. 그때 그녀는 지나가는 해군 장교에 매혹당했고, 만약 그가 원했더라면 그와 함께 도망쳤을 거라고 말한다. 프레돌린은 그 휴가의 마지막 날에 해변을 거닐다가, 즐겁게 자신을 쳐다보는 열다섯 살짜리 금발의 나체 소녀를 보고 기절할 정도로 황홀경에 빠졌다고 말한다(p.181).

이런 껄끄러운 고백들에 이어서, 프레돌린은 죽은 환자의 가족을 보러 나간다. 저녁 시간에 그는 도시를 배회하다가 섹스할 기회가 주어지지만, 거절하지도 응낙하지도 못한다. 프레돌린은 죽은 환자의 딸로부터 이상한 사랑의 말을 들은 뒤, 그는 열일곱 살 창녀에게 접근한다. 그는 나이든 지인을 만나서 눈을 가리고 피아노를 치면서 섹스 파티를 즐기는 환상적 이야기를 전해 듣는다. 그는 미성년 딸의 포주 노릇을 하는 주인이 운영하는 의상 가게를 서둘러 방문한다. 한밤중에 신비한 대저택으로 간 그는 섹스 파티의 비밀 암호('덴마크')를 말하고 거기에 입장한다. 가짜 가면을 쓴 그의 모습이 발각되고 처벌의 위기에 놓인다. 한 아름다운 가면을 쓴 여성이 모임을 소집해서 그를 '구제'해 준다. 그는 집으로 돌아간다. 알베르틴은 웃으면서 잠들어 있다. 잠에서 깨어나면서 그녀는 자신이 덴마크 해군 장교 무리들과 섹스하는 동안 프레돌린이 십자가에 못 박히는 꿈을 꾸었다고 말한다.

다음날 프레돌린은 도시를 돌아다니면서 자기가 갔던 길을 되짚어 본다. 그는 자신을 위해 희생한 아름다운 여성의 정체를 알아내고자 한다. 그는 신문에서 "엄청난 미인"이었던 "남작 부인 D"(p.267)의 자살에 관한 기사를 읽는다. 프레돌린은 이 여인이 어젯밤 섹스 파티의 그 여인일거라며 두려움에 떤다. 그는 그녀의 시신을 확인하기 위해 영안실을 찾는다. 그러나 그가 발가벗은 시신을 보았을 때, 그는 결코 그녀가 누구인지 알 수 없을 것이고 알기를 원하지도 않는다는 사실을 깨닫는다. 저녁에 집으로 돌아온 프레돌린은 자신이 섹스 파티에서 입었던 가면 옆에 잠들어 있는 알베르틴을 본다. 그녀가 깨어나자, 그는 울면서 그동안 일어난 모든 일들을 말하면서, 그들이 이제 무얼 해야 하는지 묻는다. 알베르틴은 자신들 모두 감사해야 한다고 말한다. "우리는 이 모험으로부터 안전하게 귀환했다. 그 모험은 실제이기도 했고 꿈이기도 했다"(p.281). 프레돌린이 영원한 진실을 약속하기 전에 그녀는 그의 입술에 손가락을 대고 속삭인다. "결코 미래에 대해 말하지 말아요." 새벽이 밝아오고 옆방에서 부부의 아이 목소리가 들리면서 이야기는 끝난다.

비록 《꿈 이야기》가 세기말의 '몽롱한' 미학의 산물이긴 하지만 그 소설은 확실히 잘 알려진 하이 모더니즘 소설과 친밀한 관계가 있다. 《꿈 이야기》는 때때로 카프카 소설과 비슷하다. 그 이유는 부분적으로 《꿈 이야기》가 변태적이고 불건전한 섹슈얼리티를 직접적이면서도 상당히 친근한 내러티브 속으로 가져오기 때문이다. 또한 부분적으로 《꿈 이야기》가 꿈, 환상, 리얼리티 사이의 경계를 흐릿하게 만들기 때문이기도 하다. 또한 《꿈 이야기》는 제임스 조이스의 가장 유명한 단편 《죽은 사람들*The Dead*》(1914)과 약간의 공통점이 있다. 그 단편 소설은 《꿈 이야기》처럼 주로 남편의 시점에서 이야기가 전개된다. 남편은 아름다운 아내가 언젠가 다른 남자에게 욕망을 품었다는 사실을 알게 된다. 조이스처럼, 슈니츨러도 자유 연상의 '내적 발화' 기법을 사용하여 남편 성격의 숨겨진 면을 드러낸다. 두 이야기 모두에서 남편은 주의 깊은 사람이고, 퇴폐적이고 멸망 직전의 사회에서 존경심에 집착한다. 슈니츨러의 언어로 표현하자면, 그는 "균형과 안정의 이 모든 질서가 정말로 환상이고 거짓말"이라는 사실을 깨닫는다(p.259). 두 남편들은 죽음의 매혹에 민감하게 빠져든다. 프레돌린이 죽은 환자를 떠날 때, 그는 마치 "그 경험으로부터 도피한 것이 아니라, 극복할 수 없는 죽음의 우울한 마법으로부터 도피"했던 것이라고 느낀다(p.193). 그가 남작 부인의 벗은 시신을 보기 위해 영안실을 찾아 갔을 때, 그는 시신이 움직이면서 그를 만지려 한다고 상상한다. 그것은 마치 "어떤 마법에 걸린 것" 같고, 그는 고개를 숙여 죽은 여자의 입술에 키스한다(p.276). 소멸로의 이끌림은 타나토노스와 관련이 있지만, 그것은 또한 사회적 삶에 직면한 더 보편적인 불안감과, 죽을 수 있는 용기의 부족과 연관된다. 예를 들어, 프레돌린은 처음에 밤거리를 배회하기 시작할 때, 공원 벤치에 잠든 부랑자 남자를 보고, 자신의 얼굴이 노출되지 않으려고 노력한다.

만약 내가 그를 깨어나게 한다면, 잠자리를 위해 돈을 주어야 하나? 프레돌린은 깊이 생각했다. 그렇게 한다면 난 그에게 내일을 주는 것이 되고, 그렇지 않다면 아무 의미 없이 난 범죄의 혐의를 받을 지도 몰라…… 왜 특별히 그인가? 프레돌린은 자신에게 물었다. 비엔나엔 수천 명의 불쌍한 영혼이 있어. 내가 알지도 못하는 모든 사람들의 운명에 대해서 걱정해야 한단 말인가! 프레돌린은 내버려 두었던 죽은 사람을 다시 생각하며 역겨움에 몸서리쳤다. 그는 영원한 자연의 법칙을 따라서 그 수척한 몸이 어떻게 썩어 갈지 생각했…… 그는 자신이 살아 있다는 사실이 기뻤다. 그에게 그 추한 문제들은 멀리 있는 것이다. 그는 자신이 한창 잘 나가고 있다는 사실이 기뻤다. 매력적이고 사랑스런 여자를 마음대로 다룰 수 있고, 자신이 욕망하는 무엇이든 할 수 있다. 인정하건대 그런 것들은 그가 해낼 수 있는 것보다 더 많은 용기를 요구한다. 그는 내일 8시까지는 병원으로 돌아가야 할 것이라고 생각했다(pp.193~194).

스탠리 큐브릭이 슈니츨러와 조이스의 유사점을 알았건 몰랐건 간에, 그 당시 큐브릭은 더블린에서 《꿈 이야기》 각색을 시작할 생각이었다. 그 전에 그는 스티브 마틴을 기용한 블랙 코미디 버전을 생각했다. 결국 큐브릭은 실제 결혼한 메이저 영화 스타들을 캐스팅하면 대중의 관음증을 통해 상업적 성공을 얻을 수 있다고 생각했다. 또한 크루즈와 키드먼의 참여는 큐브릭의 다른 생각 하나를 구체화시켜 주었다. 영화의 무대를 현대 맨해튼으로 옮길 수 있는 것이다. 큐브릭은 슈니츨러의 캐릭터들과 주제들이 20세기 후반의 맥락에서 이해될 수 있을 거라고 믿었다. 그 혼자만이 그렇게 생각한 것은 아니었다. 〈아이즈 와이드 셧〉 개봉과 동시에 우연히 영국 극작가 데이비드 헤어가 슈니츨러의 《윤무*Der Reigen*》(1897)를 〈블루 룸*The Blue Room*〉이라는 현대 연극으로 각색했다. 큐브릭의 영화와 마찬가지로, 런던의 제작사는 니콜 키드먼을 주연으로 기용했고, 그녀는 몇 장면에서 나체로 나온다.

크루즈와 키드먼을 캐스팅하면서, 큐브릭은 관객들이 크루즈와 키드먼의 실제 생활을 숙고하도록 한다. (영화 개봉 이후 얼마 지나지 않아 그들이 이혼하면서 더 많은 숙고가 필요해졌다.) 그러나 〈아이즈 와이드 셧〉은 큐브릭은 물론이고 그와 가까운 지인들에 대해 '영화 안에서' 많은 것을 언급하고 있다. 영화에서 결혼한 커플이 사는 맨해튼 아파트는 거의 큐브릭과 그의 아내가 1960년대 살았던 아파트를 참조로 한다. 아파트 벽의 미술품들은 크리스티안 큐브릭과 카타리나 큐브릭 홉스Katharina Kubrick Hobbs가 만들었고, 그 두 사람 모두 영화 후반부에 카메오로 출연한다. 집안 장면에서 니콜 키드먼이 쓴 나이 들어 보이는 안경과 위로 치켜 올라간 머리카락은 영화 촬영 때 찍힌 사진 속에 있는 크리스티안 큐브릭의 안경과 헤어스타일과 흡사하다. 큐브릭이 그랬듯이, 영화 속의 남편은 TV에서 프로 풋볼

게임을 본다. 아내는 TV에서 파국에 이른 결혼 생활에 관한 영화인 〈브룸 인 러브*Blume in Love*〉(1973)를 본다. 그 영화는 큐브릭의 〈공포와 욕망〉에서 배우였던 폴 마르주스키가 감독했다. 니콜 키드먼이 영화 속에서 크리스마스 선물들을 포장할 때, 그녀는 반 고흐의 그림이 그려진 박스를 이용한다. 그것은 영화 제작 기간에 큐브릭이 시나리오 작가 프레데릭 라파엘에게 선물했던 것과 같다. 영화 속의 톰 크루즈가 뉴욕 거리를 배회하다 '비탈리네 가게'라고 쓰인 상점 앞을 지날 때, 그것은 〈배리 린든〉에서 벌링든 역할을 했던 리언 비탈리에 대한 언급이다. 비탈리는 〈아이즈 와이드 셧〉에서 작은 역할을 맡았고, 큐브릭의 여러 영화들에서 조연을 맡았다. 몇 장면은 큐브릭의 가족사와 연결된다. 영화 속의 남편처럼 그의 아버지도 의사였고, 그의 조상들은 아르투어 슈니츨러가 명성을 날리던 때에 오스트리아에서 미국으로 이주했다. 이 모든 연관성이 영화의 사실성과 완전히 일치하는 것은 아닐 것이다. 그러나 그것은 〈아이즈 와이드 셧〉이 큐브릭의 가장 개인적 프로젝트라는 증거를 제시한다. 조너선 로젠바움에 따르면, "영화 속의 꿈 장면만큼이나 개인적 영화 만들기에는 어려움이 따른다."[157]

　　시나리오 작업에서, 큐브릭과 공동 작가와의 관계는 이전 영화에서와는 달라 보인다. 적어도 프레데릭 라파엘이 쓴 《아이즈 와이드 오픈: 스탠리 큐브릭에 대한 회상*Eyes Wide Open: A Memoir of Stanley Kubrick*》(1999)에 근거해 볼 때, 큐브릭과 라파엘의 사이는 약간 거리감이 있고 데면데면하다. 학자적 배경을 지닌 다작의 작가인 라파엘이 〈아이즈 와이드 셧〉의 시나리오 작업을 위해 고용된 것은 의심의 여지없이 이전에 그가 결혼 생활에 대한 리얼리즘 영화인 스탠리 도넌Stanley Donen의 〈언제나 둘이서 *Two for the Road*〉(1967)의 시나리오를 썼기 때문이었다. 그는 큐브릭의 집에서 몇 번 점심을 먹었지만, 대부분의 시나리오 회의를 전화로 했다. 그는 내키지는 않았지만 유럽 곳곳에서 팩스로 시나리오를 큐브릭에게 보냈다. 큐브릭은 그 시나리오 초안을 수정했고, 라파엘이 또 수정한 뒤, 아마도 제작 과정에서 큐브릭은 다시 그 시나리오 초안을 수정했을 것이다. 비록 라파엘이 큐브릭을 '천재'라고 불렀지만, 라파엘은 자신의 고용인에 대한 불신, 분개, 지적 방어심 등을 느꼈던 것 같다. 마치 그들은 체스 게임을 두는 상대방인 것처럼 보였다. 라파엘은 말했다. "만약 우리가 때때로 친구처럼 보였다면, 그것은 책임감 없는 친밀함이자, 가끔은 따스함 없는 온기였을 뿐이었다."[158]

'스탠리 큐브릭에 대한 회상'이라는 그 부제에도 불구하고, 라파엘의 회고록은 주로 자신의 생각을 담고 있어, 주의 깊게 읽어야 한다. 특히 그 회고록은 모의 시나리오의 형식으로 큐브릭과의 대화에 대해 지루하게 글자 그대로 보고하고 있다. 그럼에도 불구하고 그 책은 약간 유용한 정보를 준다. 라파엘은 '아이즈 와이드 셧'이라는 제목을 싫어했다. 그것은 큐브릭의 아이디어였다. 만약 많은 부분이 현대적으로 바뀌지 않는다면, 슈니츨러의 섹스를 다루는 방식은 낡아 보일 것이라고 라파엘은 생각했다. 라파엘은 그 중편 소설의 중요한 이슈는 결혼한 커플의 유대인 정체성이라고 — 올바르게 — 생각했다. 슈니츨러는 이야기 초반부에 이 점을 부각시키려 했다. 비엔나 펜싱 클럽의 젊은 남자들이 고의로 프레돌린과 부닥치면서 반유대주의 언사를 늘어놓는 장면이 이 점을 잘 보여 준다.[159] 큐브릭은 극중 남편과 아내는 와스프(미국 지배층인 백인 앵글로색슨 프로테스탄트) 커플이어야 한다고 고집했다. 그것은 아마도 그가 크루즈와 키드먼의 캐스팅을 원했기 때문이었을 것이다. 영화에서 그들의 이름은 빌과 앨리스 하포드인데, 하포드라는 성은 철저하게 미국 중산층 스타인 해리슨

포드의 성과 이름을 합성한 것이었다. 빌은 거리에서 미국 사교 클럽 소년들에게 동성애자로 불리며 모욕을 당한다. 다음 장면에서 호텔의 게이 직원이 빌을 밀친다. 마치 영화 속 사건들이 유대인과 아무런 관계가 없다고 말하는 듯이, 모든 사람들은 크리스마스를 기념한다. 빌의 갑부 환자인 빅터 지글러(시드니 폴락)라는 유대인 캐릭터가 도덕적으로 가장 부패한 인물이라는 아이러니가 무엇을 의미하는지 확실치 않다.

라파엘은 처음에 빌 하포드의 뒷이야기를 통해 자신의 학창 시절과 아버지와의 관계를 우리에게 들려주려 했다. 큐브릭은 이 장면들을 거부했고, 라파엘에게 슈니츨러의 원래 이야기에서 가능한 한 적게 벗어나도록 요구했다. 플롯의 변화는 대체로 사소했다. 예를 들어, 결혼한 커플이 파티에 참가하는 장면은 자세하게는 아니지만 대략적으로 보여진다. 남편이 10대 소녀와 해변에서 만나는 장면은 삭제된다. 거리에서 남편은 부랑자 남자를 지나치지 않는다. 아내의 덴마크 장교에 대한 열정적 욕정은 소설에서 프레돌린에 대한 집착보다도 더 많이 영화에서 남편에 대한 집착으로 표현된다. 가장 중요한 변화는 완전히 새로운 한 명의 캐릭터를 보탠 것이다. 빅터 지글러는 라파엘의 창작물이다. 빅터는 영화 시작과 마지막에 나오는데, 약간 느와르풍의 아우라를 보여 주면서, 사악한 극중 해결사deus ex machine 역할을 한다.

비록 슈니츨러의 등장인물들이 현대 맨해튼 사람들로 성공적으로 바뀌었다 할지라도, 영화는 종종 그 이야기가 비엔나에서 기원했다는 점을 암시한다. 절충적인 사운드트랙에는 루돌프 지친스키Rudolf Sieczynski의 〈빈, 내 꿈의 도시Wien, du Stadt meiner Traeume〉가 들어있다. 빌 하포드가 신문의 위협적 헤드라인('살아서 다행')을 읽고 있는 커피숍 '샤키스'의 유리창은 얼어붙어 있고, 어두운 나무 가재도구들이 가득하며, 슈니츨러

〈아이즈 와이드 셧〉: 지글러의 크리스마스 파티에서 무도회장을 수놓은 아찔한 금빛 커튼은 구스타프 클림트를 연상시킨다.

의 세계에서 카페 이미지를 연상시키는 퇴폐적 예술품이 보인다. 가면무도회의 섹스 파티로 들어가는 암호 역할을 하는 베토벤의 오페라 〈피델리오〉는 19세기 비엔나에서 초연했다. 더 두드러진 암시는 지글러의 크리스마스 파티에서 무도회장을 수놓은 아찔한 금빛 커튼에서 보여진다. 그것은 구스타프 클림트를 연상시킨다. 그는 프로이트, 슈니츨러와 동시대의 비엔나 예술가였고, 부르주아 연극의 무대 미술가로 출발해서, 칼 쇼스케Carl Schorske가 묘사했듯이 곧 "여성 심리를 그리는 화가"가 되었다.[160] 평생 논쟁을 몰고 다녔던 클림트는 공식적인 미술관 문화로부터의 후원을 잃어버렸고, 원초적 모더니스트 미술로 진화했다. 그의 에로틱한 이미지들은 고른 금빛 광채에 의해 특징지어지는데, 쇼스케는 이를 "크리스털 장식주의"라고 불렀다(p.264). 〈아이즈 와이드 셧〉은 드미트리 쇼스타코비치의 〈재즈 모음곡〉의 '2번 왈츠'와 함께 시작한다는 사실을 주목해 보라. 1930년대에 쓴 그 곡은 20세기 초반 비엔나 문화의 성적 매혹을 불러일으킨다. 클라우디아 고브먼Claudia Gorbman에 따르면, 그 색소폰 악절의 음색은 "향수, 혹은 심지어 우울증"을 전달한다. 그 곡은 '질감, 역사, 지식에 대한' 퇴폐적인 구시대 정서를 불러낸다. 그 곡은 우리가 영화에서 보는 결혼한 커플과 불협화음을 일으키는 듯이 보인다. (그 음악의 충만함과 존재감 때문에, 〈2001 스페이스 오디세이〉의 〈아름답고 푸른 도나우 강〉처럼, 우리는 처음에 쇼스타코비치 음악이 극중 현실이 아니라고 생각한다. 그러나 빌은 갑작스레 스테레오를 끄고 음악을 멈춘다.) 더구나 큐브릭은 수많은 우아한 스테디캠 숏들을 선보인다. 등장인물들은 방을 지나걸어가고 무도회장에서 춤을 춘다. 이 숏들은 막스 오퓔스의 유연한 카메라 움직임을 연상시킨다. 오퓔스 또한 비엔나의 핵심으로 간주되는 샤브루켄에서 태어났다.

슈니츨러의 중편 소설처럼, 〈아이즈 와이드 셧〉도 몽환적 특징을 갖고 있다. 맨해튼 거리에 대한 몇몇 자료 화면들과 별개로, 도시는 거의 무대 세트처럼 보인다. 거리 이름들은 실제 존재하지 않는 것들이고, 한 재즈 클럽은 큐브릭이 젊은 시절 드나들었던 곳을 향수에 젖어 다시 만든 것처럼 보인다. (큐브릭은 뉴욕을 정확하게 재현하기 위해 긴 시간을 투자했다. 심지어 그는 맨해튼 사람들의 비밀스런 스냅 사진을 찍기 위해 사진사들을 고용하기도 했다. 그 덕분에 영화 속의 엑스트라들은 적절한 옷을 걸칠 수 있었다. 그러나 세트의 세심하고 의도적인 비현실성은 몇몇 초기 평론가들을 혼란스럽게 했다. 그들은 큐브릭이 너무 오래 해외에서 살아서 뉴욕이 어떻게 비치는지 잊어먹었다고 생각했다.) 하포드 아파트에서 밤 장면들은 다채롭고 화려하게 디자인되고 촬영되었다. 금장 침실은 불타는 듯한 붉은 천들로 꾸며지고 출입구를 통해 인접한 방들은 신비한 푸른색으로 장식된다. 빌이 조문하러 갔던 화려한 파크 애비뉴 아파트의 침실은 시들하고 약간 초록풍으로 꾸며진다. 비밀스런 섹스 파티는 고대 의식과 베네치아 카니발, 변태적 동화의 혼합물처럼 보인다. 지글러와의 극적 대화는 이상한 표현주의풍의 피처럼 붉은 당구 테이블을 둘러싸고 벌어진다. 이 방 저 방에 가면들이 놓여 있고, 여기저기 크리스마스 장식들은 마술적 아우라를 드러낸다.

그러나 영화에 특별히 낯선 느낌을 주는 것은 몇 장면들의 이상한 희극이다. 하나는 의상업자와 그의 딸(릴리 소비에스키)이 나오는 장면이고, 다른 것은 어떤 사건들 사이의 관계를 연상시키고 거기에 '각운'을 부여한다. 지글러의 파티에서 두 아름다운 모델들은 '무지개가 끝나는 곳'으로 빌을 초대한다. 나중에 빌은 '무지개 아래'라는 지하실이 있는 '무지개 패션'이라는 가게를 방문한다. 지글러의 파티에서 위압적인 지글러의 동료는 빌을 두 모델들로부터 떼어 낸다. 나중에 서머턴의 섹스 파티에서 불길한 느낌의 남자는 섹시한 가면을 쓴 여자에게서 빌을 떼어 낸다. 빌이

⟨아이즈 와이드 셧⟩: 등장인물들은 방을 지나 걸어가고 무도회장에서 춤을 춘다. 이 숏들은 막스 오퓔스의 유연한 카메라 움직임을 연상시킨다.

섹스 파티의 단순한 관찰자로부터 다시 집으로 돌아왔을 때, 앨리스는 빌이 지켜보는 가운데 그녀가 섹스 파티에 참가한 꿈 이야기를 한다. 영화 초반부에 빌이 구조해 준 발가벗은 콜걸 맨디는 나중에 섹스 파티에서 빌을 구조해 준 바로 그 마스크 쓴 여자일 수도 있고 아닐 수도 있다. 또한 그 여자는 빌이 나중에 영안실에서 보게 되는 그 나체의 여자일 수도 있고 아닐 수도 있다. (기록으로 볼 때, 맨디, 가면을 쓴 여자, 영안실의 여자는 두 명의 배우들이 연기했다. 애비게일 굿이 가면을 쓴 신비스러운 여자 역이고, 줄리엔 데이비스가 맨디와 영안실 여자 역할을 맡았다.)

이러한 반복과 변형은 〈샤이닝〉과 비슷한 해석의 문제를 낳는다. 〈샤이닝〉에서 우리는 계속 질문에 봉착한다. 이것은 현실인가 환상인가? 〈아이즈 와이드 셧〉에서 그 질문은 약간 다르다. 그는 깨어 있는가 꿈꾸고 있는가? 다시 한 번, 우리는 거의 환상적인 기괴함the uncanny의 내러티브 양식으로 들어간다. 이미 말했듯이, 스토리는 핵가족과 관련이 있고, 끔찍하고 괴기스런 효과를 창출한다. 프로이트에 따르면, 기괴한 효과는 "익숙하고 즐거운 것이 숨겨진 채 보이지 않는 불안감과 뒤섞이는" 어떤 은밀한 호소력으로부터 나온다(pp.224~225).

프로이트의 기괴함에 대한 논문은 사실 슈니츨러의 《꿈 이야기》가 나오기 몇 년 전에 쓰였다.[161] 큐브릭의 영화는 두 텍스트 사이의 깊은 연관성을 강조하는 듯하다. 이 영화는 프로이트가 기괴한 느낌들을 불러일으킨다고 묘사했던 사건들과 상황들에 대해 체계적으로 다룬다. 이런 느낌들 사이에서 꼭두각시 인형이나 생명 없는 것들이 살아 움직이는 듯한 공포감이 발생한다. (죽은 환자, 영안실의 시체, 밀리치의 가게 마네킹과 관련된 장면들에서처럼.) 그것은 거울 이미지 혹은 도플갱어의 공포다. (파티에서 두 모델들, 두 창녀들, 두 시신들, 미셸 시옹은 비통해하며 상사병에 걸렸던 딸의 장면에서 특이한 이중 효

〈아이즈 와이드 셧〉: 이 영화는 프로이트가 기괴한 느낌을 불러일으킨다고 묘사했던 사건들과 상황들에 대해
다룬다.

과에 대해 말했다. 거기서 딸의 연인의 도착은 빌 하포드의 도착 때 사용했던 카메라 움직임
이나 시퀀스들과 똑같이 재현된다.) 또한 그것은 눈이 머는 것에 대한 공포이기
도 하다. (눈을 질끈 감는 행위는 공포심에 대한 순수한 은유다. 프로이트의 개념으로, 그
것은 지글러 혹은 앨리스 같은 여성에 의한 거세를 상징한다.)

또한 프로이트는 신비하게 되풀이되는 사건들의 기괴한 효과에 대
해 강조한다. 그는 그것을 정신병적인 '반복 강박repetition compulsion' 때문
이라고 보고, 나중에 《쾌락의 원칙을 넘어서Beyond the Pleasure Principle》
(1920)에서 이에 대해 상세히 분석한다. 기괴함에 대한 논문에서, 그는 이
러한 되풀이를 '꿈 상태에서 경험하는 무기력함'과 비교한다. 그는 개인
적 경험의 예를 든다.

> 어느 뜨거운 여름날에 나는 이탈리아 시골 마을의 황량한 거리를 걸어가고
> 있었다. 나는 그곳을 잘 몰랐고, 아는 사람도 별로 없었다. 단지 화장한 여
> 자들이 작은 집의 창문들에 보였고, 나는 서둘러서 길을 돌아 비좁은 거리
> 를 벗어났다. 그러나 길도 물어보지 못하고 조금 헤매다가 나는 갑자기 똑
> 같은 거리로 되돌아간 나 자신을 발견했다…… 나는 한 번 더 서둘러 갔고,
> 우회로에 도착했지만 세 번째로 똑같은 장소였다. 하지만 이제 내가 기괴함
> 이라고 말하는 감정이 나를 지배했다. 나는 더 많은 것을 발견하지 못한 채,
> 잠깐 떠났던 그 광장으로 다시 되돌아간 나 자신을 발견하고는 아주 기뻤
> 다(p.237).

프로이트의 '더 많은 것을 발견하지 못한 여행'은 빌 하포드가 뉴욕
거리를 배회하는 것과 마찬가지다. 그는 창녀의 아파트를 포함해서 기이
하게 같은 장소로 되돌아온다. 어떤 의미에서 빌은 오이디푸스의 아이러

니한 버전이다. 페넬로페가 집에 남아 있는 동안 오이디푸스는 위험한 모험을 한다. 그러나 그는 또한 프로이트의 모든 남자a Freudian everyman다. 그 남자는 무의식적 바람에 의해 이끌리고, 꿈과 일상생활의 상호 침투에 의해 당황하면서, 정신병적으로 같은 행위를 반복한다. 다이앤 존슨은 이러한 심리적 분위기를 완벽하게 묘사한다. "꿈처럼, 공포와 희망의 질감이 펼쳐진다. 아내와 그녀의 애인이 춤을 추고, 환자의 예쁜 딸이 사랑을 고백한다. 창녀는 유혹하면서 죽음을 위협한다. 어린 소녀에 대한 남자들의 에로틱한 환상은 두려울 정도로 구체적으로 표현된다. 지갑 안엔 항상 돈이 들어있다……" 다이앤 존슨은 결론을 내린다. 그 결과는 "남성 심리의 기본 계획은 공포, 욕망, 언제나 섹스, 죽음 충동, 죽음과 에로스의 연결, 그리고 여성 섹슈얼리티에 의해 생겨나는 불안감으로서 에로스를 접합하는 것이다"(Cocks. p.61).

기이한 반복의 느낌은 영화의 대사 속에 암시되어 있다. 시나리오가 발전되는 동안 큐브릭은 라파엘에게 미니멀하고 꾸밈없는 언어를 써야 한다고 강조했다. (슈니츨러의 소설은 직접적 어투보다 연설조로 나가는 경향이 있었다.) 큐브릭은 특히 중산층의 성을 연극적, 영화적으로 묘사할 때, 닐 사이먼 Neil Simon▪의 〈719호의 손님들Plaza Suite〉(1971)과 라파엘의 〈언제나 둘이서〉 같은 작품들처럼 재치 있게 치고받는 말들을 피하길 원했다. 결과적으로 〈아이즈 와이드 셧〉의 언어는 완전히 따분하다. 큐브릭은 나보코프

▪ 닐 사이먼(1927~)은 미국의 극작가로, 최초의 브로드웨이극 〈나팔을 불어라〉(1961)로 데뷔하면서 큰 성공을 얻었고 가장 인기 있는 작가가 되었다. 주요 작품으로는 〈기이한 부부〉 (1965), 〈공원에서 맨발로〉(1963), 〈성조기를 두른 소녀〉(1966), 〈프라자 호텔〉(1968), 〈최후의 불같은 연인〉(1970), 〈선샤인 보이스〉(1972) 등이 있다.

나 버지스 같은 언어의 스타일리스트들을 높이 평가했다. 또한 큐브릭은 〈배리 린든〉의 세심한 형식적 말투나 〈풀 메탈 재킷〉의 대담한 상소리들을 즐겁게 표현했다. 심지어 〈2001 스페이스 오디세이〉에서 모든 인간 캐릭터들은 평범하고 기술적인 용어로 이야기하고, 컴퓨터 할은 거의 연설조로 말한다. 그러나 〈아이즈 와이드 셧〉에서 대사는 아주 단음절이고 평범하다. 그 대사들은 스타일이라는 것을 무시하는 듯하다. 하나의 예외는 앨리스의 잠재적 유혹자가 오스카 와일드로부터 빌린 경구("결혼의 매력은 상대편을 속이는 것이라고 생각하지 않나요?")를 읊조릴 때이다. 또 다른 예외는 해군 장교에 대한 앨리스의 이야기, 그녀가 눈물을 흘리며 꿈 이야기를 하는 장면, 영화 마지막에 지글러의 논고 같은 더 긴 대사들이다. 그러나 이런 독백들조차도 주저하거나 반복적 어휘를 나열한다. 처음에는 아닌 듯했지만, 유일한 기교 있는 대사는 아주 여러 번 미셸 시옹이 '앵무새 같은' 대사들 — 한 캐릭터가 말한 것을 다른 캐릭터가 반복하는 것 — 이라고 말한 것이다.[162] 시옹의 지적처럼, 앵무새처럼 되뇌는 대사는 아이러니한 효과를 낸다. 영화 초반부에 빌은 지글러의 화장실에서 마약 중독으로 거의 죽어가고 있는 맨디에게 말한다. "당신은 재활이 필요해요. 알았어요?" 마지막에 지글러는 빌에게 말한다. "삶은 계속된다네, 끝나지 않는 한 말일세. 알겠나?" 다른 반복들은 덜 중요하다. 시옹의 몇 가지 예들은 그들이 만든 패턴들을 드러내기에 충분하다.

빌   그가 무얼 원했지?

앨리스   그가 무얼 원했냐구? 오…… 그가 무얼 원했지?

도미노   나랑 같이 안으로 들어갈까요?

빌	당신과 같이 안으로 들어가자구요?
밀리치	그는 시카고로 갔어요.
빌	그가 시카고로 갔다구요?
샐리	에이즈 양성 반응.
빌	에이즈 양성 반응?
빌	영원히?
앨리스	영원히?
빌	영원히.

배우들이 이런 종류의 대사 반복을 싫어했을 거라고 생각할지도 모르지만, 나는 그들이 이런 대사들을 즐겼다고 생각한다. 전문 언어학 용어로, 그런 식의 대사 반복은 배우들이 언어의 '퍼포먼스performance' 기능을 입증할 수 있도록 한다. 그들은 종종 평이한 서술어를 질문으로 바꾸면서, 언어학자들이 '발화 행위illocutionary act'라고 부르는 것을 실행한다. 또는 배우들은 언어를 변형하면서, '발화 효과 행위perlocutionary act'를 실행한다. (후자의 가장 명백한 예는 앨리스가 "그가 무얼 원했냐구요? 오…… 그가 무얼 원했지?"라고 말하는 대목이다.) 약간 술 취한 앨리스와, 이 영화에서 가장 공격적이고 유혹적인 놈팡이 중 하나인 산도르 스자보스트(스카이 듀몬트) 사이의 대화에서처럼, 때때로 반복은 어떤 위트를 유발한다. "내 이름은 산도르 스자보스트입니다. 나는 헝가리인입니다." "내 이름은 앨리스 하포드입니다. 나는 미국인입니다."

반복성은 행동의 '하위 텍스트' 스타일을 유도한다. 그것은 주로 변형, 목소리 톤, 얼굴 표정, 작은 제스처 등을 통해 의미를 소통하는 경향이 있다. 큐브릭은 배우들에게 아주 세밀한 연기를 주문하거나, 배우들이 방을 이리저리 배회하지도 카메라 앞에서 복잡하게 움직이지도 못하게 하면서 연기의 하위 텍스트 스타일을 고양시켰다. 큐브릭은 모든 일을 아주 천천히 진행했다. 또한 그는 종종 단순한 동작들(홀을 걸어 내려가거나, A에서 B로 가로지르는 동작들)을 빈 공간과 죽은 시간을 창조하는 와이드 숏들로 촬영했다. 그 효과는 거의 안토니오니의 영화처럼 보였다. 단지 큐브릭은 안토니오니보다 장면화가 훨씬 더 정교하고 오프 스크린 영역을 상대적으로 더 적게 이용할 뿐이었다. 오프닝 시퀀스들과 가면무도회 섹스 파티에서의 스테디캠 숏들을 제외하고, 대부분의 신들에서 배우들은 테이블, 책상, 작은 방을 가로지르면서 서로 마주본다.

좋은 사례가 호텔 데스크 직원(앨런 커밍)과 빌의 대화 장면이다. 호텔 직원은 미소를 지으며, 빌을 위아래로 쳐다보다가, 눈을 굴리면서, 손을 파닥이고, 수줍게 암시하는 듯한 대사를 읊는다. 표면적으로 약간 덜 코믹한 사례는 빌이 도미노의 아파트를 두 번째 방문하는 장면이다. 거기서 빌은 도미노의 매력적인 룸메이트 샐리(페이 매스터슨)를 만난다. 대화는 반복적 울림과 외설적 번뜩임으로 가득 채워진다. "도미노가 언제 돌아올 거라고 생각해요?" "잘 모르겠는데요." "잘 모른다구요?" "좋아요, 솔직히 말해서, 그녀는…… 그녀는 돌아오지 않을 수도 있어요." "그녀가 돌아오지 않을 수도 있다구요?" 이런 대화를 나누기 시작하면서, 두 배우들은 작은 방에서 서로 가까워지고, 그들 사이에 에로틱한 분위기가 무르익고, 서로 말할 때마다 웃음을 나눈다. '그녀가 돌아오지 않을 수도 있다'는 대목에 이르러, 빌은 샐리의 가슴을 애무한다.

"좋아, 음…… 난, 어," 샐리는 말을 더듬는다. 빌은 답한다. "당신, 어." 샐리는 어색하게 목소리를 다듬는다. "내가 당신에게 말할 게 있어요." "정말?" "어…… 잘 모르겠어요." "잘 모른다구요? 무얼?" 자신을 떨쳐 내면서 샐리는 빌에게 앉아서 이야기하자고 말한다. 짧은 침묵이 흐르고, 빌은 부드럽게 웃는다. 샐리는 불편한 표정을 보인다. "아…… 어떻게 말해야 할까요." 빌은 조용히 듣고 있다. "무얼 어떻게 말한다구요?" 샐리는 심각하게 대화의 감정적 분위기를 바꾸면서 말한다. "당신이 이 사실을 알 필요가 있어요, 음…… 오늘 아침에 도미노가 혈액 검사 결과를 가져왔어요. 아…… 에이즈 양성 반응이에요." 빌은 조용히 말한다. "에이즈 양성 반응?" 긴 침묵이 흐른다. 빌은 편한 자세를 취하며 말한다. "정말 안 됐군요."

영화의 협소한 스타일의 제약 속에서, 크루즈와 키드먼은 인상적인 연기를 펼친다. 그러나 비록 사건들이 주로 크루즈의 시점에서 완전히 남성적 환상으로 제시되긴 하지만 키드먼은 더 직접적인 인상을 남긴다. 그녀는 큐브릭 영화 중에서 가장 복합적인 여성 캐릭터를 만들어 낸다. (큐브릭의 영화에 그렇게 뛰어난 여성 캐릭터는 많지 않다.) 전통적 영화 양식 속에서 키드먼은 남성 관객들의 시각적 쾌락을 채워 준다는 사실에도 불구하고, 〈아이즈 와이드 셧〉에서 그녀가 복합적 여성 캐릭터를 구축한다는 사실은 명확하다. 영화 시작부터, 순간적으로 모호한 숏들에서, 키드먼은 자신의 파티 의상을 흘러 내리면서 쭉 뻗은 다리와 아름다운 엉덩이를 카메라의 눈에 내비친다. 키드먼의 육체는 명백히 로라 멀비Laura Mulvey가 '보여지는 것'이라고 묘사했던 남성 관음증의 기표다. 그녀는 미술관의 젊은 여성들보다 더 육감적이지만 덜 흥미롭고 완전히 감추어진 모습으로 자신의 육체를 뽐낸다. 그녀의 도자기처럼 매끈한 피부와 섬세한 입술

〈아이즈 와이드 셧〉: 빌은 도미노의 매력적인 룸메이트 샐리를 만난다. 대화는 반복적 울림과 외설적 번뜩임으로 가득 채워진다.

은 정숙함을 함축한다. 그녀의 안정된 부드러움은 어머니 같은 모습을 연출한다. 그녀의 빨간 머리카락과 요염한 눈빛은 성적 열정을 암시한다. 그녀의 환상적 모습은 어머니와 창녀를 뒤섞어 놓은 듯하다. 그녀는 크리스아이작의 노랫말처럼 '나쁘고, 나쁜 짓을 저지를지도 모르는' 아이와도 같다. 그러나 그녀는 또한 슈니츨러의 소설 속 캐릭터보다도 더 현대적이고 독립적이며 연민을 자극한다. 그녀는 결혼의 덫에 걸려 힘들어 할 것 같은 그런 여자다.

영화 속에서 빌은 가사 일을 전혀 하지 않고, 앨리스는 집안 장식이나 크리스마스 선물을 싸고 딸의 학교 숙제나 치장을 도와주는 것 외에 특별히 하는 일이 없다. (마지막 장면에서 그녀의 딸이 크리스마스 선물로 갖기 원하는 장난감 중 하나는 바비 인형이다.) 베이비시터에서 지글러까지 앨리스가 만난 모든 사람들은 그녀의 외모를 칭찬하는 것 외에 다른 말을 하지 않는다. 그녀가 산도르 스자보스트에게 이전에 미술관에서 일했고 지금은 일을 찾고 있다고 말했을 때, 스자보스트는 재미있다는 투로 그녀의 눈을 깊숙이 쳐다보면서 이야기한다. "오, 부끄러워라! 미술계에 내 친구들이 좀 있어요. 당신을 좀 도와드릴까요?" 그다음 그는 2층에 가서 지글러의 개인 갤러리에서 르네상스 청동상들을 보자면서 그녀를 유혹한다. 다음날 그녀는 신문 광고를 읽고, 브래지어를 입고, 딸의 머리를 빗겨 주면서 외출 준비를 한다. (일자리 구하러? 쇼핑하러?) 큐브릭은 이 장면들을 빌의 병원 장면들과 교차 편집한다. 거기에서 여자 비서와 간호사들이 빌을 도와주고 있고, 빌은 비키니 팬티를 입은 가슴 큰 젊은 여자를 포함해서 몇몇 환자들을 진료한다.

영화는 빌과 앨리스의 평범한 결혼 생활과 빌이 앨리스를 당연시하는 모습들을 빠르게 묘사한다. 그들은 크리스마스 파티에 갈 준비를 한다. 그녀가 화장실에 앉아서 태연하게 소변을 볼 때, 그는 거울에 자신의 모습을 비춰 보면서 옷매무새를 가다듬는다. "나 어때 보여?" 그녀가 묻고, 그는 쳐다보지도 않으면서 답한다. "완벽해." 눈을 질끈 감고, 그는 눈부시게 아름다운 아내를 파티에 홀로 남겨둔다. 그는 그녀의 진실성을 전혀 의심하지 않는다. 아무도 말을 걸지 않는 가운데 앨리스는 혼자 샴페인을 너무 많이 마시고, 스자보스트가 추파를 던지자 기분이 좋아진다. 나중에 그녀는 집에서 거울 앞에 나체로 서서 안경을 쓰면서 자신의 벗은 몸을 쳐다보며 감탄한다. 그녀는 유혹적 몸짓으로 음악에 몸을 맡긴다. 키드먼은 자신만의 섹슈얼리티가 지닌 힘을 통해 인물의 순간적 쾌락을 능숙하게 전달한다. 그녀는 남편이 자신을 껴안을 때, 그로부터 시선을 돌려서 거울 쪽으로, 거의 카메라 쪽으로 향한다. 그녀는 마치 나르시시즘에 도취된 듯하고 동시에 남성적 시선에 자신을 노출시키는 듯하다.

키드먼은 영화의 거의 모든 장면에서 자신의 연기 능력을 드러내 보인다. 그녀는 샴페인과 마리화나에 취한 채, 두 번에 걸쳐서 서로 다른 감정으로 독백을 늘어놓는다. (한 번은 빌에 대한 복수심으로 다른 남자에 대한 욕망을 고백하고, 다른 한 번은 꿈속의 섹스에 대해 눈물을 흘리며 고백한다.) 가장 중요한 신은 그녀가 해군 장교에 대해 빌에게 이야기하는 장면이다. 처음에 앨리스는 욕실 거울에 비친 자신의 모습을 피곤하게 쳐다본다. 그다음 숨겨둔 마리화나를 꺼내서 동그랗게 만다. 침실로 장면 전환되면서, 다시금 구스타프 클림트를 연상시키는 금빛 불빛이 흘러내린다. 카메라는 섹시하고 얇은 란제리를 입은 채 침대에 기대 누운 앨리스로부터 줌 아웃된다. 곧이어 빌은 검정색 박스형 팬티를 입고 그녀 위에 기댄다. 두 사람이 서로 이야기를 던지다가, 앨리스의 분노가 즉각 표면 위로 올라온다. 그녀는 빌이 파티에서 만난 두 여자와 '섹스'를 했는지 묻는다. 두 사람의 언쟁이 가열될 때, 큐브릭은 미디엄 클로즈업으로 대사를 처리한다. 그다음 와이드 숏으로 빌이 앨리스에게 스자보스트의 수작에 대해 추궁하는 장면을 보여 준다. 빌이 다른 남자가 그녀와 섹스하기 원한다는 것을 "이해할 수 있다"고 말하자, 그녀는 화가 나서 옆방으로 가버린다. 숏-리버스 숏들이 이어지면서 우리는 서 있는 앨리스와 침대에 앉아 있는 빌을 본다. 앨리스의 감정 폭발은 거의 코믹할 정도로 과장된 것 같다. 그녀는 반투명 속옷을 입고 온몸을 내보이면서 불안하게 파란 출입구 쪽에 서 있다. 그녀는 소리 지른다. "그래서, 내가 예쁜 여자라서, 남자들이 나한테 말을 거는 유일한 이유는 섹스 때문이다 이거지?" 빌은 말꼬투리를 잡혀서 어쩔 수 없이 불쌍한 처지에 빠진다. 아내와의 말다툼을 피하려고 정신없이 변명하는 그의 시도는 더 깊은 수렁으로 빠져든다. "아, 그건 그렇게 흑백논리처럼 딱 부러지는 건 아니야." 그는 변변치 않게 답변한다. "알다시피 남자들이 다 그렇다는 거지." 마치 변호사라도 되는 듯이 핵심을 찌르면서, 앨리스는 빌이 파티에서 두 아름다운 모델들과 말장난을 했고, 매일 병원에서 아름다운 여자들을 진료한다는 사실을 상기시킨다. 빌은 답한다. "마리화나 때문에 당신이 너무 공격적으로 된 것 같아." 그녀는 술 취한 채 화장대 의자에 주저앉아서 흐느낀다. "난 논쟁하는 게 아니야. 단지 당신 마음 밑바닥에 무엇이 있는지 알고 싶을 뿐이야!"

앨리스가 분노한 원인은 빌이 딴 여자에게 추파를 던졌다거나 그녀 자신이 다른 섹스 기회를 놓쳤기 때문이 아니라, 남녀 관계의 불평등에 관해 이해할 수 없는 감정 때문이다. 그녀는 방 안을 이리저리 서성이다가, 그녀의 열정과 분노를 암시하는 침실 창문의 붉은 커튼 쪽으로 다가간다. 수백만 년의 진화 끝에 남자들은 "아무데나 가능한 한 많이 쑤셔대지만," 여자들에게 결혼은 "안정과 헌신"을 의미할 뿐이냐고 그녀

Stanley   Kubrick

는 되묻는다. 그녀는 조롱하듯 말한다. "당신 같은 남자들은 그렇게 알고 있겠지." 빌이 자신은 그녀를 믿는다고 말할 때, 그녀는 무릎을 꿇을 정도로 걷잡을 수 없는 웃음을 터뜨린다. 영화 평론가 크리스티안 아펠트 Christian Appelt의 지적처럼, 여기까지 큐브릭의 장면화와 연출은 섬세하면서 진지하다. 하지만 앨리스가 몸을 웅크리며 웃음을 터뜨릴 때 우리는 영화의 유일한 핸드헬드 숏과 마주하게 된다. 카메라는 약간 떨리면서, '결혼의 근본이 흔들리는 느낌을 불러일으킨다.'[163] 마음의 평정을 되찾으면서, 앨리스는 라디에이터에 등을 기대고 앉아, 지난여름 케이프코드에서의 일을 빌에게 이야기한다. 4분의 3정도 되는 각도에서 클로즈업으로 그녀의 얼굴이 프레임되고, 가학적인 표정으로 그녀는 천천히 해군 장교가 그녀를 쳐다보았던 순간을 묘사한다. "난 움직일 수 없었지." 그녀는 조용하고 또박또박하게 말한다. 그다음 그녀는 그 당시 온종일, 심지어 빌과 사랑을 나눌 때조차도 그 해군 장교를 생각했다고 고백한다. 그녀는 단호하게 "모든 것을 포기할 각오를 했다"고 말한다. 그러나 다음 순간 그녀는 꿈꾸는 듯한 목소리로, 그 당시 그녀는 빌에 대한 자신의 사랑 때문에 "부드럽고 슬픈" 느낌을 벗어날 수 없었다고 인정한다. 다음날 그 해군 장교가 떠났다는 사실을 알고 그녀는 평온한 마음을 '되찾는다.'

앨리스의 긴 이야기 동안 네 번 정도, 큐브릭은 여전히 앉아 있는 빌의 클로즈업으로 장면을 전환한다. 새로운 제3의 의미를 창조해 내는 쿨레쇼프 효과에도 불구하고, 꽉 짜인 숏들 속에서 크루즈의 연기는 중요하다. 아무 움직임도 제스처도 없이, 크루즈는 감정의 민감한 변화를 전달한다. 큐브릭은 빌의 감정이 변화하는 과정을 기록한다. 놀라고 상처받은 듯한 마음과 분노가 뒤섞인 고통에 대해 단호하고 냉정하게 맞서는, 인내심을 잃은 듯 눈길을 떨구면서, 앨리스가 '부드럽고 슬픈 느낌'에 대해 말하는 순간 빌은 결국 속울음을 삼킨다. 앨리스가 이야기를 끝냈을 때, 큐브릭은 약간 느슨한 클로즈업으로 침대 모서리에 고립된 빌의 모습을 잡는다. 침묵이 흐르고 빌의 얼굴 표정은 상처받음과 동시에 분노한 듯하다. 갑자기, 보통 드라마에서 그렇듯이, 전화가 울린다. 얼굴빛의 변화 없이 빌은 세 번 정도 벨이 울린 후 전화를 받는다.

영화에서 크루즈의 연기는 아주 뛰어나지만, 이 장면에서처럼 상대적으로 눈에 두드러지지 않는다. 대부분 그는 다른 사람들이 말하고 행동하는 것에 대해 조용히 반응할 뿐이다. 지글러의 크리스마스 파티에서 빌은 성공적인 젊은 의사 역할을 수행하려 노력한다. 거기에서 우리는 힘과 활력으로 상징되는 크루즈의 면모를 확인한다. 그는 액션 영웅으로서 강렬함, 강력한 미소, 다정하고 친근한 포옹, 성적 카리스마를 지녔다. 하지만 앨리스가 해군 장교 이야기를 한 뒤, 빌은 우연한 성적 사건들과 거의 코믹한 성적 좌절감에 휘말린 몽유병 환자처럼 보인다. 몇 번 그의 머릿속으로 상상한 포르노 영화the blue movie 같은 장면(글자 그대로 포르노 영화. 흑백 필름에 파란색을 가한 그 장면은 앨리스가 낯선 해군 장교와 섹스하는 장면이다.)과, 더 앞에서 그가 그녀의 목소리를 마음속으로 '들을 때,' 앨리스가 미소를 짓는 시점 숏을 제외하고, 우리는 빌이 무슨 생각을 하고 있는지 정확히 알 수 없다. 아니면, 우리가 보는 대부분 장면들은 빌의 꿈속 생각들을 암시하려는 것인가? 만약 그렇다면, 그의 꿈은 정확히 어디서 시작해서 어디서 끝나는가? 이런 질문들은 답변할 수 없고 아마 별로 중요치 않다. 왜냐하면 대부분 주요 등장인물의 내적 독백으로 채워진 슈니츨러의 소설과 달리, 영화는 스토리 속에 완전히 모호한 존재론을 부여하기 때문이다.

큐브릭은 대본 초안에서 빌의 보이스오버 내레이션을 상당히 많이 덜어 내도록 결정했다. 내적 독백 대신, 큐브릭은 그 캐릭터를 거의 완벽하게 외부로부터 보여 준다. 영화의 미장센과 크루즈의 절제된 반응들은 심리적 효과를 창출한다. 이 기법은 빌이 꿈꾸는 듯 무표정한 존재라는 느낌을 주는 데 기여한다. 사실상, 그의 목적 없는 여행은 성적 복수의 환상과 자신의 섹슈얼리티에 대한 죄책감 둘 다다. 그가 만난 모든 사람들은 그에게 성적으로 다가온다. 그러나 그는 불륜, 동성애, 에이즈, 근친상간/소아성애, 그리고 지글러 같은 아버지의 처벌 등 모든 종류의 공포들에 대해 위엄 있게 반응하려 한다. 섹스 파티에서, 우리는 그의 즐기는 모습을 예상했을지 모르지만, 그의 얼굴은 눈을 볼 수 없고 표정을 알 수 없는 장식 마스크로 덮여 있다. 그는 완전히 터무니없는 상황에 처한 나약한 남자일 뿐이다. 그는 낯선 섹스 놀음 속을 멍하니 배회하다가, (전형적으로 불안한 꿈처럼) 온 무리들 앞에서 그의 가면이 벗겨지는 당황스런 상황에 처하게 된다.

〈아이즈 와이드 셧〉을 준비하는 내내 섹스 파티 장면은 큐브릭의 주요 관심사였다. 무슨 일이든 상관없이, 언제든지 포르노를 볼 수 있는 20세기 후반 미디어 환경에서, 관객들은 그들이 결코 본 적이 없는 변태적인 섹스 충격을 기대한다. 〈아이즈 와이드 셧〉에 대한 워너 브러더스의 홍보 캠페인과, 〈시계태엽 오렌지〉의 감독으로서 큐브릭의 명성은 이러한 기대를 불러일으켰고, 어떤 의미에서 아마도 관객들에 실망감을 주었을지 모른다. 사실 빌이 서머턴 맨션을 걸어갈 때 여기저기 섹스 장면들이 보이도록 계획되었지만, 미국에서 R등급을 받기 위해 큐브릭은 미장센에 컴퓨터 그래픽 인물들을 배치했고, 이는 더 분명하고 디테일한 섹스 묘사를 차단하는 효과가 있었다. (이것은 큐브릭이 최초로 컴퓨터 그래픽 이미지를 사용한 예다. 컴퓨터 그래픽 이미지는 〈A. I.〉를 위한 그의 계획 속에 더 중요하게 드러난다.) 그러나 검열에 대한 큐브릭의 양보는 영화에 큰 영향을 끼치지 못했다. 컴퓨터 이미지로 치부를 가리지 않고도, 섹스 파티는 냉담하고 무심한 느낌을 준다. 그것은 포르노그래피에 필수적인 어떤 기법들 — 충동적 음악, 성기의 클로즈업, 질질 끌면서 나긋나긋하고 부드러운 육체를 보여 주는 것, 만족의 신음소리와 외침들 등 — 과 관련이 없다. 빌의 시점으로 비춰진 트래블링 숏들을 통해서 다양한 섹스 자세, 이성애, 동성애 성행위들이 묘사되지만, 그 행위는 비교적 먼 거리에서 조심스럽게 보여진다. 그것은 성행위 당사자들과 구경꾼들에게 지루하게 느껴지는 제의적 성격을 지니는 듯하다. 섹스 행위의 파노라마는 1980년대 〈보그Vogue〉지와 다른 잡지들에서 패션 사진가 헬무트 뉴튼Helmut Newton이 보여 준 페티시하고 거의 포르노 같은 이미지들을 암시하는 듯하다. 뉴튼의 흑백 사진은 대부분 반쯤 벗은 매력적인 모델들이 옷을 잘 차려입은 모델들 옆에 서 있거나 누워 있는 모습이다. 그 사진들은 화려하고 사치스러우며 형식적인 무대 세팅과 함께 가학피학증, 수간, 기타 금지된 성행위를 암시한다. 뉴튼의 퇴폐주의의 신호이건, 패션 세계에 대한 세밀한 풍자의 암시이건 간에, 그 사진들의 가장 두드러진 특징 중 하나는 지치고 싫증났거나 약물에 중독된 듯한 모델들의 모습이다. 그것은 〈지난해 마리앵바드에서〉의 돌처럼 딱딱한 표정의 저명인사들을 닮은 듯하다.

큐브릭은 섹스 파티 묘사를 위해 서머턴 저택의 장식과 절충주의적인 디자인에 많은 관심을 기울였다. 그는 장식, 무어 건축 디자인, 대리석과 카펫 마루, 가득 채워진 도서관 등의 분위기에 맞춘 성행위를 보여 준다. 모든 것들은 고대와 현대 문화의 혼란스런 꿈같은 느낌을 준다. 인테리어는 제너두와 플레이보이 저택 사이를 교차하는 듯하다. 초대된 손님들은 베네치아 카니발식으로 차려입은 가톨릭 수도승처럼 보인다. 영국 아방가르드 작곡가 조셀린 푹Jocelyn Pook이 만든 음악은 포스트모던 퍼포먼스 아트를 통해 걸러진 종교 제의처럼 들린다. 푹의 작품 중 하나인 〈뒤로 가는 사제Backward Priest〉는 로마 사제의 목소리로 녹음되었다. 그 목소리는 뒤쪽에서 들리고 닉 나이팅게일의 피아노에서 나오는 것으로 추정되는 반복적인 두들기는 듯한 화음이 보태진다. 다른 음악은 아랍이나 북아프리카의 음악 '이주Migrations'다. 큐브릭은 이 혼합 음악들 위에 키치 댄스곡 〈밤의 이방인Strangers in the Night〉을 보탰다. 또한 그는 〈바가바드 기타Bhagavad-Gita〉에 있는 매력적인 시구를 통합하려 했지만, 힌두 근본주의자들이 〈아이즈 와이드 셧〉에 대해 시위하려고 위협했을 때 그것을 빼버렸다.[164] 《다빈치 코드》의 작가 댄 브라운은 큐브릭이 성배 사회에 대한 숨겨진 메시지를 보내려 했지만 그 디테일들은 잘못된 것이라는 의견을 밝혔다. 사실, 큐브릭이 극도로 충돌하는 문화를 언급한 핵심 이유는 수수께끼나 비밀스런 상징을 창조하려는 것이 아니라, 약간 이상한 에로틱 가장무도회에 악마의 제의가 지닌 다차원적 아우라를 빌리려는 것일 뿐이다. 꿈의 여러 형태처럼, 섹스 파티는 사악하고 어리석다. 아마도 융과 프로이트 심리학을 이용해서 최상의 즐거움을 주는 디테일들로 채워져 있기 때문에, 그 섹스 파티는 종종 지글러가 나중에 빌을 무섭게 하려고 연출한 이벤트라고 주장한 것처럼 보인다.

큐브릭이 서머턴 섹스 파티를 소원하게 다루는 것은 〈아이즈 와이드 셧〉이 섹스만큼이나 돈에 대한 영화라는 사실을 강조한다. 팀 크라이더 Tim Kreider에 따르면, 영화의 첫 번째 대사는 "여보, 나 지갑 어디 있는지 알아요?"이고, 마지막 장면은 FAO 슈바르츠■로 쇼핑을 가는 것이다. 그

■ 미국의 뉴욕 5번가에 위치한 초대형 완구점으로, 〈빅〉, 〈나 홀로 집에〉 등 여러 할리우드 영화에 나오기도 했다.

〈아이즈 와이드 셧〉: 큐브릭은 섹스 파티 묘사를 위해 서머턴 저택의 장식과 절충주의적인 디자인에 많은 관심을 기울였다.

사이에, 우리는 몇몇 창녀들 — 그들 중 하나는 대학에서 공부하는 소녀인데,《사회학 개론》책을 들고 있다 — 을 만난다. 또한 우리는 빌 하포드가 엄청난 부자 환자들을 상대하는 잘 나가는 의사라는 점을 계속 상기하게 된다.[165]《꿈 이야기》에서 돈의 중요성은 약간 불분명하다. 거기에는 지글러 같은 캐릭터가 없다. 이 때문에 조너선 로젠바움은 큐브릭이 슈니츨러보다 더 "도덕주의자"라고 느낀다(p.265). 다양한 방식으로 영화는 집에 돌아온 빌의 죄의식과 수치심이 단지 잠재적 외도의 결과가 아님을 암시한다. 사실, 두려워서건 우연적 이유이건 간에, 빌은 간통을 저지른 건 아니다. 가장 커다란 잘못은 빅터 지글러의 행동을 암묵적으로 수용하고 공모한 것과 관련이 있다. 대형 크리스마스 파티에서 그는 그들이 파티에 초대된 이유는 지글러가 '가정 왕진'을 원했기 때문이라고 농담 삼아 앨리스에게 말한다. 얼마 안 있어서 지글러는 그를 2층의 화려한 욕실로 부른다. 빌은 지글러와 섹스를 하다가 마약 중독으로 죽을 뻔한 창녀를 도와준다. 빌이 그녀를 살려내자, 지글러는 그에게 말한다. "당신이 내 똥구멍을 구했어." 지글러는 여자의 목숨이 진짜 관심사가 아니라는 점을 분명히 한다. 빌은 대답한다. "내가 여기 있는 게 천만다행이지요." 지글러는 빌이 이 사건에 대한 비밀을 지켜줄 것을 부탁한다. "물론입니다." 빌은 남자 대 남자의 입장에서 말한다.

영화 마지막에 지글러의 도서관/당구장 방 안의 긴 대화에서, 영화는 이러한 도덕 이슈를 제기한다. 로젠바움이 지적한 것처럼, 아직 그 상황을 정확히 이해하지 못한 관객들에게 비록 지글러가 좋은 사람처럼 보인다 할지라도 말이다. 큐브릭은 원래 그 역에 하비 케이틀을 캐스팅하려 했다. 아마도 케이틀이 종종 갱스터나 밑바닥 삶의 캐릭터를 연기했고, 대체로 크루즈만큼의 신체 조건을 지니고 있기 때문이었다. 시드니 폴락은 완전히 다른 유형이다. 그는 키가 크고 건강한 체격을 갖고 있고, 자신이 감독했던 〈투씨*TooTsie*〉(1982)라는 영화에서 작은 역할 하나를 맡아서 했다. 그는 지적이고 친절하고 꽤 순박한 아버지상이다. 그의 연기는 캐릭터의 외모적 매력과 실제적 부패 사이의 불협화음을 창조했다.

이런 의미에서, 폴락과 크루즈 사이의 장면은 〈영광의 길〉 마지막 장면에서 커크 더글러스와 아돌프 멘주 사이의 장면과 좋은 대조를 이룬다. 두 경우 모두 괴물 같지만 호감이 가는 위엄과 권위의 대변자가 불의를 걱정하는 젊은 남자와 대화를 나눈다. 두 경우 모두 등장인물들은 가죽끈 책들과 '문화'의 상징들로 둘러싸인 채 대화한다. 그러나 〈아이즈 와이드 셧〉에서 그 대화 장면은 그렇게 역동적이지 못하다. 스타는 도덕적 분노를 표명할 수 없다. 이 영화에서 빌 하포드는 상대적으로 수동적 인물로 나온다. 영안실에서 시신을 확인한 후 빌은 지글러의 집으로 불려간다. 거기서 키 크고 몸집 좋아 보이는 남자 '비서'가 그를 도서관으로 안내한다. 빌은 피로감과 죄책감으로 거기에 도착한다. 지글러는 25년산 스카치위스키 한 잔을 건네면서, 선물로 그 위스키 한 상자를 보내 주겠다고 말하지만 빌은 사양한다. 지글러는 아이보리색 공으로 당구대의 붉은 표면 위에서 불안하게 장난을 친다. (그 장면은 그 긴 신 안에서 배우가 영화 소품을 만지면서 감정을 전달하는 유일한 예다.)

스테디캠은 지글러를 따라가고, 그는 테이블 주위를 서성이면서 무언가 말을 하려 애쓴다. "나…… 나는…… 들어 보게, 빌, 내가 자넬 부른 이유는…… 나는 자네에게 뭔가 말을 해야 하네." 처음에, 그 노인네는 친절하게 말한다. 그는 빌이 "한두 가지 잘못된 생각을 할지 모른다"고 말한다. 대화가 거듭 될수록 그는 감춰진 위협을 드러낸다. 지글러는 자신이 섹스 파티의 참가자 중 한 명이었다고 설명하면서, 빌에게 그 섹스

〈아이즈 와이드 셧〉: 빌은 머리를 떨구고, 지글러는 그 뒤로 다가와서 안심시키듯 빌의 어깨에 손을 얹는다.

파티의 존재를 알려 준 "넉인지 뭔지 하는 그놈"을 비난한다. 그리고 지글러는 자신이 빌에게 미행을 붙였다고 말한다.

빌은 거의 움직이지 않으면서 이야기한다. 클로즈업으로, 그가 지글러의 긴 이야기에 당황하고, 놀라고, 말없이 분노하는 모습이 잡힌다. 결국 빌은 당혹감에 손을 당구대 위에 털썩 내려놓는다. "빅터, 무슨 말을 할까요?" 그가 말한다. "당신이 어떤 식으로든 이 일에 관련되었을 줄 상상도 못했어요." 지글러는 술 테이블로 가서 스카치를 더 부으며 말한다. 만약 빌이 그 섹스 파티의 참가자 이름을 안다면 "잠을 못 이룰 지경"일 거라고 말한다. 지글러는 방 반대쪽으로 가서 의자에 앉는다. 극단적 딥 포커스 숏에서, 빌은 지글러 쪽으로 등을 돌리고 두 팔을 괸 채 몇 발짝 걸어 나간다. "내게 위험을 경고해 준 여자가 있었어요." 빌이 말하고, 지글러는 일어나서 앞으로 걸어 나온다. 지글러는 그녀를 "창녀"라고 말한다. 또한 그는 그날 밤 파티의 모든 일이 "위장된 연극"이었을 뿐이라고 주장한다. 빌은 의자에 주저앉아서 잠깐 앞이마에 손을 갖다 대고, 양손을 거의 기도하듯이 꽉 낀다. 그다음, 빌은 오늘 신문에 죽었다고 난 그 여자가 섹스 파티의 바로 그 창녀인지 묻는다. 지글러가 그렇다고 말하자, 빌은 순간적으로 그의 분노를 보여 주며, 돌아서 묻는다. "어떤 위장된 연극이 누군가를 실제로 죽이면서 끝나요?" 지글러의 상냥한 가면은 거의 벗겨진다. "허튼소리는 집어치우자구, 좋아? 자넨 어제 자네 머리로는 상상도 할 수 없는 곳에 있었네…… 그녀는 머리가 터져 버린 거라구, 그게 다야…… 그녀는 마약 중독자였어. 아무것도 이상한 건 없네, 그녀의 문은 안으로 잠겨 있었구. 경찰이야 나쁠 게 뭐 있나. 그게 이야기의 끝이야." 그다음, 지글러는 아버지 같은 태도를 취한다. 그는 이 특별한 여자가 마약으로 죽는 것은 어차피 "시간문제"였을 뿐이라고 빌에게 말한다. "기억해 보게, 자네도 그녀에 대해 그렇게 말하지 않았나? 내 욕실에서 마약에 취한 그 창녀의 일을 기억해 보라구."

큐브릭은 이 시퀀스의 마지막 숏을 표현주의적으로 촬영한다. 빌은 그의 머리를 떨구고, 지글러는 그 뒤로 다가와서 안심시키듯 빌의 어깨에 손을 얹는다. 이유 없는 푸른빛이 두 남자의 얼굴 왼쪽으로 신비스럽게 떨어진다. 지글러는 말한다. "삶은 계속된다네. 끝날 때까지는 항상 그렇지. 자네도 알지 않는가?" 이어서 곧바로 빌과 앨리스의 침실로 장면 전환된다. 거기엔 똑같이 푸른빛이 흘러내린다. 표면적으로는 달빛이 비친 것이다. 앨리스는 잠자고 있고, 그녀의 머리맡에 빌이 섹스 파티 때 썼던 마스크가 놓여 있다. (슈니츨러의 소설에서, 남편이 마스크를 돌려주지 못한 것은 고의가 아니었다. 그것은 프로이트적 실수 같은 것이었다. 영화에서 마스크의 존재는 자세히 설명되지 않는다.) 빌은 그 마스크를 보자, 자신의 가슴에 손을 올린다. 여기서 우리는 가슴을 찌르는 사운드트랙으로 리게티의 〈리체르카타 음악 2*Musica Ricercata 2*〉 피아노 선율을 듣는다. 빌은 눈물을 터트리고, 침대의 앨리스 옆에서 태아처럼 웅크리며, 그녀에게 '모든 걸 다' 이야기하겠다고 약속한다.

다음날 아침 앨리스의 클로즈업으로 장면 전환된다. 그녀는 눈물로 눈이 붉게 충혈되었고 담배를 피우고 있다. 빌은 회한에 잠긴 듯 보인다. 앨리스는 딸과의 쇼핑 계획을 생각해 낸다. 여기서 슈니츨러의 소설과 달리, 장난감 가게로 장면이 전환된다. 빌, 앨리스, 헬레나는 가게를 빙 돌면서 걸어가고, 스테디캠 카메라가 그들 앞에서 뒤로 물러나면서 촬영을 한다. 수많은 엑스트라들이 놀이를 하거나 꿈을 꾸는 사람들처럼 지나쳐간다. 빌은 겸연쩍은 듯이 앨리스에게 이제 그들이 무얼 할지 물어본다. 슈니츨러의 소설에서처럼, 앨리스는 빌에게 그들의 결혼이 실제건 꿈이건 간에 그 '모험들' 속에서 살아남았다는 사실에 감사하자고 말한다. "꿈이 단지 꿈인 것만은 아니다"라고 말한다. 그리고 그는 '영원히' 깨어 있길 바란다고 말한다. 앨리스는 이 말을 거부하면서 현실적인 답을 한다. 그녀는 지금 빌을 사랑하고, 가능한 한 빨리 '섹스fuck'를 해야 한다고 생각한다.

우리는 이 마지막 단어를 큐브릭의 마지막 영화에서 이런 상황에서 듣게 된다. 이 단어는 여자에게 중요하게 받아들여진다. 이 그로테스크한 단어는 때때로 사랑의 행위를 지칭한다. 또한 이 단어는 저급한 육체적 어감을 주며, 폭력과 반복되는 구타를 의미하는 앵글로색슨 어휘에서 유래한다. 지글러는 "그녀는 머리가 터져 버린 거라구"라고 말할 때 그 단어를 갖다 붙였다. 그러나 키드먼은 그 단어를 부드럽고 재미있는 목소리로 비꼬듯이 사용한다. 이때 그것은 부드러움과 거친 자각의 느낌을 동시에 준다. 우리는 매일의 동반자로서 결혼이 원시적 충동 위에 지어진 불안한 건물이라는 사실을 문득 깨닫는다. 영화의 마지막 장면에서, 큐브릭이 일부일처 결혼 제도, 이성애, 핵가족의 중요성을 확인했기 때문에, 그를 성적 보수주의자라고 볼 수도 있다. 또한 〈살인자의 키스〉처럼 〈아이즈 와이드 셧〉의 '해피' 엔딩은, 큐브릭 영화의 대체로 비극적인 결말들과는 다르다. 의심의 여지없이 〈아이즈 와이드 셧〉은 큐브릭의 세 번째 결혼에 존경을 보낸다. 그 결혼은 오래 계속되었고 분명 행복했다. 그러나 섹슈얼리티에 대한 그의 불분명한 관점은 결코 단순하거나 안일하게 볼 문제가 아니다. 스페인 평론가 셀레스티노 델레이토Celestino Deleyto는 영화의 성적 주제에 대해 정확하게 지적했다.

영화는 사랑과 섹스 사이, 정서적 관계와 성적 환상 사이, 불안감, 죄책감,

죽음 충동을 보이는 남성 심리와 건강한 관계의 결정적 요소로서 섹스 사이, 상품으로서 성과 감정으로서 성 사이의 복합적이고 설득력 있는 방식들을 탐구한다.[166]

로젠바움이 말했듯이, 〈아이즈 와이드 셧〉은 꿈과 책임감 사이의 보잘 것 없고, 갈등하면서, 언제나 복잡한 연관성을 보여 준다. 어쨌든 마지막 장면의 낙관주의는 매우 힘겹게 성취된다. 영화는 등장인물들을 비교적 큰 변화 없이 남겨 두는 용기를 보여 준다. 빌은 성공적이고 전도유망한 의사로 남는다. 앨리스는 아름답고 가정에 충실한 아내로 남는다. 그들은 여전히 죄책감과 분노 속에 살아간다. 내일, 또 그다음 날 그들은 비슷한 모험들을 할 것이다. 그 모험들 속에서 그들은 살아날 수도, 살아나지 못할 수도 있다.

6부

에필로그

STANLEY KUBRICK

16

덧붙이는 생각

큐브릭 작품에 대한 총괄적 종합이나 핵심(사실 이것은 불가능하다!)이 결여된 것 같아서, 이 책의 주제들에 대해 약간 언급하는 것이 유용할 것 같다. 맨 처음에 나는 작가로서 큐브릭의 입지가 역설적이고 아주 독특하다는 점을 강조하는 것으로 시작했다. 대부분의 경력 동안 그는 할리우드 영화 산업 내부에 있기도 했고 외부에 있기도 했다. 어떤 면에서 그는 할리우드보다 뉴욕에 근거지가 있던 마틴 스콜세지나 우디 앨런과 비교된다. 그러나 큐브릭은 캘리포니아에서 초기 영화 세 편을 찍은 뒤, 미국 연예 산업의 중심지로부터 스콜세지나 앨런보다 더 멀리 떠나서, 제작자로서 작품에 대해 더 큰 통제권을 획득했다. 비록 그의 경력이 역사적 조건들 — 고전 스튜디오 시스템의 붕괴, 미국 '예술' 영화의 부상, 미국 영화의 해외 제작 확산 등 — 에 의해 가능했다 할지라도, 그의 역사적 위치는 특별하다. 그는 고전적 영화 작가들 사이에도, 1950년대와 1960년대 영화계에 들어온 뉴욕 TV 감독들 사이에도, '뉴 할리우드' 감독들 사이에도 위치하지 않는다. 큐브릭의 명성을 둘러싼 아우라와, 내가 강조했던 큐브릭의 후기 모더니스트 특징들에 대한 논쟁은 그의 특별한 지위와 냉철한 개성으로부터 유래한다. 그는 자신이 원하지 않는 것은 영화로 만들지 않았다. (단 하나의 예외는 〈스파르타쿠스〉였다.)

많은 감독들과 달리, 큐브릭은 결코 투자사나 배급사에 의해 필름이 삭제되고, 재촬영되고, 포기되는 일을 겪지 않았다. 〈닥터 스트레인지러브〉, 〈2001 스페이스 오디세이〉, 〈샤이닝〉 등은 시사회 뒤 약간 수정되었다. 그러나 큐브릭이 직접 수정 작업을 했다. 큐브릭은 예술가와 투자자 사이의 갈등을 의미하는 '디렉터스 컷'이나 대안 버전을 따로 남기지 않았고, 영화 원본에 자신의 의도를 관철시켰다. 그의 경력의 마지막 시기에, 미국 영화 산업은 디지털 시대로 옮겨 가고 있었고, 홈 엔터테인먼트에 몰두했다. 그러나 큐브릭은 계속 자신의 스타일로 개인적 영화들을 만들었다. 그는 컴퓨터 아비드 테크놀로지 시대에 고유한 꽉 짜인 프레이밍과 경박한 편집을 회피했다. 비록 그의 영화들이 때때로 놀랄 만큼 서로 다르고 다양한 문학 작품들로부터 유래했지만, 전체적으로 그의 경력은 스타일, 감정, 지성의 측면에서 통합되어 있다. 질적으로 볼 때 그의 작품들이 성취한 수준은 매우 일관되다. 그것은 영화 감독이라기보다 작가나 화가의 것에 더 가깝다.

처음부터 큐브릭은 완벽한 영화 작가였다. 그는 문학적 지성인의 감성을 촬영기사/편집자의 기술적 전문성이나 흥행사의 본능과 결합시켰다. 큐브릭 작품의 강점은 명백히 대립하는 것들을 결합시키는 그의 능력으로부터 나왔다. 큐브릭은 영화가 빛과 소리의 매체라는 사실을 예민하게 통찰했다. 그러나 동시에, 그의 영화들은 소설이나 연극의 언어유희를 보여 준다. 그는 할리우드의 낡은 조명 관습을 거부했다. 〈2001 스페이스 오디세이〉나 〈배리 린든〉의 조명은 거리 사진사로서 그의 초기 경력 덕분에 가능했다. 그럼에도 불구하고 그의 시각적 '리얼리즘'은 신화, 동화, 프로이트주의 무의식에 대한 그의 관심과 균형을 맞춘다. 합리성과 불합리성 사이의 변증법이나 긴장은 그의 작품 모든 곳에서 드러난다. 그는 부조리하고 폭력적이고 성적으로 '뜨거운' 소재들을 다루면서, 언제나 꼼꼼하고, 철저히 통제하고, '차가운' 기술자의 인상을 남긴다. 예를 들면, 나와 다른 비평가들이 그의 영화에서 주목하는 인상적 '터널' 숏들을 생각해 보라. 어떤 숏들은 생생하고 화려하다. (〈살인자의 키스〉에서 데이비의 악몽 장면, 〈영광의 길〉에서 닥스 대령이 참호를 걸어 내려가는 장면, 〈닥터 스트레인지러브〉에서 산맥 사이로 돌진하는 B-52 폭격기 장면, 〈2001 스페이스 오디세이〉에서 스타게이트를 통한 보우먼의 우주 시간 여행 장면, 〈샤이닝〉에서 대니가 호텔 복도를 활보하는 장면 등.) 또한 매우 단순하면서 평이한 숏들도 있다. (〈롤리타〉 오프닝에서 안개 낀 거리를 달려가는 자동차, 〈시계태엽 오렌지〉에서 병원 복도에 저녁을 내려놓는 간호사, 〈배리 린든〉에서 출입문을 따라서 술 먹고 도박하는 군인들에게 불안하게 다가가는 벌링든 경, 〈풀 메탈 재킷〉에서 신병 대열을 사열하는 하트먼 중사, 〈아이즈 와이드 셧〉에서 파티장으로 가려고 아파트 복도를 서둘러 걸어가는 빌과 앨리스 등.) 대부분 이런 숏들은 다양한 종류의 통로를 따라서 앞뒤로 움직이는 와이드 앵글 렌즈로 촬영된다. 그러나 큐브릭은 구체적 기술보다는, 이미지 그 자체의 특징에 더 많은 관심이 있는 듯하다. 그것은 다양한 방법으로 성취될 수 있다. 그는 먼 지평선을 향해 날카롭게 달려가서 합쳐지는 여러 선들의 느낌이나, 소실점에 가까워지거나 멀어지면서 안정되고 부드럽고 빠르게 운동하는 느낌을 창조한다. 그 운동은 때때로 안개, 연기, 돌아서는 복도 등에 의해 모호해진다. 큐브릭 영화의 이미지는 선과 운동의 느낌을 질서 정연하게 구성한다. 그 이미지는 유연한 운동과 남근적 에너지 속에서 즐겁고 역동적이다. 그러나 동시에, 공개적이고도 세심하게, 큐브릭 영화의 이미지는 불안감을 조성한다. 그것은 마치 우리가 악마의 공간 속을 배회하는 것 같다. 그 악마의 공간은 위협적이고 알려지지 않은 어떤 것을 향해 터져 나가는 듯하다.

큐브릭의 영화는 이처럼 낯설고 불안한 에너지를 질서 정연하게 제시한다. 그러나 지적인 의미에서 그의 영화 경력은 일관된 세계관보다는, 역사의 힘에 대한 사회적, 기술적, 문화적 관심들의 상호작용과 더 직접 연관된다. 심도 깊게 살펴보자면, 큐브릭 예술의 핵심은 그의 영화들의 정서적 특징들 속에서 발견될 수 있다. 나는 그것을 큐브릭 영화의 그로테스크 효과라고 강력히 주장한다. 그는 화장실 농담들을 만들어 내고, 기이한 표정과 연기 스타일을 지닌 배우들을 기용한다. 그는 배우들에게 가면을 씌우고 희화화된 행동을 하도록 한다. 그는 마네킹, 인형, 휠체어 탄 사람들이나, 살아 있는 컴퓨터들을 보여 줌으로써 움직이는 것과 움직이지 못하는 것 사이의 차이를 계속해서 흐릿하게 만든다. 이 모든 것들 아래로 흐르는 것은 육체에 대한 불안감 — 분비물, 구멍, 어쩔 수 없는 부패와 죽음 — 이다. 그 불안감은 냉소적 유머와 뒤섞인다. 따라서 관객들은 충격과 웃음 사이의 어딘가에 사로잡힌다. 〈롤리타〉에서뿐만 아니라, 큐브릭의 영화들은 서로 다른 형식들과 분위기들 사이에서 예상할 수 없이 방향을 트는 경향이 있다. 이런 경향은 연기 스타일들 사이에서, 혹은 리얼리즘과 블랙 코미디 사이에서 그로테스크한 충돌을 일으킨다. 큐브릭은 본질적으로 풍자가다. 그의 주제는 인간의 어리석음과 야만성이다. 그는 풍자를 통해서 '낯설게 하기 효과estranging effects' — 그로테스크하고 기형적인, 기이한, 환상적인, 카프카스러운 효과 — 같은 것을 끄집어낸다. 그는 반복해서 체계적 질서정연함과 공포스런 부조리함을 결합한다.

큐브릭은 남성 섹슈얼리티를 주요한 주제 중 하나로 다룬다. 그의 영화에서 남성 섹슈얼리티는 거의 언제나 어두운 심리적 주제에 의해 굴절된다. 하지만 그는 프로이트처럼 결혼에 대해 힘겹게 존중한다. 과학과 기계에 대한 그의 태도 또한 복합적이다. 그것은 그의 영화의 사회적, 성적 함의와 흥미롭게 상호작용한다. 영화의 최고 기술자 중 한 명으로서 큐브릭은 물리학과 수학의 원리를 잘 이용했으며, 분명히 사려 깊고 과학적인 미래주의에 매료되었다. 〈2001 스페이스 오디세이〉에서, 그는 인간성이 순수한 기계 지성을 향해 진화할 수 있음을 암시한다. 인간성은 그로테스크한 유기적 껍데기를 내버려둔 채 불멸성을 발견하면서 진화한다. 〈시계 태엽 오렌지〉에서 큐브릭은 '기계적인' 것의 악몽을 제시한다. 그는 섹슈얼리티가 예술을 통해 상품화된 자극으로 변형되는 사회를 구체적으로 보여 준다. 그의 영화 경력이 진행될수록, 범죄자를 예술가나 아웃사이더 엘리트와 동일시하는 큐브릭의 낭만적 관점은 사회적 비관주의에 의해 점점 더 어두워진다. 이런 이유로 우리는 그의 영화가 지닌 정치적 입장이 정확히 무엇인지 말하기 어렵다. 그의 경력은 1940년대 그의 가족과 대부분 뉴요커들의 영웅이었던 프랭클린 루스벨트의 죽음을 애도하는 뉴스 사진을 판매하면서 시작되었다. 그러나 그 이미지는 절망적이었고, 한 시대의 종말과 냉전의 시작을 알렸다. 큐브릭의 영화들은 쿠바 미사일 위기, 베트남전쟁, 점증하는 미국 정치의 반동적 기류 속에서 만들어졌고, 자유주의와 자유주의자, 무정부주의와 어떤 의미에서 보수주의의 태도를 전달했다. 그러나 보수적 충동은 그의 작품 속에 유토피아 이상주의의 여지가 없다는 의미일 것이다. 이런 식의 규칙은 그가 신화와 동화를 훌륭하게 사용했을 때 예외가 되는 듯하다. 〈2001 스페이스 오디세이〉에서처럼, 혹은 〈샤이닝〉에서 위협적 어른에 대한 아이의 승리에서처럼, 나는 이를 큐브릭 영화의 낙관주의라고 부르길 주저하지 않을 것이다.

이 모든 이슈들은 큐브릭의 가장 야심적 프로젝트 중 하나인 〈A. I.〉에서 하나로 합쳐진다. 이 영화는 큐브릭 사후 여러 해 동안 스티븐 스필버그가 만들었다. 더 많은 요약 대신에, 그리고 이 책의 어떤 결론을 내리기 위해, 나는 이제 〈A. I.〉에 대해 폭넓게 분석하면서 작가로서 큐브릭이라는 주제로 이동할 것이다. 이것은 앞서 여러 장에서 개별 영화들을 살펴본 것과는 다른 방식으로 같은 주제를 다루는 것이다. 전체 책에서와 마찬가지로, 나는 정서적 효과의 문제뿐만 아니라 죽음의 주제 ─ 개인의 죽음과 동시에 영화 역사에서 한 시대의 죽음 ─ 를 강조하면서 시작한다.

17

⟨A. I.⟩에서 사랑과 죽음

스티븐 스필버그/스탠리 큐브릭 제작사의 영화 ⟨A. I.⟩(2001)의 마지막 장면에서, 헤일리 조엘 오스먼트는 순진무구한 금발 머리 소년 역할을 훌륭하게 소화한다. 이 장면에서 그는 프랜시스 오코너가 연기한 아름다운 검은 머리 엄마와 함께 잠이 든다. 두 사람은 캘리포니아 어딘가의 현대적인 주택에서 외로운 존재다. 특히 소년에겐 아버지와 형제가 없고, 이 때문에 영화 초반부에서 소년은 그 집을 떠나게 된다. 그날 방 안은 희미해지면서 온통 흙빛으로 가득 번진다. "내가 정말 너에게 잘 해 주었어야 했는데," 소년이 엄마에게 이불을 덮어 주자 엄마가 말한다. "정말 이상하네, 눈을 뜰 수가 없어…… 얼마나 아름다운 날인지!" 클로즈업으로, 엄마는 소년을 의식적으로 바라본다. "사랑해, 데이비드," 그녀는 말한다. "너를 사랑해, 항상 너를 사랑해 왔단다." 리버스 앵글은 눈물을 흘리면서 웃음을 짓는 소년을 보여 준다. 소년은 엄마를 껴안는다. 사운드트랙이 깔리면서, 전인적 시점의 내레이터가 우리에게 말한다. "이것은 데이비드가 기다려 왔던 영원의 순간이었다. 모니카가 잠든 사이에, 그 순간은 지나가 버렸다." 침대에 웅크리고 있는 소년의 오버헤드 숏으로 디졸브된다. 소년은 엄마 옆에 등을 대고 누워 있다. 엄마는 마치 장례식 관 위에 돌처럼 누워 있는 사람처럼 보인다. 소년은 축복에 겨워 눈을 감고, 방은 점점 어두워진다. 슈베르트를 연상시키는 존 윌리엄스John Williams의 피아노 선율이 배경 음악으로 울려 퍼진다. 카메라는 크레인 숏으로 뒤로 빠져나간다. 내레이터는 마치 소년의 잠자리 이야기에 나오는 마지막 대사인 양다시 말한다. "그렇게 데이비드는 잠들었다. 그의 생애 처음으로, 그는 꿈나라로 갔다." 카메라는 크레인을 타고 계속 뒤로 나가다가 침대 창문 바깥으로 빠진다. 침대 발밑의 테디 베어 로봇이 소년과 엄마의 잠든 모습을 지켜본다. 테디 베어의 털북숭이 팔과 머리는 축복에 잠긴다. 바깥에서는 푸른 밤이 깊어 간다. 카메라는 위쪽으로 크레인 업하면서 빠지고, 집안의 불빛이 하나둘씩 꺼진다.

　　몇몇 지적인 평론가들과, 내가 높이 평가하는 적잖은 친구들이 이 장면과 그 영화를 대체로 좋아하지 않는다고 말했다. 그들은 이 영화의 감상주의를 스필버그와 연계시켰고, 얄팍한 생각의 깊이를 큐브릭과 연관시켰다.[167] 평론가들이 두 감독들 모두 또는 한 명에게 찬사를 보낼 때조차도, 그들은 테디 베어가 E. T.보다 못하고, 그 잠자리 동화 이야기가 〈2001 스페이스 오디세이〉의 영화적 화려함을 능가하지 못한다고 불평을 늘어놓는다. 나는 〈A. I.〉의 마지막 장면을 비웃는 관객들의 이야기를 들은 적이 있다. 또한 언젠가 영화를 보고 집으로 돌아가는 엘리베이터 안에서 시간을 허비했다고 불평하는 한 커플을 만난 적도 있다. 나는 이 영화를 다섯 번이나 보았다. 매번 엄청난 눈물을 흘렸다. 아마도 내가 나이를 먹어가면서 감정을 주체할 수 없기 때문일 것이다. 더구나 아마도

〈A. I.〉: 엄마가 소년에게 사랑의 말을 나누는 마지막 장면.

〈A. I.〉의 마지막 장면이 나에게 개인적 울림을 주었을 것이다. 왜냐하면 영화 속 소년의 나이쯤에 내 어머니가 돌아가셨기 때문이다. 어쨌거나, 거의 마지막에 '엄마! 어디 계세요?' 라고 울부짖는 데이비드의 눈물은 절망적 흥분과 불안감으로 울려 퍼지면서 내 가슴을 뒤흔들었다. 결말부의 숏-리버스 숏에서, 소년이 엄마에게 사랑의 말을 듣고 그녀를 껴안을 때, 나도 같이 흐느껴 울었다. 나는 영화에 감정적으로 동화되었다. 왜냐하면 눈물이야말로 그 영화의 가장 중요한 모티프 중 하나였기 때문이다. 이 장면에서 마음이 움직이지 않은 사람들에게 나는 단지 〈A. I.〉에서 두 번 인용된 윌리엄 버틀러 예이츠의 말을 들려줄 수 있을 뿐이다. "세상은 당신이 이해할 수 있는 것보다 더 많은 눈물로 가득 차 있다."

그러나 웃음 혹은 적어도 비웃음이 완전히 부적절한가? 모든 동화 같은 달콤함에도 불구하고, 데이비드는 일종의 프로이트적 몽정을 경험하고 있다. 영화는 이것의 함의를 정확히 알고 있다. 영화는 프로이트에 대한 몇 가지 노골적인 언급을 포함해서 직접적으로 오이디푸스 이야기를 들려준다. 영화 초반부에 데이비드는 엄마가 화장실에 앉아서 《프로이트와 여성》이라는 책(프랜시스 오코너가 그 숏을 위해 선택한 책)을 읽고 있는 모습을 보고 놀란다. 영화 곳곳에서, 디즈니 동화 같은 분위기는 예술 영화의 아이러니에 의해 굴절된다. 큐브릭의 〈샤이닝〉에서처럼, 프로이트주의는 수정주의 복수극으로 전개된다. 아버지는 단지 상상 속의 위험이 아니라 실제의 위험이다. 아들은 엄마와 사랑하기 위해 아버지라는 치명적 위협을 제거할 필요가 있다. 또한 영화의 마지막 장면은 타나토스에 대한 프로이트의 생각들을 확인하는 듯하다. 이야기를 종결지으려는 동화의 충동을 인간의 죽음 충동과 깔끔하게 연결 짓는다. 또한 그 장면은 프로이트가 '보존' 본능이라고 부르는 것과 연결된다. 우리는 보존 본능을 통해서 '사물의 오래된 상태, 초기 상태'로 돌아가려고 애쓴다. 살아 있는 개체는 초기 상태로부터 떨어져 나왔고, 또한 동시에 초기 상태로 돌아가려고 애쓰고 있다.[168] 사태를 더 복잡하게 만들기 위해서, 다른 아이러니가 더 깊숙이 작동한다. 그것은 심지어 프로이트를 약화시키면서 위협한다. 〈A. I.〉를 잘 이해한 모든 사람들은 스토리가 먼 미래에 일어난 이야기라는 사실을 잘 안다. 따라서 〈A. I.〉는 다르코 수빈Darko Suvin 같은 이론가들이 SF 문학과 동일시한 '인지적 낯설게 하기cognitive estrangement'의 효과를 낳는다.[169] 데이비드는 '실제' 소년이 아니라, '기계 로봇mecha'이다. 그는 비교적 자율적으로 움직이는 컴퓨터 복제물이다. 과학자와 회사 기술자들이 그를 프로그래밍한다. 그는 자신의 유기체 '엄마'에게 사랑을 느끼고, 마치 미래의 피노키오처럼 진짜 인간이 되길 원한다. 오이디푸스 욕망을 경험하도록 프로그래밍되었기 때문에, 그는 울 수도 즐거움과 공포를 느낄 수도 있다. 그러나 그는 쉬를 하거나 시금치 같은 다른 음식을 먹을 수는 없다. 그는 수천 년 동안 살 수 있고 결코 늙지 않는다. 그는 꿈꿀 수 있지만, 어떤 의미에서 그것은 전기 양electric sheep▪ 같은 꿈이다. 그가 일편단심 사랑에 집착하는 엄마의 경우에, 그녀 자신은 마지막 장면에서 제한된 메모리를 가진 일종의 시뮬라크라거나 복제품이다. 그녀는 바다 밑바닥에 수세기 동안 얼어붙어 있던 그녀의 머릿속 잠금장치 덕분에, 잠자는 숲 속의 공주처럼 잠에서 깨어나 하루 동안 살아간다. 그 집도 시뮬라크라다. 다른 로봇들이 데이비드의 메모리 장치에 근거해서 그 집을 만들었다.

▪ 미국의 SF 소설가 필립 K. 딕의 장편 소설 《안드로이드는 전기 양의 꿈을 꾸는가?Do Androids Dream of Electric Sheep?》에 등장한다. 이 소설은 영화 〈블레이드 러너〉의 원작이기도 하다.

아마도 마지막 아이러니는 이런 것이다. 영화의 마지막 장면은 인간이 된다는 의미에 대해 질문을 던지지만, 그 영화가 어린 시절의 트라우마와 상실감을 효과적으로 드라마화하지만 그것이 내 마음을 깊이 흔들어 놓았지만, 또한 영화는 그 소년이 결국 인공물이라는 점을 분명히 보여 준다. 회사가 만든 그 인공 소년을 위해 로봇들이 연출한 환상을 빼고 나면, 나는 무엇을 보고 운 것인가? 할리우드의 여러 회사 기술자들이 만든 영화를 빼고 나면, 나는 무엇을 보고 있는 것인가? 〈A. I.〉의 마지막 크레딧은 기술 전문가들을 나열한다. 로봇 디자이너 스탠 윈스턴Stan Winston을 필두로, 마이클 랜티에리Michael Lantieri, 데니스 뮤런Dennis Muren, 스콧 패러Scott Farrar 등 특수 효과 감독들, 인더스트리얼 라이트 앤드 매직Industrial Light and Magic, 퍼시픽 데이터 이미지Pacific Data Images 등 컴퓨터 그래픽 회사들의 디지털 전문가들이 그들이다. 그들 덕분에, 때때로 나는 스크린에서 본 것을 믿기 어려울 정도다. 예를 들어, 마지막 장면에서 소년의 팔과 머리에서 부드럽게 움직이는 테디 베어는 실제 로봇 '슈퍼 장난감'이 아니라, 컴퓨터 프로그램의 '특수 효과'일 뿐이다. 그것은 한편으로 로봇 공학에 의해, 다른 한편으로 컴퓨터 생성 이미지(CGI)에 의해 애니메이트된 인형이다. 그것은 결코 온전히 카메라 앞에서 촬영된 것이 아니다. 비록 컴퓨터 이미지가 실제 연기자와 거의 구분할 수 없는 사실적인 미장센을 구성한다 할지라도, 그것은 '영화적pro-cinematic' 공간이라고 말하는 그런 것이 아니다.

〈A. I.〉는 스티븐 호킹이 동료 과학자들에게 그들이 '무어의 법칙'▪을 보완하기 위해 유전 공학의 진보된 형식들을 발전시키고, 또한 컴퓨터가 곧 인간 지능을 초월할 것이라는 이론을 발전시키기 시작해야 한다고 말한 그해에 개봉되었다. 그해에 아이들은 살아 있는 곤충을 닮은 전자

S t a n l e y   K u b r i c k

장난감을 살 수 있었다. 소니는 SDR-4X라는 휴머노이드 로봇 제작을 발표했다. 그 로봇은 많은 어휘들을 사용할 수 있고, 사람과 함께 집에서 살 수 있도록 기획된다. 아프간 전쟁은 '드론drones'이라고 불리는 무인 비행기의 도움으로 치러졌다. 한편 할리우드는 CGI를 사용하는 장편 애니메이션 영화를 위해 아카데미상의 새로운 부문을 만들었다. 전 세계의 디지털 애니메이터들은 스크린 위에서 실제 연기자들과 함께 이음매 없이 연결될 수 있는 컴퓨터 '가상 인간synthespians'의 '성배'를 차지하려는 욕망을 계속 이야기한다. 의심할 것도 없이, 〈A. I.〉는 이 모든 사건들을 상징적으로 보여 주지만, 컴퓨터 이미지와 어떤 특별한 관련성이 있다. 그것은 당대 영화들의 제작과 외형을 변화시키는 가장 화려한 디지털 기술을 보여 준다. 사진적이지 않은, 혹은 약간만 사진적인 특수 효과로서 컴퓨터 그래픽 이미지는 시각적 증거 능력에 대한 의문을 제기한다. 그것은 확실히 장 보들리야르Jean Baudrillard의 시뮬라크라 이론에 신빙성을 더한다. 또한 CGI는 폴 비릴리오Paul Virillo가 최근의 책에서 말한 공포들을 강화한다. 그는 포스트모더니티하에서 현실에 대한 개인의 관계는 붕괴하고 있다고 지적한다.[170] 그 주제에 대한 가장 지적인 작가인 숀 커빗Sean Cubitt은 CGI가 실제로 이런 식으로 작동하는지 의문을 제기했고, 나도 거기에 동의한다.[171] 그럼에도 불구하고 숀 커빗이 언급한 것처럼, 디지털 이미지는 어떤 의미에서 '현실과 인간을 살해한' 범죄자로 내몰렸다 (Cubitt, p.125.). 〈A. I.〉에 CGI가 광범위하게 사용되었다는 사실은 얼마나 논리적인가? 이 영화는 포스트휴먼 로봇의 이야기이고, 때때로 '포스트

■ 1965년 미국 인텔사의 창립자인 고든 무어Gordon Moore가 반도체 집적회로의 성능이 18개월마다 2배로 증가한다고 발표한 것을 말한다.

시네마'로 묘사되는 기법을 사용한다. 나는 데이비드 엄마의 죽음, 인간의 죽음, 사진술의 죽음, 영화의 죽음에 대해 울고 있는 것인가?

〈A. I.〉와 CGI

위의 질문은 〈A. I.〉에 대한 내 관심을 결코 반감시키지 않는다. 위 질문에 답하기 위해, 정서적으로 강력하고 똑같이 모성적인 다른 장면을 간략하게 살펴보는 것이 도움이 될 듯하다. 그 장면은 〈A. I.〉보다 더 오래되었고, 겉으로는 상당히 달라 보이는 할리우드 영화의 한 장면이다. 사무엘 골드윈Samuel Goldwyn이 제작하고 윌리엄 와일러가 연출한 〈우리 생애 최고의 해The Best Years of Our Lives〉(1946)의 4분의 3쯤에서, 2차 세계 대전 참전 용사인 호머는 잠자리를 준비하다가 카메라에 전쟁 상처를 노출한다. 그는 신병으로 해군에 자원입대해서 두 손을 잃고 허리춤에 착용한 기계손으로 살아간다. 낮에는 스스로 담배도 피우고 식사도 하고 젓가락으로 피아노 연주도 한다. 그러나 밤에 잠자러 갈 때, 그는 기계팔을 떼어내기 위해 반벙어리이지만 사랑하는 아버지에게 도움을 받아야 한다. 그는 자신이 쓸모없고 무기력하다고 느낀다. 여기서 호머는 여전히 그를 사랑하고 있는 이전 고등학교 여자 친구에게 침실로 와서 자신의 비참한 상태를 보라고 말한다. 개인적으로 나는 이 장면이 할리우드 역사상 가장 가슴 아픈 순간 중 하나라고 생각한다. 그 이유는 부분적으로, 그 역할을 아마추어 배우였던 해럴드 러셀이 연기했기 때문이다. 그는 실제로 전쟁에서 훈련 사고로 두 손을 잃었다. 영화 관객들은 이 사실을 잘 알고 있었다. 〈우리 생애 최고의 해〉는 엄청나게 흥행했다. 초기 박스오피스 수익에서 〈바람과 함께 사라지다Gone with the Wind〉(1939) 다음을 기록했다. 아카데미상을 7개나 받았고, 그중 2개는 러셀에게 돌아갔다. 또한 그 장면의 정서적 효과는 와일러의 연출과 그레그 톨랜드Gregg Toland의 촬영이 보여준 위엄과 능력으로부터 나온다. 카메라는 톨랜드의 전매특허인 세밀한 딥 포커스 없이, 적당한 거리에 완전히 멈추어 서서 수평으로 두 배우들을 바라본다. 러셀이 그의 의수를 벗고 잠옷을 입을 때, 와일러는 숏-리버스 숏과 클로즈업으로 그 행동을 보여 준다. 배경 음악이 깔리지만, 극적인 조명과 옷을 이용한 트릭이나 특수 효과를 쓰지 않는다. 다른 말로, 이 영화는 분명 픽션이지만, 카메라는 역사의 증인이 되기를 원한다. 거의 모든 영화 장치들은 실제로 그가 손이 없다는 사실을 보여 주기 위해 공모한다.

나는 종종 수업 시간에 이 장면을 앙드레 바쟁André Bazin의 사진적 이미지의 존재론에 대한 유명한 에세이와 연계해서 보여 주곤 했다. 여기서 바쟁은 사진술이 '객관적objective' 성질(오늘날 영화 이론가들이 '지시적 indexical'이라고 말하는)을 갖는다고 논한다. 그것은 '단지 생명 없는 도구적 대리인만이 주체와 복제물 사이를 간섭하기' 때문이다. 역사적으로 볼 때 처음으로, 바쟁은 우리에게 "세계의 이미지는 인간의 창조적 개입 없이 자동적으로 형성된다"고 말한다. 적어도 바쟁과 관련해서, 상황은 역설적이다. 순수하게 기계적인 것이 유기체의 하인이 된다. 바쟁에 따르면, 사진술은 "자연 현상처럼, 그들의 아름다움이 잎이나 흙으로부터 나온 꽃이나 눈송이처럼, 우리에게 강력한 영향"을 끼친다.[172]

바쟁은 〈우리 생애 최고의 해〉의 찬미자였다. 그는 다른 에세이에서 그 영화의 자신을 지우는 '중립성과 스타일의 투명성'을 칭찬했다.[173] 현시점에서 볼 때, 바쟁의 리얼리즘론과 와일러의 영화는 모두 전후 십여 년 동안의 휴머니스트 리얼리즘을 향한 국제적 운동의 징후들로 볼 수 있다. 그 현상은 당대의 정치 사회적 성격에 의해 규정되었고, 기록 기술의 새로운 형식들에 의해 가능해졌다. 그러나 더 큰 맥락에서, R. L. 러스키R. L. Rutsky가 말했듯이, 사진술에 대한 이론들은 유기적인 것과 기계적인 것 사이의 차이에 상당히 많이 연관되어 있다. 그것은 때때로 휴머니즘을 강화하기도 하고 위협하기도 하는 모순적 함의를 갖는다. 러스키가 지적하듯이, 영화의 발명 뒤에는, 바쟁이 말한 '미라 신화'와, 쿨레쇼프가 말한 '프랑켄슈타인 신화'가 있다. 바쟁은 사진술이 시간을 방부 처리하고 죽음을 방지하는 수단인 것처럼 이야기한다. 쿨레쇼프는 몽타주 실험을 통해 편집과 인간 육체의 재조립을 연관지었다.[174] 그런 이유로 수전 손택은 사진술이 "기만적"이라고 말한다. 그녀에 따르면, 사진적 이미지는 "세계에 대해서 한 치도 정확히 말하지 않는 것 같다."[175] 심지어 자연에 맞선 육체적 불안과 폭력의 공포가 이론적으로 제시되지 않을 때조차도, 사진술의 기계는 종종 인간의 감각 기관과 경쟁한다. 예를 들어, 지가 베르토프Dziga Vertov의 선언문들은 카메라와 인간의 눈 사이의 대립을 보여 준다. "나는 키노-아이kino-eye다. 나는 기계의 눈이다. 나, 기계는 당신에게 단지 내가 볼 수 있는 세계만을 보여 준다." 비슷하게, 초기 사진사 에드워드 머이브리지Eadweard Muybridge와 E. J. 머레이E. J. Marey는 재현을 위한 미학적 열망보다는 기술과 과학의 충동에 더 많은 자극을 받았다. 그들은 항상 사진을 눈의 확장이자 개선, 또는 러스키가 "인공 기관"이라고 부르는 것들로 간주했다(p.31).

〈우리 생애 최고의 해〉의 그 장면은 인공 기관에 대한 것이다. 그 장면은 아주 소박한 방식으로 세련된 카메라 기술을 사용한다. 그 장면은 부상당한 인간 육체에 대한 실증적 증거를 보여 준다. 하지만 내가 그 장면을 요즘 학생들에게 보여 줄 때마다 그들은 사진술이 세계에 대해 지시적 관계를 갖는다는 생각에 의아해했다. 또한 학생들은 영화 속의 호머 역을 맡았던 그 배우가 실제로 손이 없다는 사실을 의심하는 듯했다. 학생들이 의심하는 것은 그들이 러셀에 대해 들은 적이 없기 때문인 것 같다. 그들은 로버트 저메키스Robert Zemeckis의 〈포레스트 검프*Forrest Gump*〉(1994)를 보았다. 그 영화에는 몸이 마비된 베트남 참전 군인과 관련된 장면들이 나온다. 개리 시나이즈가 연기한 그 군인은 CGI에 의해 다리가 희미하게 '지워졌다.' 〈포레스트 검프〉에서의 효과는 저메키스의 이전 영화 〈죽어야 사는 여자*Death Becomes Her*〉(1992)와 적어도 기술적으로 비슷하다. 〈죽어야 사는 여자〉 속에서 디지털 이미지는 코믹하고 스펙터클한 결말을 위해 사용된다. 메릴 스트립의 머리가 목 쪽으로 돌아가고 골디 혼은 배에 구멍이 뚫린 채 대화를 계속한다. 주요 차이는, 영화가 생긴 이래 내러티브 영화의 대다수 트릭 숏들처럼, 〈포레스트 검프〉에서 부상당한 참전 군인의 트릭 숏은 전혀 볼 수 없다는 점이다. 디지털 시대 이전에 보이지 않는 트릭의 사례를 찾기 위해서 우리는 〈우리 생애 최고의 해〉에서 다른 장면을 생각할 필요가 있다. 호머가 사랑하는 여인을 방으로 초대하는 장면 바로 전에, 풋볼을 던지고 농구공을 몰고 가는 자신의 낡은 고등학교 사진들을 본다. 자세히 살펴보면, 그 사진들은 영화 제작자들에 의해 조작되었다. 젊은 운동선수들의 몸 위에 해럴드 러셀의 머리를 붙여 넣었다.

〈우리 생애 최고의 해〉는 사회적 리얼리즘에 대한 관심 속에 그런 디테일들을 기꺼이 무시한다. 반면, 〈죽어야 사는 여자〉 같은 영화에서 컴퓨터 합성 장면들은 더욱 만화나 속임수 그림처럼 느껴진다. 숀 커빗이 지적했듯이, "그 이름에도 불구하고, 속임수 그림은 속이는 걸 원하는 것이 아니라 속임수가 발각되기를 원한다"(p.127). 사실, 우리는 특수 효과가 만들어 낸 믿을 수 없는 것들의 등급과 종류를 구분할 수 있다. 어떤 장면들은 비록 인공적으로 보일지라도 '보이지 않는' 것으로 간주될 수 있다. (고전 할리우드 영화에서 매트 프린팅matt printing, 글라스 숏, 프로세스 스크린 등이 그것이다.) 어떤 장면은 의도적으로 '영화 마술'로 관심을 끌려 한다. (꿈 시퀀스, 시각 세계의 표현적 왜곡, 액션 모험 영화에서 대재난 장면 등이 그렇다.) 또한 어떤 장면들은 눈에 띄지 않거나 완전히 감지할 수 없게 만들어진다. (저메키스의 〈콘택트Contact〉[1997]에서 조디 포스터의 얼굴을 클로즈업하면서, 컴퓨터는 아치형 눈썹을 '그려 넣었다.')

특수 효과들의 편재성과 역사적 중요성 때문에, 내 학생들은 모든 영화는 본질적으로 트릭이라는 크리스티앙 메츠Christian Metz의 개념을 받아들이는 듯하다. 그 개념은 영화 매체가 기초하고 있는 잔상 효과와 함께 시작된다.[176] 또한 학생들은 영화의 관객성은 기본적으로 놀라움과 경이감에 기초한다는 톰 거닝과 앙드레 고드로Adré Gaudrealt의 견해에 동의하는 경향이 있다. 그러므로 초기 관객들이 뤼미에르의 기차를 생각했던 방식과 멜리에스의 영화 마술을 생각했던 방식 사이에 급진적 차이는 없었다. 왜냐하면 두 가지 경험은 모두 기계적 환상에 직면한 놀라움과 연관되기 때문이다.[177] 내 생각에, 상황은 더 복잡하다. 기록으로서 영화와 마술로서 영화 사이의 오래된 이론적 차이는 영화 제작을 실천하는 두 가지 다른 방식일 뿐이다. 또한 그 두 가지 방식 중 하나인 다큐멘터리적 실천은 디지털 기술에 의해 위협당하지 않는다.

사실, 디지털 카메라는 네오리얼리즘이나 다큐멘터리 전통 속에서, 일상의 사건과 우연을 기록하는 카메라의 자동성을 탐구하려는 영화 제작자들을 위해 엄청나게 새로운 가능성을 열어준다. 그럼에도 불구하고, 시각적 트릭이 스크린 위에 영사된다는 사실을 알고 있기 때문에 관객들은 이미지의 진정성을 믿지 못한다. CGI는 오락 영화에서 다큐멘터리 기록성의 권위를 약화시킨다. CGI는 영화를 더욱더 만화책이나 애니메이션에 가깝게 한다. 그것은 트릭을 알아차리기 어렵게 만들 것이다. 또한 CGI는 영화에서 리얼리즘과 휴머니즘의 담론을 위협한다. CGI가 종종 인간으로 변신하는 로봇을 보여 주거나 잃어버린 신체의 한 부분을 보여 주기 위해 사용되었다는 사실은 우연이 아니다. 세계는 우리 눈앞에서 떨어져 나가는 것 같았고, 또한 기계적인 것은 유기체에 단지 봉사한 것이 아니라 오히려 그것을 대체했던 것 같았다.

〈A. I.〉는 그런 순간들로 채워진다. 예를 들어, 데이비드의 얼굴은 시금치를 먹은 뒤 녹아내린다. 또한 '피부 전시회' 장면에서, CGI는 휴머노이드 피부를 찢어버리고, 팔과 다리가 산산이 뜯어진 로봇들을 생생히 보여 준다. (스필버그는 그 전시회의 몇 장면들을 찍기 위해 실제 손발이 잘린 사람들을 고용했다. 그러나 또한 그는 광범위한 기술적 트릭을 사용했다. 수족이 절단된 흑인이 연기한 로봇은 부품 쓰레기들로부터 하얀 기계손을 들어 올려 자신의 허리춤에 끼워 넣는다.) 가장 스펙터클한 효과 중 하나는 영화 초반부에 보인다. 그 장면은 배우들을 조각내고 인간과 기계 사이의 분리를 흐리게 하는 컴퓨터 그래픽의 능력을 분명히 보여 준다. 하비 교수(윌리엄 허트)는 그들의 새로운 '인조인간' — '세일라'라는 이름의 매력적이고 순응적인 로봇 '비서' — 의 강점과 한계를 논하기 위해 회사 회의를 소집한다. 토론의 마지막에, 하비는 세일라에게 '열어라'는 명령을 내린다. 그녀의 얼굴이 미끄러지듯 분리되면서 열리고 내부의 전기 배선 네트워크가 드러난다. 세일라 역할은 살과 피를 지닌 실제 배우가 연기하고, 컴퓨터 그래픽이 그녀의 얼굴을 기계 이미지로 변형(모핑morphing)했다는 사실을 관객들은 깨닫는다. 그러나 환영은 거의 완벽하고, 기계 얼굴이 보석 상자처럼 다시 닫힐 때 산뜻하게 덮인다. 하비는 이 새로운 모델이 단지 장난감이라고 말한다. 계속해서 그는 '질적으로 다른 차원의 로봇'을 창조하려는 자신의 비전을 설명한다. 그가 이야기하는 동안, 세일라는 콤팩트를 꺼내서 화장을 고친다. 20개월 이후의 장면으로 디졸브되면서 프랜시스 오코너가 연기한 실제 엄마인 모니카도 똑같이 콤팩트를 꺼내서 화장을 고친다.

어떤 의미에서 세일라 얼굴의 트릭 숏은 특별한 것은 아니다. 왜냐하면 영화는 언제나 배우의 육체를 쪼개어 분리시키는 것을 즐겼기 때문이다. 첫 번째 특수 효과는 에디슨사의 〈메리 여왕의 처형*The Execution of Mary Queen of Scots*〉(1895)에서 사용되었다. 이 영화는 배우의 머리가 잘려 나가는 장면을 보여 주기 위해 '대체 숏'을 사용했다. (카메라가 멈춘 상태에서, 메리 역을 담당한 배우는 마네킹 모조품으로 바뀐다. 카메라는 마네킹의 머리를 자르는 장면을 보여 주기 위해 다시 촬영을 시작한다.) 디지털 효과는 명백히 그들 자신의 현상학과 선호하는 이미지들이 있다. 특히 '카메라 운동'이 불가능한 장면들에서 디지털 효과는 사물의 형태와, 배경 속 군중의 모습을 변형시킨다. 그들은 또한 순수하게 전자적이고, 비사실적인 이미지들을 보여 준다. 그 이미지들은 이전에 우리가 본 적이 있는 어떤 사실적인 것과는 다르다. 하지만 할리우드에서, 디지털 효과는 매트 숏, 광학 프린터, 리어 또는 프론트 프로젝션 등 아날로그 필름의 광화학 기술들과 정확히 같은 목적을 위해 사용되는 경향이 있다. 이는 마술적 변형을 성취하려는 것이며, 보이지 않는 콜라주를 만들기 위해 그럴듯한 이미지들을 결합하는 것이다.

이런 의미에서 〈A. I.〉는 할리우드를 대표한다. 그렇긴 하지만 〈A. I.〉는 명백히 '사실적인 것'과 '인공적인 것' 사이의 구별에 대한 영화이기 때문에, 그리고 인간이 로봇에 의해 대체되는 미래를 묘사하기 때문에, 특히 이 영화에서 CGI의 사용은 적절한 것 같다. 전체적으로 이 영화는 시네마의 알레고리로서 이해될 수 있다. 그것은 영화 매체의 미래에 대한 모순적 태도와 연관된다.

더구나 비록 〈A. I.〉가 인간의 죽음을 상상한다 할지라도, 유기체, 기계적인 것, 정신적인 것 사이의 관계에 대한 두 작가들의 대화처럼, 이 영화는 인간의 창조물을 휴머니스트적으로 이해한다. 할리우드 역사에서 서로 다른 기질의 두 이름난 감독들이 같은 영화에서 작업한 몇 가지 사례들 — 〈터부*Tabu*〉(1931)에서 프리드리히 무르나우Friedrich Murnau와 로버트 플래허티Robert Flaherty, 〈컴 앤드 겟 잇*Come and Get it*〉(1936)에서 하워드 혹스와 윌리엄 와일러, 〈로라*Laura*〉(1944)에서 루벤 마물리안Rouben Mamoulian과 오토 프레밍거 등 — 이 있다. 그러나 〈A. I.〉보다 더 흥미롭고 잘 알려진 경우는 없다. 한편으로, 큐브릭은 19세기 중반의 세련된 영화 감독의 상징, 블랙 유머의 추종자, 거리 사진과 웰스의 표현주의에 자극받은 기술 지상주의자, 영화 검열에 도전한 지성인이었다. 다른 한편으로, 스필버그는 대중주의자이자 포스트모더니스트였다. 그는 복고적 스타일의 모험 영화와 심각한 주제의 자유주의 프로젝트를 번갈아 가며 연출했다. 스필버그가 〈A. I.〉를 각색하고 연출했지만, 큐브릭은 아이디어를 고안하고 죽기 전까지 20년 이상 틈틈이 작업했다. 그러므로 큐브릭은 기계 속의 유령 역할을 하고, 스필버그는 큐브릭의 찬미자 역할을 한다. 두 사람에 대한 논평은 불가피하게 〈A. I.〉의 특별한 결말과, 신, 인간, 로봇에 대한 그 영화의 특별한 논평을 설명하는 방식과 연관된다. 또한 그것은 내 다른 질문을 답하는 데 도움을 줄 것이다. 왜 나는 영화를 보고 우는가, 스탠리 큐브릭은 적어도 부분적으로 내 눈물에 책임이 있는가?

꼭두각시 인형의 주인들

〈A. I.〉 프로젝트는 〈2001 스페이스 오디세이〉가 개봉된 이후부터 시작되었다. 〈2001 스페이스 오디세이〉는 기계가 언젠가는 인간을 넘어서 발전할 것이라는 점을 보여 주었다. 또한 영화는 컴퓨터 지능과 생명 공학의 발전으로 인해 인간이라는 개념이 미래에는 더 이상 명확히 정의되지 않을 것이라는 점을 보여 주었다. 큐브릭의 우주 서사극은 짧은 단편으로부터 시작되었고, 〈A. I.〉 또한 마찬가지였다. 브라이언 앨디스의 《슈퍼 장난감은 여름 내내 간다Super-Toys Last All Summer Long》는 1969년 〈하퍼스 바자〉에 실린 단편 소설이었다. 앨디스는 지구 인구의 3분의 2가 굶어 죽고 있고, 자원 보호를 위해 인간의 출생 통제법이 제정되고, 기술자들과 회사 간부들은 사치스럽지만, 전자 창문이 초현실적 태양 정원을 비치는 완전히 인공적으로 고립된 땅에서 살아간다. 신스탱크사 이사의 아내 모니카 스윈턴은 아이가 없이 지낸다. 어느 날 회사의 첨단 제품 중 하나인 데이비드라는 '합성 인간'이 모니카에게 주어진다. 그 합성 인간은 진짜 아이처럼 행동하고 전자 테디 베어를 친한 친구로 두고 있다. 불행히도 모니카는 데이비드에 대해 진짜 엄마처럼 대하지 못한다. 그녀의 남편은 결코 데이비드 같은 상품들을 시장에 더 많이 내놓고 공개하지 않는다. 그는 이 합성 인간 제품이 미니어처 공룡 제품이 거둔 최근의 성공을 초월할 것이라고 예상한다. 한편, 데이비드는 크레용으로 모니카에게 긴 메시지를 보낸다. ("사랑하는 엄마. 난 엄마 아빠를 사랑해요. 태양이 빛나고 있네요." "사랑하는 엄마. 나는 당신의 작은 아이예요. 테디는 아녜요. 난 테디 말고도 당신을 사랑해요.") 메시지를 다 읽은 뒤에, 모니카는 인구관리부로부터 아이를 낳을 수 있다는 허가 통지를 받는다. 이제 아마도 데이비드는 버려질지도 모른다. 데이비드는 테디 베어에게 말한다. "우리 엄마 아빠는 진짜일거야, 그렇지 않니?" 테디 베어가 답한다. "어리석은 말 좀 하지 마. 진짜라는 게 진짜로 무얼 의미하는지 아무도 몰라."

1990년대 초, 큐브릭은 이 스토리의 영화화를 위해 앨디스와 공동 작업했다. 또한 그는 아서 C. 클라크, 이안 왓슨Ian Watson, 밥 쇼Bob Show 등 다양한 작가들에게 이야기를 발전시켜 줄 것을 의뢰하기도 했다. 그는 그 결과들에 완전히 만족할 수 없었고, 여전히 세 가지 중요한 목표가 남아 있었다. 첫째, 큐브릭은 이야기가 관객의 동정심을 유발하기 위해 로봇의 시점으로 서술되기를 원했다. 앨디스에 따르면, "스탠리는 로봇 기술의 중요한 의미를 받아들였어요. 그는 결국 로봇이 인간을 초월해서 더 발전해 갈 거라고 생각했어요."[178] 둘째, 큐브릭은 이야기를 카를로 콜로디의 19세기 동화 《피노키오》(1883)의 연장선상에서 구성하기 원했다. 그는 로만 야콥슨Roman Jacobson이 말한 '은유적 변형metaphoric transformation' 같은 것을 원했다. 손으로 깎은 이탈리아 거리의 부랑아 대신, 미국 도시의 교외 지역에 사는 순진무구한 소년을 닮은 산업 제품이 요구되었다. 그러나 소년의 모험담은 느슨하게나마 콜로디의 꼭두각시 인형 이야기에 기초하는 듯하다. (완성된 영화의 많은 캐릭터들과 사건들은 이런 특징을 갖고 있다. 하비 교수, 푸른 요정, 지글로 조, 피부 전시회, 로그 도시 방문, 데이비드를 물속으로 안내하는 물고기떼 등.) 결국 큐브릭은 프로이트의 '오이디푸스 탐험'을 통해 소년의 모험을 다룸으로써, 코롤디의 피카레스크 소설과 통합하기를 원했다.

큐브릭은 하이 테크놀로지를 사랑했고, 긴 제작 기간을 예상했기 때문에, 실제로 데이비드 역할의 로봇을 만들기 위한 특수 효과팀을 갖길 원했다.[179] 이 일은 이루어지지 못했지만, 그가 스필버그의 〈쥬라기 공원 *Jurassic Park*〉(1993)을 보았을 때 새로운 생각이 떠올랐다. 그 영화의 획기적 컴퓨터 그래픽 이미지 효과는 바쟁의 리얼리즘 미장센 개념을 자유롭게 넘어선 공룡들을 만들어 냈다. 공룡은 마치 앨디스의 스토리 속에서 나오는 신탱크사가 만든 것처럼 보였다. 같은 시기에, 컴퓨터 애니메이터들은 실사 영화에서 엑스트라나 스턴트맨 역할을 위해 '합성 인간' 혹은 '컴퓨터 인간'들을 만들고 있었다. 비디오 게임 개발자들은 인공 지능을 가진 캐릭터들을 실험하고 있었다. 그 시기에 영화에서 '가상 인간'을 만들고자 하는 분위기가 무르익고 있었다. 스필버그의 영화는 그 일을 어떻게 해낼지를 보여 주었다. 그 당시 이미 큐브릭과 스필버그는 정기적으로 소식을 나누면서 우정을 발전시키고 있었다. 따라서 〈A. I.〉의 불확실성 때문에 좌절하고 있을 때, 큐브릭은 자신이 제작자 역할을 할 테니 스필버그에게 시나리오 작가나 감독 역할을 해 달라고 제안했다. (영화가 결국 개봉했을 때, 실제로 큐브릭은 제작자로 크레딧에 올랐다. 스필버그는 이안 왓슨이 큐브릭을 위해 쓴 9페이지 분량의 트리트먼트를 가지고 시나리오를 만들어 냈다. 또한 스필버그는 큐브릭이 크리스 베이커에게 맡겼던 600여 장의 그림들을 검토한 뒤, 베이커를 할리우드 제작사에서 일하도록 고용했다.)

비평가들은 큐브릭은 '차갑고,' 스필버그는 '따뜻하다'고 묘사하곤 한다. 그러나 내가 이미 큐브릭에 관해 설명했듯이, 그 주장은 지나치게 단순하다. 큐브릭은 세심한 스타일리스트였다. 그는 느리고, 잘 다듬어지고, 때때로 최고 그 이상의 투명한 이미지를 선호했다. 반면, 스필버그는 감상에 치우치는 호화스런 수사학자다. 그는 눈 깜짝할 속도로 일하고, 화려하고 연기를 내뿜으며 빠르게 진행되는 내러티브를 만들어 낸다. (화려한 분위기는 〈A. I.〉의 촬영 감독 자누스 카민스키Janusz Kaminski에 의해 더 심하게 표현된다. 그는 스튜디오의 안개를 뚫고 지나가는 빛줄기를 보여 주는 장면들을 사랑한다) 어쨌거나 두 인물들은 영화 마술에 대한 사랑으로 뭉쳤다. 스필버그는 〈A. I.〉를 위한 훌륭한 '캐스팅'이었다. 왜냐하면 그는 〈A. I.〉에 방대한 디지털 기술에 대한 지식을 불어넣었고, 미국 교외의 가족들에 대한 스토리를 잘 덧붙여냈으며, 디즈니 영화식의 친밀감을 만들어 냈다. 정말로, 디즈니의 애니메이션 영화 〈피노키오*Pinocchio*〉(1940)의 주제가 〈당신이 별을 원할 때*When You Wish upon a Star*〉는 스필버그의 〈미지와의 조우*Close Encounters of Third Kind*〉(1977)에 중요한 부분이 되었다.

사실, 코롤디, 디즈니, 스필버그 사이에는 어떤 직접 연관성이 있다. 비록 낭만파 운동이 동화의 단순하고 꾸밈없고 순수한 아름다움을 주장한다 할지라도, 인간이 되기 원하는 인형 이야기를 담은 코롤디의 매력적이고 어두운 내러티브는, 그림형제, 안데르센, 키플링 등이 유럽 동화와 민담을 문학의 최고봉으로 이끌었던 그 시기와 함께 한다. 민속사학자 잭 자이프스Jack Zipes에 따르면, 이 시기는 또한 현대 민족 국가가 "민족 문화들을 적절하게 표현하는 특별한 문학 형식들을 발전시켰던" 때였다.[180] 19세기 이야기들은 수많은 초기 구전 마법 동화의 전통으로부터 유래했다. 그러나 그 이야기들은 부르주아 계급과 결합되었고, 이데올로기 헤게모니를 위한 투쟁의 일부가 되었다. 비슷한 이유로, 특히 멜리에스의 〈요정극*feeries*〉과 에드윈 S. 포터Edwin S. Porter의 〈잭과 콩나무*Jack and the Beanstalk*〉 같은 작품에서처럼, 동화는 초기 영화에 중요한 부분이었다. 1930년대 후반과 1940년대 초반에 디즈니는 이 장르를 도용해서 미국 중산층을 위한 예술 형식으로, 또는 자이프스가 가부장제, 인내심, 청결, 근면 성실, 성공 등에 대한 호레이쇼 앨저* 풍의 신화라고 불렀던 것으로 바꾸어 놓는다. 디즈니 영화들은 테일러주의의 합리적 산업 시스템에 의해 만들어졌다. 그러나 영화들은 개인의 상상력을 찬양하고, 디즈니만의 스

■ 미국의 아동 문학가인 호레이쇼 앨저Horatio Alger(1832~1899)는 소년 취향의 성공담식 소설들을 발표하였다. 특징은 가난한 소년이 근면·절약·정직의 미덕으로 성공한다는 것으로 일종의 아메리칸 드림을 담고 있다.

타일을 구축하는 듯했다. 사랑스런 공주들, 잘생긴 왕자들, 귀엽게 의인화된 동물들은 월트 디즈니의 애완동물처럼 다루어졌다. 수많은 애니메이터들이 그림을 그렸고, 〈피노키오〉의 각색을 책임지고 있었던 벤 샤프스틴Ben Sharpsteen 같은 재능 있는 감독들이 연출을 담당했다. 몇몇 작가들이 행한 것처럼 디즈니의 제작 이데올로기 목적과 양식들을 폭로하는 것이 디즈니의 신화를 깨뜨리는 것은 아니다. 왜냐하면 고전 디즈니 영화들은 월등히 뛰어난 내러티브들을 만들어 냈고, 옛날 동화들처럼 흉포한 불안감을 친숙하게 다루는 능력을 보여 주었다. 〈백설 공주Snow White〉(1937)에서 카메라에게 말을 걸며 미소를 짓는 마녀, 〈밤비Bambi〉(1941)에서 엄마의 죽음, 〈덤보Dumbo〉(1940)에서 아이를 버리는 일, 〈피노키오〉에서 램프윅의 변신 등. 이 사건들은 어린 아이 세대들을 스크린의 기억 속에 영원히 잠기게 만든다. 그 기억들은 해피 엔딩에 의해 결코 지워질 수 없다.

스필버그는 반복해서 디즈니 영화들에 의존했다. 그는 미국 중산층의 향수를 불러일으키면서, 관객들을 어린 시절로 돌아가도록 자극한다. 마치 1930년대, 1940년대, 1950년대의 대중문화가 그에게 '진정한' 재료들을 제공하는 것처럼 보인다. 그것은 산업혁명 시기에 고딕 건축 양식이 영국 낭만주의를 불러일으킨 것과 마찬가지다. 괴물 같은 약탈자의 이야기를 만들어 내는 재능 있는 감독으로서 스필버그는 감동적이고 낙관적인 방식으로 어린 시절의 불안감을 잘 조율한다. 따라서 스필버그의 〈A. I.〉 버전은 큐브릭이 조 지글로 캐릭터를 통해서 전달하려 했던 어두운 섹슈얼리티를 회피한다. 또한 스필버그의 〈A. I.〉는 종종 애정 어린 방식으로 고전 할리우드를 암시한다. 그의 영화는 샤프스틴의 〈피노키오〉와 〈덤보〉뿐만 아니라 〈오즈의 마법사The Wizard of Oz〉(1939), 그리고 아스테어/켈리 뮤지컬들을 우리에게 상기시킨다. 디즈니사의 제작 관습의 연장선 위에서, 〈A. I.〉가 만화책들과 애니메이션 영화들에 빚지고 있음을 보여 주는 모든 곳에서, 영화는 CGI 인물들의 목소리 연기를 위해 유명 배우들(로빈 윌리엄스, 벤 킹슬리, 메릴 스트립, 크리스 록 등)을 기용한다.

〈A. I.〉를 만드는 동안 스필버그가 큐브릭의 영향력에 대한 불안감을 느꼈는지, 아니면 큐브릭이든 스필버그든 분명 친구였던 그들이 어떤 지점에서 서로 심리적 경쟁심을 느꼈는지를 사람들은 궁금해 한다. 그것이 사실이었는지 모르겠지만, 만약 그렇다 하더라도, 스필버그가 그 경쟁에서 승리한 듯하다. 그럼에도 불구하고, 〈A. I.〉의 마지막 장면은 전형적인 스필버그의 것이 아니다. 슬픔과 지적 아이러니의 특별한 혼재는 조화롭다기보다 변증법을 느끼게 한다. 그것은 강력한 힘 속에 어떻게 해서든 감정적 제스처를 남겨 두는 스필버그의 감상주의를 파괴하는 것처럼 보인다. 스필버그, 큐브릭, 앨디스, 이안 왓슨은 아마도 〈A. I.〉의 작가들일 수 있다. 그러나 그들 중 누구도 그 꼭두각시 인형의 주인은 아니다. 그 장면에 대한 더 많은 설명을 위해, 우리는 시야를 더 넓힐 필요가 있다. 왜냐하면 〈A. I.〉는 인공 지능과 정신분석학 사이의 특별한 친밀감에 대한 영화이기 때문이다. 또한 이 영화는 자아와 신이라는 큰 개념에 대한 수많은 형이상학적 사고와 연관된다. 영화의 중심 주제는 서구 관념론 철학의 오래된 전통으로 되돌아간다. 예를 들어, 플라톤은 인간이 데미우르고스에 의해 만들어진 꼭두각시 인형일 뿐이라고 믿었다. 또한 마르실리오 피치노Marsilino Ficino 같은 르네상스의 신플라톤주의자들은 보이는 세계는 땅과 하늘 사이를 매개하는 기계 같은 것이라고 말한다. 하인리히 폰 클라이스트Heinrich von Kleist ▪ 같은 낭만파 작가들은 연극의 꼭두각시

▪ 하인리히 폰 클라이스트(1777~1811)는 독일의 극작가이자 소설가로, 독일 희극의 최고 걸작 《깨진 항아리Der Zerbrochenekrug》, 《암피트리온Amphitryon》 등 많은 작품을 남겼다.

인형들은 정신과 영혼을 가지고 있다고 주장한다. 이처럼 거의 종교적인 전통은 계몽주의 시대 이전 대부분의 서구 예술의 기초가 되었다. 〈A. I.〉와 같은 해 출판된 빅토리아 넬슨Victoria Nelson의 《꼭두각시 인형의 비밀스런 삶The Secret Life of Puppets》은 이런 전통에 대해 흥미롭게 논했다. 넬슨에 따르면, 우리 시대에 플라토니즘이 되살아나고 있다. 그러나 이번에는 SF와 판타지 같은 대중문화 장르에서, 종종 승화되고 대체된 형식을 취하면서, '온순한 초자연성'이 '악마적 그로테스크'와 함께 매혹적 모더니즘의 그림자로부터 나오도록 허락한다.[181] 내가 보여 주고자 했던 것처럼, 〈A. I.〉는 정확히 이런 현상에 기여한다. 영화는 꼭두각시 인형과 그 주인, 인간과 신, 기계와 인간, 물질과 정신 사이의 관계에 대한 플라토니즘의 전통적 관점에 기초한다. 〈A. I.〉는 서구 관념론 철학의 정서적으로 가장 강력한 선언 중 하나로 간주될 수 있다.

로봇의 영혼

〈A. I.〉의 많은 관객들은 영화가 더 일찍 끝나야 했다고 말한다. 데이비드와 테디가 지구 온난화에 의해 완전히 물에 잠긴 맨해튼 아래로 여행하다가 결국 코니아일랜드에 도착하는 바로 그 지점에서 말이다. 그 오래된 놀이동산은 〈피노키오〉의 캐릭터들과 사건들에 기초한 키치적 테마 파크를 가지고 있고, 그 가운데 푸른 요정의 동상이 있다. 그러나 데이비드가 도착하자마자, 데이비드가 탄 헬리콥터가 거대한 대회전 관람차와 충돌한 뒤 바다 속에 꼬꾸라진다. 데이비드는 자기 앞의 동상에 넋을 빼앗긴 채 기도를 시작한다. "푸른 요정이여, 제발 내가 진짜 인간이 되게 해 주세요!" 그는 계속 기도를 하고, 카메라 크레인은 뒤로 빠지고, 이미지는 페이드 아웃된다. 내레이터는 데이비드가 바다가 얼어붙을 때까지 기도를 계속했다고 말한다.

　이것은 확실히 더 화려한 결말이자 우리를 더욱 진정시켜 준다. 데이비드가 진짜로 진짜가 아니라고 믿는 우리에게, 결말은 영화의 '프랑켄슈타인적' 주제를 종합한다. 하비 교수의 오만이 어떻게 문명의 파괴와 불쌍한 인조인간의 죽음을 가져왔는지 보여 준다. 또한 결말은 데이비드가 가족 수영장 바닥에 내버려지는 〈A. I.〉 내러티브 1막 마지막 장면의 메아리처럼 보인다. 영화는 코니아일랜드에서 잘 멈추었던 것 같다. 한동안 멈춘 듯하다가 다시 시작하면서, 2000년을 훌쩍 뛰어넘어 미래로 나아간다. 거기에서 이 영화의 세 번째이자 마지막 장은 다른 이슈들에 초점을 맞춘다. 데이비드는 단 하나의 중요한 목표를 이탈하지 않은 가운데, 인간이 되기 위한 긴 오디세이를 수행한다. 그러므로 그가 이제 귀향하는 것은 적절한 일인 듯하다. 그러나 짧고도 아이로니컬하게, 그는 자신이 사랑하는 여자와 재결합하고, 구혼 경쟁자들을 추방하고, 자신의 왕국을 되찾는다. 데이비드와 모니카가 함께 잠드는 장면은 얇게 비치는 향수의 금빛으로 가득하고, 기쁘고도 매우 슬프다. 어떤 의미에서 그 장면은 스탠리 큐브릭의 원래 의도와는 반대되는 듯하다. 왜냐하면 결말의 명백한 의도는 어린 시절을 위해서뿐만 아니라, 순수한 기계 지능의 세계 속에서 인간 상상력을 위한 향수를 제시하는 것이기 때문이다. 하지만 그 목표는 성취되지 않는다. 결과적으로 결말은 할리우드에 대한, 삶의 담지자로서 기계에 대한, 그리고 물질과 정신의 매개자로서 시뮬라크라에 대한 매력적 함의를 제시한다.

　첫 번째 함의는 설명하기 쉽다. 데이비드는 할리우드를 상징하기 때문이다. 그는 순수하고 지적인 백인 남성의 이미지다. 그가 인공물이란 것을 알았을 때조차도 그는 내 마음을 사로잡는다. 그는 시간 속에 얼어

붙어서 결코 나이 들지 않는다. 그는 배우, 감독, 기술의 마법사들에 의해 창조된 환상이다. 그는 오이디푸스 시나리오를 실행하도록 프로그래밍된다. 무엇보다 그는 상품이다. 상품으로서 그는 스타성과 브랜드네임을 갖는다. 회사는 영리하게 포장해서 더 많은 그를 생산하려고 계획한다. 영화 시작부에서 하비 교수는 스태프들에게 말한다. "우리가 만든 것은 시간 속에 정지된 완벽한 아이다…… 이 작은 인조인간은 단지 시장의 홍미에 부합하지만 않을 것이다. 그것은 위대한 인간의 필요를 만족시킬 것이다." 엄마의 남편이 데이비드를 입양아 역할을 하는 장난감이자 선물로 집에 가져왔을 때, 당황한 엄마가 남편에게 말한다. "얘는 너무 진짜 같아요. 그러나 얘는 가짜잖아요. 하지만 바깥에서 얘는 진짜처럼 보일 거예요!"

그가 로봇 공학이나 컴퓨터 그래픽에 의해 '연기'하는 것이 아님에도 불구하고, 데이비드는 진보된 기술과 인간 육체의 불안에 대한 상징이다. 스콧 부캣먼Scott Bukatman은 대부분 SF 영화의 핵심이 인간의 육체에 대한 불안감이라고 말했다. (이러한 불안감은 큐브릭의 〈2001 스페이스 오디세이〉에서 분명히 드러난다.) 부캣먼에 따르면, 육체는 "오랫동안 SF의 억압된 내용이었다. 그 장르는 신체를 합리성으로, 유기체를 기술로 대체하는 데 집착했다."[182] 어떤 의미에서, 스필버그는 그 과정을 역전시킨다. 그는 데이비드가 살아서 완전히 유기체를 대체하지 않는 것을 선택한다. 왜냐하면 만약 스필버그가 데이비드가 인간 유기체를 대체할 수 있다고 관객들을 설득한다면, 바로 그 지점에서 인간이 되려는 데이비드의 환상은 끝나 버릴 것이기 때문이다. 일관되게 관객들을 소외시키는 방식을 채택하는 큐브릭과 달리, 스필버그는 관객들이 영화의 주요 캐릭터들에 자신들의 모습을 강력히 동일시하기를 원한다. 그는 컴퓨터 애니메이션이 주요 배역에서 진짜 그럴듯한 인간 형상을 창조하기 위해서는 여전히 갈 길이 멀다는 점을 잘 알고 있다. 이를 위해 가장 공들인 시도는 〈파이널 판타지*Final Fantasy*〉(2001)였다. 그 영화는 비디오게임을 모델로 한 장편 SF 모험물이었다. 미국에서 〈A. I.〉와 거의 같은 시점에 개봉된 이 영화는 모든 장면을 컴퓨터 그래픽 이미지로 처리함으로써 지나치게 반들거리고 부자연스러워 보인다. 그 영화는 속임수 그림의 단계로까지 전혀 올라서지 못했다. 로버트 저메키스는 톰 행크스와 여러 배우들에게 모션 캡처 장치를 부착해서 컴퓨터 애니메이션 〈폴라 익스프레스*Polar Express*〉(2004)를 만들었다. 이 영화에서 스크린 위의 인물들은 거의 죽은 사람처럼 보인다. 그렇긴 하지만 당대 애니메이터들은 계속해서 사진적 리얼리즘이 달성 가능한 목표라고 말한다. 그들은 마치 어린 데이비드가 그의 엄마에 대해 가졌던 것과 똑같은 심리적 효과를 만들려고 노력하는 것처럼 보인다. 픽사Pixar/월트 디즈니사의 컴퓨터 애니메이션 〈토이 스토리*Toy Story*〉(1995) 감독인 존 래스터John Lasseter에 따르면, "나는 실제 사람이 없는 영화를 만드는 데 관심이 있어요. 하지만 사람들은 그 영화를 보고 나서 말하죠. '정말 진짜 같구먼. 뭐가 가짠지 모르겠네. 그런데······ 아니야, 그들이 진짜일 리가 없지. 그렇지 않아?'"[183]

래스터가 말한 효과는 사실 영화 매체의 탄생 이래 계속된 훌륭한 마술적 효과다. 또한 그것은 상품 페티시의 효과다. 현실과 완벽히 일치하는 '진짜' 만족할 만한 이미지는 언제나 놀리듯이 연기된다. 그러나 〈A. I.〉의 경우, 주요 캐릭터에 대한 정서적 일치와, 영화 마술과의 결합은 약간 이상하다. 왜냐하면 데이비드는 분명히 기계나 상품처럼 보이기 때문이다. 그 상황은 우리가 적어도 〈블레이드 러너〉의 많은 대본 중 한 버전에서 발견한 것과 비슷하다. 하지만 〈블레이드 러너〉에서는 〈A. I.〉의 플롯이 역전된다. 〈A. I.〉에서 주요 캐릭터는 인공물이고, 스토리가 진행되면서 우리는 그를 인간으로 받아들여야 하는지 질문하게 된다.[184] 이런 점에서 헤일리 조엘 오스먼트의 연기는 특히 흥미롭다. 왜냐하면 〈A. I.〉는 그에게 어느 정도 디지털화된 팬터마임 같은 연기 스타일을 요구하기 때문이다. 그것은 러시아 미래주의자들이 '바이오 메카닉스bio-mechanics'라고 말한 것과 유사하다. 엄마가 데이비드의 전자회로 속에 오이디푸스 욕망을 각인시키는 순간, 이런 디지털 연기 스타일은 스타니슬라프스키 스타일의 아날로그 감성으로 변화한다. 그것은 데이비드의 '내적' 생명을 드러낸다. (마지막 장면에서조차 데이비드는 결코 자신의 눈을 깜빡이지 않는다.)

오스먼트가 특히 섬세하고 감동적인 감성을 보여 준 마지막 장면은 중요한 질문을 던진다. 데이비드가 성취한 휴머니티는 진보인가 퇴보인가, 아니면 이도 저도 아닌가? 이 질문은 쉽게 해결되지 않는다. 〈A. I.〉는 종종 낭만적 관념론의 키워드('신,' '사랑,' '정신,' '꿈,' '천재' 등)를 사용한다. 그러나 영화는 이 단어들에 아이러니와 과학적 회의주의를 합친 의미를 부여한다. 영화 초반부에, 프랑켄슈타인 박사이자 영화 감독을 대리하는 하비 교수는 자신이 '영혼을 가지고…… 부모를 사랑하는 인조인간'을 만드는 비약적 발전을 이루었다고 자랑한다. 그는 이 인조인간의 수많은 복제물들을 시장에 내놓길 원한다. 하지만 그는 순수한 낭만주의 수사학으로 이를 묘사한다. "사랑이 핵심일 거예요. 사랑을 통해서, 그들은 이제까지 한 번도 가져본 적이 없는 잠재의식을 얻게 되지요. 상징, 본능, 자발성, 꿈 등의 내부 세계를 갖게 된단 말이요." 하비는 르네상스 이래 서구 문화의 한 축인 조물주 행세를 하는 과학자의 자손이다. (현대의 유명한 예로는 E. T. A. 호프만의 초자연적 이야기에서 꼭두각시 인형의 조종자, 비에르 드 릴라당의 소설 《미래의 이브L'Eve future》, 프리츠 랑의 〈메트로폴리스〉에서 로트왕 등이 있다.) 또한 그의 선조들과 마찬가지로 하비 박사는 무자비한 인물로 그려진다. 신 같은 역할('신은 아담을 사랑하기 위해 창조하지 않았던가?')에도 불구하고, 그는 우리가 아는 중요한 사실을 알지 못한다. 이제까지 비서, 요리사, 유모, 연예인, 섹스 노동자로 순수한 도구적 목적에 봉사해 온 로봇들이 이미 사랑하고 자발적으로 행동하는 능력을 가지고 있다는 사실 말이다.

테디(자신은 '장난감이 아니다'라고 주장하는)는 데이비드의 '실제' 형제(발에 기계 버팀대를 착용한)에 의해 데이비드와 자신 중 한 명을 선택하도록 강요받는다. 테디는 거의 자기 전자회로가 파손될 정도의 심리적 혼란을 겪는다. 지글로 조가 '피부 전시회'에서 데이비드를 만났을 때, 그는 의도적으로 친구가 되어 주고 데이비드를 도와준다. 데이비드를 버려야 하는 위기 상황을 겪는 모니카를 제외하고, 영화 속의 어떤 인간도 로봇을 사랑하거나 동정하지 않고, 아무도 로봇에 대해 타고난 감정을 느낄 수 없다. 데이비드는 다른 로봇과 다를지 모르지만, 그를 특별하게 만드는 것은 사랑할 수 있는 능력이라기보다는 가족 안에서 미리 정해진 역할을 수행하는 능력이다. 동료 기계들과 달리, 그는 공장 노동자나 서비스 산업 노동자로 만들어진 것이 아니다. 아가페와 에로스가 결합하면서, 그는 모니카를 사랑하고 사랑받는다. 그러므로 데이비드는 특별한 종류의 인간이 되기를 열망한다. 여기서 그는 덜 흥미로운 영화이긴 하지만 〈바이센테니얼 맨 *Bicentennial Man*〉(1999)에서 로빈 윌리엄스가 연기한 로봇과 비슷하다. 이 영화의 로봇은 불멸을 경험하면서도 인간이 되기 위한 자살 욕망에 집착한다. 그의 비극은 자신이 아닌 무엇으로 되고자 하는 데서 유래한다.

많은 인간들처럼, 데이비드는 마술과 초자연적인 것에 매료된다. 그는 루즈 시티에서 키치적인 성모 마리아 상에 마주쳤을 때, 그녀가 푸른 요정인지 궁금해 한다. 그의 친구 지글로 조는 그 동상이 단지 자신을 만든 사람을 알고자 하는 인간의 더러운 욕망의 상징일 뿐이라고 말한다. (로봇과 마찬가지로, 그 동상은 신성한 것과 세속적인 것 사이를 매개하는 시뮬라크라다.) 이 이슈는 결코 데이비드를 괴롭히지 못한다. 그는 단지 엄마를 찾고 사랑을 회복하는 데 관심이 있을 뿐이다. "엄마는 나를 미워하지 않아요. 나는 특별하고 독특하거든요." 그는 지글로 조에게 말한다. 그러나 데이비드가 맨해튼을 떠돌다가 자신의 제조자를 만났을 때, 그는 상품 사회에 봉사하는 기계 복제품들의 악몽에 마주친다. 자신의 복제품들은 하비 박사의 회사 벽을 따라서 고리에 매달려 있다. "나도 똑같은 것들 중 하나였군요." 데이비드가 하비 박사에게 말한다. "그것들은 내 진짜 아들을 닮았지." 하비 박사가 말한다. "그중에서 네가 첫 번째지." 하비는 자신의 죽은 아들을 닮은 인조 소년들을 이미 스무 개씩 포장하고 있다. 그는 '데이비드'라는 브랜드네임으로 그들을 시장에 내놓을 계획이다. 또한 그의 작업장에는 '달렌'이라는 이름의 여자 제품들이 포장되어 있다. 그녀의 이야기도 비슷할 거라고 우리는 예측할 수 있다. (영화가 너무 프로이트적이라서 확실히는 모르겠지만 말이다.) 그러나 데이비드의 이야기는 자신의 기계 복제품들에 대한 살인적 공격, 아버지에 대한 반란, 자살 시도, 그리고 푸른 요정에 대한 헛된 기도 등으로 끝날 것 같지 않다. 로봇의 미래 세대에 의해 얼음 밑에서 발견된 후에 그는 살아날 기회를 가진다. "이 로봇들은 오리지널들이야." 미래 로봇들은 데이비드를 얼음으로부터 구출하려고 한다. "그들은 살아 있는 사람들을 알았어!" 이야기가 마지막으로 전환되면서, 휴머니즘과 '정신'이 살아남는다. 이전의 고고학의 발견이나 동물원의 희귀 동물처럼, 로봇 소년은 미래 로봇들에 의해 특별한 관심을 받는다. 하루 만에 데이비드의 유기체 엄마를 살려내고 그의 소망을 실현시켜 준다.

영화의 마지막 섹션은 의심할 것도 없이 스필버그에게 문제를 일으킨다. 왜냐하면 그것은 인간의 이해를 넘어서는 상황을 제기하기 때문이다. 큐브릭은 〈2001 스페이스 오디세이〉의 마지막 섹션에서 비슷한 어려움에 직면했다. 그는 현명하게 모호하고 비언어적인 것들을 선택했다. 그러나 〈A. I.〉는 더 복잡하다. 그 이유는 우리가 미래 지능과 인간 아이의 완전히 다른 시점에서 사건들을 볼 필요가 있기 때문이다. 불행히도, 스필버그는 기술적으로 진화한 로봇들을 꽤 관습적 디자인으로 표현한다. 그것은 '그레이'의 컴퓨터 그래픽 버전인 것 같다. 그레이는 〈미지와의 조우〉이후 거의 모든 SF 영화에서 우주인들의 외모에 영향을 끼친 대중문화의 캐릭터다. 대장 로봇이 데이비드에게 벤 킹슬리의 목소리로 말한다. 그의 목소리는 마치 마스터피스 극장Masterpiece Theater에서 연설하는 것처럼 보인다. 이처럼 약간 우스꽝스런 표현은 일부러 그렇게 한 것일 수 있다. 왜냐하면 데이비드와 미래 로봇 사이의 대화는 인간 소년의 이해를 위해 매개되고 관리된 것이기 때문이다. (그들이 거의 HDTV 스크린처럼 이야기할 때, 둘 뒤의 유리창은 상상 속의 자연 세계를 보여 준다.) 데이비드가 미국 중산층 도시 소년으로 철저히 프로그래밍되어 있기 때문에, 성, 국가, 심지어 할리우드 영화의 기호들은 데이비드와 소통하려는 시도로 사용되어야 한다.

결국 데이비드는 영화가 프로이트적으로 정의하는 인간성의 역설적 상징이 된다. 이 영화는 스필버그와 큐브릭 둘 모두를 대표한다. 그러나 둘 중에서 큐브릭은 정신분석적 주제를 사용하는 방식에서 더 세밀하고 솔직했다. 앞에서 보았듯이, 그가 〈샤이닝〉에서 다이앤 존슨과 같이 시나리오 작업을 했을 때, 그는 브루노 베텔하임의 《옛이야기의 매력》에 관심을 가지게 되었다. 그 책은 문학 동화에 대한 탈역사적이고 약간 노골적으로 정신분석적인 해석으로 가득 차 있다. 또한 베텔하임은 〈A. I.〉의 이야기를 발전시키는 데 영향을 주었다. 큐브릭이나 스필버그가 베텔하임

의 다른 책《프로이트와 남자의 영혼*Freud and Man's Soul*》(1984)에서 다음
구절을 읽었는지 궁금하다. 그 책은 프로이트의 '정신psyche'이라는 단어
가 '영혼'의 정신적 사고와 공통점이 있고, 다음과 같이 번역되어야 한다
고 주장한다.

> 프로이트의 무신론은 잘 알려져 있다. 그는 무신론을 주장하기 위해 자신
> 의 길을 벗어난다. 영혼에 대한 그의 생각에 초자연적인 것은 없다. 그것은
> 불멸과 아무런 관계가 없다. 만약 무언가가 우리 뒤에 계속된다면, 그것은
> 우리에 대한 다른 사람들의 기억이다. 그리고 우리가 창조하는 것은……
> 그것은 손에 잡히지 않지만, 그럼에도 불구하고 우리 삶에 강력한 영향을
> 끼친다. 그것은 우리를 인간으로 만드는 것이다. 그것은 우리에게 너무나 본
> 질적으로 인간적이어서 다른 어떤 용어도 프로이트가 명심했던 것과 똑같
> 은 것을 전달할 수 없다.[185]

베텔하임은 증가하는 세속적 과학의 시대에 정신분석학이 (예술과 마
찬가지로) 정신성의 마지막 도피처가 된 방식에 대해 징후적으로 표현한
다. 그러나 만약 기억이 우리를 정신적이고 인간으로 만드는 것이라면, 어
떻게 기계가 기억될 수 있는가? 또한 컴퓨터 기술은 왜 기억을 세리 터클
Sherry Turkle이 말한 인공 지능의 새롭게 '출현'하는 영역으로 돌려놓았는
가? '인공 지능과 정신분석학'에 대한 1998년 저술에서, 터클은 지금 의
문시되고 있는 두 가지 지적 영역이 세계와 분리되어 나타난다고 말한다.

정신분석학은 육체, 섹슈얼리티, 그리고 여성으로 태어나서 가족으로 성장
하면서 따라오는 것 등 최대한의 인간적인 것을 찾는다. 인공 지능은 의도

적으로 최소한의 특별히 인간적인 것을 찾는다. 그 이론적 비전의 기초는, 인간과 기계에 의해 공유될 수 있는 여러 원리들이 정신적 삶의 본질이라는 점이다.[186]

그럼에도 불구하고, 터클은 계속해서 정신분석학과 컴퓨터 문화는 공통점이 있다고 말한다. 둘 다 '생물학적 미학'을 이용하고, 둘 다 파편적이고 탈중심적인 자아 개념과 연관된다. 둘 다 억압과 무의식이 심리 작용에 중심적이라고 이론화한다. 둘 다 주관과 객관의 경계를 없앤다. 터클은 정신분석학과 출현하는 인공 지능은 확실한 패러다임들을 전복하는 과정에서 서로에게 '영원한 신화'를 제공한다고 결론을 내린다. 컴퓨터의 마음은 자아의 자기만족적 개념을 불안하게 하는 것과 똑같은 방식으로 행동주의 심리학을 불안하게 한다. 터클은 말한다. "인공 지능은 스키너■와 카르납■■만큼은 아니지만, 프로이트와 데리다만큼 두려운 존재다"(p.245).

〈A. I.〉의 결말부에서, 미래의 순수 기계 개체들은 프로이트 이론을 구성하는 생물학적 차이들을 넘어 진화하는 듯하다. 그들은 너무 합리적이어서 섹스, 자본주의, 민족성의 어떤 기호도 없는 세계에 산다. 그렇다 하더라도 그들은 기억을 가지고 있고, 데이비드에 대한 강렬한 역사적 관심을 갖는다. 그들은 휴머니스트 이상주의에 대한 향수를 표현한다. "넌 우리에게 아주 중요해." 그들의 대표자가 말한다 "너는 독특하고…… 너

■ B. F. 스키너Burrhus Frederic Skinner(1904~1990)는 미국의 가장 영향력 있는 행동주의 심리학자다.

■■ 루돌프 카르납Rudolf Carnap(1881~1970)는 오스트리아 출신의 철학자로 논리실증주의의 대표적 인물 가운데 한 사람이다.

는 인간이라는 종에 대한 영원한 메모리야. 넌 그들의 천재성에 대한 항구적 증거야." 데이비드의 메모리 세포를 다운로드받고, 비디오테이프를 돌리듯이 그의 삶을 지켜본 뒤, 이 똑같은 로봇은 고백한다. "난 종종 인간에 대한 질투심을 느껴. 그건 그들이 정신이라고 부르는 것이지." 로봇들은 데이비드를 엄마와 간단하게 재결합시킴으로써 데이비드의 소망을 실현시켜 준다. 그들은 탁자 위 TV 스크린의 시점에서 데이비드와 엄마의 재회를 지켜본다. 그것은 마치 미래의 로봇들이 인간 정신의 핵심을 보여 주는 옛날 영화를 보고 있는 기록 보관인인 것처럼 보인다.

이러한 어떤 아이러니도 마지막 신에서 표현된 감정을 손상시킬 수 없다. 데이비드는 죽음으로부터 엄마에게로 돌아갔다. 데이비드는 두 사람이 서로의 사랑을 표현하는 그 순간, 엄마의 죽음과 함께 자기 자신을 화해할 수 있는 그 단 한순간이 실현되길 바랐다. 데이비드는 모험을 통해서 엄마가 거의 이해할 수 없는 것들을 보았다. 그는 처음으로 엄마보다 더 많은 지식을 얻는다. 스필버그는 두 배우들의 표정, 특히 헤일리 조엘 오스먼트의 표정에 초점을 맞춘다. 카메라는 이제 이빨도 다 자란 진짜 소년의 모습을 실제로 보여 준다. 하지만 소년의 지친 웃음은 죽음이 아름다움의 어머니라는 사실을 말해 준다. 그러나 그 장면을 특별하게 만드는 것은 오스먼트와 오코너가 불러일으키는 모든 감정이 특별한 허구적 상황에 의해 조건 지워지고 제한된다는 점이다. 엄마, 아이, 집은 너무 완벽하다. 그것은 할리우드의 관념적 이상일 뿐이다. 기이한 어떤 것이 모든 것들을 굴절시킨다. 그 장면은 기괴하게도 '가정적이지 않다un-homeliness'는 느낌을 준다. 컴퓨터 그래픽으로 만들어진 유령 같은 미래 로봇들이 마치 멀리 떨어진 어딘가에서 데이비드와 엄마를 지켜보는 것처럼 느껴진다. 미래 로봇들 자신이 인공물임에도 불구하고 말이다. 영화 초반에 가족의 저녁 식사 시간에 보인 데이비드의 기괴한 미소와 마찬가지로, 그 효과는 그렇게 충격적이지 않다. 하지만 그 장면은 아이와 엄마 사이의 감동적 재결합을 공포스럽게 포장한 뒷이야기처럼 보인다.

기괴함에 대한 프로이트의 논문은 적어도 부분적으로 호프만의 살아 움직이는 인형 이야기에 대한 분석에 기초한다. 또한 그 논문은 '밀랍 인형에 의해 만들어지고, 인형과 자동 기계에 의해 능숙하게 구축된 인상'에 기초한다. 큐브릭의 〈샤이닝〉과 〈아이즈 와이드 셧〉에서는 불분명하게 드러나지만, 프로이트의 결론 중 하나는 기괴한 느낌이란 거세와 죽음에 대한 원시적 공포와 연관된다는 점이다.[187] 러츠키에 따르면, 이 공포는 프로이트에 대한 자크 라캉Jacques Lacan의 재해석을 통해서, '남근'에 대한 위협이나 데카르트적 자아에 대한 생각으로 이해될 수 있다. 따라서 기술이 살아 있거나 이상하게 "죽지 않는" 것처럼 보일 때, 우리는 "객관 세계의 파편성과 우연성을 넘어선 통합적이고 살아 있는 영혼이나 정신의 권위 속에서" 우리의 믿음을 잃어버리는 경향이 있다(p.39). 프로이트와 라캉은 컴퓨터 그래픽 로봇들을 따라서 〈A. I.〉의 마지막 장면 뒤쪽을 배회하는 듯하다. 그러나 그들은 그 이야기를 지배하지 않는다. 〈A. I.〉는 우리를 매료시킨 동상, 인형, 로봇의 뒤쪽들과 다른 방식이라고 간주될 수 있다. 왜냐하면 〈A. I.〉 속에서 동상, 인형, 로봇은 인간의 정신을 구체화하는 것 같기 때문이다. 대립적인 것들 ― 슬픔과 아이러니, 감성과 지성, 향수와 낯섦, 휴머니즘과 반휴머니즘, 합리성과 이상주의 등 ― 은 마지막 장면에서 결합된다. 데이비드는 죽은 부모에 대한 트라우마를 극복하는 아이다. 그러나 동시에 그는 기계다. 그의 심오한 '인간적' 비극은, 우리를 투영한 우리의 이미지로 그가 만들어졌다는 점이다. 우리는 사랑과 죽음의 근본적 경험을 목격한다. 동시에 우리는 기계에 의해 연출되는 오이디푸스 판타지를 목격한다. 그 판타지는 죽은 미국 문화로부터 기계적으로 복제된 상품을 위한 것이다.

이 마지막 장면을 처음으로 본 뒤, 나는 피터 울른Peter Wollen의 1976년 단편 소설《프랜드십의 죽음Friendship's Death》을 떠올렸다. 나중에 울른은 이 소설을 영화로 만들었다. 이 소설은 프랜드십이라 불리는 외계인에 대한 이야기다. 프랜드십은 인간처럼 보이지만, 사실 '인공 지능과, 성형과 보철의 세련된 체계'를 갖춘 로봇이다. 프랜드십은 프로그래머들에 의해 지구에 친선 대사로 보내진다. 그는 지구에서 MIT 대학교의 노엄 촘스키Noam Chomsky 교수와 대화하기를 원한다. 불행히도, 내비게이션 고장으로 1970년 전쟁 중인 요르단과 팔레스타인 사이의 요르단에 착륙한다. 동시에 프랜드십은 자기 행성과의 교신이 끊어져서 혼자 지구에 남겨진다. 자신이 정체를 아는 유일한 인간인 영국 저널리스트와의 대화에서, 프랜드십은 짧은 방문 기간 동안 인간 사회가 계급 분열과 투쟁으로 얼룩져 있다는 사실을 깨달았다고 말한다. 부르주아와 프롤레타리아, 산업 국가와 제3세계, 남자와 여자, 인간과 동물 사이의 힘의 불균형이 존재한다. 비록 인간의 정의는 시간의 흐름에 따라 바뀌는 듯하고, 어떤 인간주의 원칙들은 유기적 세계 전체로 확산되어 왔다 할지라도, 이 모든 것의 가장 기본적 분열은 인간과 비인간 사이의 분열이다. 프랜드십이 관찰한 바에 따르면, 인간으로부터 항상 담장을 쌓고 분리된 것은 기계다. 그것은 도구적이고 감각이 없는 것으로 간주된다. 프랜드십이 볼 때, 이것은 불합리한 것 같다. 왜냐하면 지구상의 많은 과학자들은 인간을 기계에 비유하지 않았던가? (울른이 알고 있듯이, 가장 중요한 예는 데카르트다.) 그 이야기를 설명하던 기자가 갑자기 불안해한다. 왜냐하면 그는 대화 초안을 보기 시작했기 때문이다. "[프랜드십]은 인간들과 똑같은 방식으로 기계를 볼 수 없었다. 그

Stanley Kubrick

자신이 하나의 기계였다. 더구나 그는 지능, 사생활, 자율성 등을 갖고 있었다. 비록 그가 인간은 아니었지만 그는 마땅히 같은 대접을 받을 자격이 있다고 느꼈다." 기자가 마지막으로 프랜드십을 보는 순간, 로봇은 팔레스타인 의병대에 동참해서 싸우다가 죽음을 맞는다.[188]

울른처럼, 그러나 덜 정치적으로, 스필버그와 큐브릭은 연대감, 사랑, 심지어 섹스조차도 생물학보다는 지능에 더 많은 기초를 둔다. 더 중요하게, 그들은 인간/비인간 사이의 구분이 이데올로기일 뿐이라고 폭로한다. 그러므로 〈A. I.〉의 마지막 장면은 아이러니를 넘어서 합리성이 문제를 일으키는 지점까지 나아간다. 그 지점에서 감정과 지능은 서로를 강화한다. 거기에서 프로이트가 종교적 경험에 속한다고 말했던 '바다 같은' 감정이 힘 속으로 밀려든다. 우리는 모순을 끌어안으면서 초월하고 있는 데이비드의 비극적 조건을 이해할 수 있게 된다. 그래서 우리는 '인간적으로,' 그러나 휴머니즘이 보통 허락하는 것보다 더 크게, 데이비드의 슬픔과 승리를 공유할 수 있다. 모더니티의 환상 바깥에 살고 있는 그를 보았을 때조차, 나는 소년이자 기계인 데이비드를 위해 울었다. 2001년 9월 11일의 충격 속에서, 하이퍼모던의 미국에서, 가족과 가정, 현대 엔터테인먼트의 과잉에 대한 더욱 냉철한 반성, 더 오래되고 아마도 더 '인간적' 삶의 향수에 대한 많은 논의들이 있었다. 〈A. I.〉의 마지막 장면 같은 그런 장면은 너무나 드물지만, 우리의 감성과 지성에 다양한 방식으로 영향을 끼치고 있다.

STANLEY KUBRICK

시합 날

Day of the Fight ─────────────────

1950~1951 | 미국 | 16분 | 35㎜ | 흑백 | 모노 | Stanley Kubrick Productions,
RKO Screenliner(배급) | 개봉 1951. 4. 26(뉴욕 파라마운트 극장)

감독 스탠리 큐브릭

제작 스탠리 큐브릭, 제이 보나필드Jay Bonafield(크레딧에 없음)

각본 로버트 라인Robert Rein, 스탠리 큐브릭

촬영 스탠리 큐브릭, 알렉산더 싱어

조감독 알렉산더 싱어

편집 줄리언 버그먼Julian Bergman, 스탠리 큐브릭

사운드 스탠리 큐브릭

음악/음악 감독 제럴드 프리드

출연 더글러스 에드워즈(내레이터), 월터 카티에르, 빈센트 카티에르, 네이트 플라이셔Nate
Fleischer, 보비 제임스Bobby James, 스탠리 큐브릭, 알렉산더 싱어, 주디 싱어

하늘을 나는 신부

Flying Padre ─────────────────

1950~1951 | 미국 | 9분 | 35㎜ | 흑백 | 모노 | Stanley Kubrick Films(RKO와 제작 계약) | 개봉
1951

감독 스탠리 큐브릭

제작 버턴 벤자민Burton Benjamin

각본 스탠리 큐브릭

촬영 스탠리 큐브릭

음악 너새니얼 실크렛Nathaniel Shilkret

사운드 해럴드 R. 비비안Harold R. Vivian

편집 아이작 클라이너만Isaac Kleinerman

출연 밥 하이트Bob Hite(내레이터), 프레드 슈타트뮬러Fred Stadtmueller 목사

선원

The Seafarers ─────────
1953 | 미국 | 30분 | 35㎜ | 컬러 | 모노 | 개봉 1953. 10. 15(뉴욕)

감독 스탠리 큐브릭

제작 레스터 쿠퍼Lester Cooper

각본 윌 체이슨Will Chasen

촬영 스탠리 큐브릭

편집 스탠리 큐브릭

사운드 스탠리 큐브릭

출연 돈 홀렌벡(내레이터), 선원조합원

공포와 욕망

Fear and Desire ─────────
1951~1953 | 미국 | 68분 | 35㎜(1:1.33) | 흑백 | 모노 | Stanley Kubrick Productions, 조지프
버스틴(배급) | 개봉 1953. 4. 1(뉴욕 길드 극장)

제작 단계에서의 제목 '공포의 모습Shape of Fear,' '덫The Trap'

감독 스탠리 큐브릭

제작 스탠리 큐브릭, 마틴 퍼벌러

각본 하워드 O. 새클러, 스탠리 큐브릭. 하워드 O. 새클러의 시나리오 〈덫〉을 토대로 함.

촬영 스탠리 큐브릭

조감독 스티브 한Steve Hahn

대사 감독 토바 큐브릭

미술 감독 허버트 레보비츠Herbert Lebowitz

분장 쳇 파비언Chet Fabian

타이틀 디자인 바니 에텐고프Barney Ettengoff

편집 스탠리 큐브릭

음악/음악 감독 제럴드 프리드

프로덕션 매니저 로버트 더크스Robert Dierks

로케이션 캘리포니아 주의 샌 가브리엘 산맥, 베이커필드, 아주사

출연 데이비드 앨런David Allen(내레이터), 프랭크 실베라(맥), 케네스 하프(코비 중위/적군 장
교), 버지니아 리스Virginia Leith(소녀), 폴 마주르스키(시드니 이등병), 스티브 코이트(플래처 이
등병/적군 부관)

살인자의 키스

Killer's Kiss ————————————————————————

1955 | 미국 | 67분 | 35mm(1:1.33) | 흑백 | 모노 | Minotaur Productions, United Artists(배급) | 개봉 1955. 9. 28(뉴욕 뢰브 메트로폴리탄 극장)

제작 단계에서의 제목 '키스 미, 킬 미Kiss Me, Kill Me,' '요정과 미치광이The Nymph and the Maniac,' '스파이더 게임Along Came a Spider'

감독 스탠리 큐브릭

제작 모리스 보우셀, 스탠리 큐브릭

각본 하워드 O. 새클러, 스탠리 큐브릭(크레딧에 없음), 스탠리 큐브릭의 스토리를 사용.

촬영 스탠리 큐브릭

카메라 오퍼레이터 제시 페일리Jesse Paley, 맥스 글렌Max Glen

조감독 어니스트 누카넨Ernest Nukanen

사운드 스탠리 큐브릭(티트라 스튜디오Titra Studios의 녹음 엔지니어 월터 루커스버그Walter Ruckersberg, 클리포드 반 프랙Clifford Van Pragg)

편집 스탠리 큐브릭

음악 제럴드 프리드(사랑의 테마: 노먼 김벨Norman Gimbel과 아덴 클라Arden Clar의 'Once')

안무 데이비드 본David Vaughn

로케이션 뉴욕 시의 플레저랜드 댄스홀(49번가), 드 리스 극장(그리니치빌리지), 크리스토퍼 스트리트 121, 맨해튼의 여러 지역

출연 프랭크 실베라(빈스 라팔로), 제이미 스미스(데이비 고든), 이렌 케인(글로리아 프라이스), 제리 자렛Jerry Jarret(매니저), 루스 소보차(아이리스 프라이스, 댄서), 마이크 다나Mike Dana/펠리스 오랜디Felice Orlandi/랠프 로버츠Ralph Roberts/필 스티븐슨Phil Stevenson(갱스터), 줄리우스 스킵피 아델만Julius Skippy Adelman(마네킹 공장의 소유주)

살인

The Killing ————————————————————————

1955~1956 | 미국 | 84분 | 35mm(1:1.33) | 흑백 | 모노(RCA 사운드 시스템) | Harris–Kubrick Productions, United Artists(배급) | 개봉 1956. 5. 20(뉴욕 메이페어)

제작 단계에서의 제목 '폭력의 날Day of Violence,' '클린 브레이크Clean Break,' '공포의 침대 Bed of Fear'

감독 스탠리 큐브릭

제작 제임스 B. 해리스

각본 스탠리 큐브릭, 짐 톰슨(대사), 원작은 리오넬 화이트의 소설 《클린 브레이크》.

제작 보조 알렉산더 싱어

프로덕션 매니저 클레어런스 유리스트Clarence Eurist

촬영 뤼시엥 발라드

촬영 보조 딕 타워Dick Tower

조감독 밀턴 카터Milton Carter

제2제작진 감독 알렉산더 싱어

사운드 얼 스나이더Earl Snyder

편집 베티 스타인버그Betty Steinberg

미술 감독 루스 소보차

세트 디자인 해리 레이프Harry Reif

의상 잭 마스터스Jack Masters, 루디 해링턴Rudy Harrington

분장 로버트 리틀필드Robert Littlefield

특수 효과 데이브 콜러Dave Kohler

음악 제럴드 프리드

음악 편집자 길버트 머천트Gilbert Marchant

프로덕션 조수 마거리트 올슨Marguerite Olson

감독 조수 조이스 하트만Joyce Hartman

촬영 효과 잭 라빈Jack Rabin, 루이스 디윗Louis Dewitt

로케이션 샌프란시스코의 골든 게이트 경마장과 베이 메도우즈 경마장, 로스앤젤레스의 여러 지역, 로스앤젤레스의 유나이티드 아티스트 스튜디오

출연 스털링 헤이든(조니 클레이), 콜린 그레이(페이), 빈스 에드워즈(발 캐넌), 제이 C. 플리펀(마빈 엉가), 케드 드 코르시아(랜디 케넌), 마리 윈저(셰리 피티), 엘리사 쿡 주니어(조지 피티), 조 소이어(마이크 오레일리), 제임스 에드워즈(주차 경비원), 티모시 캐리(니키 애런), 콜라 크와리아니(모리스 오보크호프), 제이 아들러(레오), 티토 부올로(조), 도로시 애덤스Dorothy Adams(루시 오레일리), 조지프 터클(티니), 윌리엄 베니딕트William Benedict(항공기 승무원), 제임스 그리피스James Griffith(그라임스 씨), 찰스 R. 케인Charles R. Cane/로버트 윌리엄스Robert Williams(공항 사복 경찰), 사울 그로스Saul Gorss(경마장 경비원), 할 J. 모어Hal J. Moore(경마장 아나운서), 리처드 리브스Richard Reeves/프랭크 리처즈Frank Richards(경마장 직원), 아트 길모어Art Gilmore (내레이터), 허버트 엘리스Herbert Ellis, 세실 엘리트Cecil Elliott, 스티브 미첼Steve Mitchell, 메리 캐럴Mary Carroll

영광의 길

Paths of Glory —————————————————————————

1957 | 미국 | 87분 | 35mm(1:1.66/1:1.85) | 흑백 | 모노 | Harris–Kubrick Productions/Bryna Productions, United Artists(배급) | 개봉 1957. 12. 20(비버리 힐스의 파인 아츠 극장)

감독 스탠리 큐브릭

제작 제임스 B. 해리스

각본 스탠리 큐브릭, 칼더 윌링햄, 짐 톰슨. 원작은 험프리 콥의 소설 《영광의 길》.

촬영 조지 클라우스

카메라 오퍼레이터 하네스 슈타우딩거Hannes Staudinger

편집 에바 크롤Eva Kroll

사운드 마틴 멀러Martin Muller

미술 감독 루드비히 라이베르Ludwig Reiber

의상 일제 두보이스Ilse Dubois

분장 아서 슈람Arthur Schramm

군사 자문 바론 폰 발덴펠스Baron von Waldenfels

음악 제럴드 프리드. 요한 슈트라우스(Kunstlerleben), 'Marseillaise,' 'Das Lied vom treuen Husaren'

프로덕션 매니저 게오르크 폰 블록Georg von Block, 존 포머John Pommer

로케이션 슐라이스하임 궁전, 베른리트, 슈타른베르크 호수, 푸흐하임(바바리아); 바바리아 스튜디오(뮌헨)

출연 커크 더글러스(닥스 대령), 랠프 미커(상병 패리스), 아돌프 멘주(브롤라드 총사령관), 조지 맥레디(미로 장군), 웨인 모리스(로제트 중사), 리처드 앤더슨(보좌관 생토뱅), 조지프 터클(이등병 아르노), 티모시 캐리(이등병 페롤), 피터 케이플(판사/오프닝 시퀀스 내레이터), 수잔 크리스티안Susanne Christian(독일인 포로), 버트 프리드Bert Freed(병장 불랑제), 에밀 메이어(신부), 존 스타인John Stein(대위 루소), 진 딥스Jen Dibbs(이등병 르준), 제리 하우저(선술집 주인), 해럴드 베니딕트Harold Benedict(대위 니콜스), 프레데릭 벨Frederic Bell(전쟁신경증 피해자), 폴 보스Paul Bos(소령 고덕), 리언 브리그스Leon Briggs(대위 상시), 윌리 프리드히스Wally Friedrichs(대령 드 게르빌), 할더 핸슨Halder Hanson(의사), 롤프 크랄로비츠Rolf Kralovitz(K. P.), 이라 무어Ira Moore(대위 르노아트), 마셜 라이너Marshall Rainer(이등병 듀발), 제임스 B. 해리스(공격 시 이등병)

스파르타쿠스

Spartacus ——————————————————————————

1959~1960 l 미국 l 오리지널 버전 196분 l 컬러 l **Bryna Productions**(Universal Pictures와 제작 계약)

감독 스탠리 큐브릭

제작 에드워드 루이스Edward Lewis, 커크 더글러스

각본 돌턴 트럼보. 원작은 호워드 패스트Howard Fast의 소설 《스파르타쿠스》.

출연 커크 더글러스(스파르타쿠스), 로렌스 올리비에(크라수스), 진 시몬즈Jean Simmons(바리니아), 찰스 로튼(그라쿠스), 피터 유스티노프Peter Ustinov(바티아투스), 토니 커티스(안토니우스)

롤리타
Lolita ————————————————————————

1960~1962 | 미국 | 152분 | 35㎜(1:1.66) | 흑백 | 모노(RCA 사운드 시스템) | Seven Arts Productions, Allied Artists, Anya, Transworld, Metro Goldwyn Mayer(배급) | 개봉 1962. 6. 12(뉴욕 머리 힐 극장, 뢰브 스테이트 극장)

감독 스탠리 큐브릭

제작 제임스 B. 해리스

각본 블라디미르 나보코프(제임스 B. 해리스, 스탠리 큐브릭). 원작은 나보코프의 소설 《롤리타》.

촬영 오즈월드 모리스

제2촬영팀 로버트 가프니Robert Gaffney

카메라 오퍼레이터 데니스 쿱Dennis Coop

편집 앤서니 하비

사운드 렌 실턴Len Shilton(녹음), H. L. 버드H. L. Bird(믹싱)

미술 감독 빌 앤드루스Bill Andrews, 시드 케인Syd Cain

세트 디자이너 피터 제임스Peter James, 앤드루 로Andrew Low

코스튬 진 코핀Gene Coffin(셜리 윈터스의 의상)

의상 엘사 펜넬Elsa Fennel

분장 조지 파텔턴George Partelton

타이틀 디자인 챔버스 앤드 파트너스

음악 넬슨 리들(롤리타 테마는 밥 해리스, 조지 데이비드 와이스George David Weiss의 'Put Your Dreams Away'[크레딧에 없음])

제작 총괄 레이먼드 앤자러트Raymond Anzarut

프로덕션 매니저 로버트 스턴Robert Sterne

로케이션 올바니(뉴욕 주), 게티스버그(뉴욕 주), 헤이그(뉴욕 주), 타이콘데로가(뉴욕 주), 미들보로(버몬트 주), 포트랜드(메인 주), 도버(뉴햄프셔 주), 피츠필드(뉴햄프셔 주), 밀스 캐빈 모텔(메인 주), 보스턴(매사추세츠 주), 슈루즈베리(매사추세츠 주), 샤론(매사추세츠 주), 웨스틸리(로드 아일랜드 주), 128번 도로(미국), 엘스트리 스튜디오Elstree Studios(런던)

출연 제임스 메이슨(험버트 험버트), 셜리 윈터스(샬롯 헤이즈), 수 라이언(돌로레스 '롤리타' 헤이즈), 피터 셀러스(클레어 퀼티), 다이애나 데커(진 팔로우), 제리 스토빈(존 팔로우), 수잰 깁스Suzanne Gibbs(모나 팔로우), 게리 코크럴(리처드 T. '딕' 실러), 마리안 스톤(비비언 다크블룸), 섹 린더Cec Linder(의사), 루이스 맥스웰Lois Maxwell(간호사), 윌리엄 그린William Greene(조지스와인), C. 데니어 워런C. Denier Warren(포츠), 이소벨 루카스Isobel Lucas(루이즈), 맥신 홀든Maxine Holden(호텔 리셉션니스트), 제임스 다이렌포스James Dyrenforth(빌), 로베르타 쇼어Roberta Shore(로르나), 에리스 레인Eris Lane(로이), 셜리 더글러스Shirley Douglas(스타치 부인), 롤랜드 브랜드Roland Brand(빌), 콜린 메이틀랜드Colin Maitland(찰리), 어빈 앨런Irvine Allen(병원 간병인), 매리언 매티Marion Mathie(Miss Lebone), 크레이그 샘스Craig Sams(렉스), 존 해리슨John Harrison(톰)

닥터 스트레인지러브

Dr. Strangelove, or How I Learned to Stop Worrying and Love the Bomb —
1963~1964 ı 영국/미국 ı 95분 ı 35㎜(1:1.66) ı 흑백 ı 모노(Westrex) ı Hawk Films Ltd,
Columbia Pictures(배급) ı 개봉 1964. 1. 29(런던 컬럼비아 극장)

감독 스탠리 큐브릭
제작 스탠리 큐브릭
각본 스탠리 큐브릭, 피터 조지, 테리 서던. 원작은 피터 브라이언트(피터 조지)의 소설 《적색경보》.
조감독 에릭 래트레이Eric Rattray
촬영 길버트 테일러
편집 앤서니 하비
사운드 존 콕스John Cox(녹음), H. L. 버드(믹싱)
프로덕션 디자인 켄 애덤 조지프
미술 감독 피터 머튼Peter Murton
의상 브리짓 셀러스Brigit Sellers
분장 스튜어트 프리본Stuart Freeborn
특수 효과 윌리 비버스
기술 고문 대위 존 크루스던John Crewsdon
타이틀 디자인 파블로 페로(Ferro, Mohammed & Schwartz)
음악 로리 존슨Laurie Johnson('We'll Meet Again'/Lew Ross Parker, Hughie Charles; 'Try a Little Tenderness'/Harry Woods, Jimmy Campbell, Reg Connelly; 'When Johnny Comes Marching Home'/Patrick S. Gilmore; 'Greensleeves')
제작 총괄 빅터 린든Victor Lyndon, 리언 미노프Leon Minoff
로케이션 런던의 런던 공항, IBM 시설, 셰퍼턴 스튜디오
출연 피터 셀러스(공군 대위 리오넬 맨드레이크/대통령 머킨 머플레이/스트레인지러브 박사), 조지 C. 스콧(장군 벅 터지슨), 스털링 헤이든(장군 잭 D. 리퍼), 키난 윈(대령 '뱃' 구아), 슬림 피켄즈(소령 T. J. '킹' 콩), 피터 불Peter Bull(대사 드 새데스키), 제임스 얼 존스(중위 로타 추그), 트레이

시 리드(미스 스콧), 잭 크렐리Jack Creely(미스터 스테인스), 프랭크 베리Frank Berry(중위 H. R. 디트리히), 글렌 벡Glenn Beck(중위 W. D. 키벨), 로이 스티븐스Roy Stephens(프랭크), 셰인 리머 Shane Rimmer(대위 G. A. '에이스' 오웬스), 폴 타마린Paul Tamarin(대위 B. 골드버그), 고든 태너 Gordon Tanner(장군 페이스먼), 로렌스 헤더Laurence Herder/존 매카시John McCarthy/할 갤리 리Hal Galili(부플슨 공군 기지의 병사들)

2001 스페이스 오디세이
2001: A Space Odyssey ────────────

1968 l 영국/미국 l 141분(160분이었으나 첫 상영 후 잘라냄) l 70㎜(1:2.20) l 슈퍼 파나비전 l 컬러 (테크니컬러 프린트, 메트로컬러) l 4−Track Stereo(35㎜)/6−Track(70㎜ 프린트)/DTS 70㎜(재 상영본) l Stanley Kubrick Productions/Polaris Films, Metro Goldwyn Mayer(배급) l 개봉 1968. 4. 6(워싱턴 업타운 극장)

감독 스탠리 큐브릭

제작 스탠리 큐브릭, 빅터 린든

각본 스탠리 큐브릭, 아서 C. 클라크. 아서 C. 클라크의 단편 소설 《파수꾼》을 토대로 함.

촬영 제프리 언스워스

추가 촬영 존 올컷

제2촬영팀 로버트 개프니Robert Gaffney

카메라 오퍼레이터 켈빈 파이크Kelvin Pike

편집 레이 러브조이Ray Lovejoy

사운드 A. W. 왓킨스A. W. Watkins(녹음), 에드 윈스턴 라이더Ed Winston Ryder(편집), H. L. 버드(믹싱)

프로덕션 디자이너 앤서니 매스터스Antony Masters, 해리 랭Harry Lange, 어니스트 아처Ernest Archer

미술 감독 존 호슬리John Hoesli

의상 하디 에이미스Hardy Amies

분장 콜린 아서Colin Arthur, 스튜어트 프리본Stuart Freeborn

특수 효과 스탠리 큐브릭, 윌리 비버스, 더글러스 트럼불, 콘 페더슨Con Pederson, 톰 하워 드, 콜린 J. 캔트웰Colin J. Cantwell, 브라이언 로프터스Bryan Loftus, 프레더릭 마틴Frederick Martin, 브루스 로건Bruce Logan, 데이비드 오즈번David Osborne, 존 잭 맬릭John Jack Malick

기술 고문 프레더릭 오드웨이 III

음악 아람 하차투리안(Ballettsuite Gayaneh), 죄르지 리게티(Atmospheres, Requiem, Lux Aeterna), 요한 슈트라우스(An der schönen blauen Donau), 리하르트 슈트라우스(Also sprach Zarathustra, op. 30)

로케이션 애리조나 주의 페이지; 유타 주의 모뉴먼트 밸리; 아우터헤브리디스 제도; 스코틀랜드의 아일 오브 해리스; 엘스트리 EMI 스튜디오, EMI‑MGM 스튜디오; 허트퍼드셔의 보햄우드 스튜디오; 미들엑세스의 셰퍼턴 스튜디오

출연 케어 둘리(데이비드 보우먼), 게리 록우드(프랭크 풀), 윌리엄 실베스터(헤이우드 플로이드 박사), 다니엘 리히터(문워커), 레오나르드 로시터(안드레아스 스미슬로프 박사), 마거릿 타이잭Margaret Tyzack(엘레나), 로버트 비티Robert Beatty(랠프 할보르센), 숀 설리번Sean Sullivan(로버트 마이클스), 더글러스 레인(HAL 9000), 프랭크 밀러Frank Miller(우주 비행 관제 센터의 목소리), 비비안 큐브릭("스퀴트" 플로이드), 빌 웨스턴Bill Weston(우주 비행사), 에드워드 비숍Edward Bishop(에리즈 1B 대위), 글렌 벡(우주 비행사), 로버트 비티(할보르센 박사), 숀 설리번(마이클스 박사), 데비이드 앨런 기퍼드David Allen Gifford(풀의 아버지), 앤 길리스Ann Gillis(풀의 어머니), 에드위나 캐롤Edwina Carroll/페니 브람스Penny Brahms/히더 다운햄 Heather Downham(승무원), 존 애슐리John Ashley/지미 벨Jimmy Bell/데이비드 커크햄David Charkham/시몬 데이비스Simon Davis/조나단 도Jonathan Daw/피터 델마Peter Delmar/테리 듀건Terry Dugan/데이비드 프리트우드David Fleetwood/데니 그로버Danny Grover/브라이언 홀리Brian Hawley/데이비드 하인즈David Hines/토니 잭슨Tony Jackson/마이크 로벨 Mike Lovell/스콧 맥키Scott MacKee/로렌스 머천트Laurence Marchant/대릴 파에스Darryl Paes/조 라펠로Joe Rafelo/앤디 월리스Andy Wallace/밥 윌리먼Bob Wilyman(유인원), 마틴 아모르Martin Amor(인터뷰어), 케네스 켄들Kenneth Kendall(BBC 12 아나운서), 크리스티나 마 Krystina Marr(러시아 과학자)

시계태엽 오렌지
A Clockwork Orange

1971 | 영국/미국 | 137분 | 35mm(1:1.66) | 컬러(테크니컬러) | 모노, 돌비 디지털(재상영) | Polaris Productions, Hawk Films Ltd, Shepperton, Warner Bros.와 제작 계약 | 개봉 1971. 12. 19(뉴욕 시네마 I)

감독 스탠리 큐브릭

제작 스탠리 큐브릭

각본 스탠리 큐브릭. 원작은 앤서니 버지스의 소설 《세계태엽 오렌지》.

촬영 존 올컷

카메라 오퍼레이터 어니 데이Ernie Day, 마이크 몰로이Mike Molloy

편집 빌 버틀러

사운드 존 조던John Jordan(녹음), 브라이언 블레이미Brian Blamey(편집), 빌 로웨Bill Rowe, 에디 하벤Eddie Haben(믹싱)

조감독 데릭 크래크넬Derek Cracknell, 더스티 시몬즈Dusty Symonds

편집 조수 게리 셰퍼드Gary Shepard, 피터 버지스Peter Burgess, 데이비드 비슬리David Beesley

미술 감독 러셀 해그, 피터 실즈(회화와 조각: 허먼 마킨크Herman Makkink, 리즈 무어, 코넬리우스 마킨크Cornelius Makkink, 크리스티안 큐브릭)

프로덕션 디자인 존 베리

코스튬 밀레나 카노네로

의상 론 벡Ron Beck

분장 조지 파틀턴George Partleton, 프레드 윌리엄슨Fred Williamson, 바바라 데일리Barbara Daily, 레너드 오브 런던Leonard of London, 올가 앤젤리네타Olga Angelinetta

음악 헨리 퍼셀(Music for the Funeral of Queen Mary), 제임스 요크스턴James Yorkston(Molly Malone), 조아키노 로시니(overtures to The Thieving Magpie and William Tell), 월터 카를로스(Beethoviana, Timesteps), 루드비히 반 베토벤(Symphony Nr. 9 d-minor op. 125, 2nd and 4th movements), 에드워드 엘가(Pomp and Circumstance, op. 39, marches 1 and 4), 니콜라이 림스키코르사코프(Scheherazade), 테리 터커Terry Tucker(Overture to the Sun), 테리 터커('I Want to Marry a Lighthouse Keeper'), 아서 프리드와 나시오 브라운('Singin' in the Rain')

무그 신서사이저 음악 월터 카를로스

캐스팅 지미 리가트Jimmy Liggat

제작 총괄 시 리트비노프Si Litvinoff, 막스 L. 랩Max L. Rabb

협력 프로듀서 버너드 윌리엄스Bernard Williams

제작 보조 잔 할란Jan Harlan

로케이션 버킹엄서 주의 에일즈버리; 미들섹스 주 억스브리지의 브루넬 대학교; 하트퍼트셔의 엣지웨어버리 호텔, 바넷 레인, 엘스트리, 런던 임뱅크먼트 축제; 런던 원즈워스; 조이든스 우드, 벡슬리히스, 켄트; 하트포드셔 셜리의 셜리 로지, 런던의 탬즈메드, 사우스메레 호수, 빈지 워크, 얀톤 웨이; 에식스 할로의 프린세스 알렉산드라 병원; 울리치 포병대; 사우스노우드 테크니컬 칼리지; 런던의 파인우드 스튜디오; 하트포드셔 보햄우드의 EMI-MGM 스튜디오

출연 맬컴 맥다월(알렉산더 드라지), 패트릭 마지(알렉산더 씨), 마이클 베이츠Michael Bates(반스), 워런 클라크(딤), 존 클라이브John Clive(연극 배우), 아드리안 커리Adrianne Couri(알렉산더 부인), 칼 듀어링Carl Duering(브로드스키 박사), 폴 파렐Paul Farrell(부랑자), 클라이브 프랜시스Clive Francis(조), 마이클 고버Michael Gover(교도소장), 미리엄 칼린Miriam Karlin(웨더스 부인, 캣 레이디), 제임스 마커스James Marcus(조지), 오브레이 모리스(델토이드), 고드프리 퀴글리(교도소 목사), 실라 레이너Sheila Raynor(알렉스의 어머니), 마지 라이언Madge Ryan(브래넘 박사), 존 사비던트John Savident(돌린), 앤서니 샤프(내무부 장관), 필립 스톤Philip Stone(알렉스의 아버지), 폴린 테일러Pauline Taylor(정신과 의사), 마거릿 타이잭(루벤스타인), 스티븐 버코프 Steven Berkoff(경찰), 마이클 탄Michael Tarn(피트), 데이비드 프로우즈David Prowse(줄리언), 잔 아데어Jan Adair/비비언 챈들러Vivienne Chandler(하녀), 존 J. 칼리John J. Carley(CID 소속

남자), 리처드 코노트Richard Connaught(빌리 보이), 캐럴 드링크워터Carol Drinkwater(필리 수녀), 셰릴 그룬왈드Cheryl Grunwald(강간당하는 여자), 질리언 힐스Gillian Hills(소니에타), 바바라 스콧Barbara Scott(마티), 버지니아 웨더힐Virginia Weatherhill(배우-), 닐 윌슨Neil Wilson(교도소 공무원), 카탸 와이어스Katya Wyeth(애스콧 환상 속 여자)

배리 린든
Barry Lyndon

1975 l 영국/미국 l 187분 l 35㎜(1:1.66) l 컬러(이스트만 컬러) l 모노 l 칼 자이스의 특수 렌즈, 미첼 BNC(에드 디 기울리오 제조사) l Peregrine Films/Hawk Films Ltd, Warner Bros.와 제작 계약 l 개봉 1975. 12. 11(런던의 워너 웨스트 엔드 시네마와 ABC 시네마 베이워터스)

감독 스탠리 큐브릭

제작 스탠리 큐브릭

각본 스탠리 큐브릭. 원작은 윌리엄 메이크피스 새커리의 소설《허영의 시장》.

촬영 존 올컷

제2촬영팀 패디 캐리Paddy Carey

편집 토니 로우슨Tony Lawson

사운드 로빈 그레고리Robin Gregory(녹음), 로드니 하워드Rodney Howard(편집), 빌 로웨Bill Rowe(믹싱)

프로덕션 디자인 켄 애덤

미술 감독 로이 워커, 얀 슐루바흐Jan Schlubach

세트 디자인 버넌 딕슨Vernon Dixon

의상 울라 브릿트 소더룬드, 밀레나 카노네로Ulla Britt Soderlund, Milena Canonero

헤어 디자인 레너드Leonard

음악 레너드 로젠먼. 게오르그 프리드리히 헨델(Sarabande), 프리드리히 II(Hohenfriedberger March), 볼프강 아마데우스 모차르트(march from Idomeno), 프란츠 슈베르트(Deutscher Tanz Nr. 1, C-dur and Trio for Piano in Es-dur, op.100), 지오반니 파이시엘로(Cavatina from Il barbiere di Siviglia), 안토니오 비발디(Concerto for Violoncello in e-minor), 요한 세바스찬 바흐(Adagio from Concerto for two Harpsichords and Orchestra in c-minor), 장 마리 르클레르 Jean-Marie Leclair(Le rondeau de Paris), 숀 오리아다Sean O'Riada(Women of Ireland and Tin Whistle); 칩턴The Chieftans과 레너드 로젠먼이 선정한 민요('Piper's Maggot Jig,' 'British Grenadiers,' 'Lilliburlero,' 'Ad lib Drum')

안무 제럴딘 스티븐슨Geraldine Stephenson

협력 프로듀서 버너드 윌리엄스

제작 총괄 잔 할랜

프로덕션 매니저 테렌스 클레그Terence Clegg, 더글러스 트위디Douglas Twiddy, 루돌프 헤르초크Rudolph Hertzog

로케이션 독일: 헤힝겐의 호엔촐레른 성; 루드비히스부르크 궁전; 포츠담 – 상수시의 신궁전. 영국: 노스요크셔 주 코니스드롭의 하워드 성; 윌트셔 주 워민스터의 스타우어헤드 정원; 윌트셔 주 솔즈베리의 윌튼 하우스; 글래스톤베리의 서머싯 전원생활 박물관; 글래스톤베리 수도원; 서머싯의 바스 주변; 윌트셔 주의 워민스터의 롱릿 하우스; 웨스트 석세스 주의 페트워스의 페트워스 하우스; 헌팅던셔 주; 옥스퍼드셔 주의 블레넘 궁전. 아일랜드: 킬케니 주; 워터퍼드 카운티 라스고맥, 코메라 산맥; 티퍼레리 주 캐릭 온 슈어; 더블린 파워스코트 성; 켈즈의 켈즈 수도원; 케어 성. 하트포드셔 주의 보햄우드의 EMI – MGM 스튜디오

출연 라이언 오닐(레드먼드 배리, 후에 배리 린든), 마리사 베렌슨(레이디 린든), 패트릭 마지(슈발리에 드 발리바르), 하디 크루거Hardy Kruger(포츠도르프 대위), 스티븐 버코프(러드 경), 게이 해밀턴(노라 브래디), 마리 킨(배리 부인), 다이아나 코너Diana Korner(독일 여성), 머레이 멜빈(레버렌드 런트), 프랭크 미들매스Frank Middlemass(찰스 린든 경), 안드레 모렐Andre Morell(웬도버 경), 아서 오설리번Arthur O'Sullivan(피니 대위), 고드프리 퀴글레이(그로건 대위), 레오나르드 로시터(퀸 대위), 필립 스톤(그레이엄), 리언 비탈리(벌링든 경), 도미니크 새비지(젊은 벌링든), 로저 부스Roger Booth(조지 3세 왕), 앤서니 샤프(할랜 경)

샤이닝

The Shining ——————————————

1980 ¦ 영국 / 미국 ¦ 146분(미국), 119분(유럽) ¦ 35㎜(1:1.66) ¦ 컬러 ¦ 모노 ¦ Peregrine Films/Hawk Films Ltd, Warner Bros.와 제작 계약, Producers Circle Company(공동) ¦ 개봉 1980. 5. 23(뉴욕의 크라이티어리언 서튼, 뢰브 오르페움)

감독 스탠리 큐브릭

제작 스탠리 큐브릭

각본 스탠리 큐브릭, 다이앤 존슨. 원작은 스티븐 킹의 소설 《샤이닝》.

촬영 존 올컷

스테디캠 촬영 개릿 브라운

항공 촬영 그레그 맥길리브레이Greg McGillivray

편집 레이 러브조이

사운드 리처드 다니엘Richard Danie와 이반 샤록Ivan Sharrock(녹음), 디노 디캄포Dino DiCampo와 잭 T. 나이트Jack T. Knight(편집), 윈 라이더Wyn Ryder와 빌 로웨Bill Rowe(믹싱)

프로덕션 디자인 로이 워커

미술 감독 레슬리 톰킨스Leslie Tomkins

세트 디자이너 테사 데이비스Tessa Davis

의상 밀레나 카노네로

분장 톰 스미스Tom Smith, 바바라 데일리Barbara Daly

헤어 디자인 레너드

음악 웬디 카를로스Wendy Carlos, 레이첼 엘킨드Rachel Elkind, 벨라 바르톡(Music for strings, percussion, and celesta), 죄르지 리게티(Lontano), 크시슈토프 펜데레츠키(Urenja, The Awakening of Jacob, Polymorphia, De Natura Sonoris Nr. 1 and 2)

제작 총괄 잔 할랜

프로덕션 매니저 더글러스 트위디

감독 보조 리언 비탈리

로케이션 오리건 주 후드 산의 팀버라인 로지 호텔; 요세미티 국립 공원 계곡; 뉴햄프셔 주의 브린튼 우즈; 글레이셔 국립 공원; 런던의 EMI 엘스트리 스튜디오

출연 잭 니콜슨(잭 토랜스), 대니 로이드(대니 토랜스), 셸리 듀발(웬디 토랜스), 스캣먼 크로더스(딕 할로란), 배리 넬슨(스튜어트 울먼), 필립 스톤(델버트 그래디), 조 터클(로이드), 앤 잭슨(의사), 토니 버턴Tony Burton(래리 더킨), 리아 벨덤Lia Beldam(욕실 속 젊은 여자), 빌리 깁슨Billie Gibson(욕실 속 늙은 여자), 배리 데넌Barry Dennen(빌 왓슨), 데이비드 백스트David Baxt(산림 관리인), 리사와 루이즈 번스Lisa and Louise Burns(그래디 누이들), 로빈 패퍼스Robin Pappas(간호사), 앨리슨 콜리지Alison Coleridge(비서), 케이트 펠프스Kate Phelps(리셉션니스트), 노먼 게이Norman Gay(부상당한 투숙객), 비비안 큐브릭(담배 피우는 투숙객)

풀 메탈 재킷

Full Metal Jacket ───────

1987 | 영국/미국 | 116분 | Warner Bros. | 개봉 1987. 6. 26(뉴욕의 내셔널 맨해튼 트윈, 플레이하우스 등)

감독 스탠리 큐브릭

제작 스탠리 큐브릭

각본 스탠리 큐브릭, 마이클 헤어, 구스타프 해스포드. 원작은 해스포드의 소설 《짧은 생명들》.

촬영 더글러스 마일섬Douglas Milsome

항공 촬영 켄 아를리지Ken Arlidge

스테디캠 촬영 장 마르크 브랑기에Jean-Marc Bringuier

편집 마틴 헌터Martin Hunter

사운드 나이절 갤트Nigel Galt(녹음), 조 일링Joe Illing(편집), 에드워드 티스Edward Tise(믹싱)

프로덕션 디자인 앤턴 푸스트Anton Furst

미술 감독 로드 스타트폴드Rod Stratfold, 레스 톰킨스Les Tomkins, 키스 페인Keith Pain

세트 디자이너 스티븐 시몬즈Stephen Simmonds

의상 키스 데니Keith Denny

특수 효과 앨런 바너드Alan Barnard, 제프 클리포드Jeff Clifford, 피터 도슨Peter Dawson

조감독 테리 니드해먼드Terry Needhamand, 크리스토퍼 톰슨Christopher Thompson

음악 애비게일 미드Abigail Mead(비비안 큐브릭). 톰 T. 홀Tom T. Hall('Hello Vietnam'); 리 헤이즐우드Lee Hazelwood('These Boots Were Made for Walking'); 도밍고 사무디오Domingo Samudio('Wooly Bully'); J. 배리J. Barry, E. 그리니치E. Greenwich, P. 스펙터P. Spector('The Chapel of Love'); 크리스 케너Chris Kenner('I Like It Like That'); A. 프랜즐러A. Franzler, C. 화이트C. White, T. 윌슨T. Wilson, J. 해리스J. Harris('Surfin' Bird'); 지미 두드Jimmy Dood('Mickey Mouse March'); 믹 재거Mick Jagger, 키스 리처즈Keith Richards('Paint It Black'); 자크 오펜바흐Jacques Offenbach, 엑토르 크레미외Hector Cremieux, 엔티엔 트레푀Etienne Trefeu('The Marine Hymn')

공동 프로듀서 필립 홉스Phillip Hobbs

제작 총괄 잔 할랜

제작 보조 마이클 헤어

프로덕션 매니저 필 콜러Phil Kohler

로케이션 케임브리지서 주 케임브리지 로이스턴의 베이싱보른 막사; 이스트 런던의 벡턴 가스 공장; 도싯 주; 에식스의 에핑 포리스트; 노포크 브로즈; 런던의 파인우드 스튜디오

출연 매튜 모딘(이등병 '조커' 데이비스), 빈센트 도노프리오(이등병 레오나르드 '고머 파일' 로렌스), R. 리 어메이(포병 중사 하트먼), 애덤 볼드윈('애니멀 마더'), 알리스 하워드('카우보이'), 도리언 헤어우드Dorian Harewood('에잇볼'), 케빈 메이저 하워드('래프터먼'), 에드 오로스Ed O'Ross(중위 '터치다운' 티노스키), 케리언 제치니스Kerion Jecchinnis('크레이지 얼'), 존 테리(중위 록하트), 브루스 보아Bruce Boa(대령 포그), 커크 테일러Kirk Taylor(이등병 페이백), 존 스태포드Jon Stafford(덕 제이), 팀 콜세리Tim Colceri(문쪽 사수), 이안 타일러Ian Tyler(중위 클리브스), 살 로페즈Sal Lopez(T. H. E. 록), 파필론 수 수(다낭 창녀), 응옥 레Ngoc Le(저격수), 피터 에드먼드Peter Edmond(이등병 '스노볼' 브라운), 레네 홍Leanne Hong(오토바이에 탄 창녀), 탄 홍 프랜시옹Tan Hung Francione(포주), 마커스 다미코Marcus D'Amico('핸드 잡'), 코스타스 디노 치모나Costas Dino Chimona(칠리), 길 코펠Gil Kopel(스토크), 키스 호디악Keith Hodiak(대디 D. A.), 피터 메릴Peter Merrill(TV 저널리스트), 허버트 노빌Herbert Norville(데이토나 데이브), 응우옌 프 퐁Nguyen Hue Phong(카메라 도둑)

아이즈 와이드 셧

Eyeswide Shut ────────

1999 | 영국 / 미국 | 159분 | 35mm(1:1.85) | 컬러(DeLuxe) | DTS / 돌비 디지털 / SDDS | Warner Bros., Hobby Films, Pole Star | 개봉 1999. 7. 13(로스앤젤레스의 맨즈 빌리지 극장)

제작 단계에서의 제목 'EWS,' '랩소디Rhapsody'

감독 스탠리 큐브릭

제작 스탠리 큐브릭

각본 스탠리 큐브릭, 프레데릭 라파엘. 원작은 아르투어 슈니츨러의 소설 《꿈 이야기》(랩소디).

촬영 래리 스미스Larry Smith, 패트릭 털리Patrick Turley, 말릭 세이드Malik Sayeed

제2촬영팀 아서 자파Arthur Jaffa

편집 나이절 갤트

사운드 토니 벨Tony Bell, 폴 콘웨이Paul Conway, 에디 티스Eddy Tise

프로덕션 매니저 레스 톰킨스Les Tomkins, 로이 워커

미술 감독 존 페너John Fenner, 켈빈 핍스Kevin Phibbs

세트 디자이너 리사 리온Lisa Leone, 텔리 웰스 경Jerry Wells Sr

그림 크리스티안 큐브릭, 카타리나 큐브릭 홉스

의상 마릿 앨런Marit Allen, 세루티Cerutti

특수 효과 가스 인스Garth Inns, 찰스 스태펠Charles Staffell

음악 조셀린 폭(Naval Officer, Masked Ball, Migrations); 조셀린 폭과 하비 브로Harvey Brough(The Dream, Backwards Priests); 드미트리 쇼스타코비치(Waltz Nr. 2 fromm Jazz Suit); 죄르지 리게티(Musica Ricercata II: Mesto, rigido e ceremoniale); 프란츠 리스트(Nuages gris); Wayne Shanklin('Chanson d'Amour'); 지미 맥휴Jimmy McHugh, 도로시 필즈Dorothy Fields('I'm in the Mood for Love'); 거스 칸Gus Kahn, 이샴 존스Isham Jones('It Had to Be You'); 조지 가바렌츠Georges Garvarentz, 샤를 아즈나부르Charles Aznavour('Old Fashioned Way'); 빅터 영Victor Young, 에드워드 헤이먼Edward Heyman('When I Fall in Love'); 해리 워렌Harry Warren, 알 더빈Al Dubin('I Only Have Eyes for You'); 크리스 아이작('Baby Did a Bad, Bad Thing'); 듀크 앨링턴Duke Ellington, 폴 프랜시스 웹스터Paul Francis Webster('I Got It Bad'); 테드 사피로Ted Shapiro, 지미 캠벨Jimmy Campbell, 렉 코널리Reg Connelly('If I Had You'); 오스카 레반트Oscar Levant, 에드워드 헤이먼('Blame It on My Youth'); 베르트 캠페르트Bert Kaempfert, 찰스 싱글턴Charles Singleton, 에디 스나이더Eddie Snyder('Strangers in the Night'); 벤자민 페이지Benjamin Page, 크리스토퍼 킬러Christopher Kiler('I Want a Boy for Christmas'); 루돌프 지친스키('Wein, du Stadt meiner Traume')

제작 총괄 잔 할랜

프로덕션 매니저 마거릿 애덤스Margaret Adams

프로덕션 코디네이터 케이트 가베트Kate Garbett

로케이션 영국: 첼시의 첼시 앤드 웨스트민스터 병원; 이즐링턴의 햄리스, 해턴 가든; 소호의 마담 조 조; 워십 스트리트; 버크셔 브랙널의 리서치 센터; 버크셔 뉴버리의 엘비든 홀, 하이 클레어 성; 버킹엄셔의 멘트모어 타워; 런던의 파인우드 스튜디오; 뉴욕의 센트럴 파크

출연 톰 크루즈(의사 윌리엄 하포드), 니콜 키드먼(앨리스 하포드), 매디슨 에인턴Madison

Eginton(헬레나 하포드), 재키 쇼리스Jackie Sawris(로즈), 시드니 폴락(빅터 지글러), 레슬리 로 Leslie Lowe(일로나), 피터 벤슨Peter Benson(밴드 리더), 토드 필드Todd Field(닉 나이팅게일), 마이클 도번Michael Doven(지글러의 비서), 스카이 듀몬트(산도르 스자보스트), 루이스 테일러Louise Taylor(게일), 스튜어트 손다이크Stewart Thorndike(누울라), 랜들 폴Randall Paul(해리스), 줄리엔 데이비스(맨디), 리사 리온Lisa Leone(리사), 케빈 코넬리Kevin Connealy(루 네이션슨), 마리 리처드슨Marie Richardson(마리언), 토머스 깁슨Thomas Gibson(칼), 마리나 휴이트Mariana Hewett(로사), 게리 고바Gary Goba(해군 장교), 비네사 쇼Vinessa Shaw(도미노), 플로리안 윈도르퍼Florian Windorfer(카페 소나타의 웨이터 책임자), 라드 세르베드지야Rade Serbedzija(밀리치), 릴리 소비에스키(밀리치의 딸), 샘 더글러스Sam Douglas(택시 드라이버), 앵거스 맥인스Angus McInnes(수위), 에비게일 굿(신비스러운 여자), 브라이언 W. 쿡Brian W. Cook(집사), 리언 비탈리(붉은 가면), 카멜라 마르너Carmela Marner(웨이트리스), 앨런 커밍(호텔 데스크 직원), 페이 매터슨(샐리), 신디 돌렌크Cindy Dolenc(샤키스에 있는 소녀), 클라크 헤이스 Clark Hayes(병원 접수원), 트레바 엔티엔Treva Etienne(시체안치소 잡역부), 크리스티안 큐브릭 (카페 소나타에서 하포드 뒤에 있는 여자), 알렉스 홉스Alex Hobbs(검사실에 있는 소년), 카타리나 큐브릭 홉스(검사실에 있는 소년의 어머니)

A. I.

A. I.: Artificial Intelligence

2001 | 미국 | 143분 | Warner Bros., DreamWorks SKG, Amblin Entertainment, Stanley Kubrick Productions

감독 스티븐 스필버그

제작 스티븐 스필버그

각본 스티븐 스필버그. 브라이언 앨디스의 단편 소설 《슈퍼 장난감은 여름 내내 간다》를 토대로 스탠리 큐브릭이 영화화 프로젝트로 발전시킴.

출연 헤일리 조엘 오스먼트(데이비드 스윈턴), 주드 로Jude Law(지골로 조), 프랜시스 오코너(모니카 스윈턴), 샘 로바즈Sam Robards(헨리 스윈턴), 윌리엄 허트(앨런 하비 교수)

* 필모그래피는 Gene D. Phillips & Rodney Hill (eds), *The Encyclopedia of Stanley Kubrick* (2002); Hans-Peter Reichmann & Ingeborg Flagge (eds), *Stanley Kubrick* (2004); Alison Castle (ed.), *The Stanley Kubrick Archives* (2005) 등을 참조하였으며 〈스파르타쿠스〉와 〈A. I.〉는 간략하게 정리했다.

1 콘웨이 사건 전모에 대해서는 Anthony Frewin, "Color Him Kubrick!," *Stopsmiling*, no. 23, 2005, pp.60~63, 91~93을 보라.

2 David Thomson, *A Bigographical Dictionary of Film*, 3rd ed., New York: Alfred A. Knopf, 1994, p.408.

3 D. N. Rodowick, *The Crisis of Political Modernism: Criticism and Ideology in Contemporary Film Theory*, Champaign: University of Illinois Press, 1988.

4 Thomas Elsaesser, "Evolutionary Imagineer," in Hans-Peter Reichmann & Ingeborg Flagge (eds.), *Stanley Kubrick*, *Kinematograph*, no. 20, Frankfurt am Main: Deutsches Filmmuseum, 2004, pp.136~147.

5 Robert Kolker, *A Cinema of Loneliness*, New York: Oxford University Press, 2000, p.110.

6 Molly Haskell, *From Reverence to Rape: The Treatment of Women in the Movies*, Harmondsworth: Penguin, 1974, p.204.

7 Joseph Gelmis, "The Film Director as Superstar: Stanley Kubrick," in Gene D. Phillips (ed.), *Stanley Kubrick Interviews*, Jackson: University Press of Mississippi, 2001, p.102.

8 Rainer Crone (ed.), *Stanley Kubrick: Drama and Shadows: Photographs 1945~1950*,

London: Phaidon, 2005.

9   Alexandra Von Stosch & Rainer Crone, "Kubrick's Kaleidoscope: Early Photographs 1945~1950," in Crone, *Stanley Kubrick*, p.22.

10 George Toles, "Double Minds and Double Binds in Stanley Kubrick's Fairy Tale," in Robert Kolker (ed.), *Stanley Kubrick's 2001: A Space Odyssey*, New York: Oxford, 2006, pp.157~157.

11 Robert Sklar, "Stanley Kubrick and the American Film Industry," *Current Research in Film Audience, Economics, and Law*, vol. 4, 1988, p.114.

12 Jonathan Rosenbaum, "'In Dreams Begin Responsibilities: Kubrick's *Eyes Wide Shut*," in *Essential Cinema: On the Necessity of Film Canons*, Baltimore, MD: Johns Hopkins University Press, 2004, pp.267~268.

13 다음을 보라. John E. Twomney, "Some Considerations on the Rise of the Art–Film Theatre (1956)," in Gregory A. Waller (ed.), *Moviegoing in America*, Malden, MA: Blackwell, 2002, pp.259~262; Stanley Frank, "Sure–Seaters Discover an Audience (1952)," in Waller, *Moviegoing in America*, pp.255~258.

14 Barbara Wilinsky, *Sure Seaters: The Emergence of Art House Cinema*, Minneapolis: University of Minnesota Press, 2001을 보라.

15 Twomey, "Some Considerations on the Rise of the Art–Film Theater (1956)," p.261에서 인용.

16 유나이티드 아티스트사의 역사에 대한 정보는 다음을 참조하라. Tino Balio, *United Artists: The Company Built By the Stars*, Madison: University of Wisconsin Press, 1976; Steven Bach, *Final Cut*, New York: New American Library, 1987.

17 The Production Code files, Margaret Herrick Library of the Motion Picture Academy, Los Angeles.

18 Michel Ciment, *Kubrick: The Definitive Edition*, New York: Faber and Faber, 2001, p.151.

19 Geoffrey Cocks, *The Wolf at the Door: Stanley Kubrick, History, and the Holocaust*, New York: Peter Lang, 2004, pp.151~154.

20 Jack Vizzard. *No Evil*, New York: Simon & Schuster, 1970, pp.266~271.

21 Charles Maland, "*Dr. Strangelove* (1964): Nightmare Comedy and the Ideology of Liberal Consensus," in Peter C. Rollins (ed.), *Hollywood as Historian: American Films in a Cultural Context*, Lexington: University of Kentucky Press, 1983, pp.209~210을

보라.

22　Stanley Kubrick, "Napoleon: A Screenplay," 29 September 1969, www.hundland.com, p.93.

23　David A. Cook, *Lost Illusions: American Cinema in the Shadow of Watergate and Vietnam, 1970~1979*, Berkeley: University of California, 2000, p.308.

24　서신 자료, Anthony Harvey collection, Lilly Library, Indiana University.

25　Joel G. Cohn, "Ferro-Gross: Titles, Trailers, and Spots, with Feeling," *T-Print*, vol. 26, no. 6, November-December 1972, p.49를 보라. 페로에 관한 정보를 제공해 준 키스 하멜에게 감사한다.

26　1971년 10월 22일 호크 필름스의 마이크 캐플런이 워너 브러더스사에 보낸 서신, Margaret Herrick Library of the Motion Picture Academy, Los Angeles.

27　〈아이즈 와이드 셧〉 관련 정보는 IMDb(www.imdb.com)를 참조했다.

28　Rovert Polito, *Savage Art: A Biography of Jim Thompson*, New York: Vintage Books, 1996, p.406에서 인용.

29　Michael Herr, *Kubrick*, New York: Grove Press, 2000, p.36.

30　"The New Pictures," *Time*, vol. 67, 4 June 1956, p.106.

31　Vincent LoBrutto, *Stanley Kubrick, A Biography*, New York: Da Capo Press, 1999, p.127.

32　John Ruskin, "Grotesque Renaissance," *The Genius of John Ruskin*, (ed.). John D. Rosenberg, New York: George Brazilleier, 1963, p.207.

33　Wolfgang Keyser, *The Grotesque in Art and Literature*, (trans.) Ultrich Weisstein, Bloomington: Indiana University Press, 1963.

34　Mikhail Bakhtin, *Rabelais and His World*, (trans.) Helene Iswolsky, Bloomington: Indiana University Press, 1968, p.352.

35　Philip Thompson, *The Grotesque*, London: Methuen, 1972, p.21.

36　Mathew Winston, "Humour noir and Black Humor," in Harry Levin (ed.), *Veins of Humor*, Cambridge, MA: Harvard University Press, 1972, pp.269~284.

37　Tzvetan Todorov, *The Fantastic: A Structural Approach to a Literary Genre*, (trans.) Richard Howard, Ithaca, NY: Cornell University Press, 1973.

38　블랙 유머의 역사와 다른 영화 감독들에게 있어 그 중요성에 관한 논의는 다음을 보라. James Naremore, "Hitchcock and Humour," in Richard Allen and Sam Ishii-Gonzales (eds.), *Hitchcock Past and Future*, London: Routledge, 2004, pp.22~36.

39 Susan Sontag, *On Photography*, New York: Farrar, Srtaus and Giroux, 1978, p.36.

40 David Bordwell, "The Art Cinema as a Mode of Film Practice," in Leo Braudy and Marshall Cohen (eds.), *Film Theory and Criticism*, 5th edn., New York: Oxford University Press, 1999, pp.716~724.

41 Pia Müller-Tamm & Katharina Sykora (eds.), *Puppen, Körper, Automaten: Phantasmen der Moderne*, Dusseldorf, Kunstsammlung Nordrhein-Westfalen: Oktagon, 2004.

42 Thomas Allen Nelson, *Kubrick Inside a Film Artist's Maze*, Bloomington: Indiana University Press, 2000, pp.32~39.

43 T. S. Eliot, "'Difficult' Poetry," in *Selected Prose*, (ed.). John Hayward, Harmondsworth: Peregrine, 1963, p.88.

44 Klaus Theweleit, *Male Fantasies: Volume I: Women, Floods, Bodies, History*, (trans.) Stephen Conway, Minneapolis: University of Minnesota Press, 1987.

45 Vincent Lobrutto, *Stanley Kubrick: A Biography*, New York: Da Capo Press, 1999, p.91 에서 인용.

46 Paolo Cherchi Usai, "Checkmating the General: Stanley Kubrick's *Fear and Desire*," *Image*, vol. 38, no. 1~2, p.27.

47 Erich Auerbach, "Figura," in *Scenes from the Drama of European Literature*, New York: Meridian Books, 1959, pp.11~76을 보라.

48 Norman Kagan, *The Cinema of Stanley Kubrick*, New York: Continuum, 1997, pp.19~20.

49 Gilles Deleuze, *Cinema 2: The Time – Image*, (trans.) Hugh Tomlinson and Robert Galeta, Minneapolis: Univesity of Minnesota Press, 1989, p.205.

50 Jason Sperb, *The Kubrick Façade: Faces and Voices in the Films of Stanley Kubrick*, Lanham, MD: Scarecrow Press, 2006, p.7. 또한 Jason Sperb, "The Country of the Mind in Kubrick's *Fear and Desire*," *Film Criticism*, vol. 29~21, Autumn 2004, pp.23~37을 보라.

51 Kagan, *The Cinema of Stanley Kubrick*, p.9.

52 Production Code Administration file on *Along Came a Spider*, Margaret Herrick Library, Academy of Motion Picture Arts and Sciences, Los Angeles.

53 Production Code Administration file on *Killer's Kiss*, Margaret Herrick Library, Academy of Motion Picture Arts and Sciences, Los Angeles.

54 Gavin Lambert, "*Killer's Kiss*," *Sight and Sound*, vol. 25, no. 4, Spring 1956, p.198.

55   Edward Dimendberg, *Film Noir and the Spaces of Modernity*, Cambridge, MA: Harvard University Press, 2004, p.144.

56   Maurice Rapf, "A Talk with Stanley Kubrick about *2001*," in Gene D. Phillips (ed.), *Stanley Kubrick Interviews*, Jackson: University Press of Mississippi, 2001, p.77.

57   Dana Polan, "Materiality and Sociality in *Killer's Kiss*," in Mario Falsetto (ed.), *Perspectives on Stanley Kubrick*, New York: G. K. Hall, 1996, p.93.

58   여기에 관련된 모든 인용은 미국제작협약관리국(Production Code Administration) 자료에 근거한다. Margaret Herrick Library, Academy of Motion Picture Arts and Sciences, Los Angeles.

59   미술 감독이었던 큐브릭의 아내 루스 소보차와 편집자로 큐브릭과 일했던 베티 스타인버그의 말을 인용.

60   Mario Falsetto (ed.), *Stanley Kubrick: A Narrative and Stylistic Analysis*, 2nd edn., Westport, Ct: Praeger, 2001, p.25.

61   Mario Falsetto (ed.), *Stanley Kubrick: A Narrative and Stylistic Analysis*, 2nd edn., Westport, Ct: Praeger, 2001, p.4~5.

62   Kirk Douglas, *The Ragman's Son*, New York: Pocket Books, 1989, p.249.

63   스탠리 큐브릭과 짐 모리슨이 쓴 〈영광의 길〉 시나리오, Kirk Douglas collection, Wisconsin Center for Filmand Theater Research에서 인용.

64   스탠리 큐브릭과 테리 서던의 인터뷰, www. Terrysouthern.com/archive/SKint.htm, p.3.

65   〈영광의 길〉 제작 자료, Lilly Library, Indiana University.

66   Alexander Walker, Sybil Taylor and Ulrich Rachti, *Stanley Kubrick, Director*, New York: W.W. Norton & Company, 1999, p.69.

67   Vladimir Nabokov, *Lolita*, New York: Second Vintage International Edition, 1997, p.166.

68   〈롤리타〉 관련 자료, Margaret Herrick Library, the Motion Picture Academy, Los Angeles.

69   Memo dated 11 September 1958, Production Code Administration files, Margaret Herrick Library, Los Angeles.

70   Production Code Administration files, Margaret Herrick Library, Los Angeles.

71   Production Code Administration files, Margaret Herrick Library, Los Angeles.

72   Alfred Appel Jr (ed.), *The Annotated Lolita*, New York; Vintage Books, 1991, p.354에서 인용.

73   Robert Stam, *Literature through Film: Realism, Magic, and the Art of Adaptation*, London: Blackwell, 2005, p.233.

74   Jean–Luc Godard, *Godard on Godard*, (ed. and trans.) Tom Milne, New York: Viking Press, 1972, p.202.

75   제임스 해리스. Gene D. Phillips & Rodney Hill (ed.), *The Encyclopedia of Stanley Kubrick, New York: Checkmark Books*, 2002, p.147에서 인용.

76   Greg Jenkins, *Stanley Kubrick and the Art of Adaptation*, Jefferson, NC: McFarland Publishing, 1997, p.65.

77   큐브릭이 하비에게 쓴 편지. Harvey's papers at the Lilly Library, Bloomington, Indiana.

78   *Kiss Kiss Bang Bang*, New York: Bantam, 1969, p.78; *Confessions of a Cultist: On the Cinema 1955/1969*, New York: Simon & Schuster, 1970, pp.119~122.

79   Robert Brustein, "Out of This World," reprinted in Mario Falsetto (ed.), *Perspectives on Stanley Kubrick*, New York: G. K. Hall, 1966, pp.136~140.

80   Henry Kissinger, *The Necessity for Choice: Prospects of American Foreign Policy*, New York: Harper & Brothers, 1961, p.15.

81   Louis Menand, "Fat Man: Herman Kahn and the Nuclear Age," *The New Yorker*, 27 June 2005, p.96에서 인용. 또한 Sharon Ghamari-Tabrizi, *The Worlds of Herman Kahn*, Cambridge, MA: Harvard University Press, 2005를 보라.

82   Fred Kaplan, "Truth Stranger than Strangelove," *The New York Times*, Sunday, 10 October 2004, p.21.

83   Ed Sikov, *Mr. Strangelove: A Biography of Peter Sellers*, New York: Hyperion, 2002, pp.196~197.

84   James Naremore, *Acting in the Cinema*, Berkeley: University of California Press, 1988, pp.68~82를 보라.

85   Billy Budd Vermillion, "*Dr. Strangelove*," Gene D. Phillips and Rodney Hill (eds.), *The Encyclopedia of Stanley Kubrick*, New York: Checkmark Books, 2002, p.91.

86   Roger Ebert, *The Great Movie*, New York: Broadway Books, 2002, pp.154~156.

87   John Belton, *Widescreen Cinema*, Cambridge, MA: Harvard University Press, 1992, pp.89~92.

88   Volker Fischer, "Designing the Future: On Pragmatic Forecasting in *2001: A Space Odyssey*," in Hans–Peter Reichmann & Ingeborg Flagge (eds.), *Stanley Kubrick*, pp.103~119.

89 Olaf Stapledon, *Last and First Men and Star Maker*, New Yor: Dover, 1968. 올라프 스 테이플던의 작품을 소개해 준 조너선 로젠바움에게 감사한다.

90 The screenplay of "Journey beyond the Stars," Margaret Herrick Library of the Motion Picture Academy, Los Angeles.

91 The screenplay of *2001 Space Odyssey* (31 August 1965), The Magaret Herrick Library of the Motion Picture Academy, Los Angeles.

92 The shooting script of *2001 Space Odyssey* (14 December 1965), The Magaret Herrick Library of the Motion Picture Academy, Los Angeles.

93 Michel Chion, *Kubrick's Cinema Odyssey*, (trans.) Claudia Gorbman, London: BFI, 2001, p.71.

94 Production Code Administration files, Margaret Herrick Library of the Motion Picture Academy, Los Angeles.

95 Anthony Frewin, "*2001*: The Prologue that Nearly Was," Reichmann and Flagge, *Stanley Kubrick*, pp.129~135를 보라.

96 Kael's review in Stephanie Schwam (ed.), *The Making of 2001: A Space Odysssey*, New York: Modern Library, 2000, pp.144~146.

97 Andrew Sarris, "Science Fiction: The Forbin Project," *The Primal Screen: Essays on Film and Related Topics*, New York: Simon & Schuster, 1973, pp.201~203.

98 Barton Palmer, "*2001*: The Critical Reception and the Generation Gap," Robert Kolker (ed.), *Stanley Kubrick's 2001: A Space Odyssey*, New York: Oxford University Press, 2006, pp.13~27; Tom Gunning, "An Aesthetic of Astonishment," Leo Braudy & Marshall Cohen (eds.), *Film Theory and Criticism: Introductory Readings*, 5th edn, New York: Oxford University Press, 1999, pp.818~830.

99 Max Kosloff, in Schwam, *The Making of 2001*, p.180.

100 Annette Michelson, "Bodies in Space: Film as Carnal Knowledge," in Schwam, *The Making of 2001*, pp.212~215.

101 Charlie Kohler, "Stanley Kubrick Raps," in Schwam, *The Making of 2001*, p.247.

102 David G. Stork (ed.), *Hal's Legacy: 2001's Computer as Dream and Reality*, Cambridge, MA: MIT Press, 1997.

103 "*Playboy* Interview: Stanley Kubrick," in Schwam, T*he Making of 2001*, pp.274~275.

104 *Thus Spake Zarathustra*, (trans.) Thomas Common, in Willard Huntington Wright (ed.), *The Philosophy of Nietzsche*, New York: Modern Library, 1954, p.6.

105 Andrew Sarris, *The American Cinema: Directors and Directions, 1929－1968*, New York: E. P. Dutton & Co., 1968, p.196.

106 Alexander Walker, Sybil Taylor, & Ulrich Rachti, *Stanley Kubrick, Director*, New Yokr: W. W. Norton & Company, 1999, p.162; Raymond Durgant, "Paint it Black: The Family Tree of Film Noir," *Film Comment*, vol. 6, November 1974, p.6.

107 Carl Freedman, "Kubrick's *2001* and the Possibility of a Science－Fiction Cinema," *Science Fiction Studies*, vol. 23, 1996, pp.300~317.

108 Ray Kurzweil, *The Age of Spiritual Machines: When Computers Exceed Human*, London: Penguin, 2000.

109 Janet Staiger, "The Cultural Productions of *A Clocwork Orange*," in Stuart Y. McDougal (ed.), *Stanley Kubrick's A Clockwork Orange*, New York: Cambridge University Press, 2003, pp.37~60.

110 Anthony Burgess, *A Clockwork Orange*, London: Penguin Books, 1972, p.16.

111 Colin Burrow, "Not Quite Nasty," *The London Review of Books*, vol. 28, no. 3, 9 February 2006, p.20.

112 Peter J. Rabinovitz, "A Bird of Like Rarest Spun Heavenmetal," in McDougal, *Stanley Kubrick's A Clockwork Orange*, pp.109~130.

113 Kevin Jackson, "Real Horrorshow: A Short Lexicon of Nasdat," *Sight and Sound*, Semptember 1999, p.27.

114 John Alcott, interviewed in Michel Ciment, *Kubrick: The Definitive Edition*, New York: Faber and Faber, 2001, p.214.

115 David Bordwell, *Figures Traced in Light: On Cinematic Staging*, Berkeley: University of California Press, 2005, pp.1~7.

116 Max Horkheimer & Theodor Adorno, *Dialectic of Englightenment: Philosophical Fragments*, (ed.). Gunzelin Schmid Noerr, (trans.) Edmund Jephcott, Stanford, CA: Stanford University Press, 2000, pp.69~70에서 인용.

117 Eva Maria Magel, "The Best Movie (N)ever Made: Stanley Kubrick's Failed *Napoleon* Project," in Reichmann and Flagge, *Stanley Kubrick*, p.159에서 인용.

118 William Stephenson, "The Perception of History in Kubrick's *Barry Lyndon*," *Literature/Film Quarterly*, vol. 9, no. 4, 1981, pp.251~260.

119 Fredric Jameson, "Historicism in *The Shining*," *Signatures of the Visible*, New York: Routledge, 1990, pp.91~92.

120 Ralf Michael Fischer, "Pictures at an Exhibition? Allusions and Illusions in *Barry Lyndon*," in Reichmann and Flagge, *Stanley Kubrick*, pp.169~183.

121 Falsetto, *Perspectives on Stanley Kubrick*, pp.404~405.

122 Fischer, "Pictures at an Exhibition?," pp.176~177.

123 William Makepeace Thackeray, *The Luck of Barry Lyndon; a Romance of the Last Century*, (ed.). Edgar F. Harde, Ann Arbor: University of Michigan Press, 1999, p.226.

124 Pauline Kael, "Kubrick's Gilded Age," *The New Yorker*, 29 December 1975, p.51. Jonatha Rosenbaum, "The pluck of *Barry Lyndon*," *Film Comment*, March–April 1977, pp.26~28을 보라.

125 Mark Crispin Miller, "Kubrick's Anti-Reading of *The Luck of Barry Lyndon*," Falssetto, *Perspectives on Stanley Kubrick*, pp.226~242. Sarah Kosloff, *Invisible Storytellers: Voice-Over Narration in American Film*, Berkeley: University of California Press, 1998.

126 Marvin D'Lugo, "*Barry Lyndon*: Kubrik on the Rules of the Game," *Explorations in National Cinemas, The 1977 Film Studies Annual: Part One*, Pleasantville, NY: Redgrave Publishing Company, p.40.

127 Geoffrey Cocks, James Diedrick, & Glenn Peruseck (eds.), *Depth of Field: Stanley Kubrick, Film, and the Uses of History*, Madison: University of Wisconsin Press, 2006, pp.55~61; *Monthly Film Bulletin* vol. 47, no. 562, November 1980.

128 Ursula Von Keitz, "*The Shining*-Frozen Material: Stanley Kubrick's Adaptation of Stephen King's Novel," Reichmann & Flagge, *Stanley Kubrick*, p.187에서 인용.

129 Stephen King, "Introduction," *The Shining*, New York: Pocket Books, 2001, p.xvi.

130 Tzvetan Todorov, "Henry James Ghosts," *The Poetics of Prose*, (trans.) Richard Howard, Ithaca, NY: Cornell University Press, 1977, p.179.

131 www. liquidgeneration.com/content/a55hat.aspx?cid=1680.

132 Rosemary Jackson, *Fantasy: The Literature of Subversion*, London: Methuen, 1981, pp.34~35.

133 Michael Ryan & Douglas Kellner, *Camera Politica: The Politics and Ideology of Contemporary Hollywood Film*, Bloomington: Indiana University Press, 1990, pp.172~178; David Cook, "American Horror: *The Shining*," *Literature Film Quartely*, vol. 12, no. 1, 1984, pp.2~5.

134 Robin Wood, "American Nightmare: Horror in the 70s," *Hollywood from Vietnam to*

Reagan, New York: Columbia University Press, 1986, pp.70~94.

135 Sigmund Freud, "The Uncanny," *The Standard Edition of the Complete Psychological Works of Sigmund Freud*, (trans.) James Strachey, vol. 17, London: Hogarth Press, 1929, p.226.

136 William Paul, *Laughing/Screaming: Modern Hollywood Horror and Comedy*, New York: Columbia University Press, 1944, p.343.

137 Christopher Hoile, "The Uncanny and the Fairy Tale in Kubrick's *The Shining*," *Literature/Film Quarterly*, vol. 12, no. 1, 1984, p.8.

138 Von Keitz, "*The Shining*-Frozen Material," p.190에서 인용.

139 Pauline Kael, "Devolution," *Taking It All In*, New York: Holt, Rinehart, Winston, 1984, p.6.

140 Dennis Bingham, "The Displaced Auteur: A Reception History of *The Shining*," Falsetto, *Perspectives on Stanley Kubrick*, pp.304~305.

141 Richard T. Jameson, "*The Shining*," Falsetto, *Perspectives on Stanley Kubrick*, p.251.

142 Gene D. Phillips (ed.), *Stanley Kubrick Interviews*, Jackson: University Press of Mississippi, 2001, p.131.

143 Michael Herr, "Foreword," Stanley Kubrick, Michael Herr, & Gustav Hasford, *Full Metal Jacket: The Screenplay*, New York: Alfred A. Knopf, 1987, p.vi.

144 Thomas Doherty, "Full Metal Genre: Stanley Kubrick's Vietnam Combat Movie," Mario Falsetto (ed.), *Perspectives on Stanley Kubrick*, New York: G. K. Hall, 1996, p.315.

145 Brad Stevens, "'Is That You, John Wayne? Is This Me?' Problems of Identity in Stanley Kubrick's *Full Metal Jacket*," *Senses of Cinema*, www.sensesofcinema.com/contents/02/21/full_metal.html:2.

146 Bill Krohn, "*Full Metal Jacket*," The Kubrick Site, www.visual-memory.co.uk/amk/doc/0104.html.:2; Jonathan Crary & Sanford Kwinter (eds.), *Incorporations*, New York: Urzone, 1992, pp.428~435.

147 Bill Krohn, "*Full Metal Jacket*," and Aly Sujo, "Was *Full Metal Jacket* Even Bleaker before Trims?," *Chicago Sun–Times Weekend*, 11 September 1987, p.28.

148 Matthew Modine, *Full Metal Jacket Diary*, New York: Rugged Land, 2005, n.p.

149 Gustav Hasford, *The Short-Timers,* New York: Bantam Books, 1983, pp.175~180.

150 Gene D. Phillips & Rodney Hill (eds.), *The Encyclopedia of Stanley Kubrick*, New

York: Checkmark Books, 2002, p.160.

151 Paula Willoquet-Maricondi, "Full-Metal Kacketing, or Masculinity in the Making," *Cinema Journal*, vol. 33, no. 2, 1994, p.19.

152 Paula Willoquet-Maricondi, "Full-Metal Jacketing, or Masculinity in the Making," *Cinema Journal*, vol. 33, no. 2, 1994.

153 Mark Bowden, "The Things They Carried: One Man's Memoir of the 1991 Persian Gulf War," *The New York Times Book Review*, 2 March 2003, p.8.

154 Gene D. Phillips (ed.), *Stanley Kubrick Interviews*, Jackson: University Press of Mississippi, 2001, p.186.

155 Phillips & Hill, *The Encyclopedia of Stanley Kubrick*, p.103.

156 Stanley Kubrick & Frederick Raphael, *Eyes Wide Shut*, a Screenplay; Arthur Schnitzler, "Dream Story," (trans.) J. M. Q. Davies, New York: Warner Books, 1999, p.176.

157 Jonathan Rosenbaum, *Essential Cinema: On the Necessity of Film Canons*, Baltimore, MD: Johns Hopkins University Press, 2004, p.270.

158 Frederic Raphael, *Eyes Wide Open: A Memoir of Stanley Kubrick*, New York: Ballantine, 1999, p.160.

159 Geoffrey Cocks, James Diedrick, & Glenn Perusek, *Depth of Field: Stanley Kubrick*, Madison: University of Wisconsin Press, 1961, pp.62~73.

160 Carl Schorske, *Fin-de-Siècle Vienna:Politics and Culture*, New York: Vintage, 1981, p.223.

161 Peter Lowenberg, "Freud, Schnitzler, and *Eyes Wide Shut*," Cocks et al., *Depth of Field*, pp.255~279.

162 Michel Chion, *Eeys Wide Shut*, (trans.) Trista Selous, London: BFI, 2002, pp.70~76.

163 Christian Appelt, "The Craft of Seeing," Reichmann & Flagge (eds.), *Stanley Kubrick*, p.261.

164 N. C. Menon, "Kubrick's *Eyes Wide Shut* slights Hinduism, feel US Indians," *The Hindustan Times*, 26 July 1999, www.media-watch.org/articles/0799/220.html

165 Tim Kreider, "Introducing Sociology: A Review of *Eyes Wide Shut*," Cocks et al., *Depth of Field*, pp.280~297.

166 Celestino Deleyto, "1999, A Closet Odyssey: Sexual Discourses in *Eyes Wide Shut*," www.atlantisjournal.org/HTML%20Files/Tables%200f%20contents/28.1%20(2006).htm

167   Jonathan Rosenbaum, "The Best of Both Worlds," *Chicago Reader*, 13 July 2001, pp.32~36, reprinted in Rosenbaum, *Essential Cinema: On the Necessity of Film Canons*, pp.271~279; Geoffrey O'Brien, "Very Special Effects," *The New York Review of Books*, 9 August 2001; Andrew Sarris, "A. I.=(2001+E. T.)2," *The New York Observer*, 25 June 2001, p.1.

168   Sigmund Freud, "Beyond the Pleasure Principle," *The Standard Edition of the Complete Psychological Works of Sigmund Freud*, (trans.) James Strachey, London: Hogarth Press, 1929, vol. 17, p.38; Laura Mulvey, "Death Drives," Richard Allen & Sam Ishii-Gonzales (eds.), *Hitchcock Past and Future*, New York: Routledge, 2004, pp.231~242.

169   Darko Suvin, *Metamorphoses of Science Fiction*, New Haven, CT: Yale University Press, 1979; Carl Freeman, *Critical Theory and Science Fiction*, Hanover, CT: Wesleyan University Press, 1999.

170   Paul Virillo, *The Vision Machine*, (trans.) Julie Rose, London: BFI, 1994.

171   Sean Cubitt, "Introduction: Le reel, c'est l'impossible: The Sublime Time of Special Effects," Sean Cubitt & John Caughie (eds.), *Screen Special Issue on FX, CGI, and the Question of Spectacle*, vol. 40, no.3, Summer 1999, pp.123~130; Sean Cubitt, "Phalke, Méliés, and Special Effects Today," *Wide Angle*, vol. 21, no. 1, January 19990, pp.115~148.

172   André Bazin, *What Is Cinema?*, (trans.) Hugh Gray, Berkeley: University of California Press, 1967, p.13.

173   André Bazin, "William Wyler, or the Jansenist of Directing," (trans.), Alain Piette & Ber Cardullo, *Bazin, Bazin at Work*, ed. Bert Crdullo, New York: Routledge, 1997, p.12.

174   R. L. Rutsky, *High Techne: Art and Technology from the Machine Aesthetic to the Posthuman*, Minneapolis: University of Minnesota Press, 1999, p.34.

175   Susan Sontag, *On Photography*, New York: Farrar, Straus and Giroux, 1978, p.4.

176   Christian Metz, "Trucage and the Film," *Critical Inquiry*, Summer 1977, pp.657~675.

177   Tom Gunning, "An Aesthetic of Astonishment: Early Films and the (In)Credulous Spectator," Leo Braudy & Marshall Cohen (eds.), *Film Theory and Criticism*, 5th edn, New York: Oxford University Press, 1999, pp.818~832; André Gaudreault, "Theatricality, Narrativity and 'Trickality': Reevaluating the Cinema of Georges Méliès," *Journal of Popular Film and Television*, Vol. 15, no. 3, Autumn, pp.110~119.

178   www.visual-memory.co.uk/amk/doc/0068.html

179   Cunningham's video of Bjork's "All Is Full of Love."

180   Jack Zipes, "Breaking the Disney Spell," Elizabeth Bell, Linda Haas, & Laura Sells (eds.), *From Mouse to Mermaid: The Politics of Film, Gender, and Cultre*, Bloomington: Indiana University Press, 1995, p.25; Nicolas J. Perella, "An Essay on *Pinocchio*," Carlo Collodi, *The Adventures of Pinocchio, Story of a Puppet*, (trans.) Nicolas J. Perella, Berkeley: University of California Press, 1986, pp.1~70.

181   Victoria Nelson, *The Secret Life of Puppets*, Cambridge, MA:Harvard University Press, 2001, p.xi.

182   Scott Bukatman, *Terminal Identity: The Virtual Subject in Post-Modern Science Fiction*, Durham, NC: Duke University Press, 1993, p.19.

183   www.pbs.org/cgi-bin/wgbh

184   William M. Kolb, "Script to Screen: *Blade Runner* in Perspective," Judith B. Kerman (ed.), *Retrofitting Blade Runner*, Bowling Green: Popular Press, 1991, pp.132~153.

185   Bruno Bettelheim, *Freud and Man's Soul*, New York: Vintage Books, 1984, p.77.

186   Sherry Turkle, "Artificial Intelligence and Psychoanalysis: A New Alliance," *Daedalus* vol. 117, no. 1, Winter 1998, p.241; Sherry Turkle, *The Second Self: Computers and the Human Spirit*, New York: Simon & Schuster, 1984.

187   Sigmund Freud, "The Uncanny," *The Standard Edition of the Complete Psychological Works of Sigmund Freud*, vol. 17, p.226.

188   "Friendship's Death," Peter Wolen, *Readings and Writings: Semiotic Counter-Strategies*, London: Verso, 1982, pp.140~152.

Appel Jr, Alfred (ed.) (1991). *The Annotated Lolita*. New York: Vintage Books.

Auerbach, Erich (1959). *Scenes from the Drama of European Literature*. New York: Meridian Books.

Bakhtin, Mikhail (1968). *Rabelais and His World*. (trans.) Helene Iswolsky. Bloomington: Indiana University Press.

Baxter, John (1997). *Stanley Kubrick: A Biography*. NewYork: Carroll & Graf.

Bazin, André (1967). *What Is Cinema?* (trans.) Hugh Gray. Berkeley: University of California Press.

———— (1997). *Bazin at Work*. in Bert Cardullo (ed.). New York: Routledge.

Bettelheim, Bruno (1984). *Freud and Man's Soul*. New York: Vintage Books.

Bizony, Piers (2000). *2001: Filming the Future*. London: Aurum Press.

Bordwell, David (1991). "The Art Cinema as a Mode of Film Practice," in Leo Braudy & Marshall Cohen (eds.), *Film Theory and Criticism*, 5th edn. New York: Oxford University Press, pp.716~724.

———— (2005). *Figures Traced in Light: On Cinematic Staging*. Berkeley: University of California Press.

Breton, André (ed.) (1997). *Anthology of Black Humor*. (trans.) Mark Polizzotti. San Francisco, CA: City Lights Books.

Bukatman, Scott (1993). *Terminal Identity: The Virtual Subject in Post-Modern Science Fiction.* Durham, NC: Duke University Press.

Burgess, Anthony (1972). *A Clockwork Orange.* London: Penguin Books.

Burrow, Colin (2006 Feb 9). "Not Quite Nasty," *The London Review of Books*, vol. 28, no. 3, p.20.

Castle, Alison (ed.) (2005). *The Stanley Kubrick Archives.* Cologne: Taschen.

Cherchi Usai, Paolo (1995). "Checkmating the General: Stanley Kubrick's *Fear and Desire*," *Image*, vol. 38, nos 1~2, p.27.

Chion, Michel (2001). *Kubrick's Cinema Odyssey.* (trans.) Claudia Gorbman. London: BFI.

———— (2002). *Eyes Wide Shut.* (trans.) Trista Selous. London: BFI.

———— (2005). *Stanley Kubrick, l'humain ni plus ni moins.* Paris: Cahier du cinéma.

Ciment, Michel (2001). *Kubrick: The Definitive Edition.* New York: Faber and Faber.

Cocks, Geoffrey (2004). *The Wolf at the Door: Stanley Kubrick, History, and the Holocaust.* NewYork: Peter Lang.

Cohn, Joel G. (1972 November–December). "Ferro-Gross: Titles, Trailers, and Spots, with Feeling," *T–Print*, vol. 26, no. 6, p.49.

Cook, David A. (1984). "American Horror: *The Shining*," *Literature/Film Quarterly*, vol. 12, no. 1, pp.2~5.

———— (2000). *Lost Illusions: American Cinema in the Shadow of Watergate and Vietnam, 1970–1979.* Berkeley: University of California Press.

Corliss, Richard (1994). *Lolita.* London: BFI.

Crone, Rainer (ed.) (2005). *Stanley Kubrick, Drama and Shadows: Photographs, 1945–1950.* London: Phaidon.

Cubitt, Sean (1999 Jan). "Phalke, Melies, and Special Effects Today," *Wide Angle*, vol. 21, no. 1, pp.115~148.

———— & John Caughie (eds.) (1999). *Screen: Special Issue on FX, CGI, and the Question of Spectacle*, vol. 40, no. 2.

Deleuze, Gilles (1989). *Cinema 2: The Time-Image.* (trans.) Hugh Tomlinson & Robert Galeta. Minneapolis: University of Minnesota Press.

Deleyto, Celestino (2006). "1999, A Closet Odyssey: Sexual Discourses in *Eyes Wide Shut*," www.atlantisjournal.org/HTML%20Files/Tables%20of%20contents/28.1%20.htm

Devries, Daniel (1973). *The Films of Stanley Kubrick.* Grand Rapids, MI: Erdman Publishing

Co.

Dimendberg, Edward (2004). *Film Noir and the Spaces of Modernity*. Cambridge, MA: Harvard University Press.

D'Lugo, Marvin (1977). "*Barry Lyndon*: Kubrick on the Rules of the Game," *Explorations in National Cinemas, The 1977 Film Studies Annual: Part One*. Pleasantville, NY: Redgrave Publishing Company, pp.37~45.

Douglas, Kirk (1989). *The Ragman's Son*. New York: Pocket Books.

Duncan, Paul (2003). *Stanley Kubrick: The Complete Films*. Cologne: Taschen.

Durgnat, Raymond (1974 Nov). "Paint It Black: The Family Tree of Film Noir," *Film Comment*, 6, p.6.

Ebert, Roger (2002). *The Great Movies*. New York: Broadway Books.

Eliot, T. S. (1963). *Selected Prose*. in John Hayward (ed.). Harmondsworth: Peregrine.

Falsetto, Mario (ed.) (1996). *Perspectives on Stanley Kubrick*. New York: G. K. Hall.

———— (ed.) (2001). *Stanley Kubrick: A Narrative and Stylistic Analysis*, 2nd edn. Westport, CT: Praeger.

Freedman, Carl (1996). "Kubrick's *2001* and the Possibility of a Science-Fiction Cinema," *Science Fiction Studies*, vol. 23, pp.300~317.

———— (1999). *Critical Theory and Science Fiction*. Hanover, CT: Wesleyan University Press.

Friedman, Lester D. (2006). *Citizen Spielberg*. Champaign: University of Illinois Press.

Freud, Sigmund. (1929). *The Standard Edition of the Complete Psychological Works of Sigmund Freud*. (trans.) James Strachey. London: Hogarth Press.

Frewin, Anthony (2005). "Colour Him Kubrick!," *Stopsmiling*, no. 23, pp.60~63, 91~93.

Garcia Mainar, Luis M. (1999). *Narrative and Stylistic Patters in the Films of Stanley Kubrick*. Rochester, NY: Camden House.

Gaudreault, André (1987). "Theatricality, Narrativity, and 'Trickality': Reevaluating the Cinema of George Méliès," *Journal of Popular Film and Television*, vol. 15, no. 3 (Autumn), pp.110~119.

Ghamari-Tabrizi, Sharon (2005). *The Worlds of Herman Kahn*. Cambridge, MA: Harvard University Press.

Godard, Jean-Luc (1972). *Godard on Godard*. in Tom Milne (ed.) (trans.), New York: Viking Press.

Gorbman, Claudia (2006). "Ears Wide Open: Kubrick's Use of Music," in Phil Powrie
& Robynn Stilwell (eds.), *Changing Tunes: The Use of Pre-Existing Music in Film*.
Aldershot: Ashgate, pp.3~18.

Gunning, Tom (1999). "An Aesthetic of Astonishment: Early Filmand the (In)credulous
Spectator," in Leo Braudy & Marshall Cohen (eds.), *Film Theory and Criticism*, 5th
edn. New York: Oxford University Press, pp.818~832.

Haskell, Molly (1974). *From Reverence to Rape: The Treatment of Women in the Movies*.
Harmondsworth: Penguin.

Herr, Michael (2000). *Kubrick*. New York: Grove Press.

Hoile, Christopher (1984). "The Uncanny and the Fairy Tale in Kubrick's *The Shining*,"
Literature/Film Quarterly, vol. 12, no. 1, pp.6~12.

Horkheimer, Max & Theodor Adorno (2000). *The Dialectic of Enlightenment: Philosophical
Fragments*. in Gunzelin Schmid Noerr (ed.), (trans.) Edmund Jephcott. Stanford, CA:
Stanford University Press.

Howard, James (1999). *Stanley Kubrick Companion*. London: B. T. Batsford Ltd.

Jackson, Kevin (1999 Sep). "Real Horrorshow: A Short Lexicon of Nasdat," *Sight and
Sound*, p.27.

Jackson, Rosemary (1981). *Fantasy: The Literature of Subversion*. London: Methuen.

Jameson, Fredric (1990). *Signatures of the Visible*. New York: Routledge.

Jenkins, Greg (1997). *Stanley Kubrick and the Art of Adaptation: Three Novels, Three Films*.
Jefferson, NC: McFarland Publishing.

Kagan, Norman (1997). *The Cinema of Stanley Kubrick*. New York: Continuum.

Kerman, Judith B. (ed.) (1991). *Retrofitting Blade Runner*. Bowling Green, OH: Popular
Press.

Keyser, Wolfgang (1963). *The Grotesque in Art and Literature*, (trans.) Ulrich Weisstein.
Bloomington: Indiana University Press.

Kissinger, Henry (1961). *The Necessity for Choice: Prospects of American Foreign Policy*.
New York: Harper & Brothers.

Kolker, Robert (2000). *A Cinema of Loneliness*. New York: Oxford University Press.

————— (ed.) (2006). *Stanley Kubrick's 2001: A Space Odyssey*. New York: Oxford
University Press.

Kosloff, Sarah (1998). *Invisible Storytellers: Voice-Over Narration in American Film*.

Berkeley: University of California Press.

Krohn, Bill (1992). *"Full Metal Jacket,"* in Jonathan Crary & Sanford Kwinter (eds.), *Incorporationsl.* New York: Urzone, pp.428~35.

Kubrick, Stanley (1972). *Stanley Kubrick's A Clockwork Orange.* New York: Ballantine Books.

————, Michael Herr & Gustav Hasford (1987). *Full Metal Jacket: The Screenplay.* New York: Alfred A. Knopf.

———— & Frederic Raphael (1999). *Eyes Wide Shut, a Screenplay and Arthur Schnitzler, 'Dream Story.'* (trans.) J. M. O. Davies. New York: Warner Books.

The Kubrick Site. www.visual-memory.co.uk

Kurzweil, Ray (2000). *The Age of Spiritual Machines: When Computers Exceed Human.* London: Penguin.

LoBrutto, Vincent (1999). *Stanley Kubrick: A Biography.* New York: Da Capo Press.

Maland, Charles (1983). *"Dr Strangelove* (1964), Nightmare Comedy and the Ideology of Liberal Consensus," in Peter C. Rollins (ed.), *Hollywood as Historian: American Films in a Cultural Context.* Lexington: University of Kentucky Press, pp.209~210.

McDougal, Stuart Y. (ed.) (2003). *Stanley Kubrick's A Clockwork Orange.* New York: Cambridge University Press.

Menand, Louis (2005 June 27). "Fat Man: Herman Kahn and the Nuclear Age," *The New Yorker*, pp.95~97.

Metz, Christian (1977). "Trucage and the Film," *Critical Inquiry*, pp.657~675.

Modine, Matthew (2005). *Full Metal Jacket Diary.* New York: Rugged Land.

Müller-Tamm and Katharina Sykora (eds.) (2004). *Puppen, Körper, Automaten: Phantasmen der Moderne.* Dusseldorf, Kunstsammlung Nordrhein-Westfalen: Oktagon.

Mulvey, Laura (2004). "Death Drives," in Richard Allen & SamIshii-Gonzales (eds.), *Hitchcock Past and Future.* New York: Routledge, pp.231~242.

Nabokov, Vladimir (1997). *Lolita.* New York: Second Vintage International Edition.

Naremore, James (1988). *Acting in the Cinema.* Berkeley: University of California Press.

———— (2004). "Hitchcock and Humor," in Richard Allen & SamIshii-Gonzales (eds.), *Hitchcock Past and Future.* London: Routledge, pp.22~26.

Nelson, Thomas Allen (2000). *Kubrick: Inside a Film Artist's Maze.* Bloomington: Indiana University Press.

Nelson, Victoria (2001). *The Secret Life of Puppets*. Cambridge, MA: Harvard University Press.

Paul, William (1994). *Laughing/Screaming: Modern Hollywood Horror and Comedy*. New York: Columbia University Press.

Peucker, Brigitte (2001). "Kubrick and Kafka: The Corporeal Uncanny," *Modernism/Modernity* 8, 4, pp.663～674.

Phillips, Gene D. (1975). *Stanley Kubrick: A Film Odyssey*. New York: Popular Library.

———— (ed.) (2001). *Stanley Kubrick Interviews*. Jackson: University Press of Mississippi.

———— & Rodney Hill (eds.) (2002). *The Encyclopedia of Stanley Kubrick*. New York: Checkmark Books.

Pipolo, Tony (2002). "The Modernist and the Misanthrope: The Cinema of Stanley Kubrick," *Cineaste*, vol. 27, no.2, pp.4～15.

Polito, Robert (1996). *Savage Art: A Biography of Jim Thompson*. NewYork: Vintage Books.

Raphael, Frederic (1999). *Eyes Wide Open: A Memoir of Stanley Kubrick*. New York: Ballantine.

Reichmann, Hans-Peter & Ingeborg Flagge (eds.) (2004). *Stanley Kubrick, Kinematograph*, no. 20, Frankfurt am Main: Deutsches Filmmuseum.

Richter, Dan (2002). *Moonwatcher's Memoir: A Diary of 2001: A Space Odyssey*. New York: Carroll & Graf.

Rodowick, D. N. (1988). *The Crisis of Political Modernism: Criticism and Ideology in Contemporary Film Theory*. Champaign: University of Illinois Press.

Rosenbaum, Jonathan (1977 March–April). "The Pluck of *Barry Lyndon*," *Film Comment*, pp.26～28.

———— (2004). *Essential Cinema: On the Necessity of Film Canons*. Baltimore, MD: Johns Hopkins University Press.

Ruskin, John (1963). *The Genius of John Ruskin*. in John D. Rosenberg (ed.). New York: George Brazillier.

Rutsky, R. L. (1999). *High Techne: Art and Technology from the Machine Aesthetic to the Posthuman*. Minneapolis: University of Minnesota Press.

Ryan, Michael & Douglas Kellner (1990). *Camera Politica: The Politics and Ideology of Contemporary Hollywood Film*. Bloomington: Indiana University Press.

Sarris, Andrew (1968). *The American Cinema: Directors and Directions, 1929–1968*. New

York: E. P. Dutton & Co.

———— (1973). "Science Fiction: The Forbin Project," in *The Primal Screen: Essays on Film and Related Topics*. New York: Simon & Schuster.

Schorske, Carl (1981). *Fin-de-Siècle Vienna: Politics and Culture*. New York: Vintage.

Schwam, Stephanie (ed.) (2000). *The Making of 2001: A Space Odyssey*. New York: Modern Library.

Sikov, Ed. (2002). *Mr. Strangelove: A Biography of Peter Sellers*. New York: Hyperion.

Sklar, Robert (1988). "Stanley Kubrick and the American Film Industry," *Current Research in Film Audience, Economics, and Law*, vol. 4, pp.112~118.

Sontag, Susan (1978). *On Photography*. New York: Farrar, Straus and Giroux.

Southern, Terry. "Terry Southern's Interview with Stanley Kubrick," www.terrysouthern.com/archive/SKint.htm

Sperb, Jason (2006). *The Kubrick Façade: Faces and Voices in the Films of Stanley Kubrick*. Lanham, MD: Scarecrow Press.

Stam, Robert (2005). *Literature through Film: Realism, Magic, and the Art of Adaptation*. London: Blackwell.

Stephenson, William (1981). "The Perception of 'History' in Kubrick's *Barry Lyndon*," *Literature/Film Quarterly*, vol. 9, no. 4, pp.251~260.

Stevens, Brad. "'Is That You, John Wayne? Is This Me?' Problems of Identity in Stanley Kubrick's *Full Metal Jacket*," *Senses of Cinema*. www.sensesofcinema.com/contents/02/21/full_metal.html.

Stork, David G. (ed.) (1997). *Hal's Legacy: 2001's Computer as Dream and Reality*. Cambridge, MA: MIT Press.

Suvin, Darko (1979). *Metamorphoses of Science Fiction*. New Haven, CT: Yale University Press.

Theweleit, Klaus (1987). *Male Fantasies: Volume I: Women, Floods, Bodies, History*. (trans.) Stephen Conway. Minneapolis: University of Minnesota Press.

Thompson, Philip (1972). *The Grotesque*. London: Methuen.

Thomson, David (1994). *A Biographical Dictionary of Film*, 3rd edn. New York: Alfred A. Knopf.

Todorov, Tzvetan (1973). *The Fantastic: A Structural Approach to a Literary Genre*. (trans.) Richard Howard. Ithaca, NY: Cornell University Press.

———— (1977). *The Poetics of Prose*. (trans.) Richard Howard. Ithaca: Cornell University Press.

Turkle, Sherry (1984). *The Second Self: Computers and the Human Spirit*. New York: Simon & Schuster.

———— (1998). "Artificial Intelligence and Psychoanalysis: A New Alliance," *Dedalus*, vol. 117, no. 1.

Virillo, Paul (1994). *The Vision Machine*. (trans.) Julie Rose. London: BFI.

Vizzard, Jack (1970). *See No Evil*. New York: Simon & Schuster.

Walker, Alexander, Sybil Taylor & Ulrich Rachti (1999). *Stanley Kubrick, Director*. New York: W. W. Norton & Company.

Waller, Gregory A. (ed.) (2002). *Moviegoing in America*. Malden, MA: Blackwell.

Wilinsky, Barbara (2001). *Sure Seaters: The Emergence of Art House Cinema*. Minneapolis: University of Minnesota Press.

Willoquet-Maricondi, Paula (1994). "Full-Metal Jacketing, or Masculinity in the Making," *Cinema Journal*, vol. 33, no. 2, pp.17~23.

Winston, Mathew (1972). "Humour noir and Black Humor," in Harry Levin (ed.), *Veins of Humor*. Cambridge, MA: Harvard University Press. pp.269~284.

Wollen, Peter (1982). *Readings and Writings: Semiotic Counter-Strategies*. London: Verso.

Wood, Robin (1986). *Hollywood from Vietnam to Reagan*. New York: Columbia University Press.

Zipes, Jack (1995). "Breaking the Disney Spell," in Elizabeth Bell, Linda Haas & Laura Sells (eds.), *From Mouse to Mermaid: The Politics of Film, Gender, and Culture*. Bloomington: Indiana University Press. pp.20~28.

큐브릭이 가르쳐 준 것들

"〈2001 스페이스 오디세이〉를 만들면서 우리 고조할아버님은 스스로도 의식 못하는 가운데 단지 영화 한 편을 만들었다기보다는 어떤 예언을 한 셈이지요. 그분은 이 이미지로써 새로운 영성, 인간이 죽음에 대한 병적인 공포를 뛰어넘게 되는 그러한 영성을 암시했어요. 그분은 기계를 정복하고 다른 지평 쪽으로 돌아섭니다…… 별들 한가운데로, 다른 방식으로 다시 태어나기 위해서."

— 베르나르 베르베르, "영화의 거장,"《파라다이스》, 열린책들, 2012, p.267.

베르베르는 과학적 상상력으로 가득찬 미래 소설《파라다이스》속에서 영화 예술의 거장 스탠리 큐브릭을 다시 불러낸다. 3차 세계 대전으로 인한 지구 환경의 황폐화 이후, 살아남은 자들은 종교, 국가, 역사의 기억을 금지시킨다. 그것들은 전쟁의 씨앗으로서 인류의 멸망을 가져왔기 때문이었다. 하지만 스탠리 큐브릭의 후손 데이비드 큐브릭은 타임머신과 첨단 촬영을 위한 로봇 파리를 이용하여 지구 멸망의 순간을 사실적으로 재현한다. 여기에서 영화 예술은 금지된 역사를 되살리는 강력한 기억 장치가 된다. 데이비드 큐브릭은 살아남은 자들에게 아포칼립스의 처참했던 순간들을 감동적으로 환기시킨다. 베르베르는 이 단편 소설에서 데이비드 큐브릭이라는 허구적 인물을 통해 영화사의 위대한 거장 스탠리 큐브릭을 추모한다.

스탠리 큐브릭은 영화의 역사를 통틀어 가장 혁신적인 작품들을 창조해낸 위대한 예술가들 중 한 명이다. 특히 그는 1968년에 영화사상 가장 충격적인 작품 〈2001 스페이스 오디세이〉를 만든다. 인류의 수만 년 역사는 유인원의 돌도끼가 우주선으로 바뀌는 단 하나의 매치 컷을 통해 압축적이고 심오하게 표현된다. 인류의 새벽을 묘사한 〈차라투스트라는 이렇게 말했다〉의 웅장한 음악, 우주 탐사의 미래를 우아하게 그려낸 〈아름답고 푸른 도나우 강〉, 스탠리 큐브릭은 이 아름다운 선율들에 실어 영화 예술의 새로운 시대를 선언한다. 영화라는 매체는 지구 환경의 유한성, 인류의 삶과 멸종, 우주 미래의 비전과 사실적이면서도 신비스럽게 연결된다. 인공 지능 컴퓨터 할은 인류 문명의 황홀한 유토피아인가, 아니면 무익한 기술적 디스토피아의 악몽인가? 시공간의 한계를 넘나드는 스타게이트, 부질없는 인간의 셈법을 가뿐히 뛰어넘는 우주의 신비와 숭고의 세계, 탈인간과 순수 지성의 원자론으로서 우주 태아의 탄생! 20세기 최고의 천체 물리학자 칼 세이건이 갈파했듯이, '우리 모두는 별먼지에서 비롯'되었으며, '우주 탐험의 역사는 인간 존재의 기원을 찾아 떠나는 위대한 여행'이다. 그러므로 큐브릭이 1968년에 창조한 것은 단지 하나의 영화가 아니었다. 그것은 인류의 역사와 우주의 물음에 답하고자 하는 영화 우주학의 거대한 첫걸음이었다.

이 책은 미국 인디애나 대학교의 저명한 영화학자 제임스 네어모어의 《큐브릭On Kurick》(2007)을 번역한 것이다. 이 책에서 저자는 큐브릭의 첫 장편 극영화 〈공포와 욕망〉(1953)으로부터 유작 〈아이즈 와이드 셧〉(1999), 그리고 큐브릭 사후 스필버그에 의해 완성된 〈A. I.〉(2001)에 이르기까지 큐브릭의 모든 작품들에 대해 상세히 분석한다. 큐브릭은 40여 년에 걸친 영화 인생 동안 15편의 작품을 남겼다. 그의 작품들은 사회철학적이고 심미적인 주제 의식과 화려하고 세련된 영상 테크닉으로 전 세계 영화 마니아들에게 강렬한 인상을 남겼다. 이 책에서 네어모어는 깊이 있는 이론적 시선에 기초하여 20세기 최고의 영상 작가로서 큐브릭에 대해 해부한다.

특히 네어모어는 큐브릭을 '마지막 모더니스트'라고 규정한다. 모더니즘이 할리우드 고전 리얼리즘 영화들에 대한 모순적 반작용으로 출현하였듯이, 큐브릭이라는 인물이 처해 있던 역사적 조건 또한 이중적이었다. 그가 지적했듯이, 큐브릭은 전후 할리우드 스튜디오 시스템의 붕괴와 1970년대 '뉴 아메리칸 시네마' 사이의 어떤 지점에 위치한다. 그는 할리우드의 상업적 시스템을 비껴나가면서 동시에 그것을 통제할 수 있었던 몇 안 되는 감독들 중 한 명이었다. 큐브릭의 영화들은 상업적이면서 예술적이었고, 리얼리즘적이면서도 부조리했다. 그는 시각적 리얼리즘 속에 프로이트 심리학을 담아냈으며, 반전 자유주의의 강력한 주제 의식을 블랙 유머와 기술적 스타일을 통해 효과적으로 표현했다. 스탠리 큐브릭은 영화의 철학자이면서 동시에 위대한 스타일리스트였다. 극단적 로 레벨, 과장된 와이드 앵글, 유려한 스테디캠 촬영과 트래블링 숏, 매혹적 촛불 조명, 시공간 초월을 표현한 슬릿 스캔 기법 등 큐브릭은 선도적 영화 테크놀로지를 통해 이미지의 새로운 차원을 창조했다.

네어모어에 따르면, 큐브릭 영화의 핵심은 '그로테스크의 미학'이다. 그것은 합리적이지만 관습적인 리얼리스트 미학의 한계를 탈피한다. 때로는 공포스럽게, 때로는 우스꽝스럽게 큐브릭의 그로테스크의 미학은 인간 존재의 부조리와 불협화음을 응시한다. 〈살인자의 키스〉 라스트 신에서 마네킹 인형들과 뒤엉켜 싸우고 있는 두 주인공의 마지막 결투는 얼마나 기이한가? 〈시계태엽 오렌지〉에서 '사랑은 비를 타고' 가락을 읊조리며 온갖 악행을 일삼는 알렉스의 모습은 공포스럽고도 이상한 블랙 유머를 던지는 듯하다. 또한 〈영광의 길〉은 반전 리얼리즘과 더불어 전쟁이라는 극한적 상황에 처한 인간 군상들의 이중적 모습을 폭로한다. 약간 다른 차원의 반전 영화 〈풀 메탈 재킷〉에서 냉혈적 훈련 조교 하트먼은 전쟁의 공포심과 더불어 악마적 그로테스크의 감정을 유발한다. 대니가 악령에 휩싸인 채 긴 복도를 미끄러져 내려가는 〈샤이닝〉의 공포스런 '터널 신'은 어떤가? 성적 본능과 인간적 책무 사이에서 방황하는 〈롤리타〉의 지식인 캐릭터를 통해서, 현실과 환상을 넘나드는 〈아이즈 와이드 셧〉의 낯설고 불안한 기괴함과 함께, 〈닥터 스트레인지러브〉에서 핵탄두를 타고 즐거운 비명을 지르는 콩 소령의 희화화된 모습 속에서, 〈2001 스페이스 오디세이〉와 〈A. I.〉 속에서 인간과 컴퓨터, 생물과 무생물, 인간성과 기계 지능 사이의 불투명한 경계와 기이한 혼재를 보여 주는 큐브릭의 그로테스크 미학은 공포와 블랙 유머의 잡종적 혼합을 드러낸다. 큐브릭의 그로테스크 미학은 안정적 리얼리티와 인간 존재의 기이한 불합리성을 예술적으로 결합한다. 그것은 사실적이면서 환상적이고, 혐오스러우면서 우스꽝스럽다. 혁신적 영상 철학자 스탠리 큐브릭은 그로테스크 기법을 통해 하이브리드 영화 미학의 새로운 경지를 개척했다.

무엇보다 먼저, 이 책의 주요 의의는 스탠리 큐브릭의 영화 인생과 작품들에 대한 총체적 분석을 시도하고 있다는 점이다. 네어모어는 큐브릭에 대한 수많은 단견과 오해들을 해명하고, 그가 처한 역사적 배경과 시대적 조건 속에서 한 위대했던 영화 예술가의 인생행로와 이미지 미학의 전모를 파헤친다. 네어모어는 마지막 모더니스트로서 스탠리 큐브릭의 영화 미학을 한편으로 학술적 분석의 견지에서, 다른 한편으로 대중적 평론의 입장에서 명쾌하면서도 깊이 있게 다룬다. 리얼리즘과 모더니즘, 사회 비판과 심리 분석, 인간 존재와 우주의 기원, 공포와 블랙 유머, 미학과 테크놀로지 등 모든 모순적인 것들을 예술적으로 결합한 이 위대한 영상 철학자의 이미지 미학이 본격 소개된다. 이 책은 큐브릭에 대한 간명한 평 전이면서, 이론적 분석서이고, 작품 평론이면서, 동시에 대중적 해설서의 역할을 다한다.

특히 한국의 독자들에게 이 책은 더 큰 의미로 다가온다. 그동안 인 터넷을 떠도는 잡문들이나 인터뷰 등을 통해서 부분적으로만 접해 온 이 신비스런 영상 작가의 전체적 면모들이 이 책을 통해 비로소 한국의 시네필 독자들에게 온전히 드러난다. 말하자면, 이 책은 진정한 의미에서 국내 최초로 소개되는 스탠리 큐브릭 평론서다. 이 책을 통해서 우리는 큐브릭이 단지 차갑고 냉혈적인 완벽주의자가 아니라 당대의 사회적 모 순과 인간적 한계를 뜨겁게 고민했던 한 사람의 예술가였다는 사실을 새 삼 깨닫게 될 것이다. 네어모어가 날카롭게 간파하고 있듯이, 큐브릭의 작 품들은 공포와 유머의 이중주 속에서 인간 존재의 근원과 심리적 갈등을 파헤치는 그로테스크 미학의 정수를 보여 준다.

이제 아날로그 감성이 디지털로 표현되는 새로운 영화의 시대에 우 리는 20세기 영화 예술의 위대한 선구자 큐브릭에게서 많은 것들을 반추 할 수 있다. 만약 우리가 오늘날의 영화 예술이 어디로 나아가야 할지 고 민한다면, 가장 먼저 큐브릭의 작품들을 다시 끄집어낼 필요가 있다. 제 도적 억압과 전쟁의 공포에 맞서는 사회철학의 영화, 현대의 불안과 부조 리를 해부하는 영화의 심리학, 우주의 신비를 현실로 끌어안고 인간 존재 의 근원을 찾아 떠나는 과학적 상상력의 영화, 끊임없이 진보하는 테크놀 로지의 영향 아래 인간과 기계의 잡종적 상상력으로 나아가는 영화의 기 술 미학, 이 모든 것들이 지난 세기 영화 예술의 진정한 장인이었던 큐브 릭이 가르쳐 준 것들이다.

특히 큐브릭의 〈2001 스페이스 오디세이〉의 중요성을 다시 한 번 강조하면서 이 글을 맺고자 한다. 당대 최고의 진화생물학자 리처드 도킨스가 말했듯이, 과학적으로 이해된 현실이야말로 가장 '마법적'이다. 이미 1968년에 큐브릭의 〈2001 스페이스 오디세이〉는 SF 영화의 신기원을 창조했다. 시대를 앞서나간 이 작품은 영화 예술의 과학적 상상력이 인간 존재와 우주의 비밀을 풀어나갈 열쇠가 될 수 있음을 명확히 보여 주었다. 과학과 공상, 현실과 허구, 기록과 합성, 사실과 표현이 뒤섞이는 오늘날 디지털 가상의 세계 속에서 큐브릭의 영화 '마법'은 21세기 영화우주학의 바다를 항해하는 훌륭한 나침반이 될 것이다.

그러므로 한 뛰어난 예술가의 영혼을 통해 오늘의 영화가 나아갈 길을 밝히는 이 책이 한국의 시네필들에게 선보일 수 있게 된 것은 무척 다행스런 일이다. 무엇보다 먼저, 쉽지 않은 환경 속에서도 영화 관련 서적을 꾸준히 펴내고 있는 컬처룩 이리라 대표님께 그 공을 돌린다. 또한 꼼꼼한 교정과 주석을 통해 이 책의 가치를 높여 준 편집진에게도 감사의 말씀을 드린다. 마지막으로, 지금 비록 멀리 떨어져 있지만 언제나 내 마음속에서 살아 숨쉬고 있는 사랑하는 가족들에게 이 책을 바친다. 인간에게 사랑이란 모든 것을 이기는 내일의 희망임을 잊지 않으면서…….

2015. 12.

부산 광안리 금련산 자락에서